湖北省学术著作
Hubei Special Funds for 出版专项资金
Academic Publications

中国学术档案大系

主编 陈文新

杜甫学术档案

闵泽平 鲁林华 编著

WUHAN UNIVERSITY PRESS
武汉大学出版社

图书在版编目(CIP)数据

杜甫学术档案/闵泽平,鲁林华编著.—武汉:武汉大学出版社,
2019.11
中国学术档案大系/陈文新主编
湖北省学术著作出版专项资金资助项目
ISBN 978-7-307-20795-0

Ⅰ.杜⋯ Ⅱ.①闵⋯ ②鲁⋯ Ⅲ.杜甫(712-770)—人物研究
Ⅳ.K825.6

中国版本图书馆 CIP 数据核字(2019)第 046505 号

责任编辑:陈 帆   责任校对:汪欣怡   版式设计:马 佳

出版发行:**武汉大学出版社** (430072 武昌 珞珈山)
(电子邮箱:cbs22@whu.edu.cn 网址:www.wdp.com.cn)
印刷:湖北恒泰印务有限公司
开本:720×1000 1/16 印张:32.25 字数:480 千字 插页:1
版次:2019 年 11 月第 1 版 2019 年 11 月第 1 次印刷
ISBN 978-7-307-20795-0 定价:99.00 元

序

熊礼汇

　　杜甫是唐代诗人，也是世界文化名人。论及我国古代诗歌史上富有开拓精神、创作成就非凡、影响极为深远的伟大诗人，杜甫当然会名列其中。十多个世纪以来，人们读杜诗、学杜诗、注杜诗、研究杜诗及杜甫其人，著述之多，可谓汗牛充栋。古代学者早就将杜诗研究视为专门学问，称之为"杜诗学"。元好问即谓其"录先东岩君所教与闻之于师友之间者，为一书，名曰《杜诗学》。子美之传、志、年谱，即唐以来论子美者在焉"(《杜诗学引》)。20 世纪之前的杜甫研究，大抵可分为三大阶段，即中晚唐为一阶段，两宋金元为一阶段，明清为一阶段。受制于各个时段政治、思想、文化，特别是文学思潮的影响，三个阶段的杜甫研究，各有其关注的热点和与之相应的特色。总的规律是：一方面，后一阶段的研究会捕捉到新的议题，形成新的热点。另一方面，前一阶段关注的论题或热点，仍会为后一阶段的研究者所关注；前一阶段形成的共识或争论的问题，为后一阶段学人所接受或成为其继续研究的课题。当然，这种"继续"，免不了对前人话语的重复或"再版"，但也有新领域的开拓、新观点的出现。更多的是论断会愈加深入而精准，论述会愈加严密而细致。像中晚唐论杜出现的一些说法(如"诗史"说、"尽得古今体势而兼人人之所独专"说以及"即事名篇"论等)和一些争论的问题(如李杜优劣论等)，莫说宋元明清，即使今日还是学者认可的观念和津津乐道的话题，只是立论更新、辨析更精而已。

　　20 世纪是中国社会制度发生天翻地覆变化的时代。以中华人民共和国成立为标志，前半世纪的中国和后半世纪的中国，社会制度迥然不同，人们的思想文化修养，特别是文学观念、审美标准、美感趣味亦不尽相同。虽然大家都承认杜甫人格的彪炳千古、杜甫诗歌的光焰万丈，但不同时代的学者，或同一位身处不同时代的学者，他们研究杜甫、杜诗的着眼点往往有同有异，而价值取向、审美标准、研究方法以及表述形式，大不一样，明显带有不同的时代烙印。关于这一点，只要读读闵君泽平和鲁君林华编著的《杜甫学术档案》，就会感受得到。

《杜甫学术档案》，包含"杜甫研究经典论著评介"、"二十世纪杜甫研究论著提要"和"二十世纪杜甫研究大事记"三部分内容。通读全书，可知 20 世纪的杜甫研究主要围绕下面一些课题展开。

一是对杜甫生平事迹的考辨。岑仲勉《唐集质疑》中对杜甫世系及生母、继母的考订，闻一多《少陵先生年谱会笺》、《少陵先生交游考略》，即为其代表作。除《杜甫年谱》、《杜甫悬案揭秘》、《杜少陵朋辈考》、《杜甫"忤下考功第"的年岁与地点》、《杜甫贡举问题的再审察、论析和推断》、《杜甫应进士试和壮游齐赵新探》等著述外，其他全面研究杜甫其诗其人，名曰《杜甫》、《杜甫传》、《杜甫评传》、《杜少陵评传》者，也往往用足够的篇幅考订杜甫的生平事迹。单篇考订文章尤其多，其中陈尚君的《杜甫为郎离蜀考》、《杜甫离蜀后之行止原因新考》，考订"杜甫受命为郎在离严幕以后，为郎是其离蜀的直接原因"。其说破解千古之谜，极富创意，学人称二文"发前人所未发，是建国以来研究杜甫生平创作最值得玩味之文"（傅璇琮语）。

二是对杜甫思想、性情、人格和杜诗艺术精神、艺术风格的研究。杜甫尝谓"自先君恕、预以降，奉儒守官，未坠素业矣"（《进〈雕赋表〉》）。学者大多承认儒学为杜甫之主导思想，并且认为他的忠君爱国、忧时悯民和种种进步观念以至于人格精神、诗歌艺术精神的形成，都得益于儒家思想的熏陶和影响。研究杜甫或杜诗的专著、专论，凡涉及杜甫思想者，均以此为基本观点，但也有论及杜甫受到释、道思想影响者。对诗人"属性"的判定，除沿袭旧说称之为"诗圣"（至少有三种以《诗圣杜甫》命名的专著）外，还有称之为"情圣"（梁启超《情圣杜甫》）的，有称之为《爱国诗人杜甫》、《社会良知杜甫——士人的风范》的。胡适虽然肯定杜诗"遂开后世社会问题诗的风气",但最强调和欣赏的却是杜甫"始终保持一点'诙谐'的风趣",和杜诗"往往有'打油诗'的趣味"(《白话文学史·杜甫》)。最具影响的是萧涤非提出的"人民诗人杜甫"。他认为"杜甫是一个爱国爱民的人,这也就使得他的诗充溢着爱国精神和人民性"。"在文人作品中,还没有谁曾经写出像杜甫这样多的反映人民生活、同情人民疾苦的诗。"(《纪念杜甫,学习杜甫》)而杜诗的人民性,主要表现为反映人民生活的"广阔性"、"深刻性"和"真挚性"(《杜甫研究》)。但这一说法却遭到郭沫若的诘责。郭氏说从《喜雨》、《夔府抒怀》表明"杜甫是完全站在统治阶级、地主阶级一边的,这个阶级意识和立场是杜甫思想的脊梁,贯穿着他留下来的大部分的诗和文","我们从阶级的观点来加以分析时,诗(指'三吏''三别')的缺陷便无法掩饰了",认为对杜甫应"采取批判的态度",称其为"人民诗人"和以前称"诗圣"一样,都是对杜甫的"全面颂扬"。人们常说一时代有一时代的文学。就创作言,指的是同一时代的作者大多具有符合时代精神的文风走向;就批评而言,指的是同时代的批评者具有体现时代精神的批评标准和审美要求。而受个人阅历、性情、才能的制约,无论是作者还是批评者,虽受同一思想意识的影响,但其创作中的美感追求、批评中的审美趣味总带有个性化的特点,梁、胡偏爱杜诗的情感美、风趣美,实乃其审美趣味所致。杜甫、杜诗都是时代的产物,其存在本有自然形成、浑然一体的特点。如何运用历史唯物主义观点,用同情、理解和实事求是的态度,准确认识其人格属性,揭示其诗歌艺术精神,后辈学者的探索之路似乎还很长!

三是对杜诗旧注、诗话的校勘整理。前人研究杜诗,首编《杜工部小集》者为唐刺史樊晃,北宋杜集日渐完备。宋元注家蜂起,如南宋即有赵次公辑得《集注杜诗》,郭知达辑得《九家集注杜诗》,蔡梦弼著有《杜工部草堂诗笺》,侯仲震著有《少陵诗注》,陈禹锡著有《杜诗补注》,曾季辅著有《杜诗句外》,无名氏辑得《集千家(实不足百家)注杜诗》,黄希、黄鹤父子辑得《黄氏补注杜诗》(书首原题《补千家集注(实录注家151人之说)杜工部诗史》)。此类著述往往注中夹有评语,但以注为主,终与诗话有别。中晚唐以来,涉及杜诗、类似诗话的片段论述或单篇文字相当多，但明确以杜诗诗话命名的著述较少。虽然如此，20 世纪学人对前人有关杜诗的笺注、诗话却十分重视，在搜集、校勘、研究方面做了许多工作。这不但见之于杜甫资料汇编，还表现在对专著的整理、研究上。像梅新林《杜诗伪王注考》，即考订"现今可考的第一个杜诗注本《王内翰注杜工部集》，系由邓忠臣以王洙编校本为底本，加以笺注而成"。张梦机《读杜新笺：〈律髓〉批杜诠评》，论述方回《瀛奎律髓》的诗学观和纪昀批点该书的宗旨，以见二家论杜之差异，并具体分类诠评二家论杜之说。蒋寅《〈杜诗详注〉与古代诗歌注释学之得失》，则通过对仇注"内注解意"、"外注引古"的功用、作法、利弊的分析，论及古典诗歌注释学的得失。曹树铭有《〈杜臆〉增校》。林继中的《杜诗赵次公先后解辑校》在很大程度上恢复了赵注的原貌，后经诸多学者的搜逸、补充，赵注几近于全。张忠刚《杜甫诗话校注五种》，校注宋方深道辑《诸家老杜诗评》、蔡梦弼集录《杜工部草堂诗话》、清刘凤诰撰《杜工部诗话》、潘德舆撰《养一斋李杜诗话》、近人蒋瑞藻辑《续杜工部诗话》。嗣后又增补《新编渔阳杜诗话》，更名为《杜甫诗话六种校注》。张著当为 20 世纪杜诗诗话整理的代表作。

四是对杜甫其人、其诗的综合性研究，如《杜甫》、《杜甫传》、《杜少陵传》、《杜甫诗传》、《杜甫论》、《杜甫散论》、《杜工部研究》、《杜甫诗史研究》、《杜甫评传》、《杜少陵评传》、《杜甫叙论》一类专著大量出现。据不完全统计，书名《杜甫》者就有近十种，书名包括《评传》者有六七种。有的规模小，小到只有几万字的篇幅；有的规模大，多到 120 万字以上。无论规模大小，都力图全面、准确地评论杜甫、杜诗，其论人解诗，不乏新见新说，而持论与表述方式亦有可商榷处。

五是对杜诗的专题研究。所谓专题，分得很细。有以创作时期、创作地点为中心的，如《杜甫陇右诗注析》、《杜甫陇右诗研究论文集》、《杜甫草堂诗选》、《杜甫夔州诗析论》、《杜甫夔州诗现地研究》、《艺术转型——杜甫秦州诗的文学特质》等。有以论述杜甫文学思想为中心的，如《少陵先生文心论》、《论戏为六绝句与论诗三十首》、《论杜甫的文学思想》、《杜甫诗论的时代精神》、《杜甫论历代文学和文学风格》、《浑涵汪茫，兼收并蓄——杜甫文学思想刍议》以及《杜甫美学观三题》等。有以研究杜诗风格和创作艺术为中心的，前如《论杜甫诗歌的艺术风格》、《沉郁顿挫论》、《沉郁顿挫试解》、《试论杜甫诗歌的浪漫主义色彩》等；后如《杜诗句法举隅》、《论杜诗的用字》、《杜甫诗虚字研究》、《诗圣的写作艺术》、《杜诗修辞艺术》、《杜诗叙事艺术探微》、《少陵律法通论》、《杜甫秋兴八首的艺术特点》、《关于杜甫诗歌艺术特色的一些评论》、《论杜甫诗歌的现实主义》、《杜甫现实主义创作手法质疑》、《略论杜甫的用事》、《浑涵汪茫，千汇万状——杜甫诗歌艺术散论》、《杜甫——绝句艺术的拓新者》、《杜甫以文为诗论》、《诗史与情圣——杜诗写实原则与表情方式的双向同构》、《试论杜甫的比兴体制》、《略论杜诗的细节描写》等。有以同一诗体，或同一题材，或某一组诗为研究对象的，还有专门考述杜诗特质渊源的。

六是对杜诗的注释、赏析。这是许多杜诗研究者做过的工作，研究成果则多数成为各种各样的杜诗选本。有杜诗选集、选注、译注、鉴赏，数量不胜枚举，学术水准高低不一。有的是杜诗研究者的起步之作，学术分量较轻；有的是老先生长年研究杜诗的成果，学术上的新见卓见颇多。

七是对李、杜的比较研究。这是一个说不完的老话题，专著、专论一说再说。书名或论题有明言拿李、杜比较作论的，如《李杜之优劣论》、《李杜诗之比较》、《评李杜诗》、《论李白、杜甫诗篇中的思想性和艺术性》、《李白与杜甫》、《简论李白和杜甫》等；也有在专著或论文中，拿李、杜比较作论的，如1937年由毓森《杜甫及其诗的研究》，就把李白说成是贵族文学的代表，把杜甫说成是平民文学的代表；1979年胡守仁《试论杜甫及其诗》，就认为李白的诗是集古诗之大成，杜甫的诗是继往开来的。1992年程杰《杜甫与唐宋诗之变》，也说李、杜为盛唐诗坛双子星座，李白的意义在于继往，杜甫的意义在于开来。皆可谓比较作论。

八是杜诗学的研究。20世纪研究杜诗学的著述甚多，首篇题为《杜诗学》论文的作者，应是叶绮莲(1969)。之后，研究杜诗学的论文，有简明勇的《杜甫·杜诗·杜诗学》(1983)，许总的《论吴见思

〈杜诗论文〉的特色及其对杜诗学的贡献》(1983)，简思定的《清初杜诗学研究》(1986)，许总的《杜诗学大势鸟瞰》(1986)、《金元杜诗学探析》(1987)、《明清杜诗学概观》(1988)、《杜诗学发微》(1989)。有廖仲安的《杜诗学》(1994)，胡晓明的《略论杜甫诗学与中国文化精神》(1994)，林继中的《杜诗学——民族的文化诗学》(1995)。有胡可先的《杜诗学论纲》(1995)、《杜诗史料学论纲》(1995)，裴斐的《略论两宋杜诗学中存在的一种倾向》(1995)，闵庚三的《李植〈杜诗泽风堂批解〉对杜诗学的贡献》等。从诸多著述可以看出，所谓"杜诗学"是一个内涵宽泛的概念，似乎杜诗研究及与杜诗研究相关问题的探讨，都可纳入其中。论著虽多，却少有较为规范的说法。对其内涵的科学界定，学者尚须深入思考。

此外，20世纪还有不少学人研究过杜诗在中晚唐、两宋、金元、明清以及现当代的传播、接受问题，杜诗对不同时代诗人诗风、艺术趣味、修辞手法的影响问题，域外(主要是日本、韩国、越南)汉诗对杜诗的"受容"问题和域外诗话论及杜诗的要点问题。不难看出，20世纪的杜诗研究，选题之丰富，几乎涉及杜诗创作和中外历代杜诗研究的所有范围；大至于全面系统的考论，小至于对某一诗句句法的分析，可谓面面俱到，巨细无遗。

以上是我们初读《杜甫学术档案》，了解到的20世纪杜诗研究选题方面的信息。它们反映出档案的一个重要特点：比较全面地收录和介绍了20世纪杜诗研究的各种成果(专著、专论和其他著述文字)和所谓"大事"(指一些有特色的专著、专论问世和一些重要学术活动的开展)。档案反映出的第二个特点，是编撰人员具有采录档案材料的客观立场和史家记事的实录原则。这一特点既表现在对杜诗研究经典著述的评介中，也表现在对杜诗研究论著提要的撰写中。客观、真实地采录和实事求是地评介，应是编撰所有《中国学术档案大系》的正确态度，但践行之不易，却不是所有人都能体会到的。细读档案，无论作"评介"还是写"提要"，编撰者似乎都用到一种"书写策略"，即叙说、评论、介绍，都尽量援引原著原文和他人的相关言论完成，少用或不用容易彰显个人立论趋向的语词。由于采录的材料客观、真实，诸多档案材料的罗列倒能显出20世纪杜诗研究的一些特点。比如，通过比较，可见 20 世纪和中唐以后十来个世纪的杜诗研究，既有联系，又有区别。联系表现在历代学者研究的热点问题仍是后辈学人的关注点，历代学者研究提出的理念、观点，所用术语、概念仍为后辈学人所承袭和沿用；区别表现在研究范围的扩大、研究方法的改进（受西学东渐和时代精神的影响）和对问题探讨的深入细致，以及研究成果表述形式的变化（由从前的选本点评、文集笺注、诗话笔记、诗文评议等零散之论，到大量专论、专著的出现）。再比如，20世纪的杜诗研究，除中国大陆有过十多年的空档期外，中外学者几乎每年都有著述问世。而在 90 年代以前，虽有不少学者致力于对杜甫、杜诗的综合性研究，出版了好几种《杜甫传》、《杜甫评传》一类的著作，但多数学者的杜诗研究却是专题专论式的个案研究。难得的是个案议题涉及杜诗研究范围很广，对问题的解析深细入微。进入 90 年代，"杜诗学"一下子成了众多杜诗论文的关键词。这说明 20 世纪杜诗研究正在开始，或已然由对杜诗的个别问题的分散式研究，步入全面、系统、集大成式的研究阶段。研究所得足以构成独具特色的学科门类——杜诗学。而杜诗学学科的建立，无疑给 21 世纪的杜诗研究提供了一个起点很高的平台，对增强杜诗研究的科学性、提升杜诗研究的学术水准有极大的帮助。再比如，检阅中华人民共和国成立前后、"文革"前后、改革开放前后杜诗研究的专著、专论，就会发现，不但各时期杜诗研究的选题各有侧重，而且立论角度、批评原则、审美观念、表述方式都有明显不同，充分反映出 20 世纪杜诗研究，学风变化深受当下政治思想、外来文学思潮影响的特点。虽然绝无远离政治、阻断地气、游离于时代精神之外的所谓纯学术研究，但在研究中，如何坚持实事求是的原则，固守学术相对独立的底线，应是后来杜诗研究者思考的问题。以上三点是初读《档案》的感受，如果深入分析所有《档案》材料的内外联系及某些学术成果产生的文化背景和其他成因，可能领悟的治学之道更多。这些应该是《杜甫学术档案》材料客观存在的价值之所在，也是《档案》编撰最为成功的地方。

在我看来，《档案》的编撰也有不足之处，这主要反映在对《杜甫学术档案》基本材料的采录上。除书中对杜诗研究"经典论著"、"研究大事"若干选项的厘定，尚可斟酌外，突出的似有两点。一是对抗

战时期杜诗研究材料的采录，似乎太少了一些。抗战时期其实是 20
世纪杜诗研究的高峰期之一。学者们身处国家危亡之时，对杜甫忧国
悯时的情怀、杜诗哀叹山河破碎的愤懑感受极深，而研究杜诗、传播
杜诗的行动最为自觉。像"流亡大学"中文系的教授们，讲文学史说
到杜诗时，讲专题课说到杜甫记述安史乱中自己漂泊流浪、生灵涂炭
的诗作时，无不情绪激动，以至于念诗哽咽，难以成句。此类特点，
明显地保留在后来整理出版的《中国文学史》、《杜诗研究》专题课讲
义和杜诗选本中。《档案》若能采录一二，亦可为一时代之杜诗研究
存照。二是对杜甫辞赋、散文研究资料的忽略使《杜甫学术档案》变
成了单一的"杜诗研究档案"。应该承认，这种忽略主因在于 20 世纪
的杜甫研究者，大多未把对杜甫辞赋、散文的研究，当作杜甫研究不
可或缺的内容，论者寥寥，自然难以建档。编撰工作应该改进的是，
将有限的研究成果(如有些散文史的相关论述和专题论文)收入"论著
提要"或"大事记"中。杜甫是诗人，但他自 7 岁起，即有"缀笔"之
作，存世辞赋及表、状、赞、记、说、述、墓志、祭文等尚有 28 篇
之多，又有诗题、诗序可视为杂文者若干。对这些作品，北宋的秦
观，南宋的吕祖谦，清代的朱鹤龄、黄潽、仇兆鳌等，或评或注，为
后学研究打下了基础，20 世纪的杜甫研究理应在这方面有所创获，
可惜成果有限。也许今日缺失之所在，必为明日研究之重点，杜甫辞
赋、散文研究高潮的到来，指日可待。从这个角度看，《档案》编撰
者的"忽略"，似乎正在为接下来杜甫研究的全面深入作无声的呼唤。

2019 年 8 月 18 日武昌南湖山庄

目　　录

杜甫研究经典论著评介

情 圣 杜 甫

梁启超

一

今日承诗学研究会嘱托讲演，可惜我文学素养很浅薄，不能有什么新贡献，只好把咱们家里老古董搬出来和诸君摩挲一番，题目是《情圣杜甫》。在讲演本题以前，有两段话应该简单说明：

第一，新事物固然可爱，老古董亦不可轻轻抹杀。内中艺术的古董，尤为有特殊价值。因为艺术是情感的表现，情感是不受进化法则支配的；不能说现代人的情感一定比古人优美，所以不能说现代人的艺术一定比古人进步。

第二，用文字表出来的艺术——如诗词、歌剧、小说等类，多少总含有几分国民的性质。因为现在人类语言未能统一，无论何国的作家，总须用本国语言文字做工具；这副工具操练得不纯熟，纵然有很丰富高妙的思想，也不能成为艺术的表现。

我根据这两种理由，希望现代研究文学的青年，对于本国二千年来的名家作品，着实费一番工夫去赏会他。那么，杜工部自然是首屈一指的人物了。

二

杜工部被后人上他徽号叫做"诗圣"。诗怎么样才算"圣"，标准很难确定，我们也不必轻轻附和。我以为工部最少可以当得起"情圣"的徽号。因为他的情感的内容，是极丰富的，极真实的，极深刻的。他表情的方法又极熟练，能鞭辟到最深处，能将他全部完全反映不走样子，能像电气一般一振一荡的打到别人的心弦上。中国文学界写情圣手，没有人比得上他，所以我叫他做"情圣"。

我们研究杜工部，先要把他所生的时代和他一生经历略叙梗概，看出他整个的人格：两晋六朝几百年间，可以说是中国民族混成时代。中原被异族侵入，搀杂许多新民族的血；江南则因中原旧家次第迁渡，把原住民的文化提高了。当时文艺上南北派的痕迹显然，北派真率悲壮，南派整齐柔婉，在古乐府里头，最可以看出这分野。唐朝民族化合作用，经过完成了，政治上统一，影响及于文艺，自然会把两派特性合冶一炉，形成大民族的新美。初唐是黎明时代，盛唐正是成熟时代。内中玄宗开元间四十年太平，正孕育出中国艺术史上黄金时代。到天宝之乱，黄金忽变为黑灰，时事变迁之剧，未有其比。当时蕴蓄深厚的文学界，受了这种激刺，益发波澜壮阔。杜工部正是这个时代的骄儿。他是河南人，生当玄宗开元之初。早年漫游四方，大河以北都有他足迹，同时大文学家李太白、高达夫都是他的挚友。中年值安禄山之乱，从贼中逃出，跑到甘肃的灵武谒见肃宗，补了个"拾遗"的官，不久告假回家。又碰着饥荒，在陕西的同谷县几乎饿死。后来流落到四川，依一位故人严武。严武死后，四川又乱，他避难到湖南，在路上死了。他有两位兄弟、一位妹子，都因乱离难得见面。他和他的夫人也常常隔离，他一个小儿子，因饥荒饿死，两个大儿子，晚年跟着他在四川。他一生简单的经历大略如此。

他是一位极热肠的人，又是一位极有脾气的人，从小便心高气傲，不肯趋承人。他的诗道：

> 以兹悟生理，独耻事干谒。（《奉先咏怀》）

又说：

> 白鸥没浩荡，万里谁能驯。（《赠韦左丞》）

可以见他的气概。严武做四川节度，他当无家可归的时候去投奔他，然而一点不肯趋承将就。相传有好几回冲撞严武，几乎严武容他不下哩。他集中有一首诗，可以当他人格的象征：

> 绝代有佳人，幽居在空谷。自言良家子，零落依草木。……
> 在山泉水清，出山泉水浊。侍婢卖珠回，牵萝补茅屋。摘花不插
> 鬓，采柏动盈掬。天寒翠袖薄，日暮倚修竹。(《佳人》)

这位佳人，身分是非常名贵的，境遇是非常可怜的，情绪是非常温厚的，性格是非常高亢的，这便是他本人自己的写照。

三

他是个富于同情心的人，他有两句诗：

> 穷年忧黎元，叹息肠内热。(《奉先咏怀》)

这不是瞎吹的话，在他的作品中，到处可以证明。这首诗底下便有两段说：

> 彤庭所分帛，本自寒女出。鞭挞其夫家，聚敛贡城阙。(同
> 上)

又说：

> 况闻内金盘，尽在卫霍室。中堂舞神仙，烟雾蒙玉质。暖客
> 貂鼠裘，悲管逐清瑟。劝客驼蹄羹，霜橙压香橘。朱门酒肉臭，
> 路有冻死骨。……(同上)

这种诗几乎纯是现代社会党的口吻。他做这诗的时候，正是唐朝黄金时代，全国人正在被镜里雾里的太平景象醉倒了。这种景象映到他的

眼中，却有无限悲哀。

他的眼光，常常注视到社会最下层。这一层的可怜人那些状况，别人看不出，他都看出；他们的情绪，别人传不出，他都传出。他著名的作品"三吏""三别"，便是那时代社会状况最真实的影戏片。《垂老别》的：

> 老妻卧路啼，岁暮衣裳单。孰知是死别，且复伤其寒。此去必不归，还闻劝加餐。

《新安吏》的：

> 肥男有母送，瘦男独伶俜。白水暮东流，青山犹哭声。莫自使眼枯，收汝泪纵横。眼枯即见骨，天地终无情。

《石壕吏》的：

> 三男邺城戍。一男附书至，二男新战死。存者且偷生，死者长已矣。

这些诗是要作者的精神和那所写之人的精神并合为一，才能做出。他所写的是否他亲闻亲见的事实，抑或他脑中创造的影像，且不管他；总之他做这首《垂老别》时，他已经化身做那位六七十岁拖去当兵的老头子；做这首《石壕吏》时，他已经化身做那位儿女死绝、衣食不给的老太婆。所以他说的话，完全和他们自己说一样。

他还有《戏呈吴郎》一首七律，那上半首是：

> 堂前扑枣任西邻，无食无儿一妇人。不为家贫宁有此，只缘恐惧转须亲。……

这首诗，以诗论，并没什么好处，但叙当时一件琐碎实事——一位很可怜的邻舍妇人偷他的枣子吃，因那人的惶恐，把作者的同情心引起了。这也是他注意下层社会的证据。

有一首《缚鸡行》，表出他对于生物的泛爱，而且很含些哲理：

> 小奴缚鸡向市卖，鸡被缚急相喧争。家人厌鸡食虫蚁，未知鸡卖还遭烹。虫鸡于人何厚薄，吾叱奴人解其缚。鸡虫得失无了时，注目寒江倚山阁。

有一首《茅屋为秋风所破歌》，结尾几句说道：

> ……安得广厦千万间，大庇天下寒士俱欢颜。风雨不动安如山。呜呼！何时眼前突兀见此屋，吾庐独破受冻死亦足。

有人批评他是名士说大话，但据我看来，此老确有这种胸襟。因为他对于下层社会的痛苦看得真切，所以常把他们的痛苦当作自己的痛苦。

四

他对于一般人如此多情，对于自己有关系的人更不待说了。我们试看他对朋友：那位因陷贼贬做台州司户的郑虔，他有诗送他道：

> ……便与先生应永诀，九重泉路尽交期。

又有诗怀他道：

> 天台隔三江，风浪无晨暮。郑公纵得归，老病不识路。……
> （《有怀台州郑十八司户》）

那位因附永王璘造反长流夜郎的李白，他有诗梦他道：

> 死别已吞声，生别常恻恻。江南瘴疠地，逐客无消息。故人入我梦，明我长相忆。恐非平生魂，路远不可测。魂来枫林青，

魂返关塞黑。君今在罗网，何以有羽翼？落月满屋梁，犹疑照颜色。水深波浪阔，毋使蛟龙得。(《梦李白二首》之一)

这些诗不是寻常应酬话，他实在拿郑、李等人当一个朋友，对于他们的境遇，所感痛苦和自己亲受一样，所以做出来的诗句句都带血带泪。

他集中想念他兄弟和妹子的诗，前后有二十来首，处处至性流露。最沉痛的如《同谷七歌》中：

有弟有弟在远方，三人各瘦何人强？生别展转不相见，胡尘暗天道路长。前飞䴏鹅后鹙鸧，安得送我置汝旁。呜呼！三歌兮歌三发，汝归何处收兄骨。

有妹有妹在钟离，良人早没诸孤痴。长淮浪高蛟龙怒，十年不见来何时？扁舟欲往箭满眼，杳杳南国多旌旗。呜呼！四歌兮歌四奏，林猿为我啼清昼。

他自己直系的小家庭，光景是很困苦的，爱情却是很秾挚的。他早年有一首思家诗：

今夜鄜州月，闺中只独看。遥怜小儿女，未解忆长安。香雾云鬟湿，清辉玉臂寒。何时倚虚幌，双照泪痕干。(《月夜》)

这种缘情旖旎之作，在集中很少见，但这一首已可证明工部是一位温柔细腻的人。他到中年以后，遭值多难，家属离合，经过不少的酸苦。乱前他回家一次，小的儿子饿死了。他的诗道：

……老妻寄异县，十口隔风雪。谁能久不顾，庶往共饥渴。入门闻号咷，幼子饿已卒。吾宁舍一哀，里巷亦呜咽。所愧为人父，无食致夭折。……(《奉先咏怀》)

乱后和家族隔绝，有一首诗：

去年潼关破，妻子隔绝久。……自寄一封书，今已十月后。反畏消息来，寸心亦何有。……（《述怀》）

其后从贼中逃归，得和家族团聚，他有好几首诗写那时候的光景。《羌村三首》中的第一首：

峥嵘赤云西，日脚下平地。柴门鸟雀噪，归客千里至。妻孥怪我在，惊定还拭泪。世乱遭飘荡，生还偶然遂。邻人满墙头，感叹亦歔欷。夜阑更秉烛，相对如梦寐。

《北征》里头的一段：

况我堕胡尘，及归尽华发。经年至茅屋，妻子衣百结。恸哭松声迥，悲泉共鸣咽。平生所娇儿，颜色白胜雪。见耶背面啼，垢腻脚不袜。床前两小女，补绽才过膝。海图坼波涛，旧绣移曲折。天吴及紫凤，颠倒在裋褐。老夫情怀恶，呕泄卧数日。那无囊中帛，救汝寒凛栗！粉黛亦解苞，衾裯稍罗列。瘦妻面复光，痴女头自栉。学母无不为，晓妆随手抹。移时施朱铅，狼藉画眉阔。生还对童稚，似欲忘饥渴。问事竞挽须，谁能即嗔喝。翻思在贼愁，甘受杂乱聒。

其后挈眷避乱，路上很苦。他有诗追叙那时情况道：

忆昔避贼初，北走经险艰。夜深彭衙道，月照白水山。尽室久徒步，逢人多厚颜。……痴女饥咬我，啼畏虎狼闻。怀中掩其口，反侧声愈嗔。小儿强解事，故索苦李餐。一旬半雷雨，泥泞相牵攀。……（《彭衙行》）

他合家避乱到同谷县山中，又遇着饥荒，靠草根木皮活命。在他困苦的全生涯中，当以这时候为最甚。他的诗说：

长镵长镵白木柄，我生托子以为命！黄独无苗山雪盛，短衣数挽不掩胫；此时与子空归来，男呻女吟四壁静。……（《同谷七歌》之二）

以上所举各诗写他自己家庭状况，我替他起个名字叫做"半写实派"。他处处把自己主观的情感暴露，原不算写实派的做法。但如《羌村》、《北征》等篇，多用第三者客观的资格，描写所观察得来的环境和别人情感，从极琐碎的断片详密刻画，确是近世写实派用的方法，所以可叫做"半写实"。这种做法，在中国文学界上，虽不敢说是杜工部首创，却可以说是杜工部用得最多而最妙。从前古乐府里头，虽然有些，但不如工部之描写入微。这类诗的好处，在真事愈写得详，真情愈发得透。我们熟读他，可以理会得"真即是美"的道理。

五

杜工部的"忠君爱国"，前人恭维他的很多，不用我再添话。他集中对于时事痛哭流涕的作品，差不多占四分之一。若把他分类研究起来，不惟在文学上有价值，而且在史料上有绝大价值。为时间所限，恕我不征引了。内中价值最大者，在能确实描写出社会状况，及能确实讴吟出时代心理。刚才举出半写实派的几首诗，是集中最通用的做法，此外还有许多是纯写实的。试举他几首：

献凯日继踵，两蕃静无虞。渔阳豪侠地，击鼓吹笙竽。云帆转辽海，粳稻来东吴。越裳与楚练，照耀舆台躯。主将位益崇，气骄凌上都。边人不敢议，议者死路衢。（《后出塞五首》之四）

读这些诗，令人立刻联想到现在军阀的豪奢专横——尤其逼肖奉直战争前张作霖的状况。最妙处是不着一个字批评，但把客观事实直写，自然会令读者叹气或瞪眼。又如《丽人行》那首七古，全首将近二百字的长篇，完全立在第三者地位观察事实。从"三月三日天气新"到"青鸟飞去衔红巾"，占全首二十六句中之二十四句，只是极力铺叙那种豪奢热闹情状，不惟字面上没有讥刺痕迹，连骨子里头也没有，直至结尾两句：

> 炙手可热势绝伦，慎勿近前丞相嗔。

算是把主意一逗。但依然不着议论，完全让读者自去批评。这种可以说讽刺文学中之最高技术。因为人类对于某种社会现象之批评，自有共同心理，作家只要把那现象写得真切，自然会使读者心理起反应。若把读者心中要说的话，作者先替他倾吐无余，那便索然寡味了。杜工部这类诗，比白香山《新乐府》高一筹，所争就在此。《石壕吏》、《垂老别》诸篇，所用技术，都是此类。

工部的写实诗，十有九属于讽刺类。不独工部为然，近代欧洲写实文学，那一家不是专写社会黑暗方面呢？但杜集中用写实法写社会优美方面的亦不是没有，如《遭田父泥饮》那篇：

> 步屧随春风，村村自花柳。田翁逼社日，邀我尝春酒。酒酣夸新尹，畜眼未见有。回头指大男，"渠是弓弩手。名在飞骑籍，长番岁时久。前日放营农，辛苦救衰朽。差科死则已，誓不举家走。今年大作社，拾遗能住否？"叫妇开大瓶，盆中为吾取。……高声索果栗，欲起时被肘。指挥过无礼，未觉村野丑。月出遮我留，仍嗔问升斗。

这首诗把乡下老百姓极粹美的真性情，一齐活现。你看他父子夫妇间何等亲热，对于国家的义务心何等郑重，对于社交，何等爽快、何等恳切。我们若把这首诗当个画题，可以把篇中各人的心理从面孔上传出，便成了一幅绝好的风俗画。我们须知道，杜集中关于时事的诗，以这类为最上乘。

六

工部写情，能将许多性质不同的情绪，归拢在一篇中，而得调和之美。例如《北征》篇，大体算是忧时之作。然而"青云动高兴，幽事亦可悦"以下一段，纯是玩赏天然之美。"夜深经战场，寒月照白骨"以下一段，凭吊往事。"况我堕胡尘"以下一大段，纯写家庭实况，忽然而悲，忽然而喜。"至尊尚蒙尘"以下一段，正面感慨时事，一面盼望内乱速平，一面又忧虑到凭借回鹘外力的危险。"忆昨狼狈初"以下到篇末，把过去的事实，一齐涌到心上。像这许多杂乱情绪迸在一篇，调和得恰可，非有绝大力量不能。

工部写情，往往愈拗愈紧，愈转愈深。像《哀王孙》那篇，几乎一句一意，试将现行新符号去点读他，差不多每句都须用"。"符或";"符。他的情感，像一堆乱石，突兀在胸中，断断续续地吐出，从无条理中见条理，真极文章之能事。

工部写情，有时又淋漓尽致一口气说出，如八股家评语所谓"大开大合"。这种类不以曲折见长，然亦能极其美。集中模范的作品，如《忆昔行》第二首，从"忆昔开元全盛日"起到"叔孙礼乐萧何律"止，极力追述从前太平景象，从社会道德上赞美，令意义格外深厚。自"岂闻一缣直万钱"到"复恐初从乱离说"，翻过来说现在乱离景象，两两比对，令读者胆战肉跃。

工部还有一种特别技能，几乎可以说别人学不到。他最能用极简的语句，包括无限情绪，写得极深刻。如《喜达行在所三首》中第三首的头两句：

　　　死去凭谁报，归来始自怜。

仅仅十个字，把十个月内虎口余生的甜酸苦辣都写出来。这是何等魄力！又如前文所引《述怀》篇的"反畏消息来"五个字，写乱离中担心家中情状，真是惊心动魄。又如《垂老别》里头：

　　　势异邺城下，纵死时犹宽。

死是早已安排定了，只好拿期限长些作安慰。（原文是写老妻送行时语）这是何等沉痛！又如前文所引的：

郑公纵得归，老病不识路。

明明知道他绝对不能归了，让一步虽得归，已经万事不堪回首。此外如："带甲满天地，胡为君远行"（《送远》），"万方同一概，吾道竟何之"（《秦州杂诗》），"国破山河在，城春草木深"（《春望》），"亲朋无一字，老病有孤舟"（《登岳阳楼》），"古往今来皆涕泪，断肠分手各风烟"（《公安送韦二少府》）之类，都是用极少的字表达极复杂极深刻的情绪。他用洗炼工夫用得极到家，所以说："语不惊人死不休。"此其所以为文学家的文学。

悲哀、愁闷的情感易写，欢喜的情感难写。古今作家中，能将喜情写得逼真的，除却杜集《闻官军收河南河北》外，怕没有第二首。那诗道：

> 剑外忽闻收蓟北，初闻涕泪满衣裳。却看妻子愁何在，漫卷诗书喜欲狂。白日放歌须纵酒，青春作伴好还乡。即从巴峡穿巫峡，便下襄阳向洛阳。

那种手舞足蹈的情形，从心坎上奔进而出，我说他和古乐府的《公无渡河》是同一样笔法。彼是写忽然剧变的悲情，此是写忽然剧变的喜情，都是用快光镜照相照得的。

七

工部流连风景的诗比较少，但每有所作，一定于所咏的景物观察入微，便把那景物做象征，从里头印出情绪。如：

> 竹凉侵卧内，野月满庭隅。重露成涓滴，稀星乍有无。暗飞萤自照，水宿鸟相呼。万事干戈里，空悲清夜徂。（《倦夜》）

题目是《倦夜》，景物从初夜写到中夜、后夜，是独自一个人有一心事睡不着，疲倦无聊中所看出的光景。所写环境，句句和心理反应。又如：

> 风急天高猿啸哀，渚清沙白鸟飞回。无边落木萧萧下，不尽
> 长江滚滚来。……（《登高》）

虽然只是写景，却有一位老病独客秋天登高的人在里头，便不读下文"万里悲秋常作客，百年多病独登台"两句，已经如见其人了。又如：

> 细草微风岸，危樯独夜舟。星垂平野阔，月涌大江流。……
> （《旅夜书怀》）

从寂寞的环境上领略出很空阔、很自由的趣味。末两句说："飘飘何所似，天地一沙鸥。"把情绪一点便醒。

所以工部的写景诗，多半是把景做表情的工具。像王、孟、韦、柳的写景，固然也离不了情，但不如杜之情的分量多。

八

诗是歌的、笑的好呀，还是哭的、叫的好？换一句话说，诗的任务在赞美自然之美呀，抑在呼诉人生之苦？再换一句话说，我们应该为做诗而做诗呀，抑或应该为人生问题中某项目的而做诗？这两种主张，各有极强的理由，我们不能作极端的左右袒，也不愿作极端的左右袒。依我所见，人生目的不是单调的，美也不是单调的。为爱美而爱美，也可以说为的是人生目的，因为爱美本来是人生目的的一部分。诉人生苦痛，写人生黑暗，也不能不说是美。因为美的作用，不外令自己或别人起快感，痛楚的刺激，也是快感之一。例如肤痒的人，用手抓到出血，越抓越畅快。像情感怎么热烈的杜工部，他的作品，自然是刺激性极强，近于哭叫人生目的那一路，主张人生艺术观的人，固然要读他。但还要知道，他的哭声，是三板一眼的哭出来，节节含着真美，主张唯美艺术观的人，也非读他不可。我很惭愧，我

的艺术素养浅薄，这篇讲演，不能充分发挥"情圣"作品的价值，但我希望这位情圣的精神，和我们的语言文字同其寿命，尤盼望这种精神有一部分注入现代青年文学家的脑里头。

——据商务印书馆 1922 年版《梁任公学术讲演集》第一辑

【评 介】

梁启超(1873—1929)，字卓如，号任公，清同治十二年正月二十六日(1873 年 2 月 23 日)生于广东新会县熊子乡茶坑村。光绪十一年(1885)入广州学海堂读书，光绪十五年(1889)中举。次年师从康有为，入万木草堂，学习今文经学。光绪二十一年(1895)入京会试，公车上书，组织强学会。光绪二十二年(1896)创办《时务报》，任主笔。次年，主讲长沙时务学堂。光绪二十四年(1898)进京，推动变法维新，失败后东走日本，创《清议报》，宣扬新民学说，后漫游澳大利亚、美国等。宣统年间回沪，倡言宪政，推动国会。辛亥革命后入京，任司法总长、币制局总裁等，护国战争后任财政总长兼盐务督办。第一次世界大战结束后，有欧洲之游，归来后入清华学校国学研究院，1929 年 1 月 19 日逝世于北京。著有《饮冰室合集》。

一、文学救国

生活在剧烈变革时代的梁启超，其思想与观念亦随着形势的发展有重大的转变。他自己对此也有着清晰的认识，曾经感叹"每数月前之文，阅数月后读之，已自觉期期以为不可；况乃丙申、丁酉间之作，至今偶一检视，辄欲作呕，否亦汗流浃背矣"(《饮冰室文集序》)。这里的形容颇为夸张，却也在一定程度上展示出他思想认识不断演进的特征。就文学方面而言，大体可以分为截然不同的两个阶段，即从对传统文学的极力否定到相当程度的肯定，按照夏晓虹的描述，则是从作"觉世之文"转向作"传世之文"，从主张"文学救国"转向主张"情感中心"(《觉世与传世——梁启超的文学道路》)。

作为传统文人，梁启超的思想虽然有着种种形态，大致而言，却脱不了与政治的干系,我们都不妨将之划分为与政治紧紧纠缠在一起的形态及与政治相对隔膜的形态。这两种形态,梁启超自己的描述是政治兴味与学问兴味。在1921年所写的《外交欤？内政欤？》一文中,他说道:"我生平是靠兴味做生活源泉。我的学问兴味、政治兴味都甚浓。两样比较,学问兴味更为浓些。我常常梦想能够在稍为清明点的政治之下,容我专作学者生涯。但又常常感觉:我若不管政治,便是我逃避责任。我觉'我'应该做的事,是恢复我二十几岁时候的勇气,做个学者生涯的政论家。"

梁启超认为他学问兴味更为浓厚,这只能是他后期的一时感受。正如几乎每一个传统的士大夫都有一个在清明时代做学问家的梦想,他们同时也都有一个在乱世做政治家的情怀,这就是梁启超所感受到的责任。因此,前期的梁启超事实上由政治兴味主导着他的思想与行为,具体表现在文学方面,则是因启蒙的需要而对传统文学的大力批判与对新兴文学的极力倡导。钱玄同曾给予梁启超极高的评价:"梁任公先生实为近来创造新文学之一人。虽政治诸作,因时变迁,不能得国人全体之赞同,即其文章,亦未能脱帖括蹊径,然输入日本文之句法,以新名词及俗语入文,视戏曲小说与论记之文平等,此皆其识力过人处。鄙意论现代文学之革新,必数及梁先生。"(《寄陈独秀》)梁启超在文学史上首先是以一个革新家的面目出现的,而他文学革新家的立场,则直接源于他政治革新的要求。戊戌变法之后,梁启超东渡日本,在横滨创办了《清议报》,在首册中他发表了《译印政治小说序》,阐述了他瞩目于文学尤其是小说的目的:

> 政治小说之体,自泰西人始也。凡人之情,莫不惮庄严而喜谐谑,故听古乐,则惟恐卧,听郑卫之音,则靡靡而忘倦焉。此实有生之大例,虽圣人无可如何者也。善为教者,则因人之情而利导之,故或出之以滑稽,或托之于寓言。孟子有好货、好色之喻,屈平有美人芳草之辞。寓讽谏于诙谐,发忠爱于馨艳,其移人之深,视庄言危论,往往有过,殆未可以劝百讽一而轻薄之也。中土小说,虽列之于九流,然自虞初以来,佳制盖鲜,述英雄则规画《水浒》,道男女则步武《红楼》,综其大较,不出诲盗、

诲淫两端。陈陈相因，途途递附，故大方之家，每不屑道焉。虽然，人情厌庄喜谐之大例，既已如彼矣。彼夫缀学之子，黉塾之暇，其手《红楼》而口《水浒》，终不可禁。且从而禁之，孰若从而导之？善夫南海先生之言也，曰："仅识字之人，有不读经，无有不读小说者。"故六经不能教，当以小说教之；正史不能入，当以小说入之；语录不能谕，当以小说谕之；律例不能治，当以小说治之。天下通人少而愚人多，深于文学之人少，而粗识之无之人多。六经虽美，不通其义，不识其字，则如明珠夜投，按剑而怒矣。孔子失马，子贡求之不得，圉人求之而得，岂子贡之智，不若圉人哉？物各有群，人各有等，以龙伯大人与僬侥语，则不闻也。今中国识字人寡，深通文学之人尤寡，然则小说学之在中国，殆可增七略而为八，蔚四部而为五者矣。在昔欧洲各国变革之始，其魁儒硕学，仁人志士，往往以其身之所经历，及胸中所怀，政治之议论，一寄之于小说，于是彼中缀学之子，黉塾之暇，手之口之；下而兵丁、而市侩、而农氓、而工匠、而车夫马卒、而妇女、而童孺，靡不手之口之。往往每一书出，而全国之议论为之一变。彼美、英、德、法、奥、意、日本各国政界之日进，则政治小说，为功最高焉。英名士某君曰：小说为国民之魂！岂不然哉？岂不然哉？今特采外国名儒所撰述，而有关切于今日中国时局者，次第译之，附于报末，爱国之士，或庶览焉。

在这里，梁启超反复弘扬小说的价值与意义，甚至上升到"国民之魂"的地步。不过今天看来，这些褒扬似乎并没有搔到痒处。作为传统文人，我们不难发现他的骨子里其实还是对小说这一历来为文人所轻视的文体有一些鄙夷。比如，他认为以《水浒传》和《红楼梦》为代表的中国古典小说，所表达的主题无不是诲淫、诲盗而已。而他之所以看重小说这一文体，只是看中了小说的"诲人"功能。值得注意的是，这种"教诲"的对象，不是精英人士，而是兵丁、市侩、工匠、车马走卒及妇女儿童这些粗识文义甚或仅识文字之人。因此，他是站在一个先觉者的立场，来思考如何选择一种最合适的渠道去劝诱后觉者。在这个意义上，他看重小说的感染力，故而希望借用这一形式，将他所主张的政治替代"诲淫、诲盗"的主题，以达到启蒙与革新的目的。在宣扬"小说界革命"的《论小说与群治之关系》这一名篇中，梁启超将他的这些理念阐释得更为明晰：

> 欲新一国之民，不可不先新一国之小说。故欲新道德，必新小说；欲新宗教，必新小说；欲新政治，必新小说；欲新风俗，必新小说；欲新学艺，必新小说；乃至欲新人心、欲新人格，必新小说。何以故？小说有不可思议之力支配人道故。……小说之为体，其易入人也既如彼，其为用之易感人也又如此，故人类之普遍性，嗜他文终不如其嗜小说，此殆心理学自然之作用，非人力所得而易也。

他充分地意识到了小说较之于其他文体所独享的功能，并将这一功能提炼为熏、浸、刺、提四种力量——这不免让我们很轻易地联想到《诗经》以来享有盛名的"兴、观、群、怨"四种功能，也不免让我们勘破了他的用心——不过，他对于小说的认识终究没有突破我们的期待，因为他将小说感染力的来源仅仅归结于"心理学自然"的作用，或许这正是他们那些作品缺乏感染力的重要因素。他看到了小说这种为传统文人鄙薄的文体所潜藏的巨大力量，他想象着借助于这种力量去实现自己的梦想。"故今日欲改良群治，必自小说界革命始；欲新民，必自新小说始。"他给小说带来的并不是一种全新的面貌，一如他的改良；因为他终究没有对小说给予充分的正视，也正如他始终在政治上对王朝抱有幻想一样。

在传统文人眼中，诗文与小说的地位不可同日而语。不过，在启蒙者梁启超看来，它们并无二致，同属于被改良的范围。改变的方式也相差无几，那就是赋予它们充满时代气息的内容。在《夏威夷游记》中，他总结了自己"诗界革命"三个方面的要求：要有新意境；要用新语句；要用古人风格。这三个方面的要求，也正展示了一个改良家调和的思维与局限。全新的语句与内容，终被古旧的形式所束缚，这本身不可能成为"革命"。或者说，梁启超所认识的革命，包括文学，都属于旧框架内的调整而非全新的铸造。正如他自己所指出的那样，"新语句与古风格，常相背驰"，但当两者发生剧烈冲突且无法并存时，作者如何选择呢？他所选择的是维护既定的形式与风格：

> 盖由新语句与古风格，常相背驰。公度重风格者，故勉避之也。夏穗卿、谭复生，皆善选新语句，其语句则经子生涩语、佛典语、欧洲语杂用，颇错落可喜，然已不备诗家之资格。……复生本甚其能诗者，然三十以后，鄙其前所作为旧学。晚年屡有所为，皆用此新体，甚自喜之。然已渐成七字句之语录，不甚肖诗矣。(《夏威夷游记》)

在他看来，对于诗歌规范的维护就是对诗本体的保护，因为革命只是精神的改变而非形式的突破："过渡时代，必有革命。然革命者，当革其精神，非革其形式。吾党近好言诗界革命。虽然，若以堆积满纸新名词为革命，是又满洲政府变法维新之类也。能以旧风格含新意境，斯可以举革命之实矣。苟能尔尔，虽间杂一二新名词，亦不为病。不尔，则徒示人以俭而已。"(《饮冰室诗话》)他以自己精神上的改变，与清朝政府语词上的改变区别开来，但现在看来，由于他对旧形式的眷念，与清朝政府维新的距离仍然是半步之遥。也正因为如此，在十字路口他最终选择了退转的道路，回到了传统士大夫的行列，展示他对学问的兴味，进入了为学问而学问的时期。"而一切所谓'新学家'者，其所以失败，更有一总根原，曰：不以学问为目的而以为手段。"(《清代学术概论》)"小说界革命"与"诗界革命"之所以不能令人餍足，原因正在于它们是手段而不是目的，对此作者或许有所感悟。夏晓虹将梁启超形容为文人型的政治家，肩负着双重责任：

> 近代启蒙意识与救亡图存的社会责任感，更使梁启超们自觉或不自觉地放弃文学，越俎代庖，直接干预政治，把文学简单地当作政治斗争的工具。但是，同样悠久的诗文传统的熏陶，又养成了中国文人高雅的艺术趣味。在具体作品的品评中，他们对于艺术的优劣精粗有精细的分辨与敏锐的反应。梁启超们不妨在理智上推崇"文学救国"，可在趣味上更倾心于艺术精美之作。前

者是为别人而作，目的在于启蒙；后者是为自己而作，主旨在陶情。于是无论在现实生活还是在艺术创作中，他们常常不自居地"自我分裂"——即使情趣与旧诗词更相投的梁启超，却偏要提倡新小说——因为他们真诚地相信，只有这样，才能同时承担起作为国民与作为文人的双重责任。（夏晓虹《觉世与传世——梁启超的文学道路》）

当梁启超卸下为国民的责任而全力负担作为文人的责任时，他的文学立场便发生了彻底的改变。情感的表现是艺术而不是教化，就成为文学的中心任务。小说之所以一度引起他强烈的关注，在于它具有非同一般的移情作用。如果说在文学观念上有一种思想在梁启超身上贯彻始终，那应该就是对于情感的关注。当作为学问家的梁启超把文学作为研究的对象而不是桥梁时，他也就顺理成章地把情感当成了文学的核心。

二、情感中心

1922 年，从欧洲归来的梁启超写下了一系列研究古典诗歌的著述，其中心观念便是"艺术是情感的表现"。在《中国韵文里头所表现的情感》中，他开门见山地说道：

天下最神圣的莫过于情感。用理解来引导人，顶多能叫人知道哪件事应该做，那件事怎样做法，却是被引导的人到底去做不去做，没有什么关系；有时所知的越发多，所做的倒越发少。用情感来激发人，好像磁力吸铁一般，有多大分量的磁，便引多大分量的铁，丝毫容不得躲闪，所以情感这样东西，可以说是一种催眠术，是人类一切动作的原动力。

这种对情感引导作用的关注，同早期他对小说等艺术形式的感染力的关注是一脉相承的。不过，因为此时以情感的研究为目的而不是手段，他的兴趣便转向于情感是如何被表现出来的，即"专注重表现情感的方法有多少种？哪样方法是我们中国人用得最多、用得最好"？情感的表现方法，他总结为六种，分别是"奔迸的表情法""回荡的表情法""蕴藉的表情法""象征派的表情法""浪漫派的表情法""写实派的表情法"。每一种表情法，他都列举了大量的古典诗歌来加以论证。如"奔迸的表情法"，梁启超认为在正式的五七言诗中，杜甫的《闻官军收河南河北》最为成功：

> 凡诗写哀痛、愤恨、忧愁、悦乐、爱恋，都还容易，写欢喜真是难。即在长短句和古体里头也不易得。这首诗是近体，个个字受"声病"的束缚，他却做得如何淋漓尽致！那一种手舞足蹈的情形，读了令人发怔。据我看过去的诗没有第二首比得上了。

在阐述"回荡的表情法"时，通过对《诗经》以来诗歌发展史的回溯，梁启超依然认为杜甫是这种表情法的最成功的使用者，杜甫之所以被他认定为"情圣"，就与诗人熟练地使用这种表情法有关：

> 中古以降的诗，用这种表情法用得最好的，我可以举出一个人当代表。什么人？杜工部！后人上杜工部的徽号叫做"诗圣"，别的圣不圣，我不敢说，最少"情圣"两个字，他是当得起。他有他自己独到的一种表情法，前头的人没有这种境界，后头的人逃不出这种境界。他集中的情诗太多了，我只随意举出人人共读的几首为例。
>
> 客行新安道，喧呼闻点兵。借问新安吏，县小更无丁。
> 府帖昨夜下，次选中男行。中男绝短小，何以守王城？
> 肥男有母送，瘦男独伶俜。白水暮东流，青山闻哭声。
> 莫自使眼枯，收汝泪纵横。眼枯即见骨，天地终无情。……
>
> （《新安吏》）
>
> 四郊未宁静，垂老不得安。子孙阵亡尽，焉用身独完？
> 投杖出门去，同行为辛酸。……老妻卧路啼，岁暮衣裳单。
> 孰知是死别，且复伤其寒。此去必不归，还闻劝加餐。……
>
> （《垂老别》）

这类是由"同情心"发出来的情感。工部是个多血质的人，他《自京赴奉先咏怀》那首诗里头说："穷年忧黎元，叹息肠内热。"又说："彤庭所分帛，本自寒女出；鞭挞其夫家，聚敛贡城阙。"又说："朱门酒肉臭，路有冻死骨。"他还有一首诗道："堂前扑枣任西邻，无食无儿一妇人。不为困穷宁有此，只缘恐惧转相亲①。"集里头像这样的还多，都是同情心的表现。他的眼睛常常注视到社会最底下那一层；他最了解穷苦人们的心理。所以他的诗因他们触动情感的最多，有时替他们写情感，简直和本人自作一样。《三吏》、《三别》，便是模范的作品。后来白香山的《秦中吟》、《新乐府》，也是这个路数，但主观的讽刺色彩太重，不能如工部之哀沁心脾。

（1）

少陵野老吞声哭，春日潜行曲江曲。江头宫殿锁千门，细柳新蒲为谁绿。……明眸皓齿今何在，血污游魂归不得。清渭东流剑阁深，去住彼此无消息。人生有情泪沾臆，江水江花岂终极。黄昏胡骑尘满城，欲往城南忘南北。（《哀江头》）

（2）

……腰下宝玦青珊瑚，可怜王孙泣路隅。问之不肯道姓名，但道困苦乞为奴。已经百日窜荆棘，身上无有完肌肤。……豺狼在邑龙在野，王孙善保千金躯。不敢长语临交衢，且为王孙立斯须。……（《哀王孙》）

（3）

忆昔开元全盛日，小邑犹藏万家室。稻米流脂粟米白，公私仓廪俱丰实。九州道路无豺虎，远行不劳吉日出。齐纨鲁缟车班班，男耕女桑不相失。宫中圣人奏《云门》，天下朋友皆胶漆。百余年间未灾变，叔孙礼乐萧何律。岂闻一绢直万钱，有田种谷今流血。洛阳宫殿烧焚尽，宗庙新除狐兔穴。伤心不忍问耆旧，复恐更从②乱离说。……（《忆昔》）

---

① "转相亲"原作"转须亲"。
② "更从"原作"初从"。

这都是他遭值乱离所现的情感。集中这一类，多到了不得，这不过随意摘几首。前两首是遭乱的当时做的，后一首是过后追想的。后人都恭维他的诗是诗史；但我们要知道他的诗史，每一句每一字都有个"杜甫"在里头。

死别已吞声，生别常恻恻。江南瘴疠地，逐客无消息。故人入我梦，明我长相忆。恐非平生魂，路远不可测。魂来枫林青，魂返关塞黑。君今在罗网，何以有羽翼。落月满屋梁，犹疑照颜色。水深波浪阔，毋使蛟龙得。（《梦李白》）

这是他梦见他流在夜郎的朋友李白，梦后写的情感。他是个最多情的人，对于好些朋友都有诗表示热爱，这首不过其一。他对于自己身世和家族，自然用情更真切了。试举他几首：

（1）

……老妻寄异县，十口隔风雪。谁能久不顾，庶往共饥渴。入门闻号咷，幼子饿已卒。吾宁舍一哀，里巷亦呜咽。所愧为人父，无食致夭折。……（《自京赴奉先咏怀》）

（2）

去年潼关破，妻子隔绝久。今夏草木长，脱身得西走。麻鞋见天子，衣袖露两肘。朝廷愍生还，亲故伤老丑。……寄书问三川，不知家在否？比闻同罹祸，杀戮到鸡狗。山中漏茅屋，谁复依户牖？摧颓苍松根，地冷骨未朽。几人全性命，尽室岂相偶？……自寄一封书，今已十月后；反畏消息来，寸心亦何有。……（《述怀》）

（3）

长镵长镵白木柄，我生托子以为命！黄独无苗山雪盛，短衣数挽不掩胫；此时与子空归来，男呻女吟四壁静。呜呼！二歌兮歌始放，邻里为我色惆怅。

有弟有弟在远方，三人各瘦何人强？生别展转不相见，胡尘暗天道路长。前飞鴐鹅后鹙鸧，安得送我置汝旁？呜呼！三歌兮歌三发，汝归何处收兄骨！

有妹有妹在钟离，良人早没诸孤痴。长淮浪高蛟龙怒，十年不见来何时？扁舟欲往箭满眼，杳杳南国多旌旗。呜呼！四歌兮

歌四奏，林猿为我啼清昼。(《同谷七歌》中三首)

读这些诗，他那浓挚的爱情，隔着一千多年，还把我们包围不放哩。那《述怀》里头，"反畏消息来"一句，真深刻到十二分；那《七歌》里头"长镵"一首，意境峭入，这些地方，我们应该看他的特别技能。

他常常用很直率的语句来表情。举他一个例：

忆年十五心尚孩，健如黄犊走复来。庭前八月梨枣熟，一日上树能十回。即今年才五六十，坐卧只多少行立。强将笑语供主人，悲见生涯百忧集。入门依旧四壁空，老妻睹我颜色同。痴儿未知父子礼，叫怒索饭啼门东。(《百忧集行》)

用近体来写这种蟠薄郁积的情感本来极不易，这种门庭，可以说是他一个人开出。我最喜欢他《喜达行在所》三首里头那第三首的头两句：

死去凭谁报，归来始自怜。

仅仅十个字，把那虎口余生过去现在的甜酸苦辣一齐进出。我真不晓得他有多大笔力。此外好的很多，凭我记忆最熟的背他几首：

(1)

国破山河在，城春草木深。感时花溅泪，恨别鸟惊心。烽火连三月，家书抵万金。白头搔更短，浑欲不胜簪。

(2)

带甲满天地，胡为君远行。亲朋尽一哭，鞍马去孤城。……

(3)

亦知戍不返，秋至拭清砧。已近苦寒月，况经长别心。宁辞捣熨倦，一寄塞垣深。用尽闺中力，君听空外音。

(4)

今夜鄜州月，闺中只独看。遥怜小儿女，未解忆长安。香雾云鬟湿，清辉玉臂寒。何时倚虚幌，双照泪痕干。

(5)

野老篱前江岸回，柴门不正逐江开。渔人网集澄潭下，估客船从返照来。长路关心悲剑阁，片云何意傍琴台。王师未报收东郡，城阙秋生画角哀。

(6)

岁暮阴阳催短景，天涯霜雪霁寒宵。五更鼓角声悲壮，三峡星河影动摇。野哭千家闻战伐，夷歌几处起渔樵。卧龙跃马终黄土，人事音书漫寂寥。

他的表情方法，可以说是《鸱鸮》诗或《黍离》诗那一路，不是《小弁》诗那一路，和楚辞更是不同。他向来不肯用语无伦次的表现法。他所表现的情，是越引越深，越拗越紧。我想这或是时代色彩。到中古以后，那"小弁风"的堆垒表情法，怕不好适用，用来也很难动人了。至于那吞咽式，他却常用，《梦李白》那首，便是这一式的代表。但杜诗到底是曼声的比促节的好。

工部表情的好诗，绝不止前头所举的这几首(无论古近体)。我既不是做古诗的选本，只好从略。还有些属于别种表情法，下文另讲。但我们要知道，这种表情法可以说是杜工部创作，最少亦要说到了他才成功。所以他在我们文学界占的位置，实在不同寻常，同时高、岑、王、李那些大家，都不能和他相提并论。后来这种表情法，虽然好的作品不少，都是受他影响，恕我不征引了。

其主要观点，与《情圣杜甫》一文极为接近。至于作为中华民族特性的表情法——含蓄蕴藉表情法，杜甫也是运用得最为成功的。梁启超将这种表情法分为四类，第一类是正在情感很强的时候，他却用很有节制的样子去表现，令人在极平淡之中，慢慢地领略出极隽永的情趣；第二类不直写自己的情感，乃用环境或别人的情感烘托出来；第三类索性把情感藏起不露，专写眼前实景，把情感从实景上浮现出来；第四类虽然把情感本身照原样写出，却把所感的对象隐藏过去，另外拿一种事物来做象征。第二类表现手法的运用，在梁启超眼中，是杜甫最为醒目的。

这三首(《羌村》三首)实写自己情感的地方很少(第二首有"少欢趣"、"煎百虑"等语，在三首中这首却是次一等)。只是说日怎么样，云怎么样，鸟怎么样，鸡怎么样，老妻怎么样，儿子怎么样，邻居怎么样，合起来他所谓"死去凭谁报，归来始自怜"的情感，都表现出了。还有《北征》里头的一段，也是这种笔法。……这种诗所用表情技术，可以说和《陟岵》同一样。不写自己情感，专写别人情感。写别人情感，专从极琐末的实境表出，这一点又是和《东山》同样。这一类诗，我想给他一个名字，叫做"半写实派"。他所写的事实，是用来做烘出自己情感的手段，所以不算纯写实；他所写的事实，全用客观的态度观察出来，专从断片的表出全相，正是写实派所用技术，所以可算得半写实。

讲到第三类，梁启超还是想到了杜甫：

杜工部用这种表情法也用得最好，试举他两首。

竹凉侵卧内，野月满庭隅。重露成涓滴，稀星乍有无。暗飞萤自照，水宿鸟相呼。万事干戈里，空悲清夜徂。（《倦夜》）

这首诗题目是《倦夜》。看他前面仅仅三十个字，从初夜到中夜到后夜，初时看见月、看见露，月落了看见星、看见萤，天差不多亮了听见水鸟，写的全是自然界很微细的现象，却是通宵睡不着很疲倦的人才能看出。那"倦"的情绪，自在言外，末两句一点便够。又：

风急天高猿啸哀，渚清沙白鸟飞回。无边落木萧萧下，不尽长江滚滚来。……（《登高》）

这首是工部最有名的七律，小孩子都读过的。假令我们当作没有读过，掩住下半首，闭眼想一想情形，谁也该想得到是在长江上游——四川湖北交界地方秋天一个独客登高时候所见的景物。底下"万里悲秋常作客，百年多病独登台"那两句，不过章法结构上顺手一点，其实不用下半首，已经能把全部情绪表出。

须知这类诗和单纯写景诗不同。写景诗以客观的景为重心，他的能事在体物入微；虽然景由人写，景中离不了情，到底是以景为主。这类诗以主观的情为重心，客观的景，不过借来做工具。试把工部的"竹凉侵卧内"和王右丞的"万壑树参天，千山响杜鹃。山中一夜雨，树杪百重泉"比较，便见得王作是纯客观的，杜作是主观气氛甚重。

梁启超对于杜甫是如此推崇，甚至在讲到描写女性的诗篇时，他还是认为"唐代写女性最好的，莫过于杜工部的《佳人》"："工部理想的佳人，品格是名贵极了，性质是高抗极了，体态是幽艳极了，情绪是秾至极了。有人说这首诗便是他自己写照，或者不错。总之描写女性之美，我说这首是千古绝唱。"

《中国韵文里头所表现的情感》是梁启超于 1922 年春天在清华学校为文学社诸生讲演时的讲稿。在这篇讲稿中，我们可以发现《情圣杜甫》一文的主要观点已经有所阐发，即文学是情感的艺术，而杜甫是表达情感的最杰出的诗人。是年 4 月 21 日，梁启超又为诗学研究会做了题为《情圣杜甫》的讲演。在这次讲演中，梁启超进一步明晰他"情感中心说"的观点，首先指出情感之所以重要在于它是穿越时空而亘古不变的，即"不受进化法则支配"，这是前代经典作品能够打动我们的根本所在，然后再说明我们既然使用着同样的语言，也就应该继承与学习前人表达情感的艺术。在传统的韵文样式中，表达情感最为成功的是杜甫，所以梁启超便称之为"情圣"。

在"诗言志"与"诗缘情"两种文学创作观念中，"志"与"情"的关系究竟如何，至今还存在着很大的争议。不过无论如何，由于传统文学政治功能过于强大，情感的空间被大大压缩也是不争的事实。这使我们不难发现，在一般意义上人们很少从情感艺术的角度去进行评论，即使那些以情动人的文人，我们在品评其作品时也会自觉不自觉地被其政治情怀分散了注意力，哪怕如晏几道、秦观这样的"伤心人"，我们也会将他们的伤心之处与仕路上的挫折结合起来，当然这也最接近事实。因此，虽然杜甫历来被推崇到极致，却少有人从情感艺术这一角度切入。杨万里曾称杜甫为"诗圣"："苏、李之诗，为列子之御风也。杜、黄之诗，灵均之秉桂舟，驾玉车也。无待者，神于诗者欤？有待而未尝待者，圣于诗者欤？"这种赞扬实质上是"集大成"的推衍，亦即沿袭元稹"上薄风骚，下该沈、宋，古傍苏、李，气夺曹、李,掩颜、谢之孤高,杂徐、庾之流丽,尽得古今之体势,而兼人人之所独专"的评论,而着眼于杜诗的题材、体裁及艺术境界。梁启超从情感立论,则展示了时代气息所带来的文学观念的巨大变化。

这种时代气息所带来的变化,还表现为对情感的认识的差异。如梁启超所褒扬的杜甫深于情,首先在于杜甫具有强烈的"同情心",这就是启蒙家独特的视角。这种视角虽然是由"民胞物与"的传统思想衍生而来的,但显然受现代平等观的沾溉更深。但当梁启超说到"因为他(杜甫)对于下层社会的痛苦看得真切,所以常把他们的痛苦当做自己的痛苦"时,与其说梁启超发现了杜甫在以"现代社会党的口吻在写诗",注意到杜甫的精神与他所描写的下层民众的精神合并为一,不如说梁启超把他"社会党"的情绪投射到杜诗之中,把他启蒙家的立场赋予了诗人。

正因为身处于独特的启蒙时代,所以在挖掘杜甫的"同情心"之后,梁启超宣告的是杜甫的个人私情——友情、亲情与爱情,而非忠君爱国之淑世情。他并没有否认杜甫那些于时事痛哭流涕、具有诗史意义的作品的价值,高度评价它们"能确实描写出社会状况,及能确实讴吟出时代心理",但这种于时代的如实描写,十有八九是讽刺类的;而于社会正面的讴歌,往往是对"乡下老百姓极粹美的真性情"的赞美,是对他们"父子夫妇间亲热"的艳羡,是对他们淳朴友谊的肯定等,总之是以乡下老百姓为主角,如诗歌《遭田父泥饮》——这首诗在接来下的半个世纪一直受到了强烈的关注,也算是文学阅读时代性的最直观的体现。

从纯学术的立场来评判,梁启超对于杜诗抒情艺术的分析无疑是最有价值的,直到今天还颇能给人以启迪。他所归纳的"工部写情,往往愈拶愈紧,愈转愈深","工部写情,有时又淋漓尽致一口气说出","工部还有一种特别技能,几乎可以说别人学不到,他最能用极简的语句,包括无限情绪,写得极深刻","工部的写景诗,多半是把景做表情的工具"等,无疑是切中肯綮,把握住了杜甫作诗的技艺。当然,由于演讲的限制以及时代的局限,梁启超对于这些我们颇为关注的诗歌艺术,只是点到为止,并没有进行细致的讨论。

这一年的 11 月 3 日，梁启超又为东南大学文哲会进行了一次讲演，题目是《屈原研究》。这是他的一系列演讲中第二次以中国古代文学家为核心，其视角同《情圣杜甫》颇为接近，如他在演讲中指出"屈原是情感的化身，他对于社会的同情心，常常到沸度。看见众生苦痛，便和身受一般，这种感觉，任凭用多大力量的麻药也麻它不下"，这种描述我们从《情圣杜甫》中也可以看到。当然，屈原毕竟不同于杜甫，他的理想与情感之间的冲突更为激烈。从情感的内涵而言，屈原更专注于对祖国的情感；从情感的表现来看，屈原多借助于想象力。

1923 年，梁启超出版了他对中国古代又一位代表诗人陶渊明的研究心得。在书中，他推崇陶渊明是屈原之后最具有个性的诗人。在梁启超看来，陶渊明的鲜明个性，除了极热烈、极有豪气之外，就是缠绵多情了。

> 第二，须知他是一位缠绵悱恻最多情的人。读集中《祭程氏妹文》、《祭从弟敬远文》、《与子俨等疏》，可以看出他家庭骨肉间的情爱热烈到什么地步。因为文长，这里不全引了。他对于朋友的情爱，又真率，又浓挚，如《移居篇》写的……一种亲厚甜美的情意，读起来真活现纸上。他那"闲暇辄相思"的情绪，有《停云》一首写得最好。……这些诗真算得温柔敦厚、情深文明了。集中送别之作不甚多，内中如《答庞参军》的结句："情通万里外，行迹滞江山。君其爱体素，来会在何年。"只是很平淡的四句，读去觉得比千尺的桃花潭水还情深哩。集中写男女情爱的诗，一首也没有，因为他实在没有这种事实。但他却不是不能写，《闲情赋》里头，"愿在衣而为领……"底下一连叠十句"愿在……而为……"熨帖深刻，恐古今言情的艳句，也很少比得上，因为他心苗上本来有极温润的情绪，所以要说便说得出。

文中切入的视角、分析的方法与得出的结论，都可以从《情圣杜甫》中找到先声。总之，以《情圣杜甫》为代表而作于 1922 年至 1923 年的这些著述，非常鲜明地展示出后期梁启超的文学立场，即"艺术是情感表现"，从而与早期的文学改良家所持有的工具论区别开来。
不过，他对文学本位的回归，依然同前期启蒙图存的政治意图有着千
丝万缕的联系。他对情感的注重，与"情感教育最大的利器就是艺
术"这一认识不无关联，所以他才使用了较为极端的语言来强调情感
的力量，来剖析中国古代最具有典范性的那些文人。就杜甫研究而
言，以"情圣"来观照，确实给人耳目一新的印象，不过它终究只属
于视角的转换，并非颠覆式的结论。

梁启超之杜甫研究论著目录：

《饮冰室诗话》，《新民丛报》1902 年 3 月至 1907 年 11 月第 4 ~
95 号。

《梁任公先生最近讲演集》（杨维新编），天津协成印刷局 1922
年版。

《陶渊明》，上海商务印书馆 1923 年版。

唐集质疑（节选）

岑仲勉

杜甫祖母卢氏志

　　《工部集》二〇，甫为其《祖母卢氏志》云："维天宝三载，五月五日，故修文馆学士著作郎、京兆杜府君讳某之继室、范阳县太君卢氏，卒于陈留郡之私第，……前夫人薛氏之合葬也，……孤子登号如婴儿，视无人色。……薛氏所生子，适曰某，故朝仪大夫、兖州司马；次曰升，幼卒，报复父仇，国史有传；次曰专，历开封尉，先是不录。……登即太君所生，前任武康尉。……其往也即哭成位，有若冢妇同郡卢氏、介妇荥阳郑氏、巨鹿魏氏、京兆王氏。"《钱笺》云："此《志》代其父闲坐也。薛氏所生子，曰闲，曰并，曰专；太君所生曰登，《志》曰某等夙遭内艰，有长自太君之手者，知其代父作也。又云，并幼卒，专先是不禄，则知闲尚无恙也。鹤以为代登作，又疑闲已卒，何不考之甚也。《元志》云，闲为奉天令，是时尚为兖州司马。闲之卒盖在天宝间，而其年不可考矣。公母崔氏，此云冢妇卢氏，卢字以《祭外祖父母文》及张燕公《义阳王碑》考之，甚明，而作年谱者曲为之说曰，先生之母微，故殁而不书。或又大书于世系曰，母卢氏，生母崔氏，其敢为诞妄如此。"又朱鹤龄注云："按《志》云，故朝议大夫兖州司马，犹《汉书·李广传》所云故李将军，非谓已没也，《旧谱》殆因故字误。但闲时为兖州司马，而《志》、《传》俱云终奉天令，考奉天为次县。唐制，京县令正五品上阶，闲自兖州司马授奉天令，盖从五品升正五品也。公东郡趋庭之后，闲即丁太君忧，必服阕补此官耳。"又云:"卢氏乃崔氏之讹,极有据,但崔之郡望为清河,此曰同郡,疑并误。"(《朱注》据《仇注》二五引)涉于此《志》,前人误会殊多,可分两点论之:

(1)卢太君弃世时,闲已前卒。《志》之"某等夙遭内艰",本云"闲等夙遭内艰"。特《集》内避不填讳耳。闲、并、专为薛氏出,薛既早死,闲等由继母鞠育,义所应叙,初不必闲之尚存也。若谓并言幼卒,专言不禄,而闲未之言,则不知"故"字即其变文,此钱说之无据者也。朱引"故李将军"以解,于文甚辨,但须知文字之用,常易世而义殊,唐人碑志,"故"字都作"已故"解释。《汉书》之文,在唐已无时效也。朱复援官制以证则更谬;考《旧书》四二,正五品上阶为万年、长安、河南、洛阳、太原、晋阳、奉先、会昌县令,正六品上阶为京兆、河南、太原府诸县令,奉天(与奉先异)既未在正五列举之内,则是正六上无疑,朱顾谓奉天令高于兖州司马,此误解旧史也。奉天令为正官,司马为佐贰,《志》、《传》不举司马,或即此故。

(2)卢氏未必崔氏之讹。钱疑卢为崔讹,则未顾及"同郡"字样;朱知其不可通,于是并疑同郡为误。余按《志》所云既哭成位,系就诸妇中生存者言之,今假闲之前妻崔氏早卒,继娶曰卢,固未尝不可。况依钱、朱两家之说,闲与崔氏皆卒于天宝三(或五)载之后,此时甫著咏渐多,未见其迹,存疑可也。(依《志》,私第在陈留郡,甫母谅居此,而《年谱》于天宝四五载后,均著甫在长安,岂甫丁艰不奔丧耶?无以自圆其说,则阙疑为愈矣。)

杜甫世系

仇氏《杜少陵集详注》卷首有《杜氏世系》一篇,大致如次:

一代	二代	三代	四代	五代	六代	七代	八代	九代	十代	十一代	十二代	十三代
杜预	锡					乾光	渐	叔毗	某	某	易简	
	跻							某	依艺	审言	闲	甫
	耽											
	尹											

钱谦益曰:"《唐宰相世系表》:杜预四子,锡、跻、耽、尹。襄

阳杜氏出自预少子尹。元稹《墓志》：晋当阳侯下十世而生依艺。甫
《祭当阳君文》称十三叶孙，甫为预之后，未知预四子谁为甫之祖，
《旧谱》以甫为尹之后，此何据也？《唐旧书·杜易简传》：易简，襄
州襄阳人，周硖州刺史叔毗曾孙，易简从祖弟审言，易简、审言同出
叔毗下，获嘉为甫高祖，即硖州之子也；《周书·杜叔毗传》：其先
京兆杜陵人，徙居襄阳，祖乾光，齐右（字衍）司徒右长史，父渐，
梁边城太守。此世系之较然可考者。以《世系表》推之，尹下六代为
袭池阳侯洪泰，与乾光为行；洪泰生二子，祖悦、颙，与渐为行；颙
生三子，景仲、景秀、景恭，与叔毗为行；叔毗、景恭皆仕周，其子
皆仕隋。叔毗之子为廉卿，则未知其为易简之祖欤，审言之祖欤？
《旧谱》以叔毗为颙子，景仲、叔毗并系颙下，纰缪极矣。颜鲁公撰
《杜济神道碑》，为征南十四代孙，甫有《示从孙济》诗，斯为合矣。
《世系表》济与位同出景秀下，并征南十四代，而诗称从弟位，抑又
何欤？宋人谓《世系表》承逐家谱牒，多所谬误耳。"（仇注引）余未见
宋本《杜集》，不知此谱是否创自宋人，若然，则彼时尚有《元和姓
纂》可考，何如是缺漏也。钱、仇生明、清之交，《姓纂》已乏传本，
莫能补正，无怪其然。今残本《姓纂》复出，甫为预子耽之后，非尹
之后，易简祖名凭石，父名依德，审言祖名鱼石，均非廉卿之孙，可
无事揣拟；然虽如是，甫之先世，疑问尚多也。

（一）十三叶孙之计法。计世之法有二焉，一连本身，一不连本
身。唐代用后法者多，十三叶即十三世之变文，可于元稹志"晋当阳
侯姓杜氏，下十世而生依艺"，比勘知之，然元《志》曰"下十世"，便
见合预本身共为十一代，即用后法以计世也。推而下之，预至甫应共
为十四代，今上列《世系》，预至甫共十三代，与元《志》不合，亦即
与甫之自叙不合。

（二）乾光与叔毗。《周书》四六《叔毗传》称，"祖乾光，齐司徒
右长史，父渐，梁边城太守"，《北史》八五删祖乾光一句，是否有见
而然，难以推拟。考洪本《姓纂》"当阳侯元凯少子耽，晋凉州刺史，
生顾，西海太守。生逊，过江，随元帝南迁，居襄阳，逊官至魏兴太
守，生灵启、乾元，……乾光孙叔毗"，乾元应"乾光"之讹，惟"乾
光孙叔毗"句，库本《姓纂》作"乾玄孙叔毗"，合而观之，则洪本、库

本殆均有误，应正作"乾光玄孙叔毗"，因如此而后恰与十三叶孙恰合也。晋元之初(三一七)，下去南齐之初(四七九)，已百六十余年，乾光为逊子，似不能逮仕萧氏，故疑《周书》之"祖乾光、齐司徒右长史"，当有误也。

若参据《姓纂》、《新表》，草为杜氏世系比较简表如次：

一世	二世	三世	四世	五世	六世	七世	八世	九世	十世	十一世	十二世	十三世	十四世	十五世
杜预	耽西晋	顾西晋	逊东晋	乾光			渐梁	叔毗周	凭石	依德	易简			
									鱼石隋	依艺唐	审言	闲	甫	
	尹	綝	袭	摽	冲	洪泰魏	颙周	景秀周	懿隋	乾祐隋	续唐	知让	惠	济
									逊	淹	行敏唐	崇懿	希望	位
														佑

如是，则甫为预十三世孙，济为预十四孙，杜甫、颜真卿、元稹三家之文，与《姓纂》、《新表》，大体相符；《杜集》之从弟位、从孙济，殆皆从子之讹。钱氏过信传本《杜集》，偏疑《新表》，恐未必尔。若佑之世系，《姓纂》固传刻有讹(说见拙著《姓纂四校记》)，近人郑鹤声氏所为《杜佑年谱》，更大误会，以非本节主文。当别辨之。

末检《全文》三九五杜位小传云，"位，襄阳人，右拾遗之从子"，与拙说合，《全文》当有所据也。

——据商务印书馆1947年版《中央研究院历史语言研究所集刊第九本》

【评　介】

岑仲勉(1885—1961)，名铭恕，字仲勉，别名汝懋，广东顺德人。幼年入私塾，习北碑，摹汉隶，诵四书五经。1903 年入两广大学堂研习经史与理学，1908 年转读于北京高等专门税务学校，毕业后先后为政府职员、小学教员与大学文书等。工余之暇，博览群籍，发表论文《隋书州郡牧守编年表》、《新唐书突厥传拟注》、《〈括地志序略〉新诠》、《〈耶律希亮神道碑〉之地理人事》、《校贞观氏族志残卷》等文章近五十篇。1937 年经陈垣推荐，入中央研究院历史语言研究所任研究员，致力于隋唐史与中外交通史研究，著述颇丰。1948 年南归广东，任中山大学历史系教授，直至逝世。著有《佛游天竺记考释》、《元和姓纂四校记》、《西周社会制度问题》、《隋唐史》、《黄河变迁史》、《府兵制度研究》、《西周文史论丛》、《西突厥史料补阙及考证》、《突厥集史》、《隋书求是》、《墨子城守各篇简注》、《唐史余沈》、《唐人行第录》、《中外史地考证》、《通鉴隋唐纪比事质疑》、《金石论丛》、《汉书西域传地理校释》、《郎官石柱题名新考订》等。

自 20 世纪中期，岑仲勉开始由专攻史地考订转向唐史与突厥史研究，尤其是在进入历史语言研究所后，更是集中地对唐代的文学进行了整理、考订与校雠，举凡总集、别集、笔记小说、正史杂史、职官传记、姓氏谱牒、地志类书、金石木刻，乃至敦煌遗书，莫不有所发现。对于唐代史料的整理，较为集中地出现在《历史语言研究所集刊》第九本至第十五本中，如《〈登科记〉订补》、《补唐代翰林两记》、《翰林学士壁记注补》、《〈玉溪生年谱会笺〉平质》、《〈唐方镇年表〉正补》等，其中颇为值得唐代文学研究者注意的是他对唐人总集如《全唐诗》《全唐文》的考订以及对唐代重要作家如白居易、李德裕、陈子昂、张九龄等人著作集的专论，《唐集质疑》则是这一时期对上述唐代作家之外的散论。作者在序言中说：

> 集之一部为史源，亦史余也。迩年涉猎唐史，佐读唐集，闲札所见，积百许条，既来湖湘，适征工作，因以陈拾遗集、张曲江集考证及白氏长庆集之伪文，别出专篇，其余名曰《质疑》云。

所谓《唐集质疑》，亦即对唐文人事迹之种种旧说提出质疑，其中最为醒目者是对唐文人之世系、系年进行了系统的质证与辨白，如

《元稹世系》、《颜鲁公世系表》、《柳宗元世系》、《常衮世系》、《王勃疑年》、《独孤及系年录》、《李观疑年》、《贾岛贬年及其享龄》等。是书所选两篇短文，显然为诸多世系考订中之一种，并非特别为杜甫模糊的身世所激发，可谓偶尔触及这一问题。即使如此，它们对于20世纪杜甫家世研究的影响仍不容低估。

第一，岑氏肯定了崔氏为杜甫之生母、卢氏为其继母的说法，这一说法后来为20世纪的学者所普遍接受。在岑氏之前，钱谦益曾经对杜甫的母亲进行了考订，他认为杜甫的母亲为崔氏，这是毋庸置疑的，杜甫《唐故范阳太君卢氏墓志》中所谓"冢妇卢氏"，则只是字讹，至于杜甫"母卢氏，生母崔氏"的说法，就更为荒诞了。"钱谦益之所以如此武断，是因为他既认定杜母为崔氏，就不能容许又凭空蹦出个卢氏来；即使杜甫代父所作《唐故范阳太君卢氏墓志》中明明写着'有若冢妇（嫡长子之妻，此指杜闲妻，即杜甫母），同郡卢氏'，也一定是刻字的把'崔氏'错刻成'卢'字了。"（陈贻焮《杜甫评传·杜母小议》）朱鹤龄也主张误刻的说法，又因为《唐故范阳太君卢氏墓志》提及卢氏时，前面还有"同郡"二字，为了能自圆其说，朱鹤龄就认定前面的这两个字也是误刻。钱、朱的说法遭到了岑仲勉的质疑。一律将疑窦视为误刻显然过于草率，于是他提出一种假设来回应崔氏与卢氏并存的问题，即杜甫之父杜闲前妻为崔氏，继娶为卢氏，其中的扞格就可以迎刃而解。

解决崔氏、卢氏并存的另一种思路是钱氏所批评的"先生（杜甫）之母微，故殁而不书"，即杜甫生母出身低微。崔氏为清河大族，时常与唐王室联姻，崔氏出身显然不可能低微，正如冯至《杜甫传》所言，虽然杜甫在诗中从来没有提到过母亲，"但他提到他舅父的地方很多，自然这些舅父未必是母亲的亲兄弟：在白水，在梓州、阆州、夔州，最后在潭州，他都曾经和崔家的舅父或表弟们相遇，并且有诗送给他们。他在夔州向表弟崔公辅说，'舅氏多人物'，在潭州向舅父崔伟说，'贤良归盛族，吾舅尽知名'——从这些诗句里可以推想他的舅家是一个盛大的家族"（冯至《杜甫传·家世与出身》）。那么，崔氏出身低微一说是如何出现的呢？陈贻焮《杜甫评传》猜测，这是因为杜甫在蜀多年没有咏海棠的诗，晚唐薛能《海棠诗序》说："蜀海棠有闻，而诗无闻。杜子美于斯，兴象靡出，没而有怀。"后来好事者以为"杜子美母名海棠，子美讳之，故杜集中绝无海棠诗"（《诗林广记》前集卷二引宋代李颀《古今诗话》），后人信以为真，以为杜母名海棠，即当为侍婢姬妾之流。

冯至《杜甫传》从杜甫诗中所提及众多舅氏，推断其母族为清河大族。四川文史馆《杜甫年谱》（四川人民出版社 1958 年版）则由此进一步断定出崔氏为崔融长女。嗣后王辉斌撰文表示反对，他不仅质疑杜甫生母为崔融长女的说法，也不认可杜甫之母为清河大族后裔。其依据有二，一是现存杜甫诗文中从未提及崔融之子崔禹锡、崔翘，崔氏兄弟于开元、天宝年间为京官；二是崔融属于南祖崔氏，杜诗中所涉及诸舅氏出自博陵安平。

第二，岑氏认为杜甫之父杜闲卒于其祖母卢氏之前。钱谦益认为，杜甫撰《唐故范阳太君卢氏墓志》时，其父杜闲尚在人世，时为兖州司马，因为墓志对其诸弟并、专、登之行止均有所交代，独未提及自身；朱鹤龄进一步补充说，墓志所谓"故朝仪大夫兖州司马"之"故"字，并非"亡故"之意，而是指前任或旧职，用法同《汉书·李广传》中"故将军"之"故"字，其时杜闲已经自从五品之兖州司马任上转为正五品之奉天令，故称其前职为"故"。岑氏认为他们的解释过于牵强。首先，墓志中的"故朝仪大夫兖州司马"就是对杜闲行止的交代；其次，唐人墓志中的"故"字多是"亡故"之意，而奉天令为正六品，品阶不高于兖州司马。岑氏的质证，学者多以为鞭辟入里。

第三，岑氏梳理了杜甫世系，补充了若干阙失，推定自杜预至杜甫共十四代，杜诗中所言"从弟位""从孙济"，均当作"从子位"与"从子济"。杜甫之世系，钱谦益的考订一度最为人信服，前文曾有所引述，兹列简表如下：

一世	二世	三世	四世	五世	六世	七世	八世	九世	十世	十一世	十二世	十三世
杜预	锡			乾	光	渐	叔毗		依艺	审言	闲	甫
	耽											
	跻											
	尹											

唐人林宝《元和姓纂》在元明之际亡佚，散存于《永乐大典》。乾

隆三十七年（1772）后编纂《四库全书》所辑的《元和姓纂》及孙星衍《元和姓纂辑本》，钱氏并未见到。岑氏之增补，主要来自《元和姓纂》，是书所载杜甫世系，列为下表：

一世	二世	三世	四世	五世	六世	七世	八世	九世	十世	十一世	十二世
杜预	耽	顾	逊	灵启		叔毗	鱼石	依艺	审言	闲	甫
				乾光							

但上述世系，与元稹所作墓志与杜甫自叙都存在龃龉。岑氏重新诠释计世方法，即意在解决这一问题，不过仅仅从算法上去化解十二代、十三代还是十四代的矛盾，还是较为勉强，更多学者仍是立足对杜甫先辈的追溯，如冯至《杜甫传》云：

> 杜甫是晋代名将杜预（二二二至二八四）的第十三代孙。杜预是京兆杜陵人。杜预的少子杜耽为晋凉州（甘肃武威）刺史，杜耽孙杜逊在东晋初年南迁到了襄阳，任魏兴（陕西安康西北）太守，他是襄阳杜氏的始祖。逊子乾光的玄孙杜叔毗为北周硖州（湖北宜昌西北）刺史。叔毗子鱼石在隋时为获嘉（在河南省）县令。鱼石生依艺，为巩县令，迁居河南巩县。依艺生审言，为膳部员外郎；审言生闲，为奉天（陕西乾县）县令，是杜甫的父亲。

倘若转变为简表，则如下：

一世	二世	三世	四世	五世	六世	七世	八世	九世	十世	十一世	十二世	十三世
杜预	耽		逊	乾光			叔毗	鱼石	依艺	审言	闲	甫

此表与《元和姓纂》大致相似，不过将叔毗定位八世而非七世，从而与杜甫自称十三世相吻合。四川文史馆《杜甫年谱》在开篇制作了一个更为翔实的《杜氏世系表》，为了清晰可见，相关内容转换如下：

一世	二世	三世	四世	五世	六世	七世	八世	九世	十世	十一世	十二世	十三世
杜预	锡											
	跻											
	耽	顾	逊	灵启	乾光	渐	叔毗	鱼石	依艺	审言	闲	甫
	尹	絣	袭	摞	洪泰	颙						

杜呈祥《杜甫的家世与幼年》（《大陆杂志史学丛书》第二辑第二

册，1962 年版）根据《新唐书·宰相世系表》、《周书》卷四十六《孝义传》和《唐故万年县君京兆杜氏墓志》等文，将杜甫自唐尧以来的世系列成简表。其中杜预以来的部分如下：

十二世	十一世	十世	九世	八世	七世	六世	五世	四世	三世	二世	一世
杜预	锡										
	跻										
	耽										
	尹										
				悲	乾光	渐	叔毗	依艺	审言	闲	甫

其主要变化依然是乾光、叔毗在世系表中的位置。金启华也注意到了岑氏"乾光为逊子，似不能逮仕萧氏"的疑问，他在《杜甫家世考》（《文学遗产增刊》第 13 编，1963 年 9 月）中指出"杜逊生灵启、乾光一条，觉得和后来的朝代的距离时间太长，一定存在问题"。他由此推断《元和姓纂》这一条定有脱文，需要补正，同时也赞同岑氏所言从杜预到杜甫是十四代的说法。他所勾画的世系表相关部分如下：

一世	二世	三世	四世	五世	六世	七世	八世	九世	十世	十一世	十二世	十三世
杜预	锡											
	尹											
	跻											
	耽	顾	逊	骥	？	乾光	渐	叔毗	鱼石	依艺	审言	闲

邓绍基综合了《元和姓纂》和钱笺杜诗所附的杜甫世系表，以及 20 世纪自冯至以来的各种说法，在《关于杜甫的世系问题》（《杜诗别解》，中华书局 1987 年版）一文中认为杜甫还是应该为杜预之十三代，其世系如下表：

一世	二世	三世	四世	五世	六世	七世	八世	九世	十世	十一世	十二世	十三世
杜预	耽	顾	逊		乾光	渐	叔毗	鱼石	依艺	审言	闲	甫

嗣后，十三代的说法较为通行，如翦伯赞《杜甫的世系及其家属考》（香港《文汇报》1984 年 9 月 10 日《史地周刊》第 1 期）：

> 总上所述，杜甫之世系可得而知者如此，即远祖杜预，预生锡、跻、耽、尹（二世祖），锡生乂（三世祖），乂生某（四世

祖），某生某（五世祖），某生乾光（六世祖），乾光生渐（七世祖），渐生叔毗（八世祖），叔毗生廉卿（九世祖），廉卿之次一代为依艺（十世祖），依艺生审言（十一世祖），审言与易简为行，审言生闲（十二世祖），闲生甫，至甫为十三世。

翦伯赞在这篇文章中还说：

> 但颜鲁公撰《杜济神道碑》，谓甫为杜预十四世孙，盖以甫有《示从孙济》诗。按世系表，杜济与杜位同为杜预十六世孙。杜甫称杜济为从孙，与颜说合；但杜甫称杜位又曰"从弟位"，不知何故，想系世系表之误也。

显然，这与岑氏上文中所提及的杜诗中所言"从弟位""从孙济"均当作"从子位"与"从子济"的说法有一定的契合之处。这样的说法，也有人表示反对。曹慕樊《杜诗杂说》（四川人民出版社 1984 年版）认为杜甫诗中的杜济与颜真卿墓碑中的杜济并非同一人：

> 按杜甫《示从孙济》诗（仇兆鳌《杜少陵集详注》[以下简称"仇注"]卷三）："平明跨驴出，未知适谁门。权门多噂嗒，且复寻诸孙。"岑仲勉说"孙"是错字，应当是"子"字。其实这是绝对说不通的。题目中的"孙"字还可能写错，诗句韵脚的"孙"字是错不了的。详玩此诗，这位杜济分明是一个穷汉，和那位死后由颜真卿作神道碑，也即《宰相世系表》中那位达官，并不是一个人。据颜碑，这位杜济，死于大历十二年（777），五十八岁。可知少杜甫八岁。仇兆鳌把杜甫《示从孙济》诗编在天宝十三年诗内，那时杜甫四十三岁，杜济该是三十五岁。颜碑说，济"父高陵令，赠太子少保。济早岁以寝郎从调，书判超等。裴冕为剑南，奏为成都令"。又曾参严武幕。显然他并不是一个穷汉子。（而杜诗说，"诸孙贫无事，宅舍如荒村"，还自己动手汲水淘米、刈葵。）且十二年后就做了"东川节度使兼京兆尹"那样的达官，令人难以相信。赠诗中又没有一句涉及文章功业的话，只说

敬宗敦族的套语,更是当时社会风习所不会有的。

同时,曹氏主张杜甫诗中的杜位与李林甫的女婿也是两个人:

　　向来注家认为他就是权相李林甫的女婿。查杜诗有关杜位的诗共五首(在仇注本卷二、十、十八、二十一)。杜甫在诗中叫位做君、令弟、惠连、阿戎,明明是兄弟称呼。五首诗中只有两首的题目中有"弟"字,这两首诗题是《乘雨入行军六弟宅》及《奉送蜀州柏二别驾,将中丞命赴江陵,因示从弟行军司马位》。照岑仲勉说,这个"弟"字应该是"侄"字。但诗中用典如"惠连""阿戎"等,怎么会一律是"传抄之误"呢?("阿戎"见卷二《杜位宅守岁》,"惠连"见卷八《奉送蜀州柏二别驾,……赴江陵……因示从弟行军司马位》结联,"与报惠连诗不惜,知吾斑鬓总如银"。)

　　关于杜位,还有一个旁证,证明他和李林甫那位女婿是两个人。《岑嘉州集》有《送杜位下第归陆浑别业》、《郊行寄杜位》、《过燕支寄杜位》。前两首诗写作年代无可考。后一首说:"长安遥在目光边,忆君不见令人老。"岑参赴北廷在天宝十四年,假如这个杜位是李林甫的女婿,贬斥当在天宝十二载。据《通鉴》卷二百十六,天宝十二载一月,"杨国忠使人说安禄山诬李林甫及阿布思谋反……时林甫尚未葬(他死在天宝十一载十一月),制削林甫官,子孙……流岭南及黔中,……近亲及党与坐贬者五十余人"。据此,天宝十四载,杜位不可能还在长安。还有一层,《杜位宅守岁》诗,钱、仇诸家皆定是天宝十载作。如果杜位是李林甫的女婿,他绝不会是一个"白丁"吧!按照杜赠人诗的诗题惯例,凡有官爵的人,不论官的大小,虽"仓曹"小吏,一律都称官衔。独对于杜位没有称官职。岑参的三首诗也同样直称其名,不提官职,这证明杜位当时还没有做官,所以他不可能是李林甫的女婿。看来这个杜位只是个富而好客的人。他为什么流放十年,却无从考查。要之,他的流放到广东新州(新兴县),一定在天宝十四年以后。(顺便提及,仇定《寄杜位》为上元二年

作，过早。至低限度亦当在永泰元年［七六五年］，因为诗中有
"悲君已是十年流"的句子，这年上推十年为天宝十五载或至德
元载，七五六年。）

其后王刘纯《岑参交游考辨——阎防、杜位与严维》（《河南大学学报
（哲学社会科学版）》1988 年第 5 期）论证没有两位杜位，杜甫诗中的
杜位是他的从弟，也是李林甫的女婿。

白话文学史·杜甫

胡 适

> 历历开元事，分明在眼前。
> 无端盗贼起，忽已岁时迁！
>
> ——杜甫

八世纪中叶(755)，安禄山造反。当时国中久享太平之福，对于这次大乱，丝毫没有准备。故安禄山、史思明的叛乱不久便蔓延北中国，两京破陷，唐朝的社稷几乎推翻了。后来还是借了外族的兵力，才把这次叛乱平定。然而中央政府的威权终不能完全恢复了，贞观开元的盛世终不回来了。

这次大乱来的突兀，惊醒了一些人的太平迷梦。有些人仍旧过他们狂醉高歌的生活；有些人还抢着贡谀献媚，做他们的《灵武受命颂》、《凤翔出师颂》；但有些人却觉悟了，变严肃了，变认真了，变深沉了。这里面固然有个人性情上的根本不同，不能一概说是时势的影响。但我们看天宝以后的文学新趋势，不能不承认时势的变迁同文学潮流有很密切的关系。

> 忆昔开元全盛日，小邑犹藏万家室。稻米流脂粟米白，公私仓廪俱丰实。九州道路无豺虎，远行不劳吉日出。……宫中圣人奏《云门》，天下朋友皆胶漆。百余年间天灾变，叔孙礼乐萧何律。岂闻一绢直万钱，有田种谷今流血！洛阳宫殿烧焚尽，宗庙新除狐兔穴。伤心不忍问耆旧，复恐初从离乱说。……
>
> ——杜甫《忆昔》

时代换了，文学也变了。八世纪下半的文学与八世纪上半截然不同了。最不同之点就是那严肃的态度与深沉的见解。文学不仅是应试与应制的玩意儿了，也不仅是仿作乐府歌词供教坊乐工歌妓的歌唱或贵人公主的娱乐了，也不仅是勉强作壮语或勉强说大话，想象从军的辛苦或神仙的境界了。八世纪下半以后，伟大作家的文学要能表现人生——不是那想象的人生，是那实在的人生：民间的实在痛苦，社会的实在问题，国家的实在状况，人生的实在希望与恐惧。

向来论唐诗的人都不曾明白这个重要的区别。他们只会笼统地夸说"盛唐"，却不知道开元、天宝的诗人与天宝以后的诗人，有根本上的大不同。开元、天宝是盛世，是太平世；故这个时代的文学只是歌舞升平的文学，内容是浪漫的，意境是做作的。八世纪中叶以后的社会是个乱离的社会；故这个时代的文学是呼号愁苦的文学，是痛定思痛的文学，内容是写实的，意境是真实的。

这个时代已不是乐府歌词的时代了。乐府歌词只是一种训练，一种引诱，一种解放。天宝以后的诗人从这种训练里出来，不再做这种仅仅仿作的文学了。他们要创作文学了，要创作"新乐府"了，要作新诗表现一个新时代的实在的生活了。

这个时代的创始人与最伟大的代表是杜甫。元结、顾况也都想作新乐府表现时代的苦痛，故都可说是杜甫的同道者。这个风气大开之后，元稹、白居易、张籍、韩愈、柳宗元、刘禹锡相继起来，发挥光大这个趋势，八世纪下半与九世纪上半（755—850）的文学遂成为中国文学史上一个最光华灿烂的时期。

故七世纪的文学（初唐）还是儿童时期，王梵志、王绩等人直是以诗为游戏而已。朝廷之上，邸第之中，那些应酬应制的诗，更是下流的玩艺儿，更不足道了。开元、天宝的文学只是少年时期，体裁大解放了，而内容颇浅薄，不过是酒徒与自命为隐逸之士的诗而已。以政治上的长期太平而论，人称为"盛唐"；以文学论，最盛之世其实不在这个时期。天宝末年大乱以后，方才是成人的时期。从杜甫中年以后，到白居易之死（846），其间的诗与散文都走上了写实的大路，由浪漫而回到平实，由天上而回到人间，由华丽而回到平淡，都是成人的表现。

杜甫，字子美，襄阳人。他的祖父杜审言，是武后、中宗时的一个有名文学家，与李峤、苏味道、崔融为文章四友。杜甫早年家很贫，奔波吴越、齐鲁之间。他有《奉赠韦左丞丈》诗，叙他早年的生活云：

> 甫昔少年日，早充观国宾。读书破万卷，下笔如有神。赋料扬雄敌，诗看子建亲。李邕求识面，王翰愿卜邻。自谓颇挺出，立登要路津，致君尧舜上，要使风俗淳。此意竟萧条，行歌非隐沦。骑驴三十载，旅食京华春。朝扣富儿门，暮随肥马尘。残杯与冷炙，到处潜悲辛。主上忽见征，欻然欲求伸。青冥却垂翅，蹭蹬无纵鳞（天宝六年，诏征天下士有一艺者，皆得诣京师就选。李林甫主张考试，遂无一人及第）……

天宝九年（750），他献《三大礼赋》。表文中说：

> 臣生陛下淳朴之俗，行四十载矣。

其赋中明说三大礼皆将在明年举行，故蔡兴宗作《杜甫年谱》系此事于天宝九年，因据唐史，三大礼（朝献太清宫，享太庙，祀天地于南郊）皆在十年。蔡谱说他这年三十九岁，以此推知他生于先天元年壬子（712）。

他献赋之后，玄宗命宰相考试他的文章，试后授他河西尉，他不愿就。改为右卫率府胄曹。他有诗云：

> 忆献三赋蓬莱宫，自怪一日声辉赫。集贤学士如堵墙，观我落笔中书堂。……
>
> ——《莫相疑行》

又云：

　　　　不作河西尉,凄凉为折腰。老夫怕奔走,率府且逍遥。

　　　　　　　　　　　　　　　　　　　　——《官定后戏赠》

　　他这时候做的是闲曹小官,同往来的是一班穷诗人如郑虔之类。但他很关心时政,感觉时局不能乐观,屡有讽刺的诗,如《丽人行》、《兵车行》等篇。他是个贫苦的诗人,有功名之志,而没有进身的机会。他从那"骑驴三十载"的生活里观察了不少的民生痛苦,从他个人的贫苦的经验里体认出人生的实在状况,故当大乱爆发之先已能见到社会国家的危机了。他在这个时代虽然也纵饮狂歌,但我们在他的醉歌里往往听得悲哀的叹声:

　　　　但觉高歌有鬼神,焉知饿死填沟壑!

这已不是歌颂升平的调子了。到天宝末年(755),他到奉先县去看他的妻子,

　　　　……入门闻号咷,幼子饥已卒!……

他在这种惨痛里回想社会国家的危机,忍不住了,遂尽情倾吐出来,成为《自京赴奉先县咏怀五百字》,老老实实地揭穿所谓开元、天宝盛世的黑幕。墨迹未干,而大乱已不可收拾了。

　　大乱终于来了。那年十二月,洛阳失陷。明年(756)六月,潼关不守,皇帝只好西奔;长安也攻破了。七月,皇太子即位于灵武,是为肃宗。杜甫从奉先带了家眷避往鄜州;他自己奔赴新皇帝的行在,途中陷于贼中,到次年夏间始得脱身到凤翔行在。肃宗授他为左拾遗。九月,西京克复;十月,他跟了肃宗回京。他在左拾遗任内,曾营救宰相房琯,几乎得大罪。房琯贬为刺史,杜甫出为华州司功参军,时在乾元元年(758)。他这一年到过洛阳,次年(759)九节度的联兵溃于相州,郭子仪退守东都,杜甫那时还在河南,作有许多记兵祸的新诗。

这一年(759)的夏天，他还在华州，有《早秋苦热》诗云：

> 七月六日苦炎蒸，对食暂餐还不能。……束带发狂欲大叫，簿书何急来相仍！南望青松架短壑，安得赤脚踏层冰！

又有《立秋后题》云：

> 平生独往愿，惆怅年半百。罢官亦由人，何事拘形役？

《新唐书》云：

> 关辅饥，(甫)辄弃官去，客秦州，负薪采橡栗自给。

依上引的《立秋后题》诗看来，似是他被上司罢官，并非他自己弃官去。《旧唐书》不说弃官事，但说：

> 时关畿乱离，谷食踊贵。甫寓居成州同谷县，自负薪采栢。儿女饿殍者数人。

乾元二年立秋后往秦州，冬十月离秦州，十一月到成州，十二月从同谷县出发往剑南，有诗云：

> 始来兹山中，休驾喜地僻。奈何迫物累，一岁四行役？……平生懒拙意，偶值栖遁迹。去住与愿违，仰惭林间翮。
>
> ——《发同谷县》

大概他的南行全是因为生计上的逼迫。

他从秦中迁到剑南，是时裴冕镇成都，为他安顿在成都西郭浣花溪。他有诗云：

> 我行山川异，忽在天一方。自古有羁旅，我何苦哀伤？

他在成都共六年（760—765），中间经过两次变乱，但却也曾受当局的优待。严武节度剑南时，表杜甫为参谋，检校工部员外郎。《旧唐书》云：

> 武与甫世旧，待遇甚隆。甫……尝凭醉登武之床，瞪视武曰："严挺之乃有此儿！"武虽急暴，不以为忤。（《新（唐）书》纪此事说武要杀他，其母奔救得止；又有"冠钩于帘三"的神话，大概皆不可信。）

永泰元年（765），他南下到忠州。大历元年（766），他移居夔州，在夔凡二年。大历三年（768），他因他的兄弟在荆州，故东下出三峡，到江陵，移居公安，又到岳阳；明年（769），他到潭州，又明年（770）到衡州。他死在"衡岳之间，秋冬之交"（据鲁谱），年五十九。

杜甫诗有三个时期：第一期是大乱以前的诗；第二期是他身在离乱之中的诗；第三期是他老年寄居成都以后的诗。

杜甫在第一时期过的是那"骑驴三十载"的生活，后来献赋得官，终不能救他的贫穷。但他在贫困之中，始终保持一点"诙谐"的风趣。这一点诙谐风趣是生成的，不能勉强的。他的祖父杜审言便是一个爱诙谐的人；《新唐书》说审言病危将死，宋之问、武平一等一班文人去问病，审言说：

> 甚为造化小儿相苦，尚何言？然吾在，久压公等；今且死，固大慰。但恨不见替人耳！

这样临死时还忍不住要说笑话，便是诙谐的风趣。有了这样风趣的人，贫穷与病都不容易打倒他，压死他。杜甫很像是遗传得他祖父的滑稽风趣，故终身在穷困之中而意兴不衰颓，风味不干瘪。他的诗往往有"打油诗"的趣味：这句话不是诽谤他，正是指出他的特别风格；正如说陶潜出于应璩，并不是毁谤陶潜，只是说他有点诙谐的风趣而已。

杜甫有《今夕行》，原注云："自齐赵西归，至咸阳作"：

> 今夕何夕岁云徂，更长烛明不可孤。咸阳客舍一事无，相与博塞为欢娱。凭陵大叫呼"五白"，袒跣不肯成"枭卢"！英雄有时亦如此，邂逅岂即非良图？君莫笑刘毅从来布衣愿，家无儋石输百万！

这样的"穷开心"，便是他祖老太爷临死还要说笑话的遗风。

他在长安做穷官，同广文馆博士郑虔往来最密，常有嘲戏的诗，如下举的一篇《戏简郑广文，兼呈苏司业源明》：

> 广文到官舍，系马堂阶下。醉即骑马归，颇遭官长骂。才名四十年，坐客寒无毡。赖有苏司业，时时与酒钱。

他的《醉时歌》也是赠郑虔的，开头几句：

> 诸公衮衮登台省，广文先生官独冷。甲第纷纷餍粱肉，广文先生饭不足。……

也是嘲戏的口气。他又有《示从孙济》：

> 平明跨驴出，未知适谁门。权门多噂𠴫，且复寻诸孙。诸孙贫无事，客舍如荒村。堂前自生竹，堂后自生萱。萱草秋已死，竹枝霜不蕃。淘米少汲水，汲多井水浑。刈葵莫放手，放手伤葵根。阿翁懒惰久，觉儿行步奔。所来为宗族，亦不为盘飧。小人利口实，薄俗难具论。勿受外嫌猜，同姓古所敦。

这样絮絮说家常，也有点诙谐的意味。

他写他自己的穷苦，也都带一点诙谐。如《秋雨叹》三首之第一、第三两首云：

雨中百草秋烂死，阶下决明颜色鲜。著叶满枝翠羽盖，开花无数黄金钱。凉风萧萧吹汝急，恐汝后时难独立。堂上书生空白头，临风三嗅馨香泣。

长安布衣谁比数？反锁衡门守环堵。老夫不出长蓬蒿，稚子无忧走风雨。雨声飕飕催早寒，胡雁翅湿高飞难。秋来未曾见白日，泥污厚土何时干？

不能出门，反锁了门，闷坐在家里，却有心情嘲弄草决明，还自嘲长安布衣谁人能比，这便是老杜的特别风趣。这种风趣到他的晚年更特别发达，成为第三时期的诗的最大特色。

在这第一时期里，他正当中年，还怀抱着报国济世的野心。有时候，他也不免发点牢骚，想抛弃一切去做个隐遁之士。如《去矣行》便是发牢骚的：

君不见鞲上鹰，一饱则飞掣！焉能作堂上燕，衔泥附炎热？野人旷荡无腼颜，岂可久在王侯间？未试囊中餐玉法，明朝且入蓝田山。

传说后魏李预把七十块玉椎成玉屑，每日服食。蓝田山出产美玉，故杜甫说要往蓝田山去试试餐玉的法子。没有饭吃了，却想去餐玉，这也是他寻穷开心的风趣。根本上他是不赞成隐遁的，故说：

行歌非隐沦。

故说：

许身一何愚，窃比稷与契！……兀兀遂至今，忍为尘埃没。终愧巢与由，未能易其节。

他自比稷与契，宁可"取笑同学翁"，而不愿学巢父与许由。这是杜甫与李白大不同之处：李白代表隐遁避世的放浪态度，杜甫代表中国民族积极入世的精神(看第十三章末段论李杜)。

当时杨贵妃得宠,杨国忠做宰相,贵妃的姊妹虢国夫人、秦国夫人,都有大权势。杜甫作《丽人行》云:

> 三月三日天气新,长安水边多丽人。态浓意远淑且真,肌理细腻骨肉匀。画罗霓裳照暮春,蹙金孔雀银麒麟。头上何所有?翠为匐叶垂鬓唇。背后何所见?珠压腰衱稳称身。就中云幕椒房亲,赐名大国虢与秦。紫驼之峰出翠釜,水精之盘行素鳞。犀箸厌饫久未下,鸾刀缕切空纷纶。黄门飞鞚不动尘,御厨络绎送八珍。箫管哀吟感鬼神,宾从杂遝实要津。后来鞍马何逡巡?当轩下马入锦茵。杨花雪落覆白蘋,青鸟飞去衔红巾。炙手可热势绝伦,慎莫近前丞相嗔。

此诗讽刺贵戚的威势,还很含蓄。那时虽名为太平之世,其实屡次有边疆上的兵事。北有契丹,有奚,有突厥,西有吐蕃,都时时扰乱边境,屡次劳动大兵出来讨伐。天宝十年(751)剑南节度使鲜于仲通讨云南蛮,大败,死了六万人。有诏书招募两京及河南、河北兵去打云南,人民不肯应募;杨国忠遣御史分道捕人,枷送军前。杜甫曾游历各地,知道民间受兵祸的痛苦,故作《兵车行》:

> 车辚辚,马萧萧,行人弓箭各在腰。爷娘妻子走相送,尘埃不见咸阳桥。牵衣顿足拦道哭,哭声直上干云霄。道旁过者问行人,行人但云点行频:或从十五北防河,便至四十西营田;去时里正与裹头,归来头白还戍边。边庭流血成海水,武皇开边意未已。君不闻,汉家山东二百州,千村万落生荆杞!纵有健妇把锄犁,禾生陇亩无东西。况复秦兵耐苦战,被驱不异犬与鸡。长者虽有问,役夫敢申恨?且如去年冬,未休关西卒。县官急索租,租税从何出?信知生男恶,反是生女好:生女犹得嫁比邻,生男埋没随百草。君不见青海头,古来白骨无人收。新鬼烦冤旧鬼哭,天阴雨湿声啾啾!

拿这诗来比李白的《战城南》，我们便可以看出李白是仿作乐府歌诗，杜甫是弹劾时政。这样明白地反对时政的诗歌，三百篇以后从不曾有过，确是杜甫创始的。古乐府里有些民歌如《战城南》与《十五从军征》之类，也是写兵祸的残酷的；但负责地明白攻击政府，甚至于直指皇帝说"边庭流血成海水，武皇（一本作'我皇'）开边意未已"这样的问题诗是杜甫的创体。

但《兵车行》借汉武来说唐事（诗中说"汉家"，又说"武皇"。"武皇"是汉武帝；后人曲说为"唐人称太宗为文皇，玄宗为武皇"。此说甚谬。文皇是太宗谥法，武皇岂是谥法吗?），还算含蓄。《丽人行》直说虢国、秦国夫人，已是直指当时事了。但最直截明白地指摘当日的政治、社会状况，还算得那一篇更伟大的作品——《自京赴奉先县咏怀五百字》。

此诗题下今本有注云："原注，天宝十四载十二月初作。"这条注大有研究的余地。宋刻"分门集注"本（《四部丛刊》影印本）卷十二于此诗题下注云："洙曰：天宝十四载十一月初作。"洙即是王洙，曾注杜诗。这可证此条注文并非原注，乃是王洙的注语。诗中有"岁暮百草零"，"霜严衣带断，指直不得结"，"群冰从西下，极目高崒兀"的话，故他考订为十一月初，后人又改为十二月初，而仍称"原注"！其实此诗无一字提及安禄山之反，故不得定为大乱已起之作。按《新唐书·玄宗本纪》：

> 天宝十四载……十月庚寅（初四）幸华清宫。十一月，安禄山反，陷河北诸郡。范阳将何千年杀河东节度使杨光翙。壬申（十七），伊西节度使封常清为范阳平卢节度使，以讨安禄山。丙子（廿一），至自华清宫。

安禄山造反的消息，十一月月半后始到京，故政府到十七日始有动作。即使我们假定王洙的注文真是原注，那么，十一月初也还在政府得禄山反耗之前，其时皇帝与杨贵妃正在骊山的华清宫避寒，还不曾梦想到渔阳鼙鼓呢。

此诗的全文分段写在下面：

自京赴奉先县咏怀五百字

杜陵有布衣，老大意转拙。许身一何愚，窃比稷与契！居然成濩落，白首甘契阔。盖棺事则已，此志常觊豁。穷年忧黎元，叹息肠内热。取笑同学翁，浩歌弥激烈。非无江海志，萧洒送日月；生逢尧舜君，不忍便永诀。当今廊庙具，构厦岂云缺？葵藿倾太阳，物性固莫夺。顾惟蝼蚁辈，但自求其穴。胡为慕大鲸，辄拟偃溟渤？以兹误生理，独耻事干谒。兀兀遂至今，忍为尘埃没。终愧巢与由，未能易其节。沉饮聊自适，放歌颇愁绝。

岁暮百草零，疾风高冈裂。天衢阴峥嵘，客子中夜发。霜严衣带断，指直不得结。凌晨过骊山，御榻在嵽嵲(华清宫在骊山汤泉)。蚩尤(雾也)塞寒空，蹴踏崖谷滑。瑶池气郁律，羽林相摩戛。君臣留欢娱，乐动殷樛嶱(樛嶱一作胶葛)。赐浴皆长缨，与宴非短褐。彤庭所分帛，本自寒女出。鞭挞其夫家，聚敛贡城阙。圣人筐篚恩，实欲邦国活。臣如忽至理，君岂弃此物？多士盈朝廷，仁者宜战栗。况闻内金盘，尽在卫霍室。中堂舞神仙，烟雾蒙玉质。暖客貂鼠裘，悲管逐清瑟。劝客驼蹄羹(参看《丽人行》中"紫驼之峰出翠釜"，当时贵族用骆驼背峰及蹄为珍肴)，霜橙压香橘。朱门酒肉臭，路有冻死骨！荣枯咫尺异，惆怅难再述。

北辕就泾渭，官渡又改辙。群冰从西下，极目高崒兀。疑是崆峒来，恐触天柱折。河梁幸未坼，枝撑声窸窣。行旅相攀援，川广不可越。

老妻寄异县，十口隔风雪。谁能久不顾？庶往共饥渴。入门闻号咷，幼子饿已卒。吾宁舍一哀，里巷亦呜咽。所愧为人父，无食致夭折。岂知秋未登，贫窭有仓卒？生常免租税，名不隶征伐。抚迹犹酸辛，平人固骚屑。默思失业徒，因念远戍卒。忧端齐终南，澒洞不可掇！

这首诗作于乱前，旧说误以为禄山反后作，便不好懂。杜甫这时候只是从长安到奉先县省视妻子，入门便听见家人号哭，他的小儿子已饿死了！这样的惨痛使他回想个人的遭际，社会的种种不平；使他回想途中经过骊山的行宫所见所闻的欢娱奢侈的情形，他忍不住了，遂发愤把心里的感慨尽情倾吐出来，作为一篇空前的弹劾时政的史诗。

从安禄山之乱起来时，到杜甫入蜀定居时，这是杜诗的第二时期。这是个大乱的时期；他仓皇避乱，也曾陷在贼中，好容易赶到凤翔，得着一官，不久又贬到华州。华州之后，他又奔走流离；到了成都以后，才有几年的安定。他在乱离之中，发为歌诗：观察愈细密，艺术愈真实，见解愈深沉，意境愈平实忠厚，这时代的诗遂开后世社会问题诗的风气。

他陷在长安时，眼见京城里的种种惨状，有两篇最著名的诗：

哀江头

少陵野老吞声哭，春日潜行曲江曲。江头宫殿锁千门，细柳新蒲为谁绿？忆昔霓旌下南苑，苑中万物生颜色。昭阳殿里第一人，同辇随君侍君侧。辇前才人带弓箭，白马嚼啮黄金勒。翻身向天仰射云，一笑正坠双飞翼。明眸皓齿今何在？血污游魂归不得。清渭东流剑阁深，去住彼此无消息。人生有情泪沾臆，江水江花岂终极？黄昏胡骑尘满城，欲往城南望城北。

哀王孙

长安城头头白乌，夜飞延秋门上呼。又向人家啄大屋，屋底达官走避胡。金鞭断折九马死，骨肉不得同驰驱。腰下宝玦青珊瑚，可怜王孙泣路隅。问之不肯道姓名，但道困苦乞为奴。已经百日窜荆棘，身上无有完肌肤。高帝子孙尽隆准，龙种自与常人殊。豺狼在邑龙在野，王孙善保千金躯。不敢长语临交衢，且为王孙立斯须。昨夜东风吹血腥，东来橐驼满旧都。朔方健儿好身手，昔何勇锐今何愚。窃闻天子已传位，圣德北服南单于。花门剺面请雪耻，慎勿出口他人狙。哀哉王孙慎勿疏，五陵佳气无时无。

《哀王孙》一篇借一个杀剩的王孙，设为问答之词，写的是这一个人的遭遇，而读者自能想象都城残破时皇族遭杀戮的惨状。这种技术从古乐府《上山采蘼芜》、《日出东南隅》等诗里出来，到杜甫方才充分发达。《兵车行》已开其端，到《哀王孙》之作，技术更进步了。这种诗的方法只是摘取诗料中的最要紧的一段故事，用最具体的写法叙述那一段故事，使人从那片段的故事里自然想象得出那故事所含的意义与所代表的问题。说的是一个故事，容易使人得一种明了的印象，故最容易感人。杜甫后来作《石壕吏》等诗，也是用这种具体的、说故事的方法。后来白居易、张籍等人继续仿作，这种方法遂成为社会问题新乐府的通行技术。

杜甫到了凤翔行在，有墨制准他往鄜州看视家眷，他有一篇《北征》，记此次旅行。《北征》是他用气力做的诗，但是在文学艺术上，这篇长诗只有中间叙他到家的一段有点精采，其余的部分只是有韵的议论文而已。那段最精采的是：

> ……潼关百万师，往者散何卒！遂令半秦民，残害为异物。况我堕胡尘，及归尽华发。经年至茅屋，妻子衣百结。恸哭松声回，悲泉共幽咽。平生所娇儿，颜色白胜雪。见耶背面啼，垢腻脚不袜。床前两小女，补绽才过膝。海图坼波涛，旧绣移曲折；天吴及紫凤，颠倒在裋褐。老夫情怀恶，呕泄卧数日。那无囊中帛，救汝寒凛栗！粉黛亦解苞，衾裯稍罗列。瘦妻面复光，痴女头自栉，学母无不为，晓妆随手抹。移时施朱铅，狼藉画眉阔。生还对童稚，似欲忘饥渴。问事竞挽须，谁能即嗔喝？翻思在贼愁，甘受杂乱聒。新归且慰意，生理焉能说？……

这一段很像左思的《娇女》诗。在极愁苦的境地里，却能同小儿女开玩笑，这便是上文说的诙谐的风趣，也便是老杜的特别风趣，他又有《羌村》三首，似乎也是这时候作的，也都有这种风趣：

羌村

（一）

峥嵘赤云西，日脚下平地。柴门鸟雀噪，归客千里至。妻孥怪我在，惊定还拭泪。世乱遭飘荡，生还偶然遂。邻人满墙头，感叹亦歔欷。夜阑更秉烛，相对如梦寐。

（二）

晚岁迫偷生，还家少欢趣。娇儿不离膝，畏我复却去。忆昔好追凉，故绕池边树。萧萧北风劲，抚事煎百虑。赖知禾黍收，已觉糟床注。如今足斟酌，且用慰迟暮。

（三）

群鸡正乱叫，客至鸡斗争。驱鸡上树木，始闻叩柴荆。父老四五人，问我久远行。手中各有携，倾榼浊复清。莫辞酒味薄，黍地无人耕。兵戈既未息，儿童尽东征。请为父老歌，艰难愧深情。歌罢仰天叹，四座泪纵横。

《北征》像左思的《娇女》，《羌村》最近于陶潜。钟嵘说陶诗出于应璩、左思，杜诗同他们也都有点渊源关系。应璩做谐诗，左思的《娇女》也是谐诗，陶潜与杜甫都是有诙谐风趣的人，诉穷说苦都不肯抛弃这一点风趣。因为他们有这一点说笑话做打油诗的风趣，故虽在穷饿之中不至于发狂，也不至于堕落。这是他们几位的共同之点，又不仅仅是同做白话谐诗的渊源关系呵。

这时期里，他到过洛阳，正值九节度兵溃于相州；他眼见种种兵祸的惨酷，做了许多记兵祸的诗，《新安吏》、《潼关吏》、《石壕吏》、《新婚别》、《垂老别》、《无家别》诸篇，为这时期里最重要的社会问题诗。我们选几首作例：

新安吏

客行新安道，喧呼闻点兵。借问新安吏："县小更无丁?""府帖昨夜下，次选中男行。""中男绝短小，何以守王城?"肥男有母送，瘦男独伶俜。白水暮东流，青山犹哭声。莫自使眼枯，收汝泪纵横。眼枯即见骨，天地终无情! 我军取相州，日夕望其平。岂意贼难料，归军星散营。就粮近故垒，练卒依旧京。掘壕不到水，牧马役亦轻。况乃王师顺，抚养甚分明。送行勿泣血，仆射如父兄(仆射指郭子仪)。

石壕吏

暮投石壕村，有吏夜捉人。老翁逾墙走，老妇出门看。吏呼一何怒，妇啼一何苦！听妇前致词："三男邺城戍。一男附书至，二男新战死。存者且偷生，死者长已矣。室中更无人，惟有乳下孙。有孙母未去，出入无完裙。老妪力虽衰，请从吏夜归。急应河阳役，犹得备晨炊。"夜久语声绝，如闻泣幽咽。天明登前途，独与老翁别。

《石壕吏》的文学艺术最奇特，捉人拉夫竟拉到了一个抱孙的祖老太太，时世可想了！

无家别

寂寞天宝后，园庐但蒿藜。我里百余家，世乱各东西。存者无消息，死者为尘泥。贱子因阵败，归来寻旧蹊。久行见空巷，日瘦气惨凄。但对狐与狸，竖毛怒我啼。四邻何所有？一二老寡妻。宿鸟恋本枝，安辞且穷栖。方春独荷锄，日暮还灌畦。县吏知我至，召令习鼓鞞。虽从本州役，内顾无所携。近行止一身，远去终转迷。家乡既荡尽，远近理亦齐。永痛长病母，五年委沟溪。生我不得力，终身两酸嘶。人生无家别，何以为烝黎！

这些诗都是从古乐府歌辞里出来的，但不是仿作的乐府歌辞，却是创作的"新乐府"。杜甫早年也曾仿作乐府，如《前出塞》九首、《后出塞》五首，都属于这一类。这些仿作的乐府里也未尝没有规谏的意思，如《前出塞》第一首云：

戚戚去故里，悠悠赴交河。公家有程期，亡命婴祸罗。君已富土境，开边一何多！弃绝父母恩，吞声行负戈。

但总括《出塞》十余篇看来，我们不能不承认这些诗都是泛泛的从军歌，没有深远的意义，只是仿作从军乐府而已。杜甫在这时候经验还不深刻，见解还不曾成熟，他还不知战争生活的实在情形，故还时时勉强作豪壮语，又时时勉强作愁苦语。如《前出塞》第六首云：

> 挽弓当挽强，用箭当用长。射人先射马，擒贼先擒王。杀人亦有限，列国自有疆。苟能制侵陵，岂在多杀伤？

又第八首云：

> 单于寇我垒，百里风尘昏。雄剑四五动，彼军为我奔。虏其名王归，系颈授辕门。潜身备行列，一胜安足论？

都是勉强作壮语。又如第七首云：

> 驱马天雨雪，军行入高山。径危抱寒石，指落层冰间。已去汉月远，何时筑城还？浮云暮南征，可望不可攀。

便是勉强作苦语。这种诗都是早年的尝试，它们的精神与艺术都属于开元、天宝的时期；它们的意境是想象的，说话是做作的。拿它们来比较《石壕吏》或《哀王孙》诸篇，很可以观时世与文学的变迁了。

乾元二年（759），杜甫罢官后，从华州往秦州，从秦州往同谷县，从同谷县往四川。他这时候已四十八岁了。乱离的时世使他的见解稍稍改变了；短时期的做官生活又使他明白他自己的地位了。他在秦州有《杂诗》二十首，其中有云：

> ……黄鹄翅垂雨，苍鹰饥啄泥。不意书生耳，临衰厌鼓鼙。

又云：

> 唐尧真自圣，野老复何知？晒药能无妇？应门幸有儿。……为报鸳行旧，鹪鹩在一枝。

他对于当日的政治似很失望。他曾有《洗兵马》一篇，很明白地指斥当日政治界的怪现状。此诗作于"收京后"。

> ……京师皆骑汗血马,回纥喂肉葡萄宫。……二三豪俊为时出,整顿乾坤济时了。……攀龙附凤势莫当,天下尽化为侯王。汝等岂知蒙帝力,时来不得夸身强?

> ……寸地尺天皆入贡,奇祥异瑞争来送。不知何国致白环,复道诸山得银瓮。隐士休歌《紫芝曲》,词人解撰《河清颂》。……安得壮士挽天河,净冼甲兵长不用!

这时候两京刚克复,安史都未平,北方大半还在大乱之中,哪有"寸地尺天皆入贡"的事?这样的蒙蔽,这样的阿谀谄媚,似乎很使杜甫生气。《北征》诗里,他还说:

> 虽乏谏诤姿,恐君有遗失。……挥涕恋行在,道途犹恍惚。……

他现在竟大胆地说:

> 唐尧真自圣,野老复何知?

这是绝望的表示。肃宗大概是个很昏庸的人,受张后与李辅国等的愚弄,使一班志士大失望。杜甫晚年(肃宗死后)有《忆昔》诗,明白指斥肃宗道:

> 关中小儿(指李辅国。他本是闲厩马家小儿)坏纪纲,张后不乐上为忙。……

这可见杜甫当日必有大不满意的理由。政治上的失望使他丢弃了那"窃比稷与契"的野心,所以他说:

> 为报鸳行旧,鹪鹩在一枝。

从此以后，他打定主意，不妄想"致君尧舜上"了。从此以后——尤其是他到了成都以后——他安心定志以诗人终老了。

从杜甫入蜀到他死时，是杜诗的第三时期。在这时期里，他的生活稍得安定，虽然仍旧很穷，但比那奔走避难的乱离生活毕竟平静得多了。那时中原仍旧多事，安史之乱经过八年之久，方才平定；吐蕃入寇，直打到京畿；中央政府的威权旁落，各地的"督军"（藩镇）都变成了"土皇帝"，割据的局面已成了。杜甫也明白这个局面，所以打定主意过他穷诗人的生活。他并不赞成隐遁的生活，所以他并不求"出世"，他只是过他安贫守分的生活。这时期的诗大多是写这种简单生活的诗。丧乱的余音自然还不能完全忘却，依人的生活自然总有不少的苦况；幸而杜甫有他的诙谐风趣，所以他总寻得事物的滑稽的方面，所以他处处可以有消愁遣闷的诗料，处处能保持他那打油诗的风趣。他的年纪大了，诗格也更老成了；晚年的小诗纯是天趣，随便挥洒，不加雕饰，都有风味。这种诗上接陶潜，下开两宋的诗人。因为他无意于做隐士，故杜甫的诗没有盛唐隐士的做作气；因为他过的真是田园生活，故他的诗真是欣赏自然的诗。

试举一首诗，看他在穷困里的诙谐风趣：

茅屋为秋风所破歌

八月秋高风怒号，卷我屋上三重茅。茅飞渡江洒江郊，高者挂罥长林梢，下者飘转沉塘坳。南村群童欺我老无力，忍能对面为盗贼，公然抱茅入竹去，唇焦口燥呼不得。归来倚杖自叹息。俄顷风定云墨色，秋天漠漠向昏黑。布衾多年冷似铁，娇儿恶卧踏里裂。床头屋漏无干处，雨脚如麻未断绝。自经丧乱少睡眠，长夜沾湿何由彻？安得广厦千万间，大庇天下寒士俱欢颜，风雨不动安如山？呜呼，何时眼前突兀见此屋！吾庐独破受冻死亦足！

在这种境地里还能作诙谐的趣话，这真是老杜的最特别的风格。

他的滑稽风趣随处皆可以看见。我们再举几首作例：

百忧集行

忆年十五心尚孩，健如黄犊走复来。庭前八月梨枣熟，一日上树能千回。即今倏忽已五十，坐卧只多少行立。强将笑语供主人，悲见生涯百忧集。入门依旧四壁空，老妻睹我颜色同。痴儿未知父子礼，叫怒索饭啼门东。

下面的一首便像是"强将笑语供主人"的诗：

遭田父泥饮，美严中丞

步屧随春风，村村自花柳。田翁逼社日，邀我尝春酒。酒酣夸新尹，畜眼未见有。回头指大男，"渠是弓箭手，名在飞骑籍，长番岁时久。前日放营农，辛苦救衰朽。差科死则已，誓不举家走。今年大作社，拾遗能住否?"叫妇开大瓶，盆中为吾取。感此气扬扬，须知风化首。语多虽杂乱，说尹终在口。朝来偶然出，自卯将及酉。久客惜人情，如何拒邻叟?高声索果栗，欲起时被肘。指挥过无礼，未觉村野丑。月出遮我留，仍嗔问升斗。

白话诗多从打油诗出来，我们在第十一章里已说过了。杜甫最爱做打油诗遣闷消愁，他的诗题中有"戏作俳谐体遣闷"一类的题目。他做惯了这种嘲戏诗，他又是个最有谐趣的人，故他的重要诗(如《北征》)便常常带有嘲戏的风味，体裁上自然走上白话诗的大路。他晚年无事，更喜欢作俳谐诗，如上文所举的几首都可以说是打油诗的一类。后人崇拜老杜，不敢说这种诗是打油诗，都不知道这一点便是读杜诗的诀窍：不能赏识老杜的打油诗，便根本不能了解老杜的真好处。试看下举的诗：

夜　　归

夜来归来冲虎过，山黑家中已眠卧。傍见北斗向江低，仰看明星当空大。庭前把烛嗔两炬，峡口惊猿闻一个。白头老罢舞复歌，杖藜不睡谁能那?(此诗用土音，第四句"大"音堕；末句

“那”音娜，为“奈何”二字的合音。）

这自然是俳谐诗，然而这位老诗人杜藜不睡，独舞复歌，这是什么心境？所以我们不能不说这种打油诗里的老杜乃是真老杜呵。

我们这样指出杜甫的诙谐的风趣，并不是忘了他的严肃的态度、悲哀的情绪。我们不过要指出老杜并不是终日拉长了面孔，专说忠君爱国话的道学先生。他是一个诗人，骨头里有点诗的风趣；他能开口大笑，却也能吞声暗哭——正因为他是个爱开口笑的人，所以他的吞声哭使人觉得格外悲哀，格外严肃。试看他晚年的悲哀：

夜闻觱篥

夜闻觱篥沧江上，衰年侧耳情所向。邻舟一听多感伤，塞曲三更欸悲壮。积雪飞霜此夜寒，孤灯急管复风湍。君知天地干戈满，不见江湖行路难。

观公孙大娘弟子舞剑器行

大历二年（七六七，那年杜甫五十六岁）十月十九日，夔府别驾元持宅，见临颖李十二娘舞剑器，壮其蔚跂，问其所师。曰：“余，公孙大娘弟子也。”开元五载（七一七，那时他六岁），余尚童稚，记于郾城观公孙氏舞剑器浑脱（剑器是一种舞，浑脱也是一种舞），浏漓顿挫，独出冠时。自高头宜春、梨园二伎坊内人，洎外供奉，晓是舞者，圣文神武皇帝（玄宗）初，公孙一人而已。玉貌绣衣，况余白首！今兹弟子亦匪盛颜。既辨其由来，知波澜莫二。抚事慷慨，聊为《剑器行》。

昔有佳人公孙氏，一舞剑器动四方。观者如山色沮丧，天地为之久低昂。耀如羿射九日落，矫如群帝骖龙翔，来如雷霆收震怒，罢如江海凝清光。绛唇珠袖两寂寞，晚有弟子传芬芳。临颖美人在白帝，妙舞此曲神扬扬；与余问答既有以，感时抚事增惋伤。先帝侍女八千人，公孙剑器初第一。五十年间似反掌，风尘澒洞昏王室。梨园弟子散如烟，女乐余姿映寒日。金粟堆南（旧注，金粟堆在明皇泰陵之北）木已拱，瞿塘石城草萧瑟。玳筵急

>>> 杜甫研究经典论著评介 <<<

管曲复终，乐极哀来月东出。老夫不知其所往，足茧荒山转
愁疾。

江南逢李龟年

　　天宝盛时，乐工李龟年特承宠顾，于洛阳大起宅第，奢侈过
于王侯。乱后他流落江南，每为人歌旧曲，座上闻者多掩泣
罢酒。

　　岐王宅里寻常见，崔九(原注，殿中监崔涤，中书令崔湜之
弟)堂前几度闻。正是江南好风景，落花时节又逢君。

有时候，他为了中原的好消息，也很高兴：

闻官军收河南河北

　　剑外忽传收蓟北，初闻涕泪满衣裳。却看妻子愁何在，漫卷
诗书喜欲狂。白日放歌须纵酒，青春作伴好还乡。即从巴峡穿巫
峡，便下襄阳向洛阳。

但中原的局势终不能叫人乐观。内乱不曾完全平定，吐蕃又打到长安
了。政治上的腐败更使杜甫伤心。

释　　闷

　　四海十年不解兵，犬戎也复临咸京！……豺狼塞路人断绝，
峰火照夜尸纵横。天子亦应厌奔走，群公固合思升斗。但恐诛求
不改辙，闻道嫛孽能全生。江边老翁错料事，眼暗不见风尘清！

这个时期里，他过的是闲散的生活，耕田种菜，摘苍耳，种莴苣(即
莴笋)，居然是一个农家了。有时候，他也不能忘掉时局。

　　　不眠忧战伐，无力正乾坤。

但他究竟是个有风趣的人，能自己排遣，又能从他的田园生活里寻出

诗趣来。他晚年做了许多"小诗"，叙述这种简单生活的一小片、一小段、一个小故事、一个小感想或一个小印象。有时候他试用律体来做这种"小诗"；但律体是不适用的。律诗须受对偶与声律的拘束，很难没有凑字凑句，很不容易专写一个单纯的印象或感想。因为这个缘故，杜甫的"小诗"常常用绝句体，并且用最自由的绝句体，不拘平仄，多用白话。这种"小诗"是老杜晚年的一大成功，替后世诗家开了不少的法门；到了宋朝，很有些第一流诗人仿作这种"小诗"，遂成中国诗的一种重要的风格。

下面选的一些例子可以代表这种"小诗"了：

春水生（二绝）

二月六夜春水生，门前小滩浑欲平。鸬鹚鸂鶒莫漫喜，吾与汝曹俱眼明！

一夜水高二尺强，数日不可更禁当。南寺津头有船卖，无钱即买系篱旁。

绝句漫兴（九之七）

眼见客愁愁不醒，无赖春色到江亭。即遣花开深造次，便觉莺语太丁宁。

手种桃李非无主，野老墙低还似家。恰似春风相欺得，夜来吹折数枝花。

熟知茅斋绝低小，江上燕子故来频。衔泥点污琴书内，更接飞虫打着人。

二月已破三月来，渐老逢春能几回？莫思身外无穷事，且尽生前有限杯。

肠断江春欲尽头，杖藜徐步立芳洲。颠狂柳絮随风去，轻薄桃花逐水流。

糁径杨花铺白毡，点溪荷叶叠青钱。笋根雉子无人见，沙上凫雏傍母眠。

隔户杨柳弱袅袅，恰似十五女儿腰。谁谓朝来不作意？狂风挽断最长条。

江畔独步寻花(七之二)

江深竹静两三家,多事红花映白花。报答春光知有处,应须美酒送生涯。

黄四娘家花满蹊,千朵万朵压枝低。留连戏蝶时时舞,自在娇莺恰恰啼。

三绝句(三之二)

楸树馨香倚钓矶,斩新花蕊未应飞。不如醉里风吹尽,可忍醒时雨打稀。

门外鸬鹚去不来,沙头忽见眼相猜。自今已后知人意,一日须来一百回。

漫　　成

江月去人只数尺,风灯照夜欲三更。沙头宿鹭联拳静,船尾跳鱼拨剌鸣。

绝　　句

谩道春来好!狂风大放颠,吹花随水去,翻却钓鱼船。

若用新名词来形容这种小诗,我们可说这是"印象主义的"(Impressionistic)艺术,因为每一首小诗都只是抓住了一个断片的影像或感想。绝句之体起于魏晋南北朝间的民歌,这种体裁本只能记载那片段的感想与影像。如《华山畿》中的一首:

奈何许!天下人何限!慊慊只为汝!

这便是写一个单纯的情绪。又如《读曲歌》中的一首云:

折杨柳。百鸟园林啼,道欢不离口。

这便是写一个女子当时心中的印象。她自觉得园林中的百鸟都在那儿歌唱她的爱人，所以，她自己的歌唱只是直叙她的印象如此。凡好的小诗都是如此：都只是抓住自然界或人生的一个小小的片段，最单一又最精彩的一小片段。老杜到了晚年，风格老辣透了，故他作这种小诗时，造语又自然，又突兀，总要使他那个印象逼人而来，不可逃避。他控告春风擅入他家吹折数枝花；他嘲笑邻家杨柳有意和春风调戏，被狂风挽断了她的最长条；他看见沙头的鸂鶒，硬猜是旧相识，便同它订约，要它一日来一百回；他看见狂风翻了钓鱼船，偏要说是风把花片吹过去，把船撞翻了！这样顽皮无赖的诙谐风趣便使他的小诗自成一格，看上去好像最不经意，其实是他老人家最不可及的风格。

我们现在要略约谈谈他的律诗。

老杜是律诗的大家，他的五言律和七言律都是最有名的。律诗本是一种文字游戏，最宜于应试、应制、应酬之作；用来消愁遣闷，与围棋、踢球正同一类。老杜晚年作律诗很多，大概只是拿这件事当一种消遣的玩意儿。他说：

> 陶冶性灵在底物？（"底"是"什么"）新诗改罢自长吟。孰（一作"热"）知二谢（谢灵运、谢朓）将能事，颇学阴何（阴铿、何逊，参看上文）苦用心。
>
> ——《解闷》

在他只不过"陶冶性灵"而已，但他的作品与风格却替律诗添了不少的声价，因此便无形之中替律诗延长了不少的寿命。

老杜作律诗的特别长处在于力求自然，在于用说话的自然神气来作律诗，在于从不自然之中求自然。最好的例是：

早秋苦热堆案相仍

七月六日苦炎蒸，对食暂餐还不能。每愁夜中皆是（今本作"自足"，今依一本）蝎，况乃秋后转多蝇。束带发狂欲大叫，簿书何急来相仍！南望青松架短壑，安得赤脚踏层冰！

这样作律诗便是打破律诗了。试更举几个例：

九　日

去年登高郪县北，今日重在涪江滨。苦遭白发不相放，羞见黄花无数新。世乱郁郁久为客，路难悠悠常傍人。酒阑却忆十年事，肠断骊山清路尘。

昼　梦

二月饶睡昏昏然，不独夜短昼分眠。桃花气暖眼自醉，春渚日落梦相牵。故乡门巷荆棘底，中原君臣豺虎边。安得务农息战斗，普天无吏横索钱！

十二月一日(三首之一)

寒轻市上山烟碧，日满楼前江雾黄。负盐出井此溪女，打鼓发船何郡郎？新亭举目风景切，茂陵著书消渴长。春花不愁不烂漫，楚客唯听棹相将。

这都是有意打破那严格的声律，而用那说话的口气。后来北宋诗人多走这条路，用说话的口气来作诗，遂成一大宗派。其实所谓"宋诗"，只是作诗如说话而已，它的来源无论在律诗与非律诗方面，都出于学杜甫。

杜甫用律诗做种种尝试，有些尝试是很失败的。如《诸将》等篇用律诗来发议论，其结果只成一些有韵的歌括，既不明白，又无诗意。《秋兴》八首传诵后世，其实也都是一些难懂的诗谜。这种诗全无文学的价值，只是一些失败的诗玩意儿而已。

律诗很难没有杂凑的意思与字句。大概作律诗的多是先得一两句好诗，然后凑成一首八句的律诗。老杜的律诗也不能免这种毛病。如：

> 江天漠漠鸟双去。

这是好句子；他对上一句"风雨时时龙一吟"，便是杂凑的了。又如：

> 重露成涓滴，稀星乍有无。

下句是实写，上句便是不通的凑句了。又如：

> 暗飞萤自照，水宿鸟相呼。

上句很有意思，下句便又是杂凑的了。又如：

> 四更山吐月，残夜水明楼。

这真是好句子。但此诗下面的六句便都是杂凑的了。这些例子都可以教训我们：律诗是条死路，天才如老杜尚且失败，何况别人？

——据安徽教育出版社 2006 年版《白话文学史》

【评 介】

胡适(1891—1962)，原名嗣穈，学名洪骍，字希疆，后改名适，字适之，笔名天风、藏晖等，安徽绩溪人。五岁启蒙，受私塾教育九年，后求学于上海梅溪学堂、澄衷学堂。1910 年考取"庚子赔款"留学生，先入美国康奈尔大学农学院，后转入文学院攻读哲学。1915年入哥伦比亚大学哲学系，师从约翰·杜威。嗣后与《新青年》主编陈独秀通信，并于 1917 年 1 月发表《文学改良刍议》，引发文学革命。回国后任北京大学教授，出版《中国哲学史大纲(上卷)》(上海商务印书馆 1919 年版)、《白话文学史》(新月书店 1928 年版)，在中国文学史与中国哲学史领域均开一代学风。1938 年任国民政府驻美大使，1946 年任北京大学校长，1957 年任台湾"中央研究院"院长。另著有《尝试集》(北京大学出版社 1920 年版)、《胡适文存一集》(北京

大学出版社 1921 年版)、《章实斋先生年谱》(上海商务印书馆 1922
年版)、《胡适文存二集》(亚东图书馆 1924 年版)、《戴东原的哲学》
(亚东图书馆 1927 年版)、《胡适文存三集》(亚东图书馆 1930 年版)、
《水经注版本四十种展览目录》(北京大学出版社 1948 年版)等。

　　1921 年,胡适为教育部所举行的第三届国语讲习所讲国语文学
史,曾编有八万字共十五讲的讲义,包括绪论《我为什么要讲国语文
学史》、《古文是何时死的》以及从汉朝的平民文学到南宋的白话文,
其中,唐代共有三讲。次年,胡适在天津南开大学讲学前夜,将他的
《国语文学史》稿本归并为三篇,分别是《汉魏六朝的平民文学》、《唐
代文学的白话化》、《两宋的白话文学》。1927 年,北京文化学社将
《国语文学史》旧讲义出版。胡适以为其"见解不成熟,材料不完备",
故而加以修改。所修订之汉朝至中唐部分定为《白话文学史》上卷,
由上海新月书店 1928 年出版。是书所选杜甫部分,即为该书的第十
四章,杜甫也是全书唯一专章论述的诗人。

　　在具体叙述杜甫的生平与创作历程之前,胡适首先介绍了杜甫所
处的时代环境与文学潮流。简短而富有激情的叙述,蕴含了诸多时至
今日仍不可小觑的创见。作者总的文学观念是时代的变迁引领了文学
潮流的转换。在这一前提下,他一方面强调"安史之乱"作为一个转
捩点,标志着时代的巨大变迁,另一方面竭力将动乱前后的文学区分
开来,指出它们具有截然不同的风貌,即此前是浪漫文学的隆盛时
期,此后为写实文学诞生的时期。杜甫作为后一个时期的奠基者,他
划时代的意义也就由此得到了很好的凸显。

　　虽然由于时代情绪的浸染或出于行文的需要,文章中的部分表述
有失偏颇,如将开元天宝的盛世文学一概视为"做作的"。不过,作
者处理问题的思路颇能给人启迪。历来论杜,多着眼于艺术层面,关
注其集大成之地位与影响;历来的李、杜之争,也多在艺术风格等层
面上展开。胡适将李、杜置于不同的时代层面,主观上并没有平息
李、杜之争的意愿,客观上却有助于我们更为清晰完整地认识李、杜
二人的不同特质。

　　事实上,自宋代以来人们多习惯于将李、杜置于同一个历史层面
上,即所谓"时同境同",而多从个人性情着眼去理解两人的差异,

直到 20 世纪初这种看法依然占据主导地位。在诸多文学史中，它们都将李、杜同视为盛唐文学之集大成者，所不同者只是个人之性情及所形成之文化背景。曾毅《中国文学史》即云："唐一代诗人多，而开元天宝之际尤多，李白、杜甫诗中之圣也，为全唐文学之中心。""李杜二人，时同境同，交情颇密，而其性行、其思想、其文章则各擅其胜，亦一奇也。李受南方感化，杜受北方感化。李之品如仙，杜之品如圣。李出世，杜入世。李理想派也，杜实际派也。杜受道家之影响，杜本儒教之见地。李如李广，杜如孙吴。李以才胜，杜以学胜。李豪于情，杜笃于性。李斗酒百篇，有挥洒自如之慨；杜读书万卷，极沉郁顿挫之观。"（曾毅《中国文学史》，泰东图书局 1915 年版）这里的对比极其细致，但终究是印象式，与传统的诗话颇为接近，不如胡氏以时代区分而能一语中的。

主张李、杜"时同境同"的基本依据，是唐诗的四分法，如王梦曾所言："有唐一代诗，为其特色。明高廷礼析其诗学之变迁为四时期。自开国以至开元曰初唐，自开元至大历曰盛唐，自大历至太和曰中唐，太和以还曰晚唐。"（王梦曾《中国文学史》，商务印书馆 1914 年版）其时各种文学史虽详略不等，大多尚未突破这一藩篱。胡适《白话文学史》既出，当即有学者意识到传统四分法的不合理，而安史之乱对于唐代文学的影响不可低估。如陆侃如、冯沅君《中国文学史简编》（开明书店 1932 年版）在论述唐代的诗歌开篇就旗帜鲜明地说：

> 唐代的诗，习惯上常分为四个时期：七世纪为初唐，八世纪上半期为盛唐，下半期为中唐，九世纪为晚唐。这种分期是不大合理的。纵观这三百年的作品，七五五安史之乱是个大关键。这一年便把唐诗分成两截，我们讲文学史也当依此分期。

在具体论述中，他们也明确指出李、杜两人虽然处于同一时代，但"杜甫是启后，李白是承先的"，杜甫引领了一个新的时代：

> 安史之乱以前的唐诗，略如上述。但乱起以后，便不同了。

他们不再去歌功颂德，不再去饮醇酒、近妇人了。他们转变方向，去写离乱中的痛苦，去写社会上的病象。技术方面也特别认真，甚至吟而双泪皆流。这期间，杜甫是个伟大的领袖。

当然，这种划分不免过于疏阔。一方面，以一个具体的时间点将诗风划分为两截，肯定不可能做到严丝合缝，就李、杜自身而言，杜甫在安史之乱前已经有一百多首质量甚高的诗篇流传，李白在乱后的八年也迎来了他创作的另一个高峰；另一方面，如苏雪林所言，"以一个大作家代表千变万化的宗派也嫌武断"，因此许多学者更倾向于将李、杜分别作为浪漫文学与写实文学的代表。苏雪林即将唐诗分为五个时期，李、杜分别是第三期浪漫主义隆盛的时期与第四期写实主义诞生的时期的核心，并肯定胡适有关写实主义的说法是"千余年未有之议论"（苏雪林《唐诗概论》第三章《唐诗变迁之概括》，商务印书馆1933年万有文库本）。其后，刘大杰的《中国文学发展史》直接将杜甫划归为中晚唐的代表，其所论唐诗之三章分别为《初唐的诗歌》、《李白与盛唐诗人》、《杜甫与中晚唐诗人》（中华书局1941年版），游国恩等《中国文学史》所言"安史之乱是唐代社会由盛而衰的转折点"，"伟大的现实主义诗人杜甫生在唐代社会由盛而衰的时代"，"（李白）不愧是屈原以后的另一个伟大的浪漫主义诗人"等（人民文学出版社1963年版），显然都是直接受到了胡适的影响。

胡适将杜甫的诗歌创作分为三个时期，即大乱以前、离乱之中与老年寄居成都以后。这三个时期，无论是创作的题材还是艺术风格显然都存在着较大的差异，但其间仍有一以贯之的创作精神，这种精神在胡适看来就是杜甫诙谐的风趣。胡适为什么要强调杜甫诗歌诙谐风趣的一面呢？这与他所编撰的《白话文学史》的性质有关。作者认为他的《白话文学史》就是中国文学史，因为白话文学史就是中国文学史的中心部分，中国文学史如果去掉了白话文学的进化史，就不成其为中国文学史了。至于唐朝一代的诗史，由初唐到晚唐，也就是一段逐渐白话化的历史。《国语文学史》谈及盛唐诗歌时说道：

唐朝三百多年虽是古体文学史上一个黄金时代，却也是白话文学的一个发达时期。这个时期，我们可以说是白话侵入古体文学的时期，又可以说是文学的"白话化"的时期，汉魏六朝的平民文学，到了隋唐时代，很受文学家的崇拜。唐人极力模仿古乐府，后来竟独立作新乐府。古乐府里有价值的部分全是平民文学；故模仿古乐府的人自然逃不了平民文学的影响。这是"白话化"的一个原因。乐府中的小品，如《子夜歌》之类，本是民间平常歌唱的东西；后来唐人的五言二韵与七言二韵的"绝句"，即是从这种小品乐府里演化出来的。我们看唐朝诗人"旗亭画壁"的故事，用歌妓所歌的多少来定诗人的优劣(此事见《集异记》)，而所歌的都是这种绝句；因此可见这种诗与民间歌曲的关系。这种简短的小品来自民间，行在民间，是不适宜于贵族文体的，是不能不用白话的。所以唐人的绝句，十分之八九是白话的，这是"白话化"的又一个原因。

在《国语文学史》中，胡适对杜甫的极力褒扬，也正是从"白话化"的角度出发的。

　　杜甫是唐朝的第一个大诗人，这是我们都可以承认的。但杜甫的好处，都在那些白话化了的诗里，这也是无可疑的。杜甫是一个平民的诗人，因为他最能描写平民的生活与痛苦。但平民的生活与痛苦也不是贵族文学写得出的，故杜甫的诗不能不用白话。

胡适在《国语文学史》中主要列举了杜甫的两种"白话诗"，一种是如《茅屋为秋风所破歌》这种平民文学，"这种平民文学只有经过这种平民生活的诗人能描写的清楚亲切。杜甫很有一点滑稽风味，如这首诗便是一个例；因为哭声里藏着一双含泪的笑眼，故是诗人的诗，不是贫儿诉苦"；另一种是《江畔独步寻花》那样的绝句，"这种纯朴的美，真是白话的上品"。《白话文学史》对于杜甫的介绍，也沿袭了这一思路。在胡适看来，白话诗是从打油诗演进过来的，杜甫有许多的打油诗，或者说他的诗歌具有很浓的"打油诗"的特色，那么杜甫自然也就成了"白话化"的典范。在《白话文学史》中，他反复强调了这一意义。

胡适的这种解读，一方面确实把握到了杜甫诗歌一些突出特征，另一方面也给我们带来了一种全新的感受，尤其是给我们推出了一个具有浓郁生活气息令我们感到无比亲切的诗人，这是对传统论述的一大突破。我们这样指出杜甫的诙谐的风趣，并不是忘了他的严肃的态度、悲哀的情绪。正如作者所言，"我们不过要指出老杜并不是终日拉长了面孔，专说忠君爱国话的道学先生。他是一个诗人，骨头里有点诗的风趣；他能开口大笑，却也能吞声暗哭——正因为他是个爱开口笑的人，所以他的吞声哭使人觉得格外悲哀，格外严肃"。这里的论述就比单纯强调杜甫的爱国忧民深了一层。不过，由于以诙谐为解读的主要通道，因此，杜甫诗歌的现实性与批判意义不免削弱，这也成为他在 20 世纪五六十年代的重要"罪责"。萧涤非在《批判胡适对杜甫诗的错误观点》(《杜甫研究》，齐鲁书社 1980 年版)中说：

> 也许有人要这样问：杜甫是不是有他的诙谐的一面呢？他的诗是不是也有诙谐的成分呢？当然，这也是有的。但是我们所了解的杜甫的诙谐和胡适所说的诙谐有着根本不同的意义。因为，据我们的了解，杜甫的诙谐，往往是他的讽刺的另一表现形态。在他的诙谐的背后，往往有着更为沉重的心情和严肃的主题。比如《忆昔诗》："关中小儿坏纪纲，张后不乐上(唐肃宗)为忙!"嘲笑李辅国的专权和皇帝的惧内。又如《陪李梓州泛江，有女乐在诸舫，戏为艳曲》的最后两句："使君自有妇，莫学野鸳鸯!"寓规讽于诙谐之中，何等幽默，然而又何等庄重! 即使是这一类的诗句，也都和胡适所谓"滑稽""开玩笑""打油"，毫无相似之处。事实上，"庸俗"正是杜甫的仇敌。杜甫为了表示自己的谦虚，不敢"自以为是"，同时也为了不致过分伤害对方的感情，以便收到规劝的效果，所以往往便在原有的诗题之上安个"戏为"或"戏作"做幌子。正因为如此，这类作品不仅不是"开玩笑"，而且态度特别严肃，特别显得"语重心长"。如《戏为六绝句》说："尔曹身与名俱灭，不废江河万古流!"这哪里是"戏"？

简直是教训！又如《戏作花卿歌》说："人道我卿绝世无，既称绝世无，天子何不唤取守京都？"也是婉而多讽的。而胡适却极端肤浅地或者说别有用心地认为杜甫真是在逢场作戏，在作打油诗，岂不荒唐！

也正是从"白话化"的立场出发，胡适对杜甫的律诗采取了极端的贬抑态度。他认为"杜甫用律诗作种种尝试，有些尝试是很失败的"，"用律诗来发议论，其结果只成一些有韵的歌括，既不明白，又无诗意"，"这种诗全无文学的价值，只是一些失败的诗玩意儿而已"。而他成功的一面，则正在于用说话的态度写律诗，打破了严格的规范，从而影响了宋人。这种极端化的立场，当时就受到了一些学者的质疑，如朱光潜曾撰文《替诗的音律辩护——读胡适的〈白话文学史〉后的意见》，阐述不应低估近体诗的价值。

李白与杜甫(存目)

郭沫若

【评　介】

　　郭沫若(1892—1978)，四川乐山铜河沙湾人，原名开贞，号尚武，沫若为其笔名之一。1914 年考取天津陆军军医学校，同年底赴日留学。1921 年与郁达夫、田汉等创立"创造社"，出版新诗集《女神》。1923 年回国。1926 年参加北伐，任国民革命军总政治部副主任。1927 年参加南昌起义，次年赴日，致力于中国古代史、古文字学的研究，撰有《中国古代社会研究》。1937 年只身潜回，任国民政府军委会政治部第三厅厅长，领导文化界宣传抗日，撰有《屈原》等历史剧。抗战胜利后抵达香港，1949 年至北平。历任政务院副总理、中国科学院院长等职。在诗歌、小说、戏剧创作与古文字、古代史研究等领域都取得了卓越成就，有《郭沫若全集》。

一、郭沫若对杜甫的评述

　　《李白与杜甫》初版于 1971 年，次年第二次印刷后作者进行了修订。全书由三个部分组成，分别是"关于李白"、"关于杜甫"与"李白杜甫年表"。其中较为引人注目的是第二部分对于杜甫的评述。这一部分也是全书的核心所在，共谈及了九个问题。作者首先论述了杜甫的阶级意识，指出他是站在地主阶级的立场、统治阶级的立场，为地主阶级、统治阶级服务的。支撑这一观点的依据，是杜甫在《喜雨》、《夔府书怀》两诗中对"浙右盗贼"和"绿林小盗"的仇视。

　　以上只举了两例以表明杜甫的阶级意识和立场，杜甫是完全站在统治阶级、地主阶级一边的。这个阶级意识和立场是杜甫思想的脊梁，贯穿着他遗留下来的大部分的诗和文。生在封建统治鼎盛的唐代，要怀抱着那样的意识、采取着那样的立场，是不足为怪的。旧时封建时代的士大夫们要赞扬那样的意识和立场，也是不足为怪的。可怪的是解放前后的一些研究家们，沿袭着旧有的立场，对于杜甫不是采取批判的态度，而是依然全面颂扬，换上了一套新的辞令。以前的专家们是称杜甫为"诗圣"，近时的专家们是称为"人民诗人"。被称为"诗圣"时，人民没有过问过；被称为"人民诗人"时，人民恐怕就要追问个所以然了。

新时期以来，杜甫被认定最富有人民性的作品是"三吏"、"三别"，作者一一进行了翻译和点评，最后总结指出：

　　这六首诗，的确是杜甫的刻意之作，基本上是写实，具有独创的风格。从内容上来说，的确是颇能关心民间疾苦，把安史之乱时靠近前线的真实面貌，留下了一些简洁的素描。在旧时代的文人中传诵了一千多年——当然也有人不敢选读，是可以令人首肯的。但在今天，我们从阶级的观点来加以分析时，诗的缺陷便无法掩饰了。杜甫自己是站在地主阶级的立场上的人，六首诗中所描绘的人民形象，无论男女老少，都是经过严密的阶级滤器所滤选出来的驯良老百姓，驯善得和绵羊一样，没有一丝一毫的反抗情绪。这种人正合乎地主阶级、统治阶级的需要，是杜甫理想化了的所谓良民。杜甫是不希望人民有反抗情绪的，如果有得一丝一毫那样的情绪，那就归于"盗贼"的范畴，是为杜甫所不能同情的危险分子了。他曾经在《甘林》一诗中这样明白地吐露过："时危赋敛数，脱粟为尔挥；……劝其死王命，慎勿远奋飞！"国步艰难，苛捐杂税很多，在个人所能做到的范围内可以施点小恩小惠；但谁要逃跑或者抗粮拒税，那就不能马虎了。"劝其死王命"，这就是杜甫的基本态度，也就是这《三吏》和《三别》的基本精神。把这种精神和态度，说成是"为了人民"，人民能够同意吗?

作者认为当代不少学者夸大了"三吏"、"三别"的人民性,这样的分析是不切实际的。同样的问题还表现在对杜甫《茅屋为秋风所破歌》一诗上。作者认为诗中所谓的寒士,只是指还没有功名富贵的或者有功名而无富贵的读书人,他的祈愿接近于"民吾同胞,物为吾与"的大同怀抱,"人饥己饥,人溺己溺"的契稷经纶,依然是传统士大夫的不着边际的主观臆想,并不是代表了人民普遍的呼声。至于其时被认为是描写杜甫与农民打成一片的《遭田父泥饮美严中丞》,作者也认为所谓"杜甫已经超越了自己的阶级,和农民差不多成了一家人"是皮相之谈,因为"诗里的老农,很明显是一位富裕农民。诗人和这位老农,是把界限划得很清楚的。他是却不过人情,才勉强受着招待。说老农太不讲礼貌,说老农粗鄙,阶级的界线,十分森严。诗人为什么要做这首诗?他的用意不是在感谢老农,而在为自己设防线,特别是要借老农的口来赞美严武。诗不是写给老农看的,而是写给严武和他的幕僚们看的。'借花献佛',诗人的手法倒相当高明,但能闭着眼睛说,是'超越了自己的阶级'吗"。

和杜甫阶级立场较为一致的,是他具有强烈的门阀意识。作者指出,杜甫经常矜夸杜姓是陶唐氏尧皇帝的后裔,对远祖杜预极为崇敬,还反复在诗中夸耀祖父杜审言,同时对有门阀地位的人,往往不择对象,甚至使用曲笔加以颂扬,而对陶渊明却颇有微词。对陶渊明的不以为然,除了门阀观念之外,也与杜甫有着强烈的功名欲望有关。士大夫具有强烈的功名心本不足为奇:

> 封建时代的士大夫阶层,要想有所作为,功名便是他们的第二生命。他们是属于统治阶级,读书的目的就是为了做官,以管理百姓;说得堂皇一点,就是为了"治国平天下"。所谓"学而优则仕",所谓"学古入官",在封建时代的士大夫们是视为天经地义的。但要做官,进入实际统治者的地位,除帝王公侯可以世袭之外,尽管门阀有很大的作用,但总要经过一定的所谓选拔的门径。在唐代的情况是:一般要通过考试,成为"进士"或其他名

目；其次是直接向皇帝陈情，或者通过有权位者的推荐。

杜甫功名心很强的表现在于他上述三种门径都多次闯过。他参加过两次考试，三次向皇帝陈情，并先后向韦济、鲜于仲通、哥舒翰、张垍等权贵写诗投赠，最后也因韦见素的推荐而得以出仕。因此，作者指出，"完全可以肯定，杜甫是有雄心壮志的人，他总想一鸣惊人，一举而鹏程九万里。但这种希望，他一辈子也没有达到。很强的功名心不能落实，结果可以转化为很强的虚荣心。杜甫也就为这种毛病所侵犯，他的虚荣心也十分惊人。他平生有三件得意事，几乎使他可以抓到满足功名心的希望，他始终认为是十分光荣的"。这三件事就是献《三大礼赋》待制集贤院，被肃宗任命为左拾遗，为严武表奏为节度使署中参谋、检校工部员外郎。不过，虽然作者认为杜甫的功名心很强，连虚荣心都发展到可笑的地步，但他在结语中还是指出"杜甫毕竟只是诗人而不是政治家。作为政治家虽然没有成功，但作为诗人他自己是感到满足的"。饶有趣味的是，因为对杜审言的不满，作者对近体诗这一诗体也给予了严厉的批评：

杜甫遵守着这个传统并把它扩大了。他有五言排律《秋日夔府咏怀一百韵》，长达一千字，是杜甫诗集中最长的一首。元稹曾极力推重他，说"铺陈终始，排比声韵，大或千言，次犹数百，辞气豪迈而风调清深，属对律切而脱弃凡近"，所说的就是这种排律诗了。他认为杜甫远远超过了李白。李白还没有走近杜甫的围墙，更说不上升堂入室了。封建时代的士大夫们大抵以为定论，这是由于封建时代以诗文取士，诗重排律的原故。但这种东西，在今天看来，和南北朝时代的四六骈文，明清时代的八股文，其实是难兄难弟。刘彦和《文心雕龙·明诗篇》里有两句话批评南朝刘宋诗文的风格："俪采百字之偶，价争一句之奇"，很可以利用来批评唐宋以来的排律诗，并还须改动两个字，便是"俪采百句之偶，价争一字之奇"。这样苦心地勉强做出来的诗，认真说不过是文章游戏而已。

杜甫做诗十分讲究规律，所谓"律中鬼神惊"(《赠郑谏议》），所谓"遣词必中律"（《桥陵诗》），所谓"晚节渐于诗律细"
（《遣闷戏呈路十九曹长》），"律"或"诗律"，便是字的平仄、句
的对仗。需做到"属对律切"，清规戒律很多，讲究起来没有止
境。杜甫以尽力合乎规律为得意，李白则满不在乎，有时更有意
在打破规律。两人的风格的确有些不同，在封建时代抑李扬杜的
人却说杜甫是创新派、革命派，李白是复古派、保守派。这颠倒
了的评价，不应该再颠倒过来吗？

杜甫之所以站在地主阶级，一种重要的原因是因为杜甫所过的是
一种地主生活，虽然他经常在诗中诉说他的贫困，实际上往往是过分
夸大。他在华州逃难时还骑着马，妻子也坐着车；他在成都浣花溪旁
的草堂，经过三年的经营，规模也大为可观；他在夔州主管东屯的一
百顷公田；他还养了将近一百只可以治风湿病的乌骨鸡。

要之，杜甫的生活，本质上，是一个地主的生活。他有时也
穷，但是属于例外。他是以门阀的高贵自矜许的人。在年轻时裘
马轻肥，在偃师县有陆浑山庄，在长安的杜曲有桑麻田（见《曲
江三章》第三首），在成都有草堂，在夔州有果园，这些杜甫自
己并不想隐讳。他也说过"穷冬客江、剑，随事有田园"（《建都
十二韵》），研究家们却偏偏要替他隐讳，有意无意地是"诗圣"
或"人民诗人"的观念在作怪。

他之所以讨厌四川，也是出于地主阶级的心理，是以贵族的眼光
在看当时的四川。"他向往长江下游的吴越，尤其向往三秦。三秦是
'朝廷'所在之地，'每饭不忘君'的人要向往'朝廷'，是丝毫也不足怪
的。吴越，则是地主生活的典范。"漂泊荆湘的诗人，一度抑屈（原）扬
宋（玉），也"正是地主阶级在精神生活上的一种合乎逻辑的表现"。

为什么杜甫在旧时代被尊为"诗圣"，在新时期又被尊为"人民诗
人"，在作者看来，根本原因就在于把杜甫作为儒家思想的忠实信
徒。在"杜甫的宗教信仰"一节开篇，作者写道：

　　杜甫曾经以"儒家"自命。旧时代的士大夫尊杜甫为"诗圣"，特别突出他的忠君思想，不用说也是把他敬仰为孔孟之徒。新的研究家们，尤其在解放之后，又特别强调杜甫的同情人民，认为他自比契稷，有"人饥己饥，人溺己溺"的怀抱，因而把他描绘为"人民诗人"，实际上也完全是儒家的面孔。其实杜甫对于道教和佛教的信仰很深，在道教方面他虽然不曾像李白那样成为真正的"道士"，但在佛教方面他却是禅宗信徒，他的信仰是老而愈笃，一直到他的辞世之年。

　　杜甫的道家情怀有哪些体现呢？书中指出，杜甫在天宝三载（744）和李白相识以前，早就有求仙访道的志愿和实践，并非冯至《杜甫传》中所言是暂时受到了李白的影响；杜甫在去世前所写的《风疾舟中赴枕书怀》也展现了对神仙的坚定信仰；此外，诗人早年所作之诗如《题张氏隐居二首》、《巳上人茅斋》、《临邑苦雨，黄河泛滥》等都含孕着道家的气息；《赠李白》"方期拾瑶草"也表明此诗李、杜二人志同道合；杜甫所留下的诸多诗句，证明他求仙访道的追求从青年到老一直都没有改变；杜甫所上的《三大礼赋》也说明他深受那个时代浓郁的道教氛围的浸染。"要之，杜甫对于道教有很深厚的因缘。他虽然不曾像李白那样，领受《道箓》成为真正的道士，但他信仰的虔诚却有过之而无不及。他的求仙访道的志愿，对于丹砂和灵芝的迷信，由壮到老，与年俱进，至死不衰。"杜甫还是一位虔诚的禅宗信徒。除了《游龙门奉先寺》、《夜听许十一诵诗》、《秋日夔府咏怀》之外，书中还依照编年的次第列举了十四首，证明杜甫从早年经过中年，以至暮年，信仰佛教的情趣是一贯的，并非如萧涤非所言是昙花一现。

　　作者反对后来者将杜甫打扮成一副道貌岸然的正人君子模样，还因为杜甫是一位任情任性的酒徒。"诗人和酒，往往要发生密切的联系。李白嗜酒，自称'酒中仙'，是有名的；但杜甫的嗜酒实不亚于李白。我曾经就杜甫现存的诗和文一千四百多首中作了一个初步的统计，凡说到饮酒上来的共有三百首，为百分之二十一强。作为一个对照，我也把李白现存的诗和文一千五十首作了一个初步的统计，说到饮酒上来的有一百七十首，为百分之十六强。"虽然由于李白作品散佚较多，这些数字并不能作为十分肯定的证据，但杜甫诗中所描绘的饮酒行为说明他确乎是自以为酒豪，诗人对酒的爱好终身没有发生改变，甚至生命的终止也是因为牛肉白酒——作者认为郑处诲《明皇杂录》中的相关记载是可信的，并用了大量篇幅来证明这一点。

《李白与杜甫》的杜甫部分，最后讨论了杜甫与严武、岑参、苏涣三人的交往。于严武，作者认为他政务能力要强于高适，对杜甫也非常关照，但或许曾一度有杀杜之心；于岑参，作者指出将他与杜甫的唱和诗作为诗圣的陪衬，是不公平的；于苏涣，作者肯定了他的造反精神，"如果要从封建时代的诗人选出'人民诗人'，我倒很愿意投苏涣一票"。

二、《李白与杜甫》引起的争鸣

郭沫若的《李白与杜甫》出版后，在 1980 年前后引起了广泛的争议。其批评的声音主要体现为三个方面，一是不赞同作者扬李抑杜的观点，二是不赞同作者阶级的分析方法，三是不赞同文中对部分材料的认识与处理。

关于观点的商榷，又可以分为两类。一类是继续坚持杜甫是"人民诗人"的看法，并为杜甫的阶级地位与属性进行辩解，其基本看法如下："在旧时代，一个'能知百姓苦中苦'的诗人，既然可称他为'诗圣'，为什么就不可以用现代的语言称为'人民诗人'？……事实告诉我们：反映得最为广泛、最为深刻、最为真挚，而且是至老不衰、至死不变，在历史上也是最有进步意义的，不能不推杜甫为首屈一指。这就是我称杜甫为人民诗人的根据。"（萧涤非《关于〈李白与杜甫〉》）"杜甫的诗不但提出了他生活时代的重大问题，而且是站在人民的立场上对这些问题进行褒贬的。"（刘维俊、曹作芬《也评〈李白与杜甫〉——兼与谭、宁二同志商榷》，《宁夏大学学报（人文社会科学版）》1981 年第 2 期）"'人民'这一概念，在不同的国家和各个国家不同的历史时期，有着不同的内容。……可以说杜甫是无愧于'人民诗人'的称号的。"（陈昌渠《关于李杜研究中的两个问题——重读〈李白

与杜甫〉》,《四川大学学报(哲学社会科学版)》1980年第2期)

另一类是承认杜甫没有超越他的阶级属性,但他的作品却具有突出的进步倾向。他们的理由是:"确定一个诗人是什么阶级或阶层的代表,决不能仅仅看他的家庭出身,主要应是看他所经历的是些什么生活和斗争以及他的思想是反映了哪个阶级或阶层的利益。否则就会混淆是非,褒贬失当,陷入唯成分论。甚至对一首诗的分析、评价都会发生错误。"(刘夜烽《试谈李白与杜甫的评价问题》,《江淮论坛》1980年第4期)郭老对杜甫的苛责是走向了另一个极端,"解放后某些研究者仍为元稹的见解所束缚,继续搞新型的李杜优劣论。郭老批评这种现象,是应该的。但是,是否在否定抑李扬杜偏向的同时却又不自觉地扬李抑杜,体现了另一方面的李杜优劣论呢? 回答是肯定的"(张德鸿《对〈李白与杜甫〉中几个问题的管见》,《昆明师范学院学报》1979年第3期)。两类观点的共同之处在于,他们一致认为《茅屋为秋风所破歌》、"三吏"、"三别"等作品是现实主义的杰作,反映了诗人忧国忧民的情怀,"诗人咏眼泪和悲愤,诉说了人民的苦难"(肖文苑《读〈李白与杜甫〉》,《西北大学学报(哲学社会科学版)》1979年第4期)。

对于分析方法的讨论,首先表现为反对将政治标准直接等同于对待农民起义的态度,"片面理解评价古代作家作品的政治标准,以对待农民起义的态度代替对人民的态度,表明上看来似乎是坚持了阶级分析的观点,实际上恰恰是违背了历史唯物主义的原理,势必苛求一系列的古代作家作品,而不能做出实事求是的科学评价"(高建中《评〈李白与杜甫〉》,《文学评论》1980年第3期)。

其次,反对将作品价值与政治思想倾向直接等同起来。

我们在分析文学作品时往往用对作家世界观的分析,代替对作品的分析,特别是在分析古典文学作品的时候。《李杜》的"关于杜甫"的部分前六章就是这样。作者分析了杜甫的地主"阶级意识""门阀观念""功名欲望""地主生活""宗教信仰""嗜酒终身",都属于对诗人主观世界和生活习惯的分析。不用说这些分析往往并不妥当,即使完全正确,也不能代替对作品所提供的形象的客观社会意义的分析。作家世界观虽然和作品有联系(特别是抒情诗),但毕竟是两回事。(王学太《对〈李白与杜甫〉的一些异议》,《读书》1980 年第 3 期)

最后,许多学者在讨论中逐渐要求弱化政治标准,主张评价杜甫这样的文学家更应该着眼于其艺术成就。

杜甫之所以伟大,并不是因为他的诗中可以找到许多历史事实。他不是作为一个历史学家去记录或分析他的时代,而是以一个诗人所特有的方式去反映出他的时代。诗人无论是记事或写实,除了深寓着富有社会意义的思想主题以外,还赋予着精美的艺术表现和充满着诗人的思想感情。他不仅仅是用理智去认识世界,而且还以炽热的感情去拥抱世界。(丁集思《谈〈李白与杜甫〉——对〈郭沫若与杜甫〉一文的补白》,《宁夏大学学报(社会科学版)》1981 年第 8 期)

对于材料处理方面的争论,主要表现在两个方面。一是认为书中对于杜甫的诗句的理解有误,因此得出了错误的结论,如钟来因以为杜甫《发同谷县》诗"奈何迫物累,一岁四行役"中的"行役"是逃难而非旅行,杜甫也没有过上一年四次旅行的地主生活(《"杜甫的地主生活"异议——读郭沫若著〈李白与杜甫〉札记》,《江淮论坛》1981 年第6 期);杜甫《寄刘峡周伯华使君四十韵》诗句"伐叛必全惩",针对的是叛军,绝非自己的欲望,因而并不能作为解读杜甫宗教信仰的材料(《杜诗"伐叛必全惩"考释——〈李白与杜甫〉摘评之一》,《徐州师范学院学报》1982 年第 1 期);"郭沫若同志摘取四十句诗(杜甫《上水遣怀》)中间的四句,作了与作者意思相反的解释,把对屈原、贾谊很崇敬、虔诚的杜甫说成是'冷淡严格'的刻薄鬼,说杜甫咒骂屈贾之死是'咎由自取',死得'活该',这是与实情不符的"(《评〈李白与杜甫〉对杜甫屈原关系的曲解》,《福建论坛》1982 年第 1 期)。一是书中所出现的一些历史、地理方面的瑕疵,如谭其骧订正了书中"碎叶"、"条支"、"河西"三处地名的阐释(《历史地理》第二辑,1981 年

12 月）。

　　当然，在众多的非议中，也有学者挺身而出进行辩护。如李保均强调必须先了解《李白与杜甫》出现的背景，即扬杜抑李的情形已经颇为严重，尤其是在 1962 年前后，大量纪念杜甫诞辰 1250 周年的文章众口一词地进行称颂，少有分析杜甫及其诗歌的不足，对杜诗的缺陷和局限研究不够；同时也应该注意区分"诗圣"与"人民诗人"评判标准的不同（《文章千古事，得失寸心知——就对〈李白与杜甫〉的批评同萧涤非等同志商榷》，《四川大学学报（哲学社会科学版）》1979年第 4 期）。更重要的是，他认为杜甫的阶级局限性确实是存在的，"郭著在肯定得失的同时，从杜甫的阶级意识、门阀观、功名欲望和宗教信仰几个方面剖析了杜甫所处的时代和他本人的具体处境带给他的时代的、阶级的局限性，这种批判性的分析是符合马克思主义的批评方法的"，从而真正达到了李杜并称的效果（《评〈李白与杜甫〉及其批评》，《郭沫若研究学会会刊》1983 年第 2 期）。

　　随着形势的发展，当观点的争论已经失去意义的时候，更多的学者开始反思作者著述的意义，并由此对此书的性质产生了讨论。不过，同样是质疑《李白与杜甫》的学术性，但依然存在着两种对立的看法，一种看法是政治意图影响了该书的学术性，另一种则以为是诗人气质浸染它。"作者为什么对杜甫这样憎恶呢？过去他在杜甫草堂前题的对联，对杜甫有过很高的评价。原来因为某个领导人谈过他喜欢'三李'（即李白、李贺、李商隐），而不喜欢杜甫，于是这位学者就只好用对比的手法贬低杜甫而抬高李白。"（张亦驰《杜甫"冤案"》，《北京晚报》1980 年 9 月 6 日）这种"迎合说"一度非常盛行。后来的学者虽然纠正了这种索隐式的猜测，但还是认为政治因素的影响是存在的。"郭沫若一生热心于政治活动，晚年又有高层政治生活的体验，这对于他的学术活动，尤其是后期，影响巨大。《李白与杜甫》具有一定的政治内涵，原因主要在此。因为他有高层政治体验，对政治又具有相当的洞察力，他就善于抓住历史上有关人物与当时政治相关的课题进行研究，在当时来看，这是颇有生命力的。"（胡可先《论〈李白与杜甫〉的历史与政治内涵》，《杜甫研究学刊》1998 年第 4 期）

　　"显然，他只是想翻'抑李而扬杜'的旧案，恢复'李杜并称'的平衡局面。但当展开具体的考察之际，一进入诗的意境，诗人的意境，诗人郭沫若渐渐淹没着学者郭沫若，浪漫情趣使之倾向于李白，感情的'好恶'时不时地战胜着学者的理智，书中自然而然地流露出了'扬李抑杜'的明显倾向。完全可以说，《李白与杜甫》一书是学者郭沫若与诗人郭沫若'相混合'的产物。"（谢保成《郭沫若评传》，百花洲文艺出版社 1995 年版）作者的诗人气质不仅主导了他的评述，甚至渐渐演变成了自我人生的总结与反思。

（郭沫若）他就引用了恩格斯在《路德维希·费尔巴哈和德国古典哲学的终结》中批评到歌德和黑格尔时说的一句话——"歌德和黑格尔在自己的领域中都是奥林帕斯山上的宙斯，但是两人都没有完全脱去德国的庸人气味"。接下去，郭沫若写道："这句话同样可以移来批评李白与杜甫。生长在封建制度的鼎盛时代，他们两人也都未能完全摆脱中国的庸人气味。"这就是郭沫若对李白与杜甫的总的看法，也揭橥了写作这本书的主要用意，那就是分析和批评这两位分别被"仙"化和"圣"化了的诗人在中国封建社会中形成的"中国的庸人气味"，这是他主动燃起的一把涅槃之火，借以照亮并烧掉包括自己在内的中国人身上的这些庸人气味。（曾永成《〈李白与杜甫〉：沉重的精神涅槃——郭沫若对"中国的庸人气味"的批判》，《郭沫若学刊》2002 年第 2 期）

无论是揣摩其政治意图还是寻觅其诗人情怀，他们都认为作者意图并不在李、杜本身，而是别有寄托，这实质上就是脱离了学术讨论的范畴。当然，在当时的条件下，纯粹的学术讨论确实是一件奢侈的事情。即使如此，当我们重温这本充满争议的著作时，有些背景应该考虑在内，包括历史的、个人的与现实的因素。

三、20 世纪扬杜抑李的潮流

从历史背景来看，扬杜抑李的风气自元稹以来就开始蔓延，20世纪特殊的历史氛围更加剧了这种倾向。胡小石的《李杜诗之比较》

确实没有强分高下之意，只是从艺术上去区分各自的特点，但从他的对比叙述中，我们依然可以发现作者还是有所偏爱的。

> 李守着诗的范围，杜则抉破藩篱。李用古人成意，杜用当时现事。李虽间用复笔，而好处则在单笔；杜的好处，全在排偶。李之体有选择，故古多律少；杜诗无选择，只讲变化，故律体与排偶都多。李诗声调很谐美，杜则多用拗体。李诗重意，无奇字新句，杜诗则出语警人。李尚守文学范围，杜则受散文化与历史化。从《古诗十九首》至太白作个结束，可谓成家；从子美开首，其作风一直影响至宋、明以后，可云开派。杜甫所走之路，似较李白为新阐，故历代的徒弟更多。总而言之，李白是唐代诗人复古的健将，杜甫是革命的先锋。（胡小石《李杜诗之比较》，《国学丛刊》1926年第2期）

这种不自觉的偏向，在革命至上的时代，就会引起颠覆性的变化。在相当长的时间内，李白都被认定为复古的，而与此同时，杜甫站在了革新的旗帜下。傅东华的《李白与杜甫》从十个方面对李杜进行比较，分别是"诗的两条大路"、"自来批评家的李杜比较论"、"遗传的影响与少年时代"、"'归来桃花'与'快意八九年'"、"居长安的经验不同"、"人生观的根本差异"、"同时代的不同反映"、"晚年的不幸相仿佛"、"两诗人的共同命运——客死"、"从纯艺术的观点一瞥"等，所有的章节似乎都表明他们绝无轩轾，甚至连最后的结论：

> （李、杜）大半是方法上的分别。李白的诗里没有一首没有"我"；杜甫的诗则没有一首没有"物"。这所谓"我"，不必一定是明显的批评：将对自己最有吸引力的色彩染给"实在"，便有"我"了。对李白吸引力最大的，就是一种崇闳的气象，所以他的诗没有一首不染着这种气象……至于杜甫的客观的描写法，我们可拿他的《石壕吏》为例：……这其中虽也有个"暮投石壕村"的"我"，但他对于这幕悲剧，只有一种旁观者的资格，并不是其中的演员。……再从另一方面看，则李白是复古的，摹拟的，

所以他集中多袭用古乐府的题目，而且有许多诗是除摹拟的趣味外别无意义的，如《长相思》、《白纻辞》等。因同此理由，所以他的集中律诗绝少。杜甫是创新的，从今的，所以他集中绝少拟古的作品，而他的律诗之瞻富天然，遂成千古独唱了。（傅东华《李白与杜甫》，商务印书馆 1927 年版）

傅东华特别说明，李、杜革新与复古之别，只是创作方法上的不同，这也是他开篇所说的诗歌创作的两条大道。但复古、革新这样的词语本身就具有强烈的暗示意味。在次年出版的《李白诗》前，傅东华写有一篇长序，在评述中便以为李白之人格不如陶渊明：

> 平心而论，他（李白）这种的挫折，也只是算得是情理之常。因为他所恃以求超人的天才，其体现也，无非是文章而已；而文章也者，其在实际社会，未必真有如天才自己所梦想的那样绝对的威权，文章仍旧要靠实在的威权为权威的。……实则太白当时在朝，也只不过献几首《宫中行乐词》，借以点缀宫闱之淫乐，或编几首《清平调》，借助明皇和贵妃之风流，究竟关于国家大计有何建树？故他虽自以为玩弄君王，而不知终为君王所玩弄。……醒觉之后，当然是继之以牢骚，而遂流于颓废。其影响足以开后世文人恃才傲物之风，与夫人人以屈大夫、谢东山自居的恶习，此李白之人格所以终须逊陶渊明一筹也。（傅东华《李白诗》，商务印书馆 1928 年版）

字里行间，颇多不以为然之意。而对于杜甫，他则是充满了景仰，其《杜甫诗·导言》评述说：

> 他是一个和政治及社会接触极密的诗人。政治和社会上无论哪种现象，都能给他以一种深刻的印象，而成为他的诗的冲动和题材。他绝对不像那种明哲保身的隐遁主义者，也绝对不像那种否定一切的超世主义者；他只认得"现实"，他没有一般诗人的那种理想境界；他认定现实是不能避免的，所以从不想到去寻觅

他的桃花源，也从不肯苟且安乐，而甘心跟现实奋斗到底。（傅
东华《杜甫诗》，万有文库丛书，商务印书馆 1930 年版）

显然，作者认为杜甫的淑世情怀，直面现实并与之抗争的精神，
是遁世主义者陶渊明等人所不及的。在盖棺论定时，傅东华连用了三
个前所未有来颂扬杜甫的伟大：杜诗向政治历史领域的大胆开拓，不
仅是《三百篇》以来所没有的，直到现在也未有比得上的；他对诗歌
的创新，尤其是格律方面的突破，也是前人所不曾有过的；他以诗为
终身职业，也绝不是寻常诗人所能及的。对诗人思想观念方面的褒
贬，终究使他离开了纯艺术的立场。

相对而言，胡适表现得最为洒脱，他直言不讳地表达了对杜甫的
偏爱，仅仅是因为他从杜甫那里感受到了亲近：

然而李白究竟是一个山林隐士。他是个出世之士。……这种
态度与人间生活相距太远了。所以我们读他的诗，总觉得他好像
在天空中遨游自得，与我们不发生交涉。他尽管说他有"济世"
"拯物"的心肠，我们总觉得酒肆高歌，五岳寻山是他的本分生
涯；"济世""拯物"未免污染了他的芙蓉绿玉杖。乐府歌辞本来
从民间来，本来是歌唱民间生活的；到了李白手里，竟飞上天去
了。虽然"咳唾落九天，随风生珠玉"，然而我们凡夫俗子终不
免自惭形秽，终觉得他歌唱的不是我们的歌唱，他在云雾里嘲笑
那瘦诗人杜甫，然而我们终觉得杜甫能了解我们，我们也能了解
杜甫。杜甫是我们的诗人，而李白则终于是"天上谪仙人"而已。
（胡适《白话文学史》，上海新月书店 1928 年版）

这种亲近与隔膜，在汪静之那里，逐渐转化为阶层的差异。我们
之所以亲近杜甫，因为他是属于我们平民阶层的；而李白之所以高高
在上，是因为他写的是贵族文学。在 1928 年 5 月出版的专著《李杜研
究》中，汪静之将李、杜划分到了两个阶层与两个极端，他的《李杜
比较表》可谓一目了然：

	李白	杜甫
思想方面	悲观 个人主义 为肉所霸占，但未到极端 要求无限的超越的发展 离经叛道 社稷苍生从未系其心 战事不闻不问 不反对贵族 出世的	乐观 利他主义 为灵所统治，亦未到极端 要求有限的平凡的存在 拘守礼教 时以民生疾苦为念 非战，忧世忧时 憎恶贵族 入世的

作品方面	贵族的文学
	以贵族生活为背景
	浪漫派，唯美派
	富于想象
	诗中无事物可寻，全是情感
	多抒发个人颓废的心情
	可说没一首关于时事的诗
	主观的诗极多
	诗中女、酒二字甚多
	缠绵委婉之恋歌甚多
	赖天授，故以才胜
	写诗时信笔直书，一气呵成
	诗极豪爽轻快，悲哀颓丧，自
	  然缥缈
		平民的文学
		以平民的生活为背景
		写实派，人生派
		善于刻画
		诗中处处有事物，全是经历
		常描写社会实际状况
		痛哭时事之诗极多，可作历
		  史读，客观的诗不少
		诗中饥、饿、饭、肉、饱五
		  字极多
		绝对没有一首恋歌
		赖人力，故以工胜
		写诗时惨淡经营，一字不苟
		诗极工整劲健，沉郁严肃，
		  慷慨激烈

性格方面	浪漫 似知者所爱的海	敦厚 似仁者所爱的山

境遇方面	虽然常在穷困中，然实际上未
	  受十分苦痛
	没有饿过肚皮
	常来往吴楚安富之地
	所到的地方，常受官府礼遇
		屡遭兵难饥馑，备尝艰苦
		屡绝食
		常奔走陇蜀僻远之区
		除严武外虽亦有接济之者，
		  但不如李之受优待

续表

	李白	杜甫
行为方面	不拘常调，不修小节 有钱时便奢侈纵乐 曾手刃数人	比较拘礼 克己，俭约 鱼鸡虫鸟亦不忍杀
嗜好方面	喜与豪侠贵族交游 喜衣华丽服饰 好色，喜携妓	喜与田夫野老为伍 不讲究衣服 不好色，不携妓
身体方面	无久病，集中言病处极少见	有痼疾，如肺病，脚与手亦有病

虽然作者郑重指出贵族文学并不能全然否定："近人爱平民文学而恶贵族文学，大家都以为平民文学最好，贵族文学是全坏的。这是没有道理的，他们一半是不能领略贵族文学的趣味，一半是由憎恶富有天下的皇帝与奴隶平民的资本家，转而憎恶贵族文学，这是可笑的。"不过，这样的好恶确实是人之常情，难以避免。更重要的意义还在于，富有诗意的诗仙之诗，没有太大的实际价值，而杜诗于社会大有裨益。这种使用的立场，往往是属于平民的。"我们从纯艺术的见地看来，李白的诗比杜甫的诗更其是诗的；从为人生为社会的见地看来，杜甫的诗有益社会人生，李白的诗不但没有这些功效，甚至还有伤风化。……我们打个比喻，李白的诗好比一碗清茶，只有味道，没有含着补益身体的作用；杜甫的诗好比一碗自来血，能补益身体，因它含有铁质，这铁质在杜甫诗里便是有功世道人心的博爱大道理。但杜甫化合的本领好，虽有功用却仍是有味道的，并不是把一粒粒的铁屑硬塞进去。"(汪静之《李杜研究》，商务印书馆1928年版)

在汪静之《李杜研究》那里，杜甫还只是平民阶层中的一员，而在十多年后的《中国文学发展史》中，刘大杰已经将之作为民众的代言人：

> 因为他(杜甫)有这种现实主义的儒家思想为其根底，所以他没有变成个人主义的浪漫诗人，而变为全民众全社会的代言人

了。……在这种态度下,他不能以陶潜的洁身自爱为满足,也不能以李白那种纵欲的快乐生活为满足。……我们千万不要忘记,杜甫的代表作品,都是用的白话化的浅言语,都是民歌式的乐府体。只有他才真是民众的代言者,只有他才真是完成了平民诗人的使命。(刘大杰《中国文学发展史》,中华书局 1941 年版)

杜甫所代表的,不仅仅是他那个时代的民众,还有今日之民众:

> 从"生还今日事,间道暂时人"的诗句中读出的是"流亡者的心境",从《悲陈陶》、《悲青坂》、《春望》等作品中读出的是"沦陷区里人民的血泪"。……觉得杜甫不只是唐代人民的喉舌,并且好像也是我们现代人民的喉舌。(冯至《杜甫和我们的时代》,《萌芽》1946 年第 1 期)

20 世纪前期,人们为什么会由诗歌风格的区分而走到人生观、价值观的区分上呢? 1946 年 6 月 21 日,李广田在昆明青年会所做的文学系统演讲或许能够提供答案:

> 从李、杜比较观察,我们大致可以这样说:李白比较重主观,重个人;而杜甫则比较重客观、现实,关心社会民生。因此,若说李白是"为艺术而艺术"的诗人虽然不见得全对,——因为纯粹"为艺术而艺术"也许是不可能的,——然杜甫较之李白,则可说是"为人生而艺术"的诗人。我们在前面曾说,两人因生活与性格之不同,故虽同一时代,而创作态度迥异。现在我们还可以借用普列哈诺夫的话来作进一步的解释。普氏在《艺术与社会生活》一书中曾说:"为艺术而艺术"之倾向,乃艺术家与其社会环境之间不能调和时所发生的;"为人生而艺术"之倾向,乃艺术家与社会大多数人之间有相互同情时所发生的。普氏之说亦可适用于李、杜。当时之"社会环境"以及"社会大多人",均在水深火热、痛苦厌乱之中,以言李白,显然并不调和;以言杜甫,则处处是同情之心,随时洒悲辛之泪。以诗之纯风格言,李

或有胜杜处；以诗之思想内容言，杜实胜李百倍；因任何作品，都不能只凭其风格而伟大。何况所谓风格优越云云，实在也还是一般的偏见，因为归根结底，风格仍为思想所决定，一个人如果根本不能接受李白的思想，也就无从欣赏他的风格了。（李广田《杜甫的创作态度》，《国文月刊》1946 年第 51 期）

傅庚生由思想的差异，延伸到情感的不同，指出李白之轻儇、俭薄，较之于杜甫的真纯、执着，不可同日而语。（傅庚生《评李杜诗》，《国文月刊》1958 年第 75、76 期）随着"人民诗人"的提出，杜甫诗歌的先进性被提高到前所未有的高度。即使萧涤非也没有逃脱受批判的命运，原因在于时人认为他对杜诗的艺术性有详细的阐述而于思想性有所忽略：

　　（《杜甫研究》）从篇幅上看，谈"杜甫作品的艺术性"和"杜诗的体裁"共有 50 页，三倍于"杜甫作品的人民性"。就其内容来看多半是什么叫律诗？律诗的格式、种类，语言的洗练、精确以及句法、字法、对法的变化和韵律的精严、声调的铿锵等等。所举的例子，也是从唯美的角度出发。……这种厚此薄彼的现象，也说明了萧先生褒贬的标准是什么。尽管萧先生也曾指出古体诗的重要，说古体诗伸缩性较大，便于描写反映人民的生活和一般社会状况，但这也掩盖不了萧先生对杜甫古体诗和近体诗的真实看法，萧先生所赞扬和欣赏的是杜甫近体诗的形式的美，而不是杜诗的思想性强。（中文系三年级"杜甫研究"讨论小组《批评萧涤非的"杜甫研究"》，《山东大学学报（哲学社会科学版）》1959 年第 1 期）

至于通过以对作品人物形象划成分的方法来判断作品的价值导向，在相当长时期内都是一种被普遍承认和使用的规则。

就郭沫若自己而言，他确实对杜甫不太喜欢，这种情绪在童年时期就已经出现了。其《我的童年》一文曾写道："关于读书上有点奇观的现象，比较易懂的《千家诗》给予我的铭感很浅，反而是比较高古

的唐诗很给了我莫大的兴会。唐诗中我喜欢王维、孟浩然，喜欢李
白、柳宗元，而不甚喜欢杜甫，更有点痛恨韩退之。"1962 年，在举
国研究杜甫的热潮中，作者依然毫不掩饰地表示他更喜欢李白：

> 有人把杜甫说得这么好，我就不同意。他是"每饭不忘君"，
> 是站在皇帝最尖端的立场来写诗的。如果他生活在今天而不说今
> 天的话，那就是花岗岩脑袋了。当然我这么说，并不是取消杜
> 甫。把他同李白比较，我更喜欢李白。……人民性不一定非有斗
> 争性不可。古代诗人能站在人民斗争立场来写诗的，很少很少，
> 像"赤日炎炎似火烧，野田禾稻半枯焦，农夫心内如汤煮，公子
> 王孙把扇摇"，这样的诗就不多。杜甫的《三吏》、《三别》，也只
> 是同情一下人民罢了。至于唐代的几个诗人，我比较喜欢李白。
> 这是我的口味，不能拿别人的嘴巴来代替我的嘴巴，"如水到
> 口，冷暖自知"，这是佛家名言，颇有道理。人说马雅科夫斯基
> 的诗好，有人没有经过研究，也就跟着喊好。对杜甫我就不大喜
> 欢，特别讨厌韩愈；喜欢李白、王维、柳宗元也胜于韩愈。他们
> 更接近于诗的本质。(《郭沫若谈诗》，《羊城晚报》1962 年 3 月
> 29 日)

在杜甫诞辰 1250 周年纪念会的开幕词中，他发表了《诗歌史上的
双子星座》，再一次提醒人们不应该忘记李白：

> 杜甫是生在一千多年前的人，他不能不受到历史的局限。例
> 如他的忠君思想，他的"每饭不忘君"，便是无可掩饰的时代残
> 疾。他经常把救国救民的大业，寄托在人君身上，而结果是完全
> 落空。封建时代的文人，大抵是这样，不限于杜甫。这种时代残
> 疾，我们不必深责，也不必为他隐讳，更不必为他藻饰。例如有
> 人说杜甫所忠的君是代表祖国，那是有意为杜甫搽粉，但可惜是
> 违背历史真实的。……我们今天在纪念杜甫，但我们相信，一提
> 到杜甫谁也会联想到李白。……我们希望在纪念杜甫的同时，在
> 我们的心中也能纪念着李白。我们要向杜甫学习，也要向李白学

习，最好把李白与杜甫结合起来。李白和杜甫的结合，换一句话说：也就是浪漫主义和现实主义的结合。

纪念会之后，他在《读〈随园诗话〉札记》中明确了他的一贯态度，反对过分藻饰杜甫：

> 其实，我也是尊敬杜甫的一个人，九年前我替成都工部草堂写的一副对联可以为证："世上疮痍，诗中圣哲；民间疾苦，笔底波澜。"我也同样在称杜甫为"诗圣"。不过这种因袭的称谓是有些近于夸大的。实事求是地评价杜甫，我们倒不如更确切地说：杜甫是封建时代的一位杰出的诗人。时代不同了，前人之所以圣视杜甫，主要是因为他"每饭不忘君"。我们今天之认为杜甫杰出，是因为他能同情人民。至于他所发展和擅长的排律，所谓"铺陈始终，排比声韵，大或千言，次犹数百"（元稹《杜甫墓志铭》），那在封建时代虽然是试帖诗的楷模，但在今天却没有那么高的价值了。这样评价杜甫，并不是贬低了杜甫。指责了杜甫的错误，也并不是抹杀了杜甫的一切。……把杜甫看成人，觉得更亲切一些，如果一定要把他看成"神"，看成"圣"，那倒是把杜甫疏远了。

事实上，强调杜甫是人，不是"圣"或"神"，也正是后来《李白与杜甫》的核心之所在。1976 年，有一位叫胡曾伟的同志写信给郭沫若，提出《李白与杜甫》"扬李抑杜"的思想太突出了。1977 年 1 月 28 日，郭沫若亲自写了回信：

> 您的信和《石壕吏》译释，都拜读了。我基本上同意您的见解。杜甫应该肯定，我不反对，我所反对的是把杜甫当为"圣人"，当为"它布"（图腾），神圣不可侵犯。千家注杜，太求甚解。李白，我肯定了他，但也不是全面肯定。一家注李，太不求甚解。草草奉复，不能多写。

在《李白与杜甫》出版后很长一段时间内，许多学者还震惊于作者的大胆立论，并不断从学术层面上为杜甫进行辩解。时过境迁，当硝烟散尽之后，重新审视当时的言论，我们还是要为作者的勇气与睿智而赞叹，或许只有这样石破天惊的方式才算是痛下一针砭；同时，我们也为这样的陈述而悲哀，正如刘纳女士所言，讨论这种可笑的问题本身就是一种悲剧：

> 郭沫若需要论辩对象。他认为："可怪的是解放前后的一些研究家们，沿袭着旧有的立场，对于杜甫不是采取批判的态度，而是依然全面颂扬，换上了一套新的辞令。"（196 页）《关于杜甫》表现出很强的辩驳色彩。论辩双方使用的是同一个评判尺度——人民性。以萧涤非为代表的"新的专家们"以人民性为尺度，替杜甫戴上了"人民诗人"的桂冠，郭沫若同样以人民性作尺度，却从杜甫头上摘下了"人民诗人"的帽子。而在郭沫若去世之后，萧涤非写于 1979 年的答辩文章《关于〈李白与杜甫〉》依然坚持用人民性作评价标准。以同一个标准评价同一个诗人，得出的竟是截然相反的结论，这一现象已足以引起我们的疑惑。至于论辩中的强词夺理，浮浅荒唐，更是令人惊骇。例如在分析著名的《茅屋为秋风所破歌》时，郭沫若以对"南村群童"的阶级属性的确定，来证实杜甫的地主阶级立场和地主阶级感情："使人吃惊的是他骂贫穷的孩子们为'盗贼'。孩子们拾取了被风刮走的茅草，究竟能拾取多少呢？亏得诗人大声制止，喊得'唇焦口燥'……"（215 页）萧涤非在反驳这段分析时则征引杜甫《泛溪》诗以说明"我以为要断言这些村童都是贫农成分，其中就没有地主富农的孩子，是很困难的"。再如关于这首中诗的"寒士"究竟是否指穷读书人的争论，关于 48 岁的杜甫笔下出现"白头乱发垂过耳"的诗句是否撒谎的争论，等等。而这些争论终究是为了给诗人杜甫划阶级成分。写到这里，我感到了切实的悲哀：我们第一流的学者竟煞有介事地打着这样无聊的笔墨官司。（刘纳《从五四走来：刘纳学术随笔自选集·重读〈李白与杜甫〉》，福建教育出版社 2000 年版）

《戏为六绝句》集解(存目)

郭绍虞

【评　介】

郭绍虞(1893—1984),原名希汾,字绍虞,江苏苏州人。"五四"运动期间加入新潮社,并任北京《晨报》副刊的特约撰稿人。1921年和郑振铎、沈雁冰、叶圣陶、许地山等作家,共同发起创立了文学研究会。同年秋天,又经胡适、顾颉刚推荐,到福州任协和大学国文系主任兼教授。历任开封中州大学、武昌中山大学、北京燕京大学、上海同济大学、复旦大学等校教授,长期从事教育和著述,致力于中国古典文学、古代文论、汉语语法修辞及文字训诂等学科的建设及理论研究,尤其为中国文学批评史体系的建立做出了巨大贡献。在语言学方面,著有《语文通论》、《语文通论续编》、《汉语语法修辞新探》等;在中国古代文论方面,著有《中国文学批评史》、《沧浪诗话校释》、《陶集考》、《宋诗话考》、《宋诗话辑佚》、《诗品集解·续诗品注》、《杜甫戏为六绝句集解·元好问论诗三十首小笺》,并主编《中国历代文论选》、《中国古典文学理论批评专著选辑》(与罗根泽合作),编选《清诗话续编》、《万首论诗绝句》(与钱仲联等合作)等。

《杜甫戏为六绝句集解》系"中国古典文学理论批评专著选辑"之一种,人民文学出版社于1978年12月出版。书稿内容曾发表于《文学年报》第1期(1932年5月),原题为《杜元王论诗绝句集解》,修订后删去有关王士禛部分,与整理改编的《元好问论诗三十首小笺》合刊。作者序云:

杜甫《戏为六绝句》,开论诗绝句之端,亦后世诗话所宗。

论其体则创，语其义则精。盖其一生诗学所诣，与论诗主旨所在，悉萃于是，非可以偶而游戏视之也。考杜集编年诸本，此六绝均在上元二年，时杜甫已五十岁，则为其晚年之作，故能精当如是。第惜其为韵语所限，不能如散体之曲折达意，故代词之所指难求，诗句之分读易淆，遂致笺释纷纭，莫衷一是，杜甫诗学，求明反晦。解人难索，为之兴叹。爰立二例，以为集解：一曰比观众说，一曰以杜证杜。诸家歧说，非荟萃而比观之，不能别其是非，明其短长。故为分类排此，使异点所在皎然易知。至于加以抉择，斟酌去取，则又一以杜甫论诗主旨为衡。本其集中其他论诗之句，触类旁通，互为印证，则群辐共毂，一贯非难；而诸家曲说，昭昭然白黑分矣。批郤导窾，非敢自是，管窥蠡测，冀有一得。初不谓此寥寥六绝，竟会生发尔许议论也。至诸家旧说，其辗转称引与无关宏旨者，则不备载云。

从序言中可以看出，首先，郭绍虞充分肯定了《戏为六绝句》的价值，认定它为杜甫晚年精心之结撰，不能视为游戏之作；其次，也要正视由于诗体这一特殊表现形式所带来的旨意晦涩难明的特征。作者采用集解形式，目的就是要对历来纷纭之诠释做一番详细的清理，通过排比罗列前人各种解说，使读者更能清楚地看出这些观点的优劣，以便于选择和批评。如关于《戏为六绝句》的主旨，《集解》将各种观点一一排列，或以为是告诫后世，或以为是谈诗论艺，或以为兼而有之且不无偏至，作者最后总结说：

此《六绝》主旨，昔贤均谓为论诗，惟黄鹤以为论文，宗廷辅以为第一首论赋，第二首论文，第三首始论诗，以下诸首则汇而论之。其说与诸家异。案：第二首与第三首均论初唐四杰，两首意思本属一贯，必欲离而为二，似亦有所未安。且元好问《论诗三十首》之论潘岳，谓"心画心声总失真，文章宁复见为人。高情千古《闲居赋》，争信安仁拜路尘"。其论陆机亦有"斗靡夸多费览观，陆文犹恨冗于潘"之语。使以宗说绳之，得勿谓此三十首不尽论诗耶？须知杜甫《六绝》意在针砭后生，庾信、四子不过借以发意,无论论诗论文,正不必拘泥求之。且即使杜甫本意以第一第二两首为分指赋与文而言,亦未尝不可窥其论诗宗旨与诗学所谐。盖论体虽别,究理则通也。故解此《六绝》,与其着眼于其所论之体,无宁注意于其作之之动机。由其所以作此《六绝》之动机言,要不外上述三说:其谓为寓言自况者,以为嫌于自许,故曰戏。其谓为告诫后生者,以为语多讽刺,故曰戏,亦有以为"戏"字仅指第一首言者。其谓为自述论诗宗旨者,则又以为诗忌议论,故曰戏;或以为此辈不足论文,故曰戏。实则上述诸说皆有可通。杜甫作此《六绝》之动机,或诚不免因于蚍蜉撼树之辈好为谤伤,有所激发,遂托于庾信、四子以寓其意,则对于后生之轻侮老成,自不禁有深恶痛绝之辞。因愤激而深恶痛绝之,因深恶痛绝而指斥之,因指斥而又告诫之,教诲之,则于指点之中,而论诗宗旨亦自然流露矣。论诗宗旨既已全盘托出,则此即杜甫一生学诗蕲向所在。谓为自况,亦未为非。杨伦、史炳二家之说,似已见到此点。是故解释此题,正不必泥于一端言也。

在前言中,郭绍虞还指出疏解杜诗的最恰当方式是以杜证杜,即以杜甫在其他作品中所阐发的文学观念作为讲解《戏为六绝句》的重要支撑。如关于"庾信文章老更成"一首,在一一检讨王若虚以来至王嗣奭各家之说后,郭绍虞就引用杜甫其他诗作有关"清新""老成"及庾信的评述,以申说杜甫此首之主旨:

> 杨慎之说虽仅论庾信之诗,与解全首有别;然其说入妙,颇得杜甫论诗之旨。杜老诗风,即在能兼"清新""老成"二者,故其推尊庾信,亦即在此。杜之称严武云:"诗清立意新。"(《奉和严中丞西城晚眺》)称孟浩然云:"清诗句句尽堪传。"(《解闷》)此清新之说。至其《敬赠郑谏议》诗所谓"毫发无遗憾,波澜独老成"者,则又老成之义。是亦杜甫论诗兼主"清新""老成"二者之证。此即求之《六绝句》中亦可得其解。清新之意,所谓"清词丽句必为邻"也;老成之说,又所谓"或看翡翠兰苕上,未掣鲸鱼

碧海中"也。盖"清新""老成"二者相反而适以相成。而其所以相成，所以能兼之之故，要又在"不薄今人爱古人"一语。(此说又须活看，与下文解不同。)"不薄今人"，则齐、梁以来悉在可师之列；"爱古人"，则汉、魏以上更为渊源所自。师齐、梁，所以取其清新；亲风雅，又所以法其老成。萧子显云："若无新变，不能代雄。"(《南齐书·文学传论》)此齐、梁间诗之所以趋于清新。陈子昂云："窃思古人，常恐逶迤颓废，风雅不作。"(《与东方左史虬修竹篇序》)此唐诗之所以返于老成。此所以清新而又老成之境界，正须从"不薄今人爱古人"中来也。不明此意，则杜氏论诗宗旨不得而知，而此《六绝句》亦无从获解。观于钱谦益之解此六绝谓其"惜时人之是古非今"，而翁方纲乃谓"六首俱以师古为主"，歧解纷纭，正相反背，盖即由各执杜说一端而已。或乃病杨慎之解"老更成"为老成，为未明杜甫诗意；或又以为"清新"指格，"老成"指境，二者不可对举而言。殊不知"老更成"三字，至为明显，卢元昌、吴见思、仇兆鳌、浦起龙诸人亦均解为"老而弥健"。杨慎通识，其智岂出此诸人下？且证诸杜甫他诗，更有"自笑狂夫老更狂"(《狂夫》)，"阶面青苔老更生"(《院中晚晴怀西郭茅舍》)，"交情老更亲"(《奉简高三十五使君》)诸句，句法正同。又其《咏怀古迹》诗亦有"庾信平生最萧瑟，暮年诗赋动江关"之句，亦正与"庾信文章老更成"一语相互发明。杨慎博学，亦岂不知之？顾其独以"老成"与"清新"对举而言者，亦以此首之论庾信文章，本重在下一句"凌云健笔意纵横"之语。"凌云健笔意纵横"，则与所谓"清新"云者不尽相同。是故"凌云健笔"之句固为评其老而更成之文，而亦未尝不可以"老成"二字概括尽之。盖以"凌云健笔"一语不可与"清新"二字对举而言，故即用诗中"老成"二字连缀为词。曰"老成"，则"凌云健笔意纵横"之意自在，且可与"清新"对举而言矣。此正与卢世㴶、史炳诸氏之称"老健"者相同，焉得遽以语病讥之？须知杨慎此节，本非解其全诗，而"老成"二字亦只取为形容"凌云健笔"一语。若欲泥而求之，谓为误解，斯真不免太重字句矣。

郭绍虞《杜甫〈戏为六绝句〉集解》一书，其实是有为而著。李辰冬因不满郭氏在燕京大学《中国文学批评史》之课堂上花费三个钟头讲授《戏为六绝句》，于1930年发表《杜甫戏为六绝句研究大纲》（《燕大学刊》第5卷第1、2期），认定杜甫之六绝句为一时兴致所至，非深思熟虑之作，故题为"戏为"。郭氏《集解》，即以丰富的材料和细致的辨析，说明这一组诗深刻地展示出了杜甫的文学思想。此后的批评家，也多以《戏为六绝句》为基础来阐述杜甫的文学观。如马茂元就明确认为"杜诗中有关论诗的话虽然不少，但都很零碎，有了《六绝句》，我们就不难观其会通，较全面地理解杜甫的文学思想、理论和他的创作实践之间的关系"（《论〈戏为六绝句〉——为纪念伟大的诗人杜甫诞生1250周年而作》，《文艺报》1962年4月11日）。王运熙也正是从《戏为六绝句》这组诗中拈出了杜甫诗歌批评理论："杜甫在诗歌理论批评方面，一方面强调思想内容，另一方面又注意艺术表现；一方面推重古体，另一方面又注意近体；一方面要求风格、语言的雄浑古朴，另一方面又重视清丽华美。这种眼界开阔、注意到艺术创作各个方面的特色，就构成了杜甫'不薄今人爱古人'和'转益多师'的理论原则。正是在这种思想指导之下，杜甫能够比较全面地认识到各个历史时期的作家作品都有自己的特色和成就，不能笼统否定。"（《杜甫的文学思想——纪念杜甫诞生1250周年》，《文汇报》1962年4月11日）

郭绍虞之杜甫研究论著目录：

《杜甫〈戏为六绝句〉集解》，人民文学出版社1978年版。

《论〈戏为六绝句〉与〈论诗三十首〉》，《学术月刊》1964年第7期。

少陵先生年谱会笺(存目)

闻一多

【评 介】

一、早期的杜甫年谱

清人钱大昕说:"年谱一家,昉于宋。唐人集有年谱者,皆宋人为之。"(《归震川先生年谱序》)杜甫之年谱,亦即始于宋人。北宋皇祐元年(1049)进士吕大防(1027—1097),神宗年间知成都府,重修杜甫草堂,整理杜集并编纂杜氏年谱。晁公武《郡斋读书志》卷四上:"本朝自王原叔以后,学者喜杜诗。……吕微公在成都时,尝谱其年月。"所谓《杜甫年月》,即《杜工部年谱》,又称《杜诗年谱》、《子美诗年谱》等。在年谱末尾,吕大防道出了他撰作此文的初衷:"予苦韩文、杜诗之多误,既雠正之,又各为《年谱》,以次第其出处之岁月,而略见其为文之时。则其歌时伤世、幽忧窃叹之意,粲然可观。又得以考其辞力,少而锐,壮而健,老而严,非妙于文章不足以至此。"其所整理之杜集早已亡佚,惟年谱尚存。此谱极为简略,有概述而无论证,仅五页四十余行,以十七条系其一生行事之梗概,涉及诗文篇名三十余首,其间空白处甚多,如四岁与三十一岁、三十一岁至四十一岁之间均无所记。不过,因其简略而穿凿之处较少,方贞观因此盛赞道:"吕汲公作《杜诗年谱》,不过酌量其先后,仿佛其时势,约略其踪迹,初未尝逐年逐月,征事征诗。而梁权道、黄鹤、鲁訔之徒,用以编次,遂年栉月比,若与子美同游处,而亲见其讴咏者,其无所关会,无可援据之作,则穿凿迁就以巧合之;或借他题词

组只字，以证其当为是时是事而发，欺人乎？自欺乎？亦愚之甚矣。"(《手批杜诗辑注题识》)

吕谱既出，即有元祐进士赵子栎于宣和年间为之订正。赵氏以为前者"推甫生没所值纪年，与夫纪年所值甲子，皆有一年之差，且多疏略。今辄为订正，而稍补其阙，裨使观者得以考焉"。其谱字数为吕谱三倍之多，条目亦增加到三十四则，记述杜甫行事之际时有辨证，但依然难免阔略之弊，如天宝年间行事仅录八则，近一半时间无条目。其所訾议吕氏纪年干支之误，确属有见，但自身疏漏更多。宋人庄绰《鸡肋编》指出其"必欲次叙作文岁月先后，颇多穿凿"，而今人周采泉《杜集书录》则说道："《赵谱》自以为订正《吕谱》而作，其实《吕谱》仅纪年干支之误，其他不误；《赵谱》则生没前后皆误，其他舛误尚多。"

生活在北宋后期的蔡兴宗，对吕谱辨证更为细致，考证亦更趋精密。尤其值得注意的是，其所著《重编杜工部年谱》多结合唐史以阐发杜甫诗文之意，时有发明。如以唐史所载李适之罢相及所赋诗"避贤初罢相，乐圣且衔杯"诗，考订杜甫《饮中八仙歌》之诗句当为"衔杯乐圣称避贤"，而非"称世贤"。又如以唐玄宗于天宝十载祭祀诸庙之史实，认定杜甫之上三大礼赋当为天宝九载，非《新唐书》本传、王洙《杜工部集记》、吕谱等所言天宝十三载。不过，其细密也只是相对吕谱与赵谱而言，其条目亦仅二十七则，天宝之前行事所录甚少，至德元年(756)后始逐年考索，详加讨论，动辄达三四百字。

四库馆臣曾批评赵子栎所编之谱"所援引亦简略，不及鲁谱之详"(《四库全书总目提要》卷五七)。这一时期以翔实著称的，就是绍兴五年(1135)进士鲁訔(1099—1175)于绍兴二十三年(1153)所修之《杜工部草堂诗年谱》。鲁訔自叙曾"因旧集略加编次，古诗近体，一其后先，摘诸家之善，有考于当时事实及地理、岁月与古语之的然者，聊注其下"，其年谱的特色也在于充分吸收了同时代研究成果，对诸家之说多用引证辨析，颇为细密。此外，二十八则系目文字连贯，叙事清晰，故朱鹤龄说："杜诗编次，诸本互异。惟《草堂会笺》觉有伦理，盖古律体制，间有难分，时事后先，无容倒置，不若从此本为稍优也。"(《杜工部诗辑注·凡例》)但鲁谱也间有罅隙，如《暮春题瀼西新赁草屋五首》先后被置于大历元年与二年。又四库馆臣盛赞鲁谱"密于赵子栎谱多矣,虽间有附会,又乌可以一眚掩乎"(《四库全书总目提要》)。鲁訔以为读杜诗"如陪公仗屦而游四方,数百年间,犹有面语,何患于难读",这附会之弊虽不容夸大,也难以抹杀。

元明以后,杜甫年谱少有单行者,如刘辰《集千家注批点杜工部诗集》所附之《杜工部年谱》、胡震亨《李杜诗通》卷首之《杜工部年谱》、顾宸《辟疆园杜诗注解》卷首之《杜子美年谱》等。明代洪武年间汉阳知县单复,所著《读杜诗愚得》十八卷,其自序读杜诗"必先考其出处之岁月、地理、时事,以著诗史之实录;次乃虚心玩味,以'三百篇'赋、比、兴典例分节段,以详其作诗命意之由,及遣辞用事之故,且于承接转换照应处略为之说,其诸家注释之当者取之而删其穿凿附会者,庶以发杜子作诗之旨意云。……曰《读杜诗愚得》,盖取愚者千虑,必有一得耳"。是书范例首云"重定杜子年谱以序其诗,且以见游历用舍之实;考究地理时事以著其当时所闻所见之实及用事之妙",即是将杜甫行年事迹与诗作合为一体,每年先言时事与杜氏踪迹,然后条列杜甫诗作。《读杜诗愚得》曾有"集大成"之誉(杨祐《刻杜律单注序》),为有明一代首部杜集注本,以诗系年,均开仇氏之先河。单氏所重新编定杜甫年谱,对宋谱多有厘定辨正,亦不无疏漏。如将《戏为六绝句》系于天宝九载、《自京赴奉先县咏怀五百字》系于天宝十三载等,均值得商榷。

清代诸年谱中,钱谦益(1582—1664)《少陵先生年谱》别具一格,创获颇多。钱氏注解杜诗,本是有感于前代年谱之紊乱,时有穿凿,"后之为年谱者,纪年系事,互相排缵。梁道权、黄鹤、鲁訔之徒,用以编次先后,年经月纬,若亲见子美游从,而籍记其笔札者。其无可援据,则穿凿其诗之片言只字,而曲为之说。其亦近于愚矣"(《注杜诗略例》)。故所为注解,"大意专为刊削有宋诸人伪注缪解烦仍蹖驳之文,冀存杜陵面目"(钱谦益《复吴江潘力田书》),多与唐史相互证发,陈寅恪即言"牧斋之注杜,尤注意诗史一点,在此之前,能以杜诗与唐史相互参证,如牧斋之详尽者,尚未之见也"(《柳如是别传》)。《钱注杜诗》之所附《少陵先生年谱》,精当之外更以形式之新颖、内容之明晰为人称道。年谱以表格的方式，将行事分为四栏，即纪年、时事、出处和诗，使人一目了然。

朱鹤龄(1606—1683)的《杜工部诗集辑注》，其初欲与钱谦益之作同刊，后因观点相左而各行其书，但两书实各有特色，仇兆鳌曾点评道："近人注杜，如钱谦益、朱鹤龄两家，互有同异。钱于《唐书》年月，释典道藏，参考精详；朱于经史典故及地里职官，考据分明。其删汰猥杂，皆有廓清之功。"(《杜诗详注·范例》)精通笺证疏解之外，朱氏尤善于参会诸家之得失，去芜正谬，其所为《杜工部年谱》也以"裁别异同，简净明当"著称。最值得关注的是，其对年谱之本质有清晰的把握与准确的定位，故对杜甫行踪的考述最为详尽，而于时事仅取关涉杜甫之部分。至于诗作，亦不专门罗列，仅用于辨析佐证，这就与杜诗编年区别开来。

清代因年系诗的，前有张溍(1621—1678)《杜工部编年诗史谱目》。其谱目由三栏组成，分别是纪年与时事、杜甫行踪、杜甫诗目，而后者为作者所用心处。相比于吴景旭(1611—1695)《杜陵谱系》之三栏——帝王纪年、大事记、杜甫事迹，张溍之创新在于将前两者合二为一而添加诗目，浦起龙则干脆删去有唐时事，略述杜氏行事，以作品编年为第一要务。浦起龙以为"往近体裁，卷分各种，既不病其夺伦；迁流人事，义取互相，或颇嫌乎离立。将以还诗史之面目，厥惟寓年谱于篇题，若网在纲，其比如栉"。其《杜少陵编年诗目谱》在纪年之后，一语囊括杜甫行迹，然后详细罗列是年之作，确实取得了纲举目张的效果。不过，浦氏仅有排比罗列而无说明，不免使人心生疑窦。

二、闻一多与杜甫的渊源

20世纪杜甫年谱的标志性成果，是闻一多的《少陵先生年谱会笺》。闻一多(1899—1946)，湖北浠水人，1912年考入清华大学，1922年7月赴美留学，三年后回国，任北京艺专教务长。1928年3月为《新月》杂志社编辑，次年辞职，后为国立武汉大学文学院院长兼中文系主任。1930年至青岛大学任文学院院长兼国文系主任，两年后回清华大学任教。抗日战争爆发后，随校南迁昆明，从教于西南联合大学，1946 年 7 月 15 日遇害。有《闻一多全集》(湖北人民出版社 1993 年版)十二册。

少年时期的闻一多，就表现出对传统文化的强烈关注，展示出多方面的艺术才华。就读于清华之时，曾撰自传《闻多》，称其"闲为古文辞，喜敷陈奇义，不屑于浅显，暇则歌啸或奏箫笛以自娱，多为宫商之音，习书画，不拘拘于陈法，意之所至，笔辄随之不稍停云"，又以为"新学浸盛，古学浸衰，而国势浸危"(《论振兴国学》，《清华周刊》第 77 期，1916 年 5 月 17 日)，故虽预备留美，而仍刻自濯厉，以崇国学。后来随着新文化渐入人心，立场有所改变，创作了大量新诗，并视旧体诗为落伍之物，但依然以为"旧诗里可取材的多得很，只要我们会选择"(《评本学年周刊里的新诗》，《清华周刊第七次临时增刊》，1921 年 5 月)。其间所作《李白之死》、《义山诗目提要》、《律诗底研究》等，都表明他未曾忘怀古代诗词。对于杜甫其人其诗，他颇为熟稔，所作《二月庐漫记》(续九)曾有所订正云："杜子美父名'闲'，故诗中不用'闲'字。'娟娟戏蝶过闲幔'，原作'开幔'，刻本之误也。母名海棠，故不咏海棠。坡公有诗云：'少陵为尔牵诗兴，可是无心赋海棠。'岂未之考也。"(《清华周刊》第 83 期，1916 年 10 月 18 日)嗣后留美，不仅兴趣不减，甚至还把杜甫与陆游等人的作品当作巨大的慰藉，放在身边随时翻阅，在与友人翟毅夫等人的信中，他写道："在学校里作了一天功课，做上瘾了……老杜、放翁在书架上，在桌上，在床上等着我了，我心里又痒着要和他们亲热了；有时理智的欲火烧起了，我又想继续我那唐代六大诗人底研究或看看哲学书。"(1923 年 3 月 3 日)

1928 年 8 月，闻一多就任武汉大学文学院院长。是月 8 日，他在《新月》第一卷第六号发表传纪文《杜甫》，虽然该文只完成了一半，却是诗人向学者转型后的重要尝试，或者说是他转向中国古代诗歌研究的重要一步，因为在他看来唐诗是古代文学的精粹，而杜甫是唐诗的窗口。三年后他到青岛大学讲授中国文学史与唐诗，更是全身心投入到唐代诗人传纪的整理工作中。梁实秋在《谈闻一多》一文中写道："一多在武汉时既已对杜诗下了一番功夫，到青岛以后便开始扩大研究的计划。他说要理解杜诗需要理解整个的唐诗，要理解唐诗需先了然于唐代诗人的生平，于是他开始草写唐代诗人列传，积稿不少，但未完成。他的主旨是想借对于作者群之生活状态去揣摩作品的涵义。"

闻一多的这篇未完稿传记，在序言之外共有三个部分。序言描述了他创作《杜甫》的动机与心情，即对包括杜甫在内的先贤有一个更为细致与真切的了解，不仅要弄清他们生平的梗概，更要明了他们的音容笑貌："数千年来的祖宗，我们听见过他们的名字，他们生平的梗概，我们仿佛也知道一点，但是他们的容貌、声音，他们的性情、思想，他们心灵中的种种隐秘——欢乐和悲哀，神圣的企望，庄严的愤慨，以及可笑亦复可爱的弱点或怪癖……我们全是茫然。我们要追念，追念的对象在哪里？要仰慕，仰慕的目标是什么？要崇拜，向谁施礼？假如我们是肖子肖孙，我们该怎样的悲恸，怎样的心焦！"

第一部分详细介绍了杜甫的少年生活，以杜甫之《唐故万年县君京兆杜氏墓志》、《壮游》等为基础加以想象，描述出一个体弱多病而刻苦攻读的诗人形象，尤其是对杜甫早年读书生涯的推断，给人印象极其深刻："子美自弱冠以后，直到老死，在四方奔波的时候多，安心求学的机会很少。若不是从小用过一番苦功，这诗人的学力哪得如此的雄厚？生在书香门第，家境即使贫寒，祖藏的书籍总还够他餍饫的。从七八岁到弱冠的期间中，我们想象子美的生活，最主要的，不外作诗，作赋，读书，写擘窠大字……无论如何，闲游的日子总占少数，并且多病的身体当不起剧烈的户外生活，读书学文便自然成了唯一的消遣。他的思想成熟得特别早，一半固由于天赋，一半大概也是孤僻的书斋生活酿成的。"

第二部分着重介绍了杜甫的漫游生活。以三十五岁为界，作者将杜甫的漂流生活分为两个阶段。三十五岁以前，杜甫的漫游是快意的游览，尤其是吴越与齐赵的两次游历，给诗人的创作提供了精粹而丰富滋养，"可惜那期间是他命运中的朝曦，也是夕照，那几年的经历是射到他生命上的最始和最末的一道金辉；因为从那以后，世乱一天天地纷纭，诗人的生活一天天地潦倒，直到老死，永远闯不出悲哀、恐怖和绝望的环攻"。

　　第三部分主要介绍了杜甫与李白的交往。作者认为他们两人的相遇与结识是文学史上最重要、最值得关注的事件之一。"因为我们四千年的历史里，除了孔子见老子（假如他们是见过面的）没有比这两人的会面，更重大，更神圣，更可纪念的。我们再逼紧我们的想象，譬如说，青天里太阳和月亮走碰了头，那么，尘世上不知要焚起多少香案，不知有多少人要望天遥拜，说是皇天的祥瑞。如今李白和杜甫——诗中的两曜，劈面走来了，我们看去，不比那天空的异瑞一样的神奇，一样的有重大的意义吗？"不过，作者认为李杜两人的秉性根本不同，性格是根本冲突的，虽然交情确实很亲密。字里行间也不无扬杜抑李的倾向，如开篇称赞杜甫的早慧时就明确指出"上下数千年没有第二个杜甫，李白有他的天才，没有他的人格"。

　　闻一多自己对此间所写的《杜甫》并不满意，一个重要的原因在于他认为所收集的材料还不充足。在写与饶孟侃的信中，他反省说："原来心起大了，题目选坏了，收集的材料不够，因此写不下……现在已写完的有六千字，还不够全篇十分之一。"（1928 年 5 月 25 日）直到六年后，这未完成的传记还在他的计划之中。1933 年 9 月 29 日，他写信给饶孟侃，向他透露了自己的八项工作计划：《毛诗字典》、《楚辞校议》、《全唐诗校勘记》、《全唐诗补编》、《全唐诗人小传订补》、《全唐诗人生卒年考》、《杜诗新注》、《杜甫》（传记）。虽然他意识到"以上的工作规模那样大，也许永无成功的希望"，但他一直没有放弃，尤其对于杜甫相关资料的收集，也做出了巨大的努力。

　　事实上，这一时期闻一多先生对于唐诗整理研究以及唐代诗人的考索，都可以理解为是围绕杜甫而展开的，或者说是为深入全面研究杜甫而打基础。他所发表的相关论文如《类书与诗》、《宫体诗的自赎》、《四杰》等以及现存的大量手稿如《唐诗笺证》、《唐诗校读法举例》、《全唐诗辩证》、《唐文学年表》、《唐诗人生卒考》、《唐诗大系》、《唐诗要略》等，都说明他有计划地向这一目标靠近。此时与闻一多先生往来颇为密切的朱湘，后来在《闻一多与〈死水〉》一文中回顾了闻一多先生当时的研究情况："杜甫在唐代的文学中，是他的兴趣的中心点。不过，这六年以来，由杜甫而推广到全个唐代的诗，全个唐代的文，唐代文化的整体。唐代文学的来源、去脉，就我在谈话中所听到的，他在这一方面也有许多精辟的议论。关于杜诗，他有三部著作：《少陵先生年谱会笺》《少陵先生交游考略》《杜学考》。差不多杜甫的每一首诗，他都给考订了著作的年月。这个，对于杜诗的新认识，是如何的重要，不用说了。"（《文艺复兴》第 3 卷第 5 期，1947年 7 月 1 日）

《少陵先生交游考略》意在通过对杜甫交游者的细致调查来更全面地了解诗人的生活状态。虽然此文并未完成，但据作者遗留下来的共计九十五页的手稿来看，所收集的材料十分丰富。这些工作在闻一多先生任教于青岛大学期间已有很大的进展。臧克家在《我的先生闻一多》中回忆到："这时候，他正在致力于唐诗，长方大本子一个又一个，每一个上，写得密密行行，看了叫人吃惊。关于杜甫的一大本，连他的朋友也持笔划列成了目录，题名《杜甫交游录》。还有一个抄本，是唐诗摘句，至今还记得上面的一个句子：'蝇鼻落灯花。'"（《人民英烈》）在《少陵先生交游考略》中，闻一多先生共整理出了一份长达三百三十多人的大名单，名单网罗了曾经与杜甫有过交集的各个层级的人物，除官员外，还有禅师、山人、舞者、处士等。而官员中最常见的则是别驾、侍御、明府、仓曹、判官、主簿等，这使我们对杜甫的生存状况有了更直观的了解。这份名单按姓氏排列，名录下则为材料的来源。材料前面首先是杜甫与之关联的诗篇，当然也包括少数写给杜甫的诗篇，接着是对这些人物的考证，如王宰：

戏题王宰画山水图歌（卷九）

钱大昕《十驾斋养新录》：王宰，武宗朝节度使，附其父智兴传。明皇时，又有善画王宰，杜子美诗所谓"五日画一水，十日画一石"者也。（案杨绾《汾阳王妻霍国夫人王氏神道碑》："幼女适太常寺丞王宰。"）

张彦远《名画记》：王宰蜀中人，多画蜀山。玲珑嵌空，巉嵯巧峭。

朱景玄《唐朝名画录》：王宰，家于西蜀。贞元中，韦令公以客礼待之。画山水树石，出于象外。景玄曾于故席夔舍人厅事，见一图障，临江双树，一松一柏，古藤萦绕，上盘于空，下着于水，千枝万叶，交植屈曲，分布不杂，或枯或荣，或蔓或亚，或直或倚，叶送千重，枝分八面，达士所珍，凡目难辨。又于善兴寺，见画四时屏风，若移造化，风候云物，八节四时，于一座之内，妙之至极也。故山水松石，并可跻于妙上品。

同时，闻一多先生还对从前代文献中摘录了不少片段对杜甫诗作的词语、故实进行了详细的考索与辨析，这就是我们所见到的手稿《说杜丛钞》。《说杜丛钞》实际上是作者的读书笔记，所摘录资料分别来自顾炎武《日知录》（计四十一则）、王士禎《带经堂诗话》（计五十六则）、程大中《旧事考遗》（计一则）、曾廷枚《香墅漫钞》（计十四则）、钱大昕《十驾斋养新录》（计十三则）、薛雪《一瓢诗话》（计十二则）、吴雷发《说诗管蒯》（计三则）、吴骞《拜经楼诗话》（计四则）、孙志祖《读书脞录》（计五则）、梁玉绳《瞥记》（计二十三则）、梁学昌《庭立记闻》（计五则）、赵翼《瓯北诗话》（计十五则）、李调元《唾余新拾·续拾·补拾》（计二十则）、洪颐煊《读书丛录》（计二则）、宋翔凤《过庭录》（计二则）、蒋超伯《通斋诗话》（计一百一十二则）、陈衍《石遗室诗话》（计十五则）、朱亦栋《订伪杂录》（计四十四则）、尚秉和《历代社会状况史》（计三则），内容则涵盖了名物、习俗、礼仪、修辞等诸多方面。这些抄录的资料或当是作者为编撰《杜诗新注》所作的前期准备。

朱湘曾在《闻一多与〈死水〉》中还说闻一多先生的《全唐诗选》里抄录有许多被前人所忽略了的佳作。这里所说的《全唐诗选》当是后来被收入《闻一多全集》的《唐诗大系》的雏形。《唐诗大系》选录了二百六十三家计一千三百九十三首诗，编次以作者生年为序，上起初唐王绩，下讫南唐潘佑。其中所录诗歌在二十篇以上的共有十二人，分别是：孟浩然二十二首，李白四十九首，王维五十首，杜甫九十九首，韦应物三十首，孟郊二十八首，白居易三十四首，刘禹锡二十二首，贾岛二十一首，李贺二十五首，李商隐二十四首，曹唐二十二首。在这里，杜甫入选之诗不仅远远超出侪辈，甚至几近李白诗的两倍，可谓"一枝独秀"，闻一多先生对杜甫的钟爱可见一斑。而随着社会形势的变化，他对于杜甫的肯定也越来越清晰。在 1944 年 9 月

1 日发表于《火之源文艺丛刊》的《诗与批评》中，他从个人与社会的
关系出发，论述了杜甫诗歌的重要意义：

> 历史是循环的，所以我现在想提到历史来帮助了解我们的时
> 代，了解时代赋予诗的意义，了解我们批评诗的态度。封建的时
> 代我们看得出只有社会，没有个人，《诗经》给他们一个证明。
> 《诗经》的时代过去了，个人从社会里边站出来，于是我们发觉
> 《古诗十九首》实在比《诗经》可爱，《楚辞》实在比《诗经》可爱。
> 因为我们自己现在是个人主义社会里的一员，我们所以喜爱那种
> 个人主义的表现，我们因之觉得《古诗十九首》比《诗经》对我们
> 亲切。《诗经》的时代过去之后，个人主义社会的趋势已经非常
> 明显了。而且实实在在就果然进到了个人主义社会。这时候只有
> 个人，没有社会。个人是耽沉于自己的享乐，忘记社会，个人是
> 觅求"效率"以增加自己愉悦的感受，忘记自己以外的人群。陶
> 渊明时代有多少人过极端苦难的日子，但他不管，他为他自己写
> 下闲逸的诗篇。谢灵运一样忘记社会，为自己的愉悦而玩弄文
> 字——当我们想到那时别人的苦难，想着那幅流民图，我们实实
> 在在觉得陶渊明与谢灵运之流是多么无心肝，多么该死——这是
> 个人主义发展到极端了，到了极端，即是宣布个人主义的崩溃，
> 灭亡。杜甫出来了，他的笔触到广大的社会与人群，他为了这个
> 社会与人群而同其欢乐，同其悲苦，他为社会与人群而振呼。

正是从这一立场出发，闻一多先生认为杜甫是不可替代的，是最
游戏与杰出的诗人。在这篇文章的结尾部分，他总结说："我以为诗
人是有等级的，我们假设说如同别的东西一样分做一等二等三等，那
么杜甫应该是一等的，因为他的诗博、大。有人说黄山谷、韩昌黎、
李义山等都是从杜甫来的，那么，杜甫是包罗了这么多'资源'，而
这些资源大部是优良的美好的，你只念杜甫，你不会中毒；你只念李
义山就糟了，你会中毒的，所以李义山只是二等诗人了。陶渊明的诗
是美的，我以为他诗里的资源是类乎珍宝一样的东西，美丽而不有
用，是则陶渊明应在杜甫之下。"

三、《杜少陵年谱会笺》的贡献

初载于 1930 年武汉大学印《文哲季刊》第 1 卷第 1 期至第 4 期的《少陵先生年谱会笺》（刊载时名为《杜少陵年谱会笺》），在某种程度上即可视为闻一多收集杜甫材料的一项重要成果。郭沫若在开明版《闻一多全集序》中说："闻先生治理古代文献的态度，他是承继了清代朴学大师们的考据方法，而益之以近代人的科学的致密。为了证成一种假说，他不惜耐烦地小心地翻遍群书。为了读破一种古籍，他不惜在多方面作苦心的彻底的准备。这正是朴学所强调的实事求是的精神，一多是把这种精神彻底地实践了。唯其这样，所以才能有他所留下的这样丰富的成绩。但他的彻底处并不是仅仅适用于考据，他把考据这种工夫仅是认为手段，而不是认为究极的目的的。"就杜甫研究而言，《少陵先生年谱会笺》之所以给我们留下精核与赅博的印象，不仅在于作者所具有的科学的严谨态度，更在于作者以考据为手段而充分贴近历史的精神。因此，《少陵先生年谱会笺》与以往年谱的重大差别，不仅仅是对于杜甫行踪的了解更为具体翔实，更重要的在于对杜甫生活状态的关注与精神面貌的描摹，以期给我们展示鲜活的诗人形象。对于闻一多个人而言，《少陵先生年谱会笺》仍不失为一种贴近杜甫的手段而非目的，而对于杜甫研究尤其是年谱方面的探索而言却是 20 世纪的重大突破。

《少陵先生年谱会笺》的突破与创举，首先在于所收集之资料的丰富与全面，不仅大量罗列诗作诗话、野史笔记等文献，而且广泛收集音乐、绘画、歌舞、天文历法与宗教典籍方面的材料，将杜甫置于一个更为广阔的历史文化环境中。与传统年谱单纯关注杜甫行事不同，闻一多此文还将笔触由政治领域延伸到所有可能会对杜甫生活产生影响的文化事件中。朝廷的"右文"之举自不例外，如特别指出睿宗先天元年，"玄宗即位，始置翰林院，延文章之士，下至僧道书画琴棋数术之士。皆处之，谓之待诏"，开元五年，"诏访逸书，选吏缮写，命尹知章等二十二人，于东都乾元殿前编校刊正，称'乾元院'"，开元六年，"改乾元院为丽正书院"；开元二十四年，"于西京大明宫置集贤殿书院"等，而所创获者则在于对"僧道书画琴棋数术"即宗教、艺术与天文历法等事件的爬罗剔抉。

《少陵先生年谱会笺》对于佛教事件的缕述有：

> 开元四年，印度僧善无畏来华；
>
> 开元七年，《华严论》成；
>
> 开元八年，印度金刚智，不空金刚来华；
>
> 开元十八年，释智昇撰《开元释教录》，实我国佛教经录之总汇；
>
> 开元二十四年五月，名僧义福卒，赐号"大智禅师"，七月葬于伊阙之北，送葬者数万人，严挺之为作碑；
>
> 开元二十九年九月，上亲注《金刚经》及《修义决》；
>
> 天宝八载，不空自印度归，求得密藏经论五百余部，是为密宗之始。

这使我们对诗人早年漫游江南时与僧侣的交往及其《因许八寄旻上人》等诗有了更为真切的了解。《少陵先生年谱会笺》对于道教活动的叙述有：

> 开元二十一年，上亲注《道德经》，令学者习之；
>
> 开元二十三年，玄宗注《老子》，并修《义疑》八卷；
>
> 开元二十九年正月，两京诸州各置玄元皇帝庙，并崇玄学；以《老》、《庄》、《文》、《列》为"四子"，令习业成者，准明经考试，谓之道举；
>
> 天宝元年二月，褒封庄子为南华真人，文子为通玄真人，列子为冲虚真人，庚桑子为洞虚真人，其所著书悉号"真经"；
>
> 天宝十载正月，祠太清宫，太庙，祀南郊。

诗人进《三大礼赋》的背景也得以更为清晰地展示出来。对于音乐、歌舞的关注，在《少陵先生年谱会笺》中也较为频繁，如开元二年正月，"置教坊于蓬莱宫侧，上自教法曲，谓之'梨园弟子'（见《唐

会要》《雍录》)";开元十一年,"初制'圣寿乐',令诸女衣五色衣,
以歌舞之(见《教坊记》)"等,不仅更为全面地展示了当时的风俗与生
活,还有助于厘清杜甫的行迹:

> 《江南逢李龟年》诗曰"岐王宅里寻常见,崔九堂前几度闻";
> 原注"崔九,即殿中监崔涤,中书令湜之弟"。按:岐王范、崔
> 涤,并卒于开元十四年,则公始逢李龟年,在是年以前,今亦附
> 记于此。黄鹤以为是时未有梨园弟子,公不得与龟年同游,因谓
> 诗云"岐王"当指嗣岐王珍。"崔九堂前"乃崔氏旧堂。按《唐会
> 要》:"开元二年,上以天下无事,听政之暇,于梨园自教法曲,
> 必尽其妙,谓之'皇帝梨园弟子'。"《雍录》"开元二年,置教坊
> 于蓬莱宫侧,上自教法曲,谓之'梨园弟子'。"公《剑器行序》亦
> 云:"自高头宜春梨园二教坊人,洎外供奉舞女,晓是舞者,圣
> 文神武皇帝初,公孙一人而已。"公观舞在开元五年(或作三年),
> 时亦已有梨园之称,乃谓开元十四年,无梨园弟子,何哉?考东
> 都尚善坊有岐王范宅(见《唐两京城坊考》),崔氏亦有宅在东都
> (张说《荥阳夫人郑氏墓志铭》"终于洛阳之遵化里",郑氏即涤之
> 母)。公天宝前,未尝至长安,其闻龟年歌,必在东都(公姑万
> 年君居东都仁风里,幼时尝卧病于其家,或疑公母早亡,寄养于
> 姑,虽近附会,然以巩、洛咫尺之近,其常在东都,留居姑家,
> 则可信也)。若云范、涤卒时,公才十五,前此龆龀之年,不得
> 与于名公贵介之游;则不知十四五时,已出游翰墨场,与崔、魏
> 辈相周旋矣。且"脱略小时辈,结交皆老苍",复有《壮游》诗句,
> 可以覆案。必谓天宝后,始得与龟年相见,失之泥矣。

《少陵先生年谱会笺》对于书画家的活动及相关事件也颇为留意,
如书中特别说明开元八年李思训卒,开元十三年令吴道玄等人合制
"金桥图",天宝八载诗人谒玄元皇帝庙而观吴道子之壁画等。杜甫
颇多题画诗,如《画鹰》、《天育骠图歌》、《刘少府山水障歌》、《题
松树障子歌》、《画鹘行》、《丹青引赠曹将军霸》、《韦录事宅观画马
图》等,论画极为精到。《少陵先生年谱会笺》对诗人同书画家交往的

叙述，使我们对杜甫艺术素养的形成有了更为细致的体察。

此外，《少陵先生年谱会笺》尤其关注诗人与他人之间的交游往来，并由诗人的诗文之作与相关文献之记载相订正，以获取所寻觅之证据。如考证杜甫与高适之初逢汶上当在开元二十八年而非天宝四载，即是一例：

> 《寄高常侍》诗曰："汶上相逢年颇多。"仇注："汶上相逢，盖开元间相遇于齐、鲁也。"考高适《酬秘书弟兼寄幕下诸公》诗序曰："乙亥岁（按即开元二十五年），适征诣长安。"又《送族侄式颜》诗（按开元二十七年作，详见后）曰："俱游帝城下，忽在梁园里。"适以开元二十三年游京师，二十七年来梁、宋，其间公虽在齐、赵，不得遇适于汶上也。又适《奉酬北海李太守平阴亭》诗曰："谁谓整隼旗，翻然忆柴扃，书寄汶阳客，回首平阴亭。"李邕以天宝二年出为北海太守，六载杖死于郡。其间适尝客居汶阳，而公亦以天宝四载再游齐、鲁，则相逢汶上，其即天宝四载乎？然而天宝三载秋，二人实尝相从赋诗于梁、宋，此云"汶上相逢年颇多"，明指订交之初，又不合也。盖游梁以后，寄诗以前，二公聚首者屡矣，诗何以独言天宝四载汶上之遇？是知以汶上相逢属于天宝四载，又不足信。窃谓开元二十七、八年间，适尝至山东，因得与公相遇，诗所云，殆指此也。适《宋中送族侄式颜》诗注曰："时张大夫贬括州，使人召式颜，遂有此作。"同时作《又送族侄式颜》诗曰："我今行山东，离忧不能已。"按《旧唐书·玄宗纪》，张守珪贬括州，在开元二十七年六月。其时适方有山东之行。意其既至山东，与公相值，或在开元二十七、八年之间；其时公方游齐、赵，汶上地在齐南鲁北，二公邂逅于斯，正意中事耳。

其他如力证杜甫于天宝三载八月遇李白于东都及秋日同李白、高适两人登吹台琴台，除引杜甫之诗《赠李白》、《遣怀》、《昔游》、《忆昔行》为证外，又引李白之《赠蔡舍人诗》、《梁园吟》及高适之《东征赋》、《宋中别周梁李三子诗》以诠释。论杜甫于天宝九载与郑虔相会于长安，又引《新唐书》与《唐会要》相质，推定前者所载必有龃龉，并以杜甫诗称郑虔为"广文"、"著作"、"司户"作为证据：

> 《新书·文艺·郑虔传》："天宝初，为协律郎，集缀当世事著书八十余篇。有窥其稿者，上书告虔私撰国史。虔苍黄焚之，坐谪十年。还京师，玄宗爱其才，欲置左右以不事事，更为置广文馆，以虔为博士。"《唐会要》："天宝九载七月，置广文馆，以郑虔为博士。"据《新书》，著书坐谪，必是天宝元年，而拜广文博士，则自谪所甫归京师时事。计若自天宝元年起，谪居十年，则归京师拜广文，必在天宝十载。然《会要》所纪，年月并具，必不误。误者，《新书》"天宝初"与"坐谪十年"二语，必居其一耳。总之，虔居贬所日久，或八、九年，或十年，至天宝九载，始得归京师，与公相遇而订交，则无疑也。今观凡公诗及虔者，不曰"广文"，即曰"著作"，不曰"著作"，即曰"司户"，咸九载以后之作，益足以断二公定交，至早在天宝九载。不然，以二公相知之深，相从之密，何以九载以前，了不见过从酬答之迹？仇注《壮游》"许与必词伯"句，乃直曰"指岑参、郑虔辈"，不知诗所叙为天宝五载始归长安时之交游，时虔方远在贬所，安得与公相见于长安？若钟辂《前定录》载开元二十五年，虔为广文博士，有郑相如者谒虔，为预言污贼署坐谪事，则稗官之说，本非摭实，不足辩。

嗣后闻一多所作《少陵先生交游考略》以及《唐诗大系》就是这一思路的延伸。朱自清在《中国学术界的大损失——悼闻一多先生》中指出："他最初在唐诗上多用力量。那时已见出他是个考据家，并已见出他的考据的本领。他注重诗人的年代和诗的年代。关于唐诗的许多错误的解释与错误的批评，都由于错误的年代。他曾将唐代一部分诗人生卒年代可考者制成一幅图表，谁看了都会一目了然。他是学过图案画的，这帮助他在考据上发现了一种新技术；这技术是值得发展的。"将唐代诸多诗人的活动排比出来以互参互证，作者在《少陵先生年谱会笺》中已经运用得较为纯熟。

此外，通过细读杜甫诗文以锁定其行踪，也是《少陵先生年谱会笺》的重要手段。特别是在入川之后，诗人之行事基本上反映在他的诗作中，他的诗作几乎可以视为诗人自己的"日记"。如大历二年杜甫在夔州的生活细节，就被闻一多用杜甫自己的诗篇详细地梳理出来：

公五十六岁。在夔州。春，自西阁移居赤甲。《赤甲》："卜居赤甲迁居新，两见巫山楚水春。"《入宅三首》："客居愧迁次，春色渐多添，花亚欲移竹，鸟窥新卷帘。"又曰："乱后居难定，春归客未还。"知移赤甲在春。三月，迁居瀼西草屋。去年冬作《瀼西寒望》曰："瞿塘春欲至，定卜瀼西居。"是居瀼西之意，自去冬始也。《小园》曰："客病留因药，春深买为花。"是春深时始买宅，与《暮春题瀼西新赁草屋五首》，及《卜居》"春耕破瀼西，桃红客若至"之句合也。《柴门》曰："约身不愿奢，茅栋盖一床。"《夔府咏怀一百韵》曰"茅斋八九椽"，曰"缚柴门窄窄"，《暇日小园散病》曰"及乎归茅宇"，《课小竖斫果林枝蔓》曰"病枕依茅栋"——知是草屋也。《上后园山脚》曰"小园背高冈"，《柴门》曰"石乱上云气，杉清延日华"，《课伐木》曰"舍西崖峤壮，雷雨蔚含蓄"，《夔府咏怀一百韵》曰"阵图沙北岸，市暨瀼西巅，（原注：峡人目市井泊船处曰'市暨'，江水横通山谷处，方人谓之'瀼'）……堑抵公畦棱，村依野庙软，缺篱将棘拒，倒石赖藤缠"，《课小竖斫果林枝蔓》曰"篱弱门何向，沙虚岸只摧"，《小园》曰"秋庭风落果，瀼岸雨颓沙"，《课伐木序》曰"夔人屋壁列树白萄，锾为墙，实以竹，示式遏，为与虎近"——宅周事物，无远近巨细，悉可考也。附宅有果园四十亩。明年出峡，以瀼西果园四十亩赠"南卿兄"，又有诗题《课小竖锄斫舍北果林枝蔓荒秽净讫移床三首》，又有《阻雨不得归瀼西甘林》诗。曰"果园"，曰"果林"，曰"甘林"，实即一处。果林在舍北，而《阻雨不得归甘林》曰"欲归瀼西宅，阻此江浦深"，则甘林亦在舍旁也。仇曰："公瀼西诗，有'果园'，有'甘林'。果园四十亩，他日所举以赠人者。甘林则为治生计，所云'客居暂封殖'

者,《杜臆》谓朝行所视之园树,专指果园,于甘林无预,故云'丹橘黄甘此地无'。今案'此地无',正言柑橘之独盛。篇中'林香'、'出实'二语,明说丹橘矣。岂可云甘林在果园之上乎?大抵分而言之,则甘林另为一区,合而言之,甘林包在果园之内。盖四十亩中,自兼有诸果也。"多案《夔府咏怀一百韵》曰"色好梨胜颊,穰多栗过拳",则仇云兼有诸果,是矣。**蔬圃数亩。**《小园散病将种秋菜督勒耕牛兼书触目》:"深耕种数亩,未甚后四邻,嘉蔬既不一,名数颇具陈"。《驱竖子摘苍耳》:"畦丁告劳苦,无以供日夕"。此公有蔬圃之证。诗中屡言"小园",悉指此也。蔬圃曰小园,对四十亩果园之大者而言之。又按《夔府咏怀》"紫收岷岭芋,白种陆池莲",《秋野五首》"枣熟从人打,葵荒欲自锄","风落收松子,天寒割蜜房"——总此所纪,并柑橘梨栗,蔬圃所产,及东屯之稻,则公生计之裕,盖无逾于此际矣。又有稻田若干顷,在江北之东屯。《行官张望补稻畦水归》曰:"东屯大江北,百顷平若案,六月青稻多,千畦碧泉乱。"又有诗题曰:"秋,行官张望督促东渚(按即东屯),耗稻,向毕,清晨遣女奴阿稽竖子阿段往问。"《自瀼西移居东屯》曰:"白盐危峤北,赤甲古城东,平地一川稳,高山四面同,烟霜凄野日,粳稻熟天风。"按前诗云"百顷平若案",《茅堂检校收稻二首》云"平田百顷间",《夔州歌十首》亦云"东屯稻畦一百顷",皆通东屯之田而言,百顷非尽公所有也。据《困学纪闻》,东屯之田,公孙述所开以积谷养兵者,故公《东屯夜月》曰:"防边旧谷屯。"《舆地纪胜》云"东屯稻米为蜀第一",故公《孟冬》诗有"尝稻雪翻匙"之句。弟观自京师来。有诗题曰:"得舍弟观书,自中都(按即长安)已达江陵,今兹暮春月合到夔州……"又有《喜观即到题短篇二首》。后有《送弟观归蓝田迎妇》诗,知观果到夔也。**秋,因获稻暂住东屯。**《自瀼西荆扉且移居东屯茅屋四首》曰:"东屯复瀼西,一种住青溪,来往皆茅屋,淹留为稻畦,市喧宜近利(按指瀼西,他章'市暨瀼西巅'可证),林僻此无蹊,若访衰翁语,须令剩客迷。"《向夕》"畎亩孤城外,江村乱水中",又曰"鸡栖草屋同",即指此处,于栗《东屯少陵故居记》曰:"峡中多高山峻谷，地少平旷。东屯距白帝五里而近。稻田水畦，延袤百顷，前带清溪，后枕崇冈，树林葱蒨，气象深秀，称高人逸士之居。"陆游《高斋记》："东屯，李氏居已数世，上距少陵，才三易主，大历初故券犹在。"白巽《东屯行》："雨足稻畦春水满，插秧未半青短短。马尘追逐下关头，北望东屯转三坂。一川洗尽峡中想，远浦疏林分气象，沟塍漫漫堰源低，滩濑泠泠石矶响。中田筑场亦有庐，翚飞夏屋何渠渠，李氏之子今地主，少陵祠堂疑故居。"原注："东屯有青苗坡"，案即公《夔州歌》"北有涧水通青苗"也。何宇度《谈资》："工部草堂，在城东十余里，尚有遗址可寻，止有一碑，存数字，题《重修东脚下屯草堂记》，似是元物。"**适吴司法自忠州来，因以瀼西草堂借吴居之。**见《简吴郎司法》，诗曰"却为姻娅过逢地"，知吴乃公之姻娅也。又曰"江风飒飒乱帆秋"，同时有《又呈吴郎》云"堂前扑枣任西邻"，知吴到夔，约在八月也。**是时，始复动东游荆、湘之意。**《舍弟观归蓝田迎新妇送示二首》"满峡重江水，开帆八月舟，此时同一醉，应在仲宣楼"，其以八月会弟于江陵也。同时有《峡隘》诗，则远想江陵之胜，计期弟观且到，因恨出峡之不早也。《秋日寄题郑审湖上亭三首》："舍舟因卜地，邻接意如何？"郑时在夷陵，欲往与结邻而居也。《昔游》"杖藜望清秋，有兴入庐霍"，《雨》"宿留洞庭秋，天寒潇湘素，杖策可入舟，送此齿发暮"，皆欲及秋东游也。《秋清》"十月江平稳，轻舟进所如"，八月之行不果，期以十月也。《夜雨》"天寒出巫峡，醉别仲宣楼"，《更题》"只应踏初雪，骑马发荆州"，秋不果行，期以冬候也。《白帝城楼》"夷陵春色起，渐拟放扁舟"，冬又不果行，更待之来年也。**十月十九日，于夔州别驾元持宅观李十二娘舞"剑器"。**见《观公孙大娘弟子舞剑器行》。本年，仍复多病；秋，左耳始聋。见《耳聋》，《复阴》及《独坐二首》。

在这里，我们知道了杜甫何时搬到赤甲去居住，在何处买地，建造了怎样的房子，房子周围的环境如何；诗人有多大的果园与菜园，果园与菜园分别出产哪些食物；诗人的稻田在何处，又有多大……总之，杜甫五十六岁时在夔州的生活细节，就这样通过对其诗句的寻绎被清晰地勾勒出来，这使我们对诗人晚年的生活状况有了更为真切的了解。

郭沫若曾高度评价了闻一多对于古典文献整理所做出的贡献："一多对于文化遗产的整理工作，内容很广泛，但他所致力的对象是秦以前和唐代的诗与诗人。关于秦以前的东西除掉一部分的神话传说的再建之外，他对于《周易》、《诗经》、《庄子》、《楚辞》这四种古籍，实实在在下了惊人的很大的工夫。就他所已成就的而言，我自己是这样感觉着，他那眼光的犀利，考索的赅博，立说的新颖而翔实，不仅是前无古人，恐怕还要后无来者的。"（开明版《闻一多全集》序）其实，除《周易》、《诗经》、《庄子》、《楚辞》这四种古籍之外，闻一多对杜甫也下了很多功夫。由于杜甫是闻一多进入古典文学研究畛域的首个解剖对象，他后来所形成的严谨态度在此期间已有充分展示。在某种程度上，我们也可以这样说，其《少陵先生年谱会笺》表现出来的眼光的犀利，考索的赅博，立论的新颖与翔实，也是前无古人的。

闻一多之杜甫研究论著目录：

《杜甫》，《新月》第 1 卷第 6 号，1928 年 8 月 10 日。

《杜少陵年谱会笺》，武汉大学《文哲季刊》第 1 卷第 1 期至第 4 期，1930 年 4 月。

《岑嘉州交游事辑》，《清华周刊》第 39 卷第 8 期，1933 年 5 月。

《岑嘉州系年考证》，《清华学报》第 7 卷第 2 期，1933 年 6 月。

《类书与诗》，《大公报》"图书评论"副刊，1934 年 3 月 24 日。

《贾岛》，《中央日报》"文艺"副刊第 18 期，1941 年 2 月 11 日。

《宫体诗的自赎》，《当代评论》第 1 卷第 10 期，1941 年 8 月 22 日。

《孟浩然》，《大国民》第 3 期，1943 年 8 月 25 日。

《四杰》，《世界学生》第 2 卷第 7 期，1943 年 8 月。

杜甫传(存目)

冯 至

【评 介】

一、冯至《杜甫传》撰写前的学术积累

冯至(1905—1993)，原名冯承植，字君培，笔名琲琲、CP、鼎室等，河北直隶人。1921 年考入北京大学预科，开始创作新诗，1927 年毕业于北京大学德文系。1930 年留学德国，主修文学、哲学和艺术史，1935 年获德国文学博士学位。回国后任教于西南联合大学、北京大学，1964 年 9 月担任中国科学院哲学社会科学部外国文学研究所所长。著有诗集《明日之歌》、《十四行诗集》、《十年诗抄》，散文集《山水》、《东欧杂记》，小说与传记《伍子胥》、《杜甫传》，论文集《文学与遗产》、《论歌德》，译著《哈尔茨山游记》、《德国，一个冬天的童话》、《海涅诗选》、《布莱特选集》等。

冯至之所以走上杜甫研究的道路，一方面，是他很早就具有了很好的古典文学功底，晚年他曾回忆说："入中学之前，我就读过《古文观止》《古文释义》《唐诗三百首》等书。记得那时像《桃花源记》《阿房宫赋》《茅屋为秋风所破歌》等作品和《左传》的一些精彩段落，念得很熟。"(冯至《我与中国古典文学》，《文史知识》1984 年第 7 期)后来进入北京大学后，虽然所学专业是德文，但一直未减弱对传统文学的兴趣，在迅速接受新文化的同时，始终保持着对中国古典文学的关注，先后旁听鲁迅的中国小说史、黄节的汉魏乐府、沈尹默的唐诗等课程。另一方面，则与当时流离的环境及战乱的现实有关。1938 年 1

月，他在《赣中绝句四首》的第二首中写道：

> 携妻抱女流离日，
> 始信少陵字字真。
> 未解诗中尽血泪，
> 十年佯作太平人。

晚年在回忆自己的这一段学术经历时，他做出更为详尽的解释：

> 我早年读了不少唐诗，不过当时最喜爱的却是晚唐诗，年轻人多少有些感伤情绪，对李义山、杜牧、韦庄、韩偓等比较合拍，这正如龚自珍诗里所说的"我论文章恕中晚，略工感慨是名家"。但只是欣赏，并没有想去研究他们。1927 年我从北大毕业后，曾先后在哈尔滨第一中学和北京孔德学校教过国文，又在北大德文系当助教，后来又去德国留学将及五年，回国后在上海同济大学任教，这期间也没有研究唐诗的打算。我的杜甫研究，多半是客观环境所促成。1937 年抗日战争爆发，同济大学内迁，我随校辗转金华、赣县、昆明，一路上备极艰辛。从南昌坐小船到赣县，走了七八天，当时手头正带了一部日本版的《杜工部选集》，一路读着，愈读愈有味儿，自己正在流亡中，对杜诗中"东胡反未已，臣甫愤所切"一类诗句，体味弥深，很觉亲切。(冯至《我与中国古典文学》，《文史知识》1984 年第 7 期)

冯至到昆明任教于西南联大时，他家住杨家山农场茅屋，潜心读书，又找到了与杜甫在精神上的契合之处，于是便在他的杰作《十四行集》中向杜甫礼敬：

> 你在荒村里忍受饥肠，
> 你常常想到死填沟壑，
> 你却不断地唱着哀歌
> 为了人间壮美的沦亡：

战场上有健儿的死伤，
天边有明星的陨落，
万匹马随着浮云消没…
你一生是他们的祭享。
你的贫穷在闪铄发光
像一件圣者的烂衣裳，
就是一丝一缕在人间
也有无穷的神的力量。
一切冠盖在它的光前
只照出来可怜的形象。

1942年6月的一天，诗人在书肆上，偶然购得仇兆鳌的《杜诗详注》，从头至尾详细通读之后，对杜甫形成了自己的一些看法，并萌发了为杜甫作传的想法。为这一目标，他花费了四五年的时间做准备工作，分门别类编排杜诗卡片，考察唐代政治经济、典章制度、思想文化诸方面的发展沿革，阅读国内学者如陈寅恪等的有关著作，了解杜甫同时代诗人李白、王维等的生平、思想、创作情况。当然，更大的动力还是在于时代的召唤。在1945年作者所写的《杜甫和我们的时代》一文中，他进一步把杜甫与现实的密切关系阐释出来，指出杜甫的精神正是当下所迫切需求的：

现在我们虚心和杜甫接近，因为无论由于同，或是由于异，我们两方面都需要他。在"同"的方面，我们早已片断地认识杜甫了；当国内频年苦于军阀的内战，非战思想最普遍时，《兵车行》一类的诗成为学校中流行的读物；在社会主义思想介绍到中国的初期，"朱门酒肉臭，路有冻死骨"的名句则一再被人引用，引用者甚至有的不知道这两句诗的出处。可是抗战以来，无人不直接或间接地尝到日本侵略者给中国人带来的痛苦，这时再打开杜诗来读，因为亲身的体验，自然更能深一层地认识。杜诗里的字字都是真实：写征役之苦，"三吏""三别"是最被人称道的；写赋敛之繁，《枯棕》、《客从南溟来》诸诗最为沉痛；"生还今日事，间道暂时人"，是流亡者的心境；"安得广厦千万间，……"谁读到这里不感到杜甫的博大呢；由于贫富过分的悬殊而产生的不平在"无贵贱不悲，无富贫亦足"这两句里写得多么有力；"丧乱死多门"，是一个缺乏组组织力的民族在战时所遭逢的必然的命运。这还不够，命运还使杜甫有一次陷入贼中，因此而产生了《悲陈陶》、《悲青坂》、《春望》诸诗，这正是沦陷区里人民的血泪，同时他又替我们想象出，一旦胜利了，那些被敌人摧残过的人民必定快乐得"家家卖钗钏，只待献香醪"。（可惜我们现在很使那些只待献香醪的人们失望！）

我们读这些名诗与名句，觉得杜甫不只是唐代人民的喉舌，并且好像也是我们现代人民的喉舌。同时我们却也惊心地看到，中国的文化在这一千多年内实在陷入一种停滞的状态，这中间尽管有过两宋的理学、清初的汉学、晚明（那个黑暗时代）的所谓性灵文学，而这些与一般的人民是不相干的，一遇变乱，人民所蒙受的痛苦与杜甫的时代并没有多少不同。由于这些"同"，我们需要杜甫，有如需要一个朋友替我们陈述痛苦一般。但是如果我们不止于此，再望下想一想，为什么与杜甫同时而又与杜甫同享盛名的李白与王维就不能这样替我们说话，他们不是同样经过天宝之乱吗？这样一问，杜甫就不只限于是我们的朋友了，他对于我们已经取得了师的地位。在这一点上，也许我们更需要他。

那么，杜甫的精神是如何形成的呢？冯至认为这跟杜甫坚韧的性格与执着的人生态度有关。"杜甫由于这种执著的精神才能那样有力地写出他所经历过的山川，那样广泛地描述出他时代的图像，使我们读了他的诗，觉得他比他同时代的任何一个诗人都亲切。"（《杜甫和我们的时代》）这样一个令作者感到无比亲切的诗人，将他的一生更完整地展示出来，冯至认为这是他义不容辞的责任，也是一项艰巨的重任。

四五年来，因为爱读杜甫的诗，内心里常有一个迫切的愿望，想更进一步认识杜甫这个人。当然，从作品里认识作者，是最简捷的途径，用不着走什么迂途，并且除此以外似乎也没有其他的道路。但我们望深处一问：这诗人的人格是怎样养成的，他承受了什么传统，有过怎样的学习，在他生活里有过什么经验，致使他，而不是另一个人，写出这样的作品？这些，往往藏匿在作品的后面，形成一个秘密，有时透露出一道微光，有时使人难于寻找线索。这秘密像是自然的秘密一样，自然科学者怎样努力阐明自然，文学研究者就应该怎样努力于揭开这个帷幕。

在 1945 年所写的《我想怎样写一部传记》中，冯至就对自己即将面临的重任进行了反思。他意识到为杜甫立传，首先面临的是史料的匮乏。"研究一个诗人的人格的养成与演变，在他的作品以外，如果能有些信札日记一类的东西与同时代人关于他的记载流传下来，自然可以得到许多帮助。但关于杜甫的，除却几个同时代的友人的赠答诗以外，这类的材料就几乎等于零。"如何解决这个问题呢？冯至认为可以以杜甫自己的作品为依据，然后再辅助以想象。"因为材料的贫乏，有时不能不运用我的想象，可是想象是最不可靠的东西，所以我骑在这匹想象的马上，又不能不随时都用'根据'的羁绊勒着它。"（《我想怎样写一部传记》）由此，冯至提出这部传纪最核心的问题是如何处理杜甫的诗作与传记的关系问题。毫无疑问，杜甫的诗作是其传记取之不尽用之不竭的宝库，"杜甫所经验的，比唐代任何一个诗人都丰富，并且都在他的诗里留下痕迹。为了解答这个问题，关于杜甫三十岁以后的，我们从他的诗里有取之不尽的丰富的材料。如果我们放开笔，可以以唐代的山川城市为背景，画出一幅广大而错综的社会图像"。"若是遇有与史书不合的地方，我宁愿相信杜甫所记的是真实的。""所以我只有处处以杜甫的作品为依据，一步步推求杜甫的生活与环境，随后再反过来用我所推求的结果去阐明他的作品。"但是，传记却不是诗作的诠释与考证，不能成为干枯的考据，它应该是一部朴素而有生命的叙述。"总之，若是没有杜甫的诗，这本书根本就不会写；可是这本书如果一旦写成了，我希望，纵使离开杜甫的诗，它也可以独立。"（《我想怎样写一部传记》）

抱着这样坚定的愿望，冯至开始了漫长的写作历程。1946 年 3

月10日，作者在《独立周报》发表了历史故事《两个姑母》。故事主要依据《唐故万年县京兆杜氏墓志》等材料敷衍而成，开篇明确说明这是《杜甫传》的副产品之一：

> 在写杜甫的家世时，我不能不附带着提到两个姑母：一个是他祖父的姑母，一个是他自己的姑母。她们和其他一般旧日的女性没有什么不同，可是每人都有过一段平凡的故事，由于杜甫的记载，使她们在千千万万、无名无语的女性中间显露出她们善良、隐忍而清苦的面貌。关于前者的，可真可假，只能当作一个普通的传说听听；后者的故事，则有关于杜甫的童年的命运。

在这一年的11月，作者又在《大公报·星期文艺》上发表了《公孙大娘》，作为《杜甫传》的另一个副产品。作者在《附记》中特别注明行文时参看了向达的《唐代长安与西域文明》和阴法鲁的《唐宋大曲之来源及其组织》，故事也对于盛唐时期的文化氛围尤其是浑脱舞进行了详细的描述。文章认为，杜甫童年所处的时代，是文学和艺术正迎接拂晓时代，充满生机的力量早已积蓄在民间等待勃发：

> 在杜甫的童年，这时代文学和艺术两方面正在破晓。除去一个破晓前的早行人陈子昂已经提着一盏幽暗的灯笼在黑暗中消逝了，一切都还显着纤细、狭窄、缺乏雄厚。可是在民间，就是整个的民族，却早已蕴蓄着饱满而生动的力量，在舞蹈，在歌唱，敦促着这个时代的来临。那时中国的文化在渐趋安定的统一局面下恢复了健康，人们无论在体质方面或精神方面都具有坚定的自信心，去承受、去采用许多前所未有的外来的新鲜的事物，而不感到危险。

此后，《杜甫传》的主体部分逐渐完成，并先后在多家刊物上发表。1947年6月，《杜甫在长安》发表于《文学杂志》第2卷第1期；1948年7月，《从秦州到成都》发表于《文学杂志》第3卷第2期；10月，《草堂前期》发表于《文学杂志》第3卷第5期；11月，《杜甫在梓州、阆州》发表于《文学杂志》第 3 卷第 6 期；1949 年 12 月，《杜甫的家世与出身》发表于《小说杂志》第 3 卷第 3 期。

1950 年，冯至在《中国青年》第 55 期发表《爱人民爱国家的诗人——杜甫》。这篇长文可以理解为一部简略版的《杜甫传》。作者以爱祖国、爱人民为线索，梳理了杜甫诗歌创作演进的历程，指出正是这种热爱使杜甫超越了同时代的诗人："诗人（杜甫）不只诉说他个人的哀愁，而进一步诉说人民的痛苦，不只爱他的家族和朋友，而进一步爱他的国家。我们现在看来，这是一个平常的道理；但在一千一百八十年前，却只有杜甫和极少数诗人如元结等能有这种进步。至于他同时代其他的诗人像韦应物、王维，不管人民多么痛苦、国家多么危急，他们并没有把这些看到眼里，放在心上，只要他们自己有饭吃，就唱他们自己的、自以为摆脱尘俗的诗歌。在这情形下，他们自然也感觉不到这种矛盾。我们赞美杜甫，因为他在唐代是一个爱人民、爱国家的诗人。"正是出于这样一种情怀，1951 年冯至以《爱国诗人杜甫传》为题，在当时影响甚大的《新观察》杂志第 2 卷第 1 期至第 12 期上连载他的杜甫传记。次年 11 月，人民文学出版社改为《杜甫传》结集出版。

二、《杜甫传》完成后的补充与相关研究

1953 年 10 月，冯至又在《解放军文艺》发表了长文《杜甫》，讨论了杜甫为后人尊重纪念，其诗被人广泛引用，流传在人民口边的原因。作者指出，"他的诗传到现在的共有一千四百余篇，这些诗绝大部分继承了并且发展了我国诗歌现实主义的传统，忠实地反映了他的时代，贯穿着他爱祖国、爱人民的精神，内容是丰富的，形式是多方面的，因此他成为后代诗人的模范"。从这一立场出发，在这篇介绍杜甫生平的文字中，冯至对杜甫所生活的时代环境进行了详细的描述，重点展示了大唐经济从繁荣到衰落、政府从中央集权到失却统治的力量、生活从安定到紊乱、军事从胜利到失败的转捩点。杜甫由于个人的贫困而对人民的痛苦有着较为深切的体验，这使他的诗歌更贴近了现实。或许是杂志性质的缘故，冯至的这篇《杜甫》，大部分篇

幅都在分析诗人对战争的态度：杜甫反对开疆拓土的侵略性战争，但对保家卫国、抵御外侮、削平叛乱的战争却是支持的。

1956 年 1 月，冯至选目，浦江清、吴天石注释的《杜甫诗选》由人民文学出版社出版。在这部杜甫诗歌的选集中，冯至又写了一篇长篇前言，再一次全面地评述了杜甫。这篇前言，首先重申了唐代转捩点对于杜甫的重要影响，不过在讨论杜甫诗歌丰富而深刻的现实性时，冯至还将他与同时代的诗人进行了对照：

> 我们一向把李白和杜甫并称。李白生于 701 年，比杜甫大 11 岁；死于 762 年，比杜甫早死八年。和杜甫相反，他的作品大部分都是写于 755 年以前。他虽然也经历了安史之乱，但安史之乱对于他的影响没有像对于杜甫那样深刻，因为 755 年以后七年的岁月他都是在江南度过的。所以他的诗里反映的主要是经济繁荣时代健康的豪迈的精神。那时由于商业发达，商品交易的关系增加，社会上往往产生些不平的事，使游侠的风气盛行一时，许多通都大邑成为侠客们驰骋的场所。还有一些知识分子不满于平庸的生活，想用炼丹和修道来超脱尘俗，追求自我的解放。游侠和求仙便成为一时的风尚，这也是李白诗中的两个重要的主题。此外他对于他的时代也抱有无限的关怀，反抗世俗，有时甚于杜甫；至于安史之乱在他的诗里没有留下像在杜甫诗里那样多的痕迹，主要是由于时间和地点的限制。当时因为边疆上不断有战争，从军边塞也成为这时代诗歌中的一个主题，诗人们在塞北和西域发现了新的世界，对着风沙弥天的旷野发出悲壮的或苍凉的歌声。李白和早期的王维（701—761）都写过一些不朽的、歌咏边塞的诗。但不凭借臆想、有更多体验的边塞诗人要算杜甫的朋友高适（704—765）和岑参（715—770）。因为他们有较长的时间在边疆的幕府里工作，他们所写的边塞是亲身经历的。但是安史之乱后，他们都回到国内，高适身居要职，岑参也过着一连串的官吏生活，边塞诗成为他们过去的作品，而眼前人民的困苦也没有能够引起他们的注意。
>
> 至于一些歌咏山林与田园生活的诗人如晚年的王维、储光羲

(707—759) 等，他们的诗大都脱离了时代，社会的变动很难在里边得到多少反映。我们可以这样说，杜甫同时代重要诗人的主要作品，多半是在安史之乱以前完成的，它们的现实性在于反映了富庶时代生气勃勃的、健壮的精神，安史之乱以后，他们的创作都进入末期。杜甫却和他们相反，他的作品里反映的正是从繁荣到衰落以及衰落社会中的种种矛盾。

总之，冯至认为"到了唐代历史转捩点的 755 年，杜甫写出来无论对于他的诗或是对于唐代社会都有划时代意义的名句'朱门酒肉臭，路有冻死骨'。从此杜甫的诗便和他同时代的诗人们的诗划了一条界线：他们表现了繁荣时期豪放的精神，杜甫却起始叙述时代的艰难、国家的危机、人民颠沛流离的生活"。当然，杜甫诗歌除了关注社会民生之外，还以自己的亲身经历将祖国的山川描绘出来，陕北的路程、入蜀的山道、成都的花木、北川的山水、夔州的风土都生动地展示在他的诗歌当中。此外，杜甫还对吴道玄、曹霸、韩干、韦偃、王宰等人的壁画、山水障、画鹰、画马，公孙大娘的舞蹈，李龟年的歌曲等各种艺术多有歌咏，使我们认识到了唐代音乐和舞蹈的高度。杜甫艺术形式方面的成就也极为瞩目：

> 杜甫运用了他那时所有的诗的一切形式；这些形式对他不曾有过任何限制，相反，他使每个形式在他手里都得到新的发展，发挥它最大的功能。他在五言古诗里善于记载个人的流亡、艰险的行程、社会中的一些现象、人民的生活以及许多富有戏剧性的言谈动作；他写得是那样生动，我们读了，感到的不是五言的拘束，而是语调的自然，其中最显著的例子是《羌村》、《三吏》、《三别》、《遭田父泥饮美严中丞》等诗。他在七言古诗里最长于抒写他豪放的或是沉痛的情感，以及对于时代和政治的意见，如《悲陈陶》、《悲青坂》、《洗兵马》、《同谷七歌》都可以代表。五律、七律，在唐代诗人中很少有人能超越了他，他深厚的感情在五律中得到凝练，在七律中得到充分的发挥，《春望》和《闻官军收河南河北》是最好的说明。绝句，从数目上看杜甫写得不多，

但他和当时的绝句名家如王昌龄、王之涣等人相比，也没有逊色。成为问题的是那些长篇的五言排律，杜甫用这形式主要是投赠权贵，或是寄给远方的友人，有一定的组织，好像是代替信札，这形式在杜甫手中虽然得到大的发展，有的长到千字，但由于里边往往堆砌着过多的典故，掩盖了丰富的情感，不能说都是成功的作品。所以这类的诗我们选的最少。总之，一般说来，杜甫的诗是高度地达到了内容和形式的统一。

1962 年春节，风和日暖，四处欢腾。在欢快的节日氛围中，冯至写下了阐述杜甫乐观精神的文章《人间要好诗》。作者自以为这篇只是一段杜诗的随笔札记，文章也主要从两个方面分析了杜诗洋溢乐观精神的原因。杜甫的一生是贫病交加、流离道路的一生，杜甫写他的时代和他自己的生活都是蘸满血泪，沉郁悲哀，但读者读了他的诗，并不因而情绪低沉，反倒常常精神焕发，意气高昂，原因首先在于杜甫具有锲而不舍的执着态度，具有广阔的胸襟，并用自然界的壮丽景色表达出了。"杜甫有了广阔的胸襟，才能用这样壮丽的景色来衬托他所写的时代的艰辛和个人的不幸。这是杜诗里的一个特定，所以他的诗尽管悲哀沉痛，可是读者在深受感动的同时，并不意气消沉，而反倒兴起昂扬振奋之感。"另外，对于自然界优美景物的热爱和体贴入微也是一个重要原因。

这一年的 4 月 17 日，在纪念杜甫诞生一千二百五十周年的大会上，冯至作了《纪念伟大的诗人杜甫》专题报告。在报告中，冯至重新诠释了杜甫"诗史"的含义：

> 杜甫的诗一向被称为"诗史"。这部"诗史"生动而真实地反映了他那时代政治、经济、军事和社会生活的巨大变化，并对许多重要问题表达了作者的进步主张；它还有声有色地描绘了祖国壮丽的山河、新兴的城市，以及一些虫鸟花木的动态；在自然的图景和社会的变化中，它也叙述了作者不幸的遭遇和内心的矛盾，抒发了作者深厚的思想感情和迫切的愿望，所以它也是作者的忠实的自传。它和屈原的辞赋、司马迁的《史记》、施耐庵与

曹雪芹的长篇小说一样，经纬纵横，包罗万象，给读者一个丰富而又完整的印象。

冯至指出，杜诗的伟大，在于它已经成为那个错综复杂、变化多端的时代的一面镜子，并且把镜子中所照事物的关键之处显示出来了。杜甫能够承担这样的历史重任，原因在于他观察事物的立场，是从国家和人民的利益出发，这一点在对待战争的态度上尤为明显："他深深认识战争给人民带来的苦难是深重的，'丧乱死多门'是一句有力的概括。但是杜甫并不像过去一部分文学史家片面地所理解的，是一个无条件的非战论者，他对于不同性质的战争有不同的看法。有害于人民和国家的侵略战争，他是反对的；有关民族命运和国家生存的反侵略战争，在任何情况下他都是拥护的；各地军阀的内乱，他是深恶痛绝的；至于农民起义的意义，杜甫还认识不清，可是他已经看出'盗贼本王臣'的道理，这在当时可以算是最进步的观点了。"至于在诗歌艺术方面的钻研，冯至认为杜甫的努力主要在以下两个方面：一是字斟句酌、"语不惊人死不休"地对自己的严格要求；一是"不薄今人爱古人"、"转益多师是汝师"的向古人和今人虚心学习的态度。

在首都的这个纪念大会上，冯至对于"诗史"这个问题引而未发，只是点到为止。意犹未尽的他随后在《文学评论》（1962年第4期）上发表了专题论文《论杜诗和它的遭遇》，详细阐述"诗史"这一说法的形成及其所象征的意蕴，作者开篇即标明了他行文的宗旨：

> 杜甫的诗一向称为诗史。我们现在也常沿用这个名称标志杜诗的特点，它广泛而深刻地反映了唐代安史之乱前后的现实生活和时代面貌。但是这个名称应如何理解，它包含一些什么内容，被称为诗史的杜诗和杜甫以前的诗以及唐代的诗的关系是怎样，还是不够明确的。我想对于这些问题略加论述，并提出一点有关文学史的粗浅的意见。

在文中，作者指出"诗史"的说法最早见于孟棨的《本事诗》，而在宋代被普遍使用。杜诗之所以被称为"诗史"，首先，在于杜甫以满腔热忱大量地歌咏时事，其观察范围之广、认识之深，并能以高度的艺术手腕把他观察认识所得在诗歌里卓越地表达出来，大大超过了在他以前的任何一个诗人；其次，杜诗在深刻地反映现实的同时，还把作者本人的形象充分展示出来，"诚然，杜甫诗反映了玄宗、肃宗、代宗三朝的事迹和人民的生活，同时也浸透了作者的思想感情，使人感到诗人的性情活跃在诗的字里行间，这正是杜甫的诗史与一般历史不同的地方"。将个人的不幸遭遇与国家的危急、民众的困难结合起来，正是杜诗具有强烈感染力的重要原因。政治抒情诗如此，写景诗也不例外，总是浸透他个人的强烈情绪，"不像一些留连风景的诗人，掇拾描绘自然的诗句，而缺乏热情和中心思想，像是人们评论谢灵运的诗那样，常常是'有句无篇'。杜甫诗里的自然，都是他亲身所历、亲自所睹，同时又往往和他的思想感情与他所处的社会环境混为一体"。那些歌咏绘画、音乐、建筑、舞蹈、用具以及生产劳动的诗，同样贯注了充沛的个人感情与强烈的时代气氛。至于与时事无关、个人情感较为淡泊的闲适诗，则衬托出了杜甫的全人，表现了杜诗风格的多样性。

1962年的春天，冯至还创作了一篇以杜甫与苏涣为题材的历史小说《白发生黑丝》。作者在《杜甫传》的重版说明中解释了他的动机："那时，《人民文学》编辑部约我写关于杜甫的文章，我想，《人民文学》以发表创作为主，于是写了这篇小说给它。用意是要说明杜甫在贫病交加的晚年，能欣赏苏涣那样的人物，可见他晚年的精神状态并不像有些人所认为的那样衰颓。传纪尊重事实，小说依靠想象，但这里的想象还是以杜甫的诗篇为依据的。"杜甫提及苏涣的诗篇是《暮秋枉裴道州手札，率尔遣兴，寄近呈苏涣侍御》。在《杜甫传·悲惨的结局》中，冯至曾简单地提及杜甫与苏涣的畅谈，而在小说《白发生黑丝》中，冯至先以想象的笔法描绘了杜甫大历四年冬日的清贫生活，再细腻地描绘了杜甫与苏涣结识的过程，这一过程，实际上正如《杜甫传》所显示的那样，是杜甫执着地走向人民的过程，是主动地与下层民众进行精神交流的过程。当下有论者或以为小说的意味颇为深长，"充满悲剧的是，杜甫当年冬天'百病俱发'，而参与起事的苏涣失败后被杀，知识分子的忧患意识以及用失败见证历史的无力感，使作品获得了一种疏离时代的距离意识与反思精神"，不过，冯至自己却以为它并没有太多寓意，只是单纯写杜甫和他的时代，没有对现实的影射(冯至《诗文自选琐记》)。

1980 年 10 月 7 日，在瑞典皇家文学、历史、文物科学院每月学术例会上，冯至作了一次题为《杜甫与歌德》的讲演，把自己生平最喜爱的两位诗人放在一起进行了比较。作者首先指出了比较的基础，两人都在诗歌创作领域取得了惊人的成就："二人一生都始终不懈地努力创作，直到死亡的前夕。他们各自集本民族的诗歌之大成，没有一种到他们那时为止的诗体不经过他们的运用而得到发展，并影响后世。"虽然两人在各自时代的地位与影响有天壤之别，但他们的内心世界和诗歌的遭遇还是存在着许多类似的地方，他们心灵深处的寂寞以及那些思想深刻、艺术纯熟的诗篇往往不为他们同时代的人所了解与接受。至于两人在诗歌创作方面的不同，则明显表现在对政治的态度上。

> 我把这两个诗人反复作了比较，最后我要指出一个最大的不同，这会使人感到惊奇。歌德长期从事政治工作，参加过干涉法国革命的普奥联军，与当时的一些政治家、军事家、公侯贵族们交往，他的诗却很少谈到政治，直到他逝世前的几天，他还为他不写政治诗辩解，并为有才华的诗人写政治诗而惋惜。与此相反，杜甫的政治生活非常短促，经常与田夫野老相处，但是他满怀热情地关心政治，唐代安史之乱前后的内忧外患，社会上的各种动向，几乎都在他的诗中得到反映。

不过，作者指出，歌德之所以不喜欢政治诗，是因为这类诗人可能往往会有政治偏见，而艺术上又相当平庸，故而很难得到世人的认可。杜甫那些被称为"诗史"的诗篇，其实就是广义的政治诗，但杜甫的内心活动总是和人民的内心活动保持一致，总是作为发出民族声音的喉舌而被倾听，而且在艺术上不断创新，所以能够千古流传。歌德也具有极强的民族责任感，他认为更好的爱国行动是改造德国人的精神世界，因此在诗中不断地与宗教的偏见、虚伪的道德、陈腐的教育、主观唯心主义、庸俗文学中的幽灵和梦幻进行斗争，从而超越了启蒙运动的范畴，形成了他关于宇宙万物有扩张、有收缩、不断变化、永不停滞的辩证思想。对自然的精细观察，使歌德的诗作"几乎无处不显示出自然界收缩与扩张的辩证关系。这个自然的辩证的规律把自然科学者的歌德和诗人的歌德紧密地结合在一起，在这种情况下写出的诗歌的确起着像歌德自己所说的'排斥狭隘观点，启发人民的心智，使他们有纯洁的鉴赏力和高尚的思想情感'的作用，我们现在诵读，还是新鲜的"。

杜甫也对自然作了无微不至、无广不及的观察，虽然不可能如歌德那样系统全面。杜甫的长处在于他总是把自己的思想感情灌注在客观对象中，使主观和客观、个人与自然、情与景得到完美的统一。"杜甫的自然诗，除了常把个人情感、时事、景色互相交融以外，还善于用丽句写荒凉，用花木雨露的无私衬托个人的不幸，最能给人以美感的是，在他写贫病交加、感慨时事时，却把自然的景色写得十分壮丽，有的诗前半是雄浑浩大的自然，后半是灾难重重的时事，有的诗先是自己狭隘的处境，后是无限的'天地'与'乾坤'。"在这对自然的认识与景色的表现过程中，我们又找到了两人的契合点：

> 当我起始谈到杜甫与自然的关系时，杜甫与歌德是没有共同之点的，但是写到这里，杜甫与歌德从不同的方向走来，又遇在一起了，那就是杜诗中也反映出收缩与扩张的规律。像前边引的诗句，"咫尺"是收缩，"万里"是扩张；杜诗中写的艰难困苦是收缩，"力与元气侔"是扩张。歌德在《西东合集》的《注释与论述》中谈到波斯的诗的艺术时说："它是在永久的舒张与收缩中；……它总是走向无边无际，可是立即又回到规定的范围。"杜甫的诗和波斯诗人的诗没有任何联系，但是这个评语也适用于杜甫。

三、《杜甫传》的刊载与争鸣

冯至的《杜甫传》实际上有四个版本。最早的版本发表在 1947 年至 1948 年的《文学杂志》上，主要由《杜甫的童年》、《杜甫在长安》、《安史之乱中的杜甫》、《杜甫在梓州》、《从秦州到成都》、《草堂前期》、《杜甫在梓州、阆州》等组成；第二个版本则是发表在《新观察》1 月至 6 月的《新国诗人杜甫传》，共分为十二个部分，分别是：《童年》、《吴越与齐赵漫游》、《与李白的会合》、《长安十年》、《战乱中的流亡生活》、《侍奉皇帝与走向人民》、《陇右的边警》、《成都草堂》、《幕府生活》、《夔州孤城》、《悲剧的结局》。这两个版本之间差异较大，作者在结集出版时，以第二个版本为基础，又补充了发表于《小说月刊》(1949 年第 3 期) 的《杜甫的家世与出身》，并改名为《杜甫传》，这是第三个版本(人民文学出版社 1952 年版)；1980 年《杜甫传》再版，主要增加了一些附录如《人间要好诗》、《纪念伟大的诗人杜甫》、《论杜诗和它的遭遇》以及《白发生黑丝》等，主体内容没有变化。结集出版的《杜甫传》的主要内容如下：

第一部分《家世与出身》讨论了杜预、杜审言、杜并以及外祖母等人对杜甫的影响，不过作者认为，"真正帮助他(杜甫)的发展而决定他的成就的，和他的家世出身并没有什么关系，而是开元时代由于社会繁荣产生的高度文化与天宝以后唐代政治和经济所起的重大变化，是他早年'读书破万卷'的努力与中年以后的与人民接近，体会人民的情感和生活，吸收了不少的人民的语言"。

第二部分《童年》叙述了杜甫作诗、写字与学习的片段，主要围绕杜甫六岁时在郾城观看公孙大娘的剑器浑脱舞，作者指出这次经历对诗人的成长极为重要："这对于六岁的杜甫是一个新的启发。他儿时多病，只惯于姑母的慈爱，只惯于一个礼教家庭的生活，如今他看见一个女子的身躯创造出一个这样神奇的世界，他的视线展开了，他呼吸到外界新鲜而健康的空气。我们只要读一读《舞剑器行》的序，里面特别提到张旭在邺县看完了公孙大娘舞的西河剑器，体会到舞蹈的神韵，从此草书更有进步，我们便可以推想，杜甫是以怎样一种心情在怀念他儿时的这段难得的经历。"

第三部分《吴越与齐赵的漫游》讲述了杜甫从二十岁到二十九岁这十年内的两次长期的漫游。作者首先指出唐代文人漫游的物质原因在于寻找生活出路，"有人在考试以前，就走出家乡，到人文荟萃的都市，用言语或诗文作自我的宣传，结交有权威的人士。如果得到这类人的吹嘘，让社会上先知道自己的名字，然后再来考试，就比较容易及第了，因为一般考官判断的能力薄弱，他们的取舍往往以投考者的声名为标准"。杜甫的漫游固然有物质上的原因，却由此认识了中国最美丽的山川的一部分。他的第一次漫游经淮阴、扬州渡过长江，到了江南，游历了剑池、长洲苑、鉴湖、剡溪等地，还在江宁瓦棺寺欣赏了顾恺之的维摩壁画。第二次漫游则在齐赵度过了诗人裘马轻狂的青春时光。

第四部分《与李白的会合》陈述了杜甫同李白结识的前前后后以及由此带给杜甫的变化。"在杜甫的诗集里我们很少读到关于游侠与求仙的诗，这两种生活他都很隔阂；可是只有在和李白在一起的这个阶段里，他被李白的风采吸引住了，他受了他的影响，他看见了游侠，他也亲自去求仙访道。""这时杜甫的诗刚刚建立起自己的风格，而李白已经完成了不少的名篇。这两个唐代最伟大的诗人的会合与此后结成的友情成为中国文学史上的佳话。"

第五部分《长安十年》介绍了杜甫困守长安期间的挣扎与凄苦，以及如何认清现实并完成诗歌创作上的飞跃。唐玄宗的昏聩，李林甫的忌刻，使诗人迟迟得不到出仕的机会。为了维持生活，杜甫不能不低声下气，充作几个贵族府邸中的清客以换取残羹冷炙。求告无门，贫病交加，诗人极为窘困，幸而还有高适、岑参与郑虔三位友人相慰藉，直到安史之乱爆发前夕得到右卫率府胄曹参军，他的境况才有所改变。杜甫在探亲途中所写的《自京赴奉先县咏怀五百字》是杜甫长安十年生活的总结，表明了诗人无论在思想的进步上或在艺术的纯熟上都超越了他同时代的任何一个诗人。

第六部分《流亡》指出安史之乱后，唐代的诗歌便脱去了色彩斑斓的浪漫的衣裳，有一部分走上了现实主义的质朴的道路，杜甫爱祖国、爱人民的精神也得到充分展示。潼关失守后，杜甫一家开始了流亡的生活。在只身北上延州的途中，诗人成了俘虏，被押送至长安。长安的经历，使他留下了《悲陈陶》、《悲青坂》、《春望》等名作。后来他潜出长安，来到凤翔，被肃宗任命为左拾遗。在回鄜州探亲时写下了《羌村三首》、《北征》等诗。

第七部分《侍奉皇帝与走向人民》介绍了杜甫一生中的重要转折。长安收复后，身为皇帝左拾遗的杜甫，一度享受着平静的官僚生活，将视野只限制在皇帝周围，写下了一些唱和诗和朝谒诗。"若是长此下去，没有一点变动，我们真担心他六七年来开辟的诗的国土会断送在左拾遗的职位上。幸而不久他的生活发生了一个大的变动。"由于房琯的牵连，杜甫被贬到华州做司功参军，从此再也没有回到长安。"他当时只认为这对于他的政治前途是一个打击，但他并没有意识到，他从那狭窄的天地里解放出来了，对于他的诗的发展却是一个大的恩惠：他由此才得到机会，又接近战乱中的人民，认清时代的苦难，因此而恢复并且扩充了他的广大的诗的国土，从一个皇帝的供奉官回到人民诗人的岗位上。"

第八部分《陇右的边警与艰险的山川》写杜甫在秦州一带的生活。由于房琯的牵连，杜甫辞去了官职，来到了陇西，暂居在秦州。在秦州，他听到的时而是川原将要昏黑时的一片鼓角，时而是薄暮中的一声羌笛，时而在雨晴后从戍楼上又发出嘹亮的胡笳……他把边疆的危机、山川的形势以及城郭村落、风土人情都收入雄浑而健壮的诗篇中，同时也把自己生活的艰辛、旅途的艰难以及对李白、孟云卿等友人的思念融入了诗篇中。作者认为，"在杜甫的一生，759年是他最艰苦的一年，可是他这一年的创作，尤其是'三吏'、'三别'，以及陇右的一部分诗，却达到最高的成就"。

第九部分《成都草堂》描写了诗人在浣花溪边的生活。杜甫到达成都之后，"经过两三个月的经营，草堂在暮春时节落成了。不只杜甫自己欣庆得到一个安身的处所，就是飞鸟语燕也在这里找到新巢，从此这座朴素简陋的茅屋便成为中国文学史上的一块圣地，人们提到杜甫时，尽可以忽略了杜甫的生地和死地，却总忘不了成都的草堂"。草堂的生活是宁静的，我们读诗人的诗句，好像听田园交响乐，有时听到了极细微轻盈的段落，同时也听到了暴风雨的发作。田园里所存在的一些病苦的、忧郁的事物，使人想到人民的病苦而忧郁的生活。诗人也没有放弃顺江东下的念头，他经常怅望云山以外的长安洛阳。

第十部分《再度流亡》写杜甫在东川一年零九个月的流亡生活。

徐知道在成都叛乱后，杜甫来到梓州。听闻安史之乱结束，他写下了名篇《闻官军收河南河北》；长安收复，他在阆州写有《伤春五首》；此外，他写下诸多关注时事的政治诗如《有感五首》、《述古三首》等，总之，"国内政治上军事上的变动，不管近在眼前，或远在千里，都在杜甫这里得到回声，反映在他的诗里，有时详于其他的史籍"。同时，为了衣食，杜甫虽然不得不迎来送往，写下诸多陪宴诗与送别诗，但也给他带来了饱览山水风光的机会，用笔把蜀中的山山水水勾画出来。

第十一部分《幕府生活》介绍了杜甫在成都的最后时光。由于严武的推荐，回到成都草堂的杜甫担任了节度使署中的参谋、检校工部员外郎，这给诗人带来的不仅仅是荣耀。"唐代幕府的生活是很严格的。每天都是天刚亮了便入府办公，夜晚才能出来。杜甫因为家在城外，便长期住在府中。不但生活呆板，西川节度使署里的人事也很复杂。那里的文武官员因为中原变乱，无法生存，西蜀可以勉强维持生计，所以彼此都勾结阿谀，保全自己的地位。杜甫这时已经五十三岁，满头白发，穿着狭窄的军衣，在幕府里与那些互相猜疑、互相攻击的幕僚周旋，心里充塞了难言的忧郁。"一年后，诗人辞职回到草堂，不久严武死去，诗人在成都失却凭依，便乘舟东下。

第十二部分《夔府孤城》评述杜甫在云安与夔州两年多的创作与生活。这一时期，杜甫的身体时好时坏，疟疾、肺病、风痹、糖尿病都不断地缠绕着他，牙齿落了一半，耳朵也聋了，但却是杜甫诗歌创作丰收期，所写的四百三十多首诗几乎占有他全集的七分之二。不过，作者指出，由于生活的限制，这些作品在内容和思想上比起过去略有逊色。在回忆生平与描写风景之外，有些诗不是没有接触到实际的问题，不是没有说到国家的灾难与人民的贫困，可是这些宝贵的内容都被铿锵的音节与华丽的辞藻给蒙盖住了。

第十三部分《悲剧的结局》介绍了杜甫出川后的流亡岁月。诗人来到荆州后，由于中原兵乱，无法北归，只好继续南下。他生命中的最后时光是在船上度过的。长期的水上生活，风痹病加剧，最后逝于湘江的舟中。最后，作者对诗人进行了盖棺论定，认为对于杜甫的诗歌要一分为二："杜甫的诗反映了一个复杂多变的时代的历史，描画了祖国一部分险要而壮丽的山川。他一生到处流浪，长期生活在人民中间，所以他大量地采用了、提炼了人民的语言，使他的诗能有那么多新奇的变化，有充足的力量来表达他所经历的一切。同时他的诗里也有一部分是古典的堆砌，是技巧的玩弄，这些诗都是什么时候写的呢？多半是当他为了求得一官半职、投赠当时有权势的王公大臣的时候，当他在皇帝身边作左拾遗只感到'天颜有喜近臣知'的时候，当他在西蜀荆潭与各处幕府里的官僚们相互周旋的时候。这些诗，总的来说是不值得我们赞赏的。"

《杜甫传》在《新观察》连载后，杨刚即在《人民日报》（1951 年 8 月 26 日）发表了评论《读〈爱国诗人杜甫传〉》。在文中，首先，杨刚高度肯定冯至《杜甫传》，指出旧有的"中国传记跟中国的文化史一样，不能开展，往往流于捃拾故事，编凑印象的半真半假之途"，作为"已有的中国作家传记中的第一本好书"，冯至《杜甫传》的意义首先在于材料的可靠："它首先是站在人民的立场上用科学的方法从诗人自己的诗篇中，从杜甫同时代人的著作之中，从片段的、杂乱的记载之中，寻找线索，缜密研究而产生的结果。关于杜甫一生的经历，从孤苦的出生起，到凄凉的死亡止，没有一事不是有凭有据的。他所有的诗篇反映了何种时代时间，反映了他自己的何种思想感情都被冯至先生用精细的研究弄得清清楚楚。"其次，冯至在杜甫的这篇传记中还把时代的生活画面完整而清晰地展示出来了，"当时社会的面貌，人民的苦难；当时的文武人物如房琯、严武等；当时各种规模的国内战争包括军阀战争，甚至当时的舞蹈，音乐，绘画都有生动的，有时是详细的叙述，这是我们能够看到新旧唐书所忽略了的许多东西"。至于缺点，杨刚认为，传记对于杜甫在中国诗的艺术史上的地位与作用说得太少，从而使我们对于杜甫的了解不够全面。

1951 年 9 月 16 日，夏承焘在西湖浙江大学宿舍撰写了同题书评《读〈爱国诗人杜甫传〉》。夏承焘一方面指出《杜甫传》里有许多精辟的见解，如论杜甫对李白认识前后不同、郑虔启发了杜甫的幽默感、杜甫写三吏三别时的内心矛盾、杜甫秦州以后的五古发挥了五言诗的最高功能以及杜甫绵州、梓州诗反映了当时政治上、军事上的各种变动等；另一方面也提出冯传叙述杜甫史实，有三处需要补充：一是至德初陷长安和奔凤翔；二是乾元二年从华州弃官往秦州；三是关于杜甫的家庭生活。关于第一点，夏承焘以为是杜甫政治生命的开始，应该给予足够的重视："我认为奔凤翔这件事是他（杜甫）政治生命的开端，并且最可见出他老人家热烈的生命力，这是应该大书特书的。冯先生用四五十行文字记他身陷长安的生活，而解释他得免物色的原因，沿用旧说，说由于他'没有地位，没有声名'，又用四五十行叙他从白水到同家洼逃乱的历程，而记录这次出奔凤翔，却只有二十多句，未免太忽略了这件事在杜甫生命史上的重大意义了。"关于第二点，夏承焘以为是杜甫政治生命的总结束，也应该进行详细的考察，尤其应该注意玄宗、肃宗父子之争的影响。至于杜甫的家庭生活，"不仅是写他的传记所不应该忽略的史实，并且更可表衬他平生恫瘝在抱的心情，这和'爱国诗人'的标题是并不矛盾的"。

1953 年 4 月，程千帆在武昌撰写了《对于〈杜甫传〉的一些浅见》（发表在《文艺月报》第 5 期，收入文集时改为《读冯至先生〈杜甫传〉》）。程千帆主要从历史事实与艺术技巧的认识两个方面进行了评判。他认为不违背历史实际上包含着两层涵义，一是材料的真实性和丰富性，二是判断的正确性和深刻性，后者的取得必须以前者为基础，具备了前者并不意味着就同时具备了后者。《杜甫传》对于材料的处理是严谨而慎重的，"作者尽可能详细地占有了一切材料，并且很仔细地审查了这些材料，然后才加以使用"，但忽视了传记文学的特殊性，没有做到生活的真实和艺术的真实高度有机地统一，没有历史地处理问题，因而随着诗人的脚印，亦步亦趋，所展示的仅仅是细节的真实。这样一来，因为"仅仅局限于杜甫的家庭、经历、游踪、友谊这些小环境而没有着眼于那一个时代的一切巨大的变革，因此对于杜甫的思想的发展，也不能做出科学的说明"。也正因为没有历史地处理问题，在论述杜甫的艺术技巧时，一再提到诗人对于人民语言的吸收而低估他对文学遗产的继承，没有注意到杜甫的时代，诗人主观上不曾主动地把学习人民语言作为头等大事。总之，由于"作者对于杜诗的艺术性缺乏系统的、深刻的研究，因而也就缺乏一些敢于肯定的勇气"。

1954 年 10 月 3 日，陈光汉在《光明日报》发表了《读杜偶记》，结合《杜甫传》的相关论述，对杜甫于成都辞幕的原因及《大云寺赞公房》一诗的编年提出了自己的看法。闻一多《少陵先生年谱会笺》与冯至《杜甫传》均以为杜甫在严武幕府中，一方面拘于幕府礼数，另一方面又被幕僚嫉妒，故而终于向严武请辞。陈氏以为，杜甫曾经向严武请求过休假，却无辞幕之事。另外，《杜甫传》沿用旧说以《大云寺赞公房》四首作于 756 年杜甫陷贼时，陈氏通过对诗意的寻绎，认为前两首作于 748 年到 755 年之间，后两首作于 758 年杜甫赴华州司功参军任而赠别赞公时。

较为细致地对《杜甫传》进行讨论的是华东师范大学的马兴荣，他在《〈杜甫传〉中几个问题的商榷》(《文学遗产增刊》第一辑，1955年 9 月)一文中，对《杜甫传》中所涉及的一些史实提出不同的解读。第一，他认为《自京赴奉先县咏怀五百字》不当作于天宝十四载，而应是天宝十三载；第二，杜甫在凤翔为官时所穿青袍是其官职所要求，而非穷得置不起官袍；第三，762 年秋，杜甫之弟到成都代其兄将家眷接到梓州，杜甫自己并未回过成都；第四，他提出《杜甫传》中的一些结论是值得进一步考订的。

> 我还觉得冯至先生在《杜甫传》"吴越与齐赵的漫游"中，硬说杜甫的漫游自有它物质上的原因，根据壮游诗中的"东下姑苏台，已具浮海航，到今有余恨，不得穷扶桑"就说杜甫"他也起过这样的念头，想登上浮海的航船，去看一看人间传述的海外'扶桑'到底是什么景象，因为顺着扬子江可以驶入通往日本的海道"，这明明白白是说杜诗中"扶桑"是指的日本，杜甫想到日本去；在"流亡"和"再度流亡"中说史朝义吊死在温泉栅；在"夔府孤城"中说杜甫"他在这偏僻的山城里与外边广大的世界隔绝，朋友稀少，生活平静，因此过去的一切经历在他的面前活动起来"；根据杜诗"晚节渐于声律细"、"颇学阴何苦用心"、"熟精文选理"等语，就说杜甫到了夔州，又把一部分的精力用到雕琢字句推敲音律上边去了，又说，杜甫好像要把诗歌扯回到"研揣声病，寻章摘句"的时代里去。这些结论我都觉得是不够正确的，是值得商量的。

嗣后，冯至专门撰写了《与陈光汉、马兴荣两同志商榷〈杜甫传〉中的几个问题》（《文学遗产增刊》第一辑，1955 年 9 月），表示陈光汉《读杜偶记》中辨白《大云寺赞公房》的编年以及马兴荣有关"青袍"的论述都是正确的，但对《自京赴奉先县咏怀五百字》的系年，他仍然坚持自己的看法。总之，受时代氛围浸染，其时的争鸣除了具体材料的考订之外，更主要的是围绕对材料性质的认定尤其是杜甫的立场所展开的。在作者看来，他竭力展示了杜甫如何从孤独的自我走向政治与社会的自我过程，亦即如何由关注个体走向关注民族与国家的历程。在一些学者看来，传记对于杜甫人民性的过分关注，使杜诗的艺术性不免削弱；而在另一些人看来，这份关注却是远远不够的。当然，新时期以来，这些问题丧失了讨论的意义，人们不再关注材料的性质，而主要关注材料的处理，即作者面对以历史人物为题材的传记文学，如何在历史与艺术之间保持平衡。如钱志熙曾总结说："冯至先生这部《杜甫传》的成功，最根本的原因是因为著者在深刻了解传记文学特点的前提下，比较均衡、合理地处理素材，也均衡地处理创作传记工作中的历史与艺术两方面的各种因素之间的关系。艺术分析、想象整合、史实考证、议论等各种因素都能得到比较和谐的处理，最后达到史学意识和审美情绪的相融合，使这部《杜甫传》既具有信史的资格，又具有较高的文学性。"（钱志熙《均衡地作用——读冯至先生〈杜甫传〉的一些体会》，《北京大学学报（哲学社会科学版）》1994 年第 4 期）

冯至之杜甫研究论著目录：

《杜甫和我们的时代》，《萌芽》1946 年第 1 期。

《两个姑母》、《杜甫家世里的一段》，《经世日报》，1946 年 8 月 25 日《文艺周刊》第 2 期。

《公孙大娘》（《杜甫传·童年》章里的一段），《大公报》，1946 年 11 月 3 日《星期文艺》第 4 期。

《杜甫在长安》，《文学杂志》1947 年第 2 期。

《爱国诗人杜甫传》，《新观察》1951 年第 2 期。

《杜甫》（作家介绍），《解放军文艺》1953 年第 10 期。

《杜甫诗选·序言》,《光明日报》1954 年 3 月 1 日。

《与陈光汉、马兴荣两同志商榷〈杜甫传〉中的几个问题》,《文学遗产增刊》第一辑,1955 年 9 月。

《"诗史"浅论》,《文学评论》1962 年第 4 期。

《人间要好诗》,《人民日报》1962 年 2 月 13 日。

《纪念伟大的诗人杜甫——在"世界文化名人中国伟大诗人杜甫诞生 1250 周年大会"上的报告》,《人民日报》1962 年 4 月 18 日。

《杜甫》,《百科知识》1980 年第 7 期。

《祝〈草堂〉创刊并致一点希望》,《草堂》1981 年创刊号。

《诗人杜甫·序》,《华人世界》1987 年第 1 期。

《杜甫传》,人民文学出版社 1952 年版。

杜甫研究(存目)

萧涤非

【评 介】

萧涤非(1906—1991),原名忠临,江西临川茶溪村人。1930 年毕业于清华大学,1933 年清华大学研究院毕业后进入山东大学任教。抗战期间辗转任教于四川大学、西南联大。1947 年后,一直任教于山东大学。著有《汉魏六朝乐府文学史》、《杜甫研究》、《杜甫诗选注》、《读诗三札记》、《解放集》、《乐府诗词论薮》,点校《皮子文薮》,与人合著高等学校文科教材《中国文学史》、《唐诗鉴赏辞典》等。

一、"人民诗人"的揭示

萧涤非先生早年生活孤苦,对《唐诗三百首》中杜甫《兵车行》这类反映民生疾苦的诗篇印象深刻。后在清华大学师从黄节先生,本科毕业时以《历代风诗选》为题,梳理了自《诗经》以来直至清末批判现实的诗篇,感受到反映最彻底、最真挚而且最具有进步意义的还是杜甫的诗歌(萧光乾《誓都将心血付"村夫"——萧涤非传略》)。抗战时期的流离艰辛,使他与杜甫在精神上产生了共鸣,从而产生了研究杜甫的念头。晚年在回顾如何走上杜甫研究的道路时,他说道:"在当时那种恶劣的环境下,读杜甫的诗确是一种安慰。就像文天祥在狱中说的那样,你想说的,老杜已先代你说了,读他的诗,就像自己的诗一样,而忘其为老杜诗了。我总觉得,在我国文学史上,杜甫是欠劳动人民的血汗债最少,而又为劳动人民说话最多的诗人。因此对杨亿

之流骂杜甫为'村夫子'特别反感。宋人戴昺就曾不服气地说：'少陵
甘作村夫子，不害光芒万丈长！'这驳斥得很痛快。杜甫是'嫉恶如
仇'的，他说：'新松恨不高千尺，恶竹应须斩万竿。'这种爱憎分明
的精神是值得我们学习的。陈老总对这两句评价极高，说是'最富有
现实意义，余以千古诗人、诗人千古赞之'。杜甫是可以当之无愧
的。总之，我的生活实践和个人经历，使我逐步爱上了杜甫，爱上了
杜诗，所以当抗战胜利后，1947年我又回到山东大学的第二天，便
开了杜诗这门课。但这也只是一个开端。"

在山东大学任教期间，萧涤非先生开设了"杜甫研究"这一专门
课程，嗣后将讲稿整理后发表于《文史哲》（1955年第4期至第7期）。
讲稿以《杜甫研究》为题连载了四次，分为杜甫的时代、生活、思想、
作品和影响五个部分。作者首先指出，杜甫伟大成就的取得，与他所
处的时代环境有关：

> 我们知道，一个伟大的作家，不仅是他那个时代的镜子，同
> 时也是他那个时代的儿子。他反映了他所生活着的那个时代，同
> 时又为他所生活着的那个时代所孕育、培养。因为任何一个作
> 家，都不可能超然于时代之外，都不可能不是社会的一员，而时
> 代现实虽然是客观存在，但这个客观存在，却并不是一个消极的
> 东西，它对于一个作家的生活方式、思想感情和创作道路等，都
> 有着巨大的影响，起着决定性的作用。特别是当那社会矛盾极端
> 尖锐，复杂的混乱时代——也就是统治阶级罪恶昭彰，人民灾难
> 深重，民族危机深化的时代——这种影响和作用就来得显著。因
> 为这种时代，往往就是人民力量充分显露出来的时代，它可以促
> 使一个有正义感有良心的作家为人民的利益、为祖国的生存而
> 斗争。

在具体的论述过程中，作者将杜甫所生活的时代以安史之乱为界
分成了两个时期。前一个时期，经济繁荣，秩序稳定，艺术发达，诗
人的生活大部分时候都很惬意；后一个时期，大唐帝国一落千丈，艺
术受到摧残，人民所遭受的灾难一言难尽，诗人也过着颠沛流离的生

活。前一个时期的繁荣局面，丰富了杜甫的文艺修养，培养了他豪迈壮阔的磅礴气势，建立了他的民族自尊心和自信心；后一个时期的灾难与危机，提高了杜甫对现实的认识，加深了他对统治者和侵略者的仇恨，加强了他对祖国、对人民的热爱，使他的诗具有了高度的现实主义精神和无比鲜明而丰富的人民性。

对于杜甫的生活，作者认为苦难是最主要最具有积极作用的一部分，这是他一步步地离开皇帝而走向人民的基础。这充满苦难的一生，被萧涤非先生分为四个时期，即读书与游历时期、困守长安时期、陷贼与为官时期以及"漂泊西南"时期，这样的划分方式后来出现在了游国恩主编的《中国文学史》中，为众多读者所熟识。总之，作者认为杜甫的生活对他的创作产生了深远影响。第一，正是这种艰苦生活，迫使杜甫深入现实，丰富了自己的经验，看透了统治阶级的堕落、无耻、残酷和无能，使他在自相矛盾中前进；第二，正是这种艰苦生活，使杜甫首先在物质地位上接近人民生活，差不多和人民处于同一的可悲命运，从而使他有可能，或者说有资格向人民靠拢，并进而同情人民、热爱人民，用人民的眼睛来看，用人民的头脑来思索；第三，提供了杜甫的诗作以丰富的题材，并使得他的诗的主题获得广泛的、深刻的社会意义和政治意义，从各方面来反映现实，反映人民的生活，从而取得"诗史"的称号。

经历对于诗人的成长固然重要，但决定性的因素还是思想。萧涤非先生以王维为例来说明思想对人生道路选择的主导作用：

进步思想对于一个作家之所以重要，这是由于艺术作品都是人类生活在作者的头脑中的反映和加工的结果，都不能不透过作者的思想来表现，而思想本身对于存在有它的相对独立性，有它的坚持性和能动性。它能够帮助一个作家的前进，也能阻挠他。所以同处于一个大时代环境里，而且有着差不多相同的生活经历的两位作家，但由于他们各自原有的思想基础的不同，却不一定都能写出反映现实的作品。我们不妨再以王维为例：他和杜甫同样经历了安史之乱，而且亲身受到安禄山的压迫，亲自尝到亡国的滋味，可是在他的作品里，我们一点也看不出那个时代的面貌和他的民族意识。他把这样一个巨大的变动和惨痛的经历，一股脑儿葬进了这样的两句七言诗："一生几许伤心事，不向空门何处销？"什么原因使得王维这样把活生生的现实一笔勾销呢？不是别的，便是他那个落后的佛家思想（"空门"）在作怪。原来他是一个所谓"中岁颇好道，晚家南山陲"和"晚年惟好道，万事不关心"的"四大皆空"的佛教信徒。这种先入的、既成的消极思想反作用于客观现实时，自然要腐蚀他的民族意识和斗争情绪。从这一反面的例证，我们也就不难看出思想的作用。

作者指出，杜甫的思想正是在儒家思想的基础上发展而来的，儒家思想具有它相对的进步意义。第一，儒家思想虽然属于封建思想体系，但它具有强烈的入世精神，这是和佛家道家的主要区别，杜甫的顽强性就是这一精神的体现；第二，儒家学说主张"尊王"和"忠君"，也主张"节用爱民"，虽轻视劳动人民，也有"民为邦本"、"民为贵"的说法，主张和平，也经常提到"攘夷"，儒家学说中一些带有进步性的思想在杜甫身上发挥了进步的作用；第三，杜甫批判了儒家思想中落后的一面，在某种程度上突破了儒家的传统说教。杜甫进步思想体现为以下几种：人道主义思想；热爱祖国的思想；热爱人民的思想；热爱劳动的思想；"无贵"、"无富"的幻想。

对于杜甫的作品，萧涤非强调要关注它的人民性和艺术性，这也是《杜甫研究》一书所着力渲染之处。作者认为人民性是衡量一个作家的最高准则，杜甫的人民性是有目共睹、人所共知的，但少有深入的分析与系统的总结。杜甫诗歌的人民性，作者认为表现为广阔性、深刻性和真挚性三个方面。

一部杜诗，是他自己的一部自传，也是他所生活着那个时代的忠实记录。这主要是由于杜甫有着丰富的生活经验，深入的社会实践，所以能够把一个时代的社会生活，特别是人民的生活织入和化成自己的传记。自唐以来，大家就一致公认杜甫的诗是"诗史"，这是非常确当的称号。因为他利用他的诗笔画出了一系列的广大人民的生活图画，有时是"泼墨"，有时是"工笔"。

这些图画不是片断的，而是连续的，也不是局部的，而是具有全民性、全国性的。他的确是一个"时代之子"。

杜诗的广阔性首先在于它广泛地反映了人民的痛苦生活；其次在于无微不至地反映了人民的各种愿望。杜诗的深刻性，在于诗人公正而大胆地指出了劳动人民创造物质财富的功绩，指出了劳动人民养活了剥削阶级的事实，鞭挞了鞭挞者；在于诗人清醒地认识到社会上存在着两个阶层，并毫不掩饰地把它们的对立性展示出来；在于诗人大胆而深刻地反映了人民的思想、情感和意志；在于诗人热烈歌颂了劳动人民的优良品质。至于真挚性，则是杜甫全部作品共有的特征。"杜甫绝不装腔作势，无病呻吟。他的作品差不多都是在一种'不吐不快'的状况下写出的。所以，一字一句都使人感到亲切。"

强调艺术性是《杜甫研究》最醒目的特征，也是当时这一研究领域的重要突破。作者首先指出在评论艺术作品时艺术标准是不容低估的，不能把艺术性和思想性割裂开来，也不能混为一谈：

> 我们也不可以过分强调思想性的作用，把杜甫诗的艺术性不给予应有的重视。因为思想性和艺术性虽然是密切关联着，而又互相区别，不能混为一谈，看作一回事或同一的东西。俗话说"巧妇难为无米之炊"，没有米当然煮不出饭，但米也并不就等于饭，犹之思想内容并不等于诗，政治并不等于艺术，这其间还必须经过一个人为的创作劳动过程。……没有内容的形式和没有形式的内容都是不存在的。只要不是纯粹地为形式而形式，为技巧而技巧，而是为了更完善的表达内容来追求形式，这决不是形式主义。而且在古典诗歌中不同诗体还有着不同的特定要求（如律诗）。

自胡适以来，由于社会形势的危急，相对而言，杜律多为人所鄙薄。在政治标准至上的时期，萧涤非先生提出以律诗为载体的杜诗的艺术技巧，存在着专门研究的必要，这确实需要极大的勇气。萧涤非对于杜诗艺术性介绍主要从以下四个方面来进行：形式的适应性，描写的客观性，语言的精练性，韵律的精严性。

　　所谓的形式适应性，就是诗体、诗题与所表现的主题、内容的和谐一致。具体而言，杜甫在反映人民生活和一般社会状况方面，几乎没有例外地使用伸缩性较大、便于描写的古体诗，而个人的抒情，大都使用律诗。杜甫以新题来写时事，是一个很大的革新，使乐府诗的现实色彩更为鲜明，给读者以新的感觉。

　　　从现实出发并忠实于现实，用精密的文体对现实作真实的客观的描写，而不作或很少作抽象的主观的叙述或论断，这是现实主义的创作方法最基本的特征，也是杜甫诗的一个最高的成就和最大的特征。杜甫这一创作方法也是由他的诗的内容决定同时又为内容服务的。因为他的诗，既多写社会现象，有人物故事可供描写，而为了达到讽刺和暴露的目的，按现实生活的本来样子作客观的具体的描写也正是最有效的一种手段。

　　作者认为，杜诗描写的这种客观性表现在对事物的具体而细致的刻画上，表现在对对话和人物独白的使用上，也表现在人民语言的采用上。后者正是其诗所具有的人民性的重要体现。"我们知道，杜甫是一个读书破万卷的诗人，他的词汇并不贫乏，有的是典故、词藻，为什么却要用这种方言口语呢？这是因为他不是从主观兴趣或卖弄才学出发，而是从被描写的事物的客观要求出发，因而采用了人民的语言来写人民的生活、思想和感情。杜诗之所以能给人以强烈的真实感，使读者如闻其声，如见其人，如历其境，这也是一个重要条件。"

　　杜甫十分重视诗的字句的琢磨。杜诗语言精练性的最突出特征是"概括"或"集中"。

　　　杜甫常常要求以少数的字句概括丰富的内容，既说得少，又说得好。例如："万里悲秋常作客，百年多病独登台。"（《登高》）十四个字中便含有八九层可悲的意思：他乡作客，一可悲；经常作客，二可悲；万里作客，三可悲；又当萧瑟的秋天，四可悲;当此重九佳节,没有任何饮酒等乐事,只是去登台,五可悲;亲朋凋谢,孤零零的独自去登,六可悲;身体健旺也还罢了,却又是扶病去登,七可悲;而这病又还是经常性的多种多样,八可悲;光阴可贵,而人生不过百年,如今年过半百(杜甫作此诗时,年五十六),只落得这般光景,九可悲。真是包含无限感慨!真是再概括、再经济没有!

杜诗语言精练性的另两个特征分别是用字的准确与字句的变化。后一个特征,在杜甫的律诗中表现尤为显著。过去五言诗句的组织都是上二下三,七言诗句是上四下三,而杜甫在句法上多有创造性的变化,五言诗或上一下四,或上四下一,或上三下二,七言诗或上一下六,或上二下五,或上三下四。杜诗的对法也变化多端,或用假对,或用当句对,用流水对。杜诗字法的变化,则表现为词性的活用。

杜诗韵律的精严性,作者主要从"押韵"和"调声"两方面进行阐述。在萧涤非先生看来,杜诗的押韵主要有三种方法,即随情押韵、平仄换韵和使用逗韵;其诗的调声之美也主要由三种方式所带来的,那就是单句住脚字上、去、入三声轮用,运用"双声""叠韵"的复音词与创作拗格七言律诗。对于上述杜律的每一种特征,作者都通过具体例子详细加以分析,如对于随情押韵:

杜甫经常是在很大的程度上根据自己当时的感情需要来决定所押的韵部的。例如有名的两首长诗——《赴奉先咏怀》和《北征》,都是用的入声韵,这是因为这种"短而促"的所谓"哑音"的入声,更适合于表达他那沉痛、郁悒的情绪。又如《遭田父泥饮》那首诗,所以能把那位田父的声音笑貌和他自己的喜不自禁之感写得跃然纸上,栩栩欲生,也是和押韵的"厉而举"的上声韵大有关系的。这当然只是一个粗糙的说明。仔细分析起来,每一声里所包括的韵部也还是有区别的。例如平声韵东、冬、江、阳等便较适合于表达欢乐、开朗的情绪,而尤、幽、侵、覃等则较适合于表达忧愁。我们只要将杜甫沦陷在长安时所作的《春望》和他在梓州作的《闻官军收河南河北》两首诗对照一下便可看出这种区别。前者押的"侵"部韵，后者押"阳"部韵，都和杜甫那时的情绪相适应。由此可见，杜甫对押韵是有所选择的。

连载于 1955 年《文史哲》上的《杜甫研究》，最后一部分谈及了杜甫的影响。作者认为，中唐以后的知识分子，不仅仅是诗人，没有不读杜甫诗的，他们从不同的角度来学习杜甫，在不同程度上都成了杜甫的"私淑弟子"。在思想方面，杜甫的影响体现在三个方面：首先，杜甫发扬了现实主义精神并开拓了中唐以后以白居易为首的现实主义的创作道路，使现实主义倾向在此后的诗歌中取得了支配地位；第二，杜甫发扬了人道主义精神；第三，杜甫还继承和发扬了我们中华民族爱国精神的优良传统，教育了、激励了后代，特别是正当外族侵略、外族统治时代的无数爱国诗人和民族英雄。杜诗的艺术影响，也在三个方面：第一，杜甫创造了"即事名篇"的办法，为后代诗人创作现实主义的诗歌广开方便之门；第二，杜甫大量地大胆地采取口语入诗，丰富了诗的语言，加强了诗的表现力，使诗更接近于人民大众；第三，杜甫忠实于艺术创作的态度，为后代诗人、文学家树立了一个良好的榜样。

初版的《杜甫研究》下卷，由作品选注部分组成，共计选注了杜诗二百六十六首。1957 年，萧涤非先生在《文史哲》第 5 期发表了《〈杜甫研究〉(下卷)引言》，介绍了他选注杜诗的体例，即以编年的形式，将杜甫的诗作分为四个时期，同时注明每首诗所属的诗体；注解有引诗互证，有作者的考证发挥，也有对史实的转录等。1979 年，《杜甫研究》下卷——作品选注部分，由人民文学出版社改编为《杜甫诗选注》单独出版，并将作者 1962 年发表在《诗刊》中的《人民诗人杜甫》改名为《诗人杜甫》作为代前言。不过，整个代前言自始至终都是围绕着杜甫的人民性在进行阐述。如对于杜甫的一生，作者认为就是接近人民的历程；杜甫思想的深刻性，无论是对人民的同情，对祖国的热爱，还是对祸国殃民者的憎恨，都在于从人民的立场出发；至于一些咏物写景的诗篇，也渗透着人民的思想感情。杜诗的巨大艺术成就，也与他叙人民之事有关，与他善于向民间艺术学习有关，如杜甫注意吸收汉语丰富的创作经验，常常运用对话或人物对白，做到了人物语言的个性化，"采用俗语，是杜诗语言的一大特色，也是我国诗歌语言发展上的一大革新。自一般士大夫文人观之，这种俗语是不足以登大雅之堂的。但杜甫在抒情诗中用俗语很多，在叙事诗中则更为丰富。因为这些叙事诗许多都是写的人民生活，采用一些俗语，自能增加诗的真实性和亲切感，并有助于人物语言的个性化"。

二、"人民诗人"的坚守

1980 年，《杜甫研究》由齐鲁书社再版，下卷由杜诗选注替换为作者近三十年所撰写的二十三篇论文。这二十三篇论文大致包含了四个方面的内容：一是为重新评价杜甫而所作的全面评述，如《伟大的爱国诗人杜甫》(《人民画报》1962 年第 2 期)、《人民诗人杜甫》(《诗刊》1962 年第 2 期)；一是为纪念杜甫而写的介绍性的文章主要是会议论文，如《杜甫与山东——为纪念杜甫诞生一千二百五十周年而作》、《别裁伪体，转益多师——纪念杜甫诞生一二五〇周年》；一是对杜甫名篇的赏析，如《谈〈石壕吏〉》(《语文学习》1957 年第 7 期)、《谈杜甫"三吏"中的〈石壕吏〉》、《谈杜甫"三别"中的〈新婚别〉》以及《谈杜甫的〈又呈吴郎〉》(1961 年中央人民广播电台《阅读与欣赏》广播稿)、《谈杜甫诗及其〈春望〉》、《会当凌绝顶，一览众山小——谈杜甫的〈望岳〉》、《介绍杜甫的七律〈蜀相〉》；一是对杜甫具体诗句的考索；最后是书评，即《清算"四人帮"破坏毛主席关于批判继承的原则的罪行——评梁效〈杜甫的再评论〉》、《关于〈李白与杜甫〉》等。

在《再版前言》中，作者交代或说明了六个方面他认为非常重要的问题。其中，首先谈到是关于人民诗人的问题：

> 我总觉得，并曾对朋友们说过，在我国文学史上，欠劳动人民的血汗债最少、而为劳动人民说的话却最多的诗人，不能不推杜甫。正是基于这一客观事实，1962 年我曾为《诗刊》撰写了一篇以《人民诗人杜甫》为题的纪念性文章。不料十年后竟招致了郭老的诘责。我个人的看法和主张，虽然并没有因此而有所动

摇，但在对待这个问题的态度上却有了改变。那就是决不去为杜甫争取"人民诗人"这顶"桂冠"。因为我认为这种争取的任何努力，都会使杜甫感到脸红。你看，他为人民说话，是说得那样如从肺腑中流出，毫无私心杂念，哪里会计较什么"桂冠"？正因为我抱着这样的态度，所以当人民文学出版社的编辑同志把作为《杜甫诗选注》的代前言的那篇《人民诗人杜甫》削去"人民"二字改题为《诗人杜甫》时，尽管事先未通个气，我还是同意的。而且觉得这样处理很好、很策略，既无损于文章内容和对杜甫的实际评价，又可避免在无关大体的头衔问题上的顶牛。但这样也带来了一个问题，比如把这篇文章收入这个集子时，是用自己同意了的《诗人杜甫》为题，还是恢复原来的题目《人民诗人杜甫》？考虑的结果，我采用了后者。但不过是想保存历史真相，还它个本来面目，在杜甫研究的道路上留下自己一个脚印，并无争取"桂冠"之意。同时，为了使批评者的言论不至流于无的放矢，我也应该留下这个靶子作为对立面。文责自负嘛。关于杜甫是不是"人民诗人"的问题，目前仍有争论，有同志认为杜甫可以"当之无愧"，但也有同志反对，并断言在封建社会根本就不可能有人民诗人。我想，随着科学文化的日益普及和提高，广大人民将作出他们自己的判断。

强调杜甫的人民性，是萧涤非先生最突出的立场。作者于1952年所发表的关于杜甫的首篇专论《学习人民语言的诗人——杜甫》(《文史哲》1952年第6期)正是从人民性这一立场出发高度肯定了杜甫诗歌的艺术成就。在文章中，作者首先指出，称杜甫为学习人民语言的诗人，并不是完全新鲜而只是结合现实的应有的命题，因为早在中唐时期，元稹就说过"怜渠直道当时语，不着心源傍古人"，杜甫自己也声称"别裁伪体亲风雅，转益多师是汝师"。至于杜甫对民歌的学习，则表现为学习民歌的体裁、民歌的手法、通俗的词汇等三个方面。作者注意到杜甫凡是写个人情事的大多用律诗，凡是刻画人民痛苦的则照例采用伸缩性较大的民歌即所谓古体，而杜甫最有价值的古典现实主义的作品几乎全部都是属于民歌式的古体诗。杜甫对于民歌表现手法的学习，主要体现在对话、迭韵与接字等表现艺术的运用。为什么独有杜甫才能主动学习人民的语言呢？作者认为一方面是因为杜甫个人独特的经历——他与劳动人民经常打交道，另一方面是因为杜甫具有极端重视语言的创作态度。

《伟大的爱国诗人杜甫》、《人民诗人杜甫》这两篇几乎写于同时、内容也相近的文章，都从生平、思想与创作等各方面，以人民性为视角对杜甫进行了重新总结，作为盖棺论定式的评定。同年在纪念杜甫诞辰一千二百五十周年之际，作者所写《纪念杜甫，学习杜甫》一文，也重申了他的这一观点：

> 在对待人民的态度上，杜甫也达到了古代诗人所不曾达到的高度。"穷年忧黎元，叹息肠内热"，这并不是诗人的空头宣言，而是他的实际行动的概括。他一生颠沛流离，常常挨饿受冻，但他的眼光总是注射在人民身上，当他看到或想到人民比自己还要痛苦时，他忘记了自身的痛苦。诗人的阶级出身，使他也享有一定的特权，可以不纳租税，不服兵役，但诗人并没有以特权阶级自居，在生活上，他总是向穷苦的人民看齐，为了解救人民的痛苦，并愿将身化为那千万间的广厦，这是极难能可贵的。
>
> 诗，是人作出来的。前人说过："人高则诗高，人俗则诗俗，一字不可掩饰。"这话不错。正由于杜甫是一个爱国爱民的人，这也就使得他的诗充溢着爱国精神和人民性。应该指出这样的一个事实：在杜甫以前，除了人民自己唱出的诗歌外，在文人作品中，还没有谁曾经写出像杜甫这样多的反映人民生活、同情人民疾苦的诗篇。由于他的诗很多都和国家大事有关，很多都是政治讽刺诗，讽刺的对象很广，因此他一方面说"诗是吾家事，人传世上情"，对人们的爱好传诵表示感激；另一方面也不无戒心地对那位青年韦匡赞说："念我能书数字至，将诗不必万人传！"很难设想：如果不是站在人民的立场能够写出如此众多的替人民说话的诗。

在对于杜甫名篇的分析中，萧涤非先生也秉承了他一贯的人民性的立场，如他认为分析《石壕吏》要着重关注杜甫的矛盾心态：

> 杜甫写"三吏""三别"时的思想情感是相当复杂而矛盾的。如果把这几首诗和《兵车行》对照，就更容易看出。但这六首诗也有一个总的基本思想，这就是爱国主义，说得具体点，就是号召人民忍受一切痛苦来进行自卫战争。这一基本思想，在《石壕吏》中，由于事件的过分悲惨，表现得比较曲折，比较深沉，不像其余的几篇那样突出、鲜明，但还是可以看出来的。大家知道，杜甫是热爱人民、同情人民痛苦的诗人，但民族矛盾的紧张局势，又使他必须站在整个国家民族的立场上来考虑问题，不能不把人民的痛苦从属于整个国家民族的生存。矛盾也就是这样产生的。
>
> 正由于热爱祖国，从整个民族命运出发，杜甫一方面痛恨那不合理的兵役，赤裸裸的毫不客气的加以揭露；一方面对这种不合理的兵役却也有所保留，并没公开的直接的抨击(《新安吏》虽曾正面的提出"中男绝短小，何以守王城"的责难，但到头还是动员他们前去)。他认为丧失民心的不合理的兵役固然要揭露要纠正，但正当国家民族处于"一发千钧"的危急时分，断然反对现行兵役，在人民头上浇冷水，那也于抗战不利。杜甫这时的心情确是很矛盾、很痛苦的，所以《石壕吏》所表现的思想并不是一般的反对兵役而是反对不合理的兵役，不是要取消兵役而是要改善兵役。
>
> 同样，正由于热爱祖国，杜甫一方面对人民所受兵役的痛苦表示无限同情，一方面又不得不含着眼泪劝勉人民忍受这些痛苦来承担兵役，效命疆场。《石壕吏》中，杜甫虽然没出面劝勉老妇，但从他在老妇的许多话中摘出"急应河阳役，犹得备晨炊"这样两句来看，显然他是同意老妇的这个自我劝勉的。不难理解：当杜甫听到老妇这两句使他不能不特别震惊的话时，他对老妇的尊敬心是超过了同情心的。

《又呈吴郎》的伟大之处，则在于以歌功颂德的律诗展示诗人对人民亲切而朴素的态度；由独白形式构成的《新婚别》，表现了人民更为自觉、更为主动的爱国精神。前人对于杜甫的误读，也往往在于没有充分意识到杜甫这一方面的伟大之处。撰写于 20 世纪前期的胡适《白话文学史》，为萧涤非先生所不满意之处正在于此。在《批判胡适对杜甫诗的错误观点》（《文史哲》1955 年第 9 期）中，作者首先指出，胡适从超阶级超政治的立场出发，把杜甫"报国济世"和"己饥己溺"的怀抱解读为"野心"，从而把诗人涂抹成一个"野心"的政客，涂抹成一个猥琐的个人主义的自了汉，而不知道"高度的政治热情，伟大的政治抱负，始终不渝的政治倾向，是杜甫作为一个伟大诗人主要条件。他那不惜自我牺牲的人道主义和热爱祖国热爱人民的精神，都是通过这种政治热情来体现的。他的诗所以能够具有无比的鲜明而丰富的人民性也是和他无时无地不关心政治分不开的。这正是古今诗人所缺乏的良好品质，正是杜甫的灵魂"。其次，胡适从趣味主义的观点出发解读杜诗，把杜诗的伟大之处解读为"滑稽"、"诙谐"、"有风趣"、"寻穷开心"、"作打油诗"，消解了杜诗的人民性，淡化了杜甫的斗争意志和乐观精神。最后，胡适从形式主义的观点出发，将技巧与主题思想割裂开来，沉湎于不关痛痒的琐屑考证与纯技巧的讨论，执着于纯白话的标准，全盘否定了杜诗的律诗。

撰写于 20 世纪中后期的梁效《杜甫的再评论》，为萧涤非先生所不满意之处，也在于此，其《清算"四人帮"破坏毛主席关于批判继承的原则的罪行——评梁效〈杜甫的再评论〉》说：

> 谈到对待人民的态度，应该说杜甫的表现是比较好的。以他的著名诗句"朱门酒肉臭，路有冻死骨"而论，要是对人民缺乏同情，是决然写不出来的。像"彤庭所分帛，本自寒女出。鞭挞其夫家，聚敛供城阙"这类诗句，也是一样。难得的是，当他自己处于"幼子饿已卒"的情况下，还能想到人民"默思失业徒，因念远戍卒"，还能通过自己享有"生常免租税，名不隶征伐"的特权，推想到人民要比自己还痛苦得多："抚迹犹酸辛，平人固骚屑。"无产阶级革命家和诗人陈毅同志在他的《吾读》一诗中，曾这样肯定、赞扬杜甫："干戈离乱中，忧国忧民泪。"这是符合杜

甫的实际情况的。在古代诗人的诗集中，涕泪、涕泗、哭泣这类字样出现得最多的，怕要推杜甫为第一，但读者却并不感到厌烦，而是深受感动，这就是因为他洒的是"忧国忧民泪"。例子是很多的。

在全盘否定、抹杀杜甫对待人民的同情态度上，梁效一伙也要尽了花招。他们假惺惺地说"应当指出的，杜甫尽管在一定程度上表现了同情人民疾苦的思想"，但紧接着，棍子就打来了，说杜甫"却始终没有超越他的地主阶级立场"。我们不禁要问，包括所有的所谓"法家诗人"在内，又有哪一个超越了他的地主阶级立场？难道一个古代诗人，一定得超越了他的地主阶级立场，然后他同情人民疾苦的态度才能作数吗？梁效还摘取杜诗中极其个别的诗句，对杜甫提出不应有的苛求。他说："当江南地区袁晁领导农民起义时，他竟然说'安得鞭雷公，滂沱洗吴越'，赤裸裸地要加以洗荡和镇压了。"我们不禁要问，包括所有的所谓"法家诗人"在内，又有哪一个对农民起义不是抱反对态度的？袁晁起义是由当时名将李光弼镇压下去的。就在袁晁起义的前一年(唐肃宗上元二年，761年)，李白去投奔李光弼，自言"懦夫请缨，冀申一割之用"，因病半途而返。如果成为事实，那李白还不免充当直接参加镇压袁晁起义的刽子手呢。足见，这是一个所有封建文人都不可能逾越的历史局限。自然，正确地指出这个局限是必要的，但不能因此苛责杜甫。何况杜甫还写过"不过行俭德，盗贼本王臣"这样的诗句，就是梁效也不能不承认"表现了'官逼民反'的思想"。

正是反对无限的拔高或超越阶级局限，萧涤非虽然把他所揭橥的人民性作为杜甫精神的核心，却反对将杜甫作为人民的代表。他反复强调要将诗人置于具体的历史语境中，所以《再版前言》在谈及关于人民诗人的问题之后，他随即谈到了关于人道主义的问题，关于主导思想的问题，关于忠君思想的问题以及关于干谒的问题。这些问题之所以被作者特别拈出来，就在于提醒我们不能遗忘杜甫的基本立场——他是一个传统的典型的士大夫。而杜甫之所以具有人民性，这不是背离或超越了他的基本属性，而是发扬了人道主义情怀——一种带有普遍性的尊重人、爱护人的总的精神。具体体现在杜甫身上，表现为两种可贵的进步因素：一是自我牺牲的利他主义精神；一是善恶分明，爱憎分明。杜甫的忠君思想无疑也是极其醒目的，"在天子以四海为家的家天下的封建社会里，人君是国家和民族的代表，他掌握着至高无上的权力，同时又大力宣扬以忠君为核心的封建思想道德，在这种情况下，所有士大夫几乎无一不打上'忠君'的封建烙印，无一不是对人君抱有幻想。这是正常现象。没有忠君思想倒是怪事"（《杜甫研究·再版前言》）。杜甫之所以伟大，在于他固然具有一些庸俗的忠君思想，更多的时候是希望通过取得人君的信任来为国家人民做一番事业，他的忠君总是和爱民交织在一起的。杜甫的干谒，或许也当做如是体察。

萧涤非在《再版前言》中对于杜甫主导思想的强调，与郭沫若对他的批评有关。郭沫若认为"阶级意识和立场是杜甫思想的脊梁，贯穿着他遗留下来的大部分诗和文。生在封建统治鼎盛的唐代，要怀抱着那样的意识，采取着那样的立场，是不足为怪的。可怪的是中华人民共和国成立前后的一些研究家们，沿袭着旧有的立场，对于杜甫不是采取批判的态度，而是依然全面颂扬，换上了一套新的辞令。以前的专家们是称杜甫为'诗圣'，近时的专家们是称为'人民诗人'。被称为'诗圣'时，人民没有过问过；被称为'人民诗人'时，人民恐怕就要追问个所以然了"（《李白与杜甫·杜甫的阶级意识》）。萧涤非却认为"在旧时代，一个'能知百姓苦中苦'的诗人，既然可称他为'诗圣'，为什么就不可以用现代的语言称为'人民诗人'"？他指出郭沫若的《李白与杜甫》存在着突出的"扬李抑杜"倾向，多颠倒源流、苛求古人、脱离历史背景、抹杀杜诗的艺术特点来曲解杜诗。关于李杜优劣的问题，虽然由来已久，萧涤非却认为盲目的比较是没有意义的：

> 李、杜二人，虽情如兄弟，但在诗歌上，他们也确有竞赛的意味。只是走的并不是一条道。用现在的话来说，一个是浪漫主义，一个是现实主义。他们是分道扬镳，而又各有千秋。李白不

能包括杜甫，杜甫也不能包括李白。我们既需要杜甫，也需要李白。谁爱好李白，谁就多向李白学习；谁爱好杜甫，谁就多向杜甫学习。……因此，尽管"比较"原是一种很好的研究方法，但我以为在评论李、杜二人时，最好是各评各的，不要把他们拉在一起，扭作一团，非比个你好我歹不可，让他们对立起来。如果在比较中，不是实事求是，而是高下在心，抑扬随意，借比较之名，行打击之实，那就要更糟糕，势必弄到评论者也成了冤家对头。特殊问题应作特殊处理。李、杜两大诗人的同时出现，这在我国文学史上是一个特殊情况，和文学史上其他一般的同时齐名的诗人有所不同，应区别对待。李、杜二人走的是不同的路数，但又各有各的绝招，各有各的拿手戏，各有各的独到之处，不好以偏概全。扬此抑彼地作对比，反而会"一叶障目，不见泰山"，失去了对比的意义。(《关于〈李白与杜甫〉》)

萧涤非其时对于杜甫门阀观念、物质生活等方面的辩解，今日看起来也不是不存在勉强的痕迹。不过，在当时的氛围中，这种辩解确实体现出了坚持真理的巨大勇气。正如林继中所言："无可讳言，在那形式主义猖獗的年代，'人民性'曾经被许多人当作一种标签，用以掩盖其识见的浅陋。随着改造知识分子运动的深化，'人民性'又与'阶级性'重合，与'阶级斗争'挂钩，乃至成为对古典文学研究者批判的利器。然而就在这种不堪回首的艰难环境下，萧先生仍能以其真理之勇气，坚持着'论从史出'，尽量依据历史的基本事实去发掘杜甫的人民性，取得正面的效果。"(《真理之勇气——萧涤非先生的学术境界》，《文史哲》2011 年第 5 期)对比一下其时人们对于杜甫忠君与干谒问题的普遍观念，我们才会越发感受到萧涤非先生这份坚守的珍贵：

杜甫一生的行事和作品都证明：诗人除了爱国爱民的伟大一面而外，还有他的效忠皇帝、光宗耀祖、求谋仕进的落后的庸俗的一面。读过杜甫全部作品的人，都会明显地看到这点。杜甫的思想是处于矛盾的状态中，连萧先生也不否认这点。由于他有落后的一面，就只能做到"显暴君过"，而不能看得更远、更深。就以现实性和人民性最强的诗篇之一《自京赴奉先咏怀》来看，也反映出了落后的意识。一方面描写了"彤庭所分帛，本自寒女出。鞭挞其夫家，聚敛贡城阙"，"朱门酒肉臭，路有冻死骨"；一面却又高唱"生逢尧舜君"。诗人困守长安时期，受尽了统治阶级的冷淡和轻视，尝尽了"人情冷暖，世态炎凉"的滋味。所谓"朝扣富儿门，暮随肥马尘；残杯与冷炙，到处潜酸辛"，"饥饿动即向一旬，故衣何啻联百结"。还是这种生活，使诗人能洞察现实，看见人民的灾难，走向人民写出了《兵车行》、《丽人行》等光辉的诗篇。这些现实，却并没有激起诗人反抗的精神，所以又写了一些对统治者歌功颂德、乞援求怜的诗篇，甚至有时把祸国殃民的杨国忠也歌颂了一番。不管诗人是否出于真心，但总是歌颂了。在给皇帝的赋表中，就更不用说了。为什么会如此呢？这一方面是阶级的局限，另一方面也为着自己的出路。萧先生对这些避而不谈，竟将诗人说成是一个忘怀得失、毫无个人打算的人。把他的"忠君"思想，图谋进取也说成是完全为了祖国和人民。萧先生说："正是由于热爱人民，使杜甫觉得有做官的必要。他认为要给人民做点好事，就得自己做个好官，把皇帝变成个好皇帝。……做官的形式和爱人民的内容，在杜甫是统一的，我们也不容割裂。"这是一种反历史的主观唯心论的见解。

我们认为诗人的青年时期固不必说，就是到了长安以后，也不全是为了人民，更不是热爱人民才"觉得有做官的必要"的。在他给他的朋友韦济的诗中说要"立登要路津"，要"致君尧舜上"，有做大事业的抱负，也有追求个人出路的欲望。那么，几次离开长安，仍然不忍远去："尚怜终南山，回首清渭滨。"只有一再向统治者求怜了："有儒愁饿死，早晚报平津。"又诉苦地说："惟臣：衣不盖体，尝寄食于人，奔走不暇，只恐转死沟壑，安敢望仕进乎！伏惟明主哀怜之。"如果毫无个人打算，那就是理直气壮，不会是"诚惶诚恐"的。诗人求官的落后思想，在他的《官定后戏赠》中也说得很清楚："耽酒须微禄，狂歌托圣朝。"因此，我们说杜甫的"忠君"和"做官"是密切关联的，在很大的程度上是为了自己，不是为了人民。那么，他的这一部分作品，就没有什么价值，或者进步与落后的掺杂在一起，给光辉的诗篇罩上了阴影。(中文系三年级"杜甫研究"讨论小组《批判萧涤非先生的"杜甫研究"》，《山东大学学报》1959年第1期)

三、"知人论世"的方法

在研究方法上，林继中认为萧涤非最醒目的成就是对"知人论世"方法的继承与发扬(《"知人论世"批判方法的升华——〈杜甫研究〉学习札记》，《文史哲》1992年第2期)，这无疑是切中肯綮的。《杜甫研究》开篇说道："鲁迅先生教导我们说：'我以为倘要论文，最好是顾及全篇，并且顾及作者的全人，以及他所处的社会状态，这才较为确凿。要不然，是很容易近乎说梦的。'(《且介亭杂文二集·题未定草》)这是对我们研究古典作家的人一个极可宝贵的指示。"这种论及全人以体察杜诗的精神，贯穿在《杜甫研究》全书。比如对于《羌村三首》第二首"娇儿不离膝，畏我复却去"两句诗理解，萧涤非先生先后撰写了数篇文章，同诸多学者进行了商榷，其跟脚就在于他始终坚持从杜甫对娇儿的慈爱为出发点。在他看来，虽然只是涉及两句诗，却依然是杜甫整个精神面貌的折射。

1961年12月28日，萧涤非先生在《人民日报》发表了《谈杜诗"娇儿不离膝，畏我复却去"》，指出这两句诗历来有两种说法，一说孩子们缠在身边，是因为怕爸爸又要抛开他们而去；一说是孩子们刚一见爸爸回来，又亲热又有些害怕。萧涤非主张前一种说法，理由有四：第一，从"娇儿们"的年龄来看，发生这种惧生的可能性不大，其时杜甫最小的孩子已经四五岁了；第二，从写作时间上看，娇儿们更不会有这种又喜又怕的心理，因为《羌村三首》写于诗人回家几天之后；第三，从"不离膝"所表现出的亲热程度来看，孩子们不应又忽然会感到害怕而"复却去"；第四，从杜甫对孩子一向的慈祥态度，后一说也难以成立。吴小如先生随即发表了《说杜诗"畏我复却去"》(《北京晚报》1962年1月26日)，认为《羌村三首》是纪实的，所以对上述两句诗的理解要从后一种说法：

> 从全诗看，杜甫回了家，骨肉团聚，本是高兴的事。但由于
> 诗人忧国伤时，以"偷生"为耻，虽与妻儿朝夕相处，也觉得"少
> 欢趣"，因此总不免带有不悦的神情。孩子对父亲原很亲热，所
> 以说"不离膝"；但一看到父亲脸上有点不高兴，自然就慢慢地
> 悄悄地退缩着躲开了。而孩子的行动翻转过来又增加了诗人"还
> 家少欢趣"的心情。

吴先生认为前一种说法有两处难以说通，一是杜集中用"畏"字
共二十余处，没有一处把它用作"担心"或"恐怕"的意思，都是作"畏
惧"或"畏怯"讲的；二是"复却"两字从没有在一起连用的，"一·
四"的句法在古诗中很别扭。傅庚生先生也赞同吴先生的看法，他在
《谈杜诗之琛宝·旷百世而知音》(《光明日报》1962 年 4 月 15 日)
中说：

> "娇儿不离膝，畏我复却去"两句，今昔多作不同的说解。
> 愚以为此诗十二句，四句为一组，这两句本是形象地说明上面的
> "还家少欢趣"的。似应解作：娇儿本是不离膝前的，可是因为
> 看到我有些不耐烦，脸上的表情很严肃，有点儿害怕，又都悄悄
> 地溜开了。这样解为副句，乃能丰富"少欢趣"的内涵，吻合原
> 诗的沉郁之感。无论把它解为："不离膝，乍见而喜，复却去，
> 久视而畏。此写幼子情状最肖"(仇兆鳌《杜诗详注》)，或解为：
> "娇儿绕膝，以抛离之久，畏我复去耳"(吴见思《杜诗论文》)，
> 同样都是把副句看成是另外的主句，节外生枝，喧宾夺主，对原
> 诗的沉郁之思都有挫损。还是一以贯之为愈。

针对这些商榷，萧涤非撰写了《一个小问题，纪念大诗人——再
谈杜诗"娇儿不离膝，畏我复却去"》(《文史哲》1962 年第 3 期)，再
次申述自己的看法。首先，他指出不能将"少欢趣"理解为"无欢趣"；
其次，他认为"畏"字在此处曾被前人释为"担心"；再次，"复却去"

中的"却"，不当作"退却"理解，而是副词；最后，古诗"上一下四"的句法，虽然很少，也并非全然没有。此后，傅庚生在《杜诗散绎》中进一步解释自己的观点，认为将两句诗理解为一虚写、一实写更为恰当，"却去"只能作"退回"讲，"复却去"的主语应是娇儿："娇儿一向是不离膝的，可是这次回家来，他们都害怕我的不耐烦，刚想接近，又一个个悄悄地溜走了。"于是萧涤非又有《不要强杜以从我——三谈"娇儿不离膝，畏我复却去"》(《中学语文教学》1980 年第 7 期)，强调《羌村三首》是写实的，"却"当"即"讲，娇儿对于父亲只会依恋而没有畏惧，所谓"畏"也是依恋的表现："杜甫当日多半是趁着孩子们还在熟睡之际，和老妻告别，便走了的。这对孩子们来说，自然是很伤心的事。他们醒过来，一睁眼，爸爸不见了。孩子们接受了这次惨痛的教训，所以当这次爸爸回来时，自然就会产生畏父复去的心理。"

陈贻焮认为这首诗的主旨是"忧"，在《杜甫评传》分析中，他采用了吴、傅两位说法，以为《羌村三首》并非全然写实的：

前首写久客初归之乐。欢乐过后，种种烦恼重新涌上心头，了无生趣，诗人又不得不借酒消愁了。这就是这首诗中所要表现的意思。"晚岁迫偷生，还家少欢趣。"前句是因，后句是果。这一年来，出生入死，好容易与亲人团聚，理应"还家多欢趣"才是，然而不然，这主要是因为他已经进入晚年(其实只有四十六岁，只是心理上认为自己已经衰老了)，却为情势所迫，仍须苟且偷生的缘故。到底是什么事使得他这么不愉快呢？他没说，不过我们却知道，那不外是：干戈满地、哀鸿遍野、时世艰难、家室牵累，其中最令他担心的，恐怕无过于小人用事、朝政多变，而前因疏救房琯，廷诤忤旨，今墨制放还，事犹未了。点出因忧思萦怀而少欢趣，便不详加诉说，就此打住，然后掉转笔头，着重写己之不悦和设法自遣情状：(一)"娇儿不离膝，畏我复却去"，写小儿女喜父归来而绕膝依依，及见面露不悦神情，不觉生畏而退了回去——就是这样，通过娇儿的一个细微的心理变化和小动作，便反映出老杜"还家少欢趣"的愁苦情状。(二)去岁初来羌村寄寓，正当炎夏，回忆当时爱在屋旁池边树阴纳凉，甚感快意，就想再去走走，借以排遣；谁知那里北风萧萧，前尘如梦，抚事伤怀，徒添无穷苦恼。——借设法排遣而不得以显"少欢趣"之甚。(三)想到此地今秋丰收，有余粮酿酒，想象中已觉压酒的糟床(即酒醡)中酒流如注，这不是在极力形容酒人的喉急狂态，而是在倾诉他借酒浇愁、聊自宽解的苦衷："如今足斟酌，且用慰迟暮。""何以解忧？唯有杜康。"最后还是落到一个"忧"字上，这就是这首诗的主旨所在。忧什么？笼而统之地说是忧国忧民，这当然是不错的；若细细琢磨，恐与他从任左拾遗以来在凤翔行在朝廷的所见所感和亲身遭遇不无直接的关系。通过一二身边琐事和心理活动便活现出一个忧心忡忡的老杜来，艺术上也很有特色。

1983年8月9日，在山东泰山师专召开的全国元明清文学讨论会上，萧涤非作了《对杜甫诗句的一些不同理解》的发言，其中又一次谈及了他对这个问题的认识：

我觉得理解问题，不但要书本知识，而且要生活经验。杜甫有两个男孩子，即宗文和宗武，还有两个女孩子。宗武最小，也是杜甫最喜欢的。宗武的小名是骥子。杜甫在和《羌村》写于同一年的《遣兴》诗中说："骥子好男儿，前年学语时。问知人客姓，诵得老夫诗。"这时宗武至少有四五岁了，他已能读诗。他见到离家一年的父亲回来，生怕他再走，这是很自然的。即使孩子们见到杜甫衣服破烂而且很脏，没穿袜子，有些怕生的心情，那也只能是初见面的那一刹那。当他们一认清是自己的父亲时，怕的心情很快就消失了。而《羌村三首》之二是杜甫回家后几天写的。那时孩子们的情况，正如《北征》诗说的"问事竞挽须"，哪里还有一点怕气？因此，对这两句诗，我不放弃自己一向的看法。

萧涤非先生坚持自己的看法，不仅是他严谨认真的一贯作风的体现，更在于"因为问题在一定程度上接触到杜甫的为人"。杜甫对于作者而言，并不仅仅是一个单纯的研究对象，是他生命的一个组成部分——其子萧光乾《誓都将心血付"村夫"——萧涤非传略》（《山东社会科学》1991年第1期）结尾载：有一次，父亲半开玩笑半认真地说：陶渊明临终时，写了三首《自挽诗》，其中一首的最后两句是"但恨在世时，饮酒不得足"。这自然是伤心人别有怀抱的假话。我倒想套用他这两句来表达我的心迹："但恨在世时，读杜不得足。"——更多时候是作为良师挚友，其《杜甫研究》再版漫题即云："我于古文学，特爱少陵诗。问予何故欤？殊亦不自知。诗非从天降，诗乃人所为。人高诗亦高，人卑诗亦卑。灿灿杜陵叟，其人即可师。"

萧涤非之杜甫研究论著目录：

《杜甫研究》，山东人民出版社1956年版。

《杜甫诗选注》，人民文学出版社1979年版。

《杜甫研究》（修订本），齐鲁书社1980年版。

《萧涤非杜甫研究全集》，黑龙江教育出版社2006年版。

《杜甫全集校注》，人民文学出版社2014年版。

杜甫诗论(存目)

傅庚生

【评 介】

一、傅庚生早期对杜诗的赏析

傅庚生,字肖岩,清宣统二年(1910)十月二十七日出生于辽宁辽阳。1923 年就读于沈阳第三中学,三年后考入省立东北大学国文系预科,后升入哲学系。1929 年转入法政大学经济系,数月后调任东省特别区(哈尔滨)教育厅科员,其间发表多篇小说与杂文。1931年,复学于东北大学国文系。九一八事变后,寄读于国立北京大学中文系,次年正式转入北京大学中文系三年级,开始研究中国古典文学。1934 年毕业后,先后任职于东北青年教育救济处、湖北省教育厅、东北协会,开始发表有关中国古典文学的学术论文。1941 年后,辗转担任东北大学中文系副教授、四川铭贤学院副教授、成都华西大学副教授、北京大学中文系讲师、东北中正大学教授等。1948 年后,任西北大学中文系教授,直至 1984 年 10 月 9 日逝世。著有《中国文学欣赏举隅》、《中国文学批判通论》、《杜甫诗论》、《国语选》、《杜诗散绎》、《文学鉴赏论丛》、《杜诗析疑》等。

晚年的傅庚生先生,在回顾他的学术道路时,曾总结出如下心得:

> 在古典文学研究方面,我受清代章实斋《文史通义》的影响很大。我认为理解古人的诗文,应该像章实斋说的"尽其旋折"

(《文史通义·辨似》)做这个初步的奠基工作，大略有如下的过程：一要知人论世，二要剖判精粗，三要设身处地，四要缘情度理，五要分清主从，六要区别正反，七要疏通比较，八要衡量揣摩，九要辨明辞义，十要一以贯之。大抵能利用这些规矩绳墨，然后融会贯通，居高临远，深入钻研，大胆尝试，再识其甘苦，如轮扁斲轮之得心应手，不疾不徐；或游刃有余，如庖丁解牛以无厚入有间，官知止而神欲行。在研究古典文学方面，我一向反对自清代以来就一直盛行的考据之风，而主张以词章、义理为主，我认为考据只能作为一个初步的奠基工作，是一个辅助的手段。这一点我在《中国文学欣赏举隅》一书的"书旨与序目"里就提出了。(傅庚生《自传》)

这里所归纳出来的原则与方法，应该说最精准地反映出了傅庚生先生研究中国古典文学的思路与特征。我们必须注意的是，傅先生在文中所说的古典文学的研究，偏重于阅读与欣赏的阶段，也就是他所说的"理解"，而这里所提炼出的十个步骤，大抵也是"接受"而非"阐释"。正如文中所引的书名所揭橥出来的关键，他的古典文学研究往往立足于"文学欣赏"。也就是在这个意义上，他才反对无所谓的枯燥考证，虽然考据是他"精读—深悟—永味—神契—通意—达诂"整个环节的基础，但长期以来不少学者沉浸于烦琐的考证中难以自拔，不仅没有做到舍筏登岸，反而买椟还珠，遗忘了阅读与研究的宗旨，所以在《中国文学欣赏举隅》之前言《书旨与序目》中，他才做当头棒喝：

自有清一代迄于今，世尚朴学，探讨文学者亦几以考据为本，若就文以论文，辄必震骇群目，甚至腾笑众口；本末之所在，久其蒙然，买椟而还珠者，宜不少矣。今人许文雨《评古直钟记室诗品笺》文中有云："况《诗品》要旨，端在讨论艺术之迁变，与夫审美之得失，安有舍此不图，而第征引典籍，斤斤于文字训诂间，以为已尽厥职乎？自斯义不明，如《文心雕龙》诸注家，辄致力于句字之疏证，而罕关评见之诠析，故博而寡要，劳而少功。治《诗品》者，苟不翻然变计，则亦前车之续而已。此决可宣诸当世者也。"此见实有先于我。愚以为品鉴艺文之士，当依此为圭臬矣，不徒治《诗品》然也。

傅庚生的《中国文学欣赏举隅》于 1943 年由开明书店初版，五六年间即再版至九次，20 世纪 80 年代又先后由陕西人民出版社、中国书店、上海书店或翻印或修订，2003 年又收入北京出版社的"大家小书"系列。初版时，陆侃如作序，提出理想中的文学批评是用分析的工夫达到综合的目的，傅庚生此书的意义则在于提供了综合研究的范例；主编《开明青年丛书》的叶圣陶，在介绍此书时也是从分析与综合入手："所谓文学欣赏，不是说与作品茫然相对，必须从不同的角度去观察作品，用各种标准去衡量作品，才会得到分析的了解；把这些了解糅合在一块，再与作品相对，才会得到综合的欣赏。这部书就运用这个方法，给读者指导欣赏我国文学的途径。"（叶圣陶《广告集》）李长之则认为是书体现了作者浸润于传统诗教极深又兼西洋人辨析之长的特色（《李长之文集》第 4 卷）。相对而言，后者的批评更为妥帖。《中国文学欣赏举隅》的特色，或正在于立足于传统的品评思路，而又做出精细的分析，具体说来就是在大量征引诗话、词话、文话的同时，又能够进行深入而有条理的剖析，即作者所言"每章之中，采录中国文学名著为欣赏之资料，试出浅见为之浚解，寻绎其情思之所寄，篇章之所蕴，美善之所存，与感人之所自；务能深入而浅出，求契作者之初新；既以明文学欣赏之例，随亦析文学创作之法"。书中所列举的中国文学名篇，自然多有杜甫之作。如论真情与兴会之相洽，即以《闻官军收河南河北》为例证：

> 杜工部此诗，首二句用"忽"、"初"二字，自然感极则悲，而几年兵凶乱结，琐尾流离之痛苦，久咽泪海于心，亦须凭此际一流泻也；涕泪"满"衣裳，泪岂少哉？岂止感极之悲，盖所蕴蓄者久矣。悲痛尽量宣泄之后，所余于心中者只是一片轻松疏快之情，如风驰电掣矣。此一时兴会之所至，失此时际，便无此等好诗也。

又如论悲恸与喜悦之交加，则以杜甫《北征》写景与叙事两相衬托而融成一片为例：

> （《北征》）景则幽穆，事有谐趣，然而乱离之慨，非惟不见减挫，转更因以增剧。盖以身历国破家亡之苦，时时以沉痛之眼观物，物虽醒目而心弥伤；刻刻以郁结之心虑事，事虽娱目而心愈苦。读者虽间幽穆之景、谐趣之事，未尝稍移其对乱离之同情，反更加重其愁思也。

论"脉注与绮交"，说明诗歌主干与支脉的关系，又通过对杜甫《九日蓝田崔氏庄》一诗的详细分析来加深人们的印象：

> （此诗）以"老去悲秋"为根干，以"强自宽"为枝叶。"兴来今日尽君欢"，即上乘"宽"字而来。"羞将短发还吹帽"，暗写一"悲"字；"笑倩旁人为正冠"，暗写一"强"字。"蓝水远从千涧落，玉山高并两峰寒"，明为写当时当地之景物，暗中则借水流山兀，亘天地以永生，以反衬人寿几何，寄朝露无常之深慨，乃逼出"明年此会知谁健，醉把茱萸仔细看"两句，持茱萸而看仔细者，老年人悲明岁之未必能重把茱萸，乃不忍遽舍，则仍还原脉注于"老去悲秋"之主旨矣。至于"吹帽、正冠、山高、水远"，皆绮交之文以为助益者。试将此律截去颔颈两联，并首位四句成绝句一首，亦何尝不可？然而见其意平、词俭、力弱、情单，无复曩时之胜概；知绮交之字句不能省于文章，犹葱茏之枝叶不可削于树木也。

如果说傅庚生《中国文学欣赏举隅》中大量经典作品的赏析是其葱茏的枝叶，展示了传统诗话式的批评方式对他的浸染，那么此书的骨干——感情、想象、理想、形式四要素，则表明了西方文学观念对他的启发。作者以感情、想象、理想、形式四要素来建构全书的框架，实则是受到了20世纪早期在中国影响甚大的美国文艺理论家文切斯特（C. T. Wincheseter）的熏染，后者提出了著名的文学四要素说，即 emotion，imagination，thought，form。在 1947 年出版的《中国文学批评通论》（商务印书馆）中，傅庚生曾对文学有所界定："故感情、想象、思想、形式四者，为构成文学之四要素，试综以此文学之四要素以拟文学之定义曰：文学者，抒写作者之感情、思想，起之以想象，振之以辞藻与声律（形式），以诉诸读者之感情而资存在之文字也。"傅庚生《中国文学批评通论》的中篇，分别是感情论、想象论、思想论与形式论，这使我们看出了它与《中国文学欣赏举隅》之间的内在关联。当然，与后者相比，作为纯文学批评的《中国文学批评通论》思辨色彩更为浓厚，所受到的西方文学观念的影响也更为突出，其与传统诗话等品评方式决裂的姿态也更为显著。其《自序》曾云：

> 今时我国从事研究文学批评者，多搜集历代文评资料，编纂写史。可以就觇文学评论递嬗之轨辙，及其与文学流变轸軥之迹象。其业云劳，厥功至伟。独惜对于文学批评之原理与问题，短于发抒；间有旁及之者，又不免格于体例，或则简阔其言辞，或则枘凿其篇目，不能予人以明确之概念与因依之准则。研核评论学之往迹，群智竞明夫一端；形成文学史之附庸，无缘蔚萃乎大国。因以董理文思，别标体制，将纳殊途于同轨，冶今古于一炉。斟酌众说，商榷利病，缕析而贯持之。以供学文者品鉴之资，而为批评史趾踔之辅焉。

由此可见，他志在诠证古今而沟通中外，对文学批评的根本原理更有兴趣，这便与其时诸多通过资料的收集、整理和阐发以探索传统文学发展规律的文学理论家区别开来。虽然作者在具体问题的探讨中总不失中国古典诗学的本色，但我们还是注意到他所反复强调的"知其所以然"，这就是有意识地突破传统点评方式所带来的零散、即兴与玄妙的弊端。在《中国文学欣赏举隅》中，作者反对"诗无达诂"的用意就在于此。1946 年 1 月，傅庚生在《东方杂志》又发表了《文论神气说与灵感》，也是意图将历来视为飘忽不定的灵感说得清清楚楚，文中引用了诸多诗篇来说明杜甫是如何重视创作的灵感的：

杜甫《寄刘峡州伯华使君四十韵》云:"雕刻初谁料,纤毫欲自矜。神融蹑飞动,战胜洗侵陵。妙取筌蹄弃,高宜百万层。"朱鹤龄注云:"'雕刻初谁料',即《文赋》之'笼天地于形内,挫万物于笔端'也。'纤毫欲自矜',即'考殿最于锱铢,定去留于毫芒'也。'神融蹑飞动',即'精骛八极,心游万仞'也。'战胜洗侵陵',即'方天机之骏利,夫何纷而不理'也。'妙取筌蹄弃,高宜百万层',即'形不可逐,响难为系,块孤立而特峙,非常言之所纬'也。因刘使君以诗来寄而言诗道之难如此。"朱氏借《文赋》里的辞句来解释杜诗,连类并及,很有足取。只是把杜诗这段的第一句解作运思布局,第二句解作炼字锻句,第三句解作博观,第四句解作约取,五、六两句解为作品的成功,似乎说得粗浅些。我以为杜诗这几句正在说明着凭依灵感的创作。"雕刻初谁料",运思之顷,不愿意专骛于字句的雕琢,希望有意外的收获,就是在设法招邀着灵感之来,相当于《文赋》里"沉辞怫悦,若游鱼衔钩而出重渊之深"。"纤毫欲自矜",灵感触发了,果然得到了非始料所及的情辞,不自觉地矜形于色,相当于"浮藻联翩,若翰鸟缨缴而坠曾云之峻"。"神融蹑飞动",是写灵感的飘然而至,创造的意象已经映现了,《文赋》的"粲风飞而猋竖,郁云起乎翰林"是类似的句子。"战胜洗侵陵",是说灵感之来,自然中于绳墨,免掉去取间的纷扰,是可以借"方天机之骏利,夫何纷而不理"去说明的。五、六两句,是衡定依于灵感的作品的最高艺术价值,朱氏引"非常言之所纬"几句也可以保留,似乎还应该照原文补足"或苕发颖竖,离众绝致……心牢落而无偶,意徘徊而不能揥"几句。这样工部所说的"神",就是指着灵感而言,"妙"就借由于灵感的创作;这神妙的文章,比起那用心雕刻和布置筌蹄的徒有形式美的作品,自然要高百万层了。因此便"欲自矜",实际又是"初谁料"的。你不料它会来,它却蓦然地涌现了,正像是"得来全不费工夫"的一般;但你一定要搜索枯肠去强求它,也许一辈子也是"踏破铁鞋无觅处"!所以这诗接下去便说,"白头遗恨在,青竹几人登?"借诗成名,不是容易做到的。

二、傅庚生对李、杜批评态度的变化

虽然作者在这一时期致力于批评体系的建构，但他对李、杜的兴趣已现端倪，三次评论李、杜，可以视为他三个时期阶段式的总结。1948年，傅庚生在《国文月刊》连续两期所刊载的《评李杜诗》，其批评的立场或视角，明显与《中国文学欣赏举隅》和《中国文学批评通论》一脉相承。文章在引用严羽诸说之后，讽刺他们于李、杜无所轻重于其间，那些话往往等于不曾说，因为没有太多的价值。作者认为李、杜各自诗歌的特色应该有个斩钉截铁的说法，究竟如何说得明明白白呢？那就从文学四要素情感、想象、理性、形式入手。

　　文学创作，离却真情，便无是处。性情愈厚便愈好。同情心愈伟大的，作品也就愈伟大。孔子说："仁者安仁，知者利仁。"天赋的性情还须借后天的学养去珍惜、护持、节制、利导与发挥，盈科而后进，冲向广大的人海，使天下之大普受甘霖，这才是立言的根本。

　　想象不该任它去跑野马，应该着它受情思的控驭。情感倚于天赋，想象自是天才，二者本是纠缠如一的，却也不免有偏盛偏枯，差前错后。靠着理性方面后天的学养梳织弥缝于其间，务必完成这"美善相乐"，然后发为创作，方能达到文学艺术的绝诣。泛驾之马虽然也许是良骏逸足，腾骧骄骜的光景诚然也可以惊动千古，到底又不如安辔正辔，日致千里的骅骝骤耳，急驰奔骤中呈显着无比的从容。以此为例，可以说明李、杜二人诗的风格之不同处。

这样的标准，显然更适合杜甫，或者说几乎就是为杜甫量身打造，虽然杜甫在作者的眼中也没有达到尽善尽美的程度。"文学创作以感情为君，思想为臣，想象为佐，形式为使；感情与想象需要的是真，思想需要的是善，形式需要的是美。君臣佐使各如其分，真善美浑同如一，才算达到了创作的极诣。若借着如此的一种客观标准去衡量李、杜二人的诗歌，我们就会发现杜甫有八九分的光景了，李白要逊似二三分。"

首先用感情的标准来衡量，作者认为"杜甫的情感是既深又广的，五伦之爱以及元元之民，甚至于草木鸟兽虫鱼之属，他都用一片真情去款接。李白的人间趣被他的天才冲淡了，他把一切人与人的关系都看得冷淡些"。李白狂简疏略，矜持娇性，并不曾视富贵如浮云，却也对君国朝廷不甚关注；杜甫受知玄宗比李白差得太远，却是每饭不忘君国，以立德立功为职志，欲使天下百姓同登衽席，忧国忧民之心不为机缘而稍减。李白对于家乡，也是满不在乎的样子，《客中作》、《与史郎中钦听黄鹤楼上吹笛》情感俭薄得可怜，"这两首诗的佳处，不在感动人的情怀，而存于竦动人的潇洒"；杜工部的《陪王侍御宴通泉东山野亭》、《日暮》，表现的是有家未得的苦楚与去国怀乡的悲凉。李白《寄东鲁二稚子》中"娇儿弱女双行桃树下，无人抚背相怜，踽踽凉凉的样子，写来真会赚人的眼泪，这种情感是真挚的，但这又只是一番空想"；杜甫的《忆幼子》诗中，"此老便只会朴朴实实地写下去。听到莺歌，便联想起小儿的惯会多嘴多舌，一天天牵裳绕膝，问东问西的。正不知近时又有多少聪慧的小玩意儿了，既不知道，同谁去讲呢？回忆起过去在涧水空山道上，柴门老树村前，常是带着爱子走去走来，现在远隔家乡，影儿也不见。呆坐在轩前，大太阳照着，像失去了魂灵儿的一般，倚定栏干，埋着头，什么也不愿意看。不知什么时候睡着了，醒来也不知道是什么时候了，只觉得背后被阳光晒得生疼。我似乎看见了他两只失神的眼，也听见了他轻微叹息的声音"。总之，生活态度的差异使二人在诗中所投入的情感也颇为不同：

　　子美他常是用深情的目光去注视社会，用谐趣去安慰自己；太白却是永远抱着游戏的人生观，把自己看成天字第一号的超人，而跟一切的人们去开大的小的玩笑。这是他二人生活态度的基本不同处。表现之于文学的，杜陵遂以沉郁见长，青莲乃以豁达见称。沉郁由于多情，尤其是怀着广泛而深曲的同情心，才能做到不浮不薄。豁达也要主之以天人的无可无不可之情，原该是

多情却似总无情、绘事后素的境界，稍有些黏皮带骨，就容易流
于轻佻与儇薄。太白正自不免。

李白轻佻的一面，如不将妻子的眼泪放在心上，其《别内赴征》
中内人强牵衣惜别，换来的只是几句俏皮话；李白借着狂放的风格，
愉闲荡检，趣味便时而落下下乘；其没有贞正的品格，也容易趋于凉
薄。而杜甫却是一色地归于温润含蓄，绝无圭角与锋芒，一味以真情
动人。"就当时的社会环境说，杜甫是最不合时宜的，所以潦倒一
生；李白本较圆通些，只为一时得意，狂傲过了火，爬得高也跌得重
些。太白是'记得长安还欲笑'，子美是'无处告诉只癫狂'。这无情
的社会啊，永远会把情深的人看成傻子。"

唯其圆通，所以李白的有些诗虽然接近陶渊明，如不择地而出的
泉水，但大半是"接以迹而不接以心"，缺乏陶的深沉；杜甫无意学
陶渊明，由于情之真便自然接近古人的真处，可以说是"接以心而不
接以迹"。这也影响了两人创作的想象力。杜甫情真而能够尚友，故
而能入乎其内，与古人打成一片，写出具有历史深度的作品；"太白
的想象是夭矫腾挪无所依傍的，不惯于与情相生，所以每逢抒情诗，
他的想象活动范围就狭窄得可怜，不得已时只好用生硬的情语填满空
隙"。太白的想象，忽而天上，忽而地下，变化无方，不可纪极，往
往一派登仙凌物的遐想，却少了生活的根基；杜甫却是无所往而不度
入他的肫肫之仁、惓惓之义的。情真则言善则诗美，这就是傅庚生先
生评骘李、杜的核心标准。

"浑漫兴"的才会惊人，"莫深愁"的才能感人，这是杜甫的
成就。情真所以动人，深所以溺人，广所以覆盖天下古今；少陵
诗之所以伟大，由于他同情心的深广。从心所欲，情感本然已
真，思想粹然以善，已达情知诉合的境界，它自然不逾矩，形式
凝然而美。因为十分合于理想的诗是无声之乐，无言之美，是白
纸一张，是任何人也不能到的境界，所以我说杜甫的诗有八九分
的光景了。于是乎李白的豪放，便只是一节的精强。杜甫的《促
织》："促织甚微细，哀音何动人！草根吟不稳，床下夜相亲。

久客得无泪，故妻难及晨。悲丝与急管，感激异天真。"这"天真"便可当得杜诗的评。李白的"黄鹤楼中吹玉笛，江城五月落梅花"，恰好可用以评他的诗。美景良辰，笛韵也悠扬跌宕，令人有萧洒出尘之想；只是江城五月不会有落梅的真景，那只是玉龙的哀曲而已。它不真，所以成就了空灵之美；它不真，所以也难臻于美善相乐。

傅庚生先生第二次集中对李、杜进行评述是在十年之后。撰于1958年至1959年间的《中国文学批评史略》(未刊)中，详细讨论了李、杜二人的文学观念。与十年前鲜明的抑扬态度不同的是，作者对李白虽有批评，但态度颇为平和：

李白是一位伟大的浪漫主义诗人，在他的创作里有反抗压迫的磅礴的风力，也有反映现实的批判的诗篇。可是在文学理论方面，他并没有注意到总结经验再把它系统地写出，他以复古反声律，仅仅是浪漫主义的风格要求打破声律的限制而产生的朦胧意识罢了。因此自然与陈子昂接近，有诗歌复古的主张；有相当大的号召力与影响，但理论的本身并没有什么精言奥义。

文中对李白的肯定与褒扬，或许与他前一段时间醉心于李白研究有关。此时他对杜甫虽多赞美，亦不为遗憾：

杜甫是伟大的现实主义诗人，尤其是在安史之乱以后，他一步步地走向人民，用他的诗笔为向统治阶级战斗的武器，一生创作出许多现实主义的伟大诗篇。不过在理论方面，他也和李白一样，因为时机还没有成熟，并没有为这方面的探讨匀出更多的时间，所以这方面的诗歌虽说比李白多一点，话也说得比较明确，比较有条理些，到底没有作更深的挖掘，更广的发挥。理论的建立必然要走在创作的后面，还要经过一个较长的总结与酝酿的时期。可是杜甫在《偶题》诗里业经写道"圣朝兼盗贼，异俗更喧卑。……南海残铜柱，东风避月支"，指出宣达诗人的抱负，反映生活现实，都是可以运用的题材，这样就给现实主义的诗论播下了种子。

与以往形成强烈对照的是，作者首先将李、杜二人都定位在"伟大的诗人"这一层面上，然后再以"浪漫主义"与"现实主义"对他们进行区分，实质上也无所轩轾。二十多年后，作者进一步撰文指出，李、杜的区分及抑扬是没有意义的：

> 我们以为，对古代诗人与古典诗歌的评价，对作品思想、内容、艺术形式及风格的鉴赏，似乎不必只在现实主义、浪漫主义两个名词之间画一道鸿沟。尽管诗人辄有偏胜，但仍然是从二者的结合上多考虑一些为好。李、杜二人，只是诗的风格不同，在思想等方面及艺术的表现手法上，又是相通的。他二人生在同一时代里，不能因为李白代表浪漫主义诗风，杜甫是现实主义作家，而去强作割裂；应当结合着去看。(傅庚生、傅光《简论李杜诗》,《唐代文学论丛》总第3辑)

三、《杜甫诗论》的发展观

出版于1955年的《杜甫诗论》，是作者第二阶段的成果，同强调批评性与集体感的时代氛围相适应，论著集中地阐述了杜甫诗歌的人民性和现实性。全书共分为十个部分，分别是：从杜甫的诗歌看他的生活与思想、杜诗的人民性、杜甫非战思想在诗歌里的表现、杜甫爱国精神在诗歌里的表现、"沉郁"的风格与卓异的情操、"沉郁"的风格与契合的寄托、杜诗的现实性、杜甫在诗歌里运用人民语言的尝试、杜甫诗兴触发的契机和它的归宿、杜甫创作劳动的成就和它的影响。

作者在《前言》中写道："杜甫一步步走向人民，是经过一个逐步发展的进程的。他所创造出来的现实主义的诗篇，都和他生活的遭遇与思想的发展有极密切的关系；他把生活与思想上许多变化与矛盾的

素材，一切认识和感受到的意象，都忠实地反映于他的诗歌里。他那
'抗葬不偶'的人格与'沉郁顿挫'的诗篇还有一个辨证地发展的过程，
一步步地把创作劳动的成果推向更高的境界。"也就是说，作者认为
杜甫的思想有一个逐渐成长的过程，诗歌艺术也有逐渐走向成熟的过
程。对于杜甫而言，思想发展的最终结果，是走向了人民；诗歌艺术
的成熟，则表现为现实主义精神的发扬。《杜甫诗论》最突出的成就，
则是详细地探索和分析了这两个过程。

在论述杜甫思想走向成熟的过程中，作者提出了一个较为新颖的
说法——阶级浪子，他认为杜甫在走向人民的同时，背离了他原来的
阶级。杜甫何以能够超越他的阶级属性呢？这就是各种矛盾激化的结
果。"这个阶级'浪子'的形成，决定于时代对杜甫的影响，经过一个
由量变到质变的过程，从破到立，客观现实激起主观上的若干矛盾：
首先是他意识中对一世祖杜预在晋代所立下的功勋的崇拜与他实际生
活着的小官僚家庭日趋没落之间的矛盾，其次是他的逐渐增长的同情
人民与封建统治阶级欺压百姓间的矛盾，还有他的自恃才华与到处碰
壁的矛盾……这些矛盾心理激荡着，使他嗜酒使气，狂傲放荡，尚武
任侠。"杜甫性格上的叛逆，使他不断写出了一些讽刺时事的诗歌，
这是杜甫由个人走向人民的转折点。"安史之乱起来了，给杜甫的生
活增加了苦难，却也丰富了它；在乱离生活的锻炼中，杜甫的思想情
绪逐步提高了，拓广了，也纯化了。"乱离的生活可以看成是杜甫精
神上的巨大财富，"他的生活愈来愈不安定，愈困苦；他的情思愈来
愈深化，愈提高"。流亡到秦州以后，杜甫的思想发生了重要飞跃。
"《乾元中寓居同谷县作歌七首》，也是极富有反抗性的有力的诗篇，
虽是为自己的生活颠沛而控诉，但那里边所代表的已经不只是自己，
而是人民大众的共同呼声了。"等到生活在成都草堂的时候，"正是由
于自己的生活很困苦，又经过了几千里流移道路的艰难，阅历愈来愈
多了，渐渐体认到人民普遍的困苦生活，所以人民性的内容在他的诗
里渐渐扎深了根，情绪上并不勉强地走向人民这一面来了"。"他的
生活是在矛盾的交叉中越来越困顿下去的，他的思想却是在矛盾的发
展中逐步成熟起来的。政治生活的失败，由于他接近人民，诗的创作
的成功，也由于他接近人民。"总之，生活中的各种矛盾推动杜甫思

想走向了人民。

作者认为，伴随着杜甫思想的逐步走向成熟，杜甫的诗歌也有一个明晰的发展过程，这使他对杜甫早期的诗歌评价不高。早期所写的"这些访仙、任侠、射猎、冶游等诗篇在杜集中只能给我们看出他思想发展的过程，本身是没有价值的"。"杜甫早期的作品，只能一般化，因为他当时的生活与情趣只是如此。"这些诗歌的意义仅仅在于展示了杜甫早期生活的丰富性与多样性，拓宽了杜甫诗歌创作的领域。《兵车行》、《奉先咏怀》是其转折性的作品，"这两篇伟大的诗歌，在杜甫的创作史上也是至关重要的，首先是诗的领域开拓了。它已经由量变达到了质变，给杜诗的发展奠定下雄厚的基础。从此以后，为祖国、为人民的诗材，才时时刻刻地旋转在杜甫的心上和笔端，发而为'沉郁顿挫'的篇什，千汇万状，越来越推广加深，无边无岸地、汪洋地像是千顷波涛"。

傅庚生先生反复强调，杜甫秦州以后的诗歌同以往有了很大的不同。之所以如此，是因为杜甫这时的个人遭遇使他的情思之本渐渐深沉精锐了。"诗风的沉郁来自生活经历中思想感情的深化，愈益深化也就愈益含蓄。"由此，作者对"沉郁顿挫"这一历来为人们所熟知的评语做出了新的解释。他提出这里的"沉郁"就是指杜诗中的情感而言。在《后记》中，傅庚生先生总结道："在封建社会里，有抱负的诗人受到时代的压抑，有许许多多不可能解决的矛盾纠缠着、啮噬着他的心灵，在他的诗歌里自然就多数地表现为风格的沉郁。另有少数诗人或作品激情式地冲撞出来，就表现为沉雄的风格。前者基本上是现实主义底，后者基本上是浪漫主义底。就杜甫说，前者是杜诗的常格，后者是杜诗的变格。"也就是说，杜甫诗风的沉郁来自杜甫情感的深厚，杜甫深厚的情感源自对家人朋友的真情至性，并把这种情感扩充为人道主义，从而表现为对祖国对人民的忠厚之情。"所谓沉郁，原有思想与情感主宰着它，杜甫爱祖国爱人民的怀抱是这种风格的根本。接入情思只局限于夫妻父子朋友之间，尽管有纯挚的情谊，结撰成血泪般的诗句，但它的规模既不够恢宏，感染的力量就不会如何地丰盈与深刻。"那些抒写磊落不平的诗篇，由于有至情至性充斥其间，也可以被认定为沉郁风格的一种。"这一类的诗，把反抗思想发泄得淋漓尽致，似乎是冲散了沉郁的阴影，而代之以逸气横飞；但为了它虽说内寓着反抗的情绪，爆发为否认一切的激动语，终于却只能把惨怆寄于杯酒，也就是风格仍然归于沉郁。"

总之，虽然在表述上《杜甫诗论》沾染了浓烈的时代气息，对杜甫的阐述也更吻合其时的主旋律，如整本书的核心在于对杜甫诗篇的人民性的阐释，但透过这些时代话语去探究作者的研究思路，我们还是可以发现它与早期的著述如《中国文学欣赏举隅》、《中国文学批评通论》一脉相承的地方，那就是对于文学四要素之一——情感的注重。无论是《中国文学欣赏举隅》还是《中国文学批评通论》，情感一直是作者用心之所在，到了《杜甫诗论》，即使表面上看起来是把研究的重点放在内容方面，事实上无论是人民性、非战思想、爱国精神、现实性以及"沉郁"的风格等各个章节，最终仍归结于情感，都是在阐述杜甫诗中蕴含哪些情感以及作者如何表现这些情感。这确实把握到了杜诗的脉搏，也是在不同的时期作者的分析都能够得到人们关注与喜爱的重要原因。同时，注重具体诗篇的赏析，并且通过大量征引历代诗话加以分析的写作方式也从《中国文学欣赏举隅》、《中国文学批评通论》延续到《杜甫诗论》中。如在第五章《"沉郁"的风格与卓异的情操》中对杜甫《狂夫诗》的分析：

> 翠篠含风，红蕖裛雨，"雨露之所濡，甘苦齐结实；缅思桃源内，益叹身世拙"，与困顿的生活正相反衬，明亮的景物的色调烘托着沉郁的情调，诗句的背后，蕴含着万语千言：做父亲的不能够和统治者同流合污，在官场上失意了，"故人"都渐渐躲起来，自己受些折磨倒还罢了，小孩子有什么罪过，也因此常常吃了上顿没下顿地；我们看去是孩子面带饥色，难堪的父亲却从稚子的脸孔上看出无比的"凄凉"。这冰冷的人世啊！最后只能借疏狂打发一切不如意的事去上路，千载下似乎还听到杜陵野老的惨笑。朱瀚注："以故人享厚禄，而书并断绝，致幼子受恒饥，而色带凄凉；每句三层，语最沉痛。然身濒沟壑，而唯自笑疏狂，终不怨恨故人，可见公之旷怀矣。"戴一顶高帽子，就把安贫乐道——也就是甘于做奴才——的丝线借着杜诗作出宣传

了。但是杜诗"狂"字下面，却有多少不敢明说的反抗思想，令我们很自然地联想到他在华州写出的"束带发狂欲大叫"，哪里是什么"自笑疏狂"，分明是"怨恨"上再加怨恨。

徐树仪在书评中也指出《杜甫诗论》的重要特点，是"作者在分章依次论列杜甫的创作时，能对杜诗巨细不遗，连类而及，贯穿而下，凡所取用，皆有相得益彰之妙，而无抵牾支离之感。读者既能从中得到理论上的收获，又能加深对这些诗歌的欣赏和领会，特别是杜集中许多一般读者不很熟悉、较为僻涩的诗歌"(《古籍书讯》1984 年第 19期)。当然在《杜甫诗论》中，为了在逻辑上看起来更圆融，作者的有些论述在一定程度上也显得较为牵强。比如为了运用矛盾论的观点来解释杜甫如何成为一位阶级浪子，过分渲染了杜甫思想中的一些对立面，如儒家与道家、出仕与归隐的对立，对杜甫的主导思想有些弱化(斐精忱《和傅庚生先生商讨关于杜甫思想问题——〈杜甫诗论〉第一章读后》)。同时由于作者十分注重情感在文学创作中的作用，许多相关论述如"杜诗所以能够深入显出，以少胜多，由于他情感思想的深厚，很简单的一句诗的背后，有极其真挚深刻而又坚定精确的情思作用着"，"不从生活的实际与情思之本去考虑问题，前人往往因此而误解了杜诗，或至少是轻重倒置"，"杜诗之所以达到那样高的境界，由于他出于情思之真而摒绝了人为之伪"等，也显得较为玄妙。

四、傅庚生后期对杜诗的疏解

1959 年，傅庚生又出版了《杜诗散绎》。与《杜甫诗论》致力于"全面、系统论述杜甫诗歌创作成就"不同的是，这本书主要在于示初学者以门径，即给那些刚刚接触杜诗的人在杜诗的阅读和理解上提供帮助，在性质上近于大学课堂的讲稿。作者在《前言》中明确表达了自己这一宗旨：

自从拙作《杜甫诗论》出版以后，屡次接到爱好古典文学的青年同志们来信。说他们学习杜甫的诗歌，在字句的疏解上还存在着一些困难，虽说可以参看昔人的注释，仍然感到错错落落地，不能前后贯串起来。待到勉强地攻下了这一关，因为所付出的劳力过大，又极琐碎，早已兴致索然，往往浅尝辄止，不想再去探取杜诗的真髓了。只去泛览一些研究杜诗的著作，又不免有"镜里看花，水中捉月"的感觉；对杜诗原作还不能领会，当然是隔靴搔痒。很殷切地提出他们的要求，希望我能够想些办法帮助他们克服这一个困难。我在学校里讲授杜诗，同学们也有类似的反映。说他们学习古典文学，根底比较薄弱，听讲的当时，似乎全部都领会了；可是逐句口译，转瞬即逝，待到课后复习的时候，又仿佛一切都生疏了。读起杜诗来，虽也觉得琳琅满目，就中却找不出层次和线索；有时候出现在眼前的只是几个浅近的字，可是在诗的结构里就摸不清它们的内涵了。

因此，作者选择性地翻译与赏析了九十六首杜诗，加上未附译文的五十多篇，用十二章节串联起来，通过具体诗篇的分析介绍了杜甫生平、思想与创作方面的成就。如第二章以《登兖州城楼》、《示从孙济》、《秋雨叹》、《月夜》、《遣兴》、《忆幼子》、《述怀》、《得家书》、《江村》、《狂夫》、《百忧集行》、《客夜》、《九日登梓州城》、《舍弟观赴蓝田取妻子到江陵喜寄三首》、《燕子来舟中作》、《逃难》介绍了杜甫的家庭情况等。每一首重点分析的诗篇均是先翻译，然后加以评述，其中对《月夜》一诗的处理为：

> 静静的秋夜，皎皎的月光。
> 鄜州的闺门之内，今天夜里，她大约也正和我一样地独自徘徊于月影中，在对月怀人哩！虽说在她跟前还有几个小儿女可以分忧解闷，但我却也分明知道，可爱怜的小儿女还不懂得别离的苦况，不理会忆念流寓在长安的父亲；这黯然魂销的沉重的担子只有他们的母亲独自肩负着。何况又赶上荒乱的年月，我正被困在沦陷了的京师，更会惹起居人的焦虑；这些国难家仇，小儿女们如何省得呢？
> 这时大约儿女们都睡下了，她也许正默默无言地站立在阶

前。薄薄的夜雾侵袭着凉秋的院落，伸展到她身边时，沾惹了膏沐的芳香，却也渐渐凝成露水珠儿，把发髻都沾湿了。清冷的月光洒在她双臂上，也应该感到些寒意了吧？——这也会增添她心上的凄清，——夜已经渐渐地深了。

离别的意绪在苦恼地煎铄着我。

几时我能够回到鄜州，夫妻双双倚在床前虚空的帐幕前，再同赏着和今天一样的月色——它揩干我们相思两地的泪痕，该有多么好呢？

可是这一次变乱，谁又知道要到什么地步啊！

……

杜臆云："公本思家，偏想家人思己，已进一层；至念及儿女不能思，又进一层。鬟湿臂寒，看月之久也，月愈好而情愈增，语丽情悲。末又想到聚首时，对月舒愁之状，词旨婉切，见此老钟情之至。"除此以外，我们还要设身处地地想一想杜甫作此诗的当时，正在长安沦陷中，与一般的家人离别又不相同。"忆长安"仍有慨叹天下乱离之意，不专在儿女的无知；"泪痕干"仍有企伫天下太平之思，不专在夫妻的团聚。所以在此诗中特别提出长安，虽说"忆长安"和"小儿女"在这一首律诗里论对仗说并不够工稳，也顾不得许多了。

书中对于杜诗的翻译，颇有特色，不仅把杜诗的意绪脉络梳理出来，还往往用自己的感受把其间的空白之处尽量填充起来，并没有停留在直译的层面上，语言极其优美。作者的评述，虽然简略，但三言两语道来，能抓住要害，少庸泛之说。

1963 年，傅庚生先生又出版了《文学鉴赏论丛》一书，其中收录了他于上年为纪念杜甫诞辰 1250 周年所写的纪念文章。发表于《诗刊》的《沉郁的风格，闳美的诗篇——为纪念诗人杜甫诞生 1250 周年而作》再次强调了他对"沉郁顿挫"风格的认识，指出这一风格的形成与时代和杜甫个人的处境有密切关系，并且进一步提出杜甫的这种风格也有一个发展的阶段：

提出这个"沉郁顿挫"来，虽是杜甫对自己诗赋风格的自知处；但他当时所说的"沉郁"，近于所谓"诗教"的"温柔敦厚"，还是属于为封建统治者服务的范畴的。后来他一步步地走向人民，发展了他的诗歌，迨到发生了质的变化以后，诗的风格就已形成属于另一个范畴的"沉郁"了。就是说，杜诗中日益明显的人民性使它固有的沉郁的风格日趋于深广。

除了将"沉郁"与人民性联系起来之外，文中还认为研究杜甫应该包括思想与艺术两个方面。对于后者，今天看来虽然论述得较为简略，只是分析了杜诗的炼字、炼句、炼声与拗句等几个小问题，但无论对作者自己还是对当时的研究者而言，都是一个不小的突破。初刊《光明日报》1962 年 4 月 15 日"文学遗产"版的《探杜诗之琛宝，旷百世而知音》，更多讨论了杜诗是如何将现实主义与浪漫主义结合起来的问题。其时一般学者都将杜甫视为现实主义的代表而以李白为浪漫主义的典范，作者却以为不可能断为两截，"对作品风格的鉴赏，似乎不必只在现实主义、浪漫主义两个名词之间画一道鸿沟，尽管诗人辄有偏胜，但仍然从二者的结合上多考虑一些为好"。此年为陕西人民广播电台"学点文学"所撰写的广播稿《简谈杜甫的代表作"三吏"和"三别"》，分析了杜甫如何以爱祖国、爱人民的思想统一了他在特殊时期的各种矛盾的情感，以及六首诗丰富的表现手法。同一年为讲座而撰写的《十载长安，千秋伟绩》，重点介绍了杜甫长安十年的困踬生活如何促进了他沉郁诗风的形成。《雁塔题诗万古雄》一文，则以杜甫《同诸公登慈恩寺塔》为例，分析诗人为什么能走上现实主义的创作道路，成为伟大的诗人。

此外，《文学鉴赏论丛》还收录了两篇争鸣性质的小文《试再论杜甫的〈捣衣〉》、《试再申论"饭山"和"闲骨"》。前者申述杜甫《捣衣》一诗的反战情绪虽然没有展示在字面上，但却是可以领会的，因为"我们不能要求诗人把他的主张，他的丝线，口号式地在诗里写下来"，"我觉得只可以说是从字面上看不出来，却可以从字里行间看得出来，而文学作品——尤其是诗歌——是要求读者作较深一步的体会的，为了它是通过形象的思维的创作的缘故"；后者以为元好问

《论诗三十首》之十五中"枉著书生待鲁连"一句是为杜甫而非李白翻案，罗隐《经耒阳杜工部墓》诗句"闲骨何妨冢更高"中之"闲骨"是讽刺他人而非杜甫自喻。

此外，《文学鉴赏论丛》中所收录的《说唐诗的醇美》、《诗歌的声韵美》、《诗情画意》等多有以杜诗为例证来阐述他的看法的，后来作者曾摘录其中相关部分作为《杜诗随笔》发表。如对杜甫《咏怀古迹五首》之三的颔联"一去紫台连朔漠，独留青冢向黄昏"声韵美的赏析：

> 一个"连"字，概括了王昭君"紫台稍远，关山无极"的栖遑，一个"向"字，写尽了"望君王兮何期，终芜绝兮异域"的惆怅。这些还只是在意义方面显出用字的工炼，令我们衷心折服；引起我们踽踽凉凉之感的到底还不是这些。待吟哦到"朔漠"两个叠韵字，才又发觉它暗示出流沙千里，行行重行行没奈何的心曲，到"黄昏"两个双声字，又体会得它蕴蓄着个性倔强遍受了千劫万难的弱女子身死异域无限的怆惶。这都是音调方面的事，弹动我们心弦的正在这声与韵的重叠，它们完足了诗歌的形式美，也更充分地表达出诗人的思想内容。
>
> 声短韵长，所以王氏说双声宜促节，叠韵宜荡漾，从声音的原理上是可以这样说的。不过在旧诗词里，平仄声也分肩着纤徐促急的节奏，就不该以一概相量了。如前例："朔漠"叠韵、仄声，"黄昏"双声、平声。这首诗整个的情致是沉郁怆凉，使我们不知不觉地便拖长了"朔漠"的短音，也忽略了"黄昏"的促节。

1979 年，傅庚生先生出版了他晚年的力著《杜诗析疑》，以一百三十个条目为线索，对杜诗中一些注家聚讼纷纭的问题做出了自己评判。如"诗看子建亲"·"留得一钱看"条：

> 张相《诗词曲语汇释》云："看，估量之辞。杜甫《赠韦左丞》诗：'赋料扬雄敌，诗看子建亲。'看与料互文，看犹料也；言料与子建相近也。"诗中互文见义，往往用以拓广、挹注、丰富和对比诗的涵义，不该是变换字面，而义涉"合掌"（两句同意）。

这两句诗是说：我作的赋，自己估量着和汉的辞赋家扬雄不相上下；我写的诗，看起来和魏的大诗人曹植也很相近。把"看"解为估量之辞，与"料"同科，诗笔反而显得重复了。

《汇释》又云："看，尝试之辞，如云试试看。杜甫《空囊》诗：'囊空恐羞涩，留得一钱看！'"解作留得一钱试试看，成何话说？王嗣奭《杜臆》云："阮孚持一钱皂囊游会稽，客问囊中何物？云：'但有一钱看囊，恐其羞涩。'"看'，犹守也。"解"看"为"看守"之看，可通。

王嗣奭、钱谦益、仇兆鳌、浦起龙、杨伦等人的注解，给人们理解杜诗提供了重要门径，但由于立场和方法的差异，还是出现了许多争议。这些争议有进一步讨论的必要，"其实不管注家如何自信，谁也不敢专断自己的看法一定就契合诗人原来的用心；无论如何，争鸣一番，是会有益处的。因为它可以从任何一个侧面提供读者以思索问题的线索，沿着这一线索，去寻绎参考，抉择去取，而后援情度理，融会贯通，理解原作就会比较容易些"。更重要的是，作者认为在义理、考据、词章三个门类中，清代以来独重考据，难免板滞。所以作者强调，"本书虽着重在文辞字义间的疏解，每逢接触到一些根本性的问题，也略作评骘，借以申明对古典文学批判地继承的宏旨"（《杜诗析疑·前言》）。因此，本书的长处在于既发挥了作者文学欣赏的功底，又吸收了传统考据家的长处，同时还张扬了时代精神。

傅庚生之杜甫研究论著目录：

《中国文学欣赏举隅》，开明书店 1943 年版。
《中国文学批评通论》，商务印书馆 1945 年版。
《杜甫诗论》，棠棣出版社 1955 年版。
《杜诗散绎》，东风文艺出版社 1959 年版。
《文学鉴赏论丛》，东风文艺出版社 1963 年版。
《杜诗析疑》，陕西人民出版社 1979 年版。

被开拓的诗世界(存目)

程千帆

【评　介】

程千帆(1913—2000),原名逢会,改名会昌,字伯昊,别号闲堂,千帆为其笔名之一,湖南宁乡人。1936年毕业于金陵大学中文系,先后任教于金陵大学、四川大学、武汉大学、南京大学,著有《被开拓的诗世界》、《校雠广义》、《史通笺记》、《文论十笺》、《程氏汉语文学通史》、《两宋文学史》、《唐代进士行卷与文学》、《闲堂文薮》、《古诗考索》等。

《被开拓的诗世界》出版于1990年10月,由11篇论文组成。全书围绕杜诗"集大成说",从两个方面进行了阐述,一是将杜甫放入诗歌发展的历史潮流中进行考察,通过与前代诗人、与同时代诗人的对比,以及对后世诗人影响的梳理,考察杜甫的与众不同之处,从而说明他如何承上以及启下的;一是用发展的眼光去看待杜甫的诗歌创作,认为诗人巨大成就的取得,经历了一个较为复杂的成长历程,这个历程不仅体现在诗歌艺术方面的摸索,也包括心路历程。

书中的第一篇论文《杜甫集大成说》(与莫砺锋合撰,发表于《文学评论》1986年第6期),不仅承担着全书序言的任务,也可以算得上全书的综述。日本学者加藤国安说:"将本书通读一遍之后,再来读这篇论文,就会理解到,对杜诗在诗史上承前启后的重要地位的强烈关注也是贯穿全书的主要视点。像这样的杜诗论文,可以说以前几乎没有过。在这样未曾开拓的土地上,初次举锄开垦,即有切实的收获,我想这会给今后的杜诗学界带来巨大的研究活力。"(《富有魅力的杜诗研究——评〈被开拓的诗世界〉》,《南京大学学报(哲学·人文

科学·社会科学版)》1993 年第 2 期)

　　文章首先重新诠释了"集大成"的内涵。孟子用以赞颂孔子时，它包含了三层含义，即顺应时代潮流，体现时代精神；体系充实完整而和谐；境界崇高。这三层含义在杜甫身上也得到了完美体现。杜甫的时代精神是非常突出的，他不仅生活在中国历史一个适合急剧变化的大时代，也生活在古典诗歌急剧变化的重要时期。除了时代的孕育之外，杜甫的家庭传统和个人禀赋对他走上"集大成"的道路也有很大的帮助。杜预给诗人提供了坚信儒家的政治思想、钻研典籍学问的传统；杜审言则给诗人提供了求新求变的文学传统。前一个传统，使杜甫将热爱亲友、热爱人民乃至热爱天地间的一切生命作为他的思想基础，"杜诗之所以感人肺腑，就在于它所蕴涵的感情特别深厚，这不能不归功于儒家精神的熏陶。在这个方面，儒家思想对于杜甫的影响是积极的，我们应该理直气壮地予以肯定"；后一个传统，表现为杜甫对杜审言诗歌的学习与模仿，这种模仿主要体现在句法、章法以及联章五言律诗、排律方面。

　　　　在沈、宋和初唐四杰的笔下，五言律诗的形式基本上成熟了，但是还没有出现联章的律诗。在这一点上，杜审言有筚路蓝缕之功。他写过《和韦承庆过义阳公主山池五首》，从第一首的起句"野兴城中发，朝英物外求"到第五首的尾句"清溪留别兴，更与白云期"，层次分明，脉络清晰，首尾呼应，五首律诗组成了一个完整的有机体，是联章律诗这种新形式的成功尝试。这种形式在杜甫手中有了很大的发展，但他早期的一些联章律诗如《陪郑广文游何将军山林十首》、《重过何氏五首》等，简直可以说是亦步亦趋地模仿乃祖。

　　至于杜甫的个人性格，既有谨慎的一面，又有狂傲的一面，"因为他狂傲，所以他有勇气承担这个重大的历史使命；因为他谨慎，所以他能踏踏实实地去完成这个使命，这正是造物赋予他的最佳性格"。他既有极高的天分，又善于学习，所以能进入前无古人的崇高艺术境界。杜甫之所以成为集大成者，还在于他站在诗歌历史的重要转折关头，对前人的成果进行全面总结，并清晰地把握住了诗歌发展的趋势，并为这种趋势的实现做出了大胆探索。在诗歌内容上，他将建安以来的各种题材内容兼收并蓄，组成一个有机的整体，使从朝政国事到百姓生计、从山川云物到草木虫鱼等整个外部世界都被纳入儒家的政治理想、伦理准则、审美规范的体系之中；在艺术形式上，他吸收建安以来的优秀诗人之所长，熔铸成一种全新的艺术风貌：格律严整而气势磅礴，字句烹炼而意境浑然，成语典故与口语俗字并得妙用，泼墨濡染与工笔细描同臻极致。总之，杜甫在古典诗歌史上占有如此重要地位，是因为他在创作实践中的求变求新精神，为诗歌的继续发展开拓了道路，其集大成的意义主要在于启后，而不仅仅是承前。

《忧患感和责任感——从屈原、贾谊和杜甫》（与莫砺锋合撰，发表于《文艺理论研究》1986 年第 5 期），通过屈原、贾谊和杜甫三人共同点的梳理，说明在中国传统文学发展中深埋着一根若隐若现的红线，那就是出于对国家、人民的深切关心所体现出来的历史责任感和忧患意识，这也是儒家诗教成为古典诗歌指导原则的重要体现。文章开篇就写道："被后人誉为'诗史'的杜诗，不但在描写当时已经发生或正在发生的历史事实时具有惊人的准确性，而且在预见及预感当时尚未而即将发生的历史进程时，也具有惊人的准确性。"这种预见或预感，其实就是诗人强烈的忧患意识所致。它根植于古代文学的深厚传统，主要表现为"忧生之嗟"和忧世之叹，后者的代表人物就是屈原和贾谊。"屈原作品中那种仿佛大难已经迫在眉睫的气氛，与其说是反映了当时楚国的实际形势，倒不如说是反映了诗人心中基于对现实的预感而产生的忧患意识，反映了诗人对国家和人民的强烈的责任感。"贾谊生活在蒸蒸日上的时代，却痛哭流涕而作忧世之言，其无人领会的深哀剧痛与屈原是相近的。深处的忧患感是大部分杜诗的基调，这忧患包括对身遭丧乱、穷愁潦倒而滋生的对自己与亲友命运的担忧，更多的却是忧国忧民之情怀，后者正是杜甫高于同时代其他诗人的地方。总之，屈原、贾谊和杜甫三人所处的时代不同，但都怀着对国家人民的命运的巨大关切，都具有对于现实生活的深邃的洞察力，以及忠忱谠言不为时人接受所产生的巨大孤独感。

　　如果说上一篇论文所探索的是如何将杜甫与之前的文学传统结合起来,《七言律诗中的政治内涵——从杜甫到李商隐、韩偓》(与张宏生合撰,发表于《文艺理论研究》1988年第2期)则是寻绎杜甫所开辟的文学道路如何被后人所继承。虽然这里所探讨的"继承"仅仅以诗歌创作的一种体裁为例证,即使如此,让我们难忘的却是这三人一脉相承的精神,这种精神依然可以上溯到杜甫从屈原、贾谊等人那里所承接下来的文学传统。作者指出,在杜甫之前出现的246首七律,除了少数几首,其他绝大多数内容不外应制颂圣、即景抒怀、寄远赠别、登临怀古;在杜甫手中,七律这种诗体被注入了丰富而深刻的政治内涵,从而跳出了宫廷和个人生活的小圈子,成为反映政治现实的一种新手段,开拓出七言律诗的新境界。在杜甫之后,元稹、白居易、刘禹锡、杜牧等人又回到了杜甫之前的老路,只有李商隐、韩偓才真正地、全面地继承和发展了杜甫的传统。

　　具体地说,杜甫主要抓住安史之乱来写。这一对唐代乃至整个社会的进程都有着重大影响的事件给杜甫的思想和生活打下了深刻烙印,杜甫笔下唐帝国由盛而衰的整个画面都和这场大变乱分不开。而李商隐则始终围绕着四个方面来写:藩镇割据,宦官持政,皇帝之荒淫,朋党之争斗。这四个方面都在不断加剧着社会的内部矛盾,促使唐王朝趋于灭亡。至于韩偓,他的作品再现了唐亡前后的一段历史,而且几乎是一部编年史。……可见,对重大政治矛盾表现的集中性是他们的作品所同,而李、韩在向其前辈学习时,脱略枝节,抓住精髓,结合自己的具体情况,在题材的开拓、主题的发挥等方面,都作了适合于各自的时代和风格的处理。这既表现了每个作家的独特性,也显示出历史的延续性。

　　《火与雪:从体物到禁体物——论白战体及杜、韩对它的先导作用》(与张宏生合撰,发表于《中国社会科学》1987年第4期),同样是讨论杜甫如何"启后",所选择的是一个更受冷落的诗体——白战体。白战体在表现方式上形成了自己独特的要求,即不使用直接描写的方式来表现对象,通常的看法是欧阳修的《雪》肇其端,而后苏轼《江上值雪》、《聚星堂雪》踵事增华。但作者通过精细的考索,指出杜甫的《火》"几乎无遗漏地写到了一场山火所具备的特征,如光强、色赤、温高、烟浓等。但这些写特征,又完全不是通过它们对个别本体的直接描摹,即运用传统的体物巧似之言表现出来的,而全是通过展现一场对大自然施加暴力的愚昧行为的总过程所表现出来的",这就是对传统体物方式的大突破:

> 在艺术技巧上讲究趋避,是诗人们不断追求有所创新的手段之一。无论在主题、题材或表现方法上都有一个趋避的问题。趋新避旧,趋生避熟,往往能使得艺术获得新的生命。前面已经说过,诗之体物多属局部,重在巧似。这种写法,是包括杜甫在内的许多诗人所优为的。但如果将赋的传统即体物着重其整体,重在环境的铺叙、氛围的烘托,用于诗中,不也正是一种趋避,即一种革新吗?杜甫写火,不着意于它的某些特征的巧似,甚且有意加以忽略,而从整体着眼来写这一客观事物,这就使得它远于传统的体物手法。

此后韩愈写《咏雪赠张籍》、《喜雪献裴尚书》、《春雪》等也发展了这一表现方式,和杜甫一起成为欧、苏"禁体诗"的先导。通过对"白战体"发展源流的梳理,作者回答了他开篇提出的问题:当前代作家所遵循的传统已经达到难以企及的高度时,后代作家怎样突破传统,从而体现出新的时代特色与个人特色。

相对而言,《老去诗篇浑漫与——论杜甫晚期今体诗的特点及其对宋人的影响》(莫砺锋撰,发表于《南京大学学报(哲学·人文科学·社会科学版)》1989 年第 1 期)意旨更为显豁,眼界更为阔达,它直截了当地将杜甫与宋人的诗歌创作联系起来,沟通的桥梁就是杜甫晚期在今体诗方面的探索。首先,诗人将今体诗的题材范围扩大到几乎与古体诗同样广阔的程度,以之写时事,发议论,写日常生活琐事;其次,在写作形式上故意打破常规,如七律多拗体,七绝多对句,敢于用俗字俚语入诗,写得清空疏宕,工拙相半,这都对宋人产生了直接的影响。

《一个醒的和八个醉的——读杜甫〈饮中八仙歌〉札记》(发表于《中国社会科学》1984 年第 5 期)和《他们并非站在同一高度上——读

杜甫等同题共作的登慈恩寺塔诗札记》(与莫砺锋合撰,发表于《名作欣赏》1986 年第 6 期)都意在说明杜甫何以超越诗人而成为集大成者,只不过前者立足于思想认识,而后者着重于艺术创作。前者指出,杜甫在《饮中八仙歌》中所做的艺术上独一无二、空前绝后的尝试固然值得关注,但诗人写作时的心境更不可忽视:

> 他(杜甫)在到长安之前,乃至初到长安的时候,是和当时的许多诗人一样,沉浸在盛唐时代"那种不受世情俗物拘束,憧憬个性解放的浪漫精神"中的。如果我们将杜甫的《今昔行》与李白的《行路难》、王维的《少年行》合读,就可以非常清楚地看出这一点。但与此同时,我们却从杜诗里察觉到一点与众不同的生疏信息,那就是一种乐极哀来的心情,例如《乐游园歌》、《渼陂行》之类。这是由于他通过自己的生活实践逐步认识到:当时政治社会情况表面上似乎很美妙,而实际上却不很美妙乃至很不美妙。他终于作出了《自京赴奉先县咏怀五百字》那样的总结。……而《饮中八仙歌》则在很大的程度上是直觉感受的产物。杜甫在某一天猛省从过去到当前那些酒徒之可哀,而从他们当中游离出来,变成当时一个先行者的独特存在。但他对于这种被迫无所为,乐其非所当乐的生活悲剧,最初还不是能够立即体察得很深刻的,因此只能感到错愕与怅惘。既然一时还没有能力为这一群患者作出确诊,也就只能记录下他们的病态。这样,这篇诗就出现了在一般抒情诗中所罕见的以客观描写为主的人物群像。同样,这篇诗也就很自然地成为《今昔行》与《乐游园歌》、《渼陂行》的中间环节,它是杜甫从当时那种流行的风气中挣扎出来的最早例证。在这以后,他就更其清醒了,比谁都清醒了,从而唱出了安史之乱以来的时代的最强音。

后者比较了杜甫与高适、岑参、储光羲四人天宝十一载(752)在登慈恩寺时所写的同题诗,指出在大环境相同,小环境也大同小异的前提下,杜甫的眼界要开阔得多:"当四位诗人登上慈恩寺塔举目远眺时,对于观察自然景物来说,他们都站在同样高度的七级浮图之上，可是对于观察社会现象来说，杜甫却独自站在一个迥然挺出的高度上。这样，岑参、储光羲所看到的是佛寺浮图的崇丽，所感到的是佛教教义的精微，高适所看到的与岑、储同，所感到的则是个人命运的蹭蹬。而杜甫除了高塔远景之外还看到了'尘昏满目'，除了个人命运蹭蹬之外还感到了国家命运的危机，这正是杜甫的独特之处。"在写景方面，储、高、岑确实写出眼前所见之景，写得较真实，"杜诗却是更高的真实，它不仅极力夸张了慈恩寺高标耸立的形象，而且有意忽略视力所及，将塔下景物缩小为不可辨识的'一气'，从而构成了统一的艺术境界。杜诗所以在写景方面也压倒群贤，就因为老杜艺术构思的才力比其他诗人更为雄鸷"。

书中的另外四篇论文，是对杜甫诗歌创作道路的某个阶段或主题的研究。《英雄主义和人道主义——读杜甫咏物诗札记》(与张宏生合撰，发表于《文学遗产》1988 年第 5 期)，虽题曰"札记"，实则是对咏物诗这一题材的宏观把握，只不过作者选择了一个特定的视角，其兴趣仍然在于"内在性"的探索与总结，对于这一领域的具体艺术技巧虽略有关注，却不是讨论的中心。文章指出，作为杜甫思想中的两个重要方面，英雄主义和人道主义在不同的人生阶段有着不同的表现，但总体而言是贯彻始终的，并最终交融在一起，"杜甫咏物诗中的英雄主义主要表现为致远雄心和疾恶刚肠，其出发点和最后归宿，都在于报国的满腔热诚。而在当时的历史条件下，忠君爱国与仁民爱物的一致性，又使得关心王室安危，期望报效朝廷，因而歌颂具有英雄气概的事物的诗人，也必然同时对人民的命运怀着深切的关注，从而使其作品中也充满着人道主义精神"。因此，偏嗜阳刚之美的诗人，对阴柔之物也极为关注，这里所体现的就是人道主义关怀。

《崎岖的道路与伟丽的山川——读杜甫纪行札记》(与莫砺锋合撰，发表于《社会科学战线》1987 年第 2 期)，以杜甫从秦州到同谷以及从同谷到成都的各十二首联章纪行诗为讨论对象，认为诗人将身世之感、生事之艰融入其间，使这两组诗成为古代纪行诗中的空前绝后之作。在艺术表现方面，两组诗采取了化整为零又合零为整的艺术手法，形象地展现了空间跨度极大的秦陇山水和历时三月的行役过程，其时间的连续性与空间的完整性都得到了完美的展示；在诗歌内容方面，各有侧重，或抒写国步之艰危，或感叹民生之凋敝，注意区分表现对象的概括与具体、有与无、实与虚。"为什么杜甫描写山水能达到如此独特的造诣呢？我们认为在于诗人的写实手法。虽然杜甫在具体描写时也不排斥夸张和想象，但这些手法都是用来形容人间的真山实水的。"从这个意义上讲，作者认为杜甫在山水诗方面的艺术成就超过了李白。

《杜甫在夔州诗中所反映的生活悲剧》（与张宏生合撰，发表于《文学评论》1984 年第 6 期），给人印象深刻的，正如加藤国安所言，在于它优美的、具有冲击性的语言，其间所蕴涵的情绪如此浓烈，几乎使人将之等同于抒情文体，如其开篇：

> 人生的道路曲折艰难。痛苦和欢乐彼此更替，绝望与希望互相交织。杜甫敏感的心灵，洋溢着多少落寞的情思和不甘落寞的追求。他旅居长安十年，是那样地渴望着"致君尧舜上，再使风俗淳"，而终于发出"无才日衰老，驻马望千门"的感慨，离开了这个他希望有所作为的政治中心。这一份倦倦之情，始终折磨着他。华州途中的血泪，秦州塞上的风烟，成都草堂的彷徨——歌喉由高亢而深沉，感情由热烈而浓郁。大历元年（766），他又伴着阵阵沉重的叹息来到了夔州，以整个的身心，更深地感受着人生巨大的痛苦。

文章指出，杜甫的夔州生涯看起来是宁静而祥和的，但那种不得已的依附而带来的强烈屈辱感沉淀在诗人心中，使压抑成为诗人夔州诗的重要内蕴，从而带来诗歌格调上的苍凉。杜甫很想使自己如陶渊明一样沉浸在大自然中，但他终究无法忘怀世事，那些极恬淡、极自然、极真切的景物描写，只是沉痛地宣告他压抑自己个性与心灵企图的失败，"他偏要在已经注定的悲剧结局里挣扎着去寻求对喜剧的憧憬，这样，个性和思想上的压抑，就使他的诗风苍凉多了；而那在压抑的隙缝里迸发的感情，又显示了悲愤的色调——这就是杜甫夔州诗的风格：苍凉、悲愤"。

《晚年：回忆和反省——读杜甫在夔州的长篇排律和联章诗札

记》(与张宏生合撰，发表于《中国社会科学》1986 年第 1 期)，也非常关注诗人在夔州时期的心态，不过文章所挖掘的是这一时期的特殊心态如何投射在诗人最为人津津乐道的两种诗体上。笼罩在这些诗歌上的怀旧情愫，被认为代表了一种回溯过去的反省姿态，始终主导着诗人的长篇排律和联章诗创作。当然，作者特别注明杜诗中回忆和反省的诗篇并非全是长篇排律和联章诗，而其长篇排律和联章诗也并非用以写回忆和反省主题，但回忆和反省的姿态是如此引人注目，作者提醒我们不能不给予它们足够的重视。或许在人生走到尽头的时候，回忆往事，反省那些事实的成败是非，对家国之事进行历史性总结，是顺理成章的，但于杜甫而言，意义并不仅于此，这些诗中还蕴涵了诗人对过去理想破灭的怅惘，对现状时局纷乱的忧虑和对未来道路的希望。

全书的核心，正如另两位著者在《后记》中所言，那就是对诗歌发展问题的反思——杜甫对古典诗歌的发展以及他自身的发展，从而凸显杜甫"集大成"的意义。意义的凸显，在比较中才能完成，于是作者给杜甫树立了众多的参照物：与之前的文人比较，与此后的文人对照，与同时代的人对比，甚至诗人自身的不同阶段也被纳入比较的视野。值得注意的是，这些比较是建立在缜密的考证基础上，是作为一种批评方式而自然出现，而不是一种结果和目的。也就是说，作者在比较的过程中，固然没有趋时媚众而人云亦云，却也尽量避免为一鸣惊人而标新立异，后者无疑更为重要。

与十一篇论文紧密在一起的，是《杜诗镜铨批抄》，这是程千帆先生的读杜与讲课时心得。作者自叙云：

> 清人注杜者，钱、朱、仇、浦、杨五家为善。西河《镜铨》尤简明便于初学。往岁授徒，即用此本。隅照所及，书之简端。比来小暇，因略事简汰，抄为一帙。昔先师蕲春黄君之批萧《选》，不事繁辞，或仅缀片言，或但注一字，而其义自出。高山仰止，用是步趋。

《杜诗镜铨批抄》全书由片言只语所组成，或发明其深潜之意蕴，如于《醉时歌》"但觉高歌有鬼神，焉知饿死填沟壑"批云：

> 《汉书·朱买臣传》："常艾薪樵，卖以给食，担束薪，行且诵书，其妻亦负戴相随，数止买臣毋歌讴道中。买臣愈益疾歌，妻羞之，求去。买臣笑曰：'我年五十当富贵，今已四十余矣。汝苦日久，待我富贵，报汝功。'妻恚怒曰：'如公等，终饿死沟中耳，何能富贵?'买臣不能留，即听去。其后，买臣独行歌道中。"二句即用此事，此真沈隐侯所谓使人不觉耳。

或与前人相辩论，如于《诸将五首》其一"曾闪朱旗北斗殷"张溍注"言闪朱旗而北斗皆赤，见胡氛蔽天意"批云：

> 张溍似以朱旗属之胡人，然赤帜朱旗，本皆汉物。此诗既从汉朝陵墓咏起，则朱旗之不属胡甚明。公此联盖以今昔对比出之。"曾闪"句当谓汉(唐)盛时，朱旗蠹天，北斗亦为之殷，以见今日西戎相逼之可哀耳。别有详考。

或由此及彼，抒写感悟，如于《病马》"物微意不浅，感动一沉吟"批道：

> 二句乃公咏物诸篇之总赞也。读者处处牵合，固属附会，然谓胥无托意，亦非。要在善会之而已。仁者见之谓之仁，智者见之谓之智，此世事所恒有，强求一致则固。

或拈出诗句特异之处，以标明之，如论《凤凰台》"心以当竹实，炯然无外求。血以当醴泉，岂徒比清流"：

> 无外求，谓不假之他处，不比清流，亦是此意。辞异而义同也。纪行诗写景、叙事、咏怀、发议无所不有，特秦陇山川得公诗始显其灵秘，故论者尤重其写景。十一首皆即景为之，独此《凤凰台》一篇，别出寓言，无正面写景之笔，亦犹太冲《咏史》

特标荆卿，以发其寂寥中之奇想者比。

总之，无论何者，均是有感而发，展示出文艺学与文献学相结合的特色。沈祖棻先生曾在她与程千帆先生合著的《古典诗歌论丛》(上海文艺出版社1954年版)一书后记中，总结了他们的治学道路和研究方法："这些论文中，他尝试着从各种不同方面提出问题，并且企图用各种不同的方法加以解决，是因为在过去的古代文学史研究工作中，我们感到有一个比较普遍的和比较重要的缺点，那就是没有将考证和批评结合起来。"这种将批评建立在考证基础上的方法和精神，不仅在《被开拓的诗世界》中得到完美体现，在《杜诗镜铨批抄》也是十分普遍的。

程千帆先生从事细致考证的一个重要基础，是他对校雠学的深入研究。20世纪40年代所发表的《杜诗伪书考》，展示出作者深厚的素养，也为此后的独树一帜的批评奠定了坚固的基石。《杜诗伪书考》论定了王洙《杜工部集注》、苏轼《老杜事实》、黄庭坚《杜诗笺》、杜举《杜陵诗律》等均属伪作，对后来的研究者颇多启迪。随后发表的《少陵先生文心论》(《文史杂志》1945年第5期)对杜甫的文学思想进行了集中研讨。文章先指出杜甫的文学精神源自儒家，在创作态度上有三个方面值得注意：一是具有融会贯通的见识，二是具有驾驭严格律令的才气，三是具有建立风标的学力。"凡此三事，皆杜公诗法之尤精尤大者。观其综贯超卓，知非徒以篇章为百代雄也。后贤才学与识，每难兼赅，所诮宜乎不及。至侈言辞气，易蹈空疏；毛举章句，多伤琐碎。"创作需要才与识，研究更是如此。

程千帆之杜甫研究论著目录：

《杜诗伪书考》，上海中华书局1949年版。

《少陵先生文心论》，《文史杂志》1945年第5卷第1~2期。

《被开拓的诗世界》，上海古籍出版社1990年版。

《杜诗镜铨批抄》(一、二、三、四)，《草堂》1984年第1期、1985年第1期、1985年第2期、1986年第1期。

杜甫诗论丛(存目)

金启华

【评　介】

金启华(1919—2011)，安徽省来安县人，青少年时代就读于滁州中学、芜湖中学，1938年考入国立中央大学中文系，在《宇宙风》、《大公报·战线》、《时事新报·学灯》、《时与潮文艺》、《民族文学》等报刊杂志上发表了诗歌、散文、小说百余篇。1942年留校任教，翌年考取国立西南联合大学研究院文学史专业。1945年转入中央大学，获文学硕士学位，任教于国立戏剧专科学校、山东师范大学、南京师范大学等，著有《国风今译》、《诗经全译》、《杜甫诗论丛》、《诗词论丛》、《中国词史论纲》、《匡庐诗》，主编《中国文学史》、《全宋词典故考释辞典》、《唐宋词籍序跋汇编》，合著《杜甫评传》、《杜甫诗史》、《杜甫诗选析》、《周密及其词研究》等。

一、深广全面的《杜甫诗论丛》

《杜甫诗论丛》是金启华四十多年研究的结晶，全书共分为"杜诗渊源论"、"杜诗影响论"、"杜诗风格论"、"杜诗技巧论"、"杜甫的诗论"、"杜甫的艺术修养"、"论杜甫诗歌的政治意义"、"杜诗中所反映的战争问题"、"论杜甫的思想"、"杜甫与劳动人民"、"杜甫的山水诗"、"杜甫的花鸟诗阐微"、"论杜甫的五律"、"论杜甫的七律"、"论杜甫的七古"、"论杜甫的绝句诗"、"杜诗证经"、"杜诗证史"、"杜诗证子"、"广《杜诗证选》"、"杜甫诗句对黄山谷的影响"、"杜甫家世考"、"杜甫的病和死"、"李、杜诗论的比较"二十四个部分，举凡杜甫家世、生平、思想、文学观念以及诗歌题材、体裁、技巧、风格、影响等为学人所关注的话题，无不包罗在其中。就专论而言，其笔触之深广，论述之全面，为其时著述中所罕见。

在艺术观念方面，作者认为杜甫既能看到古人所长，又能看到后来居上，提出批评继承的主张，而在艺术实践中，其艺术渊源就十分丰富，并不专取一家，"继承了《雅》诗的精神实质；发展了汉魏六朝初唐各家诗歌的篇法章法；又学习了齐梁间人的造句遣辞，取精用宏，源远流长"。由于生活在一个艺术繁荣的时代，欣赏过李龟年、杨氏的音乐，公孙大娘、李十二娘的舞蹈，又同张旭、郑虔、李邕、王维、韦偃、王宰、曹霸、李潮等过从交接，杜甫对书法、音乐、舞蹈都有颇为深刻的见解，这深厚的艺术修养对他的诗歌创作有极大的帮助。

在艺术风格方面，作者认为杜诗以沉郁顿挫主导，"但这种艺术风格，不是一朝一夕所能形成的，应该有它的发展过程。这和杜甫所处的时代、所遭遇的生活、所表示的态度，以及他所选择的题材和诗歌语言、结构等，都是密切关联着的。而生活是诗歌风格的现实基础。生活使一个人在变，也使得人的诗歌风格在变。这样，杜甫诗歌的风格，可以就杜甫生活的变化而划分为三个时期，即少壮时代与前期杜诗；天宝之乱中的杜诗；入川出川的后期杜诗"。

在艺术技巧方面，作者指出杜诗的巨大成就首先源自诗人以赋为主、间用比兴的表现手法。"杜甫把现实里重大的事件，以及自己所遭遇到的复杂生活，纳入自己的诗歌里，不用赋的手法，铺开来写，是难以达到预期效果的。"杜甫以赋笔写诗，颇多变化。如他的长篇，段落有长有短，参差错落；层次忽断忽续，转接无象；节奏有操有纵，有正有变；用韵或一韵到底，或多转韵。其次，杜诗的技巧，表现为以议论入诗和错综地描写情景。"本来，我们知道诗歌是以抒情为主，很少夹有议论的。但是杜甫在这方面却打破了这些格套。"杜诗为史，就包含了他的议论在内。不过，杜甫更多的诗篇，还是以写景抒情见胜，尤其是他对景情两方面的描绘，错综复杂，变化万端。再次，杜诗的技巧，是句法的变化和炼字的精当。最后，杜诗的技巧体现为各种诗体的熟练运用并有所改造与革新。

对杜甫的每一种诗体都进行详细的分析，并总结归纳出其艺术特色，是金启华研究杜甫的重要成就。杜甫的五言律诗，数量最多，计六百余首，占三分之一强，作者认为应该分为五个时期去探讨：少年骋游时期，现实意义不强，技巧则臻于成熟，尤其工于发端；长安十年之作，题材仍以游宴、赠答、怀人为主；天宝之乱时期，咏物与描写边塞之外，多反映战乱生活，艺术技巧千变万化，风格沉郁顿挫；寓居成都与夔府之时，所作五律最为繁富多彩，博大精深；晚年漂泊荆湘，对景伤怀，有叹老嗟卑，不得施展抱负之叹，也有借咏物而伤聚敛，关心民瘼。杜甫的七律，约一百六十首，"在艺术技巧方面更是有极高造诣的。这表现在谋篇造语，炼字炼意，无不匠心独运，不同凡响，达到完善的境地"。至于七言古诗，与七律分阶段而显示不同成就不同，作者认为杜甫七古从一开始就显出不同凡响，并有所创新，复能纵横驰骋，骎骎独上，创造出崭新的格调。

我们可以看出杜甫七古反映当时现实生活之广阔，举凡政治、战争、人事之荦荦大者，无不纳入笔端，加以描绘，而对自然山川、花鸟景物也都收入笔底。其对各种艺术，尤有所写照，以见其艺术之间的相通之处。其取材是极为广阔而又丰富，几乎包罗万象，真是生活的教科书。其写作技巧，更是千门万户，变化莫测。其谋篇，有长篇巨制，有短制组诗。有的工于发端，起得突兀。有的承转递接，曲折多变。有的收尾袅袅，韵味不绝。其用句，有时以散文出之，明白如话；有的以律句出之，凝练铿锵。其用韵，有时一韵到底，转折不衰，有的更换用韵，愈转愈精。其诗有时忽用"三平"落脚，有时又全用仄声字，使诗句音响顿挫，点点振人。其风格，有的沉郁，有的豪放，有的幽默讽刺，有的含蓄委婉，也是富于变化的。其渊源有自，而又衣被后昆，在中国古典诗歌的七古诗中，确是集大成的。

杜甫的七言绝句，历来颇多争议。作者指出，杜甫的七绝是在四十八岁冬天入蜀以后才多起来的，内容也相应多写成都、夔府的自然景物，对我们了解杜甫的生活极有帮助。在艺术上也显示出鲜明的特色。首先，杜甫的这些绝句是联篇的多，单篇的少。"绝句的特长是反映事物快，像速写，像快照；而其战斗作用，则像匕首，像投枪。但是，如果事物涌来，连续不断。或者重大事件，牵涉面广，而作者对这些客观情况，又都有他一定的看法和激情，于是不得不以连续的快照来捕捉镜头，又不得不在所摄取的镜头中表示自己的激情，于是就必须有联篇的绝句来适应这些内容；而联篇的绝句也就发挥了它应有的作用"。其次，金启华先生认为，杜甫的绝句诗除常调以外，更多是拗体，也就是打破绝句时代格律常规，避免常调的平板，使绝句诗在音调方面更加丰富。再次，杜甫的绝句诗，使用了直切和蕴藉两种手法。联篇绝句多直切，铺陈其事，直接陈述；单篇绝句婉而多讽，赋比兴兼用，蕴藉含蓄。最后，作者指出杜甫的七绝在造句、遣辞、着色等方面也极有特色。杜甫七绝这些特色的形成，除了学习古人与同时代的诗人之外，一个重要的原因在于他学习了当地的民歌，并有所变化和创造。

对杜诗的不同题材，金启华也有深入细致的分类研究。他认为杜诗之所以被称为"图经"，就在于杜诗中有许多描摹自然景物的山水诗。

> 杜甫的山水诗是他诗歌的重要组成部分，都是从他亲身经历仔细观察而写出来的。各地区山川的壮丽险绝、雄奇清秀，都给杜甫以美的感受，激发他的情思，使他写出各种不同风格的诗篇。他更能结合自己的遭遇，抒发自己的思想情感，有些诗篇更寄寓一些哲理，而近乎所谓"道"的。但杜甫又不局限于自己的抒愤和牢骚，能结合当时的现实，表现出他关心国家命运和人民疾苦的思想感情，使诗篇富有重大的现实意义。

作者对杜甫的花鸟诗进行了专题讨论。他指出，杜诗中有许多诗专门描绘梅花、丁香、丽春、栀子等，每每能随着不同的环境，描绘出它们的不同形态，写出自己不一样的感受。杜甫写柳，写新竹，写海棕，写松柏，写橘树，注重其精神气质，多有寄托。杜甫写杜鹃、鹰、鹘、雁、鹅、鸭、鸡、燕子等，也能穷形尽相，善于取其象征意义来发挥诗人的愿望与想象。在杜甫所写的兽类中，马留给人的印象最为深刻。他从画马写到真马，写到人与马的关系，写到马与国家的关系，可见他对马的熟悉。总之，"杜诗写花木鸟兽，能把它们的形象、特征、个性都刻划出来；能联系到它们和现实的关系来描绘；能把它们当作象征事物来抒写；又能把它们的内在含义表托出来。所以既鲜明、生动，又丰富、深远"。

二、水到渠成的《杜甫诗论丛》

不过，虽然《杜甫诗论丛》构建了一个完整的研究体系，其结撰过程却与今日学术论著之写作方式大为不同。当日李贺作诗，即异于常人，往往是远足之中偶得佳句，然后敷衍成诗，并非先定主题以并凑诗句。金启华先生结撰此书，与李贺作诗的方式相近，也是先把他在研究杜甫的过程中心得写成文章，并不先以体系的建构为鹄的，而是经过四十多年的积累，把思考的问题与自己的体会一一展现出来，至此水到渠成，自然形成一个完整的体系，颇异于当下先确定选题，再搭建框架，最后填充材料的写作模式。

如书中"杜甫的诗论"一节，即几经作者修订。1946年，金启华先生在《学灯》杂志发表了《杜甫诗论丛》，拉开了他有关杜甫著述的序幕。文章先把杜甫与李白的文学观念进行对照，指出李白以大雅为极则，以清真为贵，存在着较为浓厚的复古之气，而杜甫既主张学风雅骚赋，又推崇汉魏诗歌，对初盛唐诗人也不菲薄，具有发展的眼光，"综上所述，是知公（杜甫）于历代之诗，均有取精用宏之意。其所以如是者，则诗识高也。诗识为何？即公能知诗之演进，而并知一时代有一时代之诗。故《偶题》诗云：'前辈飞腾入，余波绮丽为。后贤兼旧制，历代各清规。'是知文学之为进步，不徒以复古为是"。接着作者指出杜甫诗识既高，还不忘与友人讨论以避免褊狭，所以诗作杰出。最后，文章论述了杜甫对诗歌创作的认识，即分外注重"有神"与"感兴"："是知公诗之作，原于有神，有神发于感兴，感兴因时地而生，是亦公之识诗心处也。"

在《杜甫诗论丛》的结尾，作者曾总结说："公之论诗，于学诗，得诗，吟诗，赏诗，皆有所指归矣。"不过，文章对于杜甫的论诗，主要集中在宏观认识上，没有涉及具体的学习与创作过程。因此，十多年后，作者又撰写了《杜甫的创作论》(《雨花》1958年第1~2期)，详细论述了学诗、写诗、吟诗、赏诗的历程。金启华先生认为，杜甫的一生，也即学诗、写诗与吟诗的一生。他生长在诗的家庭，从小就学诗，"在诗里过生活，包括读人家的诗，和自己在写诗，这种精神，他一直保持到老"。当然，诗人并非为了写诗而写诗，以他对元结《舂陵行》等诗的推崇，可以说明两件事："一件是杜甫认识到生活是诗歌的源泉，非常重大的事件，是诗歌的主要题材；一件是杜甫在这里，有了诗兴，要以诗反映当时的现实。"如何学诗呢？首先是大量的阅读。"我们现在看杜甫诗里，除掉直接与白描当时现实生活的诗以外，他的用典遣词，几乎包括了当时重要的经、史、子、集、佛经、道藏等书，这说明杜甫读书很多。"为什么要吟诗呢？因为"诗歌除去具备一般的文学特征以外，它还要有音乐性，要讲求声调韵律。在研究诗歌的声调韵律，杜甫又提出了吟诗的重要，他要在吟诗中，求得诗句的稳妥、铿锵……如果有不妥当的地方，再来删改，改罢再来吟，一定要求得他的妥当，吟得舒畅"。

收录到《杜甫诗论集》的"杜甫的诗论"一章，在修订上述两文的基础上，又增加了不少新的内容，观点也更为全面。如关于创作的源泉，更注重现实生活而非对古人的借鉴：

不过我们又知道杜甫他认为在平常的生活中，登高望远，观花赏木，也可以有诗兴。所以他又说过："郑县亭子涧之滨，户牖凭高发兴新。"(《题郑县亭子》)"东阁观梅动诗兴，还如何逊在扬州。"(《和裴迪登南州东亭见寄》)有了诗兴，自然能写诗。这用我们现在的话来说，就是所谓有了"灵感"，该也就是刺激有了反应，注意力集中，并有了创作冲动，因而写诗了。而写诗又是在什么样的时间、地点和情况来动笔的呢？这杜甫又曾把这个经验告诉我们，也表现在他的诗里。天将雨，他有诗。所谓"片云头上黑，应是雨催诗。"(《陪贵诸公子丈八沟携妓纳凉晚际遇雨》)……这样的说法我们认为较他的"读书破万卷，下笔如有神"是又进了一步。而"读书破万卷，下笔如有神"的"有神"，只是在古人作品的影响下的"有神"，而这里则是受客观事物的刺激，引起"诗兴"，写来"有神"。就是有源有流，有现实生活为题材；也有古人的作品作为借鉴。诗的"有神"，说得才全面。

关于杜甫的鉴赏论，作者也没有简单地停留在诗人"不薄今人爱古人"的模糊层面上，而是具体地阐述了杜甫评诗的标准与境界。"他(杜甫)对古人诗和今人诗的长处和特点，常常是相提并论的。而在这些赞美别人诗的言论中，他所提出的标准和境界，也该就是他所向往的。我们认为杜甫赞赏诗，是常常提出清新、壮阔和细密的。"对于这三种诗风，文章逐一进行了剖析。这样写来，作者就杜甫对于诗歌学习、创作与欣赏的整个观念都清晰完整地勾勒出来了。

即使是同样的内容，四十多年的沉淀也使作者在表述上有较大差异。在1946年所发表的《杜甫诗论》中，文章结尾谈及了杜甫与诗友的交流，重点在于论述诗人寻觅知音的激切心理：

> 公诗作既高矣，然亦不希冀时誉，而求永恒。故称"文章千古事，得失寸心知"(《偶题》)。其自知也如是。其求知也，亦仅限识者。故云："吾人诗家流，博采世上名。感彼危苦词，庶几知者听。"(《同元使君舂陵行》)以其识诗也，故于友人之诗，言："新诗句句好，应任老夫传。"(《奉赠严八阁老》)以众人之未必识诗也，故于友人之作，称"贾笔论孤愤，严诗赋几篇。定知深意苦，莫使众人传"(《寄岳州贾司马六丈、巴州严八使君两阁老》)。于其已作之诗也，亦不望浪传。称"见酒须相忆，将诗莫浪传"(《泛舟送魏十八仓曹还京因寄岑中允参、范郎中季明》)。又称"念我能书数字至，将诗不必万人传"(《公安送韦二少府匡赞》)。是故阳春白雪之调，必有高山流水之思。公之论诗，于学诗，得诗，吟诗，皆有所指归矣。

1958年所发表的《杜甫的创作论》，最后一段修改为：

　　杜甫具备了这样卓绝的认识，但是他并不以此就满足了。他又注意到要和人讨论诗，这样才能进一步地追求诗歌的完善。本来，一个人的创作，常常自以为是很好了，在别人看来，又往往是平常、笨拙，所以陆机在他的《文赋》就说过："独观谓为警策，众睹终沦平钝。"杜甫为着避免主观方面的狭隘，他是喜欢和人论诗的。譬如他曾和李白、高适、岑参、薛据、孟云卿等论诗。在讨论诗中所得的乐趣，杜甫常常喜笑颜开，所谓"讨论实解颐"(《奉赠李十一丈曛判官》)。这样热烈地殷切地和别人讨论，实在是知道了讨论诗的好处；也希望别人对他来帮助。所以他赞美朋友的论诗，譬如他称道孟云卿，是"孟子论文更不疑"(《解闷十二首》)。这样虚心地倾听别人意见，相信别人的意见。杜甫之所以伟大，能兼容并蓄别人的长处，喜爱和别人论诗，也是主要的原因之一。杜甫这样地认真作诗，喜欢和别人讨论，但是他有时也觉得自己的诗不一定就完全为别人所了解。所以他曾说道："文章千古事，得失寸心知。"(《偶题》)他并不希望别人来传播他的诗，所谓"将诗不必万人传"(《公安送韦二少府匡赞》)。这当然又是他不希求时誉，求得庸俗奉承，来为自己扬名。可是杜甫对别人的好诗，却也喜欢传播。譬如他对严八阁老的诗，就说道"新诗句句好，应任老夫传"(《奉赠严八阁老》)。杜甫又是多么尊重别人的创作啊！

在 1979 年出版的《杜甫诗论集》，相关的部分又被作者进一步扩充为：

　　杜甫对诗是有深切认识了。但是他并不以此为满足，还注意到要和别人讨论，才能进一步地求得诗歌的完善。本来一个人的创作，常常自以为很好了，但是在别人看来，又往往是平常、笨拙。所以钟嵘在他的《诗品序》里就说过："独观谓为警策，众睹终沦平钝。"杜甫为着避免主观方面的狭隘，他是喜欢和人讨论的。是"把酒宜深酌，题诗仔细论。"(《敝庐遗兴奉寄严公》)是"说诗能累夜，醉值或连朝。"(《奉赠卢琚》)而对论诗论文的朋友别离之后，常常怀念他们。如他想起李白，他说道："何时一樽酒，重与细论文。"（《春日忆李白》）赠毕曜诗云："同调嗟谁惜，论文笑自知。"（《赠毕四曜》）寄范邈、吴郁诗云："论文或不愧，重肯款柴扉。"（《寄范邈吴郁》）与严武诗云："畴昔论诗早，光耀伏钺雄。"（《遣闷奉呈严公二十韵》）遥想高适、岑参，希望战乱平定和他们再来论诗，所谓："会待妖氛静，论文暂裹粮。"（《寄高适岑参》）托朋友带信给薛琚、孟云卿，就是想和他们论诗，是"荆州遇薛孟，为报欲论诗"（《别崔潩因寄薛琚、孟云卿》）。赞美朋友论诗的精当，是"孟子论文更不疑"（《解闷十二首》之五）。而在讨论诗中所得的乐趣，杜甫常常是喜笑颜开，所谓："讨论实解颐。"（《奉赠李十一丈曛判官》）这样喜欢和别人论诗，虚心地倾听别人意见，相信别人意见，杜甫之所以伟大，之所以能兼容并包别人的长处，也应该是他成功的原因之一。而当论诗朋友的死亡，杜甫尤有高山流水之思。所以他在苏源明的死后，叹息道："自从失词伯，不复更论文。"（《怀旧》）杜甫是喜欢和别人论诗了，但是有时也觉着自己的诗未必为别人所了解，所以他也曾叹息过："百年歌自苦，未见有知音。"（《南征》）然而自知甚明，他又说过："文章千古事，得失寸心知。"（《偶题》）他的求知，也限于识者，所以他说道："吾人诗家流，博采世上名。……感彼危苦词，庶几知者听。"（《同元使君春陵行》）对于自己的诗，更不希望别人传播，所谓"见酒须相忆，将诗莫浪传"（《泛舟送魏十八仓曹还京因寄岑中允参、范郎中季明》）。又道："念我能书数字至，将诗不必万人传。"（《公安送韦二少府匡赞》）这都是对诗有深刻的理解和尊重诗，不希求时誉，不希望庸俗奉承，来为自己扬名。可是杜甫对别人的好诗，却也喜欢传播。譬如他对严八阁老的诗，就说道："新诗句句好，应任老夫传。"（《奉赠严八阁老》）杜甫又是这样尊重别人的创作。然而也怕别人的不能理解，所以他又说过："贾笔论孤愤，严诗赋几篇。定知深意苦，莫使众人传。"（《寄岳州贾司马六丈、巴州严八使君二阁老》）杜甫又是如此的尊重别人创作，喜欢传扬别人的诗。

三、研究视野的变化

除了作者对同一问题的认识不断深入外，历时四十多年研究，更大的变化还在于用力之处。大致而言，作者早期立足于宏观，对杜甫之生平、思想较为关注，尤其是 1946 年与 1947 年，是他研究杜甫的第一个阶段，两年时间连续在《中央日报》发表了十篇杜甫专论，即《杜甫之学问》(1946.6.27—30)、《谈杜诗》(1946.7.25)、《杜甫之艺术修养》(1946.8.3—5)、《杜甫诗论》(1946.8.9—10)、《关于"杜甫童年"的几句话》(1946.11.12)、《少年时代与早年杜诗》(1947.1.29—30)、《杜工部的绝句诗》(1947.5.19)、《再谈杜工部的绝句诗》(1947.6.1)、《杜甫在中国诗史上的地位》(1947.6.27—29)、《杜甫之家世》(1947.9.21—24)。

第二个阶段是纪念杜甫诞辰 1250 周年的 1962 年前后，金启华也有一系列论文问世，主要是对前期成果的深化。如《杜甫的创作论》(《雨花》1958 第 1~2 期)、《杜甫的艺术修养》(《江海学刊》1958 第 3 期)、《杜诗影响论》(《江海学刊》1960 年第 2 期)、《论杜甫诗歌的政治意义》(《南京师院学报》1962 年第 1 期)、《杜诗技巧论》(《南京师院学报》1962 年第 3 期)、《谈杜甫的绝句诗》(《江海学刊》1962 年第 4 期)、《杜甫论诗一例》(《雨花》1962 年第 12 期)、《杜甫的诗论》(《南京师院学报》1963 年第 1 期)、《杜甫家世考》(《文学遗产》(增刊)第 13 辑，1963 年 9 月)等。

第三阶段是在 20 世纪 80 年代以后，作者转入对杜甫诗歌艺术及各种体裁的分析，发表的论文有《杜甫的山水诗》(《徐州师范学院学报(哲学社会科学版)》1980 年第 3 期)、《杜诗证史》(《活页文史丛刊》1980 年第 24 期)、《论杜甫的七古》(《草堂》1981 年创刊号)、《杜诗证经》(《浙江师范学院学报(社会科学版)》1981 年第 2 期)等。这些论文"以杜释杜"，紧紧扣合杜诗，旁搜远绍，广征博引，充分展示出作者功力的深厚、治学的严谨，尤其是《杜诗证经》、《杜诗证史》、《杜诗证子》、《广杜诗证选》四文，更是直接将杜诗化用经史子集的句子——罗列出来。如杜甫对《史记》文句的化用：

此马临阵久无敌(《高都护骢马行》)	吾骑此马五岁，所当无敌(《项羽本纪》)
人实不易知(《送高十五书记》)	人固不易知，知人亦未易也(《范雎传》)
七星在北斗(《同诸公登慈恩寺》)	北斗七星(《天官书》)
那将血射天(《寄岳州贾司马》)	盛血以韦囊，悬而射之，命曰射天(《宋微子世家》)
天用莫如龙，地用莫如马(《遣兴二首》)	以为天用莫如龙，地用莫如马(《平准书》)
旅泊吾道穷(《积草岭》)	吾道穷矣(《孔子世家》)
宾客满堂上(《寄赠王十将军承俊》)	魏将相宗室宾客满堂，待公子举酒(《信陵君传》)
今如丧家狗(《将适吴楚留别》)	累累若丧家之狗(《孔子世家》)
劳心焦思补四方(《忆昔二首》)	禹伤先人父鲧之功不成受诛，乃劳心焦思(《夏本纪》)
周南留滞古所惜(《寄韩谏议注》)	是岁天子始建汉家之封，而太史公留滞周南，不得与从事(《太史公自序》)
周南太史公(《敬简王明府》)	同上文

在《杜甫诗论丛》结集出版后，金启华还继续研究了杜诗的各种体裁和主题，尤其是对前书所未论及的五古(《论杜甫的五言古诗》，《杜甫研究学刊》1992 年第 4 期、1993 年第 1 期)、排律(《论杜甫蜀中的排律》，《徐州师范学院学报(哲学社会科学版)》1986 年第 1 期)、五绝(《以少许胜多许——论杜甫的五言绝句》，《江海纵横》2000 年第 1 期)等先后进行了详细的考察。如对于杜甫的五绝，作者指出其产生和发展都是在他四十八岁和五十七岁入夔府时期所创作的，在形式上又分为单篇和组诗两种，各自特色颇为鲜明。

杜甫的五言绝句最有其独特成就的，是在成都、夔府时期所创作的。其单篇五绝在两地所写的，多为赠友、怀古、抒怀之作。其赠友诗，以诗代笺，乞援求助，雅而不俗，富幽默感，尤为其特色。怀古则情深意长，抒怀则忧时思归，皆深于情者也。其五绝组诗，在成都草堂时，则为写景之篇。刻划山水，描写花鸟，富美感经验，有物我相即，物我若即若离之趣，变化多端，给人以美的享受。其在夔府的五绝组诗，则现实性强，多为忧时伤世之作，悲天悯人，极具忧患意识，能发人深省。总之，杜甫五言绝句，无论是单篇，是组诗，均为杜诗中之重要部分，同样具有诗史意义。它们虽篇幅小，而含量仍大，可谓以少许胜多许。(《以少许胜多许——杜甫的五言绝句笺释》，《杜甫研究学刊》2006 年第 1 期)

在对杜诗分主题的讨论中，其《杜诗题画诗笺释》(《杜甫研究学刊》2006 年第 4 期)一文尤为细致生动。作者把杜甫的各类题画诗都加以翔实的笺释，每一首的解读都是一篇精美的赏析文字。如对《杨监又出画鹰十二扇》诗的品读：

诗为五古。首段描绘画鹰的出处及其神隽。系摹拟名家冯绍正之画而得其传承的。独立出群的姿态，高瞻远瞩的飞扬。矫健抵千里马，气概当万人将，鹰的英姿，跃然纸上。"忆昔"八句，以见此画鹰而追忆往时玄宗冬猎的盛况。他们从长安含元殿出发到骊山打猎，那些王子们各有善捕猎的雄鹰，一个胜似一个，称王称霸，百发百中。现在看这些画鹰都像那些真鹰一样，叫人怎不怅惘呢！末段"干戈"四句，又借真鹰寄寓感慨，然而壮心未已，游猎不暇，老骨头在山崖峦嶂歇着啦。不过还可以翻腾在弓箭上，为你们捕捉那狡兔哩，虽老犹可用啦。诗，写一画鹰，形神兼备，又把时事沧桑人生遭遇皆寄寓其中，变化百出，以见杜诗章法之多样化。

又如对《戏韦偃为双松图歌》一诗的解读：

> 诗为七古，题虽称戏为，实则"语不惊人死不休"（《江上值
> 水如海势聊短述》）。一起即大气包举，天下有几人画松树呢？
> 毕宏是老矣，是陪笔，韦偃是主人，是正当道的。画成阁笔，满
> 座惊叹，是赞叹画的精妙。"两株"段四句则具体摹绘古松状态，
> 写松干之皮裂剥蚀，如龙虎骨朽。枝叶的回环阴森，如雷雨交
> 加。白摧、黑入，极绘其枯淡、浓润之恰当，而生死阴阳又囊括
> 于其中了。此四句为诗中之精妙处，作者实冥思玄构，幽致深情
> 而构成的啦。"松根"段四句，忽写出松下僧人，极为突兀潇洒，
> 表现神气十足。老僧在松下，益显松下之寂寞幽静，写僧实亦以
> 僧再衬托写松树。"韦侯"段五句系加倍写法，已见其所画双松，
> 又后以所藏之束绢请之作画。画乎？否乎？作者不写出了，实留
> 给读者想象。作者是诗中有画，诗外亦想象着画啦！

金启华先生的这些论述，大多能结合杜甫的生平经历考察他在各
阶段的创作特点，无论是对其整个风格与主导思想，还是在对五律、
七古等各种具体体裁的分析，都把握住了他分阶段分类讨论的原则。
这对我们清晰认识杜甫的艺术发展道路，是有极大帮助的。不过，作
者一向把用五个阶段——少壮读书、游骋时期，长安十年，天宝之乱
中，成都、夔府寓居，荆湘漂泊——各种讨论均以此为界限，这样写
来，行文缺乏波澜，对于各种体裁的讨论也少了一些整体性的归纳。

金启华之杜甫研究论著目录：
《杜甫诗论集》，吉林人民出版社 1979 年版。
《杜甫诗选析》（与陈美林合著），江苏人民出版社 1981 年版。
《杜甫评传》（与胡问涛合著），陕西人民出版社 1984 年版。
《杜甫诗论丛》，上海古籍出版社 1985 年版。
《杜甫诗史》（与金小平合著），上海教育出版社 1989 年版。

杜甫评传(存目)

陈贻焮

【评　介】

　　陈贻焮(1924—2000)，字一新，湖南新宁县人，1946年秋就读于北京大学先修班，次年进入国文系学习，后留校任教，从事魏晋南北朝隋唐五代文学史与诗歌教学研究，著有《梅棣庵诗词集》、《杜甫评传》、《唐诗论丛》、《论诗杂著》，编有《王维诗选》、《孟浩然诗选》，参编《魏晋南北朝文学史参考资料》、《中国历代诗歌选》、《中国小说史》等。

一

　　受家学影响，陈贻焮少年时期就对旧体诗有浓厚的兴起。高中毕业后随家人逃难，随身携带着《杜甫诗选》，有空就读，揣摩杜甫的路数，当时曾写下了一首记事抒愤旧体诗《逃亡》："倭寇犯县境，闾里尽逃亡。未明秉烛起，忍泪强趣装。奔趋非远道，丧家乃彷徨。群童不解事，快意逾往常。叫呶驰旷野，矫如驹脱缰。临歧争觅路，拭堠读字忙。稚妹矜长大，学样佯凄惶。倏复萌故态，扑蝶窜道旁。染唇山果绛，插鬓野花香。娇痴惹我笑，岂知我断肠。回头望大母，白发飘风霜。复怜我季弟，惊仆足踝伤。老弱莫能保，七尺愧堂堂。与其填沟壑，宁可赴国殇。"

　　在北京大学先修班学习时，为傅庚生先生讲授杜甫之《羌村三首》而触动，陈贻焮开始收集杜甫生平资料，并写下了千余字的《杜甫小传》，发表在一家日报的副刊上(陈贻焮《我是怎样写〈杜甫评传〉

的》,《古典文学知识》1990年第4期)。留校任教后,陈贻焮追随林庚先生进修魏晋南北朝隋唐五代文学,通读《汉魏百三名家集》、《全唐诗》、《汉魏丛书》、《唐人说荟》等,在此基础上撰写了二十二篇论文,后结集为《唐诗论丛》。书中所收论文基本以细致的考证为主,如《孟浩然事迹考辨》、《王维生平事迹初探》、《李商隐恋爱事迹考辨》等,其中也不乏义理的挖掘,如《王维的政治生活和他的思想》、《唐代某些知识分子隐逸求仙的政治目的——兼论李白的政治理想和从政途径》,甚至还有文学流派演进的鸟瞰——《从元白和韩孟两大诗派略论中晚唐诗歌的发展》,但特色仍在于"知人论世",如葛晓音所言,这些论文往往"尽可能综合考察作家的时代背景和本人身世经历,探寻其作品中反映的思想矛盾之所以产生的客观原因,这也就是孟子所说的'知人论世'的传统方法。但他的新意则在于凭借古今社会中共通的一些社会经验和人生感悟,揭开了这些诗人头上的面纱,尽可能把他们还原成现实社会中的活生生的人物"(葛晓音《通新旧之学,达古今之理——论陈贻焮先生的古代文学研究》,《文学遗产》2002年第3期),而书中唯一一篇"具体而微"的赏析文字是《杜甫〈茅屋为秋风所破歌〉分析》。对此,作者自己的解释是:

> 说实话,我学杜诗还是下过苦功的。认真通读了仇兆鳌《杜诗详注》等几种本子和有关资料,写过一些读书心得,可能是以前研究杜甫的人和著作太多了,吓得我连一篇像样的文章也写不出来。我很欢喜读西方和苏联关于巴尔扎克、果戈里、托尔斯泰、契诃夫等大作家的评传或回忆录,觉得这才是真正的"知人论世",作品讲透彻了,作家也给写活了。大约在1956年,我也曾尝试写部文学性较强的杜甫传来。开始从他的青少年时代写起,笔很涩,好容易写了五六千字,自己看看,内容干瘪,不过是几首诗的连续串讲,这有什么意思呢?心想,既然已经有了冯至先生的那部论证精审、文字优美、雅俗共赏的《杜甫传》,我就没必要再写了。虽然杜甫传的写作是停止了,但这个念头却深藏在心底并未打消。

正是因为对于杜甫而言很难做到"知人论世",所以作者没有轻易触及这个大诗人,而是花费了整整五年时间,从 1981 年 10 月 15 日到 1984 年 7 月 19 日,写出了长达一百二十余万字的煌煌巨著《杜甫评传》,为 20 世纪杜甫研究贡献出了标志性的成果。

二

《杜甫评传》(以下简称《评传》)共分三卷,上卷共计十章,率先由上海古籍出版社于 1982 年 8 月出版,分别是"'未坠素业'的家世"、"童年琐事"、"壮游"、"续壮游"、"'应诏'前后"、"旅食京华"、"续旅食京华"、"惊变与陷贼"、"长安遁复还"、"天上人间",主要考证了杜甫的家世,叙述了诗人从童年到乾元二年弃官华州的生活经历与创作情况。

《评传》甫一出版,邓长风即发表了书评(《古籍书讯》1982 年 8 月 2 日)。书评指出,《评传》上卷的第一个显著特点是"传中有评,脉络分明":"《评传》作者以大唐帝国由盛而衰的转折为社会背景,以杜甫苍凉沉郁的代表诗作为主线,夹叙夹议,兼传兼评,存其真实,褒贬得当,让读者清晰的辨识这位发出'朱门酒肉臭,路有冻死骨'的千古绝唱的人民诗人,在一条坎坷曲折的道路上前进的脚印。"

《评传》最突出的特征,就是充分展示了"评"的作用。近代以前的著述,多着力于杜诗的笺注辨义,对诗歌主旨与字句的关注远远超过对诗人自身思想演变的关注;近代以来,人们更习惯将杜甫置身于时代的洪流中加以考索,如闻一多的《年谱会笺》与冯至的《杜甫传》均是如此,不过更注重于生平的梳理与行踪的叙述。《评传》的重大意义,则是以评代传,突破了传统的隐身叙述的方式,往往直接走上前台,对所触及的问题进行追问与评判,给人以全新的感受。

因此,《评传》的重要任务,在作者看来,并不是简单地交代发生了什么事情,而是务必要讲明事情究竟是怎样发生的,而且要追问事情为什么会发生。如作者在《我是怎样写〈杜甫评传〉的》一文中,曾以对杜甫献三大礼赋史实的考订为例,说明他是如何对问题进行反复追问以达到追本穷源的目的:

我原来只打算简略交代一下史传所载杜甫献《三大礼赋》、玄宗奇之、使待制集贤院、命宰相试文章这件事。可是刚要动笔，脑子里却冒出一连串疑问：为什么献此三赋竟受到皇帝如此的重视？既如此重视为什么又不重用？……经过深入研究，终于得知：一、玄宗晚年，沉湎于声色犬马，迷恋着帝王生活，就越来越怕死，越来越感到精神空虚，于是只好乞灵于宗教迷信，相信起鬼神和阴阳五行来了。发展到天宝九、十载，更是花样翻新，愈演愈烈，这就无怪乎要出现"所在争言符瑞，群臣表贺无虚月"的高潮，无怪乎处士崔昌竟以妄议五行而得官，学士卫包也因谎报星象而进爵了。天宝十载正月，玄宗祠太清宫、太庙，祀南郊，之所以将朝献认来的干始祖老子李耳置于祭真祖宗和天地之上，主要还是因为在他愚昧的心目中，这位那几年一再"显圣"的干始祖公是唯一能保佑他长生不老、永享鸿福的法力无边的活神仙，必须首先顶礼膜拜。但这样做，是有违于封建祀典常规的。二、根据当时的制度，献赋颂求仕进者投的是设于长安宫殿东面的延恩匦，投匦必须先找熟识的官员作保。为杜甫献赋作保的当是他刚求过的老熟人张垍兄弟。张垍是玄宗女儿宁亲公主的驸马，其兄张均在当时那场"玄元皇帝"（老子的封号）显灵的闹剧中充当了求"妙宝真符"的重要角色。他们懂得投皇帝所好易于得官的诀窍，指点杜甫选择最好的时机和最对皇帝胃口的赋题，因此这一炮总算打响了。三、正当需要为举行不合古制的三大礼赋大造舆论的时候，居然有人自动献上这么三篇洋洋洒洒、振振有辞而又颇富文采的赋来捧场，这自然使玄宗喜出望外，深表赞赏而特命待制集贤院以张扬其事。处士崔昌以议五行而得官，从献赋之初的受重视看，杜甫也并非毫无发迹的可能。四、杜甫的这次终未发迹，问题就出在"命宰相试文章"这几个字上面。当时的左相是陈希烈，右相是李林甫。当权的是李林甫，陈希烈凡事都听命于李林甫。这时陈虽已与李为敌，无关紧要的事还得依着他。即使这次皇帝没派李林甫当主考官，对于杜甫命运的穷达通塞，他照样能起决定性的作用。天宝六载玄宗诏天下有一艺者皆得诣京师就选，李林甫因素忌文学之士，又怕来自下层的士子"泄露当时之机"，就在暗中捣了个鬼，"试如常例"之后，却一个也不录取，还"送表贺人主，以为野无遗贤"，杜甫就是上次那些倒霉的落第者中的一个。既然早已宣称"野无遗贤"，这次就势必不会容许他得中高科，但多少要顾全皇帝的脸面，就虚晃一枪，"送隶有司，参列选序"，交代有关部门注册候补——搞清这些我高兴极了，写起来就不愁内容不充实、看法不新不深了。

自宋朝以来，对于杜甫献三大礼赋这一事件的种种叙述，可谓汗牛充栋，但均是点到即止，停留于事件的表面，很少去追索杜甫为什么会抓住那么巧妙的时机去献赋，也没有多少人去探究杜甫是如何被搁置起来的，相反只是简单地归咎于李林甫的忌惮，往往还把这次的虚晃一枪同上次落选混为一谈。《评传》的作者通过细致探索，就以评中带述的方式将事情的前因后果交代得清清楚楚。

因为考察事情的前因后果，必须涉及事件发生的历史与文化环境，所以《评传》花了许多的篇幅去梳理其时重大的历史事件。《评传》在结构上的一个重要特色，就是从第三章开始，每一章节的开头均是对当时政治环境的介绍，虽然在中、下卷我们感受到了二者的结合存在着一些瑕疵，但毫无疑问，这样来自年谱而详于年谱的写作方式使我们能够更准确地把握时代的脉搏，从而对诗人的心路历程有更为真切的把握。更令人惊叹的是，书中对历史环境的描述，已经由政治这一传统领域扩展到经济、宗教、哲学、绘画、建筑、音乐、舞蹈、风土人情、官场礼俗等方方面面，勾勒出了一幅立体的生活画卷，这使得读者能够迅速地沉浸在杜甫的生活氛围中，以便深入地了解杜甫的世界。哪怕我们已经在闻一多的《年谱会笺》中发现了这种考索文化环境的趋势，我们还是要为《评传》中这种清晰而深刻的艺术与宗教环境的叙述而礼赞。

如第三章在介绍杜甫的漫游之前，先由"太平盛世"的"太平天子"李隆基的所作所为说起，指出杜甫年华似锦的青年时代，恰好碰上了唐朝最繁荣的开元盛世，为他快意的漫游提供了便利的基础，同时经济的繁荣，吏治的清明及科举与征辟制度实行，又使漫游蔚然成风，在这样的背景下，杜甫开始了他的漫游生涯。在对杜甫漫游生涯的叙述中，作者也没有停留在对杜甫行踪的平铺直叙上。他更关注的是杜甫从这些经历中所吸取的营养，如二十岁时的杜甫前往吴越时，曾在江宁瓦棺寺观壁画，作者便由此延伸开去，探索唐代绘画艺术对于杜甫诗歌创作尤其是题画诗的影响，指出"杜甫不仅很懂画，而且他的诗法也深受画法的影响。杜甫不以善画闻名，但和当时名画家王维、曹霸、王宰、韦偃等都有交往，跟郑虔的关系更密切。这种接触和熏陶，无疑有助于他的审美趣味与艺术修养的提高。如果想要进一步追溯他在这方面所受到的最早最大的影响，恐怕不能不提到那次在江宁观顾恺之的维摩诘壁画了"。这样娓娓道来，我们对杜甫漫游的意义才有了更深入的了解。

《续壮游》一章着重描述了李白与杜甫的交往过程。作者也是荡开一笔，先详细介绍了李白被"放还"时的心情——他有非凡的志向，先由交游干谒而仕进无成，后因隐逸求仙而被召入禁掖，但终因他人谗言而不容于朝——然后再描述天宝三载初夏，两人在东都相遇漫游的情形。秋天，两人与寄寓在此处的高适漫游宋中梁园，登临怀古，把酒论文，嗣后高适南游入楚，李杜二人可能去寻访华盖君。写到此处，作者又没有打住，而是仔细分析了李白的宗教情怀，并以《战争与和平》中的比埃尔加入共济会为参照，指出既不能否认李白迷信道教、妄想服食飞升的事实，又不能贬低或嘲笑这种在后人看来愚蠢可笑的事实。

三

《评传》中"评"的追索与考问，不仅体现为对事件如何发生的关注，还表现为对事件意义的寻绎与判定。历来学者为杜甫立传，在以诗为传的同时，也有紧密结合时势来展开的，不过他们终究停留在知人论世的层面上。《评传》的厚重，则表现为对杜甫之外的艺术体验和日常经验的评判。具体而言，传统的传记，自然会对其时的历史事件、杜甫的思绪倾向与诗歌创作进行梳理与评判，却少有旁逸斜出，进一步延伸到艺术规律的总结与人生道路的反思，而《评传》留给我们的深刻印象，就是作者总是立足于杜甫而不断地展开对艺术和人生的探讨。如第四章《续壮游》中，作者就由李白的《沙丘城下寄杜甫》一诗，谈及李白好用流水比喻相思，又由此谈到艺术的生命力在于创新，但又不能绝对化，应当把握好尺度，理解成熟与生新的辩证关系：

　　杜甫走后不久，李白来到沙丘(今山东临清县)，客居寂寞，更觉相思，就写了《沙丘城下寄杜甫》说："我来竟何事？高卧沙丘城。城边有古树，日夕连秋声。鲁酒不可醉，齐歌空复情。思君若汶水，浩荡寄南征。"友朋雨散，音尘莫接，寄旅沙丘，无所事事。城边古树，日暮秋声瑟瑟，情境分外孤清。"鲁酒薄而邯郸围"(《庄子·胠箧》)，"鲁酒"含有薄酒的意思。齐歌则向来有名。薄酒喝了不醉不能解愁，心境不佳歌白唱得很动情。他因思念杜甫而无心饮酒、听歌了。"思君如流水，何有穷已时！"(徐幹《室思》)李白也好用滔滔不绝的流水比喻一往情深的相思或别意，如《寄远》："相思无日夜，浩荡若流波。"《金陵酒肆留别》："请君试问东流水，别意与之谁短长"等等。这里的"思君若汶水，浩荡寄南征"，虽然也是这么写，但由于感情充沛、感受深切，似乎非如此不足以表达，令人读了并无雷同之感。文艺创作当然要讲究构思和表现的新颖，切忌雷同，但也不可理解得过偏，过于绝对化。并无真情实感，一味逞奇斗怪，以至于出乎常情常理，非常人之所能解，如此新，虽新何补？貌似陈熟，而陈中见新，情溢于辞，感人至深，如此陈，虽陈何害？叶燮在《原诗》中写道："夫厌陈熟者，必趋生新；而厌生新者，则又返趋陈熟。以愚论之：陈熟、生新，不可一偏，必二者相济，于陈中见新，生中得熟，方全其美。……陈熟、生新，二者于义为对待。对待之义，自太极生两仪以后，无事无物不然。……舒写胸襟，发挥景物，境皆独得，意自天成，能令人永言三叹，寻味不穷，忘其为熟，转益见新，无适而不可也。若五内空如，毫无寄托，以剿袭浮辞为熟，搜寻险怪为生，均为风雅所摈。"又说："李贺鬼才，其造语入险，正如仓颉造字，可使鬼夜哭。王世贞曰：'长吉师心，故尔作怪，有出人意表；然奇过则凡，老过则稚，所谓不可无一，不可有二。'余尝谓世贞评诗，有极切当者，非同时诸家可比。'奇过则凡'一语，尤为学李贺者下一痛砭也。"这些意见都很可取。论陈熟、生新的辩证关系和诗的优劣最终须取决于内容，更是中肯。李贺属中唐韩愈、孟郊一派，作诗讲究构思，多有佳作，其生新可救平庸、陈熟之病，但因夭折过早，阅历有限，所作内容不深，艺术亦未臻成熟，若强调过当，学习过偏，难免流于险怪、艰涩。"转益多师是汝师"，就是要注意学习古今中外种种新颖的构思和艺术表现，但是，千万可别忘了在生活中获得真情实感，也不要把生新、陈熟形而上学地对立起来。前面所举李白不避陈熟仍见新意的诗句，就是一个小小的例证。歌德说："世界总是永远一样的，一些情境经常重现，这个民族和那个民族一样过生活，讲恋爱，动情感，那么，某个诗人做诗为什么不能和另一个诗人一样呢？生活的情境可以相同，为什么诗的情境就不可以相同呢？"又说："（拜伦受到无理攻击时）应该说，'我的作品中的东西都是我自己的，至于我的根据是书本还是生活，那都是一样，关键在于我是否运用得恰当！'……我的靡非斯托夫也唱了莎士比亚的一首歌。他为什么不应该唱？如果莎士比亚的歌很切题，说了应该说的话，我为什么要费力来另作一首呢？我的《浮士德》的序曲也有些像《旧约》中的《约伯记》，这也是很恰当的，我应该由此得到的是赞扬而不是谴责。"（朱光潜译《歌德谈话录》）这话讲得很大胆，有魄力，富于启发性。我想，这是歌德老人在鼓励文艺家们只管努力表现他们在生活中深切感到的最好最美最有意义的东西，无须瞻前顾后、左顾右盼，惟恐触人犯规；而决非故设遁辞，为抄袭和雷同开脱。

而在分析杜甫一首并不为人关注的五言律诗《冬日洛城北谒玄元皇帝庙》过程中，作者先引用了叶燮在《原诗》中将近两页的一大段论述诗文与情理、事、情的文字，然后提出自己的看法，指出杜甫的这首诗达到了似不真切而却极为真切的地步，而这一境界是不易觉察或难以言诠的，至此作者意犹未尽，总结了他对"妙悟说"的认识：

　　《沧浪诗话·诗辨》说："盛唐诸人惟在兴趣，羚羊挂角，无迹可求。故其妙处透彻玲珑，不可凑泊，如空中之音，相中之色，水中之月，镜中之象，言有尽而意无穷。"严羽主妙悟："禅道惟在妙悟，诗道亦在妙悟。"他诗歌理论中的主观唯心主义倾向是很明显的，不过，他对诗歌艺术还是有所领悟，一些具体的感受虽然讲得玄一点，也不是毫无道理。前几年我曾戏为《动物园杂韵十章》，其七咏羚羊说："羚羊挂角迹难寻，此义沧浪妙悟深。我欲从君参圣谛，奈何君亦不知音。"此于种种谈诗妙论颇有微辞，并无唐突沧浪之意，只嫌他能"妙悟"而不能确解。叶燮则异于是。他既能调动自己丰富的生活体验去领悟诗人某种"味在甜酸之外"的奇妙感受；又能借仗反复辩难的方法，颇透辟地诠释这种艺术的奥妙在于：借某一似是而非的形象或感受（如"碧瓦初寒外"的"碧瓦"，"月傍九霄多"的"多"）表此时此境另一种不易言传的微妙感受。比如他说："设身而处当时之境，会觉（'碧瓦初寒外'）此五字之情景，恍如天造地设，呈于象，感于目，会于心。意中之言，而口不能言；口能言之，而意又不可解。划然示我以默会相象之表，竟若有内有'外'，有寒有'初寒'，特借'碧瓦'一实相发之。"这感受不是很微妙，这诠释不是很有说服力吗？杜甫之前，谢灵运的名句"池塘生春草"也妙就妙在"划然示我以默会相象之表"，使读者强烈地感受到一股清新而微带哀伤的春天气息。不然，光就字句的表面意思而论，这又有什么美妙的呢？可见这种借粗略而平凡的形象或情事表达精美感受的写法早就有了。不过，到了杜甫手里，这类表现手法就越来越熟练越自觉了。

四

当然，《评传》最主要的价值还是对杜甫这位伟大的诗人及其他

伟大的诗篇做出了准确精当的评判。《评传》上卷出版时，书前有傅
璇琮先生之序。在序言中，傅璇琮先生指出评传的重要贡献是介绍了
一个丰富复杂而真实的杜甫，让我们实实在在地感受到了杜诗与以往
诗歌不同的地方，从而也使该书与其他传记区别开来：

> 　　贻焮同志在《评传》上卷中，叙述杜甫居住长安时期多方面
> 的生活，仿佛把我们引进了当时纷繁复杂的世界。我个人觉得，
> 这是上卷的重心，是最引人入胜的地方。《评传》的作者没有把
> 杜甫简单化，既没有像封建社会某些士大夫那样把他看成一饭不
> 忘君的诗圣，也不像以前有一时期把杜甫贬成一钱不值的地主老
> 财。他只是如实地根据杜甫本人的作品，把受多种社会条件约束
> 的杜甫介绍给读者；但正因为如此，使我们感到杜诗之与众不同
> 的地方，杜甫之所以伟大。《评传》的这些叙述，不但使我们认
> 识了杜甫，还使我们具体地感受到这样庞大的封建帝国是怎样一
> 步步衰弱下去，帮助我们具体认识那时的唐代社会。

历来论杜，确实存在着极端化的倾向，尤其是宋代以来，称颂之声可
谓不绝于耳，杜甫在人们心目中的地位越来越高，而其形象也逐渐呈
现扁平化的特征。这股尊杜的潮流其实并不利于我们全面准确地了解
诗人，不仅会使之成为一个单一的符号，更会因这种敬畏的心理而阻
碍对其诗歌的正确解读。陈贻焮先生为杜甫立传，打破了人们这种心
理期待，将杜甫还原为一个具体的活生生的个体，置于纷繁复杂的社
会环境，观察他的喜怒哀乐，分析他的心理变化，并不讳言他庸俗的
一面，这无疑使杜甫的形象更为真实而生动，也使读者更有亲切感。

　　《评传》对杜甫形象的还原，主要表现为将之置于一个成长与发
展的过程中，承认诗人无论在思想上还是诗歌艺术上都具有阶段性的
特征。如第三章《壮游》分析《游龙门奉先寺》一诗时，谈及杜甫早期
所受到的佛教影响以及在诗中所流露出的遁世倾向，作者认为无需讳
言，相反这正好生动地展示出诗人探索与徘徊的真实心路：

> 　　杜甫当时曾与和尚有交往，也多少懂得点佛学，且涉世日

深，偶有厌世高蹈之想。因此固不可夸大其辞，说什么这"简直像一个和尚在做诗了"，但诗中也确乎流露出一些消极的情绪。杜甫青壮年时代几次漫游南北各地的这一段经历，同其后流离颠沛的遭遇比较起来，当然说得上"快意八九年"，是很值得珍惜和回忆的。但若细加分析，自从他从吴越回东都应试失利，尤其是"二年客东都"以后，阅历深了，感慨多了，有时心头也掠过了暗淡的人生的阴影，因此就不像以前总是那么"快意"了。不能认为青壮年时代的杜甫毫不徘徊、探索，总是一个劲儿地怀着"致君尧舜上"的儒家理想，在"学而优则仕"的道途上迅跑；也不能因为偶尔从他的诗中闻到了一丝"禅味"，就断定他是个宗教徒。诚然，杜甫从青壮年时代以来，就程度不同地受到了儒、释、道三家的影响(唐代三家并重)，而且终身未能摆脱其局限。但是，他之所以成为伟大的诗人，决非简单地受了这家或那家的影响所致，而是他坚持在人生的道路上探索、追求，有所突破，有所扬弃，终于随着个人的宦海沉浮和社会的大变动，日渐深入社会，接近人民，并从而获得了取之不尽、用之不竭的创作源泉。

《评传》还指出，杜甫的幼稚在与李白交往的过程就有所体现。李、杜结识第二年，杜甫写下了他现存最早的一首七言绝句《赠李白》，此诗历来颇多争议，也多有曲说，《评传》直截了当地指出，此时的杜甫因为阅历较浅的缘故，诗中的规劝虽然极其诚挚，不能不说没有切中要害，但却对李白的内心的苦痛没有深刻的体察。至于两人之间友谊的不对等，《评传》也认为这是两人的年龄、阅历等因素所决定，不足为奇："要知道，李白比杜甫整整大十一岁……正因为他俩的关系介乎师友之间，所以李白对杜甫虽然也很好，总不如杜甫对他依恋、倾折之情深长。李、杜之间相赠和相忆的篇章，诚然有数量多寡和感情深浅之分，其原因恐怕在于此。"

此外，《评传》还实事求是地肯定了杜甫性格中褊狭与思想中凡庸的一面，尤其是他在长安求仕期间。《评传》说："李林甫倒台，(杜甫)马上在赠鲜于京兆的诗中骂李林甫，对陈希烈也是这样。杜甫跟形势倒跟得真紧！不过这同时显示出他也未免太急躁、太天真、太没有政治经验了。俗话说：'官官相护。'一个干谒求官的人，怎好公开在诗中对后任排揎卸职而尚未垮台的前任呢？这样做，即使不引起人家的反感，为了避嫌疑，也不大好用你啊！两《唐书》本传说杜甫'性褊躁'或'性褊躁傲诞'，不为无因。他长期在京，多方谋官不得，自有各种原因，而性格上的缺点，无疑也是个不利因素。不过，所谓利害得失，也并不是绝对的。'性褊躁'或'性褊躁傲诞'，势必使他与当时的上层社会格格不入，不利于仕进。可是另一方面，恰好由于格格不入，无形中对当时上层社会产生反感和对立情绪，从而使得他能够较冷静、较客观地观察、发现问题，这就大有利于创作。"这就比一味强调杜甫的批评精神与评判立场无疑要平实合理得多。对于诗圣身上的凡庸的一面，作者主张应该持以同情理解的态度，不能把社会简单化，也不能把人类型化，如谈及杜甫与李林甫的女婿杜位交往时，作者强调：

> 丈人归丈人，女婿归女婿，各有各的账。杜甫可以不喜欢李林甫，却并不妨碍他跟李林甫的女婿要好。——话虽这么说，可是他到底是跟李林甫的人有瓜葛啊！指出这一点，倒不是为了要责难杜甫，只不过想借此说明这样一点意思：社会是复杂的，人也是复杂的，"在山泉水清，出山泉水浊"，像杜甫那样出身旧家望族的士大夫，同当时整个封建上层社会本来就有千丝万缕的联系；何况来到京师，四处活动，急于找条出路，哪能那么泾渭分明，不挨着这沾着那呢？社会关系复杂不怕，一时认识不清投错了人不怕，怕的是错往错处去，越陷越深，直到同流合污。杜甫旅食京华的这一时期，除了跟李林甫女婿有交往，还颂扬过杨国忠，投奔过杨国忠的亲信鲜于仲通。这当然不能算是什么值得夸耀的体面事，但难能可贵的是，他不是越陷越深，而是越深入这污浊的上层社会，他的头恼越清醒，终于写出了像《丽人行》、《自京赴奉先县咏怀五百字》等等这样一些深刻揭露贵族腐朽、罪恶生活的伟大篇章来。表明了这层意思，取得了读者的谅解，然后再回过头去较客观地探索杜甫这一时期内所曾经历过的徬

徨、苦闷、追求、失望、猛省……的苦难历程，我想，就不至于
因文笔的拙劣，叙述的径直而唐突古人了。

把杜甫的彷徨、苦闷、追求、失望、梦醒的苦难历程客观地再现出
来，也就给我们展示了一个血肉丰满更具有生活气息的诗圣了。

五

对杜甫诗歌的品评，基本上是所有杜甫传记的立足之本，这同样
也是陈贻焮先生《评传》最令人称道之处。杜甫的传记，本质是诗传，
对其诗歌的阐述与评断是基础。在这一方面，《评传》给我们树立了
许多典范。我们可以以第八章《惊变与陷贼》中对《哀江头》一诗的分
析为示例，作者首先对诗歌的大意进行了串讲：

"少陵野老吞声哭，春日潜行曲江曲。江头宫殿锁千门，细
柳新蒲为谁绿？忆昔霓旌下南苑，苑中万物生颜色。昭阳殿里第
一人，同辇随君侍君侧。辇前才人带弓箭，白马嚼啮黄金勒。翻
身向天仰射云，一笑正坠双飞翼。明眸皓齿今何在？血污游魂归
不得！清渭东流剑阁深，去住彼此无消息。人生有情泪沾臆，江
水江花岂终极？黄昏胡骑尘满城，欲往城南望城北。"就在这不
胜愁苦的春季，一天他偷偷地溜到城南昔日皇家贵族、官绅士女
的游览胜地曲江去走走，只见水边宫殿，千门紧锁，细柳新蒲，
不管人世的巨变，春来照旧换上碧绿的盛装。想当年玄宗与贵妃
来游曲江东南的芙蓉苑（南苑），旌旗招展，万象生辉，何等风
光！没料到好景不长，乐极生悲，战乱一起，帝奔妃亡，思之令
人百感交集，心乱目迷，不能自已。——这便是这诗大致的
意思。

然后，作者对相关注释进行辨析，引用大量文献证明前人在某些细节
方面存在着舛误，说明解读诗篇时爬罗剔抉的功夫是必须具备的，否
则就会出现臆断的情况：

朱注:"按诗,则唐时天子游幸,有才人射生之制矣。新旧诸书不载。"浦起龙按:"恐属明皇奢荡时事,未必是定制。"根据我查考的结果,朱鹤龄疑唐时天子游幸有才人射生之制是对的。焦案:中唐王建《宫词》其二十二说:"射生宫女宿(止,除去)红妆,把得新弓各自张。临上马时齐赐酒,男儿跪拜(像男儿一样地跪拜)谢君王。"其二十三说:"新秋白兔大于拳,红耳霜毛趁草眠。天子不教人射杀,玉鞭遮到马蹄前。"其二十四说:"内鹰笼脱解红绦,斗胜争飞出手高。直上碧云还却下,一双金爪擒花毛。"王建《宫词》及其他篇什中关于内廷情事的记述都是从他的族间人、内官王守澄那里听来的,较有史料价值,故可据上引三诗得知:一,唐时天子游幸确乎有射生之制。二,参加射生的是宫女(也就是《哀江头》中所说的"带弓箭"的"才人"),她们随从游幸时须除去红妆,换上戎衣,佩带弓箭,临上马时天子赐酒,她们要像男儿一样跪拜谢赏。三,她们射杀飞禽和小兔,也可放出猎鹰助战。

有趣的是,射生宫人的训练首先从射鸭开始:"新教内人唯射鸭,长随天子苑东游"(王建《御猎》),而她们随天子游幸时经常射猎的也多是鸭子:"旋猎一边还引马,归来花鸭绕鞍垂"(《宫词》其三十四)。为什么要选择鸭子作为宫人射猎的活靶子呢?我看多少有前朝旧例可循:"(炫)从宋明帝射雉,至日中无所得,帝甚猜羞,召问侍臣曰:'吾旦来如皋,遂空行可笑。'座者莫答。炫独曰:'今节候虽适,而云雾尚凝,故斯翚之禽,骄心未警。……'帝意解,乃于雉场置酒"(《南齐书·褚炫传》)。帝至岩山射雉,有一雉不肯入场,日暮将返,留晋平王休祐待之,令勿得雉勿返,休祐便驰去。上令寿寂之等追之,蹴令坠马死(《宋书·休祐传》)。齐武帝永明六年,邯郸超谏射雉,上为之止。久之超竟诛,后又将射雉,竟陵王子良又谏止(《子良传》)。东昏置雉场二百九十六处,翳中帷幛,皆红绿锦为之,有鹰犬队主、翳队主等官(《齐纪》)。"(赵翼《廿二史札记·南朝以射雉为猎》)金陵无搜狩之地,只得以射雉为猎。射雉须预置雉场，却是真打猎。唐建都长安，天子打猎，大有用武之地；但一般游幸，在游不在猎，官人射生，不过是一种显示皇家气派的排场，一种带有娱乐意味的文体表演。于是就把难度较大的"射雉（野鸡）"改为难度小的"射鸭"，好让那些箭法不见得怎样高明的射生官人们大显身手，大张杀伐，借博君臣一粲，便算是搬演如仪，完事大吉了。王建《宫词》主要在纪实，所以射鸭就说是射鸭。老杜《哀江头》追忆帝妃游园盛况，抒发诗人黍离之悲。面对乱世御苑的满目荒凉，更觉平时天子游幸排场的华赡。即使明知官人射的是鸭，为了增强美感和诗意，他也不会直说，而是用含蓄的优美的句子来描述："一笑正坠双飞翼。"——从此可悟生活素材和艺术创作二者之间的关系：创作离不开素材，但不是素材的重现。

通过引用大量资料辨白了诗中的"射鸭"细节之后，作者并没有就此止步，而是由诗人对"射鸭"史实的雅化，讨论了生活素材与艺术创作的关系，承认艺术加工是也必要的，也是较为常见的。随后，作者又由老杜的用字之法，澄清了人们在解读文学作品时所常见的错误，即总以为用字要尽力避免重复，殊不知有时候故意重复用字也会取得意想不到的效果：

> 如果说"忆昔霓旌下南苑，苑中万物生颜色"是诗人为他想象中的盛大场面所涂抹的五色缤纷的背景，那么，"同辇随君侍君侧"的"昭阳殿里第一人"，就是这盛大场面中所要着重表现的主人公了。唐人多以汉成帝的皇后赵飞燕比杨贵妃，如李白《宫中行乐词》其二："宫中谁第一？飞燕在昭阳。"又如《清平调》其二："借问汉宫谁得似？可怜飞燕倚新妆。"一句中连用"同""随""侍"三字，似乎重复，其实是故意强调杨贵妃的得宠。《文心雕龙·熔裁》反对为文辞义重复："二意两出，义之骈枝也；同辞重句，文之肬赘也。"但认为"字删而意阙，则短乏而非核"，也是不好的。范文澜注："裁字之义，兼增删二者言之，非专指删减也。"又引《日知录》十九《文章繁简》："'有馈生鱼于郑子

产，子产使校人蓄之池。校人烹之，反命曰：始舍之圉圉焉，少则洋洋焉，悠然而逝。子产曰：得其所哉！得其所哉！校人出，曰：孰谓子产智，子既烹而食之，曰：得其所哉！得其所哉！'此必须重叠而情事乃尽，此《孟子》文章之妙；使入《新唐书》，……于子产则必曰：'校人出而笑之。'两言而已矣。是故辞主乎达，不主乎简。"

顾炎武所举的例子和所说的"辞主乎达，不主乎简"这话都是很好的。一般地说，散文、诗歌讲究修饰些，但该罗唆处仍须罗唆。比如汉代乐府民歌《江南》："江南可采莲，莲叶何田田，鱼戏莲叶间。鱼戏莲叶东，鱼戏莲叶西，鱼戏莲叶南，鱼戏莲叶北。"照理，诗写到"鱼戏莲叶间"就该结束了。鱼戏于莲叶之间，岂不是将其后四句的意思概括无余了吗？何必再罗罗唆唆地讲个没完呢？话虽这么说，这四句却是万万不可"斧削"的。因为"鱼戏莲叶间"只不过告诉人们鱼在莲叶间游动，而紧接着的四句，则是用重沓的民歌手法迅速改变方位，把江南水清见底的莲塘里的游鱼写活了，把采莲人目逐鱼游、心旷神怡的情态也无形中显示出来了。可见连简短的歌辞，如《江南》，甚至一句诗，如"同辇随君侍君侧"，也都是得罗唆处且罗唆、"辞主乎达，不主乎简"的。仇注："一句中曰'同'，曰'随'，曰'侍'，似乎重复。杨慎曰：古人文辞，有不厌郑重者。《诗》云：'昭明有融，高朗令终。'《易》曰：'明辩晰也。'《左传》曰：'远哉遥遥。'宋玉赋：'旦为朝云。'古乐府：'暮不夜归。'邯郸淳碑：'丘墓起坟。'《后汉书》：'食不充粮。'在今人则以为复矣。"所举例证可供参考，但各个例句中所谓重复的字或辞，多有词性上的区别，如"旦"指早晨，"朝"指"早晨的"，等等，与"同""随""侍"的意思重复还有所不同，我认为有必要从艺术构思和表现的角度试作简单的阐发如上。

除了从用典、用字技巧等艺术表现方面去体察诗人的用心外，作者还指出品评杜诗极为关键的一点，那就是要从杜甫个人的角度出发，要从他所抒发的情感出发，不能与他独特的时代背景相违背，否则就是隔靴搔痒。就《哀江头》而言，历来不少学者以为其间包含嘲弄之意，并寻绎出一些故实作为支撑，但作者认为这违背了杜甫的基本立场，是无法想象的。对于诗歌赏析，能够自出机杼固然令人欣喜，但却不能任意发挥，不顾作诗者的基本立场与生活环境。作者由此阐述道：

> 潘岳《射雉赋》："昔贾氏之如皋，始解颜于一箭。"《左传》昭公二十八年："昔贾大夫兰(貌丑)，娶妻而美，三年不言不笑，御以如皋，射雉获之，其妻始笑而言。"《杜臆》："'一箭'，山谷定为'一笑'，甚妙。日中翼，则箭不必言，而鸟下云中，凡同在者虽百千人，无不哑然发笑，此宴游乐事。而注者乃以'一笑'属妃，而又引贾大夫射雉事为证，真堪绝倒。"黄生与一二时贤亦主后说。我认为若采后说，"真堪绝倒"，却不足取：(一)明皇、贵妃，虽是老夫少妻，也曾有过龃龉，但《旧唐书》本传说她"姿质丰艳，善歌舞，通音律，智算过人，每倩盼承迎，动移上意"，若以为这里是用贾大夫射雉事来隐喻帝妃二人之间的关系，终嫌不恰当。(二)就老杜的思想和对皇帝一贯的态度而论，即使他在一些重大政治问题上有所腹非，在诗文的字里行间有所表露(参看前面有关《自京赴奉先县咏怀五百字》的议论)，恐怕不敢，也不会像注家曲解的那样轻薄吧？(三)也是最重要的，在当时的情况下，在整篇诗歌流露出来的思想感情中，虽有讽谕之意，而更多的却是抒发忆旧伤今的悲痛，对帝妃的态度主要是同情的。因此，若将这句当作是老杜对他俩"真堪绝倒"的嘲弄，这不仅于情理不合，也严重地破坏了整首诗的悲剧情调和气氛，令人哭笑不得。这岂不是在糟蹋诗和诗人么？作诗贵有新意，说诗也贵有新见，但不顾诗人写作时真实的思想感情，一味求新求巧，不惟无补，反而会有损于诗歌的艺术效果的。

当然，对于诗歌情感的体悟，最终还是有待于对于其艺术特征的充分把握。唯有充分认识到诗歌艺术上的独特之处，才会对作者的用心有更为深刻的领悟。《哀江头》虽然一直备受称赞，但这些赞誉之语未必搔到了痒处。作者引用苏辙的评价，通过比较《哀江头》与《长恨歌》的异同，指出《哀江头》在抒情方面的成就，并进一步讨论《长恨歌》等叙事诗所受到的变文、传奇等市民文化的影响：

　　且说这诗忆旧至此，顿转伤今。"明眸"句到篇末，感慨贵妃马嵬殒命、明皇西奔，并描述了自己百端交集的迷惘神情。"明眸皓齿"四字出曹植《洛神赋》"皓齿内鲜，明眸善睐"，一经妙手拈出，便轻而易举地状美人如在目前，活灵活现，印象鲜明，与下句"血污游魂"对照，反差极大，触目惊心，效果强烈。几月后作的《北征》中"不闻夏殷衰，中自诛褒妲"二句，也表露了对杨贵妃的态度。浦起龙曾以《北征》与此诗比较，论二诗的思想倾向说："告中兴之主，《北征》自应庄语；过伤心之地，《江头》定激哀衷。发情止义，彼是两行。"这话中肯。时地不同，心情有别，从理智出发如此，从感情出发如彼，这是可以理解的。苏辙说："《大雅·绵》九章，初诵太王迁豳，建都邑，营宫室而已。至其八章，乃曰：'肆不殄厥愠，亦不陨厥问。'始及昆夷之怒，尚可也。至其九章，乃曰：'虞芮质厥成，文王蹶厥生。予曰有疏附，予曰有先后，予曰有奔奏，予曰有御侮。'事不接，文不属，如连山断岭，虽相去绝远，而气象联络，观者知其脉理之为一也。盖附离不以凿枘，此最为文之高致耳。老杜陷贼时有诗曰：'少陵野老吞声哭……'予爱其词气如百金战马，注坡蓦涧，如履平地，得诗人之遗法。如白乐天诗词甚工，然拙于纪事，寸步不遗，犹恐失之，此所以望老杜之藩垣而不及也。"（《栾城集》）抒情诗往往任兴之所至，跳跃很大，譬如屈原，处在剧烈的政治矛盾中，精神苦痛，愤激欲狂，不是用笔而是用生命在写《离骚》，忽而上天，忽而下地，忽以女自况，忽以女喻君，但观者并不觉其东拉西扯、颠三倒四，而只觉其气势磅礴，一气呵成，其原因是这篇长诗中自始至终如浩荡江水般一以贯之的无不是诗人追求、失望、彷徨、抗争的炽热激情。那么，能不能因此就认为苏辙少见多怪，讲得不对呢？不能。为了正确评价苏辙的这一段议论，首先得明确他到底是从哪方面来探讨问题的。潘耒《杜诗博议》辗转引了苏辙这样几句话:"《哀江头》即《长恨歌》也。《长恨歌》费数百言而后成。杜言太真被宠,只'昭阳殿里第一人'足矣。言从幸,只'白马嚼啮黄金勒'足矣。言马嵬之死,只'血污游魂归不得'足矣。"可见前引苏辙所说"白乐天诗、词甚工,然拙于纪事,寸步不遗,犹恐失之"的话,不是泛泛而谈,主要是拿同题材的白居易的《长恨歌》来和《哀江头》相比较,专从"纪事"的角度来衡量二人的工拙、长短的。《长恨歌》,尤其是《哀江头》,其中抒情成分固然很重,但都述及明皇、贵妃欢娱致祸的事,与一般抒情诗有所不同。因此,苏辙完全可以从"纪事"的角度对这两首诗加以评议。在他看来,像白居易《长恨歌》那样,自始至终,"寸步不遗,犹恐失之"的纪事,是很笨拙的;最高妙的写法应该是,"事不接,文不属,如连山断岭,虽相去绝远,而气象联络",像《大雅·绵》其九章那样,而老杜的《哀江头》,之所以高出乐天的《长恨歌》一头,就在于"其词气如百金战马,注坡蓦涧,如履平地,得诗人之遗法"。《杜诗镜铨》引邵子湘的话说:"('明眸'句)转折矫健,略无痕迹。苏黄门谓如百金战马,注坡蓦涧,如履平地,信然。"苏辙的话是有道理的。叙事不加选择,不懂得该省略什么、突出什么,只是一味从头到尾平铺直叙地写下去,这又有什么意思?不过,东一榔头西一斧头,把事儿乱叙一气,也是不行的啊。不要平,又不要乱,该怎么办呢?于是,深谙为文之道的苏辙,就提出了要让"词气"把那些"不接"的"事"、"不属"的"文"联络起来,像"相去绝远"的"连山断岭"由"气象联络"起来。叙事可跳跃,可急转,甚至可颠倒时空上的顺序,主要看"词气"是否一贯、能否"联络"。恕我比拟不伦,唐突古人。这不是多少接近现代人所谓"意识流"的写法么?"纪事"以"词气"为主,不怕顿转和间断,可望收到极佳的艺术效果,但不能从而认为"寸步不遗,犹恐失之"的写法就必定不好。我曾经论述过,元、白的诗歌,无论在内容上(采世俗艳谈的爱情题材入诗),还是在表现上(情节的铺陈和细节的描绘),都明显地受到变文、"市人小说"和传奇的影响(详拙著《唐诗论丛·从元白和韩孟两大诗派略论中晚唐诗歌的发展》)。《长恨歌》是根据民间传闻、配合着陈鸿《长恨歌传》写的，这就无怪他采取铺陈始终的写法，而这样写的作品又深受千百年来世俗士众的喜爱了。

一首诗歌的赏析，却上下古今，里里外外，将文学领域里的诸多现象与规律都加以印证，可谓真正做到了深入浅出。《杜甫评传》之所以令人赞叹不已，就在于书中有太多这样细致而深入的诗歌分析。

《杜甫评传》中、下卷于 1988 年 5 月出版，也共有十章，分别是《度陇客秦州》、《入蜀"图经"》、《"暂止"的"飞鸟"》、《转蓬》、《蛟龙无定窟》、《赢得千秋"工部"名》、《孤舟一系》、《丛菊两开》、《江汉风帆》、《潇湘夕霁》，叙写诗人后半生尤其是漂泊西南时期的生活与创作。"由于杜甫前后期生活经历的变化，后两卷的写作比上卷更加困难。在上卷中，杜甫卷入了政治斗争的漩涡，这一时期的诗歌约有一百七八十首，集中反映了大唐帝国由盛而衰的转变过程，因此便于作者从宏观的角度将历史背景与作家作品密切结合起来，综述时代、社会和创作的大问题。而从杜甫入蜀以后，由于远离中原和前线，诗歌反映时事就不如前期及时和具体。加上两京收复以后，政治形势愈趋复杂，历史事件也较散乱，与作家的个人经历没有多少直接的关系，因此，时代背景和作家作品之间的联系就不可能像上卷那样紧密无间。这一时期，杜甫诗歌的数量有 1200 余首。除了忧时的感叹、历史的总结、人生的回顾以外，大多描写西南的山川风物、琐细的生活情绪和朋友间应酬交际，内容庞杂，取舍不易。关于他后期的事迹，也遗留着不少尚待解决的枝节问题。因此后两卷的难处在于要从大量的诗作中理出头绪，搞清诗人行踪的来龙去脉，更深入地探索诗人的生活、心境与其创作的关系，以求完整地描述出杜甫的精神风貌和复杂性恪。"（葛晓音评《杜甫评传》中下卷，《唐代文学年鉴1989—1990》，广西师范大学出版社 1991 年版）

简而言之，《杜甫评传》中、下卷对于杜诗与时代风云之间的宏观分析较上卷有所削弱，而对于诗人具体而微的生活细节的考索则大幅度增加。虽然每一章节之开篇也有对当年时事的概述，诗人的行踪和心态往往也受到时事变迁的直接影响，但整体意义上的历史反思确实不再是诗人创作的主旋律，毕竟诗人已经远离了政治中心，他自身的行踪与日常体验及其交际应酬占据了创作的中心。如第十一章《度陇客秦州》就重点考察了杜甫在秦州三个月左右的生活状况与诗歌创作，作者先以《秦州杂诗二十首》为线索梳理了老杜在秦州的前后行踪，接着又以《西枝村寻置草堂地夜宿赞公土室二首》与《寄赞上人》为依据，考证出杜甫曾经去西枝村寻找过卜居之地，又引《示侄佐》、《佐还山后寄三首》等诗为参考，推论出杜甫一家始终寓居在城中，并通过《赤谷西崦人家》、《贻阮隐居》等诗考察了老杜在秦州的行止与交往，最后以主题或题材详细介绍了诗人此间的创作。第十七章《孤舟一系》描绘了大历元年杜甫在夔州的行踪。这年早春，诗人寄居在云安严县令的水阁中。暮春时节，他携家移居夔州，住在西阁，其间游览白帝城，又凭吊武侯庙，察看八阵图，写下诸多诗篇，同时还对当地风土人情做出了观察与评述。入夏至初秋，其地久旱毒热，老杜为高温所苦，心情颇为烦躁。秋雨既至，诗人心情好转，他的交际活动也频繁起来。或许是意识到时日无多，他开始考虑身后之时，写下诸多自传性的诗篇如《壮游》、《昔游》、《遣怀》等，并也用诗为他人立传，如《八哀诗》。冬天到来的时候，老杜开始露出厌居西阁之意。

这种视角的转换，也表明作者思想上的一致性，即始终把诗圣作为一个日常生活中的"俗人"去考察，既瞻仰他光彩夺目的一面，也正视他琐屑凡俗的一面。这样的杜甫，正是更为真实的杜甫。刘宁指出：

> 杜甫在长安从某种程度上讲不能免俗，但正是由于深入"俗"中，猛省之后才会有深刻的现实认识，这又是杜甫精神成熟的独到之处。《评传》中下卷对杜甫精神世界丰富的一面揭示更加生动。它谈到杜甫卜居草堂的清幽闲居，为人幕僚的帮闲凑趣，甚至多次戏称杜甫是老江湖，说他善于和人拉拉关系。这不

是杜撰的小说家言，而是真实地反映了杜甫精神的多个侧面，让读者很实在地理解杜甫在人事中的辗转。杜甫很看重家庭，对妻儿有深深的眷念，《评传》写到这一点十分温煦动情："他到底有个不无可爱的家，可怜老杜如今像只蜗牛，他的家就是蜗牛背上的壳。他背着这个壳慢慢地爬，爬到哪里，家就在哪里。实在疲惫不堪了，暂时缩到'壳'里喘息一下，寻求一丝温暖，以至获得继续爬行的勇气。"(547页)中国的诗圣杜甫，身上背着这样一个"重壳"，而且依然眷念着这个"壳"，这看上去不那么潇洒，却是杜甫真实的面貌。(刘宁《仁义之人，其言蔼如——评陈贻焮先生〈杜甫评传〉》)

除了对诗人精神方面多个侧面进行细致的描摹以外，作者还对杜诗的各个侧面进行了分析与评判。如对于夔州诗，《评传》先引述了黄庭坚与朱熹两派对立的看法，然后对其时之优秀作品尤其是七律《诸将五首》、《秋兴八首》、《咏怀古迹五首》一一检讨，指出其特色之所在，在肯定其重大贡献的同时，最后也道出其缺陷之所在：

(一)虽然夔州诗中思想艺术高度相结合的篇什不少，可是像以前《望岳》、《房兵曹胡马》、《画鹰》、《兵车行》、《丽人行》、《自京赴奉先县咏怀五百字》、《哀江头》、《北征》、"三吏"、"三别"等等那样一些具有深刻现实意义和强烈时代感的作品到底不是很多了。这固然主要是因为诗人"漂泊西南"，远离战乱更频繁、人民更痛苦的中原，比较缺乏直接感受所致；但也同他精力日衰、对"中兴"又越来越失去信心，不觉变面对现实为回顾过去以总结历史教训的精神状态分不开。

(二)夔州诗中大量表现生活感受或描绘山光水色、物候变化的作品，无不渗透了家国之忧和身世之感，不得讥之为"吟弄风月"、"无病呻吟"，但其中确有不少意庸笔劣之作，如《吹笛》、《覆舟二首》、《赤甲》、《覃山人隐居》、《柳司马至》、《有叹》等。此外，这一时期的诗歌大多情绪低沉(虽然情有可原)，有些篇什在写法上确乎存在"郑重烦絮"之弊。因此，在充分肯定夔州诗成就的同时，对这些思想感情和艺术表现上的缺陷，也应该实事求是地指出来。

《评传》之所以令人信服，也正在于作者立场的中正，在于他肯定杜甫巨大成就的同时，总能实事求是地指出其思想感情和艺术上的缺陷，这是全书所一以贯之的精神。

七

当然，随着视角的变化，中、下卷在写法上与上卷也有所不同，具体体现为以诗歌串讲为主体。《评传》中、下卷对杜甫诗篇的阐释与分析，不仅具体详细，而且新意迭出，每每给人惊喜。在某种程度上，《杜甫评传》也可以理解成杜诗评传，因为对于杜甫生平的描述，正是建立在对其诗歌细致诠释的基础上。或者说，按照编年方式对杜诗进行串讲，组成了杜甫传记的骨骼。因此，对于杜诗的串讲，是作者中、下卷着力之处，也是这两部分的特色之所在。如第十三章《"暂止"的"飞鸟"》中对《绝句漫兴九首》的赏析：

> 《绝句漫兴九首》其一说："眼见客愁愁不醒，无赖春色到江亭。即遣花开深造次，便教莺语太丁宁。"老夫我客寓他乡正愁得不可开交，没想到你这无赖的春色，眼见我客愁不醒便偷偷来到了江亭。你打发花儿开放已经够鲁莽的了，还让黄莺唠唠叨叨地叫个不停。元人曾瑞的〔南吕·骂玉郎过感皇恩采茶歌〕《闺中闻杜鹃》说："无情杜宇闲淘气，头直上耳根底，声声聒得人心碎。你怎知、我就里，愁无际。帘幕低垂，重门深闭。曲栏边，雕檐外，画楼西，把春醒唤起，将晓梦惊回。无明夜，闲聒噪，厮禁持。我几曾离、这绣罗帏？没来由劝我道'不如归！'狂客江南正着迷，这声儿好去对俺那人啼。"一唐一元，一诗一曲，二者之间不大会存在直接的影响与借鉴关系，但它们的构思相同，口吻近似，之所以如此，除了偶然相像的因素，似乎还可以从它们都濡染于民间歌曲的原因中求得并非毫无道理的解答。王嗣奭

说："'客愁'二字，乃九首之纲领。愁不可耐，故借目前景物以发之。其一：'眼见客愁'者，春色也。春色安得有眼？奇得可笑。'即遣''便教'，俱着春色说；'花开''莺语'，因客愁而娱弄之使醒，此春色之无赖也。"怪了春色又怪春风：

"手种桃李非无主，野老墙低还是家。恰似春风相欺得，夜来吹折数枝花。"（其二）这些桃树李树是去年我写诗向人家求来的，亲手栽种的，哪里是没有主的呢？我这乡下老头儿的围墙虽低，到底还是家啊。这春风恰好像是在欺负我，昨夜将几枝桃花李花吹折了。"夜来"犹云昨夜，孟浩然《春晓》"春眠不觉晓，处处闻啼鸟。夜来风雨声，花落知多少"中的"夜来"亦然。王禹偁，字元之，在商州，尝赋诗云："两株桃杏映篱斜，装点商州副使家。何事春风容不得，和莺吹折数枝花。"其子嘉祐谓后二句颇与杜语相似，欲请易之。元之欣然更为诗曰："本与乐天为后进，敢期子美是前身。"卒不复易（《小畜集·前赋春居杂兴诗二首间半岁不复省视因长男嘉祐读杜工部集见语意颇有相类者咨于予且意予窃之也予喜而作诗聊以自贺》）。这有什么可自豪的？哪有这样的呆鸟，任凭风吹枝折而不飞去呢？所以陆游早就说"王元之诗……和莺吹折数枝花，语虽极工，然大风折树而莺犹不去，于理未通，当更求之"（见 1979 年中华版《老学庵笔记》所附辑录之《续笔记》）。有真情实感，骂得出奇，不失其天真；反之，即使话语相似，仍不免弄巧反拙，贻笑大方。

这些天马行空式的讲解，生动风趣，每每给人豁然开朗的感受。事实上，这种生动正是建立在对材料极其娴熟的运用基础上。《评传》在对杜甫诗歌的分析中，很少平铺直叙地去梳理线索，厘清脉络，人云亦云。而是直指关键，抓住诗歌的整体特色与精神实质，抉隐发微，将重点诗句的来龙去脉考察清楚，不仅避免了行文的单调，更澄清了许多模糊的看法与认识，使我们对杜甫诗句的妙处有更深刻的体悟。《评传》的分析引人入胜，如林庚所言"盖脱胎于诗话而取意于章回"，与其文笔极其活泼灵动有关，但其间所有饱含的种种建立在翔实考订基础上的真知灼见更不容忽视。"这些串讲既能准确而又空灵地说明艺术给人的感受和联想，又能还诗歌以活泼的生活气息，同时注意随内容和风格而变换讲法，突现出原诗容易为人忽略的精彩之处。阅读这些译文，外行将乐其生动有趣，明白易懂，内行亦可赏其通达浑成，能得原诗神韵。"（葛晓音评《杜甫评传》中下卷，《唐代文学年鉴1989—1990》，广西师范大学出版社 1991 年版）当然，由于中、下卷基本上都是由大量的诗歌串讲所构成，且许多诗歌并不为读者所熟知，仅仅是表现诗人个人生活细节，因此读起来显得过于密实，给人压迫之感。

陈贻焮之杜甫研究论著目录：

《杜甫评传》（上），上海古籍出版社 1982 年版。

《杜甫评传》（中、下卷），上海古籍出版社 1988 年版。

《杜甫评传》（上、中、下），北京大学出版社 2003 年第 1 版、2011 年第 2 版。

《唐诗论丛》，湖南人民出版社 1980 年版。

杜甫秋兴八首集说（存目）

叶嘉莹

【评　介】

　　叶嘉莹，号迦陵，1924 年出生于北京，1941 年进入辅仁大学国文系学习，1955 年被聘为台湾大学教授，并任教于淡江大学、辅仁大学等。1966 年赴美，任教于密歇根州立大学、哈佛大学等。后定居加拿大温哥华，为不列颠哥伦比亚大学终身教授、加拿大皇家学会院士。20 世纪 70 年代后期，辗转各大学讲学，曾为南开大学、四川大学、北京师范大学等客座教授。著有《杜甫秋兴八首集说》（台湾中华丛书印行本 1966 年版）、《迦陵存稿》（台湾"商务印书馆"1969 年版）、《迦陵谈诗》（台湾三民书局 1970 年版）、《迦陵谈词》（台湾纯文学出版社 1970 年版）、《中国古典诗歌评论集》（香港"中华书局"1977 年版）、《王国维及其文学批评》（香港"中华书局"1980 年版）、《中国词学的现代观》（台湾大安出版社 1988 年版）、《阮籍咏怀诗讲录》（天津教育出版社 1997 年版）等，主编《历代名家词新释辑评丛书》。

　　叶嘉莹任教于台湾各大学讲授杜甫诗时，曾手录笔抄，辑得历代杜诗评注五十三家，不同版本四十九种，撷取有关《秋兴八首》之资料，以时代先后为序排列，考订异同，整理评述，汇为二十余万字的《杜甫秋兴八首集说》。初稿完成于 1964 年，两年后由台湾中华丛书编审委员会出版印行。是书分编年、解题、章法及大旨、分章集解四部分。从诗歌所展露的情感及所描绘的景象来看，叶嘉莹先生认为《秋兴八首》作于大历元年。组诗的主旨，当是因秋而感兴，"盖此八诗，原但为杜甫寓居夔州，因见秋日草木之凋伤，景象之萧森，而内心油然有所感发而作。至于其所兴感者为何，则杜甫平日所心心念念者，原只在京华长安，因此，首章虽自夔州秋景起兴，而一念及长安，则此兴一发而不可遏抑，直至末一首，虽不复明写秋景，然却的的确确仍是秋兴，此原为极简单自然之事，不必过求甚解、过为深说者也。唯是杜甫制题之际，不着怀乡、感昔、伤今之任何一字，而但云'秋兴'，含蕴深长，油然意远，无限感伤，尽在题外矣"。

叶嘉莹先生认为，七律连章本是杜甫之所独擅，而《秋兴八首》则是杜甫七律连章之作中的翘楚冠冕。《秋兴八首》最突出的特征，是能够自一本发为万殊，又复总万殊归于一本。

所谓一本者，羁夔府值秋日而念长安，斯为八诗之骨干，所谓一本者也。而八诗中或以夔府为主而遥念长安，或以长安为主而映带夔府，至于念长安之所感，则小至一身之今昔，大至国家之盛衰，诚所谓百感交集，所怀万端者也。而复于此百感万端之中，或明写，或暗点，处处不忘对夔府秋日之呼应，此岂非万殊一本，一本万殊者乎？

首章以夔府为主，自秋景起兴，故开端即以"玉露"、"枫林"、"巫山"、"巫峡"，点明时地；次联"江间"、"塞上"承上联之景，亦启下联之情；故三联"丛菊"、"故园"即遥逗故园之思；尾联接写客子无衣之感，既呼应"秋"字，又以"暮砧"唤起下章。

次章一起即承首章写夔州暮景，次句"望京华"，明明点出长安，已较首章之"丛菊"、"故园"为激切；中二联皆以一句伤今，一句感旧，互为呼应；尾联月映芦花既以之应首联之暮景，伤光阴之迅速，复暗写夔府秋景之凄凉。

三章承次章接写夔州朝景起兴；次联以眼前清秋景物写客子羁迟之感；三联感伤功名心事之违，叹息无成；尾联以"同学"、"不贱"为对比，而又慨其但求"衣马"之"轻肥"，有无限身世家国之感，复以"五陵"唤起下章。

四章承五陵而以"闻道长安"为起，已自夔府转入长安，而以"闻道"二字呼起之，遥映首章之"故园"、次章之"京华"、三章之"五陵",而此章则为正写长安之始,故中二联皆自大处落笔,总写百年世事之盛衰纷扰,而第七句复以"秋江冷"映带夔府之秋,第八句则又以"故国平居"唤起以下数章。

五章承"故国平居",首思"蓬莱宫",既为当年献赋之地,又为天子之所居,故以之为所思之发端,"王母瑶池"、"函关"、"紫气",写当日之庭阙,初移"宫扇"、乍睹"圣颜",写当时之杜甫,而以第七句"一卧沧江"映带夔府秋日,末句则慨"朝班"之不再,回合自然,感慨无限。

六章亦承上而来,其所思以"曲江"为主,而以首二句"瞿塘"及"素秋"映带夔府之秋,"花萼楼"有通曲江之夹城,"芙蓉苑"则为曲江之池苑,"珠帘"、"锦缆",回首全非,而结之以自古帝王州,无穷感慨,尽在言外。

七章所思以"昆明池"为主,远承四章之"故国平居",近承六章之"自古帝王",故又有"汉时功"及"武帝旌旗"之言,"织女"、"石鲸"、"菰米"、"莲房",皆以昆明池秋景寓盛衰之慨,而以"极天鸟道"、"满地江湖"呼应夔府。

八章所用地名独多,曰"昆吾",曰"御宿",曰"紫阁",而归之于"渼陂",余韵悠然,情思无限,是所思虽以渼陂为主,然而其情意则并不为渼陂所限也;"香稻"、"碧梧"、"佳人"、"仙侣"四句记昔游之盛,而"佳人"句更着一"春"字,乃竟不为秋字所限,此正因此诗已为八诗末章,极写其感兴之远,故有此余波荡漾之致,翁批所云有"神光离合之妙"者也;末二句,明明着一"昔"字,着一"今"字,以"昔"字总结长安,以"今"字总结夔府,章法完足,哀伤无限。

以上略述八诗之章法大旨,若更简言八诗之布置呼应,则八诗皆以地名为发端,前三章以夔州为主,自第四章以后则转入长安。首章"巫山巫峡"、次章"夔府孤城"、三章"千家山郭",皆以夔府秋日起兴,遥遥以"故园"、"京华"、"五陵"唤起长安;四章"闻道长安",为正式转入长安之始,承以上三章,启以下四章,而其感慨亦复由一身而转入朝廷;五章以后,以"蓬莱宫"、"曲江头"、"昆明池"、"渼陂",分咏故国平居所思之事,而以五章之"沧江"、六章之"瞿唐"、七章之"关塞"、"江湖"映带夔府，八章总以一"昔"字、一"今"字作长安与夔府之总结。而首章"玉露凋伤"、次章"洲前芦荻"、三章"清秋燕子"、四章"寂寞秋江"、五章"沧江岁晚"、六章"风烟素秋"，皆实写夔府之秋以为感兴，至七章之"波漂露冷"，而秋兴反于遥想之长安系出，八章更着一"春"字以为余韵，虚实映带，各极其妙。

正文前有《论杜甫七律之演进及其承先启后之成就》为代序，此文原发表于台湾《大陆杂志》1965年第1~2期，文章详尽描述了中国古典诗歌中七律一体之形成与演变，及杜甫七律一体在其生活各阶段之不同成就，肯定《秋兴八首》为杜诗七律之巅峰，并说明《集说》一书的现实针对性。凡例之后，开列有引用书目。1981年4月，作者赴成都草堂参加杜甫学会首次年会，嗣后又搜获杜诗注本十八种，计收录不同注本五十三家，不同版本七十种，于1988年2月由上海古籍出版社修订出版。再版时，书末附有《〈杜甫《秋兴八首》集说〉增辑再版后记》，对著述的背景、宗旨与所产生的影响有详细的说明。

2014年北京大学出版社重印时，作者在前言中指出："这一册书对一般读者而言，或许未必对之有详细阅读之兴趣，但事实上则在这些看似繁杂琐细的校辑整理而加以判断总结的按语中，却实在更显示了我平素学诗的一些基本的修养与用功之所在。"《集说》的特色，毫无疑问首先在于材料的充实完备，但更为可贵的则是著者基于深厚学养而生发的按语。这些按语不仅能将各诗之间的关联清晰完整地勾勒出来，给人以豁然之感，如评说组诗第四首："此章正写长安，遥与首章之'故园'，次章之'京华'，三章之'五陵'相呼应。又唤起以下四章，心解所云为前后大关键者，是也。因之，此章所写之长安皆自大处落墨，总写朝局之变迁，边境之纷扰。以下四章再一一致其怀思之意。尾联，'鱼龙'句回到自身，兼点'秋'字，'故国'句唤起以下四章。至于言志之以上章慨生平，此章慨时事，及偶评之前首慨身、此首慨世之言，皆可见上下之相承呼应，亦有可取。"

对于历来各家之说，按语亦能站在公正的立场进行评判，不盲从与迷信，总以自己的见解为主导。著者与前代笺注者的差异，从根本上来看，表现为视野更开阔，往往立足于诗歌演进的历史来进行审视，而不是停留诗歌本身，如对组诗艺术成就的评判："就技巧来看，杜甫在这些诗中所表现的成就，有两点可注意之处：其一是句法的突破传统，其二是意象的超越现实。有了这两种运用的技巧，才真正挣脱了格律的压束，使格律完全成为被驱使的工具，而无须以破坏格律的形式，来求得变化与解脱了。因此七言律诗才得真正发展臻于极致，此种诗体才真正在诗坛上奠定了其地位与价值。杜甫所尝试的这两种表现的方法，对中国旧诗的传统而言，原是一种开拓与革新，然而杜甫在这种开新的尝试中，却完全得到了成功，那就是因为杜甫所辟的途径，乃是完全适合于七律一体的正确可行的途径。看到这种成就，我们不得不震惊于杜甫的天才，其所禀赋的感性与知性是如此的均衡并美，因之，乃能对于诗体的特色、辞句的组织、前人已有之成就、未来必然之途径，都自然而然有一种综合的修养与认识，而复加以正确的开拓和运用。"

叶嘉莹之杜甫研究论著目录：

《杜甫秋兴八首集说》，台湾书店 1966 年铅印出版，上海古籍出版社 1988 年修订再版，台湾桂冠出版社 1994 年版，北京大学出版社 2014 年重印。

《论杜甫七律之演进及其承先启后之成就》，台湾《大陆杂志》1965 年第 1~2 期。

《说杜甫赠李白诗一首——谈李杜之交谊与天才之寂寞》，台湾《现代文学》第 28 期，1966 年 5 月。

《叶嘉莹说杜诗》，中华书局 2015 年版。

杜诗赵次公先后解辑校(存目)

林继中

【评　介】

　　林继中，1944 年出生于福建漳州，1967 年毕业于福建师范大学
中文系，1982 年获厦门大学文学硕士学位，1986 年获山东大学文学
博士学位。历任漳州师范学院(今闽南师范大学)中文系教授、文艺
学专业学科带头人、中文系主任、院长等，有《文化建构文学史纲
(中唐—北宋)》、《杜诗赵次公先后解辑校》、《唐诗与庄园文化》、
《诗国观潮》、《中国佛教名山胜地寺志》、《唐诗：日丽中天》、《栖
息在诗意中——王维小传》、《文学史新视野》、《杜诗选评》、《文化
建构文学史纲(魏晋—北宋)》、《激活传统——寻求中国古代文论的
生长点》等多部学术专著。《杜诗赵次公先后解辑校》(以下简称《辑
校》)原为林继中在山东大学攻读博士学位时所完成的博士论文，其
导师萧涤非先生给予了很高的评价：

　　　　林继中同志的博士论文《杜诗赵次公先后解辑校》，全文 120
　　万字，是一部有相当高价值的学术专著。辑佚部分以现存两钞本
　　为模式，旨在恢复赵注原貌。甲、乙、丙三帙的辑佚工作尤属创
　　造性劳动，为今后杜甫研究提供了一个至今为止最为完善的赵注
　　本。校勘部分除约 800 条校记外，还纠正了赵注及其引文在文字
　　上大量的讹、夺、衍、倒。此项工作，不但要求作者慎思明辨，
　　剖析毫芒，作出判断，而且首先要求作者博涉群书，发现问题，
　　付出巨大的工作量。前言部分是综合研究，颇多独到的见解。如
　　对赵次公其人其书的考证及其时代背景的考察，对复杂的宋人注

杜所作的一些清源通塞的工作等，大都能做到无征不信，实事求是，学风是严谨的。该论文卷帙虽庞大，但提挈有体，行文亦复明净。为便利读者参阅，对赵注所作某些调整，和目录中于诗题下用数码标明《九家注》卷数，并足见惨淡经营之苦心。

依据萧涤非先生的评判，《辑校》的工作与意义体现在三个方面。第一，《辑校》在最大程度上恢复了赵注的原貌。赵次公所注杜诗，是现存已知最早编年注本，但南宋以来已经亡佚，其注解散见蔡梦弼、黄鹤、郭知达诸书中。1916 年，傅增湘购得赵注明钞本残卷《新定杜工部古诗近体诗先后并解》，共有末帙七卷、成帙十一卷、巳帙八卷。傅氏认为："原题末帙、成帙、巳帙，当是丁、戊、己三字，盖原书五十七卷当分甲至己六帙，此仅存其半，故贾人涂改以泯其迹。"（《藏园群书经眼录》卷四）。现存残卷既然是下半部，那么上半部甲、乙、丙如何被勾稽整理出来呢？由于赵次公所注杜诗在南宋影响颇大，各集注本多有引用，林继中经过细致比较，最终以郭知达《九家注》为底本，以《百家注》、《十家注》、《分门集注》、《黄氏补注》及明清重要注本为参校本，在具体的编排过程中，又参照《百家注》所标示之时、地兼及篇幅长短酌定。因为《九家注》是分类本，而赵注原是编年本，在诸多的注本中，林继中发现《百家注》本与赵注的编次最为吻合。

第二，《辑校》对各注本所引赵注进行了细致梳理，同时还对赵注本身的舛误进行了辨析。南宋以来，杜诗各注本所引赵注繁复抵牾，林继中一方面对各引文仔细比较，力图正本清源，一方面对赵注自身所出现的讹误也进行订正。"赵注并非十全十美，其不足也很明显，大要有三：一，很少深入细致分析杜诗的思想艺术；二，注文重复，如仅在丁、戊、己三帙中关于《桃花源记》的典故就引用了五六次之多；三，引用典事越常见越易出错，估计赵氏仅凭记忆未覆核原书之故。前两点不足，校辑者无能为力，在第三点上继中同志为之作了许多更正，并写入校记之中。……这种工作在某种程度上弥补了赵注的不足。至于残帙传抄过程中的谬误，《九家注》中所引赵注的讹夺衍倒，校辑者皆能细加剖析，予以纠正。许多较简单之处并未都写入校记。总之,《辑校》一书的意义不仅在于它恢复了赵书的原貌,而且提高了赵书的质量。"(廖仲安、王学泰《〈杜诗赵次公先后解辑校〉述评》,《首都师范大学学报(社会科学版)》1995 年第 6 期)

第三,林著对赵次公其人、其书及其源流进行了详细的考辨。林继中经过对相关材料的辨析,判定赵次公字彦材,为蜀人,曾与邵溥、晁公武交游,隆兴年间任隆州司法,著有杜诗注、苏诗注,其著杜诗注当在绍兴四年至十七年之间。对于赵注的来源师承,林继中指出有三个系统:王洙本→吴若注本;任昌叔本→师尹本;吕谱→蔡兴宗本。赵本的传抄引用,也有三个系统,分别是:九家注;陈禹锡补注;十家注→百家注→分门集注→吴元楘本→黄氏补注。至于赵注原本,宋以来罕见,元好问曾见其全帙,此后坠绪茫然。现存赵注钞本有两种:一是北京图书馆藏《新定杜工部古诗近体诗先后并解》残卷,即末帙七卷、成帙十一卷、巳帙八卷,傅增湘定为明钞本;一是成都杜甫草堂藏康熙辛巳重钞本。林继中认为,草堂钞本系重钞北图藏明钞本;赵本有初稿、定稿、钞本,今钞本为编年本,即应为定本;《新定杜工部古诗近体诗先后并解》为定稿本名无疑,《正误》可能是初稿之名,《证误》为《正误》之讹;全书原称五十九卷,当无误,共六帙。

同时,林继中还对赵注特色及其价值进行了细致的考察。他将赵注的特色归结为五个方面:重出处;重整体性;重真实性;重文学性;重实践性。每一方面,他都运用众多的事例进行具体的讨论与深入的分析。如对于赵注出处用事方面的成就,林继中总结为:(一)由于次公认定杜诗"往往一字繁切,必有来处",所以对出处考求认真严肃,也往往能于求出处时辨伪正谬;(二)认识到出处有许多变化,不可以文害意。本于这一态度,所以次公对出处注解力求贴切,不许"才有字相犯便要妄引";(三)次公常说"诗人于好事并好韵不可放过",用字用事的最高境界是"字语明熟混成,如自己出,则杜公所谓'水中着盐,不饮不知者'"。而要达到这一境界,就必须事典贴合于眼前之事实,其重点在今不在古,是事典为眼前情景所用。至于赵注的整体性,首先,表现在体例上,具体而言,一是编年,二是首创《句法义例》,三是串讲与题解;其次,表现为"以杜证杜",即将一部杜诗视为一个整体，首击尾应，环譬而喻。赵注的文学性，体现在以下三个方面：第一，不泥于史实，承认诗人有塑造形象的自由；第二，强调"诗人之情"；第三，重视杜诗格律、句法、用字的研究。

20世纪以来，赵注逐渐得到了学界的重视。1982年，雷履平先后撰写《赵次公的杜诗注》(《四川师范学院学报(社会科学版)》1982年第1期)、《记成都杜甫草堂所藏赵次公杜诗注残帙》(《草堂》1982年第2期)，对赵注的特点进行介绍，并呼吁要对赵注进行整理。1994年，王学泰根据赵次公《先后解》残帙和《九家注》所引赵注对原书基本情况做出如下推测：一、注前应有一个杜甫年谱，次公称之为"纪年编次"，记录和辨析杜甫生平；二、卷首还应有句法义例，是全书的凡例和说明，阐述分析杜诗遣词造句和经常运用的谋篇布局的方法。(《杜诗赵次公注与宋代的杜诗研究》，《首都师范大学学报(社会科学版)》1994年第1期)

林继中《杜诗赵次公先后解辑校》出版以后，得到了学界的高度赞扬。程千帆曾致函："近人治杜多空谭而鲜征实，如此书之如乾嘉诸老治经者，盖未有第二家也。"廖仲安、王学泰《〈杜诗赵次公先后解辑校〉述评》(《首都师范大学学报(社会科学版)》1995年第6期)指出林著的贡献主要体现在下述三个方面：力图恢复赵书的原貌；通过大量校语使读者了解到各种注本中赵氏注文之异同及赵注本身的不足与缺欠；《辑校》长篇前言也是杜诗学研究的一篇重要成果。陈尚君《喜读〈杜诗赵次公先后解辑校〉》指出，"《辑校》体例之精善、搜罗之全备、去取之严谨、校勘之审慎，在国内近年出版的同类著作中是罕见其匹的。可以毫不夸张地说，《辑校》的出版在杜诗研究史上具有十分重大的意义，也是近年以来国内古籍整理工作最重要的收获之一"。他认为林著的成就体现在三个方面，即体例完善、搜罗全备与校勘精审。

与此同时，不少学者对林著失收的赵注也进行了补充。1996年，张寅彭在考察了史炳《杜诗琐证》一书征引与批驳赵次公注文的情况时，发现了不为林著《杜诗赵次公先后解辑校》一书所录的两则赵注(《史炳〈杜诗琐证〉中征引与驳议的赵次公注文》，《杜甫研究学刊》1996年第3期)；1997年，蔡锦芳通过详细比较、分析和考证，发现南宋蔡梦弼的《草堂诗笺》所引的 19 条赵次公注中，尚有 9 条失收于林氏《辑校》中(《林继中〈杜诗赵次公先后解辑校〉增补》,《四川师范大学学报(社会科学版)》1997 年第 4 期)；2002 年，张忠纲编注《杜甫诗话六种校注》(齐鲁书社)出版，指出失收《带经堂诗话》卷十五所录一则；2005 年，莫砺锋在《宋人注释的特点与成就》(《古典诗学的文化观照》，中华书局 2005 年版，第 234 页)一文中指出，仇兆鳌《杜诗详注》卷二三《奉赠李八丈曛判官》有一条《辑校》漏辑；2008年，韩成武、周金标《赵次公注在清初的流传及其辑佚——以朱鹤龄〈杜工部诗辑注〉为例》(《图书馆杂志》2008 年第 8 期)一文中，细检清初朱鹤龄《杜工部诗辑注》征引赵注情况，发现有 8 处林著失引；2011 年，王新芳、孙薇对辑佚进行了综述，并指出《遣兴五首》中的四首和《喜雨》诗所引赵注，亦为《辑校》失收(《赵次公〈杜诗先后解〉辑佚综述》,《杜甫研究学刊》2011 年第 1 期)。

在《杜诗赵次公先后解辑校》之外，林继中还发表了大量研究杜甫的专篇论文，收录于他的《杜诗学论数》。莫砺锋在此书的前言中指出，这些论文大多立意新颖，或自传新说，或力破陈说，"林著中的这些论文并未有意标新立异，但它们以实事求是的态度研究杜诗，得出的新颖见解具备充足的文献基础和学理依据"。

林继中之杜甫研究论著目录：

《文化架构文学史纲(中唐—北宋)》，海峡文艺出版社 1993 年版。

《杜诗赵次公先后解辑校》，上海古籍出版社 1994 年初版、2012 年修订版。

《唐诗：日丽中天》，广西师范大学出版社 2000 年版。

《杜诗选评》，三秦出版社 2004 年版。

《杜诗学论数》，上海古籍出版社 2015 年版。

杜甫为郎离蜀考

陈尚君

一、问题的提出

　　永泰元年(765)春夏间，杜甫离开成都草堂，沿江东下。此后数年间，漂寓寄居于云安、夔州、江陵、公安、长沙等地，最后病死于湘江孤舟中。离蜀出走，从暂时稳定变为长期漂寓，成为杜甫晚年生活的重要转折点，对其晚年的诗歌写作也有极大的影响。因此，找到杜甫此行的契机，是研究其晚年生活、思想和诗歌创作的关键问题。

　　唐人对杜甫离蜀原因的叙述很不一致。最初记录杜甫事迹的樊晃《杜工部小集序》(《钱注杜诗》附录)，以为是"东归江陵"。其实，杜甫在江陵没有家园，无以言归。樊序于杜甫卒后数年间作于润州，所据为当时的传闻之辞，未能征实。① 元稹根据杜甫孙杜嗣业提供资料写成的《唐检校工部员外郎杜君墓系铭序》云："剑南节度使严武状为工部员外参谋军事。旋又弃去，扁舟下荆楚间。"所述不免因简略而显得含混。晚唐范摅《云溪友议》卷上则以为严武与房琯、杜甫构隙，"武母恐害忠良，遂以小舟送甫下峡"。又谓李白作《蜀道难》讥讽严武。范书所记，迹近小说家言，多与史实乖谬。前人已有驳斥，此处不赘述。五代官修的《旧唐书·文苑传》，始对杜甫此行作了较详细

---

　　① 樊晃编《杜工部小集》的详细考证，请参看拙作《杜诗早期流传考》(见《中国古典文学丛考》第一辑)。

的叙述：

> 上元二年冬，黄门侍郎、郑国公严武镇成都，奏为节度参谋、检校尚书工部员外郎赐绯鱼袋。……永泰元年夏，武卒，甫无所依。及郭英乂代武镇成都，英乂武人粗暴，无能刺谒，乃游东蜀依高适。既至而适卒。是岁，崔宁杀英乂，杨子琳攻西川，蜀中大乱。甫以其家避乱荆楚，扁舟下峡。

《旧唐书》所述杜甫事迹系后晋史臣采摭元稹《杜君墓系铭》、《云溪友议》、《明皇杂录》、《本事诗》等编成，舛误极多。北宋王洙曾持与《杜集》、《唐实录》比勘，指出错误多条。上举一段，不见唐人记载，为《旧唐书》作者杜撰还是沿袭旧说，今已无从考知。显然的错误有：严武再镇蜀，在广德二年春。"上元二年"云云，将两次镇蜀事混淆。杜甫避徐知道乱出走东川，在宝应元、二年，不在严武卒后。高适广德二年调京职，永泰元年正月卒，英乂五月始受命理蜀，杜甫不可能弃郭而依高。蜀中大乱在该年十月，其时杜甫已抵达云安。

对此，北宋学者已有所认识。宋祁作《新唐书·文艺传》，就剔去《旧唐书》讹误，仅云："武再帅剑南，表为参谋、检校工部员外郎。……武卒，崔旰等乱，甫往来梓、夔间。大历中，出瞿唐，下江陵。"惜仍厘革未尽。至南宋吴若校理杜集、鲁訔为杜诗编年，始纠正了武卒往东川之误。① 经宋、清二代治杜学者不断努力，杜甫生平事迹已基本清楚。但对杜甫离蜀原因的解释，多仍恪守《旧唐书》"武死，甫无所依"之说。只有浦起龙《读杜心解》从《去蜀》诗中，看出其说之未当：

> 旧谱：严武以四月卒，公以五月去。此说殊不确。公于严交谊何如，岂有在蜀亲见其殁，无一临哭之语见于诗者。且此后去

---

① 吴若意见据《续古逸丛书》影宋本《杜工部集》卷十三、十四。鲁訔《编次杜工部诗》已失传，但影宋本《王状元集百家注编年杜陵诗史》和《杜工部草堂诗笺》均据鲁訔编年本编次，可据以考见鲁訔的意见。

蜀诸诗，亦绝无严卒始去明文也。愚意公之去，在四月以前严未卒时。

又于该诗"安危大臣在"下注：

> 公为严幕军事参谋。今谢事他往，则"大臣"定指严武，可见武未卒。仇谓郭子仪，无涉。

浦说颇具见地，可惜其后二百多年间，罕为世人采用。个别治学谨严的学者，对出行原因仅持阙疑态度。直到近年，曾枣庄先生著《杜甫在四川》，始对浦说作了一些发挥。萧涤非先生在 1979 年版《杜甫诗选注》、1980 年修订本《杜甫研究》中，亦注意及此，认为"杜甫最后离开成都在严武以前或以后，是一个有待研究的问题"。惜都未提出新的证据和结论。

二、杜甫离蜀与严武之死无关

今按，《去蜀》一诗，王洙本、王琪本、吴若本《杜工部集》均不收，① 蔡梦弼《杜工部草堂诗笺》收入，云出朝奉大夫员安宇所收。② 清前各家系年不一，郭知达《九家集注杜工部诗》始置于永泰元年初离蜀诸诗间，黄鹤则编在广德二年（764）阆州诗内，蔡梦弼、朱鹤龄诸家置于集外，不予系年，钱谦益撰《年谱》次于永泰元年，以后仇、浦、杨诸家均从之。今人亦多以为初离蜀时作。其实，细按本诗，并无初离成都时所作的确凿证据，诗中"大臣"何指，不能成为杜甫何

---

① 《续古逸丛书》影宋本《杜工部集》包括两个宋本：绍兴翻刻王琪本，吴若本或吴本翻刻本。王琪本基本保存了王洙本的收诗情况，另增补诗五首、文四首。本文引之二王本即据此本，吴若本则据此本和《钱注杜诗》参定。

② 员安宇，四川仁寿人，宋进士，累官朝奉大夫知眉州。其兄安舆为皇祐进士。事迹详宋员兴宗《九华集》卷二一《员公墓志铭》。

时出走的证据。① 确定杜甫出走与严武之死有无关系，关键在于弄清严武卒日与杜甫出行的具体时间。

《旧唐书·代宗纪》载，永泰元年夏四月"庚寅，剑南节度使、检校吏部尚书严武卒"。《通鉴·唐纪三九》谓同年同月"辛卯，剑南节度使严武薨"。检《二十史朔闰表》，该年五月壬辰朔，因知四月庚寅为二十九日，辛卯为三十日。所差一日，疑为卒日与朝廷得报日之异。严武卒于四月末，可无疑问。

杜甫离成都时间，从宋赵次公、鲁訔、蔡兴宗等撰年谱到清人各种年谱(浦本除外)，均定于五月。② 其证据均自严武死于四月而推定。今检该年杜甫草堂诸诗，均作于春间，无入夏之迹。其《戎州杨使君东楼》有"轻红擘荔枝"句③，次年作《解闷十二首》有云："忆过泸戎摘荔枝，青枫隐映石逶迤。"均述此行经戎州(今四川宜宾)、泸州(今泸州市)时事。黄鹤曰："黄山谷在戎州食荔枝诗云：'六月连山荔枝红。'可知荔枝熟于六月也。"范成大《吴船录》卷上载，淳熙四年(1177)六月辛巳(十三日)过眉州时，"荔子已过"。泸、戎与眉州纬度相差仅一度，荔枝成熟时间当相仿，可知杜甫在六月上旬已到达

---

① 《去蜀》云："五载客蜀郡，一年居梓川。如何关塞阻，转作潇湘游。万事已黄发，残生随白鸥。安危大臣在，不必泪长流。"杜甫广德二年春初归成都，旋入严幕，诗不可能作于该年。若作前年冬诗，"五年"又无着落。浦起龙驳诸家论，颇具见地，借仍囿于首二句年教，未详考全诗。按三四两句，云因关塞阻绝只得转作湖南之行。永泰元年十月前，蜀中未乱，剑阁之路尚通，不存在"关塞阻"之事。杜甫广德元年拟赴江东，提到青草湖，并非欲入湖南；离草堂之初亦未拟入湘，后从岳阳赴衡、潭，为出于无奈的临时决定。"万事"以下四句，自述众事无成，余生只能随水漂流，国事自有大臣负责，何劳自己操心，与他出行之初急于入朝的心情完全不合。综观全诗，疑为大历三年出江陵后拟赴湖南时作。首二句，追述客两川事。次二句，自诘何以步入穷途，似已自省为郎离蜀之非。"万事"二句，自言年老体衰，朝廷弃忘，事业无着，残生惟与白鸥为侣。末二句为反语。联系杜甫晚年全部诗作看，这样解释较为合理。

② 鲁、蔡二谱见《分门集注杜工部诗》卷首，赵谱据鲁谱转引。

③ 本文所引杜诗，主要依据《续古逸丛书》本《杜工部集》，并曾参校其他各本，因无重大歧异，故不详注异文。杜诗版本众多，卷次分合多不同，学术界一般均仅注篇名，不注卷次，本文亦循此例。引及各家注亦不注卷次。

戎州。以当时舟行速度，自成都至戎、泸，约需十余日。从嘉州所作《狂歌行赠四兄》①所述情况看，杜甫在嘉州有较长时间的停留。综上所述，杜甫离成都的最早时间可以在三月底或四月初，最迟当在五月上旬。检讨之下，武死出走说的可疑处除浦说外尚可提出以下几点。

杜甫离开成都的最晚时间，离严武之死仅十天左右。在如此短的时间内出走，于挚友旧谊固然无法交代，仓促中也难以做好挈妇将雏长途旅行的准备。此其一。

严武死后，代知府事的杜济为严武旧部，天宝末杜甫有《示从孙济》诗相赠。后任剑南节度使郭英义与杜甫在凤翔时结识，杜有长诗相赠。郭死后，杜在《别蔡十四著作》中有哀悼之意，并称郭为"正臣"，为"知己"。杜甫与杜、郭交谊固不及严武，但若仅在草堂隐居，并未形成威胁，不必仓皇出走。此其二。

川中大乱，是同年十月间事，实质是郭和严武旧部的冲突。从严武之死，杜甫可以预期大乱在即。然而，他一路多处停留，在嘉州甚至痛饮狂歌，绝无仓促出走之迹。此其三。

严武死后，杜甫有二诗哀悼，分别作于云安、夔州。《哭严仆射归榇》云："素幔随流水，归舟返旧京。……一哀三峡暮，遗后见君情。"《八哀诗·赠左仆射郑国公严公武》云："炯炯一心在，沉沉二竖婴。颜回竟短折，贾谊徒忠贞。飞旐出江汉，孤舟转荆衡。虚横马融笛，怅望龙骧茔。空余老宾客，身上愧簪缨。"皆言在峡中得噩耗，不及成都诀别。此其四。

综上诸证，可知杜甫出行与严武之死在时间上只是偶然的巧合，并无必然的联系。其出行时间，当在四月末严武卒前。从以下二诗推测，杜甫于春间已准备东下，四月间已出行。(1)《绝句三首》。王洙本不收，宋人得于吴越写本，后各种编年本均系永泰元年春间。其一云："闻道巴山里，春船正好行。都将百年兴，一望九江城。"杨注："九江城谓江陵，时盖已有出峡之志。"仇亦谓"欲往荆楚而作"。其三云："漫道春来好，狂风太放颠。吹花随水去，翻却钓鱼船。"仇注：

---

① 郭沫若先生《李白与杜甫》认为此诗为岑参作，未见确证。此诗收入《文苑英华》卷三五〇，不能因王洙不收而遽断为伪。

"见春江风急，叹不得远行也。"浦注："三诗一串，胸中素有下峡之志。"诸说如不误，是杜甫春间修葺草堂的同时，已决计下峡。（2）《喜雨》"南国早无雨"一首，鲁訔本系于江陵，钱注列于广德二年春，黄鹤、朱鹤龄及仇、浦、杨诸家均编入永泰元年，唯次第稍异。黄鹤注："史：永泰元年自春不雨，四月己巳（八日）乃雨。诗云巢燕林花，皆四月间事。"引史为《旧唐书·代宗纪》。诗云："南国早无雨，今朝江出云。"似江中舟行时作。鹤说如不误，则杜甫在四月初已离成都出行。

三、杜甫本人对离蜀原因的陈述

杜甫《秋日夔府咏怀寄郑监李宾客一百韵》云：

> 两京犹薄产，四海绝随肩。幕府初交辟，郎官幸备员，瓜时拘（一作犹、仍）旅寓，萍泛苦羁缘。

此诗作于大历二年（767）秋，时郑审、李之芳均在江陵，杜甫客夔，作长诗向二人陈述遭际。引诗前二句谓京洛虽有薄产，而家园久荒，亲友日疏，欲归无依。后四句，仇谓"叙客夔之由"，甚是。"幕府"两句，赵次公注："严武东西川为节度使，辟公为参谋，故云交辟。时公为尚书工部员外郎。备员，公自谓也。"后各家注均无异辞。问题在后两句。"瓜时"语出《左传》庄公八年，各家注本均已引，指职务交接之时。"萍泛"，喻漂寓。"羁缘"，旧注引《韵会》："连络也。"二句谓职务交接之际拘于旅寓，只能如浮萍断梗般不断地漂流。"瓜时"何指？蔡、黄、钱、仇、杨诸家均未言，唯浦注云："此借作授职用，即指严幕。"按：瓜时可指接职时，亦可指卸职时，但杜甫入参严幕，离开严幕，均无"拘旅寓"之事，与"羁夔"（浦注"萍泛"句语）也无必然的联系，浦误显然。杜甫同时作《夜雨》诗谓：

> 通籍恨多病，为郎忝薄游。

浦注谓两句"衍滞峡之由"。"通籍"指取得官位，"为郎"指为工部员外郎。二句并列意通，谓虽通朝籍而憾于多病，出行有愧于为郎。将为郎、通籍作为此次出行的原因。以此看《秋日夔府百韵》"幕府"下四句，似应解作：幕府供职不久，有幸备位郎署；卧病旅寓延误了官职交接，只能漂泊寄寓为生。"瓜时"所指，为郎职而非幕职。对此，杜甫在诗文中曾反复多次地加以申述：

> 泊船秋夜经春草，伏枕青枫限玉除。(《寄岑嘉州》)
> 画省香炉违伏枕，山楼粉堞隐悲笳。(《秋兴八首》。画省即尚书省，见《汉官仪》。工部属尚书省。)
> 针灸阻朋曹，糠籺对童孺。(《雨》，朋曹指郎署同僚。)
> 归朝跼病肺，叙旧思重陈。(《敬寄族弟唐十八使君》)
> 伤时君子，或晚得微禄，轗轲不进，因作此诗。(《种莴苣序》)
> 旷绝含香舍，稽留伏枕辰。(《奉赠肖十二使君》。《汉官仪》：尚书郎握兰含鸡舌香奏事。)
> 病隔君臣议，渐纡德泽私。(《夔府书怀四十韵》)
> 蹉跎病江汉，不复谒承明。(《送覃二判官》)
> 报主身已老，入朝病见妨。(《入衡州》)
> 名岂文章著，官应老病休。(《旅夜书怀》)
> 为郎未为贱，其奈疾病攻。(《赠苏四徯》)
> 才尽伤形骸，病渴污官位。(《送顾八分文学适洪吉州》)
> 伏枕因超忽，扁舟任往来。(《秋日荆南述怀三十韵》)
> 卧疾淹为客，……(《大历三年春白帝城放船……》)

在这些诗中，杜甫自述因卧病伏枕而稽留峡中，以致未能北归朝廷，隔断了与尚书省及郎署的联系，失去了与皇帝面议的机会，并因此失去了官位，淹留成客，随舟漂流。与《秋日夔府咏怀百韵》和《夜雨》所述是一致的。

元稹《杜君墓系铭》和新旧《唐书》本传都明确记载，杜甫以检校工部员外郎任严武剑南节度幕府参谋。郎职只是检校官，是虚衔，具体职务是幕职，不是京官。这是一千多年来治杜学者几乎完全一致的看法。但是杜甫本人诗篇中表述的意见，与这一传统看法显然是相左的。为找出杜甫离蜀动机的真正答案，我们不能不对为郎入幕说提出诘责。为此必须考察其所除官职的全称和是否以郎官入参严幕。

四、杜甫永泰元年除官的全称及其实际意义

元稹《杜君墓系铭》和新旧《唐书》本传所载杜甫官称都作了删削，不是全称。郎、幕二职的排列亦不相同。保留杜甫官称全称的，唯有几种宋本杜集卷首结衔。《续古逸丛书》影宋绍兴翻刻王琪本《杜工部集》每卷前均有结衔一行：

前剑南节度参谋宣义郎检校尚书工部员外郎赐绯鱼袋京兆杜甫

同书配本南宋吴若本同。《四部丛刊》影印南宋坊本《分门集注杜工部诗》目录前所载，无"京兆"二字，余同。贵池刘氏影宋刻《王状元集百家注编年杜陵诗史》，每卷前署衔"宣义郎"作"宣仪郎"，无"京兆"二字，末增"子美撰"三字，余同。杜甫集最初有六十卷，宋时仅存亡逸之余。王洙哀聚各本辑校杜集，所据本中有一部分当属原集残帙。① 这行官称当即据原集迻录，绝非宋人所伪署。持与《旧唐书》所载官称比较，不同处仅二：幕职上多一"前"字，增出宣义郎的散官阶。其余均同，排列次第亦同。二者所出可信为一，只是后晋史臣编史时有所删削而已。

唐代官制极其复杂，有必要对此稍作诠释。

"前剑南节度参谋。"岑仲勉先生云，"凡职事官早已开去，遇到重新授官的时候，提及他的旧官，都用'前'字来表示。"② 这在唐人制诰、史书纪传中存例甚多。《旧唐书·职官志三》述节度幕府属官

---

① 六十卷本杜集编集、流传的可能情况和宋人编次杜集所据各本面貌，请参看拙文《杜诗早期流传考》。

② 《从唐代官制说明张曲江集附录诰命的错误》，见《中山大学学报》1958年第2期。

甚多，参谋为幕中地位较低、不定员数的从官，其品秩不详，《唐六典》、《唐会要》等书亦无记录。"宣义郎"为散官。岑云：按唐初贞观令规定，文武入仕者皆带散位，谓之本品。其品阶高低，仅作为班位、俸给、章服的制限，与职事官的升降没有必然联系。《旧唐书·职官志一》载文散官，宣义郎为从七品下。"检校尚书工部员外郎。"按官制次第，此指职事官，即执行具体事务的官。工部为尚书省六部之一，工部员外郎为从六品上，其职为辅助郎中"掌经营兴造之众务"。关于检校官，拟于下文再谈。"赐绯鱼袋"，应读作"赐绯、鱼袋"。岑云：唐代"京官散阶未及三品者有赐紫。未及五品者有赐绯之特典"。开元后"赐绯、紫者例兼鱼袋"。"绯、紫是指所穿官服的颜色，鱼袋是指所佩的劳什子，赐绯服的鱼袋只饰银。"①据《唐六典》及《旧唐书·舆服志》、《唐会要》所载贞观制规定，从七品之宣义郎只可着绿袍。有此赐典，可着绯袍、佩银鱼。

唐代制诰所载幕府官称的次第，盛唐时多为先列散官、职事官（兼使、充使附后）、勋、爵、赐或借。玄宗朝苏颋、孙逖，肃宗朝贾至，代宗朝常衮，所作多属此类型。中唐后检校京官大量地作为虚衔授予节度幕府官员，制诰所述官称次序一般均为先幕职，然后为散官、京官虚衔及勋爵赐借等。杜甫正值官称逐渐变化之际。上列官称可作两种解释：其一，幕职为职事官，郎官为虚衔。起首的"前"字统摄全称，表示杜甫在离成都前已将幕职郎衔一概辞去。其二，幕职、郎职均为职事官，"前"字仅领摄"剑南节度参谋"一职，表示杜甫在被授检校工部员外郎前曾任幕职，或因其检校郎官未能即真而追叙其前任职官。前一解为历代研究者所信从，但无法解释杜诗自述为郎出走、因病失官的大量记载。后一解似乎牵强，联系杜甫自述看，却较为合理。孰是孰非，要看杜甫接受郎职的时间。

五、杜甫在严武幕府期间无除郎职之事

前人所撰的各种杜甫谱传中，绝大多数都以为严武同时为杜甫奏

---

① 《从唐代官制说明张曲江集附录诰命的错误》，见《中山大学学报》1958年第2期。

请郎幕二职，杜甫以检校郎官入参严幕，只是时间上稍有不同。吕大防谱作严武再镇西川后，浦起龙定在夏末至冬间，均较宽泛。鲁訔定在"六月已入幕"，清代钱、朱、仇、杨诸家均从之，今人著作如闻一多《少陵先生年谱会笺》、冯至《杜甫传》、郭沫若《李白杜甫年表》、四川文管会《杜甫年谱》亦从之。就笔者所见，唯北宋末蔡兴宗撰《年谱》（《分门集注杜工部诗》卷首）将郎、幕二职分开，以为"广德二年春晚，自阆携家归蜀，再依严郑公，奏为节度参谋"。永泰元年春，"时授检校工部员外郎赐绯，见之《春日江村》诗中"。

诸说是非，唯检索杜甫本人诗可定。

《通鉴·唐纪》载，广德二年正月"癸卯（四日），合剑南东西川为一道，以黄门侍郎严武为节度使"。杜甫时客东川，拟泛舟下荆楚，得讯甚喜，自阆州领妻子径归成都。其抵成都时间，有春初、春末之异。从《春归》、《四松》、《登楼》诸诗看，春间已归成都无疑。入参严幕始于何日，无确切记载。春间无入幕诗。《扬旗》自注："二年夏六月，成都严公置酒公堂，观骑士试新旗帜。"各谱传定六月入幕，所据似均为此注。然据注仅可知六月杜甫已在幕府，入幕却未必始于六月。其离幕时间为永泰元年岁初，有《正月三日归溪上有作简院内诸公》为证。

杜甫晚年诗中，提到"郎官"、"省郎"、"台郎"、"银章"、"朱绶"、"赏鱼"的约有数十首，颇受后人非议。而其确定作于严幕诸诗中，却从未提到郎官。① 谓在幕中受约束，但云："白头趋幕府，深觉负平生。"（《正月三日归溪上简院内诸公》）与严武酬唱时自称："胡为来幕下，只合在舟中。"（《遣闷奉呈严公二十韵》）"何补参军事，欢娱到薄躬。"（《陪郑公秋晚北池临眺》）暂归草堂时称："老去

---

① 明铜活字本《严武诗集》收《杜员外兄垂示诗因作此寄上》，为郭受诗，各本《杜集》皆附入。诗云："春兴不知凡几首，衡阳纸价顿能高。"作于衡阳，时严武已死数年。又仇注等本幕中诗有《村雨》、《独坐》二首提及朱绶，实属误系。《村雨》，王琪本、郭知达本、钱注本均载于夔州诗内，《草堂诗笺》用鲁訔编年本，系于大历二年夔州作。自黄鹤以为"当是广德二年在草堂作"，朱鹤龄、仇兆鳌、浦起龙、杨伦均从之，但皆未举证，实均误。《独坐》在王、蔡、钱、杨诸本中均不作幕中诗，详诗意当为夔州时作。

参戎幕,归来散马蹄。"(《到村》)均仅言幕职。离蜀后追述幕中事,也仅云:"顷壮戎麾出,叨陪幕府要。"(《哭王彭洲抡》,杨谓二人同辟参谋。)同时提到郎、幕二职的有三诗。《夔府百韵》已见前引,另二诗均分述二职。《八哀·严武》前云:"记室得何逊,韬钤延子荆。四郊失壁垒,虚馆开逢迎。"何逊曾为梁建安王记室,孙楚曾参石苞镖骑军事,杜甫引以自比。接着述军中生活、严武之死及己之悼念,末始云:"空余老宾客,身上愧簪缨。"以未能尽故交之情,而己身尚承奏请簪缨居官为愧。湖南作《奉赠肖十二使君》首述同参严幕:"昔在严公幕,俱为蜀使臣。艰官参大府,前后间清尘。"次称肖之进用,己之不幸,末段始及"旷绝含香舍,稽留伏枕辰"云云。杜甫显然没有把入幕与为郎视为同时之事。

同样,杜甫在幕所作诗也从未提及绯袍、银鱼。诗中提及幕中服饰的有三首。(1)《遣闷奉呈严公二十韵》:"黄卷真如律,青袍也自公。"述幕中事,作于秋间。杨释上句为"簿书督责之严",下句"谓幕府之礼亦同于朝廷也"。仇注二句:"言为官守所拘。"关于青袍,朱释:"公时已赐绯,而云青袍者,以在幕府故耳。旧注谓青袍九品服,误矣。"浦责朱说"欠分晓",以为"青袍者,盖供事之便服也"。(2)《初冬》:"垂老戎衣窄,归休寒色深。"节度参谋为军职,而其时西边有战事,杜甫归休时尚着戎衣。(3)《至后》:"冬至至后日初长,远在剑南思洛阳。青袍白马有何意?金谷铜驼非故乡。"诗因至日而萌思乡之情,各家均系幕中。后二句云在幕不得展志,而故乡亦非复旧观,欲归不能。所服仍为青袍。按唐人舆服色等,由散官官阶决定,宋人王楙、清人钱大昕、今人陈寅恪、今人岑仲勉均有详确考证。杜甫的散阶为七品的宣义郎,当服绿袍。因有赐绯的特典,可服绯袍(即红袍)。诸家注杜,囿于为郎入幕说,于青袍只能委曲求解。然细审二诗,并非述日常细故,作形象描绘,而是引青袍代指己之职守,抒在幕受拘束不得意之情,岂能用便服来借代!唐代是官阶、舆服等级分明的时代,杜甫后来对为郎、赐绯又一直乐道不厌。节度参谋品阶不明,但其官位较低则可肯定。青袍当即杜甫在幕的公服,其品阶在八、九品间。据此可知杜甫在幕时并无为郎赐绯之事。

杜甫未以郎官入参严幕的另一根据,是同时人和杜甫自己对其郎官身份的提法。同时人称杜甫为："杜员外院长"（杜集附录韦迢诗。
《国史补》卷下：外郎、御史、遗补相呼为院长）、"杜员外兄"（杜集
附录郭受诗）、"杜员外甫"（《文苑英华》卷九五九附载《犀浦县令杨
府君墓志铭》）；贞元、元和间人称为"杜工部"（《国史补》卷下），
"工部"（窦牟《奉酬杨侍郎十兄见赠之作》），"甫，检校工部员外郎"
（《元和姓纂》卷六），"员外"（白居易《读李杜诗集因题集后》），均称
郎职而不称幕职。此固可用唐人重京官、重郎官的世俗之见来解释。
而杜甫本人，如郎官仅为幕职的虚衔，当他决然弃幕归草堂时，郎衔
自当随幕职同时放弃。但他离蜀后诗中一直以郎官自居："身觉省郎
在。"（《复愁十二首》）"莫看江总老，犹被赏时鱼。"（同前）比自己为
朝班中之一员："愁寂鹓鹭断，参差虎穴邻。"（《太岁日》）"寒空见鸳
鹭，回首忆朝班。"（《自瀼西荆扉且移居东屯茅屋四首》）称其他郎官
为同僚："万里皇华使，为僚记腐儒。"（《寄韦有夏郎中》①。《左
传》：同官为僚。）"分符先令望，同舍有余光。"（《潭州送韦员外迢牧
韶州》）抱怨未能得到郎官应有的待遇："合分双赐笔，犹作一飘蓬。"
（《老病》）"飞霜任青女，赐被隔南宫。"（《秋野五首》）"鸳鹭回金阙，
谁怜病峡中？"（《社日两篇》。赐笔、赐被及社日分祭肉均用汉典。）用
"杜甫的功名心很强，连虚荣心都发展到了可笑的程度"来解释杜甫
这些诗篇，显然是不行的。

六、杜甫受命为郎在离严幕以后，
为郎是其离蜀的直接原因

杜甫究竟何时受命为检校郎官呢？我以为，蔡兴宗的说法是正确
的，应在永泰元年春。受命之际有《春日江村五首》记事，先摘录其
三、四两首于次：

---

① 今存各本此诗题皆作"韦有夏"，实误。当据《元和姓纂》卷二、《郎官
石柱题名》、石刻颜真卿《东方先生画赞碑阴记》（劳格《郎官石柱题名考》卷九
引）作"韦夏有"为是。据上列记载，此人曾官朝城主簿、户部员外郎、考功郎
中。是否任过工部郎中，未见他书记载。

种竹交加翠，栽桃烂漫红。经心石镜月，到面雪山风。赤管随王命，银章付老翁。乞知牙齿落，名沾荐贤中。

扶病垂朱绂，归休步紫苔。郊扉存晚计，幕府愧群材。燕外晴丝卷，鸥边水叶开。邻家送鱼鳖，问我数能来。

这组诗各编年本杜集均系辞幕后。赤管典出《汉官仪》："尚书令仆丞郎月给赤管大笔一双。"银章亦汉典，非唐制，黄鹤以为"特指鱼袋而言"，甚是。据"赤管"、"扶病"二联，诗当作于初授郎官之际。赵次公注："银章方赐来，故次篇有垂朱绂之句。"亦是。"名沾荐贤中"，知为郎由严武向朝廷奏请。"幕府愧群材"，以先于幕府诸人得官为愧。授官前后经过，云安诗《客堂》后半段所叙较详：

台郎选才俊，自顾亦已极。前辈声名人，埋没何所得！居然绾章绂，受性本幽独，平生憩息地，必种数竿竹，事业只浊醪，营葺但草屋。上公有记者，累奏资薄禄。主忧岂济时，身远弥旷职。循文庙算正，献可天衢直。尚想趋朝廷，毫发裨社稷，形骸今若是，进退委形色。

诗作于卧疾云安、进退维谷之时。前半段叙出行卧疾及云安生活状况，未录。上录前四句，以得任台郎而矜喜。次六句言出仕与归隐的矛盾心理，与《春日江村》"扶病"四句可参看。是年春初辞幕后，杜甫修葺整缮草堂，《营屋》、《除草》、《长吟》诸诗中，颇有归隐终老之志。"上公"，指严武，可能还有在朝他人。"累奏"句同"荐贤"，承上谓己欲退归而严武等累荐于朝，竟除郎官。"主忧"四句谓时危君忧，当以济世为己任，不甘旷职。末四句则言因病而进退两难。可见其初受郎职后的复杂心理及最终出行的考虑。出行前所作《春日江村五首》之五记述当时心情云："群盗哀王粲，中年召贾生。登楼初有作，前席竟为荣。宅入先贤传，才高处士名。异时怀二子，春日复含情。"诗以王粲避乱客居异乡自喻，历来无异辞。自比贾生，如何理解，看法有异。师尹谓："子美以晚年得严武荐检校工部，故比之贾生前席之故也。"黄鹤以为："群盗，中年，皆不必事实，政是作者。"诗以贾谊中年获召为荣，春日含情感怀，如系自拟，则杜甫亦当有被召事。然各书均无记载，清人不得不另求解答。朱注："公依严武似王粲荆州，官幕僚似贾生王傅，故此诗以二子自况，因以自悲也。"仇释为："老授郎官，未蒙见招，叹不得为贾生。"浦注："前席，比当年左掖之授官。"宋人注杜，对杜甫事迹的了解远不及清人的细密，解诗常不免就诗本身作主观的发挥。师、黄所解，于诗近是，对被召事则不作交代。清人治杜用力甚多，对杜甫事迹有较详密的考证，注诗多得要领，缺点是常为已定的事迹所囿，曲解诗意以适应事迹。朱、仇、浦所解，均嫌牵强，于诗意不合。如前所考，杜甫自述因为郎而拟入朝，似有被召事。其离蜀后诗一再以暮年被召为郎的冯唐自喻，如云："冯唐毛发白，归兴日萧萧。"（《哭玉彭州抡》）"冯唐虽晚达，终觊在皇都。"（《续得观书迎就当阳居止……》）或直云曾被召，如湖南作《奉赠卢五丈参谋琚》："孤负沧洲愿，谁云晚见招？"以本诗与江陵所作《久客》比较，该诗亦并用王、贾典："去国哀王粲，伤时哭贾生。"一用贾之被召，一用贾之哭时，显然不同。如以被召事迹来理解，全诗就豁然清楚了。杜甫春初离幕，退归草堂，初授郎职，随即出行，也显然有被召事。笔者在另文论述杜甫离蜀后的行止原因时，对此还将列举众多证据。

七、附考元稹《杜君墓系铭》的信值 与唐代检校官制的演变

《杜君墓系铭》称"严武状为工部员外郎参谋军事"，所叙与两《唐书》及杜集署衔的先幕职后郎职不同，为后世持为郎入幕说的最主要依据。元稹早年嗜读杜诗，作墓铭依据又直接由杜甫孙杜嗣业提供，时距杜甫之卒仅四十余年，所述具有一定的权威性。但不能必其无误。今按，杜甫死后，二子漂泊江汉。宗文据传复归成都，其后人避乱迁青神，宋时颇为繁衍。① 所传杜甫事迹，但云："流落剑南，严

---

① 详见下引吕陶文及《琬琰集删存》卷二查籥《杜御史莘老行状》、王十朋《梅溪后集》卷二九《杜殿院墓志》、陆游《剑南诗稿》卷五《野饭》注。

武待之甚厚，表为节度参谋。"（吕陶《净德集》卷二四《朝请郎潼川府路提点刑狱杜公墓志铭》）不言为郎事。宗武于临殁之际，嘱子归葬事，未必能备述其详。细审元稹所作，长达九百余字，其中述杜甫本人事迹仅有一百余字，大部分是元稹对诗歌流变及杜诗地位的议论。可知杜嗣业向元稹提供的杜甫事迹并不详尽，元稹恐亦未能详加考索。所记事迹，也间有失误。如云："出为华州司功，寻迁京兆功曹。"杜甫乾元元年（758）出为华州司功，次年弃官入蜀。至广德元年（763），始有京兆功曹之命。距华州弃官已隔五年，既非寻迁，后亦未赴职。从盛唐到中唐期间，检校官的意义有所变化。元稹生当贞元、元和之世，所述杜甫官职，发生错误是难免的。

　　历来认为，杜甫所受检校郎官，只是一道虚衔，并非实除职事官，实因未详考唐代官制的实际状况而致误。检校一词，初见于《抱朴子·祛惑》、《世说新语·规箴》，疑为魏晋间口语，意为察看、办理。隋代始用于官称，唐代沿用之。检校官的实际职守，经后代学者研究，初盛唐时常作为职事官未实授的称谓，中唐后均用作虚衔，没有实职。清末劳格《郎官石柱题名考·例言》对此论述较详：

　　　　又有称检校者，有称判者。《唐志》云：员外、判、试、检校，自则天、中宗后始有之，皆不佩鱼。（尚君按，此撮录《新唐书·车服志》大意。）盖虽以阶级未至，故称此以别之，未实授而实办本职，故金外有徐浩名。中叶以后，藩镇从事往往检校郎官而实未尝至省，故传中每以还朝二字别之，则与前所称检校者名虽同而实异。考《旧书·陈少游传》，充使检校郎官，自少游始也。《谈宾录》五载亦同。云宝应元年入为金部员外郎，寻除侍御史、回纥粮料使，改检校职方员外郎，则检校衔始于代宗朝。今自代宗以后，所称检校郎官，悉不载入。

此处阶级指散官官阶。实际除授时，并不局限于散阶低于官品时。如张九龄以正议大夫检校中书侍郎（《曲江集》附录诰命）、徐浩以朝议大夫检校金部员外郎（劳考引石刻），均是。劳述未详。安史乱后，朝廷为笼络文臣武弁，不惜抛赐各种虚衔，官制更趋紊乱。检校官由未实授转为虚衔的具体时间，钱大昕《廿二史考异》卷六十谓"肃代以后"，岑仲勉先生以为前者"至玄宗朝为止"①，劳格则以代宗初年为界，实均未谛。细核史籍记载，肃宗后期检校尚书、侍郎、仆射等较高虚衔已开始出现，如田神功上元二年(675)为检校工部尚书(《旧唐书》本传)、高昇同年为检校刑部尚书(于邵《观世音象赞》)。代宗朝各节度使遂普遍加领检校京职。而郎中、员外郎一类较低检校官职作虚衔授人时间则较晚。陈少游宝应元年始以充使检校郎官，但从《文苑英华》所收贾至(天宝末至乾元初、宝应元年后两度任中书舍人)、常衮(宝应二年为翰林学士，永泰元年迁中书舍人，大历元年迁礼部侍郎，仍为学士)二人所作制诰看，并未普遍实行。如贾至乾元间作《授韦少游祠部员外郎制》(卷三九一)，即除"检校祠部员外郎"。常衮大历初作《授郜昂知制诰制》(卷三八一)，述其前职为"朝散大夫检校尚书司勋郎中"。仍用未实授之原义。有的初为检校郎官，后即真，如李规大历初由检校户部郎中真除户部郎中(卷三八九常衮制)、郑叔则大历三年在王缙河东节度幕府时，"拜检校吏部员外郎，使罢而真"(卷三九一常衮制。引文见同书卷九三九穆员《福建观察使郑公墓志铭》)。代宗初年一些节度幕府从官兼郎职，所除并非检校虚衔。如韦美以"司封郎中充淮南行军司马兼召募使"(卷三八九贾至制)，岑参大历元年以"职方郎中兼侍御史"入佐杜鸿渐剑南幕府(杜确《岑嘉州集序》)，均属这一类型。杜甫除检校郎官在永泰元年初，早于前举郜、李、郑、岑等人，所除非虚衔可基本肯定。至于所除是未实授意义的郎官，还是因幕府奏请，先除检校之职，随即召其入朝即真，因杜甫受官制词未传世，右司郎官石柱又于金元之际湮没不传，尚难得出明确的结论。

八、结　论

综上所考，可得出以下结论：杜甫永泰元年离开成都草堂携家东

① 《从唐代官制说明张曲江集附录诰命的错误》，见《中山大学学报》1958年第2期。

下，在四月末严武去世以前。旧说以为杜甫因严武死失去依靠才出走不能成立。前一年杜甫入严武幕府任参谋时，并不带郎职。杜甫离幕后，严武奏请朝廷任命他为检校工部员外郎，并召他赴京，杜甫因而改变了归隐终老于草堂的初衷，于春夏间买舟东下。

以上事实的考订，使我们对杜甫最后五年的行止原因、生活思想和诗歌创作都将得到新的认识。学术界对杜甫羁峡、居荆及入湘原因，一直有不同看法。初行动机的澄清有助于对其后行踪的认识。其晚年生活日益穷蹙，思想上交织着出仕与归隐的矛盾，忧国与恋职的作品交替出现，对皇帝和朝廷的态度从忠恋发展为怀疑不满，与其出行后遭遇有关。以为郎离蜀为出发点深入考察，可得到较合理的解答。离蜀后杜诗存六百余首，夔州又是其诗歌创作的高峰时期。本文结论不仅有助于不少诗作的系年和解释，也有助于探讨其晚年诗歌风格的形成原因。

——据《复旦学报(社会科学版)》1984 年第 1 期

【评 介】

陈尚君，1952 年生于江苏南通，浙江宁波人。1977 年进入复旦大学中文系学习，翌年被破格录取为研究生，师从朱东润，1981 年研究生毕业后留校任教，后为中国古代文学专业博士生导师、中文系主任。著有《全唐诗补编》(1993 年全国古籍优秀图书奖一等奖)、《唐才子传校笺(五)补正》(与陶敏合著)、《唐代文学丛考》、《全唐文补编》等多种，另在《文史》、《中华文史论丛》、《文学遗产》、《文献》、《唐研究》等刊物上发表学术论文百余篇。

《杜甫为郎离蜀考》一文，初稿完成 1979 年 8 月，1982 年 5 月再次修订，1984 年发表于《复旦学报》第 1 期。文章意在厘清杜甫后期行止中的一个关键性问题，即杜甫晚年为何离蜀东下。传统学者大多认为，杜甫在成都依严武幕，严武奏请杜甫为节度参谋、检校工部员外郎；严武死后，杜甫无所依靠，故而出蜀而去。作者认为，杜甫于永泰元年携家东下时，严武尚未离世，故旧说不可信；诗人出川的最初动机是入朝接受郎职，只是途中因病滞留峡中，不得不改变行程，除了杜甫本人的诗歌可以作为直接证据外，杜甫受命为郎是在离开严武幕中之后，也是重要的旁证。

杜甫何时被严武表奏为检校工部员外郎，或者说杜甫的郎职是否是虚衔，看起来只是杜甫生平中一个小小的细节，却是我们解读杜甫晚年心态变化的一把重要钥匙。杜甫夔州、江陵、湘中诗篇中所流露的出仕与归隐、忧国与恋职等矛盾情绪，都可以从这里得到更为圆融的解释。由此，陈尚君写下了《杜甫离蜀后之行止原因新考》（1979年8月初稿，1982年6月二稿，1985年发表于《草堂》第1期），作为《杜甫为郎离蜀考》的续篇，对杜甫离蜀后停留云安半年、居住夔州将近两年、滞留江陵公安等地一年，及折而入湘、往返于潭、衡间的思想、生活与创作进行了重新诠释。

《杜甫离蜀后之行止原因新考》指出，杜甫一度有退隐闲居、终老草堂之志，但朝廷郎官之命到达之后，他就改变了初衷，一方面，固然与杜甫长期以来所具有的报效朝廷的志向相契合，另一方面，乱定而归乡乃人之常情，更何况京官的俸料钱对寄人篱下的诗人也具有较大的诱惑力。于是杜甫在永泰元年的春夏之交，就买舟东下，拟绕道荆襄进入长安。初行时，诗人虽不免伤感，但更多的是对入朝归乡生活的期待与憧憬，所有途径嘉州、戎州、泸州、渝州、忠州各地所创作的纪行诗，其基调还是趋于乐观的。即使抵达云安时因旅途劳顿而旧疾发作，杜甫时时挂念的依然是赴朝廷就职，所忧心的则是体力不支，归朝难承应接。杜甫夔州诗中经常所流露的焦躁情绪，也可以从这里得到解释：

> 从大历元年暮春到大历三年春，杜甫在夔州居住了近两年时间。……可知滞峡仅半年，杜甫及一家的生计已极为拮据。夔州虽为峡中最大州城，但踞地高峻，气候恶劣，瘴疠盛行，并不适宜居住疗饥。杜甫在当地既无亲友，又得不到必要的饵药治疗，只拟暂住将息，故初到不久，即思出峡。但因病体未曾康复、经济拮据、朝廷联系中断等原因，一再延宕改期。处在这种心境之中，他对峡中的山水与民俗都感到讨厌，不断在诗中诅咒。郭沫若先生在《李白与杜甫》中对此已曾指出，只是未能深悉杜甫滞

峡的实际状况，因而指责杜甫"以地主贵族的眼光在看当时的四川"，实未允。

至于杜甫出峡后驻留在江陵，陈尚君认为诗人是在等待各方面的消息，因为江陵乃四通八达之地，向北可经襄阳抵达两京，向东可下吴越，向南可至湖南、岭南，溯江而行可入两川。但朝廷多有变故，故乡难以归去，江东亲属久无音讯，甚至蜀中大乱，成都草堂也不可复得，在那干戈遍地的年代，诗人携妻将雏，举目无亲，欲行无路，唯有随水飘零了。诗人的心态也在流浪中发生了极大的变化。

> 应该指出的是，自矜为郎或以郎自许的诗篇，在夔州诗中几乎俯拾皆是，但在湖南诗中已不复出现。在夔州时经常见于吟咏的银鱼、朱绂，在湖南诗中仅一处提到："银章破在腰。"(《奉赠卢五丈参谋琚》)颇具讽刺意味。在江陵到湖南所作诸诗中，他对当初因为郎而离蜀，不止一次提到，并时时流露出追悔之情。

上述两篇论文一经发表，就引起了学界的高度重视与大力肯定，海外有学者即赞誉它们是国内治杜最有创见的论文，傅璇琮更指出它们"发前人所未发，是建国以来研究杜甫生平创作最值得玩味之文"(《唐代文学丛考·序》，中国社会科学出版社1997年版)，陈贻焮在他的《杜甫评传》中也吸收了这里的观点。这两篇文章之所以产生如此大的影响，不仅仅是对杜甫晚年行踪和创作的重新认识，"陈氏纵横驱使杜甫作品及有关各人的传志而作的立论是甚富说服力的，对杜甫晚年的行动给予了新的解释"(日本学者斋藤茂评陈尚君《唐代文学丛考》，《唐代文学研究年鉴·1999》)，更大的意义在于提供了一个将传统考据与现代学术融合的典型范例。

著者曾经将他的治学之道总结为三个方面：一是通目录以求全面系统地占有文献；二是明史源以做到有层次分主次地使用文献；三是不盲从前人结论，务必以自己的眼光读书，根据可靠文献得出正确、深入的见解。新时期以来许多学者确实做到了不盲从前人的结论，但由于缺乏通目录、明史源的基础，所以诸多"新说"往往不能令人信服。陈尚君之所以会做翻案文章，这些文章之所以使人产生会心之感（傅璇琮《唐代文学丛考·序》，中国社会科学出版社1997年版），就在于这些结论是在充分占有材料之后才得出的，如果要反对这些结论就必须发掘新的材料。在谈及二十四品辨伪问题时，陈尚君说过这样一段话，正反映出他一贯的学术立场："我以为，拙说是一个实证性的具体结论，不像理论或评价问题可因各人的理解或立场不同发生分歧，实证是需要明确书证的，仅凭感情习惯或推测分析解决不了问题。我曾说过，如有人能从唐末至明万历年间的可靠书籍中找到司空图写作此书的明确书证，我立即放弃前说。与我商榷的论文，分别从各种角度提出问题，可资我充分思考，某些细节可订拙说未精密处，但就大体来说，还没有人提出有充分说服力的书证。"（《传统考据与现代学术——陈尚君教授访谈》，《学术月刊》1999年第9期）。

作者在20世纪80年代初，还撰写过一篇《杜诗早期流传考》，针对旧说"杜诗在早期流传尚不广、杜甫的诗名并不高"，提出了新看法，认为从盛唐诗人的几次盛会上，就已经可以看出杜甫当时在诗界的地位，更值得注意的还有杜诗在中晚唐诗人中影响巨大。这样的结论，其实也是在作者占有了"从杜甫出道到李杜齐名基本定谳的八十年所有第一手文献"的基础上得出的。其中，对于宋人所见唐至宋初各种杜集的面貌、杜甫手稿、早期碑刻以及各种选本入选杜诗的情况，陈尚君都进行了细致的调查，因此程千帆先生读后感叹此文足以了却他早年作《杜诗伪书考》时欲追踪杜集始传的宿愿。时隔三十余年后，陈尚君又撰写了《李杜齐名之形成》，可以视为《杜诗早期流传考》的续编。文章名为讨论"李杜"齐名问题，实质依然是探究杜诗的早期流传及杜甫在中晚诗坛的地位等问题。作者根据第一手材料，进一步确认杜甫在生前已经得到了部分人的认可，其最终获得举世公认，则是在杜甫卒后三五十年间完成的。

　　杜甫在诗坛地位的提高，当以天宝后期到肃宗时的几次唱和诗为标志。一是天宝十二载的《同诸公登慈恩寺塔》，今知同时作者有高适、岑参、储光羲、薛据等人，除薛据外，四人诗得以保存下来。成就高下当然可以任由后人评说，在杜甫则显然已经得到可以与诸位一流诗人一较高下的机缘。二是肃宗返京后由贾至发起的《早朝大明宫》唱和，今存王维、杜甫和岑参的和作，是显示盛唐七律恢弘气象的名篇。这两次唱和显示杜甫已经达到当时诗坛一线诗人的地位。当然，在岑参、高适写给杜甫的诗中，只有一般的应酬，没有涉及对杜诗成就的评价，这是很正常的情况，何况诸人诗都佚失很严重，如高适在安史乱起后十年的诗保存下来的很少。

较为显著的证据，还有杜甫晚年自订诗集时所保存的一些友朋往来诗，涉及了对诗人自身的评价。此外，时人如任华将李、杜拉到一起顶礼膜拜，也是不可忽视的重要事实。

陈尚君之杜甫研究论著目录：

《杜甫离蜀后之行止原因新考》，《草堂》1985 年第 1 期。

《杜诗早期流传考》，《中国古典文学论丛》第一辑，复旦大学出版社 1985 年版。

《李杜齐名之形成》，《岭南学报》（复刊号），第一、第二辑合刊。

《杜甫与樊晃》，《东方日报》，2014 年 11 月 9 日。

杜诗叙事艺术探微

谢思炜

一、民间叙事传统与文人记事传统

在探讨杜甫以及其他文人诗歌的叙事艺术时，如果将范围限定为近代文学分类意义上与抒情相对的叙事型作品，那么我们的视野将受到相当限制，所讨论的作品对象也将十分有限，而且只能在这个相对狭隘的范围内理解这些作品。考虑到中国文人诗歌的特殊性，我们依《分门集注》之类注本子目分类之例，并参照"本事诗"、"诗纪事"之类名目，使用"记事"这一概念，特指文人抒情诗中所含的与叙事相关而有别的一种因素，从叙事与记事这两种因素相互渗透、相互交错、相互影响的角度来说明杜诗叙事艺术的成就及其限制。

简单地说，叙事是讲故事，记事是记事件；故事是编的，事件是真的(当然故事也有真的，事件也可变成故事)；故事中的人和事与作者没有直接关联(代言体中的"我"也不代表作者)，而事件必须由作者身历或目击。中国诗歌中的记事，来源于诗史不分的古代传统，又因文人诗歌的自传纪实性质而得到加强。"诗言志"的原始意义，据近代学者考证即是"记事"；《管子·山权数》所谓"诗者所以记物"、"诗记人无失辞"，也是讲的诗的记载功能。诗的这一功能，与《汉书·艺文志》所述"记言"、"记事"的史官之职原本相通。然而，信史与神话原也是一体，在发展中诗与史分家，而在诗里面又分化出民间的实为虚构的叙事和文人的确实的记事。屈原之后的文人抒情诗，只要稍具规模，或多或少都包含了与史有关的自传性、纪实性因素，都继承了诗的记事功能；而所记之"事"又显然分为两方面：社会"时事"和作者个人身世——这后一方面，又是叙事型作品必须排斥的。

与之相对，中国诗歌中的叙事传统显然在民间中得到发展。除去远古部族史诗，汉乐府民歌是它特别灿烂、对后世影响最为直接的一段时期。文人的叙事型作品，恰恰是从模仿民间作品开始；但在杜甫之前，却很难说这种努力已取得切实的成绩。建安文人采用乐府题目作诗，学习"感于哀乐，缘事而发"的精神，但其实主要是用乐府旧题写作（包含记事成分的）文人抒情诗，能够体现文人社会批判意识的成功之作只限于这种形式，如曹操的《苦寒行》、王粲的《七哀诗》。另一类仿作则是重复民间叙事诗的故事和人物，比较贴近乐府叙事诗原貌，如曹植的《怨歌行》（明月照高楼）、《美女篇》，但却陷于被动的模仿，只在趣味和技巧上使民歌有所改变，缺少鲜明的文人的社会意识。后一类作品在六朝继续有所发展，齐梁宫廷诗人大量仿作"艳歌婉娈，怨志诀绝"的乐府情诗，均属于叙事诗范围，但其现实内容却应当说最为薄弱。类型化的故事经过反复重复，愈来愈缺少生气。民歌中本来有一些叙事与抒情界限不甚分明的作品，文人仿作只靠摹拟和臆想，叙事成分无法加强，只能减弱，因而真正可以同民间原作媲美的典型的叙事作品，在文人笔下始终无法见到。文人作家基本上是用模仿的叙事诗和传统的抒情记事诗两种形式分别处理不同的题材，两者在形式上也很难有所融和。

但是，在杜甫之前的唐代诗人笔下，这种情况开始有所变化。首先，文人的社会意识开始比较多地渗入到某些题材的叙事诗中，其中最主要的就是边塞征戍题材的作品。这类题材尽管是传统的，但也经常关涉到最敏感的现实问题，因此可以表现出明显的社会批判意义。王褒、庾信的《燕歌行》还只是一般地写征人故事，而王昌龄、高适等人的同题作品便涉及唐代当时的边塞战争。盛唐边塞诗人的主要成就，就在于在传统题材中多方面地表现了文人的社会观感和批判意识。

此外，文人作家在民间叙事题材之外尝试开拓出一些新的题材领域，其中主要的就是都市生活（包括宫廷生活）题材。这类题材涉及了更为广泛的社会现象和社会问题，在选材和处理上处处显示出与民间作者不同的文人作家特有的眼光。在艺术表现上，这类题材又并非直接袭用民间叙事作品的某类范型，文人作家实际上是借鉴民歌的某些叙事手法(如铺叙)，来处理一类与传统文人抒情记事诗有更多联系的题材。因而，这类作品尽管数量不多，其叙事成分多寡不等，叙事手法普遍仍很稚弱，但对文人叙事诗的发展却具有重要意义。属于这类作品的有卢照邻的《长安古意》、王勃的《临高台》、骆宾王的《帝京篇》、张说的《安乐郡主花烛行》、孙逖的《丹阳行》、崔颢的《长安道》、王翰的《飞燕篇》等。它们或取材现实，或借古鉴今，或伤感忧郁，或语含讥讽，均在以新的方式影响于现实生活，并为叙事诗与传统文人抒情记事诗的融和提供了一个方向。

以上两种传统的存在及其相互接触，表明文人叙事诗只能在继承借鉴民间叙事传统和文人记事传统的基础上寻求发展；这种发展的关键在于，文人叙事诗必须突破对民间叙事诗的被动模仿，必须在作品中加入自己对社会生活的独到观察和理解，必须将民间固有的叙事方式与士人知识分子的特殊生活方式有机地结合起来，而与这种生活方式结合也就意味着或多或少必须借鉴文人诗歌原有的记事传统。杜甫面对着这几种传统：民间叙事传统，文人抒情记事传统，文人仿作叙事诗传统。他所要做的事情有两件：一是发展提高文人仿作的叙事诗，开拓更多的题材，注入更鲜明的社会意识，使之成为真正的文人叙事诗；一是改进充实原有的文人抒情记事诗，扩大体制，加强批判精神，而这两方面是相互关联的。叙事和记事在他的创作中如何相互借鉴融和，杜诗的现实内容如何与这两种形式相互关联，以及它们如何与作家的社会生活条件同时相互关联而发生变化，正是我们探讨的课题。

二、记事对叙事的改造：《兵车行》和《丽人行》

杜诗表现社会现实生活，可以大体划分为三个时期：困守长安时期，安史乱中的陷贼和为官时期，乱后的漂泊西南时期。在长安时期，杜诗的现实内容集中于对社会问题的揭露批判，而采用的形式主要是叙事诗。前人早已指出了杜甫的一个杰出贡献，即将袭用乐府旧题改为"即事名篇"的新题乐府；而这一命题方式的变化，其实蕴含了在诗的形式和内容上均发生重要变化的多重含义。杜甫在这之前和同时，都很少袭用乐府古题写作。这表明，他始终采取非常积极的方式对待其他作家大多消极顺应摹仿的民间叙事诗传统。他的改创是试图打破建安以来业已形成的传统：既不愿意仅以叙事诗形式重复民间的类型化故事（如曹植），也不满足限制于抒情诗形式继承汉乐府"缘事而发"的精神（如曹操、王粲），而是认真地尝试运用民间叙事诗形式来表现他自己体察到的特定的社会现实内容，并在这种形式中贯穿他自己的社会批判意识。这样，他就开始了真正将叙事诗形式引入文人创作、将民间叙事诗改造为文人叙事诗的努力。由于这种改造突破了已有的文人仿作叙事诗和文人抒情记事诗两种传统，旧的叙事诗被纳入了完全新的内容，古题对它来说已完全不适用，抛弃旧题、即事命篇也就是势所必行的了。可以说，内容上的变化引起了命题方式的变化，而整个叙事诗形式在由民间传统被改造为文人创作时，也必然发生根本变化。

但在这样做的同时，文人抒情诗原有的记事成分也影响到叙事诗的创作，这表现在这时杜诗的两类主要题材上，即边塞战争和长安社会生活，也就是前代和同代诗人已比较多地表现了文人社会意识的两类作品；尤其表现在两篇代表作，即《兵车行》和《丽人行》上。《兵车行》虽是继承边塞诗的传统题材，但却将表现这一活动的场景由边塞移回内地，揭示了扩边战争已使国内社会矛盾空前加剧这一历史事实。同时，诗人又不是像传统边塞诗那样通过一个泛指的从征者来表现边塞生活，而是从一个特定的观察者的角度来揭露现实，因而文人的社会批判意识较之同时其他边塞诗人更为鲜明地体现出来。然而，与这种明显的社会批判意识相应，《兵车行》却采用了一种相当灵活的叙述方式：对话式，通过"过者"与"行人"的对话，概括了相当长的时间内和几乎大半个中国的空间内所发生的事情。它在形式上似乎是叙事诗中的第三人称的旁观者叙述，但其实却非常接近于文人抒情记事诗中的第一人称叙述：诗中的"过者"显然代表诗人自己，甚至从"行人"口中说出的许多话也直接代表作者。因此，这首诗中的诗人自身形象较之其他边塞诗(岑参作品除外)都更为突出。这是诗人未必自觉地对传统叙事诗进行的一种改造:当他面对如此尖锐的社会问题时,不能不站出来发表意见,也就不能不采取某种方式在诗中出现,文人的社会意识便通过这种方式更多地进入了叙事诗形式。

但是,无庸讳言,这种灵活的叙述方式同时也是一种比较粗糙的叙述方式。它所描写的事件只能是很粗略的,人物形象也不够具体,人物自身并没有活起来,而是作者在让他说话,让他表态。因此,《兵车行》并不能算是成功的叙事之作,距离民间叙事诗中的许多优秀作品,如作为它的范本的《十五从军行》,也相差甚远。与之相比,《丽人行》则是一次更成功、更有重要意义的改造。

《丽人行》在叙述方式和人物形象描写上,均明显受到汉乐府民歌《羽林郎》等作品的影响(可将其中描写车马饮食和妇女形象的段落加以对照),而且深得其神韵。但它却不是重复胡姬桑女类型的故事,而是描写了一个全新的题材,即唐代现实生活中的贵族和贵族妇女,甚至将笔触延伸到宫闱内部;在认真描写长安社会风俗画卷、显示长安社会富贵荣华的同时,揭示了它所包含的荒淫污秽;在记录当时里巷哄传的社会新闻、宫闱秘闻的同时,涉及当时政治上最为敏感的外戚当政问题,从而揭露出现实中隐含的政治危机。由于这些内容,《丽人行》成为一首真正独创的文人叙事诗,具备了民间作品不可能具有的观察视野和政治寓意。

然而,《丽人行》在叙事形式上的独创性却更引人注意:一方面,它完全采用了民间叙事诗的叙述方式,即作者完全隐去,只剩下叙述学所谓的叙述者,在所有文人仿作中可以说模仿得最为地道;但另一方面,它又与民间叙事诗完全不同,缺少一般叙事诗的情节发展,只有场景和人物的描述。更重要的是,它不是写故事,而是记时事,而这种记实性质本来是属于文人抒情记事诗的。由此可见,《丽人行》以一种非常巧妙、几乎是人为努力难以达到的方式,实现了叙事与记事的融合。事实上,它所包含的纪实性、新闻性,使它有点类似于现代的报告文学、纪实文学,但它又是那么酷肖民间叙事诗。这是杜甫借鉴叙事和记事两种传统,创造出的一种全新的文学类型。

在分析这一类型时,特别值得注意的是,其中的社会意识形式所发生的变化。叙事作品与抒情记事作品的不同之处在于：叙事作品需要一种客观的叙述方式，必须排除诗人的主观自我形象，而这种自我形象在中国文人诗歌中本来是无所不在的。作家创作与民间创作的不同则在于：作者还必须具有一种旁观者的身份和进行独立思考的社会意识，才能创作出高于民间创作的叙事作品。《丽人行》一方面实现了对主观自我形象的排除，个人色彩在这首诗中降到了最低程度，作者不是用它来抒情言志，也不是用它来发表政见，他只是作为一个社会事实的观察者、记录者发挥作用，这就保证了作者社会意识的表达在其中采取一种客观形式；另一方面，作者的社会意识在这首诗中又保持了一种个人的独立形式，不同于民间的集体情感的表达，作者以独立观察者的身份批判现实。这种叙事形式的运用和这种作者社会意识的表达方式，事实上都非常接近于近代小说家的水平。

《丽人行》能够取得这种意想不到的效果，显然与作者的社会生活条件、作者在同期社会地位的急剧下降有所关联。杜甫在长安后期愈来愈游离于统治阶级之外，所以他能在《丽人行》中几乎以普通市民的身份来旁观一切，诗歌在他手中所起的作用也不知不觉发生了变化，于是他能够毫无困难地采用纯粹客观的叙事形式，并保持真正独立的社会观察方式。然而，在杜甫的创作和整个文人的创作中，《丽人行》都几乎成了昙花一现的作品：政治局势和杜甫本人的政治地位在这之后都很快发生了变化，因而他无法继续保持这样一种观察方式。中国封建社会的文人作家一般来说并不具备独立的社会地位和独立的文学实践条件，必须全身心地浸入他们所担当的政治角色，很难在发表政见和抒情言志之外以真正旁观的身份观察现实，因而纯粹客观的叙事形式对于他们来说是格格不入的，《丽人行》这样的作品也就十分少见。元、明以后的某些作家逐渐打破了这种限制，但他们也转而采用更具魅力的叙事形式——小说和戏曲了。

三、叙事和记事的拼合："三吏""三别"

安史乱中，杜诗的主题由揭露社会危机转变为表现唐王朝及其人民与安史叛军的殊死搏斗；在形式上，叙事诗显然退居其次：在"三吏""三别"之前，杜甫的叙事诗创作出现了一段空白。这段时间可供诗人写作的现实题材其实相当丰富，如《悲陈陶》、《哀王孙》这种题材，并非不能用叙事诗表现，有些甚至已具备故事结构（如《哀王孙》）。但作者却没有采用叙事形式，显然，传统的文人抒情记事诗在表现这种社会巨变时，具有更为便捷直接、更富感染力和鼓动作用的优点。而且自长安后期以来，杜甫对抒情记事诗形式也进行了成功的改造，发展了长篇记事诗的形式，创作了《咏怀五百字》、《北征》等划时代的巨作。此外还不能忽略，作者此时已自觉回归于自己的阶级，并实际进入统治集团，运用抒情记事诗可以直接表达自己的政治意见，他便用这种形式写作了《洗兵马》等政论作品。

在这一时期快要结束时创作的"三吏""三别"，重新采用了叙事诗形式，这首先与创作题旨的变化直接相关。在这组作品中，诗人不是单纯地表现唐王朝及其人民与叛军的斗争，而是展示了一种复杂的社会态势，即战乱持续使各种社会矛盾加剧，过重的战争负担加深了唐王朝与自己人民的矛盾。诗人将两种社会矛盾相互交错的现实状况展现在诗中，同时他自己的态度也是矛盾而痛苦的。这组作品无疑是作者进行叙事诗创作的又一重要努力，它表明，叙事诗在表现复杂的社会态势时具有独特的优越性。"三吏""三别"与《丽人行》的共同点是：它们都面临着复杂的社会现象，作品主题都不是很单纯的，作者都并非要单纯揭露某一社会问题，而是要将社会现实的复杂性如实呈现出来。很重要的是，恰好是这组诗中比较纯粹的叙事作品，即"三别"和《石壕吏》，被用来表现人民遭受的痛苦。这并非偶然。因为正是在这种形式中，现实的复杂方面可以以一种客观形式呈现出来，作者也可以避免直接表态：他需要展示战争给人民带来的痛苦，但又不愿也不能诅咒战争本身。在这一点上，"三吏""三别"和《丽人行》不但超越了文人记事诗，也超越了民间叙事诗，这种复杂性是文人叙事诗独有的；而"三吏""三别"展示的现实的复杂程度，显然又超越了《丽人行》。

然而不难看出，"三吏""三别"在叙事形式上并不如《丽人行》那样纯粹：如其题目所标志的，这组诗可以分为旁观叙述的"三吏"与代言体的"三别"两组，但"三吏"并不是纯粹的第三人称叙述的叙事诗，三首诗中都有诗人自己的形象，《潼关吏》甚至不能算叙事诗，而是很典型的记事诗。这组诗实际上是以叙事和记事相拼合的方式，来表现现实的复杂性。而分开来看，组诗中的大部分作品显然并没有达到《丽人行》那样完美的叙事效果。这种拼合方式又明显地表现出，尽管"三吏""三别"在内容上已超越了民间叙事诗，但在形式上仍受制于民间叙事诗传统。《丽人行》在叙事上的成功，在很大程度上得力于有《羽林郎》等一系列作品中妇女形象描写的范型供它参照。"三吏""三别"中比较纯粹的叙事作品"三别"，也恰恰在乐府作品中有供其仿效的描写征戍徭役之苦的一系列作品范型。但就整体而言，在传统中显然没有可供"三吏""三别"仿效的范型。代表这组诗的题旨和思想深度的《新安吏》（直接表现作者对两种社会矛盾的看法），正由于没有这种范型，只能采取将叙事部分和议论部分接合起来的方式，在叙事上并不算成功。

"三吏""三别"中最有创造性的作品应当说是《石壕吏》。它在传统中似乎并没有可直接仿效的范型，但它的将事件集中于一家一夜的结构方式以及"旁听"式的记述方法，却似乎创造出一种新的叙事范型，甚至在许多近现代的小说中也可以发现这种范型的影响。但后人差不多都把此事当作杜甫的亲历，并且考证出石壕村的所在。确实，如果没有亲历的基础，很难想象作者会"加工"出这一场景；而有亲历基础这一点恰好说明，《石壕吏》和《潼关吏》一样，本来也是文人记事诗，只是由于事件本身的叙事价值，它才成为完美的叙事作品。叙事与记事在"三吏""三别"中既是拼合的，又呈现出一种过渡，正像史传文学过渡为演义小说。

然而能否设想，作者以《石壕吏》的故事为基础，构思一个更为完整的长篇，将《新安吏》以及其他作品所要表现的内容都概括进去呢？这在后代作者无疑是一种很有吸引力的选择，但杜甫没有这样做，恰好说明这是他的界限所在。除了仿效民间叙事范型之外，他无力（或者说没有这种意识）超出亲历所限，在记事范围之外构思出完整宏阔的叙事诗的情节和人物。在长度上，杜甫的叙事诗就有一种限制，不可能写到《咏怀五百字》那么长。杜甫的叙事艺术既是民间叙事诗与文人记事诗结合的成果，也受到这两者的发展水平的限制，他一方面缺乏丰富的虚构人物和故事的想象能力，缺乏戏剧性地展开情节冲突和驾驭各种场面的能力；一方面无法摆脱已深深进入角色的作为抒情主体的诗人自我意识，很难彻底抛开自我换用旁观叙述者的语气。因此在面临更为复杂的社会现实内容时，他所掌握的叙事形式便遇到局限，叙事诗创作也难以进一步发展。"三吏""三别"便标志了他的叙事诗创作的界限，由于不能跨越这个界限，他未能建立起一套足资取法的文人叙事诗的独特范型。就他自己而言，他的叙事诗创作在"三吏""三别"后就中断了；就他之后的文人叙事诗创作而言，则始终没能真正形成自己特有的题材范围、人物形象系列以及表现范型，未能建立起完全独立的传统。

四、叙事的替代：风俗诗和寓言诗

漂泊西南时期杜甫完全停止了叙事诗的创作，这表明他停止了将文人记事诗与民间叙事诗结合起来的尝试，而退回到记事诗的写作上来。这种创作形式上的变化，自然也与作者社会生活条件的变化有关：杜甫此后的生活是相对平静的，社会动荡也渐趋平缓，他也愈来愈远离国家政治生活的中心。客观地说，现实没有为他提供如《丽人行》和"三吏""三别"那样尖锐醒目的政治性题材，他的叙事诗难以找到更合适的内容。这也表明，杜甫不满足于重复自己，当他发现在叙事形式上无力开拓时，便将精力转向其他方面，如律诗的创作。

杜甫更习惯于以记事、记实的方式处理各种重大的或琐屑的题材，但在不采用叙事诗形式的情况下，杜诗的记事内容也发生了一些变化。记事诗本来包括社会事件与作者个人经历两方面内容，在大多数情况下，这两方面内容是结合在一起的。而一旦诗人不再将自己的生活经历包括进去，只以旁观态度记录社会事件和现象时，他实际上又从另一方面接近于叙事者的态度了。杜甫此时的记事诗中便出现了这样一种类型的作品：作者不但是以客观的方式记录不与自己生活直接相关的事件，而且往往是随触所及地摘录各种社会现象，选材的面相当宽泛，不一定关涉人人皆注目的政治问题，当然也不要求叙事诗的那种戏剧性冲突。这就是"风俗式"的作品，即就风俗而描写风俗，并无其他社会政治寓意。这类风俗诗既是由叙事态度与记事方式结合而成的叙事诗的替代品，也是记事诗内由于诗人生活线索和诗人主体意识的淡化而导致的题材的泛化，描写夔州土风的《负薪行》、《最能行》就是这类作品的代表。作者在其中无意做更多的艺术加工，只是如实记录"土风坐男使女立"等风俗现象，认为这就足以表达自己的某种态度。在这种选材方式下，确实暗示了作者与描写对象之间的关系发生了某种变化。尽管作者对所描写的妇女仍抱有某种同情，如后人所说"犹若隐惜也"（叶寘《爱日斋丛钞》），但基本上是把她们当作一种陌生的对象来描写，反映了诗人在晚年、在僻野之地产生的愈来愈浓重的陌生感，并没有在这些对象身上倾注如"三吏""三别"那样深切的关怀。作者在这里确实是在做一种对象化的、写生式的记录，感觉不到这些现象的特殊意义，正如现代文学中的单纯风俗描写也是因失去生活世界的意义，成为现实主义的一种蜕化一样。

这类风俗诗为传统诗歌题材开辟了新的方面，宋代诗人便常常在这方面仿效杜甫；而这种描写在杜诗中的意义也不完全是消极的，其特殊作用便是打破了传统诗歌题材在涉及社会现实时专以政治问题或社会道德问题为中心的局限，而使诗歌内容旁涉到其他一些问题和现象，从而有可能突破使诗歌内容囿于道德评价的局限。例如《负薪行》、《最能行》中便描写了"死生射利兼盐井"、"大儿结束随商旅"等经济现象，作者对这些现象的态度也不是单纯的同情与否。他开始接触到社会生活的另一方面，即经济活动方面，这正是社会生活中更为隐蔽、一向不为文学家注意的方面。从这个角度来看，他晚年在湖南写的《岁宴行》便具有一种特殊重要的意义：

> 岁云暮矣多北风，潇湘洞庭白雪中。渔父天寒网罟冻，莫徭射雁鸣桑弓。去年米贵缺军食，今年米贱大伤农。高马达官厌酒肉，此辈杼轴茅茨空。楚人重鱼不重鸟，汝休枉杀南飞鸿。况闻处处鬻男女，割慈忍爱还租庸。往日用钱捉私铸，今许铅铁和青铜。刻泥为之最易得，好恶不合长相蒙。万国城头吹画角，此曲哀怨何时终？

这首诗所描写的"米贱伤农"和刻泥盗铸等现象，就不能仅仅靠道德评价来解释。原因在于这里所描写的不是一般的政治问题或贫富不均问题，而是一个更深刻的经济问题。诗中涉及了一个特殊的对象：货币。这里的许多细节也许还需要经济史料进一步证实①，但它已揭露了封建国家不但不能控制货币的作用，反而因盲目运用行政力量干涉货币流通而破坏经济活动的历史事实。它表明，由于安史乱后军兴频繁，"钱"的问题空前突出，杜甫对经济问题至少也有了一些粗浅认识。

然而，这首内容很深刻的作品却只能采用政论的形式，只能罗列出一堆现象。这在杜甫的晚期诗作中十分普遍，他甚至没有采用"三吏""三别"那样的叙述形式。我们已看到，杜甫的叙事诗创作在"三吏""三别"中遇到了一个界限，在这里则遇到了更根本、更无法逾越的界限。在"三吏""三别"中，杜甫至少还想到运用叙事诗形式，但在这里他根本就不考虑叙事诗形式，直接采用了政论形式。按说这也是一个新的题材，新的故事，也有渔父、莫徭等人物，但诗人却没有想到用故事来表现它。在"三吏""三别"中，诗人遇到的是一种叙事传统或范型的限制，缺乏在亲历之外的想象能力，但在这里诗人遇到的却是一种生活经验上的限制。传统叙事诗中的人物及其命运，是农业社会生活条件的反映，并处于确定的社会伦理关系之中。无论这种伦理关系遇到什么样的挑战，人物命运陷于何种危难，社会伦理关系仍是基本的前提，人们能够在它的原则范围内理解各种挑战，能够依据自己的生活经验理解人物的命运。事实上，民间叙事诗中所描写的人物命运，所反映的是人们的共同经验，很少被看作是个别人的事情。但在这里，杜甫遇到的是一个完全不同的对象：被神秘莫测的金钱力量支配的个人命运，超出了惯常的伦理关系，根本无法用政治道德原则加以解释。这种现象超出了他个人经验所能理解的程度，他也

①　此诗旧注仅引《旧唐书·食货志》张九龄"奏不禁铸钱"及天宝数载后"富商奸人，渐收好钱"一段，均为安史乱前情况。其实，《食货志》紧接的一段便叙述乾元二年第五琦更铸重轮乾元钱、谷价腾贵、长安城中竟为盗铸、京兆尹擒博数月间榜死八百余人之事，正是此诗涉及的情况。

无法把它转化为能够为人们共同经验所理解的人物命运形式。他无法运用叙事形式来表现这一题材，是因为无法捕捉到它的意义。他只能提出金钱问题，但却无力把它变成故事。如历史所证实的，有关金钱的故事只有在市民的文学体裁——小说中，才真正得到发展。

由此可见，叙事形式难以在杜甫及其他文人创作中得到发展，更根本的原因还在于受到他们的生活经验亦即社会生活条件的限制。除了士大夫文人过早成熟地将诗人主体置于诗歌中心的意识，限制了诗人采取客观叙事态度之外，农业社会封闭的社会生活条件及其伦理准则将人们的生活及其经验都纳入既定轨道，也限制了叙事内容的发展。但杜甫毕竟以诗人的敏感接触到一些新的社会问题，并努力寻找叙事的替代形式。他所寻找到的另一种替代形式就是寓言。

寓言尽管不是以真实人物命运的形式，但仍是以故事形式来表现主题，这是与风俗描写的不同之处。杜甫晚年的经济意识也通过寓言形式得到反映，体现在《客从》这首诗中：

> 客从南溟来，遗我泉客珠。珠中有隐字，欲辨不成书。缄之箧笥久，以俟公家须。开视化为血，哀今征敛无。

黄鹤注：“《唐史》：是年二月，遣御史税商钱。诗故托珠以讽，见征敛及于商贾也。”此注揭示出诗的主题，很有见地。所谓“托珠以讽”，即是一种寓言形式，我们必须从寓言的角度认真解读这首诗。这篇寓言不是完全拟人化的虚构，也不是完全现实化的生活故事，而是既包含了非现实的寓言喻体，也包含了现实的人物关系和事件。注家们注意到了后者，因为作者是直接通过现实的“以俟公家须”、“哀今征敛无”来揭示主题，但却往往忽略了对前者寓意的发掘，甚至将喻体坐实为表面所是的实物。

“泉客珠”是这篇寓言的喻体，也是这篇寓言故事的“核”。旧注或把它当成真正的珠，其实它所喻的对象正是黄鹤注所揭示的“商钱”。“泉”即“钱”，因而“泉客”喻意双关：表面指生珠的鲛人，实则指生钱的“钱客”，即商人。“泉客珠”也不是指鲛人之珠，而是指商人手中的货币。从它的“有隐字”（金属货币上的戳记？）、“应征敛"的性质来看，也只能是指货币。《自平》诗云"自平中宫吕太一，收珠南海千余日"，也是以"收珠"喻国家对商业的税收。由这两首诗的联系还可看出，此诗中的"南溟"也不是泛指，就是指当时进出口贸易的重要口岸广州，吕太一就是曾掌管广州进出口贸易的大宦官。杜甫在同时期有多首与广州有关的诗，《奉送魏六丈佑少府之交广》"出入朱门家，华屋刻蛟螭。玉食亚王者，乐张游子悲"，反映出他对广州商人的富奢生活早有了解。唐代已采用"和买"、"抽分"等方式，对进出口贸易征收大量税收，给商业活动带来很大危害。诗尾的"开视化为血"，一般都认为是一种寓言式的写法。在解读了这个喻体的寓意后，我们才能充分理解这个结尾的含意：它使人联想到封建国家机器像吸血一样吞噬掉了大量金钱。

《客从》与杜甫的其他一些仅是记异传奇或托物见志的作品不同，是一篇真正典型的寓言作品。寓言的特点在于，尽管它包含明显的训诫讽谕的主题，但并不是用来自喻，而是用比喻性的故事表达客观的内容。《客从》便运用寓言故事揭示了有关货币和国家税收的客观内容。当然，在作者赋予这个客观内容以寓言形式的时候，也就试图赋予它一种意义，试图对这种客观现象加以解释。《客从》比《岁宴行》更进一步的地方即是，在同样面对一个陌生的、难以揭示其含义的对象——货币时，作者不再满足于单纯的罗列现象和道德批评，而是用"开视化为血"的寓言手法揭示了它的变化，在此基础上再对控制吞噬它的外在力量加以谴责，便显得较有分量了。然而，寓言与现实主义描写的区别也就在于，寓言只是想使客观对象顺从于自己的主观解释，不能在客观对象本身的形式中来揭示它的含义。

杜甫诗中更为常见的比喻性描写，属于象征手法。象征与寓言的区别是：象征本质上是抒情的，其意象是即刻的、暂时的；而寓言本质上是叙事的，尽管变形，但毕竟是生活的一种特别模型。寓言和象征既是写实文学手法成熟之前的表现方法，又是作家对写实手法感到失望时换用的表现方法。杜甫的晚期诗作寓言和象征成分同时加强，反映了诗人对社会的陌生感、疏异感愈来愈加重。这两种手法应当看作是其诗中原有的叙事形式和抒情形式的延伸，是作者感到用传统的叙事和抒情手段不足以表达他的现实中的感受时所采用的两种变形的形式。

《客从》除了寓言喻体外，还包含现实的人物关系，即"客"与"我"。由于它引进了一个新的因素——商业及货币，这种人物关系也发生了变化。"客"与"我"的关系是馈赠关系，而不是传统叙事诗中的家庭、伦理、性别关系。这种馈赠关系是物质交往的关系，尽管是以不太醒目的馈赠形式表现，但其真实含意只能是商品交换关系。杜甫早就有《太子张舍人遗织成褥段》等作品，其实质也就是以自己的诗或诗名换取物质照顾。《客从》则以故事方式客观地表现了这种关系，"客"实际是一个商人形象。从这个角度来看，《客从》既是寓言的，也是现实的，恍兮惚兮地预示了后代的商人故事和其中的人物金钱关系。

尽管杜甫同时也代表了中国文人诗歌主观抒情意识最充分的发展，抒情记事诗在他的创作中无疑占据了最主要的位置，但杜甫毕竟为文人叙事诗创作作出了杰出贡献。叙事诗形式在杜诗中发挥了无法取代的重要作用，并对抒情记事诗形式产生了重要影响。这两种形式、两种传统的同时存在及相互影响，大大丰富了杜诗表现现实的内容和形式。叙事形式的不可取代，在于它在表现社会现实的复杂性时所具有的特殊优越性，因而它体现了杜诗反映现实的深度；记事诗的主导地位，则使得杜诗在具有明显的自传性的同时，与当代史、当代社会形成一种整体的映照关系，因而它体现了杜诗进入现实的广度。这两种形式的结合，才使得杜诗具有"诗史"的性质，具有可与社会历史本身相媲美的完整性和深厚性。

——据《文学遗产》1994 年第 3 期

【评　介】

谢思炜，1954 年生于北京，1982 年毕业于北京师范大学，1984年获硕士学位，任教于北京师范大学。1996 年获博士学位，2001 年起为清华大学中文系教授，博士生导师。著有《禅宗与中国文学》、《白居易集综论》、《唐宋诗学论集》、《白居易诗集校注》、《白居易文集校注》、《杜甫集校注》等。

　　《杜诗叙事艺术探微》一文发表于《文学遗产》1994 年第 3 期，主要讨论了杜甫对传统诗歌叙事艺术的改造及成功与局限之所在。作者首先拈出"记事"这一概念以与"叙事"相对照。他认为叙事就是讲故事，故事的真假与否不是叙述者必须关注的，叙事的核心在于如何叙述；记事是记述事件，事件应该是记录者亲身经历或目睹的，至少记录者自己坚信事件是真实可靠的。在这个意义上，中国古典叙事诗的源头实际上就有两个，一个是与史官相通的、诗史不分的文人记事——作者强调所谓的"诗言志"，据近代学者考证，就是"记事"；另一个是在汉乐府民歌得到迅速发展的叙事传统，魏晋以来文人大量模仿的正是后者。他们一再重复民间叙事诗的故事和人物，只是在技巧和趣味上有所改变。杜甫的伟大之处就在于将民间固有的叙事方式与士大夫的特殊生活方式结合起来，在继承和发展文人仿作之叙事诗传统的同时，改进充实原有的文人抒情记事诗。如《兵车行》所采取的对话形式，似乎依然是传统的第三人称，实际上非常接近文人抒情记事诗中的第一人称叙述。《丽人行》在叙述方式和人物描写方面明显受到汉乐府民歌《羽林郎》等作品的影响，但它完全略去了故事情节，排除了主观自我形象，以一个生活事实的记录者来记述场景与人物，展示出一个独立批评者的冷静与客观，实现了叙事与记事的融合。

　　作者细致区分叙述与记事，实质上还是在探索杜甫之所以为"诗史"的原因。毫无疑问，杜甫被认定为"诗史"，或者说他叙事艺术的巨大成就，是以诗歌创作全面、生动、真实地反映了大唐由盛转衰的那一段社会历史。但杜诗所反映的，既包括波澜壮阔的社会史实，也包括他自身曲折而痛苦的经历，而后者正是历来学者所忽略却被作者反复标举的。在《论自传诗人杜甫——兼论中国和西方的自传诗传统》(《文学遗产》1990 年第 3 期)中，谢思炜即强调指出，自传性是中国文人诗歌创作乃至除小说、戏剧之外的其他文体创作的一个首要特征。杜甫是最有代表性的中国传统诗人，也是最典型的自传诗人。在中国第一位文人屈原那里，诗歌已经直接与诗人个人经历密切联系在一起。东汉末年女作家蔡琰所创作的自传体诗《悲愤诗》，标志着中国自传诗体的成熟。建安以来，诗歌与诗人个人经历的结合愈来愈紧密，诗歌的自传性逐渐增强。不过"真正能称得上自传诗人的作者在杜甫之前或之后都只能是一些第一流的诗人"。杜甫诗歌的自传性体现在三个方面：

> 第一，他的全部创作都是围绕着自己的生活经历而展开的，完整地反映了他的生活经历和思想经历，用清代浦起龙的话说："少陵为诗，不啻少陵自为(年)谱矣。"(《读杜心解·目谱》)第二，他在人生经历的重要阶段不断写出一些回顾性的长篇作品，详述个人遭遇，剖析揭示思想矛盾和痛苦，并涉及社会环境、时事政治，如《咏怀五百字》、《北征》、《秋日夔府咏怀一百韵》等。第三，他在晚年还写作了一些旨在总结描述自己一生的纯粹的自传作品，如《壮游》、《昔游》等。

那么，杜甫的这些自传诗的意义在哪里呢？中国古典诗歌的自传从来不是单纯的个人命运的实录，而是与社会生活与历史世界的一种诗性关联。杜甫的自传诗不仅真切地展示了他自身的人生体验，同时也揭示了他与时代、与社会的不可分割的关联。杜甫"诗史"的意义，正要从社会与个人两方面解读才更完整。而对叙事与记事的区分，也正是从这一立场出发：

> 杜甫的记事诗也包含言事和言情两个方面，同时言事又可分为私事、家事与国事两条线索。就叙事因素来说，杜甫记事诗最明显的特征是个人经历与社会变动两条线索的紧密结合，这两条线索也贯穿了杜甫的全部创作。这一特征已表现在杜甫之前的自传性作品中。它反映了这样的事实，恰恰是巨大的社会变动造成了诗人的颠沛流离，引发了诗人深沉的忧患意识和对自我意识的检讨，因而他不能不从社会角度出发，以全景的方式表现他的时代和他的人生。而另一方面，诗人的个人经历又为历史的文学表现提供了一个非常合适的中心轴。社会历史过程内化为诗人的真切体验和复杂矛盾的思想过程。从而，历史不再是干巴巴的事件记录，而被提升到诗的高度。

既然自传性是杜诗的重要特点之一，那么杜甫在诗歌创作中是如何自我审视和表现的呢？或者说杜甫是如何运用诗歌这一形式来充分展示他的成长过程的呢？谢思炜认为，杜甫在系列性的创作数量和有幸完整保存的程度上，超过了以前的诗人，他又具有足够的反省意识，因而有足够的诗歌创作来展现出诗人完整的自我审视的变化过程。"简单地说，杜诗的前半部写出了他如何向道德自觉发展，其中也常常伴着诗人的反省自嘲；后半部在道德自觉之后，又时时变换角度审视和拆解这个自觉主体。因而，杜诗中的自我具有相当的思想厚度，也显示出相当的复杂性和多面性。"（《杜诗的自我审视与表现》，《文学遗产》2001 年第 3 期）与杜诗自我审视的变化相对应，他诗歌创作的内容、修辞与风格也随之发生着改变，从其对穷愁生活的描写，与之相关的修辞上的用拙，以及具有反讽意味的戏谑风格等方面都可以得到验证。

谢思炜指出，不仅杜甫的自我审视是围绕着道德自觉展开的，后人对杜甫的接受与批评也往往是站在道德层面上来进行的。"道德阐释与诗艺阐释始终是当时阐释中的两个主要方面"（《杜诗的伦理内涵与现代阐释》，《文学遗产》1995 年第 1 期），杜甫被判断为道德诗人，固然与他由道德的不自觉逐步走向自觉有关，更与时代的道德意识从低落走向复苏有关。从对儒家伦理观念的深刻认同等立论来看，谢思炜认为杜甫是中唐以后儒学复兴的真正的精神先驱。"对杜甫来说，'忠君'代表着维护封建秩序理想态的、整体和长期的合理性的自觉意愿，而这种自觉意愿又恰恰产生于洞悉封建社会现实问题的基础之上。恰恰是在认真全面地进行社会批判之后，杜甫才真正体会到'君'在社会结构中的全部意义，十分真诚地一再重复'圣君'观念。"

如同"诗史"的意义在于对社会与个人两方面的反映，"诗圣"的价值也体现在道德与诗艺两个层面。在《杜诗解释史概述》（《文学遗产》1991 年第 3 期）一文中，谢思炜以道德和诗艺如何为后来者所交替接受为线索，梳理了杜诗接受的历史过程。中唐的白居易，首先对杜诗进行了道德伦理方面的阐释与要求；晚唐的李商隐，从诗艺方面追慕杜甫；宋初的白体与西昆体，可以视为两种思潮的余绪。王安石最早从道德和诗艺两方面充分肯定了杜诗的价值，其后的宋代诗人分别从不同方面深化了对杜甫的理解，其中黄庭坚的解读既是对伦理阐释的反动，又汇融了伦理解释的影响。与此同时，北宋以来，文人开始将对杜诗的理解同对诗人的了解结合起来，"知子美"成为杜诗研究的重要旗帜，杜甫形象开始被高度理想化甚至神话化；南宋开始，"论世"又成为杜诗解读的重要指南。嗣后，以意逆志与断章取义两种批评方式，被大量运用于杜诗阅读。总之，"诗圣"的确立过程，也会加深人们对"诗史"的理解：

> 诗与史的辩证统一不但应当表现在内容上，而且尤其应当表现在形式上。"诗史"说初步揭示的是杜诗内容与历史的密切关联，由此也导致肤浅的诗与历史事件的对应比附，诗被降低到历史轶事的水平；"诗史"说的更深刻内涵则是揭示杜诗通过特殊的形式反映历史，这就是表现诗人个人经历的自传形式，杜甫恰恰以这种形式代表了中国诗歌特殊的历史精神。在杜诗解释中，人们早已体会到"陈时事"与"知子美"是不可分割的，正是这两方面内容的密切结合才构成了杜诗的历史精神和道德精神。这样，"诗史"为历史描述提供了一个中心坐标，提供了一个灵魂，这就是诗人心灵的历程。这样的诗具有哲学的高度，同时也把在它中间表现的历史提高到哲学和诗的水平。

谢思炜曾经指出，"近代以来学术发展，杜诗研究所获裨益主要来自两方面，一是唐史领域研究，一是唐语言研究"（《杜甫集校注·前言》）。作者一直颇为关注古代诗歌语言，仅在 2015 年，作者就发表了《试论韩愈诗歌的"造语"》（《文学遗产》2015 年第 5 期）、《〈古诗十九首〉词语考论》（《中山大学学报（社会科学版）》2015 年第 5 期）、《〈古诗为焦仲卿妻作〉词语考论》（《甘肃社会科学》2015 年第 4 期）、《汉语诗歌词语管窥——以〈唐诗三百首〉为样本》（《清华大学学报（哲学社会科学版）》2015 年第 3 期）、《汉语造词与诗歌新语》（《河北学刊》2015 年第 3 期）、《杜诗俗词补释》（《中国典籍与文化》2015 年第 1 期）。在对杜诗中出现的 57 个语词的诠释中，谢思炜提出了颇多令人豁然开朗的诠释，如"读书破万卷"之"破"，当作溢满、超出；"行人但云点行频"之"点"，即按名簿征点；"鸡狗亦得将"之"将"，谓将持、带走；"田家望望惜雨干"之"雨干"，即雨停之意；等等。

2015 年，谢思炜还完成了《杜甫集校注》。是书以《续古逸丛书》本《宋本杜工部集》为底本，参校钱谦益《笺注杜工部集》、郭知达《新刊校定集注杜诗》、蔡梦弼《杜工部草堂诗笺》；保留原有的分体编排形式，在每篇下进行编年说明；对征引不实及任意改动之处进行质证；对杜诗语言运用，除核查各种书面成语出处外，还根据见于敦煌文献和其他材料的各种语言用例进行说明。

谢思炜之杜甫研究论著目标：

《〈丽人行〉与〈羽林郎〉——一个改造传统的示例》，《名作欣赏》1988 年第 4 期。

《杜诗解释史概述》，《文学遗产》1991 年第 3 期。

《杜诗叙事艺术探微》，《文学遗产》1994 年第 3 期。

《杜诗的伦理内涵与现代阐释》，《文学遗产》1995 年第 1 期。

《净众、保唐禅与杜甫晚年的禅宗信仰》，《首都师范大学学报(社会科学版)》1995 年第 5 期。

《杜诗的自我审视与表现》，《文学遗产》2001 年第 3 期。

《李杜优劣论争的背后》，《北京大学学报(哲学社会科学版)》2009 年第 2 期。

《杜诗人物考补》，《中华文史论丛》2011 年第 4 期。

《杜甫的精神探索与思想界限》，《徐州师范大学学报(哲学社会科学版)》2012 年第 3 期。

《杜甫的数学知识》，《古典文学知识》2013 年第 2 期。

《杜诗与〈文选〉注》，《文学遗产》2013 年第 4 期。

《唐代葬法与杜审言夫妻合葬问题——据杜甫〈卢氏墓志〉考察》，《清华大学学报(哲学社会科学版)》2014 年第 3 期。

《杜诗俗词补释》，《中国典籍与文化》2015 年第 1 期。

《从有"来历"到"没来历"——试析杜诗语言运用的创新》，《杜甫研究学刊》2017 年第 1 期。

《杜甫七律句式探考》,《澳门理工学报(人文社会科学版)》2017年第 2 期。

《杜诗"无一字无来处"说的注释学思辨》,《河北学刊》2017 年第 2 期。

《试论五言诗与七言诗的句式异同——以杜甫七律为例》,《江苏师范大学学报(哲学社会科学版)》2017 年第 4 期。

《杜甫诗选》,人民文学出版社 2005 年版。

《杜甫集校注》,上海古籍出版社 2015 年版。

杜甫以文为诗论

许 总

对于诗歌史上以文为诗的艺术现象，宋代以后，学人多有论述。如陈师道《后山诗话》引黄庭坚语：

> 诗文各有体。韩以文为诗，杜以诗为文，故不工耳。

陈善《扪虱新话》云：

> 韩以文为诗，杜以诗为文……文中有诗，则语句精确；诗中有文，则词调流畅。

可见对于以文为诗的评价，历来就有迥然不同的意见；同时，批评家们认为，以文为诗作为一种艺术手段，如同杜甫的以诗为文，最突出地表现于韩愈的诗歌创作实践。清人赵瓯北进一步认为：

> 以文为诗，自昌黎始。至东坡益大放厥词，别开生面，成一代之大观。①

更将以文为诗断为昌黎之首创，并开宋诗独特风貌之先河，所谓"宋之苏、梅、欧、苏、王、黄，皆愈为之发其端，可谓极盛"②，似成

---

① 赵翼《瓯北诗话》卷五。
② 叶燮《原诗》内篇。

定论。然而，"韩昌黎生平所心摹力追者惟李、杜二公，顾李、杜之前，未有李、杜，故二公才气横恣，各开生面，遂独有千古。至昌黎时，李、杜已在前，纵极力变化，终不能再辟一径。惟少陵奇险处尚有可推扩，故一眼觑定，欲从此辟山开道，自成一家，此昌黎注意所在也"①。可见韩诗艺术风貌的形成，主要是源于杜诗的。当然，韩愈在学杜过程中，"辟山开道，自成一家"，对其自身艺术成就及其影响应当有充分的认识，但是通观韩、杜诗，其间渊源脉络，极为明晰，韩诗的主要艺术手段亦皆不出杜诗影响之范畴。刘辰翁《赵仲仁诗序》云：

> 杜虽诗翁，散语可见，惟韩、苏倾竭变化，如雷霆、河、汉，可惊可快，必无复可憾者，盖以其文人之诗也。

可见杜甫以散语为诗亦即以文为诗对韩诗以及苏轼等宋代诗人创作的积极影响，而韩愈的以文为诗，则是上承杜甫之首创，下启宋代之极盛。因此，我以为，以文为诗的创始，应当改变传统的说法，从韩愈上溯到杜甫；而研究这一艺术现象的发展规律，对其真正创始者杜甫以文为诗的创作实践加以探讨，无疑是很有意义的。对于历来论者所概括的与韩愈以文为诗并提的杜甫以诗为文的艺术手段，笔者曾撰《杜甫以诗为文论》②，然笔者认为，杜甫是驾驭诗歌与文赋两种艺术形式的大师，他既有以诗为文的实践，也有以文为诗的经验，因此，将杜甫的这两种艺术手段加以比照研究，对于了解他丰富多彩的艺术手法和融会贯通的艺术本领，也是很有意义的。本文不打算对诗歌史上以文为诗的艺术现象进行全面研究，仅拟就杜甫以文为诗的艺术实践作一初步探索。

---

① 赵翼《瓯北诗话》卷三。
② 载《草堂》1981 年第 2 期。

一、以文为诗开拓了杜诗的表现内容

在文学史上，诗文两种体裁虽然有着互为关联、互相渗透的现象，但是随着诗文自身规律的发展，其各自形成的艺术形式的独特面貌以及对适合其形式的表现内容的要求，也益见分明。所以，很多论者都特别强调"诗文各有体"。宋人严羽《沧浪诗话·诗辨》云：

> 近代诸公乃作奇特解会，遂以文字为诗，以才学为诗，以议论为诗。夫岂不工，终非古人之诗也。

明人屠隆《由拳集·文论》更云：

> 宋人多好以诗议论，夫以诗议论，即奚不为文而为诗哉？

当然，宋人学习并发展了以文为诗，其成败之处可以具体分析，但严羽、屠隆的说法旨在从根本上否定以文为诗，是极为清楚的。刘熙载曾对诗文的特质作过极为简练的概括：

> 大抵文善醒，诗善醉。①

所谓"醒"，实际上就是铺张畅达地说明问题、发表议论；所谓"醉"，实际上就是曲折含浑地描摹物态、抒发情愫。由于这样的传统观念所决定，在唐代之前，诗文大体上就这样沿着各自的道路发展，因之诗歌中绝没有《过秦论》似的经世宏论，散文中也很少见《孔雀东南飞》似的柔艳温情。齐梁以降，"声谱之论郁起，病犯之名争兴"②，诗歌的韵律音节美被强调地提到创作的首要位置，这一方面固然促进了作家们自觉地注意诗歌格律，为五言古诗向格律严整的律诗的转变准

---

① 刘熙载《艺概》卷二《诗概》。
② 空海《文镜秘府论·论病》。

备了条件，在诗歌发展史上，具有一定的进步意义；然而另一方面则是不适当地夸大了声律在整个创作中的作用，为了适应严密精巧的形式，诗人们在创作实践中，便形成务末弃本，忽视内容的现象，"自是闾阎少年，贵游总角，罔不摈落六艺，吟咏情性……淫文破典，斐而为功……深心主卉木，远致极风云，其兴浮，其志弱，巧而不要，隐而不深"①，一味刻意于形式声律的讲究，过分强调诗之为诗，正是南朝绮靡浮艳诗风形成的重要原因。这一时期的诗歌创作被李白、韩愈等人斥为"绮丽不足珍"、"众作等蝉噪"，也正是由于齐梁诗人把自身置于狭窄的胡同之中所造成。唐陈子昂出，始"首唱平淡清雅之音，袭骚雅之风，力排雕镂凡近之气……超轶前古，尽扫六朝弊习"②，并大力倡导"风骨"、"兴寄"，为唐诗革新廓清了道路。刘熙载谓陈子昂"为李杜开先"③，陈沆称陈子昂为"杜陵之先导"④，确是唐诗发展的实际情况，但是，我以为，通观陈、杜诗，他们在发扬现实主义传统方面虽多有相通，然其创作的根本方向却截然不同。如果说，陈子昂主要是以复古的面目"尽扫六朝弊习"，那么，杜甫则主要是以创新的姿态彻底打破诗之为诗的局限，拓开诗歌的表现领域。把写作散文的手段和经验引入诗歌创作领域亦即以文为诗，就是杜甫诗歌创作实践中的一项重要的创新。

如前所述，齐梁以来，诗之为诗的界限益见分明，诗的表现范围也愈为狭窄，盛唐诗人虽然力破齐梁以来宫体之桎梏，扩大诗的领域，从低徊恩怨的宫禁深闺之中脱颖而出，驰骋于山水、田园、边塞的广阔天地，但是，由于汉语诗歌漫长的历史发展所形成的传统和规定，这些优秀诗人的创作，大多仍然不出描摹风物、抒发情怀之范畴，而叙事和说理仍多由散文的形式来表达。杜甫承盛唐之变，处衰乱之时，其稷契襟怀，入世极深，发而为诗，则自然结合时事，加入议论，这是杜甫以文为诗的时代根源和主要表现。杜诗中叙事与议论

① 裴子野《雕虫论》。
② 张颐《陈伯玉文集序》。
③ 刘熙载《艺概》卷二《诗概》。
④ 陈沆《诗比兴笺》卷三。

的浑化，个人遭际与国家命运的融和，是杜诗突破历代陈囿，达到集大成境地的主要成就，同时也正是其以文为诗的重要方面和具体内涵。例如《北征》诗，作于安史乱中唐肃宗至德二载秋，是年夏间，诗人自长安城中脱身西走，回归凤翔行在，拜左拾遗，其赤心报国，炳若日星，然始一上疏（言房琯罪），即触怒肃宗，几至不测；而获救后被墨敕放还，方如噩梦初苏，对统治者荒淫残暴有了较为清醒的认识，北行途中，对世上疮痍、民间疾苦亦有更深的了解。痛定思痛，血泪和流，胪陈时事，直抒愤懑，畅达无余，集班叔皮《北征》、曹大家《东征》、潘安仁《西征》、庾子山《哀江南》诸赋之长，而以五言诗出之，实为首创。今人胡小石评云：

> 叙自凤翔北行至邠，再自邠北行至鄜，沿途所见，纯用《北征》、《东征》、《西征》诸赋章法。化赋为诗，文体扭注转换，局度弘大，其风至杜始开。

又云：

> 结合时事，入以议论，开合纵横，直成有韵之散文。独辟一途，前所未有，下为元和及"宋诗"开山。①

今观此篇，固为叙事周密、议论精详之巨制，而触景生情，个人得失时刻系于民族存亡，则尤为可贵。如诗人"夜深经战场"，看到"寒月照白骨"，便立即想起"潼关百万师，往者散何卒，遂令半秦民，残害为异物"；看到儿女衣袜狼籍，家中衾裯破碎，便写道"海图坼波涛，旧绣移曲折，天吴及紫凤，颠倒在短褐"，这固然是短褐颠倒、旧绣曲折的实写，但波涛汹涌，海图破坼，天吴紫凤，颠倒曲折，显然寓有山河破碎之感；无怪诗人新归之时，生计尚未安排，便又倾心于国家与战局，他一面"仰观天色改，坐觉妖氛豁"，一面又预感到"阴风西北来，惨淡随回纥"的隐患，并提出"此辈少为贵"的卓越见

①　胡小石《杜甫〈北征〉小笺》，《江海学刊》1962 年 4 月号。

解，这与《悲青坂》中"焉得附书与我军，忍待明春莫仓卒"，《塞芦子》中"延州秦北户，关防犹可倚，焉得一万人，疾驱塞芦子"，实际上已经超出了一般议论的范围，而是精心谋虑的战略决策。他如《奉先咏怀》、"三吏"、"三别"、《茅屋为秋风所破歌》、《蚕谷行》、《朱凤行》诸名篇，无不以现实生活为基础，运用散文化的手段发为议论，从而深刻而透彻地从各种角度反映了广阔的时空画面。杜诗被人们尊为"诗史"，其关要正在于此。

人们但以杜甫"逢禄山之难，流离陇蜀，毕陈于诗"①而称杜诗为"诗史"，殊不知以史笔为诗，实乃杜诗容易为人忽略的一大特色，而这也是以文为诗艺术手段的一种表现。对于各种事件与人物，诗人都以严谨的态度，力求符合历史的真实面貌，给予恰当的评价。如《北征》写道"桓桓陈将军，仗钺奋忠烈，微尔人尽非，于今国犹活"，在安史乱中功勋卓著的陈玄礼，后来遭到统治集团排挤、贬谪，诗人却对其推崇备至、极度赞颂；《八阵图》写道"功盖三分国，名成八阵图，江流石不转，遗恨失吞吴"，历史人物诸葛亮的功业成就与错误过失，在这二十字中已得到了极为精辟而客观的概括。尤为可贵的是，诗人对当时社会现象敢于秉笔直书，如"朱门酒肉臭，路有冻死骨"，"君不见青海头，古来白骨无人收"，"白水暮东流，青山犹哭声"，"况闻处处鬻男女"，"妇女多在官军中"，"开视化为血，哀今征敛无"，"衣冠兼盗贼"，"盗贼本王臣"，等等，对这种黑暗现象的暴露与鞭笞，无疑与统治阶级的利益是根本不相容的。甚至对统治集团内部丑态，诗人也敢于大胆地揭破温情脉脉的面纱，给予辛辣的嘲讽与讥刺。然而，由于宋代以降封建集权专制的加强，为这种政治需要服务的理学思想的支配，杜诗的这方面可贵精神遭到了曲解和误解。② 直至清人钱谦益作《草堂诗笺》，始"凿开鸿蒙，手洗日月"，阐明诗意，发前人所未发。钱氏最为得意的《冬日洛城北谒玄元皇帝庙》、《洗兵马》、《承闻河北诸道节度入朝欢喜口号绝句十二首》、《诸将五首》诸笺，皆一反旧说，认为诗的本意是对玄、肃、代三君

---

① 孟棨《本事诗·高逸第三》。
② 对此，拙文《论宋学对杜诗的曲解和误解》已详论。

失道的讥刺。即如《洗兵马》，钱氏笺云：

> 《洗兵马》，刺肃宗也。刺其不能尽子道，且不能信任父之贤臣，以致太平也……唐史有隐于肃宗，归其狱于辅国，而后世读史者无异辞……何儒者之易愚也！①

昭揭肃宗"隐而未暴"之"逆状"，正是杜诗深意之所在，而指出唐史之隐、读史者之愚，更可证杜诗忠实于历史真实的价值。钱氏论诗，着重考诸信史，以史证诗，因而钱氏以史实证诗与杜氏以史笔为诗恰如笙磬之合，这也是钱氏论杜之所以超过前人、度越流辈的关键所在。刘熙载曾云：

> 杜陵五七古叙事，节次波澜，离合断续，从《史记》得来，而苍莽雄直之气，亦逼近之。②

刘氏此论，虽多从艺术风貌方面着眼，但也隐然道着了杜诗与史迁"雄直之气"的根本精神的一致之处。秉笔直书，是古代史家最为可贵的精神，文山先生《正气歌》中称颂的"在齐太史简，在晋董狐笔"，就是最为突出的代表，对此，孔子也曾深为叹服："董狐，古之良史也，书法不隐。"③司马迁作《史记》，揭露了汉代最高统治者的丑恶面目、封建统治集团内部的矛盾倾轧及其对人民的残害，无疑是继承这一精神而更加以发扬。然而，由于封建集权统治的需要，史为官办之后，历史逐渐成为封建统治的御用工具，清人戴名世云：

> 史者，有所为而作也。传愚民之统而怪诞兴，趋当时之势而阿谀作，守一家之围而是非倒，寄隐衷之怨而曲直蒙……史者，

---

① 《钱注杜诗》卷二。
② 刘熙载《艺概》卷二《诗概》。
③ 《左传·宣公二年》。

私也。私之所及，史尚何存？①

针贬史弊，一针见血。钱谦益所谓"唐史有隐于肃宗"，原因亦正在此。可见，杜甫以史笔为诗，不仅扩大了诗歌的表现内容，而且在史为私蔽的情况下，表现了良史的正直态度与无畏精神，与董狐、史迁一脉相承，在诗歌史上放一异彩。

在唐代之前，我国文学中虽然已出现了叙事诗和说理诗，但是无论其数量或质量，与抒情诗都是不可同日而语的。而杜甫则将文赋中叙事和议论的经验，融入诗的形式之中，不仅恢宏了这两种诗的体制和容量，而且还在叙事和议论相结合的实践中，塑造了大量的典型环境中的典型人物形象。如"三吏""三别"中的老翁、老妇、未成年的中男、新婚即别的女子、无家可归的败兵，《兵车行》中的行人，《佳人》中被遗弃的良家女，诸多人物的塑造，无不是诗人在深入的社会阅历之中，对纷繁的现象和众多的人物进行综合归纳，加以典型化的结晶。这方面，当以《前出塞》、《后出塞》为最杰出的代表作。今人冯文炳认为"《前出塞》写一个士兵，《后出塞》写一个将校，都是从初应征募的时候写起，写到最后一章……两篇诗，一篇九首，一篇五首，各写着一个人的传记"，并强调指出"《前出塞》、《后出塞》是中国诗史上第一个写兵写典型人物的伟大创造"②，确不失为卓越的见解。杜甫不仅创造性地用诗歌形式为典型人物作传记，而且在晚年作《壮游》诗，记录生平经历，实为一部诗歌形式的自传。在此以前，有些诗人在创作中虽然也叙述了人物的部分经历，但只是浮光掠影的片断；杜甫将这种原来主要由散文负担的职责带进诗中，如此细致而全面地用诗歌作传记，实属首创。

诗中的说理和议论，从《诗经》"彼君子兮，不素餐兮"，直到屈原、汉、魏、六朝，虽然一直未曾中断，但是这种议论却往往寓于抒情之中。作为诗的职能，主要还是用于抒情，而纯粹的说理和议论，自然由文赋承担。杜甫在这一方面对传统诗的范围的突破，用诗歌撰

① 戴名世佚著《古史诗铖·自序》，见《文学遗产增刊》1981年第二辑。
② 冯文炳《杜甫写典型》，《东北人民大学人文科学学报》1956年第1期。

写抽象的理论，发表精辟的意见，集中表现在他的论诗诗中。卢世㴐《读杜私言》云：

> 《戏为六绝》、《存殁口号》、《解闷》等作几二十首，子美平生好古怜才论文求友，一片真精神毕见于此……以如是大文章大议论，第于断句小诗，悠然寄兴，掣鲸鱼于碧海，攀屈宋而方驾，举一毫端，建宝王刹，其子美之绝句乎？

史炳《杜诗琐证》亦云：

> 《戏为六绝》，杜公一生谭艺之宗旨，亦千古操觚之准绳也。

中国文论起源极早，汉魏时已有文论专著出现。然例如曹王《典论·论文》、陆机《文赋》、刘勰《文心雕龙》、钟嵘《诗品》等，皆无不采用文赋形式。今观杜诗《戏为六绝句》，对当时诗坛的概括，对作家作品的评价，明确提出自己的创作主张，正确地解决了诗歌内容的思想性和形式的艺术性之间的辩证关系，是杜甫对唐诗创作理论做出的重大贡献，也系统地表现了杜甫的文学思想，实乃第一篇诗歌形式的文学理论批评专著。清高宗云"此六诗固不当以字句工拙计之"①，颇得旨要；而卢世㴐所谓"以如是大文章大议论，第于断句小诗"，亦可见其以文为诗的高超技艺。

二、以文为诗丰富了杜诗的艺术形式

优秀的文学作品总是内容和形式的统一。杜甫以文为诗既然突破诗歌表现内容之陈规，则亦必辟开诗歌艺术形式之新径。

杜甫是伟大的诗人，但他的诗歌成就却是对前代各种文化的全面继承和融铸的结晶，因此，对于文赋之道，他本来就有极深的素养。他本人对文赋的自负，甚至过于其诗，《进雕赋表》云"臣之述作，虽

---

① 清高宗《唐宋诗醇》。

不能鼓吹六经，先鸣诸子，至于沉郁顿挫，随时敏捷，扬雄、枚皋之徒，庶可企及也"，可见所谓沉郁顿挫，随时敏捷，本为其文赋创作的自负之词，张缙评云"此表，古茂雅令，逼真汉文"，亦可见其自比扬雄之不虚；其《朝献太清宫赋》"九天之云下垂，四海之水皆立"，化出苏轼名诗"天外黑风吹海立，浙东飞雨过江来"，更可见其文赋对后世影响之一斑。① 为了打破"诗之为诗"的局限，更为畅达地表现无事不可入的"以文为诗"的广阔内容，杜甫自然将纯熟的文赋表现艺术引入诗中，开创了诗歌表现的新形式。方东树论杜诗云：

> 洁净，远势，转折，换气，乘落，参活语，不使滞笔重笔，一气浑转中留顿挫之势，下语必惊人，务去陈言，力开生面，此数语，通于古文作字。②

古诗异于近体诗的最显著特点是无需严格的音律和工整的对仗，因此，以文为诗极易在古诗中表现出来，所谓"古诗章法通古文"③，实为对杜甫以至元和以降诗人在这方面创作实践的总结。如《短歌行赠王郎司直》诗：

> 王郎酒酣拔剑斫地歌莫哀，我能拔尔抑塞磊落之奇才。豫章翻风白日动，鲸鱼跋浪沧溟开。且脱佩剑休徘徊。西得诸侯棹锦水，欲向何门趿珠履？仲宣楼头春色深，青眼高歌望吾子，眼中之人吾老矣！

全诗多用散语，先从正面写来，后却腾空着笔，激起波澜，再以万端感慨作结，虽属短歌，然波澜壮阔，拿掷飞腾，实为古文章法。甚至起结遣词，亦有全似文赋者，如《北征》诗开篇：

---

① 参阅拙文《杜甫以诗为文论》。
② 方东树《昭昧詹言》卷八。
③ 汪佑南《山泾草堂诗话》。

　　皇帝二载秋，闰八月初吉，杜子将北征，苍茫问家室。

全同潘安仁《西征赋》"岁次玄枵，八月旅蕤宾，丙丁统日，乙未御辰，潘子凭轼西征，自京徂秦"，曹大家《东征赋》"惟永初之有七兮，余随子兮东征，时孟春之吉日兮，撰良辰而将行"，先记岁时，次述所向，而化入五言诗的形式之中。又如《送孔巢父谢病归游江东兼呈李白》诗结尾：

　　罢琴惆怅月照席，几岁寄我空中书？南寻禹穴见李白，道甫问讯今何如。

明白道来，直如一封书简。对于杜甫古诗中以文为诗的现象，吴见思曾指出：

　　有以文体作诗者，如剑南纪行，龙门阁、水会渡诸诗，湖南纪行，空灵滩诸诗，用游记体；如八哀诗八首，用碑铭墓志体；如北征、壮游诸诗，用记体。①

吴氏不仅于此有着细致的研究，并对杜诗中丰富的艺术手段和风貌及其对中晚唐诗的巨大影响作过精辟而全面的概括。笔者曾撰专文发之，以期改变吴氏之论素为学界忽略的现象。②
　　以古文为古诗，在杜甫古诗创作中固极普遍，然笔者以为，杜甫以文为诗在艺术上的创新，应当说更重要地表现于律诗创作。律诗产生自南朝至初唐，一直在绮艳诗风中成长，因此，格律虽已极精严，但"枝枝节节为之，气断意促，前后或不相管摄"，格局气势终嫌褊狭；至于杜甫，熟谙文法，深于古体，因将古体中以文为诗的经验

---

①　吴见思《杜诗论文》凡例《章法》。
②　拙文《论吴见思〈杜诗论文〉的特色及其对杜诗学的贡献》，香港《抖擞》双月刊第 51 期，1982 年 9 月。

"运古于律,所以开阖变化,施无不宜"①,开拓了律诗艺术风貌的新天地。如《诸将五首》之二:

> 韩公本意筑三城,拟绝天骄拔汉旌。岂谓尽烦回纥马,翻然远救朔方兵。胡来不觉潼关隘,龙起犹闻晋水清。独使至尊忧社稷,诸君何以答昇平?

方东树《昭昧詹言》卷十七评云:

> 起四句,大往大来,一开一合……五句宕接,六句绕回……笔势宏放。收点明作意归宿……此直如太史公一首年月表序矣。

杜公七律,晚年益见功力,开合变化,波澜壮阔,更甚于古体,而《诸将》诸篇,实为其中杰出的代表作,方氏评为太史公年月表序,实有见地。再如《暮归》:

> 霜黄碧梧白鹤栖,城上击柝复乌啼。客子入门月皎皎,谁家捣练风凄凄。南渡桂水阙舟楫,北归秦川多鼓鼙。年过半百不称意,明日看云还杖藜。

《昭昧詹言》评云:

> 起四句,情景交融,清新真至。后四句叙情,一气顿折,曲盘瘦硬。而笔势回旋顿挫阔达,纵横如意,不流于直致,一往易尽。是乃所以为古文妙境,百炼钢化为绕指柔矣。

可见"古文妙境"在律诗中的运用,必须达到"百炼钢化为绕指柔"的境地。在古典诗歌的形式中,古体诗本来就具有流利、开张、曲折、顿挫的特征,某些方面与古文相近,因而以文为诗,只是使其原来具

---

① 刘熙载《艺概》卷二《诗概》。

有的这些特点更为突出；而律诗音律精严、句式齐整，梁陈初唐以来，又形成浮艳的积习，因而以文为律，必须具有更大的创新魄力、更深的艺术素养和更高的美学要求。杜甫的律诗，所谓"高、大、深俱不可及"①，正是完全具备了这些条件，因而开创了律诗艺术表现的崭新面貌，影响后世极深。韩诗学杜，把以文为诗发展到新的阶段，其古体虽有过分扩大"不诗之为诗"，失于偏颇之处，然其律诗中以文为诗的运用，却是成功的、适度的。如七律《左迁至蓝关示侄孙湘》：

> 一封朝奏九重天，夕贬潮阳路八千。欲为圣朝除弊事，肯将衰朽惜残年。云横秦岭家何在，雪拥蓝关马不前。知子远来如有意，好收吾骨瘴江边。

近人吴闿生评为"大气盘旋，以文章之法行之"②，识得个中三昧；只是韩诗源渊所自，吴氏尚未能探得。今试将此篇与前引杜诗《诸将》之二相比照，二诗题材虽然毫不相关，但章法句势，却极相类，如果将《昭昧詹言》评《诸将》"大往大来，一开一合"，"宕接"，"绕回"，"笔势宏放"等语移评韩诗，无疑甚为妥切；悉心细味，韩愈七律风格的形成，全自杜甫晚年《秋兴》、《咏怀古迹》、《诸将》等名篇中脱出之迹，亦极分明。

以文为诗在杜诗中的成功运用，无疑是杜诗艺术集大成的成就之所以形成的重要因素。通观杜集，无论古体、近体，其中最优秀的作品，无不是以文为诗的杰出代表，而杜甫由早期创作出大量的杰出的古体诗到晚期创作出大量的优秀的律诗，正体现出其以文为诗艺术手段和本领不断加强和发展的过程；其以文为诗的成功，从某种意义上看，实际上也就是杜甫毕生在艺术上所追求的从"翡翠兰苕"到"鲸鱼掣海"的目标的完成。

---

① 刘熙载《艺概》卷二《诗概》。
② 高步瀛《唐宋诗举要》卷五引。

三、杜甫以文为诗的历史意义

以文为诗作为一种艺术手段的创始,历来尚有不同意见。除前引黄山谷、赵瓯北以及近代大多论家认为自昌黎始外,方东树云"杜公、太白,天地元气,直与史记相埒"①,则似乎太白亦属以文为诗;今人陈贻焮云"以文为诗,在唐诗中最早的要算是任华了。且看他的《寄李白》诗……冲口而出,简直比作文还随便"②,又断为始自任华。今查任华诗,《全唐诗》不载,唯见《唐诗纪》中有《寄李白》、《寄杜拾遗》二篇,对此,仇兆鳌已提出质疑:"考《唐诗纪》中,止载华两首,一寄太白,一寄少陵,何独拣此二大名公作诗相赠耶?又篇中语带俚俗,格调不见高雅,俱属可疑。"③姑不论其真伪,且看其诗中"冲口而出"、"比作文还随便"处虽多,然拙劣不堪卒读,实为粗鄙的打油之作,不可与以文为诗同日而语。李白擅长古风,本来就具有散化现象,因此表面上与以文为诗或有某些相似,但其创作的根本方向与杜甫却有本质区别,胡小石评李杜诗云:"李尚守文学范围,杜则受散文化与历史化。从《古诗十九首》至太白作个结束,可谓成家;从子美开首,其作风一直影响至宋明以后,可云开派。"④可见李白实为继陈子昂之后唐诗复古运动的结束,并未超越旧有范围,与杜甫在艺术上的创新亦不可混为一谈。以文为诗在韩愈诗中固然得到极为广泛的运用,然韩诗学杜,世所公认,《昭昧詹言》卷九云"杜、韩两家……笔性选字,造语隶事,则各不同;而同于文法高古,奇恣变化,壮浪纵宕,横跨古今",可见两家选字、造语,尚有不同,而"文法高古",则合一辙;同书卷八又云"杜公以六经、史、汉作用行之……韩公家法亦同此,而文体为多",足见韩诗之所以独树一帜,

---

① 方东树《昭昧詹言》卷十一。
② 陈贻焮《从元白和韩孟两大诗派略论中晚唐诗歌的发展》,《中国古典文学研究论丛》第一辑。
③ 仇兆鳌《杜少陵集详注》附编《诸家咏杜》。
④ 胡小石《李杜诗之比较》,《国学丛刊》第二卷第三期,1924 年 9 月。

自成一家，正是从杜诗多种艺术手段中选取以文为诗并极力推广发展而成。因此，以文为诗只能断自杜甫始，才是符合实际情况的。

艺术手段直接决定艺术风格的形成。由于杜甫伟大的创新精神，产生了以文为诗的艺术手段，而这种新的艺术手段一旦出现，则必然不仅仅丰富了杜诗艺术风格的本身，而且对中唐以降千余年诗坛的风貌产生巨大的影响，从而开辟了诗歌史的新纪元。中唐以后，稍有成就的诗人无一不得杜之一脉而加以发展，而以"歌诗合为事而作"的元、白与"资谈笑、助谐谑、叙人情、状物态"的韩、孟为代表的两大诗派，实际上正是从不同的角度对杜甫以文为诗的继承和发展。至于宋诗一变唐音，另辟蹊径，其主要特征就是大量的议论和散化，如此一代诗风的形成，其中以文为诗的积极影响，无疑是极为重要的因素。赵翼所谓"以文为诗，自昌黎始，至东坡益大放厥词"，叶燮所谓"宋之苏、梅、欧、苏、王、黄，皆愈为之发其端"，指出宋人学习韩愈的以文为诗，而形成"一代之大观"，其论固是，然宋人学韩，韩本学杜，渊源极为分明，皆为杜诗泽化之所成。北宋初期，诗人大多学中晚唐诗，而中期以后，则无不学杜，其实这正是宋人由学中晚唐进而学杜的由流溯源的学习方法的表现，也是由间接学杜到直接学杜的过程的完成。① 具体的宋代诗人，亦大多经历了这一过程。如王禹偁早年学白乐天，晚年则盛赞"子美集开诗世界"，明确提出学习杜甫，其自云"本与乐天为后进，敢期子美是前身"，表面虽似谦词，实则已透露出由学白到学杜的过程并隐然以子美再世自居的自负；再如苏轼早年虽承韩愈以文为诗而"大放厥词"，但其晚年"自南迁以后诗，全类子美夔州以后诗"②，纪昀亦评云"出没开合，纯乎杜法"；至于以后的江西诗派，将杜甫奉为宗派之祖，因而风靡一代，对宋诗独特风貌形成的贡献以及对后世的巨大影响，更不容低估。③ 对于以

---

① 对此，拙文《宋诗学杜的过程、原因及整体观》已详论，载《中州学刊》1985 年第 1 期。

② 胡仔《苕溪渔隐丛话》前集卷九。

③ 参阅拙文《论〈瀛奎律髓〉与江西诗派》（载《学术月刊》1982 年第 6 期），《论清人评〈瀛奎律髓〉之得失及其启示》（载《江海学刊》1982 年第 5 期）。

文为诗的现象及其评价，方东树《昭昧詹言》卷十一云：

> 观韩、欧、苏三家，章法翦裁，纯以古文之法行之，所以独
> 步千古。

又云：

> 杜公如佛，韩、苏是祖，欧、黄诸家五宗也。此一灯相传。

可见韩愈及宋代诸大家诗中"独步千古"的"古文之法"，实同祖杜公，而"一灯相传"，在这里，以文为诗的渊源流变及其在文学史上的影响和地位已经得到极为简括而形象的总结。对于在集大成的唐诗之后，宋诗力求恢宏成规，另辟一径，形成与唐诗相颉颃的又一座古典诗歌史上的高峰的诸多因素，学术界专论颇多，然而对其与杜甫开创的以文为诗的艺术手段之间的关系，却鲜见涉及，殊为不足。当然，以文为诗也产生一些消极的影响，如韩愈的某些诗句《陆浑山火和皇甫湜用其韵》"溺厥邑囚之昆仑"、《送区宏南归》"子去矣时若发机"、《符读书城南》"学与不学欤"、《嘲鲁连子》"顾未知之耳"等，其句法、节奏、韵味都已绝不似诗；至于宋代某些道学家的哲理诗，更毫无诗味，只能算是口诀或歌括。对于这些现象，方东树曾云"末流易开俗人滑易甘多苦少之病"，胡小石亦云"末流披猖，严羽作《沧浪诗话》起而攻之"，然正如某些事物的消极影响并不有损其积极的主流本身一样，对以文为诗所产生的消极末流的估计，不仅不应因此忽略其对诗歌史的积极贡献，而且更不能归咎于它的开创者杜甫。

　　以文为诗积极方面的本质精神，表现了诗人在艺术上勇于打破常规、不拘一格的创造性，其具体内容可以归纳为结合时事，加入议论，采取文章的章法、句法，使诗歌更为畅达自如地表现思想感情，反映社会生活。因此，随着这一新的艺术手段的出现，中国文学史上涌现了大批现实主义诗人以及思想丰富、内容充实的诗歌，成为唐以后诗歌史的主流。同时，大量的创作实践的经验及其规律，也必然在诗歌理论中反映出来。宋代以后，诗歌理论中主变、创新与复古、守旧的

斗争益趋激烈，正是这种艺术上的创新精神对保守陈腐观念大胆挑战的表现。我们知道，实践经验一旦上升为理论，便具有了普遍的指导意义，因此，以文为诗的理论不仅总结了以文为诗的经验，而且也指导了其他文学体裁之间的互相渗透的实践，如苏轼不仅继承、发展了以文为诗，为宋诗面貌的形成做出极大贡献，而且将这种创新精神和艺术经验运用于词的创作，开辟了词的艺术新天地。对此，刘熙载云：

> 东坡词颇似老杜诗，以其无意不可入，无事不可言也。①

可见东坡作词正是借鉴了杜甫作诗的经验，打破词"别是一家"的正宗藩篱，创立了豪放词派，影响词坛极为深远。即如被誉为"两宋之间，一人而已"的正宗词人周邦彦的创作，实际上也"多用唐人诗语"②，"下字运意，皆有法度，往往自唐、宋诸贤诗句中来"③，王国维《清真先生遗事》谓为"词中老杜，非先生不可"，已道破其中奥秘。如此看来，宋词创作及其"以诗为词"的现象，都程度不同地受到杜甫以文为诗的手段和精神的影响，因此勇于打破艺术样式之间的传统局限而自成一系统，是显而易见的。

胡小石评《北征》诗云"结合时事，加入议论，撤去旧来藩篱，通诗与散文而一之……后来诗人如元和中韩退之，如宋代庆历以来'宋诗'作者之欧、王诸家以至'江西诗派'，至近世如所谓'同光体'，其特征大要皆以散文入诗，其风气几无不导源于杜，亦可云自《北征》一篇开端"④，指出以文为诗无不导源于杜，固为卓见，然其仅就《北征》一篇而言，未能顾及以文为诗在杜诗整体中的表现规律。今试为发之，以期引起有识者对杜甫以文为诗的进一步系统研究，更希望能为当今文艺创作如何有效地继承和创新提供借鉴。

——据《学术月刊》1983 年第 11 期

---

① 刘熙载《艺概》卷四《词曲概》。
② 陈振孙《直斋书录解题》卷二十。
③ 沈义父《乐府指迷》。
④ 胡小石《杜甫〈北征〉小笺》。

【评 介】

许总，1954 年生于南京，祖籍安徽桐城，自号抱一，曾任江苏社会科学院研究员、华侨大学教授，厦门大学、东南大学兼职教授，西北大学国际唐代文化研究中心兼职研究员。除在"杜诗学"研究方面卓有成就之外，在断代文学史及文学史与思想文化史交叉研究方面也有开拓性贡献，著有《唐诗史》、《宋诗史》、《宋明理学与中国文学》、《理学文艺史纲》、《理学与中国近古诗潮》、《唐宋诗宏观结构论》、《唐宋诗体派论》等。

"以文为诗"一直是学者非常关注的话题，因为它涉及了文学创作的一个核心内容即"通变"的问题。文学前进的重要推动力是求新求变，也正是从这一立场出发，人们大力肯定了"以文为诗"的创举；但所有的新与变，终究应该不能磨灭其本质特征，否则就会失去与原有事物的最后一丝关联，前人对"以文为诗"的批评，往往在于它最终泯灭了诗文的界限，将诗写成了经义策论。也就是说，以往学者围绕"以文为诗"所展开的争论，从根本上看是对诗、文两种文体的功能定位。20 世纪最早论述这一话题的朱自清，就没有如早期学者那样纠缠于"以文为诗"的是非曲直，而是从文体嬗变的历史视野去考察诗文的对立与联系。朱自清指出，诗、文的分界在宋代才出现，先秦时期与诗对立的是史，汉人所谓的文章是诗与散文的混合物，六朝隋唐时期只有文、笔之别而没有诗、文之别。

> 韩愈和他的弟子们却称那种散体为"古文"，韩创作那种散体古文，想取骈体而代之，也是划时代。他的努力是将散体从"笔"升格到"文"里去，所以称为"古文"；他所谓"文"，似乎将诗、赋、骈体、散体，都包括在内，一面却有意扬弃了"笔"的名称。唐人连韩愈和他的追随者在内，都还没有想到诗文的对立上去。宋代古文大盛，散体成了正宗。骈体不论是抒情的应用的，也都附在散体里，统于"文"这一个名称之下。……这样，"笔"既并入"文"里，"文笔"、"诗笔"的分别，自然不切用了，于是诗文的分别便应运代兴。（《论"以文为诗"》，济南《大华日报·学文周刊》，1947 年 6 月 5 日）

此后，程千帆也认为应该将手法置于古文运动的背景下去讨论。"以文为诗这一其所涉及的范围是有局限的艺术手段的具体内容，概括起来，大致上有两个方面，一方面是以古文的章法、句法为诗，另一方面是以在古文中常见的议论入诗。……总的说来，韩愈以文为诗以及北宋人学韩愈以文为诗，还有由于这种创作实践而引起的争论，都是一定历史条件下的产物。它们都和古文运动有关。"(《韩愈以文为诗说》,《古代文学理论研究》第一辑，1979 年)

正因为如此，历来人们都将"以文为诗"与韩愈紧紧联系在一起，很少从杜甫那里去寻找依据，甚而以之为区分杜甫、韩愈二人诗歌的标杆："杜陵知诗之为诗，而未知不诗之为诗。而韩愈又以古文之浑浩溢而为诗，然后古今之变尽矣。"(赵秉文《闲闲老人滏水文集》卷十九《与李天英书》)1979 年，霍松林撰文指出，"以文为诗"是一个漫长的发展过程，突破性的进展是在杜甫那里开始的：

> 对于"以文为诗"(包括"以议论为诗")的争论，从北宋以来，多数人持全面否定的态度，少数人持全面肯定的态度，相持不下。因为韩愈及受其影响的许多宋代诗人在"以文为诗"方面表现得比较突出，所以争论的双方，往往涉及对韩诗及宋诗的评价问题，而忽略了，或者是回避了杜甫。其实，"以文为诗"，"以议论为诗"，从《诗经》以来，就一直与"赋"并存，到了杜甫，更得到了突出的发展。《北征》这篇不朽之作，在"以文为诗"、"以议论为诗"方面，是很有代表性的。(《从〈北征〉看"以文为诗"》,《人文杂志》1979 年第 1 期)

许总的这篇《杜甫以文为诗论》，首先强调指出韩愈诗歌创作的艺术手段都不出杜诗影响之范畴，韩愈的以文为诗更是如此。在这个意义上，许总明确表示杜甫是以文为诗的首创者，并通过大量杜诗证明杜甫以散语为诗确实是惯常行为，从而重新诠释了杜甫的创新性及对中唐以来诗坛的影响。二十年后，许总再次撰文讨论"以文为诗"与杜、韩两人的关系。不过这一次他不是站在具体的艺术实践上，而是回到宏观的历史长河中，从唐宋诗整合、创变的立场出发进行审视。由此，他虽然一如既往地将杜甫置于诗歌革新的首创者位置，但重点区分了杜甫与韩愈创变不同的时代精神与意义：

> 在这里，（宋人）虽然肯定杜甫以"散语"为诗的开创性，但杜甫仍被定位在"诗翁"的范围内，也就是说，杜甫虽然在艺术手法上是"以文为诗"的开创者，但他根本上仍然是诗人，其"以文为诗"在总体上是站在诗人立场上对诗歌创作手法的革新，而韩、苏则与此不同，他们不仅在于在现象上将"以文为诗"加以发展，"倾竭变化"，而且在本质上表现了立足点的转换，那就是"文人之诗"，是站在古文家的立场上将古文的创作手法引入诗歌。（《以文为诗：唐宋诗格的创变与整合》，《文学评论》2014年第 3 期）

可见作者承认就"以文为诗"而言，韩愈对宋人的影响要远远超过杜甫，韩愈、苏轼的"以文为诗"与杜甫的以"散语"为诗，存在着巨大的差异。不过值得注意的是，作者强调这种差异的目的，依然还是要将韩、苏的变革，置于杜甫以来的诗坛总体嬗变的格局中。作者认为，唐宋诗坛转变的主线是杜甫、韩愈与黄庭坚，强调韩愈变革与杜甫的渊源，正是为了完整勾勒诗坛革新的这条线索。或许出于同样的宗旨，作者阐述他心目中的"杜诗学"：

> 由此可见，从以文为诗的发展历程看，宋人学韩，而韩本学杜，渊源极为明晰，因此，在艺术渊源的角度看，宋人以文为诗又与杜甫有着密切的联系。本来，北宋初期，诗人大多学中晚唐，而中期以后，则无不学杜，这表现了宋人由学中晚唐进而学杜的诗学渊源，也表明了由间接学杜到直接学杜的一个过程。（《杜诗学发微》）

建构"杜诗学"，是许总杜甫研究非常重要的学术成果。许总指出，从宋至清，整理、笺释杜诗的专门著作已达一百一十余种，各家文集、各种诗话中的专门论述不计其数，杜集编年、集注、评点等已成系统，对杜诗的分析与论说也精彩纷呈，因此杜诗研究实际上已经成为一种专门之学。他认为古典杜诗学可以分为四个阶段：一、中晚唐是杜诗学的肇始期；二、宋代是杜诗学的兴盛期；三、金元时期是杜诗学的过渡期；四、明清时期是封建时代杜诗学的总结期。(《杜诗学大势鸟瞰》，《光明日报》，1986 年 8 月 12 日)以此为线索，许总对杜诗研究史的各个阶段进行了深入讨论。

对于唐代的杜甫研究，许总认为不能忽视，"杜诗普遍为人所重，当在宋代。然而，唐人对杜诗的评论，仅就流传至今的材料看，其数仍不为少，而其对杜诗的看法与观点的形成，对杜诗各个方面的广泛评说，皆足以渊被后世。因此，探讨杜诗研究奠基时期的唐人论杜中的几个代表性问题，对于清理杜诗研究的发展线索，进行整个杜诗研究史的研究，当属重要而必要的一环"。唐人已经开始对杜甫的身世、思想与艺术特征进行总结，他们所提出的几个学说，如"诗史说"、"集大成说"、"李杜优劣论"足以渊被后世，为百代杜诗学研究之肇端。(《唐人论杜述评》，《唐代文学论丛》第五辑)

宋代是全面学习杜甫的时代，许总认为"整个宋代诗歌的发展，从某些方面来看，直可视为一部杜诗影响史"(《宋诗学杜新论》，《中州学刊》1985 年第 1 期)。北宋中叶以后，诗坛宗杜之风盛行，诗人几乎无人不学杜甫，自不待言；北宋初期诗人也是通过学习中晚唐诗进而学习杜诗，"宋诗学杜不是从不学到学的问题，而只不过经由了一个由间接学杜到直接学杜的过程"。杜诗主要以集大成的艺术成就与忧国忧民的思想内容两个方面影响着宋人。但宋人在接受与学习杜诗的过程中，也存在着一定程度的曲解与误解，"宋代的杜诗研究，在一定的程度上和汉代的《诗经》研究一样，超越了自身的文学价值，成为儒家诗教的图解，几乎脱离了诗学的范畴而接近于经学"。"宋代理学的时代背景、实质内容就是宋人说杜的主要论点并影响千余年的杜诗'忠君'说的植根土壤。"(《论宋学对杜诗的曲解和误解》，《文学评论丛刊》第 22 辑)

"以共同宗杜为起点，由于苏(轼)、黄(庭坚)歧异的影响，造成分别奉苏、黄为宗主而形成对立的诗派，而由于苏、黄共通的影响，又促使这两个诗派及其对苏、黄本身的评价逐渐融和统一于共同宗杜的终结，这就是金元杜诗学发展的大体脉络。在这样的发展中，金元诗人探析杜诗的角度实际上经历了由统一到对立再归于统一的过程，从而形成多角度的视点和多面的领悟。"(《金元杜诗学探析》，《江海学刊》1987 年第 3 期)总之，金元时期是古典杜诗学继往开来的时期。

"由政教中心到审美中心的转化，由倡性灵、重情感到对创作个性、鉴赏个性的阐发和强调，使文艺批评的重点完成了从外在向内在，从客体向主体的转化、发展和深入的过程，就是明清杜诗学理论发展的大体脉络和倾向性特征。这一理论对宋代杜诗学尤其是理学诗论的背异与反抗，也正是明中叶以来巨大变动着的社会氛围和意绪以及追求个性心灵解放的具有近代气息的文艺思潮和观念在杜诗学领域的反映和积聚。"(《明清杜诗学概观》，《文学遗产》1988 年第 6 期)

此外，许总先生还对杜甫研究中一些重要具体问题提出自己的看法。如他认为要注意杜甫的心理变化历程："杜甫的政治态度从积极进取到批判现实，对统治阶级从希望到失望，从希望与失望的交织到彻底的绝望，从绝望到决裂与反抗的思想变化，一方面承接着由盛而衰、乐极哀来的时代氛围的感染与渗融，另一方面则与其自身的人生经历及其心态衍进密切相关，正是这两方面因素的交互作用及其向用以言志的诗歌创作实践的衍射与转化，造就了一部杜诗紧贴时代、回归现实的根本特征。"(《人生与心态：杜甫诗歌时代性特征的独特表现》，《杜甫研究学刊》1994 年第 3 期)他还提出客观性的写实原则与主观性的传神表现在杜诗中得到了统一，即杜甫是"诗史"与"情圣"的结合体(《诗史与情圣：杜诗写实原则与表情方式的双向同构》，《社会科学研究》1995 年第 4 期)。

许总之杜甫研究论著目录：

《杜甫"以诗为文"论》，《草堂》1981 年第 2 期。

《论吴见思〈杜诗论文〉的特色及其对杜诗学的贡献》，《草堂》1983 年第 1 期。

《杜甫以文为诗论》，《学术月刊》1983 年第 11 期。

《宋诗学杜新论》，《中州学刊》1985 年第 1 期。

《"诗圣"废名论》，《江汉论坛》1985 年第 9 期。

《〈杜甫研究〉得失探——兼论杜甫研究的现状和问题》,《学术月刊》1986年第1期。

《宋代杜诗辑注源流述略》,《文献》1986年第2期。

《蔡梦弼〈草堂诗话〉与方深道〈诸家老杜诗评〉》,《苏州大学学报》1987年第2期。

《金元杜诗学探析》,《江海学刊》1987年第3期。

《再谈杜诗"忠君"说——答郑文先生》,《四川师范大学学报(社会科学版)》1988年第5期。

《明清杜诗学概观》,《文学遗产》1988年第6期。

《杜诗以晚期律诗为主要成就说》,《中州学刊》1988年第6期。

《神州不乏他山石 李杜光芒万丈长——试论闻一多杜诗研究的成就和意义》,《阴山学刊》1989年第1期。

《诗史和情圣:杜诗写实原则与表情方式的双向同构》,《社会科学研究》1995年第4期。

《论杜诗艺术的创作性及其渊源影响》,《杜甫研究学刊》1995年第4期。

《以文为诗:唐宋诗格的创变与整合》,《文学评论》2014年第3期。

二十世纪杜甫研究论著提要

1914 年

续杜工部诗话

蒋瑞藻辑。是书共两卷，纂录自宋以来诸家评论杜诗之语，凡120 余条，蒋瑞藻辑于 1914 年，后收入《古今文艺丛书》第四集，1915 年由上海广益书局排印。蒋瑞藻(1891—1929)，字孟洁，浙江诸暨人，自序其书云："古今说杜诗者众矣，而勒为专书者不少概见。宋方醇道始辑《老杜诗评》，蔡梦弼集《草堂诗话》，清初泽州陈午亭复撰为《读杜律话》。方、蔡之书今既难得，泽州书亦鲜单行，且限于律体，不及他作，律亦只论七言，不及五言，则亦未为完美也。萍乡刘金门凤诰《存悔斋集》有《工部诗话》五卷，余尝见之，其所评骘，大抵精当，举自来影响傅会之习，一扫而空，不可谓无功于少陵。所惜者全书只百五十二条，殊令人有简略之憾尔。余好读杜诗，居尝纂录自宋以来诸家评论，为之汰其繁琐，撷其精要，手自写为一帙，一得之愚有可节取者，间亦附入，都上下二卷，万六七千言，即名曰《续杜工部诗话》，刊而布之。是编也，补金门之未备，供学者之参征，自问有一日之长，特不知视方、蔡二家之作果何如也?"胡怀琛有序，以为"刘辑多考订，蒋辑多议论，尤能阐杜诗格律之微"。今人张忠纲编注《杜甫诗话六种校注》(齐鲁书社 2002 年版)录有此书。

1928 年

李杜研究

汪静之著，系"国学小丛书"之一种，初作于 1924 年，发表于1925 年《北京晨报》，修订后，商务印书馆初版于 1928 年 5 月，再版于 1933 年。汪静之(1902—1996)，安徽绩溪人。全书共计七章，即李杜比较论、李白之流浪生涯、李白之颓废思想、李白抒情之笔、杜甫之穷苦身世、杜甫之博爱襟怀、杜甫之写实工夫。作者以为"古来固很少了解太白的人，而真了解子美的人也不十分多"，"李杜二派的辩论，因为偏倚的嗜好而盲赞瞎谤，都没有说着最重要处"，故就思想、性格、艺术、境遇、行为、嗜好、身体七个方面对李、杜进行了全面的比较，其核心或是以贵族与平民为批评的标尺："李是贵族的文学，杜是平民的文学。李是浪漫派、唯美派，杜是写实派、人生派。李富于想象，杜善于刻画。李多抒情诗，杜多叙描诗。李诗中无事物可寻，全是情感，杜诗中处处有事有物，全是经历。李多抒发个人颓废的心情，杜常描写社会实际状况。李可说没有一首关于时事的诗，杜有关时事之诗极多，可作历史读。李主观的诗极多，杜客观的诗不少。……李的诗奇如庄子之文，杜的笔健似司马迁之文。李诗纵横驰骋，如瀑布之奔泻，杜诗苦意安排，如大江之缓流。李写诗时信笔直书，一气呵成，杜写诗时惨淡经营，一字不苟。李用笔如大刀阔斧，杜用笔如利錾细错。李诗极豪爽轻快，悲哀颓丧，自然缥缈，杜诗极工整劲健，沉郁严肃，慷慨激烈。李集中七言律一共仅八首，严格说不过三四首，杜绝句亦有对偶。李以文言为诗，用方言处极少，杜以方言俗语入诗处甚多。"

杜甫诗里的非战思想

顾彭年著，系"国学小丛书"之一种，初为应《小说月报·非战文学号》之约而写，修改后于上海商务印书馆1928年初版，1933年重印。顾彭年（1899—1987），江苏崇明人。此书致力于杜甫有关战争的诗歌的专门研究，共五章，即绪言、杜甫传、杜甫的时代、杜甫以前及他同时代的反对战争的思想与作品、杜甫诗里的非战思想，另附有杜甫时代重要之战争与叛乱年表。杜甫何以能够彪炳千古呢？作者认为，"其主因在他能将所处的时代的罪恶与弱点，由他自己丰腴的经验与阅历里发现，用他高妙的艺术，真纯的感情，沉痛的语词，果敢大胆的绘写出来，讴吟出来，同时袒露出他个人如何受时代的险涛的冲击，至有巨大的牺牲；并他深邃热烈的表同情于与他同舟的被幸福所摈弃的民众，且为他们大声呼吁。那时代的罪恶与弱点是什么？便是久长的战争，寇盗的充斥，镇将的专横，与兵制的腐败。他的诗集里满载着社会的崩坏的写真，尤其是关于战争所蔓延的遗毒。在中国古代的诗人之中，描写此类的事的详实，真切与沉痛，恐怕他要算首屈一指了；所以他可称作我国古代最大的反对战争的诗人"。

1929 年

杜甫生活

谢一苇著，上海世界书局 1929 年初版，1934 年再版，为"生活丛书"之一，徐蔚南在"生活丛书发刊旨趣"提出"务使学术就成为我们的生活；务使我们的生活完全学术化"。从这一宗旨出发，本书作者指出，对于杜甫这样一个伟大的诗人，"只有他的生平为我们全部了解的时候，则他对于文学上的造就与影响，也就易于把握了"。全书分为十四章，即绪言、不平凡的时代、家世及其少年生活、中年生活转变的大关键、"骑驴三十载"、安史乱中之老杜、严肃中之诙谐风趣、非战思想与博爱胸怀、穷苦的晚年、"饥饿饭肉饱"、悲凉的客死、日常生活的一斑、创作生活的一斑、批判台上的杜甫。对于杜甫生活进行全面描述的另一个目的，在于作者反对以"抒情诗人"、"叙事诗人"、"浪漫诗人"、"写实诗人"等名号来片面地肢解杜甫。诗人的生活是丰富的，诗人的成就也是多方面的。

1933 年

李白与杜甫

傅东华著，上海商务印书馆 1933 年 12 月出版，系"万有文库"第一集第一千种。傅东华（1893—1971），浙江金华人，他在序言中解释了他撰述的宗旨："要研究一个人和他的作品，大概有两种功夫可用：一是考证的功夫，一是批评的功夫。——前者属于历史的研究，后者属于文学的研究；本书的性质即属于后者。关于李杜生平事迹，经自来笺注家和年谱家的一番爬搜抉剔，虽尚有许多问题不能解决，但似乎已再没有考证的功夫可用。所以本书对于这一方面，并没有新鲜的贡献。本书的目的，在试以一种新的方法来解释比较李杜的作品，希望读者容易了解他们的性质和异同，并希望他们能用类比的方法去研究别的诗人。"全书分为十个部分：诗的两条大路；自来批评家的李杜比较论；遗传的影响与少年时代；"归来桃花岩"与"快意八九年"；居长安的经验不同；人生观的根本差异；同时代的不同反映；晚年的不幸相仿佛；两诗人的共同命运——客死；从纯艺术的观点一瞥。

1934 年

杜甫诗

傅东华著，系王云五、朱经农主编"学生国学丛书"之一种，上海商务印书馆 1934 年 3 月初版，1937 年四版。著者在杜诗选释前，有一长篇导言，所述杜甫生平甚为详实，且多引杜诗为证，可视为杜甫之诗传。作者认为，杜甫人格的伟大，在于具有博厚充实的同情眼光与毫无虚伪的真诚态度；杜甫艺术上的伟大，在于具有深刻的洞察力与强劲的表现力；杜诗特征形成的原因，则在于杜甫的诗境曾向政治、历史、社会方面特别开拓，杜甫对于诗的形式曾有一种新的工夫，杜甫是以诗为终身事业。此书以艺术性和可读性为标准，选录杜诗近 400 首，诗篇排列与编年体例取自仇兆鳌《杜诗详注》，笺注大致以杨伦《杜诗镜铨》为依据，兼有简要说明。

白话注解杜甫诗选

余研因选注，民智书店 1934 年初版。余氏自序云："诗以唐朝为最盛，论起唐朝的诗人，李白和杜甫算是首出屈一指的。李白以天分胜，做起诗来，好像'天马行空'，全不受一切的拘束。杜甫以学力胜。他的诗多指陈时事的有诗史之称。我这次由李白诗集中选出的《李白诗选》，和杜诗集中选出的《杜甫诗选》，都是很纯正的温柔的敦厚的。现在用极粗浅的白话句解，就是不会做诗的，也懂得造句的用意，要算是学做诗的好范本。"所选之诗，按古诗、律诗、绝句三部分排列，其中古诗 10 首（组），律诗 19 首（组），绝句 3 首（组），全部用通俗的言辞注释、讲解，颇为生动。

杜甫研究

钟国楼著。钟国楼（1902—1954），字清玉，号梅山，广东五华人。是书系作者任教于广州中山大学时所著，由五华县文华书局于1934 年出版。全书共有三篇。首篇叙杜甫身世，全面研究了杜甫的生卒年、家族、官职及其生活状况，并附有"杜甫家族简明表"和"杜甫行迹图"。次篇论杜甫的根本思想，一一分析了杜甫的思家、爱国等情怀与酒精的崇拜、伤老等问题。终篇探讨杜甫诗歌的艺术成就，从外形、内质、杜诗渊源、杜诗影响四个方面入手，不无独到之见。书末另附有"关于杜甫研究参考材料书目"和"附白"数则。

1935 年

少陵新谱

李春坪辑著，北平来薰阁书店 1935 年 3 月初版，现收入北京图书馆编《北京图书馆藏珍本年谱丛刊》第 10 册。作者自序："晚近新会梁氏卓如，治学精密，尝检讨陶渊明史迹，成评论、年谱、诗集考证、解题诸作。余夙好杜诗，比有以为杜公作传记相助者。则念少陵生平事实，大率见于彼所赋诗、解题一事实，表现少陵法之至善。遂斟酌梁氏治陶方法，而以解题为主，制事略诗表，用代年谱，订家系官历表、游历地域图，释交游名氏录，各一定其次第，以成此书。至作品年次，系据仇氏序列，略事变更，诗题解说盖酌采仇注与《杜诗镜铨》、《杜工部诗话》、《围炉诗话》、《杜诗义法》，并参己意。"是书即分为六卷，各自为：杜甫事略；杜甫家系；杜甫官历表；杜甫游历地域图(附地名释)；杜甫交游名氏录(附名不可考者一览)；杜诗年表与解题。另外，李书萍有《杜甫年谱新编》，基本内容与此书极为接近，仅书尾多出附录杜诗欣赏一部分，共解析《兵车行》、《秋兴八首》、《吹笛》等诗十首，与全书体例亦不合。李书萍自序书于 1933 年编成于南京，或即与本书同为一书。

1940 年

杜甫传

易君左著，系"民族诗坛丛刊"之一种，1940 年 4 月由独立出版社刊行于重庆。易君左(1899—1972)，字家钺，湖南汉寿人，成书时携家避乱于青城山顶。是书仅第一编"革命的人生观"，列为甲、乙、丙三章，分别是：以"国家至上主义"奠定生活的基础；以"国家至上主义"树立创造的信仰；以"国家至上主义"启导文艺的机运。作者认为杜甫是个真实的革命者，他的革命的人生观越到晚年越露锋芒，革命性的形成同他的时代和个人经历有关，而革命的人生观的坚实根据是"国家至上主义"——杜甫的一切政治活动都是为国家的，他一切认识上的批评也是为国家的。只有从杜甫伟大崇高的生命史入手，才能正确认识杜甫，了解杜甫。

杜诗引得

哈佛燕京学社引得编纂处洪业、聂崇岐、李书春、赵丰田、马锡用编。1940年燕京大学引得校印所铅印，1966年台北市中文资料及研究工具图书用书服务中心公司重印，1985年上海古籍出版社影印再版，增编了四角号码以及汉语拼音检字。引得，音译自英文 Index，即索引。洪业（1893—1980），字鹿岑，号煨莲，福建侯官（今福州市）人，1928年起任燕京大学图书馆馆长，后任哈佛燕京学社引得编纂处主任，主持编纂41种正刊、23种特刊，计64种84册索引。《杜诗引得》为引得特刊第14号，在近十万言的《杜诗引得序》中，洪业全面考察了杜诗版本的源流、演变及其异同得失，并说明了相关的编纂方案与体例："《杜诗引得》者，目录以外，可数之部分四。一、翻印《杜诗》全文。一、《杜诗》逐字《引得》。一、《杜诗各本编次表》。一、（洪）业此篇序文也。民国二十六年，业以所藏翻刻本《九家注杜诗》付引得校印所以五、六号铅字印之。燕京大学国文研究生高贻纷女士实任校对之劳。排引本中，每页分上、下二栏，每栏适当原本一叶，行格如之。断句黑点，高女士所加者也。诗每题、每句，各以大、小号码编次，以卷为起讫；号码印于栏中上端，以便《引得》指引而得也。《引得》者，编制之法，先以印就之《杜诗》样叶各若干张，按诗句剪贴卡片上，句五字则得五片，七字则得七片，其他如之。既逐片增注全文某页某首之号码，然后依引得法排列焉。连二字以上而为专名及习用之词者则合之，仍于其首字后各字具'见'片，庶寻检无漏也。……《引得》印就在二十八年之春，遂请冯君续昌用《引得》为工具以编制《杜诗各本编次表》，表中以《九家注》本目录为本，其下逐诗记他本十七种之卷第篇次焉。……《表》编成后，乃知

《九家注》本尚短逸诗二十四首；于是从仇本录而补印之，附于《九家注》本之后，更续编为《引得》以补《引得》之后焉。"

1941 年

杜少陵评传

朱偰撰。朱偰（1907—1968），字伯商，浙江海盐人，朱希祖之子。是书于1939年9月17日脱稿于重庆佛图关下，1941年6月重庆青年书店初版。朱希祖为叙，以为"知人之术，首观其志，次观其学，次观其艺，此书虽皆道及，而志与学二端，为艺所掩，不能豁人心目……然李之志稍近功利，不忘荣遇，不如杜之己饥己渴，志切民生，尤为纯正"。欧阳翥序其书，称作者"乃根据正史，撷拾载籍旧闻，旁引博征，参证本集，厘析而条贯之，成《杜少陵评传》一书。对工部生平行事，及其所为诗歌时代之先后，莫不详加订正，揭前人之所未发。而于杜诗之渊源，及其抱负与身世之感，尤三致意焉"。作者自序，提出杜甫为民族诗人，"所为民族诗人者，其诗歌足以表现民族共同之想想，共同之愿望，共同之想像，共同之情感，共同之生活"，而"政府不加宣扬，学者不加表彰，寥寂荒凉，一至于斯"。在书中，作者也多次强调指出："中国文人多抱个人主义，既少共同生活及共同意志，尤少共同情感及共同想象；故大多数作品，仅助陶冶个人性灵，极少发扬团体观念。即或有之，其团体观念亦仅至家族为止，家族以外，即为天下，民族与国家之团体观念，未尝显著。惟刘琨始有深刻之民族意识，惟少陵始有明白之国家关念，所谓'先天下之忧而忧，后天下之乐而乐'，惟少陵可以当之。"全书分五章：杜甫之生平及其事迹；杜甫之交游；杜甫之思想及其个性；少陵诗学之渊源及其流变；少陵诗在诗史上之地位。

1944 年

杜甫论

王亚平著。王亚平（1905—1983），原名王福全，河北威县人，

1941 年任《新蜀报》副刊编辑时写下十五万言《杜甫论》，1944 年 9 月
重庆商务印书馆初版。是书上编论杜甫的创作思想及其生活，分为五
章：杜甫的创作生活；杜甫的创作渊源；关于杜甫创作研究的观点；
杜诗的现实性；杜甫的创作思想。中编论杜甫的创作艺术，分为七
章：杜甫的用字和造句；杜诗的创作形式；杜甫的百韵诗；杜甫的形
象美；杜诗的叠字语；杜诗的情感；杜甫的讽刺诗。下编论杜诗的评
价及其流派，分为六章：近体诗的完成者；杜诗的社会价值；杜诗的
地方色彩；杜甫的战争诗；杜甫与李白；杜诗的流派。作者认为，杜
甫是田野之子，他生在田野，长在田野，一生的理想，也扎根在农民
的希望里。

1949 年

杜诗伪书考

程会昌著。是书 1936 年 8 月作于南京，1949 年上海中华书局出
版，后经作者修订，收入《古诗考察》，于上海古籍出版社 1984 年出
版。程千帆（1913—2000），名会昌，字伯昊，别号闲堂，笔名千帆，
湖南宁乡人。作者自序其书云："章学诚云：'以己之所伪托古人者，
奸利为甚，而好事次之。好事则罪尽于一身，奸利则效尤而蔽风俗
矣。'（《文史通义》卷二《言公》中）。此言造作伪书者之过也。崔述
云：'伪造古书，乃昔人之常事。所赖达人君子，平心考核，辨其真
伪。'（《考信录提要》卷上）。此言吾人对伪书所应持之态度也。其说
视实斋尤进矣。余年来辑杜诗目录，遭阻既多，杀青无期。（此书迄
未毕功，其未成稿已捐赠成都杜甫草堂。一九八一年秋补记。）然缘
以得知伪书数种。胡应麟《四部正讹》、姚际恒《古今伪书考》，既少
所甄明，而其目又不止世所周知之苏、虞两注。缀拾旧文，得成此
篇。所惜原书今不尽可见耳。夫前人辨伪，多以经、子为先，本末重
轻，抉择良是。然盛名之下，附骥者多。依托之书，遍于四部。即此
事事，诚有取乎古人识小之意云尔。"是书所辨析者，有王洙《杜工部
集注》、苏轼《老杜事实》、黄庭坚《杜诗笺》、虞集《杜律注》、杜举
《杜陵诗律》。

1952 年

杜甫传

冯至著。1951 年 1—6 月在《新观察》上连载，后经作者修正、补充，1952 年人民文学出版社出版，是 1949 年后中国大陆第一部古代文学传记，也是 1949 年后中国大陆最早出版的杜甫研究著作之一。具体评述见前文冯至《杜甫传》评介。

1953 年

爱国诗人杜甫

王进珊编著。系"爱国主义通俗历史故事小丛书"之一，1953 年 7 月上海大中国图书局初版，1954 年 3 月上海四联出版社再版。王进珊（1907—1999），江苏南通人。全书共十二部分，目次为：杜甫的时代，统治阶级的荒淫无耻，关于战争的诗歌，"朱门酒肉臭，路有冻死骨"，陷落在沦陷的长安，从长安奔赴凤翔，苦闷的"北征"，政治上的打击，唱出了人民内心的愤怒，中年以后的流浪生涯，"草堂"生活，晚年的漂泊。

1954 年

杜甫在长安时期的史料

西安市文史研究馆选辑，周君南编，西安文史馆 1954 年 5 月油印。周君南（1892—1959），字严盦，一字淑楷，湖南宁乡人，曾供职西安文史馆。该馆在测绘以杜公祠为中心的山川形势略图、拍摄 87 张照片、搜集 18 份拓片及整理相关研究史料和方志的基础上，组织专家学者对杜甫在长安时期的活动行迹及杜诗中有关长安地名景物进行了系统的考察与研究，形成此书。全书由说明、实物资料征集、文献资料征集、附录评注杜诗书目、杜诗有关城南胜迹简略说明五部分组成。

杜甫诗论

傅庚生著。上海文艺联合出版社 1954 年 12 月初版，上海古典文学出版社 1956 年再版，中华书局上海编辑所 1959 年、上海古籍出版社 1985 年 9 月各出版修订本，部分修改意见收入专著《杜诗析疑》中。具体评述见前文傅庚生《杜甫诗论》评介。

1955 年

李杜诗选

苏仲翔选注。上海春明出版社 1955 年印行，上海古典文学出版社 1957 年 2 月新一版。苏仲翔(1908—1995)，亦名渊雷，别号钵翁，浙江平阳人。是书共选辑李白诗 207 首，选辑杜甫诗 305 首，分体编排，同一诗体大致以年代先后为序，每首诗均作题解和注释，校勘时，李诗间以敦煌唐选本残卷校勘，杜诗依毛氏汲古阁补抄宋刊王洙编次本校正。1983 年 12 月，浙江文艺出版社修订重印，李白诗歌增加 2 首，末附有关李、杜论文赞辞四篇：《白也诗无敌，飘然思不群》、《李白论赞》、《天下几人学杜甫，谁得其皮与其骨》、《读杜三题》。导言分为六个部分：李白、杜甫所处时代的交错性；李白、杜甫的生活实践和创作过程；反映在李白、杜甫诗中的主要精神实质；李白、杜甫诗中所表现的风格面貌；李白、杜甫在中国诗歌发展史上的地位；本书合选旨趣及编例。编者最后指出："千余年来，古典诗坛上只有宋代的王安石、陆游、文天祥、林景熙和明末的张煌言、顾炎武、杜濬、屈大均诸人，真能做到结合着每个人的时代遭遇和生活实践，对于杜诗的精神实质，得有较全面较深切的认识。他们不仅把学习的目标放在艺术技巧上，而且首要继承那为杜诗所体现的高度爱国主义和深厚洋溢的人道主义精神。"至于编选的标准，自然以具有人民性、现实性为主，但在艺术上能够开辟方向、自居规模的亦在所必选，如杜的律诗、李的乐府和绝句，都给以较多的篇幅，排律和应酬作品就不多选了。

1956 年

杜甫研究

萧涤非著。全书分上、下两卷。上卷由山东人民出版社 1956 年 6 月出版，下卷于 1957 年 10 月出版，1959 年 9 月出版合订本。具体评述见前文萧涤非《杜甫研究》评介。

杜甫诗选

冯至编选，浦江清、吴天五合注，人民文学出版社 1956 年 12 月出版。冯至有长篇序言，指出此部诗选的目的，是希望读者能从这些诗中体会到杜甫在他的时代里所具有的进步性。全书共选杜诗 264 首，按照杜甫写作的时间、地点编为八卷。第一卷是安史之乱以前的诗，第二卷是战乱期间的作品，第三卷是杜甫在秦州及入蜀途中所作，第四、第五、第六三卷是杜甫在成都、往梓州、阆州及回居成都时期所作，第七、第八两卷是杜甫居夔州、出峡、流寓荆湘时期的诗。诗歌的编排，参考各家杜甫全集及前人所作杜甫年谱、杜诗系年而略有变动。诗文底本，主要采用《全唐诗》本与仇兆鳌《杜诗详注》本，择善而从。注释体例采取释题、释词、释句三种方式。释题简单交代诗的创作背景；释词只注释词义、读音、专名、典故，一般不征引古书，不录原始材料，不用训诂、考据方式，力求简明浅显；释句，概括说明句子的大意，只选释难懂的句子。注释多依据仇注，参用各家杜集、诗话和札记。

1958 年

杜甫诗选讲

程云青著，江苏文艺出版社 1958 年 6 月初版，1962 年 6 月修订再版。程云青(1914—?)，江苏宝应人。全书由杜甫年谱和杜甫诗选讲两部分组成。诗歌选讲部分，先注解，后分析思想内容与艺术风格。初版共选诗 25 首，再版扩充为 50 题 79 首，同时内容也更为充实，"如注解方面不仅作了很大程度的补充，有些还交代了来源，做了必要的考证；分析方面不仅讲清楚作品的主要内容，并试图根据当时的时代和作者的生活来说明作者的思想面貌和作品的社会意义。因之，新的选讲本所援引的资料就比原书要多得多，分析也比较具体、深入些；原书有些篇如《杜甫年谱》、《丽人行》、《潼关吏》、《客至》等则基本上进行了重写"（程云青《修订小言》）。

杜甫年谱

四川省文史研究馆编，四川人民出版社 1958 年 12 月初版，1981年 5 月再版。书前有四川省文史研究馆馆长刘孟伉《杜甫年谱简介》："《杜甫年谱》全一册共一十三万五千字，为四川省文史研究馆集体写作之一。自宋以来，为杜甫作年谱者不止一家，观点不同，详略互异，然大都不合于今日之要求。此编于杜甫及杜诗各篇写作之时地，无不详加考订，期于至当，按年系谱一目了然，读者知人论世，因事译诗。"故该书综合杜甫之时代背景与生平之生活、行踪、交游、创作并按年次而编，目的在于使其时代与生平皆由此年谱表达而出。编者语语求其有根据，处处求其合史实，无可考者从阙，不可决者存疑。诗之系年，多依据杨伦《杜诗镜铨》编次准则，按时按地按事所经之先后处置。杜甫生日，取新出之证据；诗人卒年，从吕大防旧谱与仇兆鳌论据定之。至于杜氏世系，则以为目前所得材料，尚不足以供此问题之解决。刘孟伉（1894—1969），原名贞健，字孟伉，别号艺叟，重庆云阳人。

1959 年

杜诗散绎

傅庚生著，东风文艺出版社 1959 年铅印出版，陕西人民出版社于 1979 年修订重版。是书翻译杜诗计 96 篇，连同未附译文的 50 余篇，共引杜诗 150 篇左右，分置于十二个题目中，编为十二章，用散文移译杜诗，又散落地加以籀绎，分别是杜甫的自传、杜甫的家庭、杜甫的交游、杜甫的抱负、杜甫的人民性（上、下）、杜诗的非战思想（上、下）、杜诗的现实性、杜诗的寄托、杜诗的总序。具体评述，参见前文傅庚生《杜甫诗论》评介。

1961 年

杜甫

刘开扬著，系"中国古典文学基本知识丛书"之一，中华书局上海编辑所 1961 年 12 月初版，1965 年 12 月再版，1978 年 8 月上海古籍出版社修订。是书面向普通读者，分为诗人的幼年、南北漫游、长安旅居、离乱中的歌唱、"三吏"和"三别"、秦州和陇蜀道上、两川流寓、东下荆楚和病死与结语九个部分。再版时首章为"杜甫的时代"，结语改为"成就和影响"；修订本第一部分为"伟大的现实主义诗人"，最后两章分别改为"杰出的艺术成就"和"对后世的影响"。刘开扬(1919—   )，原名庸禺，四川成都人，另与刘新生合著《杜甫诗集导读》，中国国际广播出版社 2009 年 1 月版。

杜甫

缪钺著，四川人民出版社 1961 年 12 月初版，1980 年 9 月再版。全书分为入蜀以前、成都草堂、夔州两载、流转湖湘四个部分。作者在后记中说明了他取舍的宗旨与标准："因为是作为'四川文学家小传'中的一种，所以对于杜甫在蜀中八年多的生活叙述较详，又因为杜甫是一位伟大的诗人，所以书中引用了他的一些作品，或是全篇，或是断句。所引全篇的诗，都是选择在杜甫生平活动的各个时期中有代表性的作品，同时也照顾到各种体裁(五古、七古、五律、七律、七绝各体都有)，并附加浅显注释。希望这本两万字的小书，不但叙述了杜甫的事迹，而同时也介绍了杜甫的诗歌，或者能够使读者在了解杜甫为人行事的同时，又进一步培养欣赏杜诗的兴趣。"缪钺(1904—1995)，字彦威，江苏溧阳人，另发表《杜诗中的含蓄之法》(《光明日报》1961 年 10 月 12 日)等论文多篇。

1962 年

杜甫诗选

黄肃秋选，虞行辑注，系"文学小丛书"之一种，人民文学出版社

1962 年 10 月出版，1978 年 11 月重印。编者认为"诗人的一生足踪几及当时半个中国，他每至一处(特别是在后期)都写下了描绘当地自然景物或人民风俗的诗篇，形成了他诗歌内容上的另一特色。因之，后人对他的诗又有'图经'之称"，故而选取杜诗名篇 100 首，以编年为序，每首诗都先指明其写作时地和诗旨大意，后作字句的注释，一方面展示杜甫艺术上的贡献，另一方面见出杜甫"诗史"的价值。黄肃秋(1911—1989)，原名毓霖，原籍山东即墨，生于吉林榆树县。

杜甫研究论文集(一辑)

中华书局选编，1962 年 12 月出版。书前有出版说明："今年(1962)是我国古代伟大诗人杜甫(712—770)诞生的一千二百五十周年纪念。1961 年 12 月 15 日在斯德哥尔摩举行的世界和平理事会主席团会议上，决定将杜甫列为今年纪念的世界文化名人之一。为了配合这一纪念活动，为了反映近几十年来杜甫研究的情况、保存历史资料以及推动研究的更为深入，我们特选录报刊上的有关论文，编辑这个集子。本书是第一辑，所收的论文起自'五四'以后，至建国时为止。凡可备一说、足资参考的，即选录在内。这些文章发表的时间已经很久，其中某些文章的论点可能已与作者今天的看法有所出入，鉴于这是参考资料性质的书，因此我们并未请作者对过去的论点再作修改。"本辑共收录论文 20 篇，即梁启超《情圣杜甫》、胡小石《李杜诗之比较》、闻一多《杜甫》、郭绍虞《杜甫〈戏为六绝句〉集解》、罗庸《少陵诗论》、玄修《说杜》、罗庸《读杜举隅》、黄芝冈《论杜甫诗的儒家精神》、朱偰《杜少陵在蜀之流寓》、贺昌群《记杜少陵浪迹川西》、翦伯赞《杜甫研究》，金启华《杜甫诗论》、冯至《杜甫与我们的时代》、许同莘《从杜诗中所见之工部草堂》、焕南《案头杂记》、钱来苏《关于杜甫》、李广田《杜甫的创作态度》、冯钟芸《论杜诗的用字》、孙次舟《关于杜甫》、傅庚生《评李杜诗》。书末另附有报刊论文目录。

1963 年

杜甫研究论文集(二辑)

中华书局选编，1963 年 2 月出版。本辑选编宗旨与体例同第一辑，收录自中华人民共和国成立以后至 1961 年期间发表在报刊的单篇论文 26 篇，凡整本的专著，或虽系单篇论文而作者后来又辑为专著形式出版的，没有收入其中。这 26 篇论文按发表的年月先后排列，分别是颜默《谈杜诗》、俞平伯《说杜甫律诗〈题张氏隐居〉》、俞平伯《说杜甫〈自京赴奉先县咏怀〉诗》、刘大杰《杜甫的道路》、萧涤非《学习人民语言的诗人——杜甫》、冯文炳《杜诗写典型——分析〈前出塞〉〈后出塞〉》、冯文炳《杜诗讲稿》、乔象钟《对于〈杜甫写典型〉一文的意见》、傅庚生《试再论杜甫的〈捣衣〉》、冯文炳《关于杜诗两篇短文》、萧涤非《谈〈石壕吏〉》、金启华《杜甫的创作论》、夏承焘《杜诗札丛》、陈过《说杜诗四首》、金启华《杜甫的艺术修养》、西北大学中文系《论杜甫的世界观——杜诗研究第二章》、夏承焘《杜诗札记》、柯剑歧《论杜甫诗歌的艺术风格》、金启华《杜诗影响论》、刘开扬《杂谈杜诗〈登岳阳楼〉》、马茂元《谈杜甫七言绝句的特色——读诗偶记之一》、陈友琴《漫谈杜甫的题画诗》、裴重《杜甫的绝诗》、陈友琴《谈杨慎批评杜甫》、缪钺《杜诗中含蓄之法》、萧涤非《谈杜诗"娇儿不离膝，畏我复却去"》。书末附报刊论文索引。

杜甫研究论文集(三辑)

中华书局选编，1963 年 9 月出版。本辑选编宗旨与体例同前两辑，收录自 1962 年 1 月至 9 月底所发表的单篇论文 36 篇，按内容性质分列为五部分。第一部分总论杜甫的生活、思想与创作，论文有郭沫若《诗歌史中的双子星座》、冯至《纪念伟大的诗人杜甫》、冯至《人间要好诗》、冯文炳《杜甫的价值和杜诗的成就》、萧涤非《人民诗人杜甫》、蒋和森《伟大的时代歌手——杜甫的生活与创作》、冯至《"诗史"浅论》、高熙曾《杜诗给予南宋爱国诗人的影响》。第二部分概论杜诗的艺术风格、艺术特点，论文有傅庚生《沉郁的风格，闳美的诗篇》、方管《读杜琐记》、吴调公《青松千尺杜陵诗——论杜甫诗歌的美学观》、蒋和森《碧海掣鲸手——杜诗的气魄》、马茂元《思飘云物动，律中鬼神惊——谈杜甫和唐代的七言律诗》、夏承焘《论杜甫入蜀以后的绝句》、安旗《"沉郁顿挫"试解》。第三部分论杜甫的文学思想，论文有马茂元《论〈戏为六绝句〉》、王运熙《杜甫的文学思想》、萧涤非与廖仲安《别裁伪体，转益多师》。第四部分为杜甫单篇作品的分析，论文有胡小石《杜甫〈羌村〉章句释》与《杜甫〈北征〉小笺》、刘开扬《说杜诗〈旅夜书怀〉》、陈友琴《读杜甫的〈阁夜〉》、刘开扬《杜诗〈江汉〉试解》、朱东润《杜甫的〈八哀诗〉》、詹锳《谈杜甫的〈洗兵马〉》、吴小如《说杜诗"畏我复却去"》、萧涤非《一个小问题，纪念大诗人——再谈杜诗"娇儿不离膝，畏我复却去"》、冯钟芸《杜甫〈秋兴八首〉的艺术特点》、方管《谈〈秋兴八首〉》、李广田《论杜诗〈秋兴八首〉香稻碧梧句》、普暄《"红稻"——关于杜诗里的一个字的问题》。第五部分是对杜甫资料的介绍，论文是刘开扬《王嗣奭和他的〈杜臆〉》、柴德赓《关于〈杜臆〉的作者王嗣奭》、万曼《杜集叙录》、叔英《杜甫诗集的几种较早刻本》及马同俨与姜炳炘《杜诗版本目录》。书末仍附有报刊论文目录。

1964 年

古典文学研究资料汇编·杜甫卷（上编唐宋之部）

华文轩编，系中华书局"古典文学研究资料汇编"丛书之一种，1964 年 8 月初版。编者"前记"云："本书辑集从唐代到'五四'以前有关杜甫研究的资料，内容大致包括：杜甫生平事迹的记述，杜甫诗歌的评论，作品本事的考证，文字、典故的诠释。……本书分上下两编。现在先出上编，这是从诗文别集、总集、诗话、笔记、史书、地志、类书中，辑集有关杜甫生平事迹及其作品思想、艺术总的评论的资料，依资料的时代先后，按唐、宋、元、明、清及近代的顺序排列。下编，打算辑集对每一篇作品的评析，类似过去的集评的方式。……我们的原则是：唐宋部分求全，元明以后取精；凡仅是用典、和韵，泛泛地称颂杜甫而无甚见解的，一概不录；内容相同的资料，采用其中最早或最完备的，以避免重复。至于杜甫同时人与杜甫的唱和酬赠之作，则加以收录……编排方面，同一人名下的资料，其编次次序为先本集，次其他著作，最后列见于他书的文句。"是书三册，全为上编唐宋之部，元、明、清、近代部分及下编，尚未出版。

钱牧斋笺注杜诗补

彭毅著，台湾精印书馆股份有限公司 1964 年出版。是书意在辨正钱谦益《杜诗笺注》之谬误与补笺其不足，以为钱书的特点在引史注杜，其谬误处，也多在有关史实的地方，故而对于所补，都尽量援据史实与各家之说，并参以己见。前人说解或不一致，而两种解释又皆可通，则两存其说。钱笺疏漏之疏漏，作者总结为穿凿附会、错援历史、钱证不足、误引、时间之误、略漏等六个方面；钱氏系年之缺憾，为有证明可系年之诗而未编入年谱、系年之误及钱证尚未完善等三种。其中，作者尤致力于"钱注"唐史方面的阙误。

1966 年

杜甫秋兴八首集说
叶嘉莹著，台湾书店 1966 年铅印出版。具体评介见前文。

1968 年

杜甫评传
刘维崇著，台湾"商务印书馆"1968 年 6 月出版，系"知识青年丛书"之一种。全书分为九章，即生平、家世、交游、生活、思想、作品、版本、草堂、死地，对于杜甫有关问题论述全面而详细。如首章叙述杜甫生平，即列以下有十三节：童年时代、北游三晋、南下吴越、应试落第、放荡齐赵、旅食京华、避乱鄜州、奔赴行在、贬华州掾、千里投荒、漂泊剑南、寄居夔州、流浪湖湘。又如终章"死地"一章考证杜甫死因，即将杜诗中全部涉及诗人自己身体状况的诗句 200 余处，按编年一一列出，以确证杜甫病死于湘潭之间。

杜诗研究
刘中和著，台湾益智书局 1968 年 9 月出版。梁实秋为序。前言共有三篇，首篇论"杜甫其人"，以为诗人于忠君爱民之外，尚有"放旷不自检"的一面，"杜甫天生就是诗人气质，不是功业途中的人"。他的诗歌成就的取得，是综合了前人之所长。杜甫文赋艰涩，是其力求古貌的结果。第二篇论"读诗之法"，从章法、布局、结构入手，"章法乃为作者而设，布局乃为读者而设，结构乃为文章本身而设"。

第三篇为"杜诗欣赏"，总结出了八项可供读者学习的杜诗形式，如杜诗之五言古体，可供学习描写刻画情状及夹叙夹议之法，杜诗之七言古体，可供学习雄浑奔放、驰骋腾踔之笔，杜诗之五言律诗，应学其精确深密、隽华清新等。正文选录了40余首杜诗，先注解，后研究，尤着力于杜诗之篇章结构。书后附沈谦《刘著〈杜诗研究〉评介》，另载获优良著作奖评语："此书既不陷于因袭依傍，又不故为立异标新，以作者积学之素养，发一己之心得，于杜诗之章法及内容，加以极详尽之分析解说，时有探烛深微之见，至为难能可贵。"

1969 年

杜工部研究

张敬文著，台湾东洋印刷厂 1969 年 8 月印刷，作者本人发行。全书共有五大部分，即杜甫的身世年谱、杜甫的治事为人、杜甫的成名因素、杜诗的风格笔调、历代名人的评述。论杜甫治事为人，从忠于君主、热爱国家、关怀民生、钟爱妻子、寄情山水、放意诗酒、心地善良、忠厚热忱、自命不凡、多愁善感、有口无心、高才低能等方面入手。探讨杜甫成名原由，以为离不开时代背景、家学渊源、天资聪颖、勤学苦吟、生活煎熬、友人影响等因素。论杜诗的格调，瞩目于句法、辞藻、气势、意境、构思、音节、对偶、用字等细节。至于历代名人的评述，详于宋、元、明而略于清。

1971 年

杜臆增校

明代王嗣奭撰，曹树铭增校，台湾艺文印书馆 1971 年 10 月初版。正文前，先有严一萍《杜臆增校发行缘起》，次有曹树铭《增校本杜臆说明》及《王嗣奭小史》、王嗣奭《杜臆原始》《杜诗笺选旧序》。作者在说明中指出，为了弄清王嗣奭《杜臆》本来面目，他把仇兆鳌《杜诗详注》、杨伦《杜诗镜铨》、据林非闻抄本所引王嗣奭《杜臆》，与 1962 年中华书局上海编辑所排印本《杜臆》（以王氏孙旦抄本为底本)逐题校对，发现林抄本与王抄本确实是两个不同的抄本，于是将《杜诗详注》、《杜诗镜铨》所引溢出今排印本《杜臆》共计213题加以增补，列位第十一卷，庶得《杜臆》全貌。

李白与杜甫

郭沫若著，人民文学出版社1971年10月出版。具体评述见前文郭沫若《李白与杜甫》评介。

杜甫和他的诗

由毓淼等著，系《近代文史论文类辑》乙编第三集，台湾学生书局1971年10月出版。是书分上、下册，汇录了民国初年至抗战期间所发表的杜甫研究论文。上册收录论文五篇：由毓淼《杜甫及其诗研究》、李广田《杜甫的创作态度》、郭绍虞《杜甫〈戏为六绝句〉集解》、冯钟芸《论杜诗的用字》、傅庚生《评李杜诗》。下册收录论文三篇：孙次舟《关于杜甫》、闻一多《少陵先生年谱会笺》、叶绮莲《杜工部集源流考》。

1972 年

中国两大诗圣：李白与杜甫

吴天任著，台湾艺文印书馆1972年3月出版。作者曾于1953年在香港学海书楼讲授《诗仙李白和诗圣杜甫》，并在《华侨日报》连载，后修订出版此书，以为"将两家合并，先作分别传记，用较有系统的方法分析他们作品的特质，然后合论两家关系，卷末引用前人评语，列表比较，使读者对于他们的诗风，得到比较明确的观念"。是书于两大诗人先分别作传记，用系统的方法分析其作品的特质，然后合论两家关系。全书分六章：引言、李白、杜甫、李杜交游、论诗旨趣、诗风比较。第三章论杜甫，分传略、作风特质、诗学与抱负、立朝与交友、死的辨诬、诗集流传六节。吴天任(1916—1992)，号荔庄，广东南海人。

1973 年

杜甫七律研究与笺注

简明勇著，台湾五洲出版社1973年3月出版。全书分为上、下两部。上部为杜诗七律研究。第一编杜甫七律内容研究，分别从创作、思想、生活、题材、风格入手。创作方面，讨论其成就、阶段、成功因素及七律创作对后世的影响；思想方面，研究其儒家思想、爱国爱民与忠君思想、战争思想、为官思想；生活方面，关注其个人生活、家庭生活、社交生活；题材方面，强调杜诗抒情写景往往兼而有之，不应强作分类；风格方面，将其分作沉郁、写实、寄托三种。第二编杜甫七律形式研究，分别从声律、韵律、对仗、修辞四方面入手。声律研究，着重论述了近体式、失粘式、古风式之七律及七律中平仄异读字、出句末字四声递用、吴体六项；韵律研究，分为用韵、首句押韵、崔氏东山草堂用韵、和诗与限韵四个小节；对仗研究，讨论对仗的联位、技巧；修辞研究，分析其字法、句法、章法、篇法。下部是笺注部分，共选杜诗七律 151 首，编次以题目首字笔画为序。

杜诗句法举隅

朱任生著，台湾"中华书局"1973 年 7 月出版。前有"例言"十三则，正文分为炼字、遣词、押韵、用事四章。炼字部分，讨论了字眼范例、实字相对、活字相对、叠字、颜色字、屡用字六项。遣词"类别"部分，分析了抒情语、状景语、比类语、含蓄语、伟丽语等二十一类诗例；"体式"部分，研究了拗句、倒装句、假借对、当句对、扇对等十一类诗例。押韵部分，论述了平韵、仄韵、重韵三种形式。用事部分，研究了融化、精切、代叙、翻用四种形式。朱任生（1902— ），安徽太湖人。

杜甫诗史研究

李道显著，系台湾文化大学历史研究所 1973 学年度博士论文，台湾华冈出版部 1973 年 10 月初版，计四十万言。正文前有《杜甫诗史研究提要》，概述了全书主要观点与研究方法，说明作者意在挖掘杜甫诗史的文学与历史价值。上篇为导论，共有三章，"首章于诗人本传、世系暨作品系年，均一一相加考辨；次章于玄、肃、代三朝史事，亦略陈其概；三章特就其作品之流传，作品之特质，及古近体之格律，分别予以论述，俾得作者、时代与作品，互为贯通，以收知人论世之效"。中编为杜甫诗史具体研究，共十六章，"本文之所谓诗史，乃指狭义之诗史而言，故所选之诗，悉以下列诸端为其准则。一曰生平事迹，足以反映民生疾苦，世变沧桑者。二曰所见所闻，足以显示民生涂炭，遍地疮痍者。三曰忧时伤乱，钟爱之忱，情见于词者。四曰有感朝政得失，或明谏或暗示者。五曰书赠友朋，而以经世济民，匡复社稷相期勉者。六曰针砭时弊，风规治道，而有助于世态人心者。据此六端以选之，本文共收诗史四百一十七首"。下编归纳总结，从杜甫诗史之历史价值、诗史所反映的时代形象、杜甫思想及其言行、杜诗的造诣及其影响等方面进行阐述。

1974 年

杜诗丛刊

黄永武主编，台湾大通书局 1974 年出版，影印历代有关杜甫诗集之笺注评解共三十五种，分为四辑七十一本，多罕见之孤本、稿本、珍本、善本，包括《九家集注杜诗》、《集千家注批点、补遗杜工部集》、《集千家注分类杜工部诗》、《分门集注杜工部诗》、《杜工部诗范德机批选》、《杜律演义》、《杜律虞注》、《杜律赵注》、《刻少陵先生诗分类集注》、《读杜诗愚得》、《杜诗分类》、《杜工部诗通》、《杜诗选》、《杜律五言补注》、《杜律颇解》、《唐李杜诗集》、《批点杜工部七言律》、《杜律意笺》、《杜律集解》、《杜诗捃》、《钱牧斋先生笺注杜诗》、《纂注杜诗泽风堂批解》、《杜诗笺》、《杜诗阐》、《杜诗论文》、《读书堂杜诗集注解》、《杜诗五古选录》、《杜诗集评》、《杜诗提要》、《读杜心解》、《朱雪鸿批杜诗》、《杜律分韵》、《杜律详解》、《岁寒堂读杜》、《唱经堂杜诗解》等。黄永武（1936— ），笔名咏武，浙江嘉善人。

杜诗欣赏

孙克宽著，"文史小丛书"之一种，台湾学生书局 1974 年 10 月出版。作者自序，申明书稿来源于 1960 年为东海大学杜诗班诸生所写的讲稿，并以为"诗就是诗，诗的背景，与诗人的感兴寄托，都是似有如无，不可泥于一端。杜甫被后人尤其是当代别有用心者，加他的头衔太多了。抱着某种成见，去观察他的诗，反会漏掉他的真正妙处。所以我不赞同把杜甫归入某一类的诗人，而以'艺术的整个生命'来隳栝他的诗作，似乎并不至于'只见树不见森林'，引初学走入迷宫"。全书分为以下七部分。一、前言。二、背景：读杜诗的目的；杜甫生平；可能给予杜诗的影响；主观努力与交游影响。三、本质：责任感；同情心；幽默感；知足型。四、诗风：第一期，音节谐适，出语平和，有流丽之调；第二期，起自天宝十四载至乾元二年入居成都时期，诗风色彩青苍，声调低抑；第三期，起于流寓成都，迄下峡客死衡湘，诗风精丽绝伦，波澜壮阔，气象无边。五、特质：义法；气质；辞彩；音节；锻炼。六、前人评述。七、结论。

杜诗又丛

日本学者吉川幸次郎编辑。黄永武主编《杜诗丛刊》，汇录宋元至清代国内外各种杜集三十五种，吉川幸次郎补选了七种，编为《杜诗又丛》，作为前者之补充，于 1976 年 10 月由日本中文出版社出版。其所选七种为：《王状元集百家注编年杜陵诗史》二十卷，影民国二年贵池刘氏玉海堂景宋刊本；《杜工部草堂诗笺补遗》十卷外集一卷，影古逸丛书景宋刊本；《杜工部集辑注》二十卷末一卷文集二卷，影康熙九年刊本；《杜律评丛》三卷(日本渡会末茂撰)，影正德三年即康熙五十二年刊本；《杜诗偶评》四卷，影享和三年即嘉庆八年日本昌平黉刊本；《杜诗双声叠韵谱括略》八卷，影嘉庆元年刊本；《杜诗琐证》二卷，影道光五年句俭山房刊本。

1975 年

杜工部之生平及其贡献

陈瑶玑著，台湾弘道文化事业有限公司 1975 年 3 月出版。全书共分五部分：杜工部之先世；杜工部年谱；杜诗对后世之贡献；结论；附录。具体评述参见其后之《杜工部生平及其诗学渊源和特质》。陈瑶玑(1932—)，台湾台北人。

诗圣杜甫对后世诗人的影响

胡传安著，台湾幼狮文化事业公司 1975 年 7 月出版。全书共四章，第一章是叙论，为简要的概述。第二章介绍杜甫生平、思想行为及其诗歌艺术成就，思想行为从忠君、仁爱、明智、坚毅、幽默五个方面入手，诗歌艺术成就方面则探讨了杜甫对文学的看法及杜诗的风格特色。第三章详细论述杜甫对后世诗人的影响，一一讨论了唐宋时期的重要诗人韩愈、张籍、白居易、元稹、李商隐、王安石、黄庭坚、陈师道、陈与义、陆游十位诗人从不同方面所受到的杜甫的影响。第四章为结论，强调杜甫的精神和师法对后世影响甚为深远。胡传安(1938—　)，江西人。

论李杜诗

周绍贤著，台湾"中华书局"1975 年 9 月出版。作者自序，以为李、杜地位之形成与古文复兴及韩愈大力弘扬有关，"韩昌黎提倡古文，尊崇李杜，宋朝文学家继昌黎之志，以李、杜为正宗，二公始升于诗坛最高之宝座，其实亦当之无愧也"。全书合论李白、杜甫诗歌艺术，共分七部分：唐诗之兴盛；李白之生平；杜甫之生平；李、杜合论；诗仙与诗史；李、杜诗之比较；结论。作者用力处，在"李杜合论"，文章详细列举了他们二人作品中书怀、时事、写景、古迹、游宴、友情、哀伤、题咏、咏物、杂咏十种题材的诗篇，包括五言绝句、七言绝句、五言律诗、七言律诗四种体裁，加以并列比较，说明"太白之飘逸，子美之沉郁，各有雅趣，实不易论高下"。

1976 年

杜甫诗的时代性与艺术性

焦毓国撰，台湾学海出版社 1976 年 9 月出版。全书共六章，首章叙述杜甫的一生，分杜甫家学渊源、漫游和求取功名期、蜀中居留九年、老境凄凉、忠君爱民与贫病搏斗一生等阶段。第二章论杜甫诗的时代性和永久性，从盛唐时期的社会和文风、陈子昂和李白的浪漫派诗对杜甫的影响、杜甫诗的时代性、杜甫诗的永久性四个方面入手。第三章阐述杜甫诗的艺术性。第四章论述杜诗的影响力。后两章以辑录为主，分别是杜诗集评和杜工部年谱。

1977 年

杜甫作品系年

李辰冬著，系"沧海丛刊"之一种，台湾东大图书公司 1977 年 2

月初版。作者自序："现代的文学批评逐渐了解作者与作品的关系，逐渐知道了解作者愈深，对作品的了解必愈深。杜诗一向被认为是诗史，所以要想了解杜诗必先了解杜甫。然怎样了解杜甫呢？就是把他的作品详细作一系年，依据他的作品来知晓他的生平事迹。他的作品才是知晓他的第一手资料，也是最可靠的资料。后人所写的传纪，往往是一偏之见，也往往有主观性错误，只有牢牢依据杜甫的作品作一完整的系年才能真正了解杜甫。"全书系年，始自唐肃宗至德元载丙申（756 年，杜甫 45 岁），止于唐代宗大历四年己酉（769 年，杜甫 58 岁）春，凡十四年，作品计诗 1044 首，文 11 篇，所选每首作品均标示创作时间与地点，每题之下附有杨伦《杜诗镜铨》、仇兆鳌《杜诗详注》页码。李辰冬（1916—1983），河南济源人。

杜甫诗虚字研究

黄启原著，台湾洙泗出版社 1977 年出版。书中自序有云："是则杜甫诗之圣处，尤得虚字助成之矣。顾前贤考论杜诗之虚字者，类皆半鳞一爪，不可多见。综理归纳，证以经传，而见其字法与古合者，则尚无其书。乃深入搜罗，先就工部诗集，逐句搜求，然后分类排比，遂有惊人之发现。如杜诗用'未'字，竟达三百一十七句，其他用一虚字达百句以上者，则不知凡几。而每字之用法，皆暗合经传，如杜用'将'字，计一百二十二句，作虚字用者计九十七句，其用法竟有十八类之多。苟不知其用法，曷足以知其句义，又安能明其全诗之义蕴乎！"全书共列举杜诗虚字 198 个，一一陈述其意义与不同用法，释义先以古书经典为证，再举杜诗相关例句。

杜甫

汪中著，台湾河洛图书出版社 1977 年 3 月初版。全书分十章，标题全部取自杜甫诗句，叙述中也大量引证杜甫诗篇，可谓杜甫诗传。第一章"诗是吾家事"，叙写杜甫家世和诗人的创作观；第二章"东下姑苏台"，叙写诗人青少年时期的游历场景；第三章"冠盖满京华，斯人独憔悴"，描摹诗人困守长安的生活；第四章"直北关山金鼓震"，描写诗人在安史之乱中的状况；第五章"飘泊西南天地间"，叙述诗人由秦州流浪到成都的狼狈生涯；第六章"吾意独怜才"，介绍诗人的平生交游；第七章"锦江春色逐人来"，记述诗人在成都草堂的生活；第八章"巫山巫峡气萧森"，刻画诗人流寓夔州的景况；第九章"生涯独转蓬"，交代诗人漂泊湖湘的结局；第十章"不废江河万古流"，综述杜诗对后世的影响及其在文学史上的地位。汪中（1926—　），字履安，号雨盦，安徽桐城人。

1978 年

杜集丛校

曹树铭著，中华书局香港分局 1978 年 2 月出版。此书为七篇与杜甫诗集有关的文章组成，作者在"书前说明"——叙述了他校勘和考证七种杜诗版本的依据和方法，并交代"以上七篇文字，是本人近八年来续治杜诗，随时点滴笔记，经整理后的一部分，既不作于一时，原也不打算同时发表，所以在体制上并不一律"。书中的七篇文章分别是：《杜诗笺》增校；宋本《杜工部集》非"吴若本"考；黎庶昌翻刻蔡梦弼《杜工部草堂诗笺》杂考；钱谦益笺注杜诗之始末；沈大成评点所据仇兆鳌《杜诗详注》初刻足本跋及后跋；浦起龙《读杜心解》校记；杨伦《杜诗镜铨》校记。曹树铭（1904—?），江苏盐城人，另著有《杜臆丛校》、《李白与杜甫交往相关之诗》。

不废江河万古流——杜甫诗赏析

陈文华著，台湾伟文图书公司 1978 年出版，系张梦机主编之"诗与诗人丛刊"一种。张梦机丛刊弁语有云："陈君文华，从汪师雨盦研习杜诗多年，颇具心得，对于杜甫诗律的研究，尤擅长。因此赏析杜诗，常能博引旁征，纵横曼衍，语语核其旨归，字字抉其幽微，将杜诗外在的顿挫变化，内在的沉郁情绪，都作了适当的展现，足以引领读者进入老杜深广的诗境。"是书分上、下两篇，上篇论述杜诗的创作艺术，共分为结构的严整与跌宕、音律的声情谐和、用典的类别和方法、对仗的对比变化、字句的锻炼与修饰五个方面；下篇为杜诗赏析，共选杜诗 24 首。

杜诗特质渊源考述

陈瑶玑著，台湾弘道文化事业有限公司 1978 年 4 月出版。全书共分六章：家学渊源；杜甫自身的造诣；师友渊源；杜诗特质的地理因素考；杜诗特质的时代因素考；关于杜诗体式的类别与修辞。具体评述见其后《杜工部生平及其诗学渊源和特质》。

杜甫戏为六绝句集解

郭绍虞集解，系"中国古典文学理论批评专著选辑"之一种，人民文学出版社 1978 年 12 月出版。具体评述见前。

杜甫生平及其诗学研究

胡岂凡著，系"文史哲学集成"之一种，台湾文史哲出版社 1978 年 12 月初版。作者以《从韵文中论诗学梗概》代序，以为"诗，是人类智慧最美好结晶，也是人类最卓越艺术表征。它以风雅的词藻，高华的采饰，将人们精神生活与物质现象，绘形绘色与有情有韵地表现出来，遂使人类每一时期的历史价值，辉煌灿烂，既炫赫于当时，也光照于后世"，并由此讨论了诗学的发生与发展、诗学与生活的关系，以及诗的体例、诗的声韵与平仄调配的体式、写作要领等。全书分十章，首章论杜甫身世，第二章至第十章，从杜诗中检索分类出表现出以下主题的诗篇进行分析：寄望、忠爱、讽世、离乱、遣怀、游旅、题书画、好义、永生。每首诗先作"题解"，再作"译述"。

1979 年

杜诗析疑

傅庚生著，陕西人民出版社 1979 年 4 月出版。关于是书的写作宗旨与体例，作者在前言中说："我们研习杜诗为什么会产生许多疑义呢？从杜诗的本身说，它运用语汇与典故已到了极熟极巧、由巧返朴的境界，往往经过熔铸后又施之以再创造，……读者必须尽其旋折，然后才能得其要领。诗人运用象征，难免有迷离处；限于格律，常常有节略处。时或发挥想象，'如张乐于洞庭之野，无首无尾，不主故常'；由于功力纯熟，往往又是'词气豪迈而风调清深，属对律切而脱弃凡近。'总之，作者恒常是像蜻蜓点水般地画出一些虚线，要读者各就所知与所感，将它连成实线。在这过程中，疑义就会丛生了。从注释与研究杜诗说，对象只有一个诗人杜甫，而今昔各家看法不同，或肯定，或否定，着重点也不一样，或在此，或在彼。针对某一首诗，或某一句，某一字，各家的解释也不同，或对篇章字句的理解上不一致，或对写诗的背景有不同的看法，或对诗人的思想境界作不同的分析，另外，对诗人与作品的评价有高低，也往往随之而做出彼此互舛的解释来。因此，析疑的工作不能仅限于篇章词字的解释，要求我们尽可能地由浅入深，由近及远，并且从偏到全地做出科学的处理。"全书选取杜诗 130 条名联佳句，进行了详细的辨析。

杜甫

卉君编著，商务印书馆香港分馆 1979 年 4 月出版，系"中学生文库"之一种。全书由三个部分组成。第一部分诗人的一生，将杜甫的经历分为少年生活、南北漫游、长安十年、战乱流离、成都草堂、晚年漂泊六个阶段。第二部分杰出的文学成就，从作品内容和艺术成就两方面入手。第三部分作品欣赏，选析了 43 首诗(组)。

杜甫诗选注

萧涤非选注，人民文学出版社 1979 年 6 月初版，系选注者在其《杜甫研究》下卷(作品注释部分)的基础上修订而成。代前言《诗人杜甫》，详细地叙述了杜甫的生平、创作及其诗作的思想艺术特色。关于注解的体例，选注者在《例言》中有所阐明，如："第一，一部杜诗，不只是他那个时代的'诗史'，同时也是诗人自己的年谱。……可见关于杜诗，依年编次，最为妥善。因此，我这里也采用了编年体，在编年方面，我利用了前人的成果，这主要是参酌仇兆鳌、浦起龙和杨伦三家的书。第二，为了显示创作与生活的关系，我把他的诗分成了四个时期。……第三，杜甫的'集大成'，也表现在对各种诗体的擅长方面，这也是为什么在杜诗的编辑上向来就有不少按体分编的缘故。……为了使一般读者易于辨别各种不同诗体，并从而窥见杜甫对各种不同诗体的运用情况，我特在目录上标明每首诗所属的诗体。下面便是在这个选本中各种诗体所占的数字，计：五古七十首，七古五十三首，五律四十八首，七律五十四首(内拗格七首)，五绝十二首，七绝三十八首，五言排律四首，七言排律二首。第四，……题解中，包括诗的写作地点、年代、背景、中心思想和表现手法等，都有简略说明。"

杜诗注解商榷

徐仁甫著，中华书局 1979 年 8 月出版，中华书局（香港）1980 年 3 月翻印。作者书前有《小引》："历代研究杜诗者甚多，为杜诗作注的人也不少。但是，前人往往忽略了对杜诗中虚词、语法的研究，因而在不同程度上影响了对杜诗的理解。为了比较准确地理解杜诗，更好地做到'古为今用'，仅就杜诗注解中还存在的问题，依仇注卷次（但涉及的问题不限于仇注），提出个人的见解，以期与读者商榷。"全书辨析之条目达 190 余条。徐仁甫（1902—1988），四川大竹人。

杜甫诗论集

金启华著，系"社会科学战线丛书"之一种，吉林人民出版社 1979 年 9 月出版。是书收录作者杜诗论文 12 篇：论杜甫诗歌的政治意义；杜诗中所反映的战争问题；论杜甫的思想；杜诗风格论；杜诗渊源论；杜诗影响论；杜诗技巧论；杜甫的诗论；论杜甫的绝句诗；杜甫的艺术修养；杜甫家世考；杜甫的病和死。嗣后，作者修订出版了《杜甫诗论丛》（上海古籍出版社 1985 年 1 月出版）。具体评述见前文金启华《杜甫诗论丛》评介。

1980 年

杜甫诗传

李森南著，台北洪氏基金会 1980 年出版。李森南（1919—2005），浙江瑞安人。是书以杜诗证其平，依据杨伦《杜诗镜铨》，勾勒了杜甫的一生。全书共二十部分：诗史的家世，奉儒守官为素志；童时虽体弱，七龄思即壮；北出渡黄河，郇瑕开首程；南游金陵、姑苏而渡浙江；忤下考功第，放荡齐鲁间；结交李太白，同作梁宋游；旅食京华日，到处潜酸辛；不作河西尉，率府且逍遥；原欲奔行在，凄凉陷贼中；喜达行在所，涕泪授拾遗；上疏救房琯，贬为华州掾；满目悲生事，远游到秦州；去住与愿违，西行到成都；严武入朝去，暂住在梓州；故人再镇蜀，公又回成都；痛丧严仆射，携眷家云安；养病半年后，迁居白帝城；瞿唐春欲至，定卜瀼西居；大历三年春，白帝城放船；行年五十有九，声断洞庭之浦。

杜工部生平及其诗学渊源和特质

陈瑶玑著，台北弘道文化事业有限公司 1980 年 3 月出版。作者序言云："其(杜甫)诗篇诚能在山林则山林，在廊庙则廊庙，遇巧则巧，遇拙则拙，遇奇则奇，遇俗则俗，或改或收，或新或故，均能以直观之理哲或联想等意象而权事制宜者也。凡登山临泽，或游历胜迹，或酬旧抒怀之作，亦富巧夺化工，曲尽物理之妙……本书则时空并重，而尤重其精神气体间之关键，以探讨其雄奇伟壮或沉郁顿挫之特质。故诸如其家学遗传、诗学造诣、交游、地理因素、时代背景或体式、贡献等，皆列为稽考之范畴。"全书共八章：家学渊源；师友渊源；杜甫诗学的造诣；杜诗特质的地理因素考；杜诗特质的时代因素考；关于杜诗体式的类别与修辞；杜甫对后世的贡献；结论。此书为作者 1975 年所出《杜工部之生平及其贡献》的增补本。

杜甫在四川

曾枣庄著，四川人民出版社 1980 年 5 月初版，1983 年 7 月再版。曾枣庄(1937—   )，四川简阳人。著者在前言指出，"在杜甫一生的五十九年中，虽然在四川的时间只有十年，但这是极其重要的十年。安史之乱是唐王朝由盛到衰的转折点。从安史之乱(755)到杜甫去世(770)的十六年，是杜甫一生中非常重要的十六年。流传至今的杜诗有一千四百余首，其中只有一百余首写于安史之乱以前，其余一千三百来首通通写于安史之乱以后。在安史之乱以后的十六年中，杜甫就有一半以上的时间生活在四川。而现存杜诗竟有八百多首写于四川，无论安史之乱以后的现存杜诗还是全部现存杜诗，一半以上都写于四川"。全书共分六章：辛苦赴蜀门；万里桥西一草堂；三年奔走空皮骨；清秋幕府井梧寒；夔州孤府落日斜；晚节渐于诗律细。附录论文三篇：论苏涣；"百年歌自若，不见有知音"——论唐人对杜诗的态度；"天下几人学杜甫，谁得其皮与其骨"——论宋人对杜诗的态度。

杜甫诗选注

冯江五选注，香港万里书店 1980 年 5 月出版，系"古典文学初步读物"之一种。选注者认为，"在他(杜甫)留给我们的一千四百余篇诗中，除了用排律体作投赠之用的诗外，几乎都是精心的杰作。这些诗篇一方面继承了从'诗经'、'楚辞'以来中国古典文学的优良传统；

另一方面也从'乐府'、'民歌'中吸取了从形式到语言的精华。无论五古、七古、律诗或绝句,杜甫都给它们以高度的发展"。全书共选录杜诗 100 首,给予了简注和说明。

杜甫诗选读

周蒙、冯宇注译,黑龙江人民出版社 1980 年 6 月出版。前言介绍了杜甫的生平,指出杜诗作为"诗史"和"政治诗"的根本标志是真实而集中地概括出了"安史之乱"前后唐代从盛到衰的整个历程,揭示了那个时代的现实生活的各种矛盾和本质问题,杜诗巨大成就的取得,在于思想性和艺术性的高度完美统一。全书选录了 75 首(组)杜诗,给予了注释、翻译和简说。周蒙(1930—),原名凯山,辽宁法库人。冯宇(1934—2002),山东陵县人。两人另合著有《杜甫》(黑龙江人民出版社 1982 年 11 月出版)。

李杜论略

罗宗强著,内蒙古人民出版社 1980 年 7 月出版。是书开篇针对当时"扬李抑杜"的观点进行了正本清源,引用评论者六十家、文献近五十种,以阐明"对于这两位各有成就的伟大诗人,妄比其优劣,是不应该也没有必要的。正确的态度,是承认他们并驾齐驱的地位"。然后,作者又从政治思想、生活理想、文学思想、创作方法、艺术风格、艺术表现等具体方面,对两人进行了详细的比较,因为"不扬此抑彼,不妄比其优劣,却可以比较其特色。李白和杜甫对诗歌艺术的特殊规律,各自做了无法更替的独特探讨,对于他们的诗歌从内容到形式作一番比较,会有助于我们认识这两位诗人的独特贡献,认识他们的各自特点"。全书分为七个部分:李杜优劣之历史回顾;李白与杜甫政治思想之比较;李白与杜甫生活理想之比较;李白与杜甫文学思想之比较;李白与杜甫创作方法之比较;李白与杜甫艺术风格之比较;李白与杜甫艺术表现手法之比较。罗宗强(1932—),广东揭阳人。

杜甫

李荣标编文,贺成绘画,江苏人民出版社 1980 年 7 月出版,系连环画。扉页内容提要为:"一千二百多年前的盛唐时期,在文化发达的中原大地上,诞生了我国伟大的诗人杜甫。他自幼聪明过人,能诗文，善骑射。稍长，遍游名山大川，相继结识了著名的舞蹈家公孙大娘、音乐家李龟年、诗人高适、岑参和伟大的'诗仙'李白。他胸怀大志，但由于权奸当道，怀才不遇，饱经忧患，历尽坎坷，终至贫病交加，老死湘江舟中。本书生动地描写了诗人不平凡的一生以及《兵车行》、《丽人行》、'三吏'、'三别'、《茅屋为秋风所破歌》等著名诗篇的创作经过。"

杜甫诗选

山东大学中文系古典文学教研室选注，人民文学出版社 1980 年 8 月出版，系"中国古典文学读本丛书"之一种。前言对杜甫生平、思想与艺术成就进行了详细的评述，并指出"杜甫的诗歌诸体兼备，运用了当时的一切诗体，而且又不受旧体裁和传统写法的束缚，在许多方面有所创新，独辟蹊径，因而一部杜诗就显得琳琅满目，丰富多彩。然而在体裁、写法和风格的多样化中，又毕竟有其主导的、基本的艺术特征，这就是诗歌创作中的高度现实主义精神"。全书共选杜诗 204 首，诗题下有说明，介绍诗篇的思想内容与艺术特色；诗后有注释，对词语典故进行了注释与考证。

杜诗论丛

邢治平辑，河南师范大学中文系资料室 1980 年 8 月内部印行。选辑者在书前解释说："杜甫是我国唐代伟大的现实主义诗人。唐以后历经宋、元、明、清各个朝代，在大量的文人笔记、杂记和诗话中，均记录有对杜诗的评述。有对诗歌内容的分析，也有对诗歌艺术的评论；有对诗歌渊源的探讨，也有在文字、典故方面的训释。宋以后笺注杜诗者，无虑数百家，而上述资料对这些笺注亦时有补正，并常常提出很精辟的见解。把这些资料加以选辑整理，编印出版，对于全面系统深入地研究杜诗，对于更好地做到古为今用，是有其一定的作用和意义的。这就是为什么要选辑这本书的动机和愿望。"是故该书从宋、元、明、清文人笔记、杂著、诗话中辑录杜诗资料约 730条，罗列为六类，即杜诗评析、杜诗艺品、杜诗诠释、杜诗探源、杜诗辨误与其他。邢治平(1917—1998)，河南滑县人。

杜甫研究(修订本)

萧涤非著，齐鲁书社 1980 年 12 月出版。作者将原下卷的杜诗选

注，替换为作者近三十年所撰写的 23 篇论文。具体内容，见前文
《杜甫研究》评介。

1981 年

杜甫叙论

朱东润著，人民文学出版社 1981 年 3 月出版。作者于 1977 年 10
月所作之序言说："关于杜甫，我曾经考虑过写一本比较完整的传
记，多少年来没有动手。有一些问题经常对我提出，例如李姓王朝和
吐蕃王朝、回纥王朝的关系，杜甫作品在唐诗中的地位、杜诗的发展
及其创作道路等，不断地在胸中来回。最近对于这些问题有了某种程
度的解决，因此我写了这本书。……我把这本作品称为'叙论'。中
国古代的传记本来称为'叙'，《史记》有《自序》，《汉书》有《叙传》，
三国时有《马钧叙》。'叙论'的本意就是评传，我这本书对于杜诗的
发展讲得较多，实际上是杜甫的评传。由于有些人把评传写成对于作
者的片段叙述，例如作者的家世，作者的人生观等，我的意见不同，
所以这本书不称为评传，称为'叙论'。"全书共十章：忆昔开元全盛
日（712—746）；西归到咸阳（746）；渔阳鼙鼓动地来（755）；中兴诸
将收山东（759）；无衣思乐土，无食思南州（759）；此身那老蜀，不
死会归秦（760—762）；公来雪山重，公去雪山轻（762—765）；云安
有杜鹃（765—766）；故园不可见，巫峡郁嵯峨（766—768）；此曲哀
悲何时终（768—770）。朱东润（1896—1988），原名世溱，江苏泰
兴人。

简论李白和杜甫

燕白著，四川人民出版社 1981 年 3 月出版。此书分八个部分：
李白和杜甫的身世；如何评价李白和杜甫；对《李白与杜甫》一书的
意见；李白和杜甫所写有关四川的诗；李白和杜甫的世界观及艺术
观；诗仙和诗圣；李白和杜甫的诗歌特点；小结。是书反对扬李抑
杜，以分析对比的方法，对李白杜甫二人的诗歌艺术特色进行了概括
与总结。作者认为"浪漫主义的诗人李白和现实主义的诗人杜甫，所
运用的创作方法是根本不同的。因此，他们的诗歌也有着很多不同的

特点。不同之处在于：一重虚，一重实；一重夸张和比兴，一重白描和细节刻划；一重情，追求理想境界，一重理，面对现实生活；一似写意画，用大笔烘托渲染，一似工笔画，用细毫细描慢刻。李白和杜甫虽然在创作方法上有所不同，但两者都是以现实生活为依据的"。

杜甫诗选析

金启华、陈美林选注，江苏人民出版社 1981 年 4 月出版。前言介绍了杜甫的生平、创作与诗歌艺术成就，同时指出选本选录时"既注意思想内容，也兼顾艺术特色，并考虑各个时期、不同体裁和多种题材的作品，以便让读者通过这一选本能约略地了解杜诗的全貌。对选入的诗篇，作了一些注释，并从思想内容、特别是艺术表现方面略作说明，供读者参考"。全书共选析杜诗 123 首。陈美林（1932—   ），江苏南京人。

杜诗杂说

曹慕樊著，四川人民出版社 1981 年 5 月出版。著者于 1979 年 10 月撰有自序："一九六二年，夜读之余，往往写点笔记。在'文化大革命'中这些东西大部散失。惟谈杜诗的存留下来。打倒'四人帮'后，把其中谈杜诗注解的删去一半，谈杜甫思想和诗艺的，或损或益，算一本书，题曰《杜诗杂说》。将去年寒假中编的《九种版本杜诗篇名索引》，作为附录。"全书共四部分。第一部分谈杜甫的思想、生活，收录 8 篇文章：杜甫与农民；杜甫的思想；杜甫与房琯；杜甫"非战"吗；杜甫在夔州东屯的经济状况；杜甫南行；杜位，杜济；杜甫两参严武幕。第二部分论杜甫的诗艺和诗作，收录 7 篇文章：杜甫的诗艺；沉郁顿挫辨；《北征》新说；《哀江头》阐微；《屏迹三首》之三；《又呈吴郎》；论"清词丽句"。第三部分为杜注琐谈，共收录 113 个细目。第四部分为附录，包括"杜诗常用字义通释"（29 题）与"九种版本杜诗篇名索引"两种。曹慕樊(1911—1993)，四川泸州人。

巩县石窟寺·北宋皇陵·杜甫故里

中州书画出版社 1981 年 8 月出版，由以下四部分组成：周到所撰《巩县石窟寺》，傅永魁所撰《北宋皇陵》、《杜甫故里和杜甫墓》、《几个古文化遗址》。

杜甫评传

陈香编著，台北"国家出版社"1981 年 10 月出版，系"书的世界"丛书之第26种。作者自序有云："本书，可作杜甫传记读；亦可作杜甫游记读；可作杜诗选集读，亦可作杜诗评论读。如可容许我自诩特色，则本书的特色有五：一是竭力将杜诗存菁去芜，酬答的作品绝大多数割爱，同一心结的作品亦然。二是尽量减少时间上与空间上的隔阂，地名一概补注今称，历史背景则不惜繁复而加以引证分析。三是将杜甫的时代、年龄、生活、行踪与作品，依序分章叙述，使读时无须费劲。四是将杜诗中可以归类的杰作，集结在一起，作为专章移介，可提高欣赏感受。五是评论保持客观，褒贬杜诗的一字、一句、一段、一章，都选取前人卓见，以众议为主，然后略加排比与分析。预留下宽阔的余地，摒弃武断，乃避免过分拂抑读者的欣赏兴致。"全书由作者的 24 篇论文组成。陈香(1906—)，福建厦门人，笔名沉吟、罗莎等。

李白与杜甫

白桦、郑君里原著，褚福章、张炬改编，高适绘画，陕西人民出版社 1981 年 12 月出版，系连环画。扉页内容提要为："李白与杜甫是我国唐代两位伟大的诗人。李白生于西域，幼居四川，壮年游历了祖国各地。他曾进入唐王朝翰林院；但不久就被排挤出来。安禄山叛乱后，他受冤磨难而死。杜甫字子美，生于河南巩县，比李白小十二岁。青少年时代，他就才华横溢；但终生却不被重用。他的大半生都是在颠沛流离中度过的，生活非常穷困，最后仍病死在湘江小船上。故事通过两位诗人错综复杂的时代遭遇、生活经历和他们创作出来的惊心动魄的爱国诗篇，表现了诗人爱国爱民的满腔热忱和诗歌创作上取得的辉煌成就。"

1982 年

访古学诗万里行

山东大学《杜甫全集》校注组著，人民文学出版社 1982 年 2 月出版。校注组在萧涤非的率领下，曾先后于 1979 年、1980 年两次赴山东、河南、陕西、甘肃、四川、湖南考察杜甫的行踪遗迹与影响，该书就是校注组考察笔记的综合，由五部分组成。齐鲁篇："一览众山小"；少陵台与石门山；太白楼与南池；梁宋一瞥；"海右此亭古"。洛阳篇：巩县与偃师；古都洛阳城；龙门奉先寺遗址；北邙山头；王城公园话牡丹；长安古道。长安篇：帝都今昔；杜曲樊川访旧祠；曲江、昆明池的沧桑；从蓬莱宫到骊山；"五陵无树起秋风"；"高寻白帝问真源"；延水鄜州；陇右山川旧迹多。巴蜀篇：秦川蜀道；锦官城古迹；草堂诗圣自千秋；访新都灌县；射洪到梓州；嘉州的山光水色；"峨眉邈难匹"；长江沿岸的几个小故事；夔州白帝辨遗踪。江湘篇："一路看山到岳阳"；岳阳楼与君山；岳麓山印象；耒阳寻方田驿；平江也有杜甫墓。

杜甫草堂诗注

李谊注，四川人民出版社 1982 年 4 月出版。注者在前言中指出，寓居成都草堂是杜甫一生中的重要时期，将近四年间，诗人创作了 271 首诗篇，是他整个诗歌创作达到艺术高峰的过渡阶段。这一时期诗篇的特色是：一、具有较强的思想性与人民性；二、对各种诗体的运用，也于继承中有创辟之功；三、在诗歌风格方面，也有较大的变化；四、认真学习民歌，从中吸取营养，以丰富自己的诗歌创作；五、联篇组诗的数量大为增加。此书共对杜甫成都草堂时期 271 首诗作进行了简要注释和分析。李谊（1935—　），原名李根显，笔名晓里，重庆潼南人。

杜甫

梁实秋主编"名人伟人传记全集"之第 111 种，台湾名人出版事业股份有限公司 1982 年 8 月出版。全书章节：七岁咏诗；潜移默化；少年游；进士不第；往游齐、赵；洛阳逢李白；石门一别；功名难成；四十献赋；长安的诗酒生活；时代悲声；幼子饿死；安史之乱；逃难历艰险；麻鞋见天子；一腔悲愤化为诗；漂泊异乡为异客；密友严武；悄然长逝；后记；年表。

杜甫

翠雪改编，罗远潜、翁淑珍绘画，岭南美术出版社 1982 年 9 月出版，系连环画"文学家的故事"系列之一种。扉页内容提要为："杜甫(712—770)是我国唐朝伟大的现实主义诗人，他的一生写下了大量内容深刻、感情强烈、气势雄浑的不朽诗篇。杜甫生活在八世纪中叶唐朝由盛转衰的动荡年代，在离乱贫困、饥寒颠沛中度过了一生。他的诗歌贯注着热爱祖国和人民的炽热感情，反映了一个复杂多变的时代，千百年来一直受到人民的喜爱，并对后世的诗歌创作产生了极为深远的影响。"

杜甫绝句注释

熊柏畦选注，江西人民出版社 1982 年 11 月出版。书首前言对杜甫绝句的特点进行了归纳：第一，多咏国家大事，137 首绝句中约 30 首专咏国事；第二，多学习民歌，多使用方言俗语；第三，手法多样；第四，感情真挚；第五，多有偶句；第六，多用组诗。全书共注解杜诗 137 首，大约以编年为序，除《赠李白》、《即事》外，绝句均为入蜀后的作品。书末另附有论文《试论杜甫绝句》。

杜甫

周蒙、冯宇著，黑龙江人民出版社 1982 年 11 月出版，系"中国古典作家丛书"之一种。作者结合 1400 多首杜诗，对杜甫在唐朝转折时期的动荡、坎坷的生活和用毕生精力辛勤从事创作的实践作了详尽评介，在评介和分析他的主要作品的同时，突出了杜甫关心祖国安危和同情人民疾苦的思想感情，分析了杜诗的现实主义优良传统、"沉郁顿挫"的独特风格、"比、兴"手法、体裁多样化与艺术语言。全书分十一章：一、"往昔十四五，出游翰墨场"——杜甫的家世童年；二、"会当凌绝顶，一览众山小"——杜甫的壮游南北；三、"故人入我梦，明我常相忆"——杜甫与李白结交；四、"骑驴十三载，旅食京华春"——杜甫的十载长安；五、"乾坤含疮痍，忧虞何时毕"——杜甫在安史乱中；六、"奈何迫物累，一岁四行役"——杜甫的辗转秦陇；七、"此生那老蜀，不死会归秦"——杜甫的草堂春秋；八、"多少残生事，飘零任转蓬"——杜甫的浪迹东川；九、"不眠忧战伐，无力正乾坤"——杜甫在夔府孤城；十、"亲朋无一字，老病有孤舟"——杜甫的漂泊荆湘；十一、"文章千古事，得失寸心知"——杜甫为诗中圣哲。

李白与杜甫交往相关之诗

曹树铭编著，台湾"商务印书馆"1982 年 11 月出版。导论以《寄李十二白二十韵》为依据，推断李白、杜甫缔交之过程，以为两人初会于李白自长安放还往东都时，并在同游梁宋之前，时为天宝三载秋。第一章以李白之诗《鲁郡东石门送杜二甫》、《沙丘城下寄杜甫》，论李对杜的情谊，并附两篇考证：《李集内与杜甫无关的诗》、《李集外与李白及杜甫两不相关的诗》。第二章探讨杜甫集内与李白相关的诗，计 18 首，以证李、杜之志同道合，分三类：与李白交往诗 9 题 10 首；诗篇明提李白者 5 首；未提李白之名而含其在内者 3 首。第三章由杜甫对屈原、贾谊、宋玉之态度以及李杜看法是否相同，考证杜诗涉及屈、贾、宋等人时多是用典，非有贬抑，以与郭沫若《李白与杜甫》相关论述商榷。

杜甫评传

陈贻焮著，共三卷，上海古籍出版社 1982 年 8 月出版上卷，1988 年 5 月出版中、下卷。具体评述，见前文陈贻焮《杜甫评传》评介。

1983 年

杜甫·杜诗·杜诗学

简明勇著，台湾文史哲出版社 1983 年 3 月出版。是书分杜甫、杜诗、杜学三编。上编述杜甫其人，从生平、家庭、交游、情感四方面入手；中编论杜甫其诗，探讨了杜诗之创作、杜诗之系年、杜诗之地理、杜诗之鉴赏；下编叙杜甫诗学，以时代为序，介绍了唐朝至民国时期杜诗的研究状况，评介了 47 位杜诗学专家及其成果，汇编了杜诗收藏、目录表。书后附有"杜诗系年索引"、"杜甫行程图索引"。

杜诗论丛

吴鹭山著，浙江文艺出版社 1983 年 6 月出版。此书共有四卷，扉页内容提要有云："书中对于杜诗的文学理论、创作方法、人道主义、爱国主义和现实主义精神，以及体裁、风格、人物交游、咏怀状物、名物训诂等，无不有所涉及。在论述中，作者本着'知人论世'

的宗旨，不离开诗人的身世和时代而硬把今人的思想观点强加在古人头上。在论据方面，旁搜博取，而不囿于一家一人的学说，或从或否，都有自己精辟的见解，这对廓清过去笺注者的一些偏见和误解，是有所助益的。"书末另附有三篇论文：《评郭沫若说杜诗》、《再评郭沫若说杜诗》、《三评郭沫若说杜诗》。吴鹭山（1910—1986），浙江乐清人。

杜甫诗选注

萧涤非选注，上海古籍出版社1983年9月出版。选注者在前言中解释说："本书作为《中国古典文学作品选读》的一种，是在拙作《杜甫研究》下卷和《杜甫诗选注》的基础上改写而成的，并注意吸收了近年来的新成果。除按丛书的要求，作了体例上的变动外，篇目亦有压缩，共选入杜甫各个时期的代表作一百二十余篇。凡诗人自注，一律放在正文原处。每篇正文之后，均有'说明'和'解释'两部分。"

杜诗论稿

李汝伦著，广东人民出版社1983年10月出版，系"古典文学研究丛书"之一种。此书为作者自20世纪50年代至80年代初杜甫论文结集，共收录杜诗论文43篇、评笺文章10余篇，分为三辑。第一辑收录有关杜甫思想、杜甫诗歌评论、杜甫诗作归属真伪、杜诗赏析等文章，如《略论杜甫的讽刺》、《落第诗与杜甫落第》、《杜诗的浪漫主义特质》。第二辑收录有关杜诗语汇解诂和诗法辨析的文章11篇，如《说"复却去"》、《辘轳句》。第三辑收录有关杜甫题画、咏画诗的研究评论，如《关于题画诗》、《杜诗对唐代绘画艺术史的反映》、《杜甫对韩干画马的批评》及《杜甫题画诗咏画诗评笺》，后者涉及杜甫题画、咏画诗19题20余首。李汝伦（1930—2010），吉林扶余人。

杜甫选集

邓魁英、聂石樵选注，上海古籍出版社1983年11月出版，系"中国古典文学名家选集"之一种。选注者在前言中评介杜甫生平、思想与杜诗艺术特色后，特别说明为了现出杜甫诗歌和他那个时代的关系，为了真正现出他诗歌的社会生活史的价值，他们按年代编著了这部选集。编年的根据是四川省文史馆编的《杜甫年谱》；选诗则主要选取足以代表杜甫思想艺术的杰作，对一些形象虽不很丰腴但具有积极意义的诗也有重点地选入，对那些艺术表现上具有特色而内容并不出色的诗，也斟酌选入了若干；注释方面，每一首诗都注明写作年代、主要内容或某些艺术特点，对语词尽量注明语源和典故出处。全书共选录杜诗 370 余首。邓魁英（1929—　），河北乐亭人。聂石樵（1927—　），山东蓬莱人。

李白杜甫论画诗散记

王伯敏著，西泠出版社 1983 年 12 月出版。作者认为，李、杜的论画诗，只占他们全部诗作的小部分，李白有 18 首，杜甫近 30 首，不过这些论画诗已经足以表达唐代文人对于民族绘画的欣赏和要求。是书共收集李、杜论画诗 47 首，读诗散记 37 篇。其中"杜甫论画诗"部分为：论画山水；题画松；题画鹰、鹤；题画马；题画佛、道；怀念画友；其他。此外，正文后还有"李白杜甫论画诗年表"、"李杜论画诗题名画家简介"、"李杜论画诗专论文章目录"。

1984 年

杜甫评传

金启华、胡问涛著，陕西人民出版社 1984 年 10 月出版，系"中国古代作家研究丛书"之一种。前言介绍了杜甫的生平，总结出了杜诗的三个重要特征，即杜诗是"政治诗"、杜诗是"图经"、杜诗是年谱，并指出这三方面的特征构成了杜诗"诗史"的基本内涵，同时还交代了撰述宗旨与体例。全书计 25 章，分别是：少年时代；南北漫游；陆浑山庄；李杜交游；旅食京华；献赋待制；授官前后；流亡鄜州；陷身长安；投奔凤翔；北归羌村；重返长安；贬谪华州；洛阳之行；旅居秦州；陇蜀道上；草堂春秋；以诗论艺；避难梓州；成都幕府；沿江东下；西阁秋兴；瀼西草堂；滞留荆南；老死孤舟。

1985 年

杜甫诗论丛

金启华著，上海古籍出版社 1985 年 1 月出版，为著者《杜甫诗论集》增订而成，共收录作者论文 24 篇：《杜诗渊源论》、《杜甫影响论》、《杜诗风格论》、《杜诗技巧论》、《杜甫的诗论》、《杜甫的艺术修养》、《论杜甫诗歌的政治意义》、《杜诗中所反映的战争问题》、《论杜甫的思想》、《杜甫与劳动人民》、《杜甫的山水诗》、《杜甫的花鸟诗阐微》、《论杜甫的五律》、《论杜甫的七律》、《论杜甫的七古》、《论杜甫的绝句诗》、《杜诗证经》、《杜诗证史》、《杜诗证子》、《广〈杜诗证选〉》、《杜甫诗句对黄山谷的影响》、《杜甫家世考》、《杜甫的病和死》、《李、杜诗论的比较》。具体评述见前文金启华《杜甫诗论丛》评介。

杜甫陇右诗注析

李济阻、王德全、刘秉臣注析，甘肃人民出版社 1985 年 3 月出版。扉页提要云："杜甫陇右诗作，包括安史之乱以后，杜甫辞去华州司功参军，自陕西经秦州，过同谷，入蜀途中写的大约一百二十首诗。诗人把边疆的危机、山川的形势，以及城郭村落、名胜古迹、风土人情……都收入了雄浑健壮的诗篇中。这些诗集中真实地反映了杜甫忧国忧民的思想感情，展示了他当时忧郁悲愤、矛盾复杂的内心活动，历来享有盛誉。千百年来，一直激发着人们热爱祖国河山、关心群众疾苦的情思。由于注析者查阅了大量地方史料，又沿着杜甫经过的旅途进行了实地考察，基本理清了长期以来众说纷纭、莫衷一是的杜甫在陇右的行踪遗迹，填补、纠正了前人注释这一部分诗的不少空白和错误之处。"代前言《杜甫在陇右的生活与创作》不仅详细地介绍杜甫在陇右行踪，还归纳了杜甫陇右诗作的思想内容和艺术特色。全书选析了杜甫陇右诗作 117 首诗。李济阻（1941—　　），原名路鹏程，又名李继祖，甘肃岷县人。

杜甫夔州诗析论

方瑜著，台湾幼狮文化事业公司 1985 年 5 月出版。杜甫居夔大约两年，传世诗篇多达 361 首，是诗人创作的丰收期。作者导言曾云："本文即拟以夔州诗中涉及居留、营生的种种现实层面与怀乡、思归的内心渴念，以及批判时局、朝政和向往佛道隐居的诗篇作为探索的两条主线，更旁及山水、咏物、时序，追怀昔友昔游等不同主题，一一加以析论。希望能经由这些对诗歌内容的深入探讨，将夔州时期杜甫及其诗作的真实精神风貌，较为清晰完整地呈现出来。"全书有六部分：一、导言；二、去留的徘徊——居夔与出峡；三、时政批判与慕隐遁世；四、忆昔与思今；五、景物时序与山水咏怀；六、结语。方瑜(1945—)，江苏仪征人。

杜甫诗学探微

陈伟著，台湾文史哲出版社 1985 年 8 月初版。作者自序有云："杜甫，本其真情至性，发而为诗，诚乎中、形乎外，诗之感人，实即真情至性的感人。其情为经，其辞为纬，交织而成不朽的诗歌艺术，正是千古'为情造文'的典型。情，乃系思想所依据的本质；辞，则是艺术所呈露的形相：二者偕通并用，遂滋生宇宙无穷的美景奇观。笔者拟就此义进行探讨，以明杜甫思想之所由，及其艺术之所成就。"全书共分十三章。首章介绍杜甫生平及性情，第二至四章述杜诗渊源，第五章论杜甫儒家思想本位，第六章描述杜诗所反映的日常生活世界，第七章为杜甫诗艺概观，第八至十章解读诗人的一些重要作品如三首《望岳》、七首咏雁诗、《咏怀古迹五首》等，第十一章分析夔州诗，第十二章探讨杜诗"四季"分期提要，最后一章为余论。

杜甫诗今译

徐放译注，人民日报出版社 1985 年 10 月出版。书前有萧涤非为序，其中有云："徐放是一位新诗人，他是以诗译诗，以新诗译杜诗。他也逐字、逐句地读了前人的注释、评语，但到译成新诗的时候，却敢于突破原来的'句'和'韵'的限制和拘束。有时一行、两行译一句，有时三行、四行译一句，甚至有用七行译一句的，在他认为必要的地方。而且，他似乎还用过楼梯式的诗行。"全书共选录杜诗 161 首，每首诗前有解题，后有注释和今译。徐放(1921—)，原名徐德绵，辽宁辽阳人。

杜甫诗选

梁鉴江选注，广东人民出版社 1985 年 11 月出版，系刘逸生主编"中国历代诗人选集"之一种。该选集系列于 1984 年 12 月由三联书店香港分店初版。选注者在前言中评述了杜甫的一生，并将杜诗的艺术特点归结为四个方面：第一，通过描写有典型意义的社会现象和人物表现主题思想；第二，善于描绘艺术形象；第三，精于炼字，用字准确奇警，语意丰厚，语言表现力强；第四，格律精严，章法讲究。是书共选录杜诗110篇，按体编排，先近体后古体，每篇都有题解、句译、注释和简要的分析。一些不常见的难字，除注上普通话的读音外，还标出广州话的直音。书末附《杜甫年谱简编》。梁鉴江（1940—　），广东番禺人。

杜甫古诗韵读

马重奇著，中国展望出版社1985年12月出版。作者在前言中指出，近来对中古语言材料的研究主要体现在两个方面：一是确定每一个汉字在一定历史时期的语音系统中所居的音韵地位，即建立"音类"——声类、韵类、调类的工作；二是为每一个历史时期的语音系统中的每一个音类拟出具体的读音，写出具体的音标，即"拟音"。《杜甫古诗韵读》一书也就是从"音类"和"拟音"两方面来撰写的。本书共包括五方面内容：（一）杜甫古诗用韵研究；（二）杜甫古诗韵谱；（三）广韵的声母音值的拟测问题以及广韵的韵母音值的拟测问题；（四）杜甫古诗入韵字音表；（五）杜甫古诗韵读。在第五部分中，作者试定了《杜工部集》自一至八卷古体诗的每一个入韵字的音韵地位——摄、开合口、等、声调、韵母、声母；并且把每一个入韵字拟出具体的读音，写出具体的音标。马重奇（1949—　），福建漳州人。

1986 年

读杜新笺：《律髓》批杜诠评

张梦机著，台北汉光文化事业公司1986年2月出版。元代方回所著《瀛奎律髓》四十九类，共选唐宋五七言律诗3000余首，进行批注、辑佚与校勘。所选唐代诗人168家中，杜甫居最，计入选216首，几占五分之一。清代学者如冯班、查慎行、纪昀、吴汝纶、沈廷芳、赵熙等对此书多有批点，其中又以纪昀之批点最为弥足珍贵。全书分为两篇，上篇论杜诗之价值及影响、《瀛奎律髓》之诗学观与纪昀批《瀛奎律髓》的宗旨，以见方回与纪昀二人论杜之差异。下篇具体分类诠评二家批杜之说，细分为登览、朝省、风土、春日、夏日、秋日、晨朝、暮夜、节序、晴雨、酒类、梅花、雪类、闲适、送别、拗字、变体、著题、陵庙、旅况、忠愤、消遣、迁谪、疾病、释梵等二十六种。张梦机（1941—　），祖籍湖南永绥，生于四川成都，生活在台湾高雄。

杜诗鉴赏

夏松凉著，辽宁教育出版社 1986 年 3 月出版。作者自序："这本《杜诗鉴赏》共选杜诗九十二首，所选作品大都为脍炙人口广为流传的名篇。为了反映杜诗的各种不同体裁和风格，书中也酌量选入了少数思想性一般而艺术性较强的诗篇。全书正文分原文、注释、欣赏三部分。欣赏部分除介绍诗的时代背景及有关内容外，主要着重于艺术技巧、艺术手法的分析，目的是想通过这些分析，帮助读者进一步了解杜甫的思想，了解他热爱祖国、热爱人民的高尚品质，以及他'尽得古今之体势，而兼人人之所独专'的各种艺术手法和风格。"书前另有《杜甫传略》。夏松凉（1938—　），笔名孙凌、石鸣，安徽当涂人。

杜诗便览

王士菁编，四川文艺出版社 1986 年 4 月出版，分上、下册。书名取宋人郭知达集注杜诗"便于观览，绝去疑误"之意，文本据上海商务印书馆影宋本《杜工部集》，参考仇兆鳌等各家注本校勘，并吸收近人研究成果，以编年体例形式，对杜诗之诗歌史实与艺术分析进行了探讨。书前有凡例、前言、杜甫年谱、参考书目，书后录有两《唐书》本传及历代汇刻杜诗集序。王士菁（1918—2016），江苏沭阳人。

杜甫故居与杜墓

付永魁著，河南人民出版社 1986 年 6 月出版，系"河南名胜古迹丛书"之一种。是书介绍了杜甫的故里、杜墓的情况和杜甫的简略生平，还收录了部分杜诗。全书由三部分组成：故居巡礼及有关传说；瞻仰墓地；生平简介。其中瞻仰墓地部分，又分为归葬故里、邙山地望、元稹墓志、全国八墓。

杜诗选注

曹慕樊选注，西南师范大学出版社 1986 年 7 月出版，系作者为西南师范学院中文系 1977 级、1978 级学生所开"杜诗导读"课而编的教材，原名《杜诗选读》。作者在前言中说："我以为要懂得中国的东西，必须熟悉他们，浅尝辄止是不成的。杜诗之于中国古代文学，已经是经典性的了。把杜诗作为研究中国文学的津梁，是可以的，假如不是'必须'的，用选诗稍多一点、并带评注的杜诗选本作为读杜甫全集的入门，则可以说是'必须'的。至于研究其他作家(尤其大家)的作品，能熟知杜诗必大得助益。这是前人既有的经验，值得借鉴。"是书总计选杜诗365首，均有注释、评语于后，书末有《杜甫年谱》。

杜甫论集

傅庚生、傅光合著，黑龙江人民出版社1986年8月出版。题记云："这本小书里所纂集的文章，即兴偶成的习作居多，独抒心得的议论愧少。其格虽低，差堪自慰者却是不曾傃屋而居，没有走他人的熟门熟路；虽说不见骁腾万里之势，却也未尝局促如辕下之驹。对读者敢献芹曝，也只凭着这一瓣心香而已。"是书共收入著者父子二人有关杜诗的论文46篇，分为九个部分。第一部分综合论述杜甫的诗歌、诗风，如《杜甫前期诗歌创作发展述评》、《沉郁的风格，闳美的诗篇》、《探杜诗之琛宝，旷百世而知音》、《漫谈杜甫的夔州诗》等；第二部分评论李、杜诗，如《李杜诗论》、《简论李杜诗》、《李杜诗风各异与社会交变之关系说略》等；第三部分，包括《杜甫论灵感说略》、《杜诗ER系音韵字古读》两篇论文；第四部分是商榷文章，如《关于杜甫的宗教信仰》、《试再论杜甫的〈捣衣〉》等；第五部分收论文一篇，为《批判胡适对诗人杜甫的污蔑》；第六部分是作者研杜著述的自序；第七部分为《读杜随笔》；第八部分为《杜诗臆解》；第九部分有论文两篇，为《浪漫主义与文章气魄》、《李白精神》。

清初杜诗学研究

简恩定著，原为台湾东海大学博士论文，收入"文史哲学集成"，由台湾文史哲出版社于1986年8月出版。作者自序，以为"杜诗非易读之书，注杜更非聊尔之事。故宋元以来注杜虽称千家，而可观者绝少。其中有借抒杜陵忠愤而陷于附会者，有欲探子美诗心而涉嫌割裂者，皆未当人意。降及清初，由于对王学末流之反感暨政治环境更换之痛省，学风遂一变空言而趋于务实，注杜亦间受影响。而老杜生平千万篇，实亦有挟泥沙以俱下者，故时人脱出宋人盲目尊杜窠臼，转从杜诗真貌之探求。因此彼时读杜之精审，迥非前人所及，故有兴起撰写本论文之动机"。研究范围以自明入清之论杜注杜者为主，清代雍正、乾隆以后者暂不列入。研究的旨趣，主要为钱谦益、朱鹤龄注杜争议始末，诗史之名与诗圣地位的确立与转移，尊杜与轻杜的理论建构，杜诗艺术技巧的阐发等。全书分三篇：《导论：清初杜诗学的背景及其意义》、《本论：清初杜诗学的理论探究》及其《结论：清初杜诗学的价值与影响》。简恩定（1955—　），台湾嘉义人。

杜集书目提要

郑庆笃、焦裕银、张忠纲、冯建国编著，齐鲁书社 1986 年 9 月出版。前言云："自唐迄于清末，有关杜诗之专门著述见于著录者不啻七八百种，至今仍有书可见者亦有二百余种。这是我国文化史上一宗宝贵遗产，不仅可以从中窥知历代学人对杜诗的研究倾向，历代诗家流派对杜诗的抑扬取舍，纵观我国古典诗歌研究的发展规律。同时在版本目录学上，仅就一家诗集千余年来的搜集、整理、版刻、流传情况，考察其来龙去脉发展演化，也是一项甚有意义的工作，为此我们编写了这本书。"全书收录杜诗相关书目凡 890 种，起自稍后于杜甫的樊晃的《杜工部小集》，止于 1984 年今人著述，分为五部分。第一部分为"知见书目"，收宋、元、明、清书目 215 种，不同版本 446 种，辛亥革命以后近今人著述 140 种（包括台湾 41 种，港澳 10 种，日本 9 种，新加坡 1 种）；第二部分为"著录存目"，共列已佚或存佚不明者 221 种；第三部分为"集杜书目"，包括《杜诗集句》等各种集杜著作 28 种；第四部分为"戏曲电影"，包括戏曲《杜甫游春》、电影《诗人杜甫》等 12 种；第五部分为"外文译著"，包括日、英、德、意、俄、匈牙利、越等有关杜诗的各种外文译注 42 种。每类书目以时代先后为序叙录，介绍撰著者生平与著述、著作内容体例与成书过程及其版式刊刻流传。书末另附《杜甫研究报刊论文目录（1909—1984）》。郑庆笃（1933—　），山东汶上人。

杜诗注解商榷续编

徐仁甫著，四川人民出版社 1986 年 9 月出版。在前书《杜诗注解商榷》的基础上，作者又在《草堂》杂志上陆续发表了《杜诗注解商榷拾遗》，从语法虚词出发校正诸注之失，后加上对正编订正，辑为此书。是书依仇兆鳌《杜诗详注》卷次编排，每条先出诗句，诗句下括注所出诗篇名。正文先标旧注，后加按语。著作在前言中再次强调了他撰述的宗旨："惟宋人王禹偁又谓'子美集开诗世界'（王黄州《小畜集》卷九《日长简仲咸》），故后人学杜者多，学杜而成为大家者不少。唯其学杜者多，杜集流传本不少；而异文讹字滋伙，朱熹已病其然。盖杜诗沉郁顿挫，浑涵汪茫，又千锤百炼，语不惊人死不休，与李诗之飘逸爽朗，迥然不同。故后人读李者易瞭，读杜者难解，而注杜者遂各以自见测高深。注愈多，义愈歧，读者将何所适从？大道以多歧亡羊，杜诗以多注异义，良可慨也！或者又谓诗无达诂，见仁见智，各得一察焉，以自好可也。何必要求意见统一。余谓不然。遍观诸家之注，皆详于名物典故，略于语法虚词。注杜之难于确诂，正坐此耳。"

杜甫诗歌赏析

秦似选析，广西人民出版社 1986 年 10 月出版，系"中国古典文学作品选析丛书"之一种。著者强调："这本选集的选诗标准，就是力求选那些最能反映历史面貌、社会本质、作者思想主流而又在诗的形式美方面比较完善的作品。任何一个伟大的诗人，都不能说每一首诗都是写得很好的，而任何一个选本，也不能不反映选编者的观点、理解和爱好。在上述的原则下，还适当照顾到多样的题材和各个不同历史时期，以及今天读者的兴趣等方面。杜甫的诗，在形式上也是多样的，有古绝、律绝、律诗、排律以及歌行体等等。杜甫处在格律诗已臻成熟的时代，而杜甫的律诗（五律和七律），就是格律诗臻于成熟的一个标志。（律诗成熟期略迟于绝句）杜甫也以写律诗最见长，虽然歌行体也较他的前人有所发展，也有一些很好的篇章。写绝句则不是杜甫的所长，相对地说他的绝句要比律诗逊色，因此他的诗集里，律诗远多于绝句，这说明了他善于用己之长。"全书共选析杜诗59 首。秦似（1917—1986），原名王缉和，号似之，笔名秦似，广西博白人。

杜甫与长安

李志慧著，陕西人民出版社 1986 年 10 月出版，系"中国古代作家研究丛书"之一种。前言指出："杜甫在长安十年中创作的诗歌凡一五七题、一九七首，在一千四百余首杜诗中，只占少数。但是，长安十年对杜甫一生来说，无论在政治上或诗歌创作上，都是一个极其重要的时期……在诗歌创作上则由早期的写个人生活或摹写景物，转变成赢得'诗史'称誉的现实主义诗人；其艺术风格也由早期的神采飞扬转变成沉郁顿挫。如果说，时代造就了杜甫，艰难玉成了诗人；那么，正是长安十年奠定了杜甫的生活道路和创作道路。如果说，杜甫是一位伟大的划时代的现实主义诗人；那么，正是长安十年奠定了他的这一基础。"全书除"前言"、"后记"外，用十章描述了杜甫在长安的生活和创作，它们依次为：初入长安；投诗干谒；困居寄食；揭示时代危机；定居城南；从长安到奉先；安史乱中；左拾遗任上；离别长安；思念长安。李志慧（1949—　　），陕西西安人。

读杜卮言

杜仲陵著，巴蜀书社 1986 年 11 月出版，系"四川大学古典文献研究丛刊"之一种。作者自叙："中国有悠久的历史文化，有丰富的文学遗产，研究一些具有代表性的伟大作家的语言艺术，对于我们今天的文学工作者来说，既可供借鉴，又可提高对语言历史发展的认识。因此，像屈原、陶渊明及杜甫诸人，应首先列入这个探讨范围。我认为：着重研究这些作者的时代语言的特征，这在中国文学语言史上有其特定的意义。譬如近代对《红楼梦》的语言，从各方面去进行研究者颇不乏人，难道较早一些的作家，就不值得研究？除了作者语言的时代特征，还有作者语言的个人特征。这中间表现了作者的思想感情，也常常形成作者独具的艺术手法。这是作家研究的一个不可缺少的部分，也是相当重要的一种工作。"是书即为对杜甫诗歌的语言研究的一种实验性的探讨，共分七章：杜诗与唐代口语；唐诗词汇证杜；杜诗的词汇；杜诗的双声叠韵与叠字；杜诗的用典使事；杜诗的修辞手法；李白杜甫两家诗歌的语言风格比较。书末附《谈谈〈琴台〉》一文。杜仲陵（1909—1986），原名文燔，四川广安人。

杜集书录

周采泉著，上海古籍出版社 1986 年 12 月出版，全二册。作者在序言中解释了他撰述的初衷：千余年来，杜甫一直是学术界重点研讨的对象。从宋代直到近代，每一时代各有不同的研究风尚。宋代重在辑佚和编年，元明重在选隽解律，清代重在集注批点，近代则重在论述分析。然而不论各自的见解高低，收获多寡，对于杜诗的研究，都起到了不同程度的推动作用。当前，对杜甫及其作品的研究正日益扩大和深入，迫切需要汇集前人研究成果以供参考。全书分内、外两编，计 16 卷。"内编"11 卷，对存书之书录进行解题，包括"全集校勘笺注类"(5 卷)、"选本律注类"(2 卷)、"辑评考订类"(3 卷)、"其他杂著类"(1 卷)五部分。"外编"5 卷，收录存目及参考资料，包括"全集校勘笺注类存目"(1 卷)、"选本律注类存目"(1 卷)、"谱录类"(2 卷)、"集杜、和杜、戏曲类"(1 卷)。内、外编合计收书840 余种。各类书目以著作时代为序排列，每书首列书名，下系卷数与著者小传，及"著录"、"版本"、"序跋"、"编者按"。其中，"著录"说明本书之出处记载及存佚情况；"版本"对本书版刻情况作全面介绍；"序跋"详载本书原序跋及提要，并引各家考订、评语；"编者按"说明对全书之评价。书后另有附录共四项，分别是："历代杜学作者姓氏选存"、"近人杜学著作举要"、"历代总集、诗话、笔记于杜诗有重要论述著作简介"、"朝鲜、日本两国关于杜集著作知见书目"。周采泉(1911—1998)，原名湜，笔名是水、稀翁，浙江鄞县人。

1987 年

杜诗别解

邓绍基著，中华书局 1987 年 10 月出版。傅璇琮为序："作者似乎并不打算把摊子铺得太大，他主要守住清代的几部注杜名作，即钱谦益、杨伦、仇兆鳌、浦起龙几家注本，从这几位有代表性注家的意见中引出歧义，由此而征引有关的材料，断以己意。我个人觉得这实在是机智的做法，很可为青年学人效法的。还可以看出，起初发表的几篇，像下棋那样，似乎还走得较为拘谨，所用的材料，大致也为通常所及，后来则逐渐走动自如，材料的征引扩展到不少如天文律算、佛道谶纬等冷僻的书。但本书倒并不以材料见长，而是能把材料及时收束，不使之旁溢，从前人种种附会剥割中，寻求杜诗的本意；在考订是非、解释疑滞中，不故作高深，不生立奥义，而是结合杜甫作诗时的环境与心情，作实实在在的探讨，每读一篇，都使人有化繁从简、弃芜存菁、推腐致新的感觉。"全书共收录作者有关杜甫和杜诗的文章 103 篇，分为两辑。第一辑收录 7 篇，涉及面较广，如《杜甫与裴虬》、《杜甫与崔瓘》、《关于杜甫的世系问题》、《关于杜甫的卒年卒地》、《关于钱笺吴若本杜集》等；第二辑收短文 96 篇，是对杜甫具体诗篇的别解，诗篇以仇兆鳌《杜诗详注》排序编次。邓绍基（1933—2013），字允建，江苏常熟人。

杜甫传记唐宋资料考辨

陈文华著，原系台湾师范大学国文研究所 1987 年度博士学位论文，由台湾文史哲出版社于 1987 年 11 月出版。唐宋现存的杜甫传记资料则有：元稹《唐故工部员外郎杜君墓系铭》、《旧唐书·杜甫传》、王洙《杜工部集记》、《新唐书·杜甫传》；各家所撰年谱；诸家杜集序跋、诗文、笔记、诗话等零星数据。是书由考据的方法入手，以唐宋人对杜甫传记的记载与讨论为对象，分四篇进行了探析。第一篇探索了杜甫的家世，以刘谱所有的《杜子世系考》为基础，辨析考证了杜甫世系，并以其他传记资料及散见杜甫诗文中的线索对其父系、母系和弟妹子女进行了考察。第二、三篇为《生平事迹异说汇考》（上、下），前篇考察了杜甫的生平、应举、献赋、试文、授官、避兵、陷贼、奔行在、授拾遗、归长安、一岁四行役等行事；后篇考察了杜甫与李白、严武交情及杜甫之死等。第四篇为思想之厘定。陈文华（1945—　），广东梅县人。

1988 年

杜甫诗集导读

刘开扬、刘新生著，巴蜀书社 1988 年 4 月出版，系"中华文化要籍导读丛书"之一种。是书由叙论与诗篇选释两部分组成。叙论部分共七章二十六节，这七章分别为：杜甫诗歌在文学史上的地位；杜甫的生平；杜甫诗歌的丰富内容；杜甫诗歌的艺术表现；杜甫诗集的编定和版本流传；杜甫诗集的注释和研究；怎样诵读和研究杜甫诗集。

诗选部分，共录杜诗 138 首诗，以仇兆鳌《杜少陵集详注》为底本。2009 年 1 月，此书收入"国学大讲堂"，为中国国际广播出版社再版。

杜甫——古今诗史第一人

萧丽华著，台湾幼狮文化事业公司 1988 年 7 月出版，系"中国人丛书·传记类"第二种。作者自序："一个诗人所以能永垂不朽，主要有两大因素：一是诗心，即人格精神；一是诗艺，即文学技巧。杜甫成为古今无双的诗人，就因为他精神上具有圣人的怀抱，诗艺上达成雄浑悲壮，登峰造极的艺术。……杜诗中表现出来的柔情旖旎，充满亲伦至爱；杜甫的忠心耿介，洋溢着家国忧怀；杜诗的格律万端，创造了诗歌深广的堂庑。基于这几个原因，我深盼能阐扬杜诗精神，推介杜甫人格给新生代的青年学生。"是书为杜甫的传记，共十部分：一、诗是吾家事——杜甫的祖先；二、快意八九年——壮游时期；三、遇我宿心亲——与李白相识；四、冠盖满京华，斯人独憔悴——困居长安；五、直北关山金鼓震——安史乱起；六、吏呼一何怒，妇啼一何苦——诗圣的胸怀；七、飘泊西南天地间——浪迹西南边境；八、浣花西畔草堂春——卜居成都；九、飘飘何所似，天地一沙鸥——在江上度过残生；十、不废江河万古流——杜甫诗名垂千古。书末有《诗圣杜甫年谱》。

诗圣的游踪与创作

范文质、文自成著，对外贸易教育出版社 1988 年 12 月出版。是书将杜甫的行踪和其创作思路联系起来，以求更深切解读杜诗。全书共分十章：南北壮游；长安十载；身陷贼中；东都之行；辞官以后；陇蜀路上；两川流寓；夔府滞留；荆湘漂泊；诗圣不朽。书后附录有《杜甫年谱简编》。范文质（1932—　），号平平山人，辽宁义县人。文自成（1936—　），江西萍乡人。

1989 年

杜诗名篇新析

许永璋著，南京大学出版社 1989 年 3 月出版，台湾天工书局 1991 年重版。是书系根据南京大学中文系杜诗选修课的讲稿整理而成，共选录杜诗110首，按写作时间编次，其中杜甫长律《秋日夔府咏怀一百韵》，被作为总结而置于篇末。选诗宗旨侧重爱国性与创造性两方面，著者认为："爱国性是杜诗思想核心，创造性是杜诗艺术精髓，而在具体篇章中则往往兼而有之，如《三吏》、《三别》之即事名篇，《北征》之以文为诗，《诸将》之议论入律等。故使入选诗篇，力图成为两者统一的体现"。诗后之注释，博考诸家，择善而从，征引典故，力求较详；诗后之解析为全书重点，"举凡诗篇本旨、章法结构、艺术价值，以及前人评论、注家得失、个人一得等，皆于此阐发论述。对于旧注之善者，论述中亦适当采撷。历代注杜名家，惟钱谦益着重以史证诗，解除以封建道统解说杜诗之桎梏，意在恢复杜诗之本原，因于钱氏之笺采纳较多。仇兆鳌之《杜诗详注》颇为当代注家崇奉，然其得失参半，故取舍亦有所选择。"(《凡例》)附录有《取雅去俗，推腐致新——略评〈钱注杜诗〉》、《略评〈杜诗详注〉》、《谈杜诗教学》。许永璋(1915—2005)，字允臧，号我我主人，安徽桐城人。

杜甫诗史

金启华、金小平选评，上海教育出版社1989年4月出版，系"中学生文库精选"之一种。作者自叙其选诗的标准有三：一是从它反映当时现实生活的角度来选；二是从杜甫一生中的各个阶段的诗来选；三是就杜甫诗歌本身的发展情况来选。全书共选评杜诗213首，分为五个阶段：少壮游学时期(6首)；长安十年时期(23首)；天宝之乱时期(65首)；成都、夔府寓居时期(109首)；荆湘漂泊时期(10首)。金小平(1948—)，江苏南京人。

杜诗学发微

许总著，南京出版社1989年5月出版。是书首次以宏观的视野对杜诗研究史进行了全面描述，收录了作者在20世纪80年代前期所撰有关"杜诗学"论文22篇，分内、外两编。内编共收论文13篇，对各个时期的杜学进行了评述。书前有《杜诗学大势鸟瞰》为引论，将旧时期的杜诗学分为四个阶段。书尾有《后记》，阐述了作者建构"杜诗学"体系的初衷："(本书)是试图从学术史的角度对杜诗研究的领域进行的一次开拓，主要部分是对杜诗研究史的各个阶段的总体特征、主要论点、代表学派以及为人忽略的若干确有价值的著作的探讨，始于中唐，迄于当代，力图使杜诗学史的发展过程得到一个较为完整的描述。"具体评介见前。

杜甫与六朝诗人

吕正惠著，台北大安出版社 1989 年 5 月出版。著者研究杜甫与六朝诗人的关系，具有双重目的，一方面将具体地分析杜甫从前代诗人继承了哪些东西，他如何把这些东西加以发展，加以综合，加以突破，因而形成了他个人的伟大的成就；另一方面透过杜甫与前代诗人的关系，也将更清楚地看到每个前代诗人的特质，并且了解他们在文学史上的贡献与地位。是书共有七章：一是绪论，说明研究方法；二是研究汉魏晋诗的三个传统，即乐府民歌传统、咏怀传统、美文传统与杜甫的关系；三是研究杜甫与谢灵运之间的传承；四是研究杜甫与鲍照的关系；五是研究杜甫与齐梁诗人之间的关联；六是研究杜甫与庾信的关系；七为结论。作者另著有《诗圣杜甫》(生活·读书·新知三联书店 2015 年 8 月出版)，以上书为上编，下编为"杜甫与元和诗人"，共五章：杜诗与日常生活；元和诗人与杜甫——兼论元和诗人与六朝的关系；元和诗的日常意识与口语化倾向；不断成长的诗人——杜甫诗歌艺术的特质；杜诗连章结构在诗学上的意义。吕正惠（1949—   ），台湾嘉义人。

杜诗杂说续编

曹慕樊著，巴蜀书社 1989 年 9 月出版。《杜诗杂说》成书于 20 世纪 60 年代，80 年代以来，作者"试探了一些方面。一是我想把西方的现代修辞学引进唐宋诗研究中来。一是想把西方的现象学或海德格尔的'存在主义'思想引进研究中来。再就是想把杜甫、韩愈、李商隐、苏轼、黄庭坚的诗认为一个血脉，联系起来。可以包括江西诗派到同光诗派"。作者认为，一个民族应有他自己的圣哲和自己的经典，有些东西我们和西方比是远远不如，有些东西我们和外国的仅止名词相同，其实是两回事。因此书中收录的文章，带来思潮澎湃时代的痕迹。全书收入论文 12 篇，杂记 1 篇：《杜诗游心录——杜甫诗研究方法新探》、《杜诗的起结》、《〈杜诗选注〉新序》、《〈杜诗选读〉序》、《伤春五首第二首说》、《解闷十二首之二》、《〈醉时歌赠郑虔〉

的艺术性》、《乾元中寓居同谷县作歌七首》、《关于文学遗产继承问题的论辩——杜甫〈戏为六绝句〉臆释》、《茅屋为秋风所破歌》、《杜甫夔州诗及五言长律的我见》、《杜公〈韦讽录事宅观曹将军画马歌〉与东坡〈韩干十四马〉之比较观》、《杜诗字义、修辞丛记》。

杜诗笺记

成善楷著，巴蜀书社 1989 年 9 月出版，系"四川大学古典文献研究丛刊"第四种。缪钺题辞云："成善楷先生沉酣典籍，含英咀华，索隐释疑，多所创获。对于《诗经》二《雅》、《庄子》、《楚辞》及两汉乐府，均有笺记，发布于各期刊中。近更以所撰《杜诗笺记》相示，阐释论证，抉发幽微，可为少陵功臣。昔陶贞白一物不知，以为深耻；邢子才日思误书，更是一适。善楷先生精思笃学，方轨前修，平日往还，赏奇析疑，深得切磋之益。今《杜诗笺记》行将问世，爰识数语，以志钦佩焉。"全书选录杜诗中难解而多歧说的计 310 条，为之一一笺释、引证与分析，得出自己的看法。

1990 年

诗圣的写作艺术

文自成、范文质著，对外贸易教育出版社 1990 年 1 月出版。全书分三部分："诗美特征"部分论述了杜诗色彩美、凝练美、含蓄美、曲折美等五种美学特征以及开头、结尾、语言、题画诗和双线结构等多种审美方式；"写作技法"部分论述了杜诗的赋比兴技法、讽喻法、叠字法、水中着盐法、拓宽掘进法、寓意言情法、铺陈扩展法七种写作技法；"资料引得"部分列举了国内外研究杜甫的版本书目、专著、译著、年谱、图像和论文目录。著者在后记中指出："我们深知，面对诗圣终生所架构的这座巍峨的艺术之塔，如果不对他的全部诗作（现存 1458 首）、诗论及其审美取向与审美经验做深层次的研究；如果不把他的艺术风格同影响过他的前代、同代诗人并受他影响的同代、后代诗人的艺术风格，从内容到形式，从理论到创作做全方位的比较，是难以论述诗圣那种拔类超群、石破天惊的写作艺术独特性的。"

韩国诗话中有关杜甫及其作品之研究

全英兰著，台湾师范大学国文研究所 1988 学年博士学位论文，系"文史哲学集成"第 220 种，由台湾文史哲出版社 1990 年 5 月出版。杜诗早在高丽朝，即为文人所吟诵，而复刻中土所刊杜诗诗集，亦为当时文坛之盛事。朝鲜之世，复有韩译杜诗之刊行，尤为韩国文学史上破天荒之壮举。韩国人之推崇杜诗，于斯可见。著者检出韩国所传杜诗诗话千余条，进行分析评述，在增强对杜诗了解的同时，进一步探讨中韩文学交流的情状。是文分作八章论述：绪论；韩国诗话中有关杜甫之记载；韩国诗话中所论杜诗之技巧；韩国诗话中所论杜诗之内容；韩国诗话中有关杜诗之评价；韩国杜诗中有关杜诗之注释；杜诗对韩国诗人之影响；余论。分析杜诗技巧，是书立足于体裁、审音辨律、用典隶事、属偶设对、用字遣词五项，余论又分"新资料"与"论杜甫"两项，分别列举了韩国诗话中所载杜诗而不见今传杜集者，及韩国文人论杜甫文章之资料。

杜甫心影录

黄珅著，香港中华书局 1990 年 4 月初版，台湾汉欣文化公司 1990 年 11 月出版，江苏古籍出版社 1991 年 12 月再版。原为金性尧主编"诗·词·坊"丛书之一种，后收入中华书局"古典诗词漫话系列"，由中华书局于 2004 年 1 月再版。"诗·词·坊"系列的要求，是在两千字的篇幅中，环绕某一主题，声东击西，由此及彼，或大题小做，或长话短说，间或使用"横向联系"的方式，就像一幅山水画，由远峰高耸而缀以朝曦翠霭、水声禽语。"古典诗词漫话系列"归纳出的丛书特点是，"它用漫话的形式，将诗人的生命历程、作品的内涵与诗艺表现作为叙述重点，着重艺术性、故事性和趣味性。每一本都包括四五十篇短文，每篇处理一首诗，或一个特定事件。各篇分读可以体味作品的精华，合观则可得诗人的身世与人格。举凡诗人轶事，诗作赏析，均能深入浅出，雅俗兼顾。既是非常好的文化小品，也是学术小品"。全书共 58 条，涉及杜甫生平、思想与诗歌艺术等诸方面问题。

杜甫诗选译

倪其心、吴鸥译注，巴蜀书社 1990 年 6 月出版，系"古代文史名著选译丛书"之一种。前言介绍了杜甫的生平与创作情况,梳理了杜诗的思想内容,总结出了它们所表现出来的艺术特色,如以为"杜诗各类主题的作品具有不同艺术特点,政治诗多叙事而有浓厚抒情,大多采取五七言乐府古体,韵律较自由,适于慷慨陈事,淋漓尽致。思恋家室亲朋的抒情诗和歌咏山川风物人情的即兴咏怀诗,则据题材和情思,或用古体陈述,或用近体沉思,或作古体而有排对,或作近体而如流水,不以格律束缚思想,而从感情择取形式,并不一律"。全书选录杜甫诗 61 首,按创作时间先后编次,先解题,交代题旨、作年和作品大意,而注释翻译。倪其心(1934—2002),上海人。

被开拓的诗世界

程千帆、莫砺锋、张宏生著,上海古籍出版社 1990 年 10 月出版,系"南京大学古典文献研究所专刊"。详细情况见前《被开拓的诗世界》评介。

杜诗纵横探

张忠纲著,山东大学出版社 1990 年 12 月出版,系作者从萧涤非校注《杜甫全集》时的研究心得。全书收录论文 20 多篇,如《萧涤非与杜甫研究》、《应该正确评价杜甫的忠君思想》、《杜甫在山东行踪遗迹考辨》、《读杜辨疑举例》、《杜集丛考》等,内容涉及杜甫思想、生平交游、行踪遗迹、作品鉴赏、版本考证、词语阐释等方面,多发前人之所未发,创见迭出。张忠纲(1940—),山东潍坊人。

1991 年

杜诗修辞艺术

刘明华著,中州古籍出版社 1991 年 1 月出版。曹慕樊序云:"我学习杜诗,虽时间不短,由于禀性愚钝,初无解悟。涉猎西方学术思想,颇觉以美学、比较文学、阐释学为最接近于中国传统的诗教、诗话。若论有用,莫过于修辞学。用现代西方修辞学某些原理、方法看杜诗,一定会有新的启发或发现。"作者导言则指出:"本文不是仅以杜诗为例,论证古代诗歌的修辞方法,而是从修辞的角度探讨杜诗的艺术成就，尽管几十种辞格差不多都在杜诗（文）中出现过。……这里只就自己在学习杜诗时认识到的一些既有杜诗特色又具普遍意义的修辞手法进行讨论。我们希望由此更进一步认识杜甫在近体诗创作中的重要贡献，体会'沉郁顿挫'风格有哪些具体表现，同时，力图从现象认识本质，通过艺术现象考察作者的生活性情，思想方法，尽可能地发掘诗人的内心世界并认识诗人的形象。"全书共十章：杜诗的对仗；杜诗的借对；杜诗的互文；杜诗的用典；杜诗的拟人；杜诗的夸张；杜诗的对比；杜诗的句法；杜诗的构词；杜诗的叠字。附录有《"随时敏捷"试解》一文。刘明华（1956—　），四川平昌人。

杜诗流传韩国考

李立信著，台湾文史哲出版社1991年4月出版，系"文史哲学集成"系列之第225种。是书全面考察了杜诗在韩国流传的状况，共五章。第一章绪论，从中韩两国的血缘关系、唐诗传入韩国概说、韩国历代诗坛概貌三方面进行描述。第二章论杜诗传入韩国之始末，分为传入时间之商榷、杜诗在韩国大行其道的原因、历代流传情形三节。第三章介绍韩国历代编注刊印杜诗概况，具体从韩国历代注释及编纂之杜集、韩国历代刊刻景印之杜工部诗文集、历代零星之注释、历代论及杜诗之诗话四个层面入手。第四章论杜诗对韩国诗歌的影响，具体表现为历代诗人对杜诗之评介、读杜诗蔚成风气、模拟杜诗之作品。第五章为结论。附录有《韩国杜工部诗话集锦》、《知见韩国杜工部关系书目》。李立信（1944—　），广东高要人。

杜甫

毕万忱著，江苏古籍出版社1991年8月出版，系"中国历代名人传丛书"之一种。丛书的编纂宗旨是"力求突破一般传记读物的程式，尽力做到科学性与通俗性紧密结合，深入浅出，文笔生动，新颖活泼，使人爱读"。是书分"家世与童年"、"青年时代"、"李杜交谊"、"旅食京华"、"在安史之乱中"、"华州任职"、"辗转于秦陇"、"草堂春秋"、"流落夔州"、"身死孤舟，诗传千古"等部分，完整描述了杜甫的人生历程，介绍了杜诗的思想内涵和艺术形式。附录有《杜甫生平大事年表》。毕万忱（1937—　），山东文登人。

1992 年

杜甫传

万曼著，河南大学出版社 1992 年 4 月出版，系作者遗著。全书用十三个部分介绍了杜甫的家世、生平经历、思想情绪、友朋交往及诗歌创作等情况。另有"外四篇"，即杜甫开元天宝诗作不为人重视、杜诗结集、杜甫与从孙杜济的龃龉、"不平者"苏涣和杜甫。书前有"序言"，书后附"杜甫年谱"、"杜集编目"。万曼（1903—1971），笔名匡术，天津人。

杜诗檠诂

郑文著，巴蜀书社 1992 年 9 月出版。前言具体探讨了三个方面的问题。首先谈杜甫的忠君与爱民，以为杜甫所具有的忠君思想，是他同情人民疾苦、暴露违理现实、讽刺当代君主的基础；其次论沉郁顿挫的风格，认为沉郁是指作品经过深思熟虑，具有充足的理由、热烈的情感和丰富的材料，而又富于蕴藉，主要就内容而言，顿挫指文章的停顿与转折，是就诗文的表现方法而言；最后谈关于杜诗的注解，以为所存在的问题，主要表现在时事、古语与地理区域三个层面。是书依仇兆鳌《杜诗详注》卷次顺序，就杜诗有关诗句、诗题之注释逐一进行了辨析。郑文（1910—2006），字天叔，四川资中人。

杜甫在夔州

刘健辉、刘新宇、刘红雨、张素华编著，重庆出版社 1992 年 11 月出版。编著者在前言指出，夔州诗占杜集的 30%，且是诗人创作最高峰时期的作品。他们生活在夔州瀼西或东屯附近，踏遍了夔州的山山水水，因此希望通过这个"杜甫在夔州"的评传性专本，以杜诗为基本依据，结合夔州的实际地形，参考有关史志，尽可能把杜甫在夔州的说话行止理顺弄准，把诗人的思想创作等情况全面地介绍给读者。全书分为四章：留滞夔州的概括；寓居夔州的生活行止；夔州诗的丰富内容；夔州诗是杜诗的高峰。书后另有附录"杜甫寓夔行踪示意图"。刘健辉（1933—2003），重庆奉节人。

杜诗五种索引

钟夫、陶钧编，上海古籍出版社 1992 年 12 月出版。是书索引所收杜诗五种，即上海古籍出版社和中华书局出版的《钱注杜诗》、《杜诗镜铨》、《杜诗详注》、《读杜心解》及《全唐诗》(排印本)。杜诗每一句出条目，诗题与诗句一样按题出条目，以诗句、诗题的第一字按四角号码顺序排列，文与赋及诗前的序、题下、句下原注则不出条。每一条目下列出所在各书的名称、册次、页码、行数(双行夹注者作一行计)。凡异文，包括诗中注明"一作×"、"某本作×"者，均另出条目，并注"异"字，以示识别。书后另附《杜诗五种人名索引》、《杜诗五种索引笔划检字》。

1993 年

杜甫

罗宗强著，新蕾出版社 1993 年 5 月出版，系"中华历史名人"丛书系列之一种。是书主要面对青少年读者，力求以史实的准确性为第一要素，叙事写人，不演绎，不杜撰，不编造。其具体章节为：难忘的少年时代；南北漫游；与李白的友谊；十年长安；移家与受官；陷落长安；投奔凤翔与重返长安；贬谪华州；洛阳行；羁旅秦州；同谷悲歌；草堂岁月；夔府哀思；仁慈老人；客死孤舟；杜诗的伟大成就。

杜甫评传

莫砺锋著，南京大学出版社 1993 年 10 月出版，系"中国思想家评传丛书"之一种。扉页内容简介有云："研究杜甫的论著汗牛充栋，传记类的著作也有多种。本书有两个特点，首先，它既把杜甫当作伟大的诗人，详细论述其诗歌创作成就及其创作发展过程；又把杜甫当作伟大的思想家，对其人生哲学、政治思想和文学思想、美学思想进行了探讨。其次，本书评、传结合而侧重于评，并试图把杜甫置于时代和社会的广阔背景中予以审视，从而对杜甫的地位、影响及意义作了较深刻的阐述。"全书共分六章。第一章，孕育"诗圣"的条件：时代、家庭与禀赋；第二章，广阔的时代画卷与深沉的内心独白；第三

章，千锤百炼的艺术造诣与炉火纯青的老成境界；第四章，志在天下
的人生信念与致君尧舜的政治理想；第五章，转益多师的文学观点与
掣鲸碧海的审美理想；第六章，诗学绝诣与人品高标的千古楷模。书
前附有杜甫行迹示意图，书后附有杜甫简谱、人名索引、文献索引、
词语索引。莫砺锋（1949—　　），江苏无锡人。

杜甫诗歌赏析集

陶道恕主编，巴蜀书社 1993 年 10 月出版，系"中国古典文学赏
析丛书"之一种。前言说明："本书按入蜀前、两川、夔州和荆湘四
个时期划分。对安史之乱发生前后的皇皇巨制和流寓夔州期间的精美
篇章，都给予充分评价。对两川、荆湘时期的名篇佳作，也多加选
录，排除偏见，切实贯彻内容与形式、思想与艺术相统一的原则，乃
是我们努力的方向。"全书共选析杜甫诗 193 首，撰稿者 113 人。书后
附录"杜甫简明年表"。陶道恕（1921—　　），重庆人。

少陵先生交游考略

闻一多撰，湖北人民出版社 1993 年 12 月出版，原为手稿，孙党
伯、袁謇正编《闻一多全集》第 6 册《唐诗编（上）》收入。是文对杜甫
诗文中所出现的 360 个人物进行了简略考证，各人物以在杜诗中出现
的先后为序排列，人名后先罗列所在之杜诗诗题，之后征引文献考其
生平事迹，文献有误者以案语出之。整理时编者添加了"索引""正
文"四字。索引按姓氏笔画编排。

说杜丛钞

闻一多撰，湖北人民出版社 1993 年 12 月出版，原为手稿，孙党
伯、袁謇正编《闻一多全集》第 7 册《唐诗编（中）》收入。"丛钞"为著
者之读书笔记，系从 20 余种前人文献中所抄录出有关杜甫、杜诗的
材料汇编，即顾炎武《日知录》41 则，王士祯《带经堂诗话》56 则，程
大中《旧事考遗》（《在山堂全集》）1 则，曾廷枚《香墅漫钞》（乾隆五
十二年刊本）14 则，钱大昕《十驾斋养新录》13 则，薛雪《一瓢诗话》
12 则，吴雷发《说诗菅蒯》3 则，吴骞《拜经楼诗话》（《清诗话》本，
嘉庆三年序）4 则，孙志祖《读书脞录》（刊本，嘉庆四年跋）5 则，梁
玉绳《瞥记》（《清白士集》二十三）5 则，梁玉绳《庭立记闻》5 则，赵
翼《瓯北诗话》15 则，李调元《唾余新拾》（刊本）10 则，李调元《唾余

续拾》3 则，李调元《唾余补拾》7 则，洪颐煊《读书丛录》(刊本，道光元年序)2 则，宋翔凤《过庭录》(刊本，咸丰三年序)2 则，蒋超伯《通斋诗话》(南城李三鼎铅印本)112 则，陈衍《石遗室诗话》15 则，朱亦栋《群书札记》(光绪四年冯一梅序)46 则，胡鸣玉《订伪杂录》(乾隆四年跋，《湖海楼丛书》本)44 则，尚秉和《历代社会状况史》3 则。

杜甫散论

朱明伦著，辽宁大学出版社 1993 年 12 月出版。是书为著者论文集，收录其 1980—1993 年所作有关杜甫的 30 余篇文章，共分"家世生活篇"、"思想篇"、"艺术篇"、"鉴赏篇"、"评论篇"五个部分。"家世生活篇"以考证、考辨为主，"思想篇"以讨论杜甫忠君爱国、对战争的态度及与农民起义的关系为核心，"艺术篇"则围绕杜诗中的人物形象展开。朱明伦(1942—)，辽宁辽阳人。

1994 年

社会良知——杜甫：士人的风范

刘明华著，陕西教育出版社 1994 年 1 月出版，系"龙门丛书"之一种。"龙门丛书"系以丛书的形式对"重写中国文学史"的时代呼声作出一种回应。著者在导论中总结指出："杜甫作为'社会良知'，其思想渊源无疑是儒家的'仁学'。仁学，实分为内、外二路。从自身修养的完善看，它要求提高个体的道德境界；从社会义务看，它要求个体以'仁政'为理想参与政治。在人与人的关系上，则以仁之内核'恕'为准则行事，推而广之，在人与物的关系上，也表现出仁爱之心，从而形成宋儒所总结的'民吾同胞，物吾与也'的博大胸怀……杜甫在这些方面均表现出鲜明的个性，而封建时代的'社会良知'与君主的关系、他们所面临的种种困惑，也是值得深入思考的问题。这些，本书都力求有所论证，从而，勾勒出作为社会良知的杜甫的形象来。"全书共有六章：良知的真诚——杜甫的忧患意识；良知的勇气——杜甫的批判精神；良知的理想——杜甫的重建意识；良知的情怀——杜甫的民胞物与思想；良知与"忠臣"——杜甫"忠君"的表现形态；良知的困惑——杜甫的悲剧命运。

杜甫与杜诗

李一飞著，岳麓书社 1994 年 4 月出版。刘庆云序云："如何使一部著作既具学术性又具可读性，这是当今许多学者面临的一道难题。而此书却将二者结合得比较好，堪称雅俗共赏。全书不仅议论清爽，且常娓娓叙来，使杜甫其人跃然纸上，而诗人之情亦令人悠然心会，读者于不知不觉中增长了知识，开拓了眼界，受到了熏陶，获得了启示。"全书分 3 卷，上卷评说杜诗渊源、创作、内容、形式、风格、影响，有 13 篇论文，如《杜诗产生的背景和渊源》、《杜诗的创作历程》、《重大的主题》、《崇高的思想》、《真挚的感情》、《生动的自我形象》、《完美的艺术形式》、《杜诗中的诗歌理论》、《杜诗与湖南》、《杜诗学概说》等。中卷选注杜诗 181 首。下为杜甫生平考证，包括《杜甫生平事迹编年》和《杜甫因风疾卒考》两篇文章。李一飞(1933—　)，湖南永顺人。

诗圣杜甫：以杜诗作传，以唐史证诗

龚嘉英著，台湾合裕印刷公司 1994 年 5 月出版。作者自序有云："拙著名曰诗圣杜甫，其所包括之内容有三：一为自杜工部集中，选录具有时代性、关键性及代表性之诗篇，为子美生平，作有系统之叙述。以诗作传，可以存真。以史证诗，可以考实。二为对所选用之杜诗六百六十余首，照录全篇者约十之七，摘取部分诗句者约十之三，各就其诗义作扼要分析及说明，期有助于欣赏。其中对前人注释与编年，有不同之见解时，俱本客观立场，发抒己见，提供参考。诗中如有异文，应如何抉择，亦有个人主张。三为就杜工部文集中，节录子美少壮时，有关经历之辞句，及出仕后切中时弊之建言，以印证其夙怀韬略，志在中兴，非一般文士可比。"全书共九章，依次为：杜陵家世；少壮交游；长安十载；出仕逢乱；弃官度陇；两川六年；夔府流寓；荆湘漂泊；诗卷流传。

杜甫诗话校注五种

张忠纲校注，书目文献出版社 1994 年 7 月出版。陈贻焮序云："古今注杜，号称千家。注中间亦有评，而专为老杜作诗评、诗话者鲜见，有亦不易尽得。今忠纲精择善本以各本互校，探明诸家生平事

迹，简介版本流传概况，厘正前人征引、考订之失，注释允当多创获，此足见为力之勤与作惠学林之深矣。"是书收录历代专论杜甫的诗话五种：宋方深道辑《诸家老杜诗评》五卷，宋蔡梦弼集录《杜工部草堂诗话》二卷，清刘凤诰撰《杜工部诗话》五卷，清潘德舆撰《养一斋李杜诗话》三卷，近人蒋瑞藻辑《续杜工部诗话》二卷。校注者前言指出："《诸家老杜诗评》成书最早，且流传极罕，一般杜诗研究者所见，多为北京图书馆所藏残三卷明抄本，而北京大学图书馆所藏全五卷清初抄本，鲜为人知。全书共辑录诸家诗话二百余条，其中六十余条，不见于今存宋人著作，或与他书引文有较大出入，这部分资料，弥足珍贵。《杜工部草堂诗话》，传世版本较多，但多系残本，《四库全书》所收《草堂诗话》，较通行各本多出三十余条，很少为人注意，一些研究杜诗的论著和文章，亦未提及，而所引有为他书所未载者。《杜工部诗话》和《养一斋李杜诗话》，与前二种不同，二书不专辑前人评论，发表个人看法，时有精辟之见，可谓专论杜甫诗话之佼佼者。《续杜工部诗话》，搜罗颇富，且只见于《古今文艺丛书》第四集，不见别本印行。"全书共收录诸家评论杜诗之语 650 条，逐条标点、校勘、注释，引文均注明出处。各种诗话前有简要说明，介绍作者生平，概述版本源流，纠谬辨误，评论得失。嗣后校注者又增补《新编渔洋杜诗话》六卷，录王士禛论杜咏杜 242 条，附翁方纲《王文简古诗平仄论》、张忠纲《渔洋论杜》二文，更名为《杜甫诗话六种校注》，由齐鲁书社于 2002 年 9 月出版。

杜诗赵次公先后解辑校

林继中辑校，上海古籍出版社 1994 年 12 月出版，2012 年 12 月修订再版。具体评介见前。

李杜论集

郑文著，甘肃民族出版社 1994 年 12 月出版，系赵逵夫主编"诗赋研究丛书"之一种。是书汇录作者论李白、杜甫之文共计 17 篇，其中论杜之文 5 篇，即《论杜甫〈兵车行〉》、《也谈杜甫〈洗兵马〉的系年》、《杜甫为什么弃官?》、《杜甫爱国爱民与忠君思想是否必须分开?》、《由杜甫对唐玄宗、肃宗及代宗之评论看其晚期思想有无质变》，多系与人商榷。

1995 年

杜甫《戏为六绝句》研究

杨松年著，台湾文史哲出版社 1995 年 8 月出版，系"文史哲学集成"第 345 种，为新加坡国立大学中文系汉学研究中心学术丛书第 2 种。是书以杜甫《戏为六绝句》为研究对象，先作章句训释，后作各项分析与资料搜集，以推进研究的深入。全书计十一章：研究《戏为六绝句》面对的问题；杜甫《戏为六绝句》的写作动机与章句训释；杜甫《戏为六绝句》评历代作者；杜甫《戏为六绝句》与后世论诗绝句；后人取用《戏为六绝句》第一首论析；后人取用《戏为六绝句》第二首论析；后人取用《戏为六绝句》第三首论析；后人取用《戏为六绝句》第四首论析；后人取用《戏为六绝句》第五首论析；后人取用《戏为六绝句》第六首论析；结语。杨松年(1941—)，祖籍福建同安，新加坡人。

仇注杜诗引文补正

谭芝萍著，西南师范大学出版社 1995 年 10 月出版。著者以为仇注广征博引，集众家之说，又不失己，但依然存在一些值得关注的问题。是书先梳理了仇注征引古籍的概括，总计征引古籍一百多部，引注达万余条。书中引注者最多为两《汉书》，计近八百次；其次为《诗经》，近四百次；再次如《史记》、《左传》、《楚辞》、《庄子》、《晋书》等，各自为二百余次；曹植、陶渊明、谢灵运、谢朓、鲍照、庾信等与《世说新语》，各引百余次；《周礼》、《礼记》、《易经》与何逊、左思、江淹、潘岳诸人，各引近百次。最后举例说明仇注引注规律，总结其失大约在三个方面：引注不当、引而不注；重引；误引。在此基础上，著者分经、史、子、集，逐次逐条，进行了详细补正。谭芝萍(1917—1993)，四川江津人。

杜甫陇右诗研究论文集

李济阻、聂大受、马建东组稿编排，甘肃人民出版社 1995 年 12 月出版。是书共收录天水师范高等专科学校中文系教师研究杜甫陇右诗的论文计 44 篇，如李济阻《从"致君尧舜上"到"聊欲从此逝"》、

《杜甫取道陇右入蜀说辩误》与安涛《陇右诗在杜甫诗歌中的作用和地位》等，内容涉及杜甫在陇右行踪与遗迹考证、陇右诗的思想内容及艺术成就等诸方面。论文集为迎接杜甫陇右诗讨论会而作。

李白杜甫诗精选 240 首

杜维沫、高光起选注，山西古籍出版社 1995 年 12 月出版，系霍松林、卢兴基主编"唐宋诗词三十家"系列丛书之一种。是书选录李、杜诗各 120 首，共 240 首。每首诗中的重点字词与典故，均有简明注释；每首诗后有评析小文，点出作品精妙所在。

1996 年

杜甫诗歌精选

韩成武、南思雁选注，花山文艺出版社 1996 年 1 月出版，系"唐代名家诗丛"之一种。是书从仇兆鳌《杜诗详注》所录诗中精选 250 余首，以写作时间先后为序，进行注解。正文前有《杜甫小传》。韩成武（1945— ），天津武清人。

杜甫诗精选精注

龚笃清选注，广西师范大学出版社 1996 年 3 月出版，系"唐诗精粹丛书"之一种。前言评介杜甫，指出爱国主义和人道主义的感情始终贯注在杜甫的诗作中。是书精选杜甫各体诗 150 余首，按诗歌体裁分类排列，诗后有简要赏析和注释。龚笃清（1947— ），湖南新邵人。

李白杜甫寄怀长诗选

金熙编著，学苑出版社 1996 年 7 月出版。是书选录李白、杜甫寄怀长诗各 7 首，所录杜诗依次为：《奉赠韦左丞丈二十二韵》、《自京赴奉先县咏怀五百字》、《北征》、《寄李十二白二十韵》、《壮游》、《偶题》、《风疾舟中，伏枕书怀三十六韵，奉呈湖南亲友》。每篇按原诗、题注、注释、今译、集说编排。

杜甫文学游历——杜少陵传

郭永榕著，台湾文史哲出版社 1996 年 8 月出版。是书以传记的形式完整叙述了杜甫的一生，共有十章：世系与童年；吴越之游；齐赵之游；东都与长安；入蜀；成都；夔州；出峡；南征；孤舟漂泊潭岳间。书后附有杜甫年谱。郭永榕（1921—　　），福建上杭人。

少陵律法通论

侯孝琼著，中州古籍出版社 1996 年 9 月出版，系"新纪元中华诗词艺术书库"第六辑第九卷。霍松林为序，指出律诗乃是先秦至唐两千年来众多诗人对诗艺反复研练的结晶，它最大限度地发挥了汉语言文字的音乐美、形式美。它那既对立又统一，既整齐又富于变化的扬抑、疾徐的韵律和对比映衬的句法，适应于汉民族文化辩证思维的模式。对作者来说，它能有效地传情达意；对读者来说，它易记、易诵，易入人心。律诗，它将与汉语言文字共存亡。古人阐发杜诗，大都或注"事"，即所谓"笺释"，或注"意"，即所谓"解析"。涉及律法的论述，则淹没于对一首诗的笺事、解意的海洋之中。以杜甫的律诗作为圭臬来系统地讨论律法的书，尚付阙如。这实在是一个亟须填补、充实的薄弱环节。是书系统阐述了杜律法则，共分炼字、琢句、章法、技巧、韵律五篇，逐一以杜甫律诗为例进行分析。侯孝琼（1936—　　），湖南长沙人。

杜甫研究论集

中国杜甫研究会编，中州古籍出版社 1996 年 9 月出版，系"新纪元中华诗词艺术书库"丛书第六辑第十卷。1994 年 10 月 31 日至 11 月 3 日，河南巩义市召开中国杜甫研究会成立大会暨第一次学术研讨会，是书收录有关文件和学术论文 33 篇，并选录历代诗人咏杜甫故里及当代诗人咏杜甫诗百余首。

李杜诗中的生命情调

简恩定著，台湾书店 1996 年 10 月出版。是书深入浅出，以诗歌赏析的方式，介绍了李白、杜甫二人的生命情调，共分四部分：一、导读——欢迎进入李白与杜甫的心灵世界；二、骑白鹤——李白诗中的生命情调；三、观海潮——杜甫诗中的生命情调；四、开锋与藏锋——李杜诗的现代意义。

杜甫悬案揭秘

李绍先、李殿元著，四川大学出版社 1996 年 10 月出版，系"中国名人悬案系列"丛书之一种。是书分"少壮交游之谜"、"困守长安之谜"、"乱离忧患之谜"、"漂泊两川之谜"和"魂系湖湘之谜"五个部分，对杜甫的生平、涉世、交游及其诗作中存有争议的问题进行了梳理和探讨，如杜甫洛阳山庄有几处、杜甫与李白的交游、杜甫科举落第、"三吏"、"三别"的编次、杜甫与严武的关系、杜甫为何重返成都、诗人因何而死、杜甫卒后的葬地等。

杜甫全集

高仁标点，上海古籍出版社 1996 年 11 月出版。前言指出，杜甫是登上世界文学史最高峰的诗人之一，艺术的最高境界就是真善美的和谐统一，杜甫就是达到这一至境的为数不多的诗人之一。是书为杜集白文本，以康熙静思堂本《钱注杜诗》为底本，删去原有校记和注释，仅保留部分题注，又将《全唐诗补编》、《全唐文》所录杜甫佚诗、佚文作为附录补入，重新标点。《杜甫全集》共 20 卷，其中诗 18 卷，文、赋 2 卷。

杜甫诗译析

胡汉生编著，三秦出版社 1996 年 11 月出版，系"唐宋诗文大家今译丛书"之一种。全书编选杜诗 110 首，按诗体、写作时间排序，并作了注释、翻译和简析。作者前言有云："注释时，参考了各家的注本，对不同的说法，择善而从。译诗，以直译为主，不好译的改为意译。基本上采用原韵，很少换其他的韵。用词，力求简明。典故只能按意义来译，人名、地名，按原诗不变或少变。为了避免呆板，采用长短句式。每首诗译完后，曾反复多次地推敲、润色，尽力反映原意。"

杜甫全集

仇兆鳌注，秦亮点校，珠海出版社 1996 年 11 月出版，全三册。编者前言指出："仇兆鳌的《杜诗详注》集前人之大成，征引繁富，考证精密。清康熙三十三年，仇兆鳌为翰林院编修时，将此书奏进康熙皇帝。全书凡诗注二十三卷，杂文注二卷，后以逸杜、咏杜、补杜、论杜等为附编上下二卷。其总目自二十八卷以下尚有集杜、仿杜等条目，有目而无书，似是欲为续而未成。每诗各分断落，先诠释文义，而后征引典故，列于诗末，便于阅读欣赏。本书即以仇氏《杜诗详注》排印而成，删掉了正文中的异文和注音，改为简体横排，改名为

《杜甫全集》，以飨广大读者。"

杜甫传

马昭著，北岳文艺出版社 1996 年 11 月出版。是书用小说笔法，描绘了杜甫 48 岁以后的生活，从逃难秦州开始，直至逝于衡湘。全书分为八章：噫吁嚱，蜀道难；绿雨红蕖裹草堂；江村孤月又清清；西川雨淫淫；天涯欢与愁；梓水波，阆山歌；清秋幕府，绝塞狼烟；云彩满蜀都。马昭（1940—　），吉林省吉林市人。

1997 年

中国古代十大诗人精品全集·杜甫

严燕子选注，大连出版社 1997 年 1 月出版，1998 年 1 月再版。丛书选注体例多着眼于阅读与欣赏，不特别强调学术性，对于一些有争议的问题，一不标新立异，二不作繁复的辨析，只取多数人认可之说。是书分为诗人小传、正文和附录三部分。小传简要介绍了杜甫的生平与创作概况，总结出了杜诗的艺术特色：叙事抒情写景状物真实而细腻，并有高度的概括性和客观性，体裁丰富多样；语言形象精练，具有强烈的感染力量。正文共选录杜诗 529 首，诗篇按创作时间的先后顺序排列，分为"读书漫游时期"、"困守长安时期"、"陷贼与为官时期"和"漂泊西南时期"四个时期。每首诗后有题解与注释。附录为"杜甫生平创作简表"和"杜甫诗作版本简目"。严燕子（1969—　），安徽南陵人。

杜甫

韩成武编著，海南出版社 1997 年 1 月出版，系"中华历史名人丛书"之一种。全书共分为以下诸篇章：少儿时代；壮游足迹；困居长安；身陷贼中；西窜与北征；贬斥华州；洛阳之行；秦州·同谷·成都；草堂岁月；避乱与回归；流寓夔州；飘泊荆楚及病故；结束语。

杜甫律诗揽胜

许总著，台湾圣环图书公司 1997 年 1 月出版。是书以杜甫入蜀后的晚年作品为主，共选录杜甫五律、七律共 63 题 105 首，进行注释和解析。

杜诗学通论

许总著，台湾圣环图书公司 1997 年 2 月出版。是书系作者"杜诗学"研究的阶段性总结，分上、下两编。上编《杜诗学史概要》对杜诗研究史分段进行了探讨，共十三章，分别是：唐代杜诗学；宋代诗人宗杜风尚；宋代学术思想与杜诗论；宋代杜诗辑注源流与变迁；江西诗派杜诗论；蔡梦弼《草堂诗话》与方深道《诸家老杜诗评》；金元时代的杜诗学；明清时代的杜诗学；桐城派杜诗论；吴见思与《杜诗论文》；周春与《杜诗双声叠韵谱括略》；闻一多杜诗研究的成就与意义；萧涤非《杜诗研究》与当代杜诗学。下编《杜诗艺术撷琐》系作者对杜诗艺术的研究，分六章：时代性特征的独特表现；写实原则与表情方式的双向同构；艺术创造性及其渊源影响；以诗为文的特点与方式；以文为诗的内涵与意义；杜甫夔州诗心理内涵与美学建构。

杜工部集

王学泰校点，辽宁教育出版社 1997 年 3 月出版，系"新世纪万有文库·传统文化书系"之一种。是书共二十卷，以影印《杜工部集》为底本，以《王状元集百家注编年杜陵诗史》、《九家集注杜诗》、《杜工部草堂诗笺》、《杜诗赵次公先后解辑校》通校，并以钱谦益《杜工部集笺注》、仇兆鳌《杜诗详注》参校。底本未收的诗篇，据他本补录，附在后面。正文前有王洙《杜工部集记》，正文后有《补遗》、《毛扆跋》、《张元济跋》、《再补遗》。书末另有《校勘记》，说明校勘整理情况。王学泰(1942—　　)，北京人。

杜甫草堂诗选

师野选注，四川文艺出版社 1997 年 4 月出版，2003 年 9 月再版，系"杜甫草堂历史文化丛书"之一种。前言指出："由于蜀地远离战乱不已的中原，加之草堂又地处郊野，因此杜甫的生活较为安定，心绪也较为恬静，这就使其草堂诗作的相当的一部分带有田原风味。大量描写郊野之景和抒发恬淡之情的作品，构成这一时期创作的特点。然而杜甫毕竟是杜甫，其忧患意识始终存在于他的心底，他也始终不能忘怀现实，故现实中一旦出现促使其忧患意识复苏的因素，诗人便又回到忧国忧民的创作轨道上，著名的《茅屋为秋风所破歌》以及《病橘》、《枯棕》等诗篇，便是在这样的情形下写成的。"是书选录了杜甫居住草堂三年零九个月期间所作 240 余首诗篇中的近半数，每篇后有说明和注释。

杜甫草堂史话

周维扬、丁浩著，四川文艺出版社 1997 年 4 月出版，系"杜甫草堂历史文化丛书"之一种。是书分杜甫生平简介、草堂的历史与现状、景观评说、文物拾萃四部分，书末附录介绍了草堂寺、浣花祠、梅园的由来及景况。周维扬（1948—   ），笔名达也，河南开封人。

杜甫草堂匾联

丁浩、周维扬编著，四川文艺出版社 1997 年 4 月出版，系"杜甫草堂历史文化丛书"之一种。是书收录杜甫草堂匾额、对联 32 条。书末另附浣花祠匾额一、对联二、草堂旧联补遗十六。匾额有简要说明，对联有注释、简析及作者简介。

历代咏草堂诗选

刘新生选注，四川文艺出版社 1997 年 4 月出版，系"杜甫草堂历史文化丛书"之一种。自李唐以降的宋、元、明、清各代，凡来成都的文人墨客，鲜有不去浣花溪游览，不去草堂瞻拜诗圣。在其地秀美幽静的自然景观与人文景观中，一房一宇，一草一木，无不显现着诗圣吟咏过的风采，给人们无限的缅怀与遐想，激发着诗人们创作的欲望。是书精选出历代吟咏成都杜甫草堂的 102 首诗作，力求结合杜甫本人对草堂的吟咏，对入选诗篇进行注释。刘新生（1950—   ），四川成都人。

诗圣杜甫

刘新生著，四川文艺出版社 1997 年 4 月出版，系"杜甫草堂历史文化丛书"之一种。著者之父刘开扬为前言，以为"此书以杜甫的诗文和史籍为主要依据，参考了本人及其他一些现代学者的最新研究成果，记叙了杜甫的一生，并对杜甫各个时期的代表作品作了通俗易懂的评介，是一部选诗比较得当，份量适中的普及读本"。全书共分十二章，依次为：绪论；童年琐事；青年漫游；入仕前后；安史叛乱；贬官出京；弃官入蜀；寓居成都；流寓东川；重归草堂；东下云夔；漂泊湖湘。

中国诗苑英华·杜甫卷

吴庚舜、陈刚、温绍堃选注，山东大学出版社 1997 年 4 月出版，后作为该社"中国文学名家精品系列"之一种于 1999 年 1 月再版。吴庚舜是书前言云："杜诗精品多，本书选诗的原则是精中求精，尽可能地选入思想艺术结合完美之作，代表之作。抒情诗和叙事诗并重，并力求做到题材、形式、风格的多样性。全书共选杜诗一百九十七首。选诗以《杜诗详注》为底本，遇有异文，参校其他有价值的版本，择善而从。诗篇的排列以年月为序，使读者对杜诗的发展有所了解。注释以简明精当为准则，不避难点。为了反映当代的研究水平，我们也参考了有关论著的见解和考订。各诗的写作年月、主题思想、艺术特色或前人精辟的评论均纳入首见注中，不再别列。"吴庚舜（1932— ），原名赓舜，笔名挚谊，四川安县人。

杜甫研究(卒葬卷)

傅光著，陕西人民出版社 1997 年 8 月出版。全书分正、副两编：正编——研究编，汇录杜甫之死的异说与分歧、杜甫之死辨误、戎昱《耒阳溪夜行》诗考论、韩愈《题杜子美坟》诗考论、元稹《杜君墓系铭》考论、李观《杜拾遗补传》考论、杜甫墓葬的历史考察、杜甫卒葬年表等二十章。作者认为"杜甫确于大历五年（770）夏卒于耒阳"，"直接死因还只是饮酒过多"，并强调《风疾舟中伏枕书怀》一诗作于"大历三年（768）冬末，地点在洞庭湖上的舟中"，绝笔诗当为《聂耒阳以仆阻水书致酒肉疗饥荒江诗得代怀兴尽本韵》。杜甫初葬耒阳，旋殡岳阳，终葬偃师。副编——考证编，汇录了自唐迄今有关杜甫卒葬的资料，及作者的述评。书后附杜甫卒葬研究资料索引（1911—1996）、引用书目。傅光（1962— ），祖籍山东蓬莱，出生于陕西西安。

杜甫诗全译

韩成武、张志民译注，河北人民出版社 1997 年 10 月出版。译者以为，"既然杜甫是以为人民诗人，则他的全部作品就应该为广大的人民群众所通晓，他的伟大的思想应该被人民群众所认识，他的精湛的艺术应该由人民群众去享受。杜诗不是精神贵族的产物，不应该被专家学者所独有"。是书以仇兆鳌《杜诗详注》为底本（《哭长孙侍御》

一首作杜诵诗，不录），每首诗都有题解、原诗、注释、译文四项。题解包括编年和内容提要，注释一般只注释典故和生僻词语。译文是全书核心，译者细览百家之说，择其善者而从之，力求忠于作品原意，审慎加以翻译，诗句跳跃之处，则据上下文意加以增补。张志民（1944—　），河北武安人。

《管锥编》与杜甫新解

[德]莫芝宜佳著，马树德译，河北教育出版社 1997 年 11 月出版，系"钱锺书研究丛书"之一种。在《管锥编》的启示下，著者选译了 25 首杜诗并加以诠释，以探索中西方存在差异的原因，并试图对杜甫作一新解。下篇引言为中国的和西方的地方研究。第一章对仗分为三节：杜甫——文体风格的样板、诗——第一首至第五首、战斗的龙——杜甫风格；第二章自我表现，分为：中国的和西方的杜甫形象、遁世者——"坦腹江亭暖"、官吏——"一去紫台连朔漠"、疾病——"天地一沙鸥"、自我发现；第三章召遣鬼神，分为：杜甫诗中的神、诗——第二十至第二十四首、秋兴八首、水与光的映像。余论为在《管锥编》启示下的杜甫新解。

1998 年

杜甫及其作品选

刘开扬、萧涤非撰，上海古籍出版社 1998 年 6 月出版，系"历代名家与名作丛书"之一种。是书为"中国古典文学基本知识"丛书之刘开扬《杜甫》与"中国古典文学作品选读"丛书之萧涤非《杜甫诗选注》合编而成。

杜甫研究论稿

丘良任著，中国文联出版公司 1998 年 6 月出版。此书前半部分为十余篇杜甫研究的论文组成，主要考证杜甫的卒因、卒地、卒年，如《杜甫之死及其后裔问题》、《杜诗考索》、《"幽人"不能作"幽囚"解》等，对杜甫死于牛肉白酒之说提出质疑，并考订大历六年（771）春季杜甫病逝昌江，殡于小田。《杜甫湘江诗月谱》则将杜甫晚年流寓湖南的诗作按月排列，诠释了相关诗文、评议的关系。《杜甫诗歌所表现的真、善、美》探讨了杜诗的美学价值。此书后半部分为"杜诗今译",以创作年代先后为序,选译了38首杜诗。丘良任(1912—2000),安徽全椒人。

杜甫传

还珠楼主著,周清霖、李观鼎编校,北岳文艺出版社1998年9月出版。是书为作者临终前口授完成的历史小说。全书共十一回:第一回,落叶满长安,残照西风,汉家陵阙;分金贻至契,推襟寒儒,杜老心肠。第二回,季世更何知,三绝补窗高士画;危机原不计,长亭走雨故交情。第三回,急景正凋年,笔染烟云唯有饿;考功仍下第,诗成珠玉也长贫。第四回,高谊托风尘,斗酒只鸡珍远别;清辉怜玉臂,砧声午夜感深情。第五回,献到宫廷,妙笔才为当世重;躬亲陇亩,衷怀始共野人知。第六回,不见咸阳桥,惨雾弥天,哀鸿载道;同乘飒露马,长河落日,故友班荆。第七回,积雪行舟,阴岭光寒林似玉;僵尸委路,朱门肉臭酒如渑。第八回,蠖屈必求伸,杜陵连上三礼赋;水边多丽影,等闲莫赏曲江花。第九回,须防丞相嗔,坠钿遗珠不可拾;谁为京国守,千乘万骑总西奔。第十回,贼窟逢故人,幸能脱身赴行在;麻鞋见天子,始得归家慰妻儿。第十一回,遗恨隐深宫,南内凄凉伤恶媳;民间多疾苦,杜陵停泪写新诗。还珠楼主(1902—1961),原名李善基,后改为李寿民,重庆长寿人。

杜诗研究丛稿

钟树梁著,天地出版社1998年9月出版。本书收录有关杜诗的论文22篇,内容涉及杜甫的生平经历、各个时期诗歌的异同、各种体裁作品的艺术特色、杜诗重要题材的评述及代表作品的专题研究,如《读杜甫早年诗札记》、《读〈秦州诗二十首〉》、《读杜甫两川诗》、《夔州歌十绝句》、《〈茅屋为秋风所破歌〉再辨析》、《论杜甫的五言排律》、《杜甫诗中的妇女形象》、《一言为智,千载犹新》、《万古云霄一羽毛》、《论蜀相》、《陈子昂与杜甫》、《杜甫与文天祥》等。书前作者有自序,书后附录其有关诗词30多首。钟树梁(1916—),四川成都人。

诗圣杜甫

孟修祥著,湖北人民出版社1998年9月出版,系王齐洲主编"走近圣人丛书"之一种。全书共分十部分，第一部分引言，介绍杜甫何以为诗中之圣哲；第二部分时代骄子，描述了杜甫裘马轻狂的岁月，分为六节：黄金时代、"奉儒守官"的家世、崇拜凤凰、行万里路、爱情与婚姻、诗友深情；第三部分盛世悲辛，叙述了诗人困守长安的艰难时光，分为五节：京华碰壁、品味凄凉、预言危机、转变诗风、里程碑式的五百字；第四部分乱离之歌，叙写了杜甫在战乱中流离的生活，分为六节：安史之乱、颠沛流离、营救房琯、《羌村三首》与《北征》、不幸贬官、"三吏"、"三别"；第五部分苦难人生，叙述了杜甫逃难至病卒的经历，包括秦陇奔波、草堂苦乐、川东流浪、重返成都、夔州反思、孤舟飘泊、诗人之死；第六部分介绍诗圣精神，将其归纳为美妙理想、仁爱之心、高尚情操、批判精神、改良思想、沉郁诗风；第七部分从诗圣、狂士、隐者三个方面进行横向比较；第八部分从时代、个人、诗来论述杜甫的成长；第九部分崇拜与选择，写杜甫对后人的影响；第十部分写杜甫与当代诗人的关系。孟修祥（1956—　），湖北天门人。

杜甫选集

山东大学中文系古典文学教研室选注，袁世硕、董治安、张可礼、张忠纲修订，人民文学出版社 1998 年 10 月出版，系"世界文学名著文库"丛书之一种。此书是在《杜甫诗选》（山东大学中文系古代文学教研室选注，人民文学出版社 1980 年版）的基础上增选修订而成，此处增选了几十首诗和一篇《雕赋》，同时修改了原来的部分注文，调整了体例。前言对杜诗的认识，也有所变化，比如对杜诗艺术，选注者认为，"杜甫是写实派诗人，这不但是指他多咏时事，有'诗史'之称，还应指他写诗多是随物赋形，即景生意。也就是说无论写人写事、写景写物，总不离开所写对象的实际情形，不仅叙事性的诗如此，抒情言志的诗也是如此。……诗由现实生活生发，又依据现实生活造诗，既不假借古意古事，也超越了古老的比兴，从而也就迈入了新境界。这就是杜甫诗的基本特点和优长处"。

杜诗今译

师兴编译，四川文艺出版社 1998 年 12 月出版，2003 年 9 月修订再版，系"杜甫草堂历史文化丛书"之一种。编译者认为，"古诗今译，可以帮助读者读懂原诗，较快掌握原诗的思想内容和艺术特点。因此，这是一件很有意义的工作。古诗今译应该算是一种再创作，首先是对准确性的要求。所谓准确性，就是要求译文能把原诗的意思尽可能准确地表达出来。此外，还应该尽量做到译文生动，使原诗的语言风格特点能够从译文中再现出来，然而要做到这一点是很难的。古诗今译，究竟应该怎样译，目前还没有总结出比较系统的经验。古诗今译难，而杜诗今译则更难。尽管如此，我们仍然力求做到'信、达、雅'，力求做到译文准确、通顺、生动"。是书选译了杜甫各时期诗歌50余首，另有题解与注释。

书海拾贝——杜甫草堂馆藏杜集善本评介

丁浩编著，四川文艺出版社1998年12月出版，系"杜甫草堂历史文化丛书"之一种。是书介绍了杜甫草堂博物馆所藏杜集版本，包括《南宋刻本〈杜工部草堂诗笺〉》、《南宋刻本〈草堂先生杜工部诗集〉评介》、《杜甫草堂藏元刻杜集评介》、《杜甫草堂藏明刻杜集评述》、《杜甫草堂藏清代手钞杜甫略说》、《杜甫草堂博物馆馆藏杜集目录》等文。丁浩(1954—   )，四川遂宁人。

画坛撷英——杜甫草堂馆藏书画精品评介

贾兰著，四川文艺出版社1998年12月出版，系"杜甫草堂历史文化丛书"之一种。是书挑选了杜甫草堂博物馆馆藏的37幅名家的书画作品，包括董其昌、张瑞图、傅山、郑板桥、谢无量、齐白石、张大千、沈尹默等人的作品，对这些书画家及其相关作品进行了评介。

杜甫在长安

张哲民著，三秦出版社1998年12月出版。是书熔小说、传记和历史于一炉，共二十四章。扉页简介："《杜甫在长安》，取材于天宝五载到乾元二年(746—759年)这十三年的历史时期。'安史之乱'使唐王朝由盛到衰。杜甫正是在这个时期走完了他求官、得官、弃官的人生过程。盛唐没有给他带来好运，败唐则更让他流血呻吟。书中详细记叙了怀有旷世之才的诗人致君不得、怀才不遇、报国无门、匡时无机的经历和栖栖惶惶、汲汲戚戚、风风雨雨为之求索不已的拼搏精神和顽强毅力，以及为之所付出的惊人的代价和所承受的常人无法承受的羞辱和痛苦。书中除真实记录了杜甫所处的那段历史，展现大唐长安那段令人神往的辉煌的过去之外，还对那些与杜甫有关的人也作了生动的刻画，诸如唐玄宗、唐肃宗、李林甫、杨国忠以及李白、李邕、高适、岑参，郑虔、苏预、王维、贾至，还有李琬、李瑀、房琯、张垍、严武、赞公等等。人物个个有血有肉，栩栩如生。这是一幅小人的群丑图、君子的群英谱，更是一幅不得志文人的众生像。"张哲民（1949—　），陕西长安人。

1999 年

杜甫

邓魁英著，春风文艺出版社 1999 年 1 月出版，系"插图本中国文学小丛书"之一种。引言指出，"杜甫的一生看到了国家由盛而衰的急剧变化，经历了仕途坎坷、饥寒跋涉的痛苦生活。他用诗歌记录下自己的亲身体验，广泛、深刻地反映了那个时代、社会面貌，表达了自己忧国忧民的真情实感，他把自己的全部心血都倾注到了诗歌创作之中。他留存下来的一千四百多首诗内容丰富，艺术精湛，被誉为'诗史'，一向深受人们喜爱。杜诗是我们民族传统文化及全人类文化中永远放射着夺目光芒的瑰宝"。正文共有八个部分：早年的读书与漫游；西入长安求仕与任兵曹参军；安史之乱中的逃难与陷贼；任左拾遗与疏救房琯；贬为华州司功参军与弃官度陇；流浪于秦州、同谷；入蜀后的草堂生活与避乱梓州；离蜀东下，寄寓夔州与漂泊湘江。

乱世流萍——杜甫传

邓红梅著，河北人民出版社 1999 年 1 月出版，系曾繁亭主编"世界十大文学家"丛书之一种。丛书序言以为，"这是一套以作家的人格为中心的传记丛书。作家的人格，既表现在创作中，也表现在他的社会活动和日常生活中；作家的理想追求、精神气度、个性气质、性情旨趣、文化选择、价值取向等，都是作家人格的外化，也正是我们在明晰地勾勒描述大师们的生命状态与生活经历全貌的同时，竭力要准确捕捉并细致描绘加以凸现的核心内容。此外，对作家创作心态的描述，无疑也是我们在这套作家传记写作过程中着意突出的一个方面"。是书共有九章，依次为：凤凰出世；壮岁交游；困守长安；渔阳鼙鼓；济世梦断；陇蜀道寒；漂泊西南；夔府落日；湘楚流离。邓红梅(1966—2012)，江苏句容人。

杜甫

吴雄著，海天出版社 1999 年 5 月出版，系"世界巨人传记丛书·中国文学家卷"之一种。是书共有十个章节，依次为：绝非寻常的家世；奇异童年的回忆；"快意"的"壮游"；两座"大山"的喜相逢；长安困守，十年蹉跎；战乱流离的悲歌；秦陇道上写萧瑟；寄寓巴蜀的酸辛；夔州"秋兴"话沧桑；荆湘漂泊的凄楚。

杜甫研究丛稿

王辉斌著，中国文联出版社 1999 年 9 月出版。是书分上、下两卷，上卷以考证为主，包括《杜甫之父杜闲考略——兼及其子女六人的生年问题》、《杜甫母系问题辨说》、《杜甫出生地考实》、《杜甫妻室问题索隐》、《李杜初识时地探索》、《任华与杜甫交游考索》、《孔巢父与李白、杜甫交游考》、《杜甫东柯之行考辨》、《杜甫卒年新考》等十二篇文章；下卷以分析辨正为主，汇录了《杜甫诗歌：中国古代学者诗的范本——以其近体诗为研究的中心》、《三苦一神：杜甫的创作法门》、《艺术转型：杜甫秦州诗的文学特质》、《杜甫〈风疾舟中〉新说——兼及其卒年之再考》、《〈江南逢李龟年〉为李白作》等十篇文章。附录有《建国以来杜甫生平研究综述》、《李白与杜甫(译文)》、《王辉斌主要学术论文编年索引》。王辉斌(1949—   )，字靖华，号竞陵居士，湖北天门人。

杜诗今注

王士菁著，巴蜀书社 1999 年 12 月出版。是书以王洙本为底本，以草堂诗笺本、仇注本、杨注本等参校。编年则以仇注本为主要依据，参考其他版本以稍作调整。编排以杜诗创作代为顺序，据诗歌内容分为十卷，每卷之前都有简略的介绍。注音、释义，均采用现代汉语。著者此前曾有《杜诗便览》，是书进行了修订，以使杜诗能够为当代读者所接受。前言对杜甫和他的诗篇进行了述评。

杜诗全集(今注本)

张志烈主编,天地出版社 1999 年 12 月出版。刘开扬在序言中说:"现今较为流行的杜甫诗全集有宋人郭知达编《九家集注杜诗》……其中以仇注最详,杨注折衷为当。综观上述诸种杜诗全集本,都过于专门化、专业化,对广大杜诗爱好者来说,并不十分地适宜。成都杜甫草堂博物馆鉴于此,组织本馆业务骨干和四川省杜甫研究会部分会员,用了近一年的时间,编写成这部《杜诗全集》(今注本)。该全集有一个突出的特点,即是十分注意内容的通俗性。书中对杜诗的深奥诗句,并未作繁琐的考释,而是在汲取前人或时贤研究成果的基础上,予以深入浅出的解说。"是书共分四册,以杨伦《杜诗镜铨》为底本,参考仇注、钱注及历代其他重要注家成果,对 1400 多首杜诗进行了说明与注释。张志烈(1937—),四川成都人。

杜甫夔州诗现地研究

简锦松著,台湾学生书局 1999 年 12 月出版。"现地研究",就是指研究者必须亲自到作品的原产地去做实物的比对勘验工作。著者认为,他的工作,就是把诗句所描写的形貌,在现地景物中找出可以相应之处,将诗句和实地结合起来。至于杜诗古注与前人的各种文献,以及许多与此研究相关的跨学科专业论著,将被以类似法律事件的证人身份,运用在比对研究时的验证工作上。前言在说明研究方法、资料来源及成果期待之后,对杜甫夔州诗 430 首中有关"楚宫阳台"、"赤甲白盐"、"东屯茅屋"、"瀼西草堂"四个地名进行了定位、考证研究。书前附精美图片 71 幅。著者前言详细地阐述了他的研究宗旨:"本书从跨科际的多重角度,在现地从事摄影、录影、测量、采样土壤岩块、观察水文情况,并仔细研读地质、水文、泥沙、环境学者对本地区的专业研究报告,再以此基础,比对所有杜甫夔州诗作,并进而全面深入地判读自《水经注》一直到 1995 年《奉节县志》、1998 年《奉节年鉴》等所有重要的地理书籍,检核十七种重要的杜诗注本,以此种种作为,希望能留下更接近杜甫当年原貌的记录,以便后人勾画出最接近实际的杜甫夔州生活图像。"简锦松(1954—),台北人。

二十世纪杜甫研究大事记

1910 年

李详梳理了杜诗与《文选》的关系。

李详(1859—1931),字审言,江苏兴化县人,在《国粹学报》1910 年第 64 期开始连载《杜诗证选》,至 1911 年第 78 期结束。作者自序云:"杜少陵《宗武生日》'熟精《文选》理',又《简云安严明府诗》'续儿诵《文选》',后世遂据此为杜陵精通《文选》之证。自宋以来,注家能举其辞者,已略得六七。然或遗其篇目,或易其字句,或多引繁文而与本旨无关,或芟薙首尾而于左证不悉,凡此皆病也。又少陵每句有兼使数事者,有暗用其语者,但举其偏与略而不及,皆有愧于杜陵'熟精'二字……如此之类,历来注家,尚未窥此秘。余既治《韩诗证选》毕,又取杜诗证之。恒恐末学耳食,谓引选语,已见注中,而怪余为剽袭,比之重台累仆。然安知不有深通其意者,复相赏邪?余于是锐然为之,渐得数卷,览之多有可喜,因为写定如左。世有快炙背而美芹子者,其或不嗤为野人之献焉。则余将踵此以进,谓诸君亦有乐乎此也。"是书收录杜诗 168 首,不录原诗全文,只录有关诗句,逐一注明在《文选》中出处,共得证选者 318 条。李详此文初载后,经其子编校,为《文选学著述五种》之一,收录于《李审言文集》中,由江苏古籍出版社于 1989 年 6 月出版。文集中另收录作者手稿《杜诗释义》,系其晚年任教东南大学时之讲义,释杜诗 37 首。

1916 年

谢无量将杜甫列为中国六大文豪之一。

谢无量(1884—1964),原名大澄,字仲清,号希范,后改字无量,号蓄庵,四川乐至人。《大中华》第二卷第 3、6、8、9、10 期,曾连载谢无量《中国六大文豪》。作者自序云:"何以仅取此六人也?夫五经诸子之书,既如前说,不可与文学并论。司马迁、班固,又皆良史之材,事异于篇翰者也。自余词赋作者,并沐相如、子云之遗泽,不能更树为宗。六朝之际,美文斯极,观当时所造,若是班乎?

吾国文学极盛，首推周季，次惟六朝。周之诸子，创论著议，莫不奇伟。六朝文士，非对不发。一以理胜，一以词胜。作者并世相望，难于甲乙也。盖一时之盛，流风扇于众材，旷世之英，高步绝于前后。二者固当分别，今惟希心杰士，政宜弃彼取此，且理胜之文，本非所慕。闳词丽句，则导源于扬马，齐、梁诸英，莫外乎是矣。枚叔苏李，肇兴五言；建安曹刘，波澜益茂。以至太康嗣响，元嘉变格。永明之间，渐研声病，于是五言七字，体有古今，大备于唐初，集成于李杜。后来诗人虽众，无出李杜之礼者。故于诗人，惟著二家。"其所论六大文豪依次是屈原、司马相如、扬雄、李白、杜甫、韩愈。杜甫部分讲述了以下五个问题：杜甫传略；杜甫之古体；杜甫之近体；杜甫与李白；杜甫与并世诗人。1919 年 4 月，上海中华书局有单行本出版。

1922 年

梁启超称杜甫为"情圣"。

梁启超在《晨报文艺副刊》（1922 年 5 月 28 日）发表《情圣杜甫》一文，该文为是年 4 月 21 日诗学研究会上作者之演讲稿。具体内容见前。

1924 年

胡小石从诗歌艺术层面对李白、杜甫进行了细致的比较。

胡小石（1888—1962），名光炜，浙江嘉兴人，生于南京。在《国学丛刊》第 2 卷第 3 期，胡小石发表《李杜诗之比较》。是文原为演讲记录。作者指出人们历来多从地理、思想方面比较李、杜，在梳理诗歌发展的历程与李、杜二人的创作道路后，他总结出："李守着诗的范围，杜则抉破藩篱。李用古人成意，杜用当时现事。李虽间用复笔，而好处则在单笔；杜的好处，全在排偶。李之体有选择，故古多律少；杜诗无选择，只讲变化，故律体与排偶都多。李诗声调很谐美，杜则多用拗体。李诗重意，无奇字新句；杜诗则出语惊人。李尚守文学范围，杜则受散文化与历史化。从《古诗十九首》至太白作个结束，可谓成家；从子美开首，其作风一直影响至宋、明以后，可云开派。杜甫所走之路，似较李白为新阐，故历代的徒弟更多。总而言之，李白是唐代诗人复古的健将，杜甫是革命的先锋。"李杜比较，嗣后成为 20 世纪一个非常重要的论题。

1926 年

现代批评手段开始被具体运用于杜甫研究。

  段熙仲发表《杜诗中之文学批评》(《金陵光》第 15 卷第 1 期，1926 年 1 月)，以杜集为基础，对杜甫的文学批评分为评古、评并时作者、自述三类，从五个方面归纳了杜甫的文学思想：派别上，杜甫不是复古派，"盖工部以文学为演进的代异其制：师古可也，泥古则不必"；态度上，"'不薄今人爱古人'是也，其于批评多同情之欣赏，而不屑于寻疵摘瑕"；方法上，主要是类比与标德；诗法上，为修养、精思、意兴、风格四种。段熙仲(1897—1987)，原名天炯，安徽芜湖人。

  段凌辰发表《杜工部七言绝句之研究》(《孤兴》第 9 期，1926 年 7 月)，开始将杜诗分体研究纳入现代学术视野。作者将杜诗七言绝句中与常格不合者一一列举出来，指出其不合之处，以示其为拗体。以得出杜甫七绝之所以不能令人满意，原因固非一种，而拗体太多、不中格律，实其最大之原因。文章最后还指出："杜工部七言绝句之为拗体者甚多。其拗处尤以第一句第二句为最多，第三句第四句拗者甚少。第一句中，以第二字拗者为最多，第四字次之。第二句之中，以第四字第六字拗者最多。于此可更知第二句第二字为拗甚少，正可以救第一句第二字也。"段凌辰(1900—1948)，河南卫辉人。

1928 年

现代诗人汪静之、闻一多等，开始关注杜甫。

  诗人汪静之出版《李杜研究》(商务印书馆 1928 年 5 月)，对李杜进行全面比较；彦威（缪钺）即在《大公报文艺副刊》（1928 年 12 月 10 日）发表书评《评汪静之〈李杜研究〉》。此前，定翔在《益世报》（1928 年 7 月 19 日至 22 日）发表《李白与杜甫》。8 月 8 日，就任武汉大学文学院院长的闻一多，在《新月》第 1 卷第 6 号发表传纪文《杜甫》。

1929 年

成都大学中文系对杜甫年表、杜诗系年及杜诗中的地名开始系统考察。

《文学丛刊》为成都大学中国文学系主办，其第 1 期连载杜甫年表等系年、地名考证文章。据陶嘉根《杜诗地名考初稿·考订略历》所述，所载系列相关文章为该校学生研习杜诗之课业。陶嘉根《杜诗地名考》"地名分类"以笔画为序，起自一画"一柱观"而止于二十九画"骊山"，每条目均引证古书加以诠释。巩固《杜工部年表及杜诗年表》，以表格形式展示了杜甫生平及其创作，表格之杜工部年表起自唐睿宗先天元年（712），止于唐代宗大历五年（770），共六栏：西历、中历、年岁、时政、出处、并世诗人踪迹；杜诗年表起自天宝五载，止于唐代宗大历五年，共三栏：唐年、杜甫年岁、杜工部代表作品。杨益恒《杜甫年表》一文，其起止年限与巩固文相同，年表则有七栏：唐年；西历；杜甫年岁；时政；出处；作品；并世诗人。此外，《文学丛刊》还载有梁造今《杜工部草堂诗年表》、陈鸣西《杜甫地图十幅》。

1930 年

闻一多《杜少陵年谱会笺》发表。

该年谱连载于《文哲季刊》第 1 卷第 1 期至第 4 期，其与以往年谱的重大差别，不仅仅是对于杜甫行踪的了解更为具体翔实，更重要的在于对杜甫生活状态的关注与精神面貌的描摹，以期给我们展示鲜活的诗人形象，是杜甫研究尤其是年谱研究的重要突破。

1931 年

陈寅恪以杜诗证庾信之赋。

陈寅恪发表《庾信哀江南赋与杜甫咏怀古迹诗》,是文于 1931 年 4 月 15 日刊载在《清华中国文学会月刊》第 1 期。作者以杜甫《咏怀古迹五首》第一首第五句"羯胡事主终无赖"为证,重新疏解了庾信《哀江南赋》中"天地之大德曰生……天何为而此醉"八句,以为庾信所哀悼的是梁武帝,"无赖子弟"指侯景而非陈霸先。

振作发表《杜甫诗研究》。

是文刊载于《摇篮》第 1 期,该刊为复旦大学外国文学系主办。全文由四部分组成,分别是杜甫小传、杜诗评论之一般、杜诗之特色、杜诗之体制——五七言之古体与近体。在简述杜甫生平之后,文章罗列了历代对杜诗的评论,并将杜诗的艺术特色归结为以下五个方面:多数拗体,少数和谐;杜诗之材料多为当代时事;重创造;非战思想;暴露社会之不平。"除上面所举五项特色之外,散文化、音乐化,尤为杜诗之显著特色,以文为诗(散文诗),实老杜之创格;而音韵之铿锵,更觉难能可贵,至其气魄之雄伟,诗律之精细,尤非其他诗人所可企及。""要之,子美之诗,篇篇珍贵,字字珠玉,虽读百回,亦觉不厌;且足引起吾人内心之共鸣,而与诗人之感情同化,夫诗而能使读者之心灵与诗人之心灵互相交感,是诗之至工至上者也。"

1932 年

郭绍虞发表《杜甫〈戏为六绝句〉集解》。

1932 年 7 月,郭绍虞在《文学年报》第 1 期发表《杜元王论诗绝句集解》,即杜甫、元好问、王士禛论诗绝句疏解。

1933 年

邵祖平继续以传统评点的方式阐释杜诗。

邵祖平(1898—1969),字潭秋,别号钟陵老隐、培风老人,室名无尽藏斋、培风楼，江西南昌人。其《读杜札记》发表于中华学艺社所办刊物《学艺》第12卷第2号，前言有云："诸家论杜诗者，仇沧柱缉附《杜诗详注》后凡数十百条，富矣备矣；予不揣陋昧，曩年为《学衡杂志》撰《无尽藏斋诗话》亦成读杜数十则，未尽印布于世，今以课余约成二十条，颜曰'读杜札记'，庶与学杜诸子商榷，交获其益，若杜本之本传世系年谱史迹，则有仇书在，非本文所欲及也。"文章为诗话形式而条分缕析，颇多发明。

陈友琴以四川方言解读杜诗。

陈友琴（1902—1996），安徽南陵人，是年在《青年界》第4卷第4期发表《李天生论杜诗律》、《杜诗"船"字之意义》。前文叙述了明末清初李因笃对"杜律细"的看法："杜少陵自诩'老去渐于诗律细'，到底他是怎样的'细'法？凡是五七言近体诗，唐贤落韵共一纽的，例不连用，这是大家皆如此的。至于以三五七句，用仄字上去入三声，少陵必隔别用之，没有一首叠出的，别的人便不能这样的'细'了。"后文引《谷水谈林》，谓"天子呼来不上船"之"船"实为衣纽，意思是"虽则有天子的命令，亦不用扣上衣纽，就遽然去见他。必如此解释，才显得出李白的狂态；若作'不上船'解，那么，李白倒是变了胆小的人，不敢上天子的船了。况且用四川方言解释，不但有趣味有意义些，也是比较有确实根据有考证精神的呢"。

1934 年

吴烈发表《杜诗漫谈》。

是文刊载于《国民文学》第1卷第2号。作者认为，"他（杜甫）作品的伟大，不独在唐代卓绝一时，就是流传到数千年以后之今日，尚时刻不能离开文人的歌诵。其作品描写之真切，虽是远在数千年之昔的唐代社会风俗人情，但莫不是极其活跃，好像我们今日的电影一般显现在我们目前，并且他不仅是一位大诗人，而且又是一个关心国事的热情诗人"。文章通过对杜甫《奉赠韦左丞丈二十二韵》、《北征》、"三吏"、"三别"等反映内乱诗篇的剖析，结合现实，分析了杜甫诗史的意义。

1935 年

朱自清运用西方批评方法分析杜诗。

朱自清在《中学生》第 56 期发表《诗多义举例》一文，说明有些诗不是只有一种正解，如杜甫《秋兴八首》之三"同学少年多不贱，五陵裘马自轻肥"两句，既有以同学少年的得意反衬出自己的迂拙，也含有诗人不关心同学"轻肥"生活之意。嗣后，作者借用英国 Empson《多义七式》中分析方法，简析了四首古诗：《古诗十九首》之"行行重行行"；陶渊明《饮酒》"结庐在人境"；杜甫《秋兴》"昆明池水汉时功"；黄庭坚《登快阁》。

陈友琴解读杜甫《戏为六绝句》。

作者曾于《青年界》第 8 卷第 3 期发表有《绝句浅释》，选释了四首唐人绝句。在第 8 卷第 5 期中，他又发表《杜甫六绝句浅释》，完整地解释了杜甫的《戏为六绝句》。他首先指出，以绝句的方式来评论作家，是杜甫这组诗的首创，而这六首诗是不可以分开来讲析的。杜甫这六首绝句，在评点前人与规劝时人的同时，都有自己的切身体会。如第一首肯定庾信，是因为"更不要大约在杜甫活着的当儿，他的诗名太大了，颇有一般人嫉妒他，诽谤他。但是他很不愿和人家明辨所以借托庾信来比拟自己"。总之，从这组诗"足见大诗人教人要虚衷商榷，不要自是，更不要随便菲薄他人。要菲薄某一个古人，必得对某一个古人，有彻底的了解；正和要菲薄某一个今人，必得对某一个今人，有彻底的了解一样"。

卞敬业发表《杜少陵朋辈考》。

是文载于无锡国学专修学校学生自治会所办《国专月刊》第 1 卷第 1 号，时为作者进入该校第二年，其"时取杜集研读，间考少陵身世，有足述者：早标俊异，北海知名，晚失纷华，郑公托迹。青莲入梦，弥见交谊，房相抗疏，乃彰义节。虽秉性疏放，复交章彝，致与仆射相失；而其唱酬之般，托居之久，公实未尝忘情。至于高岑赠答，郑苏怀旧，均所谓际会风云，契合朋侪者也。爰比而次之……"文中所考证杜甫友人为：许主簿、已上人、李白、李邕、李琎、萧郎中、韦济、高仙芝、张埍、陈二补阙、孔巢父、王倚、高适、裴虬等。

唐建祖于是刊第 1 卷第 5 号"毕业专刊"发表《穷诗人杜甫》，以为杜甫自少至老死，无时不在恶劣环境中度日，并以杜诗为证，一一缕举。

1936 年

罗庸系统研究杜甫之诗歌创作论。

罗庸（1900—1950），字膺中，江苏江都人。其《少陵诗论》一文，为北平大学女子文理学院《新苗月刊》（1936 年第 2 期）所写，再刊于《经世》1940 年第 1 卷第 2 期，后收入《杜甫研究论文集》第一辑（中华书局 1962 年 12 月版），亦作为罗庸《鸭池十讲》（开明书店 1943 年版）第九讲。作者从 1440 多首杜诗中，简括出论诗之语 180 余则，探索了诗歌创作中"神"与"兴"的关系，指出神靠兴而动，兴待感而发，"神的质素是性情，陶冶的功夫在虚静。老杜是性情最厚的人，他不作诗便情无所寄"，"发兴所得是动趣，陶冶所得是静趣，动趣之见于诗者是飞腾，静趣之见于诗者是清新。老杜在中年以前似乎专在求动趣，这意味到老不衰。……但是诗人总不能为太上之忘情，所以老杜对于人间世，究竟辛苦缠绵到老，而流传到现在的一千四百多首诗，也便是这缠绵辛苦的遗痕，有情故也"。

赵宗湘全面梳理了杜诗"诗史"之说。

其《杜陵诗史之批判》一文，载于《国专月刊》第 3 卷第 3 号。作者首先考察了前代学者对杜诗"诗史"之评议，认为这些看法大致可以分为三类：主张老杜为诗史或史家者，孟棨等七家是也；主张老杜可继三百篇者，陆游是也；以老杜写时事诗，非诗中上乘者，杨升庵是也。然后作者又对当时各家如郑宾于、胡云翼、顾惕生、黄节、郑振铎等人的相关叙述进行了检讨，最后指出"杜诗虽含有史意，亦何必名之诗史，致引起注释家之附会，与杨升庵之误解，陈冠同称杜为社会诗人，既可免史字之嫌，复不失子美诗之本质，似较诗史之名为适当也"。

毓灵将杜诗分为三个时期。

其《杜甫生平及其诗歌的时代划分》一文，刊载于《西北论衡》第4卷第9期。作者首先指出杜甫给诗坛带来的巨大变化，"杜甫出，诗坛作风，为之一变：他由天际的空想变到人间的写实；由只有个人的观念，变到知道显及社会的艰苦；由写山水的清音，变到人民流离痛苦的供状。这真是一个伟大的改革"。在对杜诗的主要作品进行系年后，作者将杜甫诗作划分为三个时期：大乱以前是第一期；置身乱中是第二期；寄居成都草堂以后是第三期。

1937 年

由毓淼以杜诗为平民文学。

由毓淼在北平燕京大学国文学会所办《文学年报》第3期发表《杜甫及其诗的研究》，把李白作为贵族文学的代表，杜甫为平民文学的代表。平民与贵族的区别，他引用了周启明的观点："平民的精神，可以说是叔本华所说的求生意志，贵族的精神，便是尼采所说的求胜意志了。前者是要求有限的平凡的存在，后者是要求无限的超越的发展；前者完全是入世的，后者却几乎有点出世了。"杜甫的思想，作者认为主要表现为非战思想、讽世不平与"泛爱众"观三个层面；杜诗的特色，则要把杜甫作为家庭诗人、祖述诗人等方面来理解。

邓嗣禹考察了杜诗中的宗教思想。

邓嗣禹（1905—1988），湖南常宁人。作者以笔名"志喻"在文史半月刊《逸经》第28期发表了《杜甫诗中之宗教》，后收入《邓嗣禹先生学术论文选集》（台湾食货出版社1980年版）。在文中，作者杜甫诗中的宗教思想，就广义而言，可谓之泛爱主义者；就狭义而言，可谓儒教、道教及景教皆有所服依，而未专主一宗。

杜诗的写作技巧受到关注。

葛贤宁（1908—1961），江苏沭阳人，其在《阅读与写作》第4卷第1期发表《杜诗的技巧》，将杜诗的写作特色归结为三个方面。首先是杜诗描写深刻，"写实派诗人，就是往往能在细处小处表现大的意义，一人一物的形体上，刻画出时代社会的烙印"；其次是杜诗描写生动，"使读者的感情随着他的笔锋走，为他诗中所表现的感情所左右"；最后是杜甫描写入神。杜诗的伟大，正在于具有这三个特长。

1939 年

斯同提出，李杜无须比较优劣。

在《新民报半月刊》第 1 卷第 5 期，斯同发表《李杜之优劣论》，以为"美的艺术品，各有其美，不可指为高下"，在评点历来各种说法之后，指出"诗之创造，每寄性情，而欣赏者，亦往往就性情所近，而有所感遇。性情沉厚，郁抑为志，同情民物，社会心重，则多爱杜甫之诗，遂有杜优李劣之论。反之性情飘逸，气格清高，才情不俗，欲遗世而独立者，则独爱李白之诗。故作李优杜劣之论，实皆有所蔽也"。"余以诗乃创造，诗人各具妙处，言者惟可指其特点，而不可论以优劣。"

1941 年

夏敬观以传统方式对杜诗艺术及杜诗研究进行了点评。

夏敬观以笔名"玄修"在《同声月刊》第 7、8 号发表了《说杜》一文，对杜甫之集大成、杜诗"诗史"之说，对杜诗之篇法、章法、句法及前人之笺注、批评等，一一进行了点评，多所发明，如"历代评杜诗者，多就篇就句论之。就篇者多言其所指，就句者多言其炼辞，总论作法者绝少"，"凡人学诗，觅好处难，觅坏处易，此人情也。盖不能辨其好坏何在，而尤以近人所传之口头门面语，被一般人执为金科玉律，致杜诗之真正好处，都被蒙掩"，"杜诗五七律法门最备，多为杜所自辟境界。其意境亦形形色色，无所不有。学者各依其性之所近，择而学之，皆得佳处"，"古大家诗，皆各有其习见语，即是诗病，学者应知之。杜诗喜用天地、乾坤、宇宙、万里、百年、风尘、甲兵干戈、戎马、战伐、盗贼、丧乱等字"。是文后被收入《杜甫研究论文集》第一辑。

罗庸再次强调杜诗连章诗不可截取或颠倒次第。

罗庸在《国文月刊》第 1 卷第 9 号发表《读杜举隅》，对《诸将五首》、《同诸公登慈恩寺塔》、《登楼》进行了细致分析，以为诸诗相次而自成篇法，用赋体而思路相贯穿。

程千帆开始研究杜诗伪书。

程会昌(千帆)在《斯文》半月刊第 2 卷第 4 期发表《杜诗王原叔注辨伪》，后作为第一部分收入《杜诗伪书考》。

许惕生借杜甫的反战诗篇为投降主义张目。

《中日文化》月刊由汪精卫题名，中日文化协会 1941 年 1 月 1 日在南京创刊发行。许惕生在第 1 卷第 1 号发表《杜甫的反战文学》，简短介绍了杜甫的生平，分析了杜诗《兵车行》、《新安吏》、《石壕吏》、《垂老别》、《无家别》、《新婚别》、《蚕谷行》、《征夫》、《前出塞九首》(录二)、《遣兴三首》(录一)，指出杜诗中充满着反战思想，从而鼓吹放弃抵抗，为投降、卖国制造理论根据。

1942 年

罗振玉发表《杜诗授读序》。

1938 年，罗振玉与其长孙罗继祖辑有《杜诗授读》，交满日文化协会印行。是年在《同声月刊》第 2 卷第 6 期发表《杜诗授读序》，其有云："在昔我先圣诏小子以学诗，曰：'诗可以兴，可以观，可以群，可以怨；迩之事父，远之事君。'大已哉，诗之为教也！间尝泛观往叶，《三百篇》尚矣，而二南风化，首被江汉之间，及其衰也，楚骚作焉。汉魏乐府，尚能根矩骚雅，饮流而知其源。及典午之世，作者林立，求其得风雅之旨者，柴桑一人而已。下逮六朝，颜、谢、鲍、庾，虽专美一时，而陈隋季叶，淫靡已甚。有唐肇兴，文皇首开文馆，留神藻翰，顾时承积衰之后，尚难大振颓风。爰暨开天，少陵崛起，命世挺生，奄具众美，造次颠沛，不忘君国，起兴观于百世，垂矩范于艺林，风雅再兴，立言不朽。譬之沧溟乔岳，永流峙于两间；玉振金声，集大成于群圣。有宋眉山苏氏，常以杜诗比之昌黎之文、鲁公之书，谓天下之能事尽矣。旨哉斯言！莫能易也。予往岁遍览历代名作，悬先圣论诗之旨，求之二千余年间，于晋得陶令，于唐得工部，于宋得渭南，而白傅《新乐府》，亦深得风人之旨。曾拟集录四家，合为一集；顾以陶文毅公集注陶诗，尽美且善，无烦更录；爰先手录杜集，约之又约，得百余篇，付长孙继祖，集录前人评注，编为一卷，颜之曰《杜诗授读》，将以传之家塾，贻我后人；至白陆两集，即拟赓续成之。方今斯文凌替，风雅道衰，虽绠短汲深，自怀惭夫薄殖；而面墙不学，用申戒于过庭。若谓轻议古人，则吾岂敢。"

杜甫的流离颠沛，被赋予现实情怀。

贺昌群在《中国青年》第 7 卷第 1、4、5 期发表《读杜诗》，对杜甫流离颠沛的一生进行了叙述，并指出"杜工部的诗也得力于山水之助，而成其雄浑之格，变化无穷"，"在这剧烈变乱的二三年间，他的精神极苦，深感亡国破家之痛，然而，精神愈苦，他的诗力愈雄，诗篇也最多"。"从诗的境界说，工部的诗醇然是儒家的气象，然而，他毕竟是个诗人，他的爱酒，他的疏狂，他的任情，何尝是一个拘守礼法的儒士。"全文共分为"安史之乱的流亡"与"入蜀岁月"两部分，多流露出贺昌群自己的身世之感："这五年来流离转徙，时代正好像天宝乾元间的安史之乱。……我们这次民族的大流徙，时间亦正与他（杜甫）居蜀的年岁相差不多。这八年之间，他住过成都、绵州、潼川、渝州、云安、夔府等处，而以成都为最久，这路线亦是我们现在流亡转徙的大道，故他所见的山川风物，虽古今有异，毕竟大致无殊。"

1943 年

杜甫母系先世有新说。

朱偰在《文风杂志》创刊号发表《杜甫母系先世出于唐太宗考》，主张杜甫的外祖母是纪王慎（太子第十子）之孙，义阳王悰之女。

杜甫的儒家精神再次得到阐发。

黄芝冈在《学术杂志》第 1 卷第 1 期发表了《论杜甫诗的儒家精神》，为其在复旦大学《李杜研究》的讲稿整理而成。文章先列举杜诗中谈及儒术、儒业的地方，一一进行剖析，说明诗人对儒家的基本立场；然后具体论述杜甫儒家思想在诗篇中的体现，指出杜甫儒家情怀所形成的仁爱精神，不仅表现为忠君爱民，还表现为对家人、友朋的关怀思念，以及对鸡、鸟、鱼、虫等天下万物的关爱，是对孟子所言"君子之于物也，爱之而弗仁；于民也，仁之而弗亲。亲亲而仁民，仁民而爱物"儒家理念的具体阐发，有别于佛家的慈悲意。

1944 年

杜诗的韵系有详细考察。

张世禄在国立中央大学《文哲季刊》发表《杜甫诗的韵系》，仔细梳理了杜诗中的两种用韵系统，即古体与近体，指出它们分别可以作为宽式、严式两种系统的用韵规律。至于例外的韵字之所以发生，原因有二：一是两种韵系彼此交互的影响；二是受实际韵读的影响。"总之，我们这种用韵的研究，一方面用以明了当时诗文上所遵守的一种规律，一方面而又足以窥探作者读音上的真实情形。要研究唐代的文学和语言，必须要把唐诗上各家各体的用韵系统考明出来，必须要把演成这些用韵的规律和例外事实的许多原因推求出来，才算完成一部分的工作。"

杜呈祥开始发表杜甫研究系列论文。

杜呈祥（1909—?），字云五，山东乐陵人。是年，他在《读书通讯》第96号至第98号上发表《关于杜甫流寓一文的商榷》（一）（二）（三），翌年，更先后发表了《从杜诗中窥见盛唐的政治作风》（《史学杂志》第1卷）、《杜甫的才与艺》（《华声》第1卷第5~6期）、《与翦伯赞论杜甫研究》（《文化先锋》第4卷第21~22期）、《大诗人杜甫的青年生活》（《中国青年》第12卷第3期）、《杜甫的爱国思想》（《三民主义半月刊》第2、5期）等。作者认为"杜甫是一个多才多艺的艺术家：他能文亦能武，在艺术方面他的兴趣是极其广泛的，造诣也是多方面并且是相当深远的！所以我们应该认清杜甫不是'村夫子'，他的道貌岸然和满腔忠义只是他的外形和精神的一面，在另一方面他的生活里面是充满了天才的跳跃和艺术的因素。天才高，有用功，是杜甫成为复绝千古的一位大诗人的两个不可缺一的条件"(《杜甫的才与艺》),至于"杜甫的忠君思想,不是忠于皇帝个人,而是忠于社稷,也就是忠于整个国家和民族的爱国思想"(《杜甫的爱国思想》)。

杜甫在四川的生活状况得到关注。

陈友琴梳理杜甫记述草堂的诗句,他在《杜工部及其草堂》(《新中华复刊号》1944年第2卷第7期)一文中,一一检举出了杜诗中关于草堂的作品,并分类加以详细考察,以见诗人其时的生活状况。

贺昌群细致分析了杜甫在西川的流浪踪迹与诗歌创作,指出诗人"有一种悠然意远的山林之心,很爱自然,'嗜酒爱风竹,卜居必林泉',所以他虽在流离转徙之中,每到一地,总想寻一个怡情遣兴之所","在他入蜀以后的诗篇中,经过重重的忧患,跋涉了万水千山,诗的意境是更广大了,诗的技术更老练精细了,诗的题材更加丰富了。可是,这里面有一个比较基本的观念,足以造成这广大,这老练,这丰富的地方,便是他对于过去承平时的追念,和切迫的感到日就衰谢,渴望着事平后还乡的日子,这是杜诗中的'烟士比里纯',入蜀后的诗几乎一切以此为诗情的出发点,虽有变化而不离其宗"。(《记杜少陵浪迹西川》,《说文月刊》1944年第4期)

朱偰详细考查了杜甫在四川行踪,指出,肃宗乾元二年(759)12月1日发自同谷(今甘肃成县),入蜀赴成都;上元元年(760)公在成都,卜居浣花溪草堂;上元二年(761)公在成都,间至蜀州(青城)、新津;宝应元年(762)公在成都,7月送严武还朝到绵州,未几西川兵马使徐知道反,遂自绵至梓州,依章彝,秋晚迎家至梓,11月至射洪县,又南之通泉;代宗广德元年(763),公在梓州,春间往汉州谒房琯,9月由梓州至阆州,冬复回梓州;广德二年(764),春复自梓州往阆州,有下峡意,严武再镇蜀,暮春遂归成都;永泰元年(765)严武卒,公无所依,乃离蜀南下,泛江自戎州至渝州,6月至忠州,秋至云安居之;大历元年(766)春末,自云安至夔州居之,初寓西阁;大历二年(767),公在夔州,春迁居赤甲,3月迁瀼西草堂,秋以瀼西草堂借居吴郎,迁东屯,未几复自东屯归瀼西;大历三年(768)正月去夔出峡,3月至江陵。(《杜少陵在蜀之流寓》,《东方杂志》1944年第40卷第8期)

漂泊作为杜甫一生的关键词。

墨僧以"漂泊"为主线，对杜甫的身世进行了重新诠释(《漂泊的杜工部》,《文友》1944 年第 2 期),同时他指出,这样坎坷的经历,使他成为一个社会思想家,"杜甫的同情心极大,都是出发同情贫苦大众的一念而来,所以他把人民的痛苦,写得有声有色,动魄惊心。他的题材,都是事实,他的词采,非常朴素,风花雪月的赏鉴,高人遗士的感伤,在他的诗里,绝不占重要的成分。他与李白不同的地方就在此。李白是为艺术而艺术的诗人,他的诗是纯粹的;而杜甫是为人生而艺术的诗人,诗是他的工具而不是目的。所以我以为与其说他是个诗人,毋宁说他是个社会活动家"(《杜工部的社会思想》,《文友》1944 年第 6 期)。

翦伯赞以历史学家的眼光对杜甫的生平与创作进行了总结。

作者在研究中国史的过程中,感受到杜甫不是为作诗而作诗,而是为了不得不作诗而作诗,后来在阅读《杜诗镜铨》时,又发现它的编辑方法,不是依诗的体例分类,而是依其写作的前后,依次编排。这种编排方法,使他对杜诗产生了一种时间性上的概念,因而杜诗中的任何一首诗歌,到他眼中,都是最珍贵的历史材料了。从这里,他发现了杜诗的真正价值,固然在于诗人具有灵活、熟练、细敏、谨严的文学手腕,固然在于诗人具有深厚、渊博、温柔、敦厚的文学素养,足以纪事、抒情、铺陈终始;属对切律,排比声韵。令人读之,余味悠然;但最主要的,还是由于杜甫的作品具有丰富的内容、深刻的含义和真实的情感。易言之,杜甫作品的价值,不仅在于他的美辞,而是在于他的现实主义。于是作者结合时代环境,对杜甫的一生及其创作进行了梳理,发表了《杜甫年表》(《群众杂志》1944 年第 9 卷第 12 期)与《杜甫研究》(《群众周刊》1944 年第 9 卷第 21 期)。

1945 年

邵祖平对杜甫的诗法进行了细致的分析。

邵祖平(1898—1969),字潭秋,江西南昌人。是年他在《文史杂志》第 5 卷第 1~2 期发表《杜甫诗法十讲》,其自序有云:"三十年秋，都讲中央大学师范学院国文系，课程有专家诗一门。先开杜诗班，与同学诸子共为钞杜、读杜、以杜解杜诸讨究，用力可谓勤矣！更刺取杜诗笺、注、评，话各家之长，断以己意，补苴发皇；勒为审体裁、明兴寄、探义蕴、究声律、参事实、讨警策、辨沿依、寻派衍、较同异、论善学十端，颜曰《杜甫诗法十讲》，以为学者考览含泳之助。所以称'诗法'者，一乃秉之杜诗。杜诗：'法自儒家有'，'佳句法如何'，皆标揭诗法。而自儒家得有之法，远系温柔敦厚之诗教；佳句如何之法，实关兴象工力之诗诣，杜甫已悉发其微矣！"是文又以《杜诗精义》为题发表于《东方杂志》1945 年第 1 期，共有"述抱负、明兴寄、探义蕴、究声律、参事实、讨警策"六讲。1986年，何韫若注解整理，重新发表于《草堂》。

程千帆对杜甫的文学思想进行了探讨。

程千帆（会昌）在《文史杂志》1945 年第 5 卷第 1～2 期发表《少陵先生文心论》，就杜甫之诗作及后人之评述，对杜甫的文学思想进行了细致的梳理。文章先介绍了论诗之作的源流，接着指出杜甫的文学精神源自儒家，然后以《戏为六绝句》、《偶题》为证，将杜甫的文心归纳为以下三个方面：具有融会贯通的见识；具有驾驭严格律令的才气；具有建立风标的学力。"要之，杜公所持者，乃所谓积储之说也。盖文章后起，取径苦狭。得观念于变通，则不至徒工模拟；以苦吟为律令，则可以自致英奇，而神、秀、清、新之境，不难逮矣。"最后作者讨论了杜甫艺术的渊源及对后来者的影响，强调杜甫转益多师，故能地负海涵，沾溉后人极多。

1946 年

《中央日报》成为杜甫研究的重镇，金启华、霍松林、罗根泽先后发表杜甫系列专论。

金启华开始构建杜甫研究体系，两年时间内，他连续在《中央日报》发表了十篇杜甫专论，即《杜甫之学问》（1946 年 6 月 27 日—1946年 6 月 30 日）、《谈杜诗》（1946 年 7 月 25 日）、《杜甫之艺术修养》（1946 年 8 月 3 日—1946 年 8 月 5 日）、《杜甫诗论》（1946 年 8 月 9

日—1946 年 8 月 10 日）、《关于"杜甫童年"的几句话》(1946 年 11 月
12 日）、《少年时代与早年杜诗》(1947 年 1 月 29 日—1947 年 1 月 30
日）、《杜工部的绝句诗》(1947 年 5 月 19 日）、《再谈杜工部的绝句
诗》(1947 年 6 月 1 日）、《杜甫在中国诗史上的地位》(1947 年 6 月 27
日—1947 年 6 月 29 日）、《杜甫之家世》(1947 年 9 月 21 日—1947 年
9 月 24 日）。这些文章被收入《杜甫诗论丛》，构成了一个完整的研究
体系。

霍松林进入杜甫研究领域后，两年时间内，先后在《中央日报》
发表了七篇杜甫研究论文，分别是《杜甫在秦州》(1946 年 10 月 8
日）、《杜甫与严武》(1946 年 10 月 22 日—1946 年 10 月 23 日）、《杜
甫与李白》(1946 年 11 月 20 日—1946 年 11 月 22 日）、《论杜甫诗中
的诙谐之趣》(1946 年 12 月 4 日—1946 年 12 月 5 日）、《杜甫与郑
虔》(1946 年 12 月 17 日—1946 年 12 月 18 日）、《论杜甫的创体诗》
(1947 年 1 月 2 日—1947 年 1 月 3 日）、《杜甫论诗》(1947 年 1 月 17
日—1947 年 1 月 19 日）。这七篇论文虽撰于作者就读本科阶段，实
多有创获，如后者开篇曾云："文学创作家虽不必为文学批评家，然
必自有其文学理论无疑也。故欲研究某文学家之作品，与其求诸他人
之批评，固不如求诸其人自己之理论。杜甫之诗，雄伟宏丽，夐绝千
古，历代论之者多矣。然而管窥蠡测，穿凿附会，于古人'以意逆
志'之义，鲜有当也。杜集论诗之语，散见各篇，往往自道心得，残
膏剩馥，沾溉后学。兹撷其尤要者而条贯之，不惟杜公之诗学理论昭
然若揭，持此焉以治杜公之诗，亦事半而功倍矣。"

罗根泽对李杜地位与影响进行了考察，在《中央日报》先后发表
了《李杜地位的完成》(1946 年 10 月 29 日）、《宋初的推崇李杜》
(1946 年 11 月 19 日)两文。

冯至开始撰写《杜甫传》。

经过长时间精心准备，冯至开始撰写《杜甫传》，部分内容逐渐
问世。此年发表的文章有《杜甫和我们的时代》(《萌芽》1946 年第 1
期）、《杜甫家世里的一段（两个姑母)》(《经世日报》，1946 年 8 月
25 日《文艺周刊》第 2 期）、《公孙大娘》(《大公报》，1946 年 11 月 3
日《星期文艺》第 4 期）。

1947 年

刘禹昌重新诠释了"香稻、碧梧"句法的意义。

作者认为，杜甫《秋兴》"香稻啄余鹦鹉粒，碧梧栖老凤凰枝"两句，除了用异常阐缓、凝滞的音节来表现其幽思与遐想外，还用倒装的句法来凸显其特殊的怀抱。"作者的心情自然是异常的沉重抑郁，凄凉愁苦，故发而为如此阐缓顿挫凝滞的音节，使与心情相应，极富于凝思遐想，以宣泄胸中的湮郁，慰藉目前的寂寥。所以他由忆渼陂的胜景而想到香稻碧梧，想到香稻之余碧梧之老；更联想到鸟之啄余和鸟之栖老，更联想到鹦鹉和凤凰，而体味着长安为'爱得我所'的'乐土'，往昔为'天下和洽'的'盛世'，于是他凄迷怅惘了。香稻、余、啄余、鹦鹉、粒粒；碧梧、老、栖老、凤凰、枝枝，这是作者一连串的联想，决非两句简单叙述的语句。如从此观点去看，这两句不但不为不通，且是词约旨丰、言近旨远的佳句。由此我们不难想象杜甫当日低吟之状：在星月朦胧之夜，凄然逢秋；一个白发萧疏形容憔悴的老者，羁旅山城，欲归不得；依照着北斗的方向而引领遥望长安，但又杳然无见，徙倚彷徨；望久而疲，忽又将头低垂，沉思微吟。"(《"香稻、碧梧"句法引类及溯源》，《龙门杂志》1947 年第 1 期)

梁实秋分析了杜审言对杜甫的影响。

梁实秋指出，杜甫遗传了杜审言诙谐矜夸的性格、好游玩的习惯，两人诗风相似之处有两方面：一是诗的取材全是临时即景抒怀，写的全是实际生活，实人、实事、实情、实景，少拟古与无病呻吟之作；一是对偶工整，无堆砌之痕，一气呵成，意义连串，不枝不蔓，不板不滞。(《杜审言与杜甫》，《文潮》月刊 1947 年第 4 卷第 1 期)

同年，梁实秋还赏析了杜甫表现乱离生活的诗歌《客夜》，以为"此诗清楚明白，很近于白话。里面没有典故，也没有特殊的诗藻，在杜诗里像这样的作品颇有些篇，可以算是一格。典丽的，质朴的，工部都很擅长。在情感强烈而真挚的时候，倒是用浅显的文字和写实的手法直截了当的抒写所感，比较的更容易动人。此诗即一例也"。(《杜甫的〈客夜〉》，《文艺生活》1947 年第 4 卷第 4 期)

李广田提出杜甫是"为人生而艺术"的诗人。

作者首先将杜甫的创作态度归纳为"博学，苦修，不浪作，不模拟，重独创，尚清新，忠实于人生，忠实于艺术，以全生命为艺术，而终以艺术服务于人生"；然后与李白进行了一一比较，指出"以诗之纯风格言，李或有胜杜处，以诗之思想内容言，杜实胜李百倍"；最后讨论了文学作品的"时代性"与"永久性"的关系，认为"这说法本来也并不错误，一件文学作品确也应当有永久性；但是，如果只要求永久性，而忽略了时代性，一个作家如果对于他当时的社会环境一味地不管不顾，对于自己的时代有意或无意地造成一种游离的状态，只是迷迷糊糊地妄想那些可以永久的事物，这却是大错而特错的"，而"杜甫不但忠实于他的时代，不但能写他的时代，表现他的时代，并且写得那么好，表现得那么好，这就是他的作品之既有时代性又有永久性的一个重要因素"。此文原为 1946 年 6 月 21 日作者在昆明青年会文学系的演讲稿，后发表于《国文月刊》1947 年第 51 期。

1948 年

冯至完成《杜甫传》的主体部分。

作者渐次发表《杜甫的草堂生活》(《民讯》1948 年第 1 期)、《安史之乱中的杜甫》(《文学杂志》1948 年第 2 卷第 12 期)、《从秦州到成都》(《文学杂志》1948 年第 3 卷第 2 期)、《杜甫的童年》(《文学杂志》1948 年第 3 卷第 3 期)、《草堂前期》(《文学杂志》1948 年第 3 卷第 5 期)、《杜甫在梓州、阆州》(《文学杂志》1948 年第 3 卷第 6 期)。

杜诗的艺术性，从用字上得到阐述。

冯钟芸将诗歌的用字分为实体字与连系字，分别讨论杜甫幽美与壮美的诗篇，认为诗歌的好坏，与对实体字和连系字的运用有关。实体字有形可以捉摸，尚不能入手；连系字是画龙点睛，相对更难。"杜诗的好处，并不是高不可攀，学不能至的，只要从用字上下工夫，至少也可得其貌似。……杜诗的成功，大半来自学力。所以了解杜诗，若从用字上入手，也只一个正当的途径，至于人们常说的什么'气韵'、'格调'、'神韵'、'气势'……这完全是空泛的话，我们不应当再被这些陈腐架空的观念所束缚了。"(《论杜诗的用字》,《国文月刊》1948 年第 67 期)。

傅庚生发表《评李杜诗》。

傅庚生在《国文月刊》第 75 ~ 76 期连续发表《评李杜诗》,指出李、杜各自诗歌的特色应该有个斩钉截铁的说法,即从文学四要素情感、想象、理性、形式入手分析。见其傅庚生《杜甫诗论》评介。

杜诗作为研究长安宫观、城坊的资料。

郭银田对杜诗中所描绘的长安宫观与城坊进行了考察,在《中央日报》分别发表了《杜诗中所见长安宫观考》(1948 年 3 月 22 日)、《杜诗中所见长安城坊考》(1948 年 6 月 14 日)。

1949 年

冯至完成《杜甫传》的最后部分。

1949 年 12 月,冯至所撰《杜甫的家世与出身》发表于《小说杂志》第 3 卷第 3 期。其《杜甫传》基本完成。

叶勉认为杜诗在新时期仍有学习的必要。

作者指出,杜甫虽然出身贵族,却不是站在人民之上来抒发悲悯之情,而是站在人民之中向残暴的压迫者直接喊出了反抗的呼声。"在文字技巧上值得特别一提的,是诗人常从文字排列上留给读者在文字之外的境界。"(《杜诗新解》,《进步青年》1949 年第 218 期)

1950 年

冯至发表简略版杜甫传。

作者以爱祖国、爱人民为线索,梳理了杜甫的创作历程,撰写《爱人民爱祖国的诗人杜甫》,发表于《中国青年》1950 年总第 55 期。

梁实秋讨论了佛教对杜甫的影响。

梁实秋在《杜甫与佛》(《自由中国》1950 年第 2 卷第 1 期,后收入《文学因缘》)一文中指出,杜甫在四十岁以后流露出佛家思想的因子,这种倾向是受到了房琯的影响。杜甫所倾服的是南派禅守,尤其是南溪一派。在与赞公交往之后，诗人入佛渐深。杜诗于愤激处常有非孔语，但对佛则从无讥评。杜甫也许有意逃入禅门，但为三事所累：诗、酒、妻子。"杜甫本是热心仕进的一个，经过多次挫折，始无意用世，于坎壈漂泊之余，随缘感触，接近禅门，达到了宗教的境界的边缘。但是苦修却也未能，'思量入道苦，自哂同婴孩'(《山寺》)，所以他终于不得解脱。"

1951 年

冯至连载其杜甫传记。

    冯至以《爱国诗人杜甫传》为题，在《新观察》杂志第 2 卷第 1 期至第 12 期上连载。同年，杨刚在《人民日报》(1951 年 8 月 28 日)发表书评《读〈爱国诗人杜甫传〉》。次年，夏承焘撰文《读〈爱国诗人大臣传〉》(《浙江省立图书馆通讯》，1952 年第 3 卷第 1 期)，11 月，人民文学出版社冯作改为《杜甫传》结集出版。1953 年，程千帆撰写《对于〈杜甫传〉的一些浅见》(《文艺月报》第 5 期，收入文集时改为《读冯至先生〈杜甫传〉》)；傅璇琮也在《大公报》(1953 年 2 月 3 日)发表了《冯至著的〈杜甫传〉》。

俞平伯解析杜诗《题张氏隐居》，引起争鸣。

    作者于《语文教学》1951 年第 2 期发表《说杜甫律诗〈题张氏隐居〉》，认为杜甫这首应酬之作，之所以写得新颖脱俗，在于直说、典故双管齐下，又使用了透过一层的写法，其"前村山路险，归醉每无愁"，故意把"应愁"写出"无愁"以表现主人情重、客人致谢、宾主极欢的主题。何蔼人随即发表《与俞平伯先生商解杜甫——读〈说杜甫律诗《题张氏隐居》〉》(《语文教学》1951 年第 5 期)，认为"每无愁"，是因为诗人对道路熟悉，并非反说，有出处之语不等于用典。俞平伯又撰写《关于杜诗〈题张氏隐居〉——复何蔼人君》，认为此诗可以事后追写，两句也可以理解路熟故无愁，但始终没有明说，故不便附会强调，也不必为此所拘。

    此外，俞平伯还撰写了《说杜甫〈自京赴奉先县咏怀〉诗》(《语文教学》1951 年第 4 期)与《杜律〈登兖州城楼〉》(《进步青年》1951 年第

236期)。前者随文解读，最后总结指出，"他(杜甫)思想的方式无非推己及人，并没有什么神秘。结合小我的生活，推想到大群；从万民的哀乐，定一国之兴衰，自然句句都真，都会应验的。以文而论，固是一代之史诗，即论事，亦千秋之殷鉴矣"。后者论证了杜甫这首最早的律诗的规矩谨严，并强调创作与批评是不同的，分析可以逐步推想，创作则未必如此繁琐。

学者开始用现实主义代替写实主义来评论杜诗。

颜默在《文艺报》(1951年3月7日)撰文《谈杜诗》，提出"人们常说杜甫是写实主义诗人，但是他的写实主义只有在政治抱负之下才能有更积极的意义，另一方面，他的政治抱负又只有在现实主义之上才能有更坚实的基础。杜甫许多现实主义的伟大作品的确丰富多彩地写出了天宝之乱前后的年代"，"现实的精华和糟粕，人生的正面与侧面，都被他写进了诗，这样的一个时代，一个人生，不仅由六朝到沈宋的律诗格局装不下，就是从四杰到陈子昂的乐府及古诗格局也装不下，在一部杜诗里所装的生活内容之丰富是惊人的，为表现这些内容而创造的形式也是惊人的。他的创作的确给往后近一千年的旧诗打下一个根本的局面"。

1952 年

萧涤非发表他的首篇杜甫专论。

作者于此年发表《学习人民语言的诗人——杜甫》(《文史哲》1952年第6期)，从人民性的立场出发高度肯定了杜甫诗歌的艺术成就。

周一鸥对杜甫部分诗歌进行了笺注。

作者先后发表《杜严唱和诗笺》(《畅流》1952年第5卷第8期)、《杜甫爱国诗笺》(《畅流》1952年第5卷第9期)。

1953 年

王季思详细赏析了杜甫《羌村三首》。

在《语文学习》1953年第10期，作者发表了《杜甫〈羌村三首〉》，分章分节解析了杜诗所蕴藏的丰富而深厚的感情，认为最后一首"尤其高度集中地反映了劳动人民的思想感情，同时在作风上更加朴素明朗，近乎汉魏以来在民间传唱的五言乐府诗"。

杜甫被称为"人民诗人"。

刘大杰发表《人民诗人杜甫》(《少年文艺》1953年第11期)，另撰写《杜甫的道路》(《解放日报》1953年4月13日)，通过对杜甫生平的介绍，指出杜甫思想和作品的发展过程，实在是"他在社会实际生活的体验中，逐步地从个人的小天地里解放出来，走向人民，走向现实主义的道路"的过程，"他只有走上了这条道路，才能从爱家族转变到爱祖国，从爱个人转变到爱人民，才能超越自己的阶级，将自己的思想感情，转变到被压迫、被统治的群众方面。他的作品，才能放射有力的光芒，彻底肃清六朝文风的华靡和浪漫诗派的空虚"。

1954 年

成都筹建杜甫纪念馆。

纪念馆预备收藏不同时代的各种杜诗版本，有关杜甫的传说和后人纪念杜甫的祠宇、造塑、碑铭、传记的实物或图片、拓片、抄本等。此外，还将汇聚杜甫同时代且有亲密友谊的诗人李白、高适以及极力推崇杜诗的宋代诗人黄庭坚、陆游等的作品及文物。(《新闻日报》1954年6月10日)

冯至为《杜甫诗选》撰写序言。

在这部杜甫的诗歌选集中，冯至撰写了一篇极为细致的前言，再一次全面地评述了杜甫。

陈光汉发表《读杜偶记》。

作者具体讨论了杜甫研究的两个具体问题，一是关于杜甫辞幕，一是杜诗《大云寺赞公房》的编年。(《光明日报》1954年10月3日)

谭丕模详细分析了杜甫诗中的现实主义精神。

作者认为杜甫是忠实的现实主义的诗人，"诗人在穷困的磨砺下，迫使诗人的穷困与人民的穷困结合了，理论与实际融化了，这也是杜甫诗歌创造的主要源泉"。在具体创作上，"杜甫善于以惊人的力量表现唐帝国封建制度下的广大群众的愿望,描绘他们的境况,表现他们的自发的抗议和愤懑的情绪"。他在诗歌中抨击现实政治的黑暗,抒发爱国主义情绪。"杜甫总结了《诗经》以来的诗,接受了《诗经》以来的现实主义的优良传统,发展了李白所开辟的诗的新时代。"(《杜甫诗歌中的现实主义精神》,《长江文艺》1954 年第 1 期)

次年,刘绍亭对谭文中的个别说法进行商榷,强调杜甫在写《兵车行》的时代看问题已经是全面的了,已经看到问题的本质,写作态度是认真严肃的。(《〈杜甫诗歌中的现实主义精神〉读后》,《长江文艺》1955 年第 6 期)

1955 年

萧涤非发表《杜甫研究》。

在山东大学任教期间,萧涤非开设了"杜甫研究"这一专门课程,嗣后将讲稿整理后发表于《文史哲》(1955 年第 4 期至第 7 期)。讲稿以《杜甫研究》为题连载了四次,分为杜甫的时代、生活、思想、作品和影响五个部分。

冯至就《杜甫传》的一些观点同陈光汉、马兴荣商榷。

马兴荣在《〈杜甫传〉中几个问题的商榷》(《文学遗产增刊》第 1 辑,1955 年 9 月)一文中,对《杜甫传》中所涉及的一些史实提出不同的解读。冯至撰写了《与陈光汉、马兴荣两同志商榷〈杜甫传〉中的几个问题》(《文学遗产增刊》第 1 辑,1955 年 9 月),表示陈光汉《读杜偶记》中辨白《大云寺赞公房》的编年以及马兴荣有关"青袍"的论述都是正确的,但对《自京赴奉先县咏怀五百字》的系年,仍然坚持自己的看法。

胡适的杜甫研究受到集中批判。

萧涤非发表《批判胡适对杜甫诗的反动观点》(《文史哲》1955 年第 9 期),批评了胡适对杜甫诗的三种观点:超阶级超政治的观点;趣味主义观点;形式主义观点。

郭预衡在《光明日报》(1955 年 3 月 3 日)发表《评胡适所谓"老杜的特别风趣"》,批评胡适所谓"诙谐风趣"是对诗人杜甫的歪曲,抹杀了其诗歌的人民性和现实主义,是完全否定了杜甫的小诗和律诗。此后,陈钰人有《再斥胡适对爱国诗人杜甫的诬蔑》(《光明日报》1955年6月12日)。

杜甫草堂收集大批杜甫研究珍贵资料。

1956 年

冯文炳(废名)进入杜甫研究领域。

冯文炳将典型论与阶级论的分析方法运用到杜诗的研究中,提出《前出塞》写的是一个士兵的典型,属于农民阶层;《后出塞》写的是一个将校的典型,也是农民出身。两首诗同时所写,两个人物一个在出塞前,一个在出塞后。(《杜甫写典型——分析〈前出塞〉〈后出塞〉》,《东北人民大学人文科学学报》1956 年第 1 期)乔象钟撰文商榷,认为冯文"并没有真正对作品中的人物作具体的分析,而且对于文艺的典型也缺乏明确的理解","以前评论家都认为《前出塞》和《后出塞》是不同年代所产生的,从它们的内容看,也显然是两个不同时间内的历史事件的反映"(《对于〈杜甫写典型〉一文的意见》,《光明日报》1957 年 3 月 24 日)。吴代芳也认为两组诗绝非同时之作,前者重在反战,后者为安禄山而发,"冯先生用作品划阶级成分的办法,取消了杜甫笔下栩栩如生的艺术形象"(《目前杜诗研究中存在的问题——评〈杜甫诗论〉和〈杜甫写典型〉》,《文史哲》1957 年第 1 期)。此外,冯文炳还刊载了《杜诗讲稿》(《东北人民大学人文科学学报》1956 年第 3~4 期),用典型论、阶级方法分析了《自京赴奉先县咏怀五百字》、"三吏""三别"等杜甫代表诗作。

"三吏""三别"成为热点。

谭丕模认为,杜甫的"三吏""三别"代表着杜甫诗歌的思想性与艺术性相结合的最高成就。在这组诗中,写出了表现思想内容的矛盾,诗人在反映现实时,使这个矛盾在人民的切身利益这一点上得到统一。"这组诗,都在于善于捉住事物最主要的特征来表现社会的本质,的确是一面时代的镜子。"(《杜甫的六首诗——关于"三吏""三别"》,《文艺学习》1956 年第 5 期)次年,傅庚生撰有《"三吏""三

别"散佚》(《人文杂志》1957 年第 5 期);萧涤非写有《谈〈石壕吏〉》
(《语文学习》1957 年第 7 期);王恢发表《杜甫的"三吏""三别"》
(《人生》1957 年第 13 卷第 8 期);林世堂发表《关于〈石壕吏〉的一些
问题》(《语文教学》1957 年第 7 期)。

赖汉屏对谭丕模六首诗的分析模式提出质疑,"每一篇具体作品
受胎时,又都有各自不同的生活感受,分析作品时,要实事求是地从
具体作品出发,不能把那'一条线'当作'捆仙索',认为'无往而不
适',向各个作品上硬套。……谭先生硬拿一个思想矛盾的公式去
套,在'杜甫的六首诗'一文中,把每一首诗都分成两个半截,一个
半截写诗人同情人民在征敛无穷的暴政下的痛苦,另一个半截又流露
出鼓励人民踏上征途的情绪,这是不符合于作品实际的、形式主义的
分析方法"。(《对谭丕模先生谈"杜甫的六首诗"的一点意见》,《文
艺学习》1956 年第 7 期)

杜甫入蜀诗中的自我形象得到凸显。

王我《论杜甫从秦州入蜀诸诗篇中的自我形象》一文指出,"杜甫
的这些诗篇的现实意义很强,它所描写的生活环境是典型的,它概括
了当时的历史面貌;诗篇中所塑造的杜甫的自我形象也是典型的,他
是一个封建社会里爱国爱民的知识分子的最崇高的形象。把这些诗篇
和杜甫其他一些名篇如《北征》、《赴奉先县咏怀》等联系起来,我们
就可更深刻地了解杜甫这一伟大形象的全貌"。(《东北人民大学人文
科学学报》1956 年第 4 期)

苏渊雷比较李、杜诗歌思想与艺术的异同。

作者首先分析了李白杜甫所处时代的交错性,由此进入对两人精
神实质的分析,指出他们在爱祖国、爱人民及反战等大节方面是一致
的,细微的差异在于"李多人民自豪感与反抗精神,杜富人道主义与
悲天悯人之怀"。至于艺术风格,"由于他(杜甫)所涉及的生活面是
宽广的,他所揭发的现实问题是深刻的,他所传递感染的情绪是真挚
的普遍的,所以才能够形成他那独特的沉郁顿挫感激豪宕的风格,和
李白的飘逸豪放清新俊逸,恰恰形成一极强烈的对照"。(《论李白杜
甫诗篇中的思想性和艺术性》,《华东师大学报》1956 年第 1 期)

李汝伦揭示了杜诗的讽刺艺术。

作者提出，杜甫超越了"温柔敦厚"的诗教局限，对当时整个统治阶级，给予了无情的揭露、嘲弄和讽刺。他的讽刺，接触到整个社会的制度、社会风气和社会观念方面。在讽刺方法上，"有的正面嘲弄，有的正话反说，有的是寓言式的、象征隐喻的，还有的是看来'无一贬词'（鲁迅）。这些常常捏合在一个对象、一个主题上面，或夹在某一长篇短制中间，那样的辛辣，那样的毫无情面，一方面使得统治者啼笑皆非，无可如何，一方面使他们丑态毕露，无法遁形"。（《略论杜甫的讽刺》，《作品》1956 年第 11 期）

1957 年

杜甫草堂举行"杜甫四川遗迹展览"。
萧涤非发表《杜甫研究》（下卷）引言。

萧涤非在《文史哲》1957 年第 5 期发表了《〈杜甫研究〉（下卷）引言》，介绍了他选注杜诗的体例。
傅庚生就《捣衣》一诗与寇效信进行商榷。

寇效信《从李煜词的讨论谈起》（《延河》1937 年 3 月号）一文，提及傅庚生对杜诗《捣衣》的分析，认为其中所言"作者在诗中表现内蓄的非战思想"并不准确，此诗只是通过对一个为戍边的丈夫捣寒衣的闺中思妇内心体验的描写，表现出思妇对征夫的缱绻怀念而已。傅庚生撰文《试再论杜甫的〈捣衣〉》，强调诗歌反映了战争给人民带来灾难和痛苦。
冯文炳再度以阶级论、典型论的视角诠释杜诗。

作者认为《听杨氏歌》中"智"与"愚"，写出了两个阶层的人。《前出塞》、《后出塞》两组诗各写一个正面人物，等于杜甫替两个典型人物写的传记，是替农民出身的兵所写的传记。（《光明日报》1957 年 6 月 30 日）
程俊英以《兵车行》为例，讨论了杜甫"史""圣"的意义。

作者认为，《兵车行》是杜甫反击时政的最响亮的第一炮，标志着杜诗"光芒万丈"的现实主义的起点，内容上是信史，是实录，语言具体形象，富有音乐性。"在激昂慷慨时，则用平韵，声音高亮悠扬；在沉痛忧郁时，则用仄韵，声音低微短促。"(《略谈杜甫的〈兵车行〉》，《语文教学》1957 年第 1 期)

1958 年

金启华对杜甫的艺术素养和创作思想进行了阐述。

作者此年先后发表了《杜甫的创作论》(《雨花》1958 年第 1~2 期)和《杜甫的艺术修养》(《江海学刊》1958 年第 3 期)。

许永璋指出杜甫具有"厚今薄古"的精神。

唐朝前期的文章，经常有两种倾向，一是复古派，一是非今派，都属于"厚古薄今"。杜甫认为文学史是有渊源的，是发展的，对于古今人物和作品应该虚心取益，去伪存真，实际上是秉承了"厚今薄古"的创作路线。(《杜甫的"厚今薄古"精神》，《新建设》1958 年第 7 期)

陈过以四首杜诗简述了杜甫的一生。

陈过选析了杜甫的《春望》、《赠卫八处士》、《绝句》之"两个黄鹂鸣翠柳"、《旅夜书怀》，介绍了杜甫从长安到凤翔、成都直至流离湘中的生活。(《说杜诗四首》，《火花》1958 年 4 月号)

杜甫的药学知识得到研究。

耿鉴庭指出，从杜诗中我们不难发现，杜甫不仅有丰富的药理知识，还曾经有过采药、种药、制药与卖药的事迹。"他在居处不太固定的时候，就采药。一旦得到比较固定的处所，就种药，并且还能制药。这些，都是利己利人的事。因此，采药、种药、卖药，就成为他一生的经常性的副业。"(《杜甫的药学知识》，《医学史与保健组织》1958 年第 2 卷第 3 期)

郭石山批评冯文炳《杜诗讲稿》。

作者在《光明日报》(1958 年 11 月 2 日)发表《论冯文炳先生的〈杜诗讲稿〉》，指出冯文中存在一些问题，比如对杜诗的分析缺乏概括，往往只是就诗论诗，因而体会较为零散。

1959 年

山东大学中文系三年级、西北大学中文系批判萧涤非《杜甫研究》。

山东大学中文系三年级《杜甫研究》讨论小组认为，萧涤非在研究杜甫时存在着以下错误倾向：一是对马克思列宁主义文艺理论的错误理解，具体表现为关于"思想性与艺术性的统一、内容与形式的统一"问题、关于"深入生活"、关于现实主义等方面；二是反历史主义地颂扬杜甫，具体体现为杜甫的"忠君"和"做官"问题、牵强地解释诗篇以抬高杜甫等方面；三是主观的推测和无意义的考证，比如考证杜甫的死、关于杜甫对后代的影响以及杜甫植树的道德标准和经济标准等。（《批判萧涤非先生的〈杜甫研究〉》，《山东大学学报》1959 年第 1 期）。

西北大学中文系杜诗研究小组发表《论杜甫的世界观——〈杜甫研究〉第二章》（《西北大学学报》1959 年第 1~2 期），从杜甫世界观的形成、发展及其社会根源、杜甫世界观中矛盾的复杂性和主要矛盾、杜甫的世界观是在矛盾中发展的、人民力量对杜甫世界观的作用等方面，对杜甫的思想进行了系统的分析，指出"杜甫是一位伟大的人民的诗人。在很大的程度上，他反映了封建社会中深受压迫，然而还没有觉悟起来的广大农民的思想意义；他表现了他们的力量和局限，民主、天真的幻想和保守、落后的脚步。另一方面，也由于诗人没有最终地、彻底地背叛了自己的阶级，所以在他的思想上又保留着统治阶级的偏见，对他的生活与创作，都带来了不利的影响"。

西北大学中文系批判傅庚生《杜甫诗论》。

西北大学中文系杜诗研究小组认为，"什么是决定杜甫走向人民，成为我国古代伟大的诗人的主要原因呢？这是杜甫研究中非常重要的问题。是人民，还是作家个人，两种截然不同的看法，反映了文学研究两条道路的斗争——关涉到谁是历史上的主人的问题"，《杜甫诗论》回答是杜甫自己的努力，但应该不是主要的，是人民使他突破局限，看清社会本质。（《是什么力量促使杜甫成长的——对傅庚生先生〈杜甫诗论〉的一点意见》，《人文杂志》1959 年第 1 期）在《与

傅庚生先生商榷"情思之本"的问题》(《人文杂志》1959 年第 1 期)一
文中,研究小组认为,傅庚生所谓的"情思之本"说,实际上是一种
先验的"至性"和超阶级的"情思",并非作家在现实生活中所锻炼形
成的思想感情。"总之,值得注意的是傅先生为什么对表现出强烈愤
怒的感情和尖刻批判现实的作品自己就不感兴趣,甚至加以贬责?而
对缠绵悱恻、男情女怨的篇什,却那样津津乐道呢?"

何其芳赏析杜甫《梦李白》。

何其芳在《文学知识》(1959 年第 2 期)所连载的《新诗话》第四则
中,赏析了杜甫的两首《梦李白》,指出两首诗写得十分沉痛,写出
了两位伟大诗人之间的深厚友谊。两首诗是梦后一气写成的,感情一
贯,而侧重点不同。前一首写的梦境比较闪烁,后一首却历历如在
眼前。

夏承焘发表《杜甫札记》。

作者以札记的形式分别讨论了"读书破万卷"、"儒学与文学"、
"用方言"和"吴体"四个问题,对传统的说法进行了辨析,提出了一
些看法,如"老杜的文学成就,却不尽由于书卷学力,更主要的是由
于他的生活阅历和对人们的关怀","杜诗合儒、文为一","杜诗多
用方言","杜甫的吴体是效仿南方民歌声调的"等。(《杜诗札记》,
《文学遗产增刊》第 7 辑,1959 年 12 月)

1960 年

金启华对杜甫的影响进行了集中的阐述。

作者认为,"杜诗是一面时代的镜子。后来的诗人能继承杜诗的
这种现实主义精神的,就产生了优秀的现实主义作品。不过由于时代
的不同,各个诗人所处的社会地位不同,所接触的现实生活的悬殊以
及认识上、写作技巧上的差异,他们所接受的杜诗影响,也就各有不
同了"。(《杜诗影响论》,《江海学刊》1960 年第 2 期)

刘逸生在《羊城晚报》集中赏析了一批杜诗。

此前,刘逸生在《羊城晚报》赏析了杜甫的《登岳阳楼》(1959 年
11 月 29 日)、《闻官军收河南河北》(1959 年 11 月 29 日)。是年,又

赏析了杜甫的《秦州杂诗》（1960 年 1 月 4 日、1960 年 1 月 7 日）、《诸将》（1960 年 2 月 16 日）、《蜀相》（1960 年 5 月 19 日、1960 年 5 月 20 日）、《房兵曹胡马》（1960 年 9 月 9 日）。这些赏析均收入其《唐诗小札》。

杜诗的"沉郁"被重新诠释。

柯剑岐在《论杜甫诗歌的艺术风格》（《光明日报》1960 年 5 月 29 日、1960 年 6 月 5 日）中提出，"沉郁的风格是指表现在杜甫创作中的那种深沉、锐敏的洞察力，以及由此而来的那种浩浩荡荡、波澜壮阔的生活画面；也是指那种苍老遒劲的笔触以及由于忧国忧民的伟大思想而来的忧郁色彩和悲剧气氛。沉郁风格基本上贯穿了诗人的一生，它通过创作的具体过程体现出来"。

1961 年

1961 年 12 月 15 日，在斯德哥尔摩举行的世界和平理事会主席团会议上，杜甫被认定为世界文化名人。

马茂元重新评介了杜甫七言绝句。

作者认为杜甫对七言绝句艺术进行了新的探索，有失败，也有成功。成功的类型主要有两种，一种是杂感式的谈艺论文、评今鉴古的组诗如《戏为六绝句》、《解闷》十二首等，把抒情和说理密切结合起来，敏锐地反映了诗人的一些片段的思想和零星的见解，给后人启发很大；另一种是入蜀以后的绝句，描写蜀地的风土人情，细致刻画，曲折达意，音调不同于盛唐绝句的和谐铿锵，杂有当时流行的口语，句法骈、散相参。不过，"绝句究竟是抒情的短歌，它只可能抒写一些片段的生活感受和发表些零碎的见解；虽然它同样有强烈的思想倾向性，但对重大的主题，它只可能侧面地反映，而不能正面地叙写；也不可能运用长篇诗歌里那种排比铺陈的表现手法；它在各体诗歌中，毕竟是形式短小的一种。文各有体，虽'尽得古今文人之体势，而兼文人之所独专'的杜甫，在绝对意义上，也无法打破这一形式本身的局限性"。（《谈杜甫七言绝句的特色——读诗偶记之一》，《光明日报》1961 年 4 月 2 日）

陈友琴评述杜甫的题画诗。

有人提出元代出现众多题画诗，是当时文人创作源泉枯竭的表现。陈友琴指出，杜甫的题画诗不是为题画而题画，而是善于联系实际生活的。"题画诗往往都是曲折地反映了现实，不能说所有题画诗都与现实无关。元人题画诗有不少是逃避现实斗争的，这也无可讳言，但我们应该具体分析，不能简单地加以全盘否定。"（《漫谈杜甫的题画诗》，《光明日报》1961 年 5 月 31 日）

是年陈友琴另有《谈杨慎批评杜甫》（《文汇报》1961 年 9 月 28日）一文，驳斥杨慎对杜甫"诗史"訾议，"诗需要含蓄蕴藉，不含蓄，不蕴藉，不能成为好诗，这是诗的重要条件，但决不能像杨慎批评杜甫那样，把六义中的'赋'也取消了，这样不但不能认识杜诗的真价，也不能认识《诗经》的真价了"。

缪钺论杜诗之含蓄。

作者认为，诗中的含蓄有不同的方法，空灵蕴藉者固然是含蓄，沉郁顿挫也同样可以含蓄，这都可以在杜诗中找到典型的范例，如《江南逢李龟年》与《观公孙大娘弟子舞剑器行》。"杜甫作诗，在咏述复杂曲折的情事时，惯用简括浑融之笔，以唱叹出之。"（《光明日报》1961 年 10 月 12 日）

刘开扬评析杜诗《登岳阳楼》。

与孟浩然、陈与义、朱熹等人的同题诗相比，杜甫的这首诗在思想性和艺术性方面远远超出。"杜甫这首诗的后半和前面完全协调，构成浑然的一个整体，且意旨深厚，又多变化，非孟浩然等人的诗可比。"（刘开扬《杂谈杜诗〈登岳阳楼〉》，《光明日报》1961 年 3 月 12日）是年，作者还有《对杂谈杜诗〈登岳阳楼〉的补正》。（《光明日报》1961 年 5 月 21 日）

裘重襄扬杜甫的两首绝句。

裘重强调杜甫的绝句也颇为绝妙，如《赠花卿》凝练而耐人寻味，《少年行》"把豪门子弟巧夺豪取无恶不作的行为，淋漓尽致地写了出来"，是思想性与艺术性高度结合的作品。（《杜甫的绝句》，《文汇报》1961 年 8 月 24 日）

夏承焘肯定黄彻《䂬溪诗话》论杜的价值。

作者认为，黄彻论杜诗，尤其强调两点，一是杜诗的人民性，一是杜甫刚肠嫉恶，爱憎分明。(《评黄彻〈䂬溪诗话〉的论杜诗》，《光明日报》1961 年 3 月 19 日)

萧涤非解析杜诗"娇儿不离膝，畏我赴却去"，引起争议。

1961 年 12 月 28 日，萧涤非在《人民日报》发表了《谈杜诗"娇儿不离膝，畏我复却去"》，指出这两句诗历来有两种说法，一说孩子们缠在身边，是因为怕爸爸又要抛开他们而去；一说是孩子们刚一见爸爸回来，又亲热又有些害怕。萧涤非主张前一种说法。吴小如先生发表《说杜诗"畏我复却去"》(《北京晚报》1962 年 1 月 26 日)，认为《羌村三首》是纪实的，故赞同后一种说法。傅庚生撰《谈杜诗之琛宝·旷百世而知音》(《光明日报》1962 年 4 月 15 日)一文赞同吴小如的看法。萧涤非又撰写《一个小问题，纪念大诗人——再谈杜诗"娇儿不离膝，畏我复却去"》(《文史哲》1962 年第 3 期)、《不要强杜以从我——三谈"娇儿不离膝，畏我复却去"》(《中学语文教学》1980 年第 7 期)，重申自己的看法。

马佛樵论证杜甫的墓地在偃师。

杜甫的墓地所在，约有三说，分别是耒阳、巩县与偃师。作者认为前两说颇多疑窦，而"偃师说"信而有证，似无疑义。(《杜甫墓地考》，《光明日报》1961 年 8 月 14 日、1961 年 9 月 17 日)

1962 年

杜甫诞辰 1250 周年，北京、河南、四川、宁夏等地举行隆重的纪念活动。《杜甫诞生 1250 周年》邮票发行，陆俨少创作《杜甫诗意画册》，大批学者撰文纪念。

王运熙撰写《杜甫的文学思想——纪念杜甫诞生 1250 周年》(《文汇报》1962 年 4 月 11 日)，指出"杜甫在诗歌理论批评方面，一方面强调思想内容，另一方面又注意艺术表现；一方面推重古体，另一方面又注意近体；一方面要求风格、语言的雄浑古朴，另一方面又重视清丽华美。这种眼界开阔、注意到艺术创作各个方面的特色，就构成了杜甫'不薄今人爱古人'和'转益多师'的理论原则。正是在这种思想指导之下，杜甫能够比较全面地认识到各个历史时期的作家作品都有自己的特色和成就，不能笼统否定"。此年，作者另有《读杜甫〈同元使君春陵行〉》(《山东文学》1962 年第 6 期)，强调它为理解杜甫文学思想和晚年政治社会思想的重要诗篇。

马茂元写有《论〈戏为六绝句〉——为纪念伟大的诗人杜甫诞生 1250 周年而作》(《文艺报》1962 年第 4 期)，以为杜甫这组诗"前三首评论作家，后三首揭示论诗宗旨。就内容来说，似乎两种有区别；可是它的精神，却前后贯通，互相联系，这六首诗是个不可分割的整体"，着重论述了诗歌创造与继承的关系。是年，作者另有《思飘云物动，律中鬼神惊——谈杜甫和唐代的七言律诗》(《光明日报》1962 年 5 月 27 日)，提出"唐代的七言律诗，到了杜甫，境界始大，感慨始深；而在杜甫来说，入蜀以后，才是他七律的全盛时期"，"磅礴飞动的气势，深厚的感情和精严的诗律，三者融合无间，构成了杜甫七言律诗独特风格的基本特征"。

袁行霈将杜甫的思想性格归结为三个方面：面对现实，坚强乐观，热爱生活。他认为"杜诗动人的力量并不完全取决于它的题材和思想，同时也取决于艺术的表现，赤裸裸的思想无论如何深刻也不能产生艺术的效果。杜甫为他的思想、性格找到了多样统一的形象，同时又在客观世界丰富多采的形象中发现了自己。这样就达到了主观情志与客观形象的统一，创造出一个完整的诗人自我的形象，受到世世代代人民的尊敬"。(《崇高的人格，伟大的诗篇》，《北京大学学报(人文科学版)》1962 年第 3 期)

傅庚生发表《沉郁的风格，闳美的诗篇——为纪念诗人杜甫诞生 1250 周年而作》(《诗刊》1962 年第 2 期)、《十载长安，千秋伟绩——纪念伟大的诗人杜甫诞生 1250 周年》(《延河》1962 年第 5 期)，萧涤非、廖仲安发表《别裁伪体，转益多师——纪念杜甫诞生 1250 周年》(《文学评论》1962 年第 3 期)。马同俨等整理了《杜诗版本目录》(《图书馆》1962 年第 2 期(纪念杜甫诞生 1250 周年另册))，陈仲篪有《宋人校刊杜集志略》(《图书馆》1962 年第 2 期(纪念杜甫诞生 1250 周年另册))。冯至有《"诗史"浅论》(《文学评论》1962 年第 4 期)、《人间要好诗》(《人民日报》1962 年 2 月 13 日)、《纪念伟大的诗人杜甫——在"世界文化名人中国伟大诗人杜甫诞生 1250 周年大会"上的报告》(《人民日报》1962 年 4 月 18 日),秦似有《伟大诗人杜甫及其创作——纪念杜甫诞生 1250 周年》(《广西文艺》1962 年第 5 期),黄肃秋有《热爱人民的诗人杜甫——纪念杜甫诞生 1250 周年》(《工人日报》1962 年 4 月 14 日)等。

越南各界纪念杜甫诞辰。

越南各界举行集会,隆重纪念杜甫诞辰 1250 周年。黎廷探在大会上讲话时,热烈赞扬杜甫的光辉一生。他指出,杜甫的诗歌不仅受到中国人民的传诵,而且对越南人民也有着悠久和深刻的影响。越南民族的伟大诗人阮荐、阮攸都曾受到杜甫的影响。(《人民日报》1962 年 9 月 11 日)

布拉格举行晚会,纪念杜甫诞辰。

巩县杜甫纪念馆开馆。

杜甫草堂第六次整修。

胡小石高度评价《北征》,并逐句详解《羌村三首》。

作者详细剖析了杜甫《北征》变赋入诗的创作手法,指出"《北征》为杜诗中大篇之一。盛唐诗人力破齐梁以来宫体之桎梏,扩大诗之领域,或写山水,或状田园,或咏边塞,较前此之幽闭宫闱、低回哀怨者,有如出永巷而骋康庄。至杜甫兹篇,则结合时事,加入议论,撤去旧来藩篱,通诗与散文而一之,波澜壮阔,前所未见,亦当时诸家所不及(元结同调而体制未弘),为后来古文运动家以'笔'代'文'者开其先声。后来诗人如元和中韩退之,如宋代庆历以来'宋诗'作者之欧、王诸家以至'江西诗派',至近世如所谓'同光体',其特征大要皆以散文入诗,其风气几无不导源于杜,亦可云自《北征》一篇开端"。(《杜甫〈北征〉小笺》,《江海学刊》1962 年第 4 期)

"《羌村》作于至德二载秋自凤翔还鄜州省家后,殆与《北征》同时。所写情景,多可补《北征》中所未及道者,而以小诗形式出之。凡诗之长篇与短篇,为用不同。以戏曲譬之,长篇如整体连台戏,短篇则折子戏。长篇波澜壮阔,疏密相间,变化起伏,而不能处处皆警策。短篇则力量集中,精彩易见。亦犹观折子戏者每感其动人之效果迅速，易于见好也。诗凡三章，首章写初抵家时光景。次章写到家后之诸感。末章写邻里慰劳，己心感怆。篇幅虽寥寥，而天宝末年之大乱，人民所受之苦痛，皆反映于字句中。非仅为一人发愤抒怀已也。"(《杜甫〈羌村〉章句释》，《南京大学学报(人文科学版)》1962年第1期)

万曼发表《杜集叙录》。

《杜集叙录》，首刊于《文学评论》1962年第4期。全文共五部分：一、杜甫集在唐、北宋时期的编辑刊刻，经樊晃、顾陶、孙光宪、郑文宝、孙仅、王洙、苏舜钦、刘敞、王安石、王琪、裴煜等各家的编订过程及流布情况。二、分述了宋人注杜及郭知达集注本的锓版传刻。三、宋人分类集注及评点本的系统及特点。四、杜集编年本的系统和蔡梦弼《草堂诗笺》的流传。五、元明以来杜集的注释训解本。全文对杜集的成书时代、编次体例、版本源流及历代传刻的特点剖析分明，是20世纪60年代杜集版本研究的重要成果。后收入中华书局选编《杜甫研究论文集(三辑)》及著者《唐集叙录》(中华书局1980年版)中。

饶宗颐论述杜甫夔州诗的成就。

作者梳理了历代文人对夔州诗的评述，指出在题材上，"老杜在夔州，几乎无物不可入诗，无题不可为诗，此其所以开拓千古未有之诗境也。其极萧闲之句，往往深契至道……是能窥见广大，以元气行之。上句意存鉴戒，下句汪洋自得。意虽描绘天工之巧，不啻自道其诗功之臻于化境也"；在诗体上，此时杜甫尤多创格，如有最长之排律，有吴体，有联章体等；在诗歌观念上，此时论诗多深造自得；在理趣方面，"唐人之诗，以兴象、秀句为主，其失则有句者无篇，有篇者无理与意，有理与意者或落想不高，落想高又或非出于自然，杜则不烦绳削而自合，而理趣往往非人所想到，此其所以度越众流也"。(《论杜甫夔州诗》，京都大学《中国文学报》第17册，1962年)

安旗解读"沉郁顿挫"的含义。

安旗强调指出，杜甫当时自称的"沉郁顿挫"和后世称他的"沉郁顿挫"，含义是不尽相同的；杜甫早年的自称"沉郁顿挫"，主要是表示学力之深厚，技巧之娴熟，并没有包括忧国忧民之意在内；中年以后的"沉郁顿挫",则是"幽愤深广,波澜老成",与时代有绝大关系,也与他个人的生活道路分不开。(《"沉郁顿挫"试解》,《四川文学》1962年第6期)

黄秋耘漫谈学杜体会。

作者从"行义高于文采"、"不薄今人爱古人"、"喜其体裁备"、"不以辞害意"、"诗中有人在"、"文章老更成"六个方面肯定了杜甫与杜诗。(《学杜卮言》,《诗刊》1962年第2期)

冯钟芸论述了杜甫《秋兴八首》的艺术特色。

作者指出,《秋兴八首》为老杜晚年刻意经营之作,八首是不可分割的整体,正如一个大型抒情乐曲有八个乐章一样。"杜甫恰当地、熟练地继承了古人已有的循环往复的表现手法,八首诗中,用强烈的对比,无数次的循环往复,把读者引入诗的境界中去","《秋兴》里,把长安昔日的繁荣昌盛描绘得那么气象万千,充满了豪情,诗人早年的欢愉说起来那么快慰、兴奋。对长安的一些描写,不仅与回忆中的心情相适应,也与诗人现实的感情苍凉成了统一不可分割、互相衬托的整体。这更有助读者体会到诗人在国家残破、个人暮年漂泊的极大忧伤和抑郁"。(《杜甫〈秋兴〉八首的艺术特点》,《北京大学学报(人文科学版)》1962年第3期)

郭预衡评述杜诗的思想和主要艺术特征。

作者从"历史的真实和艺术的真实"、"忧国忧民与忠君思想"两个方面评述了杜诗,认为杜甫既生动地反映了历史事件和社会面貌,又对历史和社会进行了敏锐的分析和严肃的批判,历史真实和艺术真实在诗中达到了完美的统一;杜甫在生活中既然和人民有了共患难的关系,也自然地产生了同忧戚的感情,这种感情和儒家的仁民爱物的社会理想结合,就成为诗人思想和道德的基础。(《论杜诗思想和艺术的主要特征》,《北京师范大学学报(人文社会科学版)》1962年第3期)

夏承焘集中讨论了杜甫入蜀以后的绝句。

杜甫绝句今存138首,其中134首为诗人四五十岁入蜀以后所作。夏承焘认为,杜甫晚年的这些蜀中绝句,可能绝大部分和蜀中的民歌有关,不主故常,自成一体;不仿效民歌的,主要有两类,一是

以诗当尺牍、便条的，一是论诗之作。(《论杜甫入蜀后的绝句》，
《文学评论》1962 年第 3 期)

詹锳剖析了杜甫中年的思想发展过程。

杜甫的中年时期，指他三十五岁到长安以后，一直到四十八岁由
华州弃官而流寓秦州这段时期。詹锳认为，这一时期是杜甫生活变化
最大的一个时期，也是思想发展最快、提高最多的时期，"从他到长
安的日子起，他的思想就有两面性。一方面是从'难甘原宪贫'出发
的为个人的动机，一方面是从'穷年忧黎元'出发的为人民的动机。
为个人的动机有时驱使他不择对象地求人引荐，有时使他想高蹈远
引。然而他面对的现实和他亲身的生活实践，以及他个人的主观要
求，都使他的为人民的动机占了主导地位，而取得决定性的胜利"
(《从杜甫诗文中看他中年的思想发展过程》，《文史哲》1962 年第 6
期)。作者此年另有《谈杜甫的〈洗兵马〉》(《光明日报》1962 年 5 月
11 日)，认为诗歌反映了至德二载冬天返京到乾元元年六月出为华州
司功参军时期，杜甫思想两面性中积极的一面。

蒋和森论述杜诗的宏伟气势与成因。

蒋和森提出大作家必须有大气魄，在杜甫的诗歌中，我们不仅读
到了一幅生动的社会生活画卷，读到了诗人忧国忧民的情怀，还读到
了杜甫那种运笔如椽、令人为之神动心摇的气魄。诗人的这种气魄，
常常表现在各种题材、各种场景里面。(《碧海掣鲸手——杜诗的气
魄》，《光明日报》1962 年 4 月 29 日)

《秋兴八首》尤其是"香稻碧梧"句得到详细讨论。

乔象钟认为，《秋兴八首》分开来读各自成章，各有其中心内容，
合起来读又是一个完整的诗章。全诗主要抒发诗人有感于巫山巫峡的
萧森秋气，怀念长安，悲哀国家昔盛今衰及个人困顿的哀伤情绪，艺
术形式上以华丽的词藻表现雄伟的意境，且多双声叠韵。(《雄浑的
意境，瑰丽的风格——谈〈秋兴八首〉》，《光明日报》1962 年 7 月 29
日)方管(舒芜)指出《秋兴八首》是杜甫的巅峰之作，总结了诗人的平
生志事。(《谈〈秋兴八首〉》，《光明日报》1962 年 7 月 15 日)臧克家
曾以为"香稻啄余鹦鹉粒，碧梧栖老凤凰枝"不足法(《学诗断想》，
《人民日报》1961 年 9 月 6 日)，星人提出异议，认为"香稻啄余，只

剩残粒，碧梧栖久，干老枝垂，这不能不看做是一种特有的矛盾心情的反映。一个爱国爱民的诗人，流浪江湖，过着辛酸的晚年生活，他写出了逻辑上反常的倒装句，正是这悲剧式矛盾心情的反映"(《"香稻啄余鹦鹉粒"试解》，《文汇报》1962 年 4 月 14 日)，李广田强调两句的核心是"重在稻与梧，不重在鹦鹉与凤凰"，是常见的倒装句，解诗不必过度。(《论杜诗〈秋兴八首〉香稻碧梧句》，《光明日报》1962 年 9 月 2 日)

吴调公梳理杜甫诗歌的美学观。

作者从以下方面讨论了杜诗所表现出来的美学思想：从澒洞的风尘到浑灏的诗境；悲与壮的结合；希望在寂寞里燃烧；千汇万状之美。(《青松千尺杜陵诗——论杜甫诗歌的美学观》，《光明日报》1962 年 4 月 22 日、1962 年 4 月 29 日、1962 年 5 月 6 日)

1963 年

陈祥耀评述杜诗的内容与艺术特色。

作者总结指出，"杜甫是我国古代最伟大的现实主义诗人。他的作品，具有高度的人民性和爱国主义精神，而且这种思想内容是通过富有创造性的卓越的艺术形式来表现的，达到了思想性和艺术性的高度统一，成为我国文学遗产中的重要宝库之一"。(《杜甫诗歌的思想内容和艺术特点》，《福建师范学院学报》1963 年第 1 期)

贺昌群辨析杜诗"诗史"的含义。

诗是语言之最精者。诗是反映现实生活的高度艺术概括。唐宋以来称杜甫诗为诗史，诗与史毕竟有所不同，诗人的陈述不是仅止限于当前具体事件，而在善于概括与事件相联系的真实性。杜甫诗之所以称为诗史，在于他的诗密切地与基本历史相联系，反映了社会矛盾与阶级矛盾，反映了剥削、压迫和诗人自己对剥削、压迫的态度，反映了社会经济基础的转变和当代的主要政治倾向。这些基本的历史联系，在杜甫诗歌中并不如白居易《新乐府》一样，有意使之成为一组诗，而是散在一段或一联或一句中表达出来。而这一段、一联或一句的历史内容和意义，则构成了杜甫诗歌对基本历史联系的完整性，因

而，引用这些诗句不至于有"断章取义"之嫌。(《诗中之史》，《文史》1963 年第 3 期)

《文学遗产增刊》第 13 辑集中刊载十篇杜甫研究论文。

这十篇论文是：霍松林《尺幅万里——杜诗艺术漫谈》、曾绒《读杜诗七言绝句散记》、熊柏畦《试论杜甫的绝句》、马锡鉴《杜甫对妇女的态度》、乙丁《杜诗中所反映的战争问题》、卞孝萱《杜甫诗论旁探》、金启华《杜甫家世考》、魏泽一《诗论杜甫在湖南作诗的编次问题》、元方《谈宋绍兴刻王原叔本〈杜工部集〉》、耿元瑞《有关李杜交游的几个问题》。

徐复观从文学史和学诗的方法解释《戏为六绝句》。

作者指出，"就诗的艺术观点来说，《戏为六绝句》，没有什么值得特别欣赏的。我们所应追求的是这六绝句的涵义是什么。我认为第一点，是可由此而知道杜甫对文学的了解，有很清楚的'史'的意识。第二点，是他之所以写这《六绝句》，是告诉时人以学诗的方法。因此，《六绝句》的总主题，乃在第六首的'转益多师是汝师'的结句"。(《从文学史观点及学诗方法试释杜甫〈戏为六绝句〉》，香港《民主评论》1963 年第 14 卷第 4 期)

李嘉言对杜诗以景收结的艺术形式进行了总结梳理。

杜甫经常采用"篇终接混茫"的形式，"即在诗的末尾以写景含蓄着一种情意，让读者结合全盘去涵泳、体会，一旦体会到其情意，便愈觉得情思隽永、意味深长"。这种技巧在《诗经》、楚辞中亦有端倪，但只是偶然的；东晋言理诗理景结合，也形成"篇终接混茫"的近因；陶渊明把写景与生活、理想、理趣紧密结合在一起，促进了这一技巧的正式形成。(《篇终接混茫》，《光明日报》1963 年 3 月 10 日)

邢治平对一些杜注提出了自己的看法。

作者认为，杜诗《法镜寺》"婵娟碧藓净"一句中，"碧藓"为竹名，"婵娟"用来形容竹的姿态；《房兵曹胡马》"竹批双耳峻"一句中，"竹批"为策马；《塞芦子》一诗，以李介立《天香阁随笔》所注为优；《乾元中寓居同谷县作歌七首》之"黄独无苗山雪盛"中，"黄独"自为一物，非"黄精"；《绝句漫兴九首》之"笋根稚子无人见"一句，

"稚子"当作"雉子"；《壮游》"坐深乡党敬"一句，"坐深"为"坐居上列"。(《杜注质疑》，《开封师院学报》1963 年第 1 期)

1964 年

冯钟芸总述杜甫绝句的特点。

杜甫的绝句和杜甫其他诗体的成就比较，相对地说，绝句中有一部分艺术性较差。他的绝句与传统惯见的盛唐绝句比较，格调极不相似，但也有一些创新。在内容上，杜甫的绝句不少用来讽刺时政、记述时事与论诗，突破了抒情写景的藩篱；在形式上，杜诗既有古绝，也有律绝，多变体与别调；在风格上，与盛唐绝句相比，浑厚、奔放或不及，而细致、深刻有余。(《杜甫绝句的特点》，《北京大学学报(人文科学版)》1964 年第 1 期)

王水照对杜诗的研究方法进行了反思。

"典型"原来是外来的概念，一般用以分析我国古典小说与戏曲，能否用于古代叙事诗的分析，是值得慎重考虑的；用"崇高—寂寞"等美学思想来解剖杜诗特色，分析杜诗悲壮风格的形成，也不是很全面；用"醇美"来形容杜诗风格，缺乏明确的内涵，难免带有主观随意性；"杜甫的创作态度是极其严肃的。他对于诗歌形象、篇章结构、选字造句等各方面都曾呕心沥血，惨淡经营，力求准确而完美地反映现实生活。封建时代的评点家和笺注家们纷纷被这个特点所倾倒，他们固然也探测了杜甫的某些艺术匠心，但往往把他说得浑身都是解数，每字每句都有了不起的讲究，这就违背创作规律了。现在有的文章也或多或少地存在这种倾向的影响"。(《关于杜甫诗歌艺术特色的一些评论》，《文史哲》1964 年第 3 期)

杜甫评价的立场受到商榷。

维章(徐学俭)对萧涤非《杜甫研究》"杜甫作品的人民性"一节，提出了不同看法，认为"如果夸大古人这种思想认识，不和今天马克思主义的阶级观点、阶级分析方法区别开来，是容易导致美化古人，或把古人现代化的倾向的"，"按萧先生的逻辑推理下去，这位生活在公元八世纪中国封建社会的鼎盛时代，出身于封建官僚家庭的诗人——杜甫, 俨然成了一个'辩证'的阶级论者。萧先生的上述论断, 是否符合历史事实呢? 我觉得这是值得商榷的"。(《如何正确评价杜诗——读〈杜甫研究〉的一点体会》,《文史哲》1964 年第 5 期)

郭绍虞比较了杜甫的诗论与元好问的诗论。

杜甫与元好问论诗的最大不同, 在于前者强调艺术性而后者看重思想性。"正因为杜甫的六绝句是有为而发, 所以杜甫的诗论尽管强调继承, 强调艺术性, 即杜甫其他论诗之处也有这种倾向, 却并不因此而妨碍杜甫诗作的成就。"(《论〈戏为六绝句〉与〈论诗三十首〉》,《学术月刊》1964 年第 7 期)

姚雪垠的《草堂春秋》受到批评。

《草堂春秋》是描写杜甫在成都草堂生活的一篇短篇历史小说, 大致情节根据杜甫在草堂的一些诗作铺陈而作, 1962 年 10 月发表于《长江文艺》。陈安湖指出姚雪垠的选材本身就存在着问题,"杜甫这时期的生活和创作, 是包含着较多的消极因素的, 既不足以代表他的全人, 更不能毫无批判地加以颂扬和鼓吹","试看小说所宣扬的, 无论是逃避现实的颓废思想, 对战争的感伤主义和悲观主义思想, 厚古薄今、颂古非今思想, 或是对贵族地主阶级代表人物的美化和歌颂; 以及作者通过一些历史事件和历史人物对今天社会主义现实生活的讽刺和攻击, 哪一点不反映了资产阶级、封建阶级的思想和要求"。(《姚雪垠的〈草堂春秋〉宣扬了什么》,《江汉学报》1964 年第 12 期)次年, 宋漱流有《在历史题材的掩盖下——评姚雪垠的〈草堂春秋〉》(《长江文艺》1965 年第 1 期), 新翰有《〈草堂春秋〉是一株大毒草》(《湖北日报》1965 年 1 月 10 日)。

杜甫的现实主义精神得到集中阐发。

杜甫在继承《诗经》以来人民创作和文人之作的进步思想的同时, 在表现手法上也继承了这两个传统所积累的丰富经验, 而加以熔铸融合, 加以发展提高, 使我国现实主义的诗歌表现艺术达到前所未有的高度。(力扬遗作《论杜甫诗歌的现实主义》,《文学评论》1964 年第 4 期)

1965 年

傅庚生《杜甫诗论》被认为褒扬过多。

过去在古代文学研究与古代文学教学中存在着离开批判继承原则对古人肯定过多过高而批判不足的情况，特别对杜甫这样成就较大的作家更是如此。傅庚生先生的《杜甫诗论》就是这样一部具有代表性的著作。傅先生的《杜甫诗论》对杜甫及其诗歌作了全面的论述，并在《前言》中说明要用马克思列宁主义的理论去研究杜诗，"批判与廓清"历代封建文人对杜诗"所捏造的荒谬说法"。但傅先生在对杜诗的具体论述中所持的基本观点与那些封建评注家并没有什么根本的不同，实质上都是封建儒家观点。所不同的，只是过去的封建评注家直接从忠君角度去肯定杜诗，而傅先生把杜甫的封建立场说成人民的罢了。（王宽行：《怎样评价杜甫及其诗歌——读傅庚生先生〈杜甫诗论〉》，《开封师范学院学报》1965 年第 1 期）

学者强调对杜甫的优秀诗篇要一分为二地看待。

芦荻指出，杜甫的一些优秀作品，存在着很不相同的意见。譬如对于《赴奉先县咏怀五百字》，许多人只看到杜甫对人民的同情、对封建统治集团的揭露，即只褒扬杜甫的伟大并全盘地肯定了作品的思想内容；有些人因强调杜甫忠君思想的严重，认为他的同情人民不过是为了忠君，所以对作品的思想内容产生了基本否定的态度。全盘肯定与基本否定的态度都是不可取的。（《要"一分为二"地分析评价杜甫的优秀诗篇》，《文学评论》1965 年第 3 期）

马茂元对杜诗要批评地继承。

"作为封建士大夫的杜甫，他不可能具有忘我精神，成为'自我牺牲的利他主义'者，杜甫之所以值得我们推崇，在于他能够从切身遭受的痛苦，联想到别人，联想到整个的国家民族，思想情感不停留在狭隘的个人领域里。这样的评价，是符合实际的。一超越了这个限度，就必然会模糊了阶级的意识"，"号称'诗史'的伟大现实主义诗人杜甫，其感伤时事政治的诗篇也不可能不含有个人得失的因素，有其庸俗的一面"。（《略论杜诗的批判继承问题》，《新建设》1965 年第

6 期)

王水照对杜甫的思想属性进行了分析。

作者认为杜甫的政治理想代表着庶族地主阶级的利益，而不是"跳出了他自己的阶级"，"站在人民的立场"；"杜甫一生艰苦的生活实践和艺术实践，使他发扬了儒家思想中的积极因素，还不自觉地突破了儒家教条的某些束缚，从而比他的前辈诗人提供了新的东西。然而，作为一个封建知识分子，他又不可能超越封建统治阶级的思想体系，不能不带有他的阶级所固有的落后的东西"。(《杜甫思想简评》，《光明日报》1965 年 8 月 8 日)

叶绮莲撰写《杜诗学》。

此论文以《台北"中央图书馆"善本书目》、《北京图书馆善本书目》、《京都大学文学部汉籍分类目录》、中华书局出版《杜甫研究论文集》第三辑中所收马同侪、姜炳炘的《杜诗版本目录》，以及香港大学所藏杜集等为基础加以整理，全文分为上下二篇，上篇"杜集源流"，讨论各朝研究杜诗之情况及其得失，下篇"杜集书录"排列由唐大历至清末之杜集。论文上篇以《杜工部集源流》为题发表于台湾《书目季刊》1969 年秋季号；下篇以《杜工部集关系书存佚考》(上、中、下)连续刊载于《书目季刊》1970 年夏、秋、冬季号。

叶嘉莹全面评价杜甫的七律。

杜甫的七言律诗创作，可以分为四个阶段：天宝之乱之前，是模拟与尝试阶段；收京以后重返长安时期，诗人已经进入随心自如的阶段；成都草堂时期，是从纯熟完美转变到老健疏放的阶段；去蜀入夔时期，是从心所欲的化境阶段，"一种从心所欲是表现于格律之内的腾掷跳跃，另一种从心所欲则是表现于格律之外的横放杰出而已"。"先就内容来看，杜甫在这些诗中所表现的情意，已经不是一种单纯的现实之情意，而是一种经过艺术化了的情意，这种情意，已经不再被现实的一事一物所拘限，而是一种经过酝酿的'意象化之感情'了。再就技巧来看，杜甫在这些诗中所表现的成就，有两点可注意之处：其一是句法的突破传统，其二是意象的超越现实。"(《论杜甫七律之演进及其承先启后之成就》，台湾《大陆杂志》1965 年第 30 卷第 1~2 期)

耿元瑞提出《哀江头》以否定为主。

作者认为,《哀江头》的思想以忠君为主,尽管这忠君与爱国有一定程度的联系,但基本上还是应否定的作品。"《哀江头》是含有讽刺之意的。不过,诗中所表达的主要是对帝妃的同情而不是讽刺。这就是说,作者是寓讽刺于同情之中的。分别来说,前半部分回忆曲江行乐,是'美中有刺';后半部分感伤生离死别,是哀中有刺。"(《有关〈哀江头〉评价的两个问题》,《郑州大学学报(哲学社会科学版)》1965 年第 1~2 期)

1966 年

叶嘉莹认为李、杜为千古知己。

"我以为李、杜二家之足以并称千古者,其真正的意义与价值之所在,原来乃正在其充沛之生命与耀目之光彩的一线相同之处,因此李、杜二公,遂不仅成为了千古并称的两大诗人,而且更成为了同时并世的一双知己。如果我们将李、杜二家的诗集仔细读过,就会发现李、杜二公之交谊,是有着何等亲挚深切的一份知己之情,那正因为惟有自己有充沛之生命的人,才能体察到洋溢于其他对象中的生命,惟有自己能自内心深处焕发出光彩来的人,才能欣赏到其他心灵中的光彩。即使二者并不相同,而这一份生命的共鸣,与光彩的相照,便已具有极强的相互吸引之力了。""在这首诗(《赠李白》)中,杜甫不仅淋漓尽致地写出了太白的一份不羁的绝世天才,以及属于此天才诗人所有的一种寂寥落拓的沉哀,更如此亲挚地写出了杜甫对此一天才所怀有的满心倾倒赏爱与深相惋惜的一份知己的情谊。"(《说杜甫赠李白诗一首——谈李杜之交谊与天才之寂寞》,台湾《现代文学》1966年第 28 期)

梁容若介绍杜甫在日本的流布情形。

作者翻译了神田细一郎博士刊于京都大学研究室的《中国文学报》第 17 册(1962 年 10 月刊)"杜甫诞生 1250 年特刊"的《杜甫在日本》,文章主要描述了"从古到现在,日本如何研究杜甫作品,如何批评杜甫作品"。(《杜甫在日本》,台湾《出版月刊》1966 年第 18 期)

1967 年

费海玑从日常生活和任、智等方面讨论杜甫的人生观。

作者在《杜甫的人生观》（台湾《幼狮》1967 年第 5 期）一文中提出，杜甫之所以伟大，是由于他有仁且智的人生观。他有民胞物与的精神，素贫贱行乎贫贱，虽没有什么功业，却博得后世的爱敬。如果将王维、苏东坡和他比较，更显得他伟大。作者将王维视为"官僚们的模范"，杜甫为"模范公民及诗圣"，苏轼为"失意政治家的模范"。是年，作者另有《杜甫的交游》（台湾《醒狮》1967 年第 3 期）一文，讨论了杜甫同高适、李白、岑参、贾至、王维、郑虔、毕耀、李特进、孙宰、严武、裴迪、萧八、韦二、何十一、韦班、徐卿、王十五、魏十四等人的往来。

梁实秋为刘中和《杜诗研究》作序。

"惟评释杜诗，在基本观点上，易有两种偏颇之失：其一是蔽于山谷所谓杜诗无一字无来处之说，其二是惑于宋人所谓'诗史'之称。杜工部'读书破万卷'，而又主张穷究文选，甚至博通释典，下笔为诗自然典丽。但词章仅文学之一端，诗的艺术价值于词章之外尚别有在。仇沧柱详注杜诗，纵能说明杜诗一字一句之来历，并不能有助于吾人对杜诗之欣赏与理解。杜诗之沉郁顿挫不尽在于词章，其关键在其深情逸致。至于《新唐书》所谓'善陈时事……世号诗史'之说，只能称之为偏识。杜工部遭逢丧乱，'伤时桡弱，情不忘君'，亦人之常，所见所闻之民间疾苦反映于一千四百余首诗中，亦事之常。凡此皆不足以构成其诗之伟大。杜工部志在'致君尧舜上'，吾人可以嘉其志，但不能因此而称其诗。杜工部恫瘝斯民，吾人可以爱其人，但不必因此而称其诗。诗非雕虫小技，诗非历史附庸。"（梁实秋《〈杜诗研究〉序》，台湾《中国语文》1967 年第 5 期）

彭毅梳理了历代"诗史"的解说。

作者指出对"诗史"不能过度解读，"含蓄蕴藉之作和指陈时事之作，都是诗中有史，不应取此舍彼。所以归根结底诗史就是诗中有史，就是在诗中记叙了当时的'时事'，不论他用什么写法：是隐、

是显；是含蓄、是直接都没有关系"。(《关于"诗史"》，台湾《现代文学》1967 年第 33 期)

陈文华研究杜甫律诗。

陈文华的《杜甫律诗探微》，为台湾师范大学国文研究所 1967 学年度硕士论文，1977 年由台湾文史哲出版社出版。全书专论杜诗之诗法，共五章。第一章论杜诗章法结构，分为针缕细密、开阖尽变、接句不测、补起预收、连章结构；第二章论杜诗格律及其效用，揭示杜诗有重拗救、避同声之特色，并详论换韵脚、配双叠、变句式等规则性与变化；第三章论杜诗用辞用典之类别、方法及其成就；第四章论对仗之法则；第五章论炼字之法，从活字点眼、虚字行气、重字见巧、叠字摹神、色字增采、俗字存真、倒字取劲等方面入手。

1968 年

胡秋原批评梁容若《文学十家传》中的杜甫与韩愈传。

梁容若于 1967 年 11 月 11 日以《文学十家传》获台湾"中山学术文化基金会"五万元奖金，胡秋原撰文指出，《文学十家传》中有许多常识性的错误。"而这位《十家传》'著'者最不了解的，乃是杜甫在这样大乱奇穷生活中的大抱负和人格。我先很奇怪他对杜甫的官职品级记得很多，原来是要说他官级不高，文章不好卖钱！他不知道杜甫'耻事干谒'，不耐'应酬'，宁在大乱中设立草堂，躬耕自给完成'文章千古事'。虽然快要'饿死填沟壑'，还是'高歌有鬼神'。虽然在颠沛饥寒之中，心肝总在国家；虽然感痛自己的际遇，而热泪总洒向苍生，高情常怀念故旧；虽然不满于政府，仍不断为国家胜利而欢呼；而且，虽然病骨支离，还是'哀鸣思战斗，迥立向苍苍'，'留滞才难尽，艰危气益增'。"(《论杜甫与韩愈》，台湾《中华杂志》第 6 卷第 2 期)

洪业介绍他如何撰写《杜甫：中国最伟大的诗人》一书。

这篇文章首载于《南洋商报》1962 年元旦特刊，转载于香港《人生》第二十四卷八、九期(1962 年 9 月 1 日/16 日)，再载于台湾《中华杂志》第 6 卷第 11 期。作者自述说："(此书)上册是本文；下册是子注。在上册里，我选译杜诗三百七十四首来描写杜甫的生平；说明其时代之背景与史实的意义。在下册里，我注明各诗文的出处，中外人士的翻译，历代注家的讨论，时常也插入我的驳辩。再概括来说：上册说杜甫是这样的；下册说杜甫不是那样。上册迎神；下册打鬼。"

彭毅对杜诗之系年有所辨证。

作者对 130 多首杜诗的写作时间，以闻一多《少陵先生年谱会笺》为参照，重新加以考证辨析。(《杜甫诗系年辨证》,《台湾大学文史哲学报》1968 年第 17 期)

1969 年

叶龙阐述了杜甫的写实精神。

作者首先指出，"凡伟大之文学家，均有其独特之个性；至其优美之文学作品，亦必有其独特之风格；作者个性之反映，即为其文学作品之风格。杜甫有其独特之个性，故其作品有其独特之风格，且其作品之写景精神亦有异乎常人者"；然后将杜甫诗风分为豪逸之风、冲淡之趣、峻洁之资、潇洒之态进行分析；最后阐述杜甫的写实精神，从纪事状物、写景等角度入手。(台湾《大陆杂志》1969 年第 38 卷第 10 期)

台湾《诗学集刊》刊发杜甫研究系列论文。

台湾师范大学所办《诗学集刊》发表杜甫研究专辑，所载杜甫研究论文有林志诚《论杜甫的风格与时代背景》、吴仁懋《杜甫题画诗之研究》、魏明美《秦州杂诗浅释》、王熙元《杜甫〈月夜〉诗评析》、陈忠本《从一首小诗看杜甫与李白的友谊》、陈翠香《杜甫论诗绝句》、李丰楙《杜甫与浣花草堂》。

1970 年

龚嘉英有《读杜偶得》。

龚嘉英提出《秋兴八首》诗句"丛菊两开他日泪"，所谓"两开"，并非指大历元年与二年两年开花，而是指菊花在云安与夔府两地盛开；杜甫入蜀之后，主要依靠采药、制药与卖药为生。(台湾《大陆杂志》1970 年第 12 期)作者另有《杜诗流传考述》(台湾《大陆杂志》1970 年第 3 期)，对杜诗的数量与版本问题进行了梳理。

胡传安论述杜甫对唐代诗人的影响。

作者一一讨论了杜甫对韩愈、张籍、白居易、元稹、李商隐五人的具体影响，最后总结指出：以上所举五人，韩愈承受了老杜"语不惊人死不休"之风格，而刻意求怪，自辟门径，但不免有斧凿之痕，未若子美偶得之自然。张籍无论在思想上作风上都承继了杜甫社会诗的系统，是子美与元白之间的代表作家。他的成就在乐府诗，虽有新意但乏新题。元白之"元和体"，扩大了社会诗的领域，有理论基础，又率意为之，故使杜甫所倡社会诗派达到如日中天之象。白乐天应居首功，元微之亦为巨擘。但乐天缺乏含蓄，微之时有官气，不若子美之深厚感人。李商隐诗之技巧，直入浣花之室，颇得杜甫"晚节渐于诗律细"之神髓，但不若子美博大而有韧性，故稍流于华靡。五人受杜甫之影响虽异，然在诗坛均有非常之成就。其中退之为北宋诗风之开端，义山为西昆流派之滥觞，则杜甫之伟大，不言可喻也。(《杜甫对唐代诗人的影响》，台湾《淡江学报》1970 年第 9 期)

1971 年

台湾《中华诗学》连载杜甫研究论文。

《中华诗学》第 4 卷第 2 期刊载禚梦庵《略谈杜诗的质与境》；第 3 期刊载黄坤尧《关于杜甫的死》、胡钝俞《杜甫其诗其遇》；第 5 卷第 1 期刊载李道显《杜工部本传考辨》。

李辰冬详细解读杜甫的《述怀》诗。

作者指出，"作品是情感的表现，表现情感时须用许多事实来表达，然发掘这些事实就需要考据；然考据的最终目的是在发掘作者的情感，并不是鸡零狗碎地解释几个字或几件事实就算达到了考据的目的。一篇诗、一首曲、一出戏或一部小说都有它整个的灵魂，一定得整个来看，才能真正发现作者的情感"。(《杜诗〈述怀〉欣赏》，台湾

《新时代》1971 年第 3 期)作者从山川形势、地理环境、历史事实、政治背景、文物制度、思想情感与词汇运用等方面诠释了《述怀》一诗。

1972 年

《秋兴八首》成为语言学批评的研究对象。

"杜甫的《秋兴》是由八首七律构成的组诗，它创作于公元 766 年，即诗人五十四岁的时候。这组诗的语言显示了形成杜甫诗歌后期风格的各种特征，例如：词汇的丰富和语法性歧义的大量存在；通过音型的密度变化造成节奏上的抑扬顿挫；由于外在形式的含糊而使诗的意象产生复杂的内涵。总之，《秋兴八首》中语言的形式特征通过多层的联系，使全诗寓意深远、耐人寻味。我们的目的是通过对《秋兴八首》的分析，确切把握它的语言特征，研究杜甫是怎样运用这些特征去创造诗意效果；同时，这种分析也可以更准确地描述杜诗的特点，并能解释杜诗的风格何以在晚唐诗人中产生重要的影响。"（梅祖麟、高友工合著，黄宣范译，《分析杜甫的〈秋兴八首〉——试从语言结构入手作文学批评》，台湾《中外文学》1972 年第 6 期）。

王三庆撰写《杜甫诗韵考》。

该文为台湾师范大学国文研究所 1972 学年度硕士论文，次年印行。是书以宋本《杜工部集》为底本，参以钱谦益《笺注杜诗》及仇兆鳌《杜诗详注》等，对杜甫各体诗的诗韵进行了分析论述，并附有《近体诗韵谱表》、《古体诗韵谱表》、《杜诗韵部与〈广韵〉比较图表》三表。

1973 年

《云南大学学报》刊发杜甫研究系列文章，关注杜甫的阶级意识。

《云南大学学报》1973 年第 2 期刊载了吴佩珠的《从杜甫的政治理想看杜甫的阶级意识》、金荃的《杜甫、李白诗评中几个值得商榷的问题》、王开莲的《谈谈〈茅屋为秋风所破歌〉》三篇杜甫研究专论。

山东大学中文系讨论杜甫和《水浒传》的评价问题。

周纵策强调杜诗可以做多重解读。

针对徐复观提出杜诗《晚》"朝廷问府主"四句应解释为："假定朝廷中有人问您(府主)，问及我的情形和志愿，您便可以答复，我正在山村中学习耕稼。只要我能回到故园安住(栖定)。即使生活艰难(寒灯)，我亦闭门无所他求了。"周纵策解释说，"这段似可解作：我却知道这种幽居养拙还是很尊贵，因为朝廷一旦如果问起太守来，耕稼之事仍要向我们山村学习。不过'诗无达诂'，不仅《诗经》如此，古今中外一切好诗也往往如此。只要不与史实相背，或不在无据中增入史实，对诗的想象，往往可作多种不同的解释"。(《关于屈原与杜甫》，台湾《明报》1973 年第 7 期)此前，作者还提出杜甫和屈原虽然都与统治者有一些关联，但他们更重于自己的理智和正义感，"杜甫与屈原的个性固然不同，但他的洁身自好，在行为上、思想上、人格上都不肯做奴才，都坚持做人，而且做人的导师，却有相似之处"。(《论杜甫》，台湾《明报》1973 年第 4 期)

简明勇全面研究杜甫的七律。

作者将杜甫的七律创作分为两个阶段，前一个阶段是唐肃宗乾元二年(759)以前的作品，第二个阶段是肃宗上元元年(760)以后至代宗大历五年(770)的作品。杜甫七律巨大创作成就的取得，有三个方面的原因，一是由于深厚的学力基础，二是由于丰富的生活体验，三是由于刻苦的吟咏经营。杜甫的七律反映他深受儒家思想影响，具有强烈的爱国爱民与忠君情怀，也表现出了诗人对于战争的认识和为官的思想。从他的七律中，我们还可以了解他的个人生活，如忧愁悲伤与喜悦等情绪，以及他的家庭生活、社交生活等。(《杜甫七律的研究》，台湾《师大学报》1973 年第 18 期)

1974 年

区静飞撰写《杜甫咏怀古迹五首集说》。

此文为台湾"中国文化学院"中文研究所 1974 学年度硕士论文。作者全面搜辑了杜甫《咏怀古迹五首》的集说，共辑录各种诠释杜诗版本30余种，按出版年代之先后，分章集解，并作有"按语"以阐释意义或说明阅读心得。

严耕望对杜甫《奉和严郑公军城早秋》诗中的地名进行了考证。

作者对杜诗中的滴博、蓬婆各在何处，云间戍、雪外城何所指，严武何以要收滴博云间戍，已收此戍为何想进一步夺取蓬婆雪外城，杜翁歌颂严武何以特用此两句，乃至"云"、"雪"是否只是普通名词用以状城戍之高寒等这一连串问题，从历史与地理的背景进行了研究。（《杜工部和严武军城早秋诗笺证》，台湾《华冈学报》1974年第8期）

洪业对其杜甫研究中的相关问题进行了说明。

作者对其前作宜改之处进行了自我检讨，并对二十多年来论杜著作之感触做出了评介。文章主要分为三大段：孙山遗憾；版本问题；正误补阙。（《再论杜甫》，台湾《清华学报》1974年第2期）

唐诵提出抑李扬杜就是尊儒反法。

"抑李扬杜的实质就是尊儒反法，就是借吹捧杜甫来树立一个由孔学培养出来的所谓'诗圣'的形象，借以抬高孔学并传播孔孟之道。"（《评抑李扬杜》，《安徽师范大学学报（哲学社会科学版）》1974年第4期）

1975 年

杜甫的政治思想被置于儒法斗争之中。

梁效《杜甫的再评论——批判杜甫研究中的尊儒思潮》（《北京大学学报》1975年第2期）一文指出，"杜甫受儒家思想影响较深。长期以来，在反动的尊儒反法思潮的支配下，某些评论者适应反动政治路线的需要，一味颂扬儒家思想糟粕，不能正确地评论杜甫。这是意识形态领域中的严重斗争"，"杜甫的创作实践表明，他的诗歌决不是反映了什么'儒家的社会政治理想'与腐朽的封建统治的矛盾，而是诗人站在中小地主的立场上，揭露了大地主统治的腐朽。虽然杜甫并没有认识到统治者的路线的改变，但是他所描绘和揭露的，实际上正是儒家路线所造成的各种恶果，客观上仍然具有一定的暴露意义"，

"应当指出的，杜甫尽管在一定程度上表现了同情人民疾苦的思想，却始终没有超越他的地主阶级立场。……说他是'站在人民的立场上'，'用人民的眼睛来看，用人民的头脑来思索'，完全混淆了阶级界限"。

杜甫研究小组的《试论杜甫的政治倾向》(《四川师范学院学报(社会科学版)》1975 年第 2 期) 一文指出，"就杜甫作品的基本内容而论，就杜甫本人的基本实践而论，杜甫始终不失为一个具有一定尊法倾向的政治诗人。他对太宗到武后所执行的法家政治路线的歌颂，对当时宦官外戚和分裂势力以及封建统治者的不同程度的批判，对当时民族矛盾和阶级矛盾的比较深刻的揭露，是占着很大篇幅的。这些构成了他一部分主要作品的基调，这是主流和本质的方面，是应当从基本上给予历史的肯定的"。吴明贤则认为"杜甫对房琯和李白的不同态度，正好说明了他对于儒家路线有着一种本能的不可割断的联系，而对于法家营垒则有着一条难于跨越的鸿沟。总之，杜甫笔下的'儒'，无论褒贬抑扬，始终没有离开'奉儒守官'这个根本和'素业'"。(《关于杜甫的政治倾向问题》，《四川师范学院学报(社会科学版)》1975 年第 3 期)

1976 年

重法轻儒的观念继续在杜甫研究中深化。

群慧认为杜甫是唐代具有重法轻儒倾向的政治诗人，"《北征》这首诗，反映面很广，涉及当时的政治、军事、经济、社会生活等各个方面。……反映了他对唐太宗推行法家路线所创立的统一盛世的向往，我们可以从中看到杜甫诗歌议政议军的特点和重法轻儒的政治倾向"。(《读杜甫的政治诗〈北征〉》，《四川师范学院学报(社会科学版)》1976 年第 1 期)李谊指出，"以饥寒之身，而怀济世之心；处穷困之境，而有忧民之想，正是杜甫的可贵之处"，"杜甫咏诵进步政治家诸葛亮的诗篇，生动地表现了他重法轻儒的进步政治倾向，千百年来始终打动着人们的心弦"。(《从对诸葛亮的评价看杜甫的政治倾向》，《四川师范学院学报(社会科学版)》1976 年第 3~4 期)范羽翔提出"杜甫在他自己特定的生活道路上，他的生活遭际本身，以及他所接触与熟悉的儒家政治路线统治下的衰败的社会与人生，作用于他的意识、感情，构成一股巨大的思想力量，有力地冲击和突破了他的儒家思想观念的防线，他的儒家思想观念有了一定程度的转变，而向法家的思想道路跨越了一步"。(《试论杜甫的思想和创作》,《哈尔滨师范学院学报(哲学社会科学版)》1976 年第 4 期)

梁效《杜甫的再评论》受到批判。

金启华、陈美林等人指出，"杜甫的进步诗作，决不是什么法家路线的影响造成的。……(杜甫)对于历史上一些有法治思想人物的吟颂，也决不是从所谓赞成法家路线出发的。不过是借古人抒发自己的思想感情而已"，"总之，杜甫由于阶级、时代的局限，存在着深刻的剥削阶级意识的烙印。但由于当时的民族矛盾、阶级矛盾和统治阶级内部矛盾的激化，杜甫本人的生活经历和思想变化的影响，也写出了一些思想内容深刻、艺术典型化程度相当高的优秀的进步诗篇"。(《评梁效〈杜甫的再评论〉》,《南京师院学报(社会科学版)》1976 年第 4 期)。

杜甫的七言绝句从变体的角度得到阐释。

张梦机指出，杜甫的七绝风格上有异于盛唐诸家，其特色可以从拗体成咏、蹈实存真、议论入诗、偶句对结、联章表意、沉郁生情等六个方面进行阐发。杜甫好拗体入绝，恐怕是受巴蜀民歌影响。老杜长于写实，他的七绝必也受到这种作风的影响。杜甫以偶句入绝，非但没有滞碍的痕迹，反而使章法显得流宕多姿。杜甫的联章诗，往往是随兴散漫而成。杜诗的沉郁，与其时代及个人经历有关。(《杜甫变体七绝的特色》, 台湾《幼狮月刊》1976 年第 3 期)

1977 年

梁效《杜甫再评论》的学术性被否定。

萧涤非指出"梁效的《再评》，根本不是一篇学术性的论文"(《清算"四人帮"破坏毛主席关于批评继承原则的罪行——评梁效〈杜甫的再评论〉》,《文史哲》1977 年第 4 期), 董治安指出"梁效评论杜甫，不在于评论这个诗人本身，而是借这个题目兜售'四人帮'儒法斗争的公式"（《坚持历史主义，坚持阶级分析——关于评论杜甫的几点认识》，《文史哲》1977年第3期），牟世金认为梁效论杜甫的用意是为了贯彻"儒法斗争"路线，"把历史上一切'有作为'的封建文人都拉进法家队伍"（《斩断"四人帮"伸进文学史领域的黑手——评梁效〈杜甫的再评论〉》，《文学史》1977年第3期），单鸿林指斥梁效的评论杜甫是影射比附（《"发思古之幽情，往往为了现在"——评梁效〈杜甫的再评论〉》，《哈尔滨师范学院学报（哲学社会科学版）》1977年第4期），次年，陈之品批评"梁效故意避开杜甫的现实主义成就不谈，硬说杜甫由于受到了法家路线的影响"（《杜甫评论中的两个问题——驳梁效〈杜甫的再评论〉》，《河北师大学报（哲学社会科学版）》1978年第1期）。

陆侃如就杜甫的儒法思想与刘大杰展开商榷。

陆侃如首先认为，将四十岁以后作为杜甫的后期，与诗人的创作实际不符；其次，杜甫并不轻儒，"总起来看，杜甫所谓'儒术'的儒，似乎和其他唐代诗人一样，儒生就是书生，儒术就是书生的本领，主要是指写作诗赋的本领，而不指孔孟之道。他埋怨儒术无用，只是感到吟诗作赋未能使自己飞黄腾达，而不是说孔孟之道不能治国平天下"；至于"重法"之说，也多有疑问，"（诸多材料）似只能证明他感到诗赋才华未能助他向上爬，而难于证明他懂得什么儒家路线不如法家路线"。（《与刘大杰论杜甫信》，《文史哲》1977年第4期）

1978 年

杜甫的政治倾向，重新开始讨论。

曾繁仁从生产力与生产关系的矛盾出发，审视了杜甫的政治观，认为"由于杜甫的地主阶级改革派的世界观在当时具有进步的一面，因而他对于安史之乱前后唐代社会的反映是触及到某些本质方面的。正是从这个意义上，我们是可以将杜甫诗当作历史来读的，而且将永远可供后人从中了解早已成为历史的他那个时代的种种具体而生动的情状"。（《试论杜甫诗的政治倾向》，《文史哲》1978年第1期）

从阶级的立场出发，赖长扬认为"杜甫反映人民痛苦、暴露统治集团某些罪恶的作品，是诗人倾诉自己的副产品，它代表了地主阶级的长远利益和要求"。(《略论杜甫对待人民的态度——兼与董治安同志商榷》，《文史哲》1978 年第 1 期)董治安认为要将作家的创作动机与作品内容的评判区分开来，"我们评价古代作家作品，了解一定作家的阶级地位和创作动机，是必要的；但是这种了解，绝不能代替对于作品具体内容和客观意义的分析"。(《杜甫评论中的几个问题》，《文史哲》1978 年第 4 期)

赵呈元、焦裕银指出，评价杜甫的政治理想，要结合其时代，杜甫的政治理想在当时是有进步意义的。(《试论杜甫的政治理想与其诗歌创作的关系》，《文史哲》1978 年第 2 期)李谊指出杜甫"反对藩镇的割据，维护国家的统一，则是杜甫诗篇中'善陈时事'、'切中机宜'的最为深刻的政治内容之一"。(《维护国家统一，反对分裂叛乱——读杜甫谴责藩镇割据的诗篇》，《文史哲》1978 年第 2 期)

韩式鹏认为，"杜甫不是有成就的政治家，他在时代剧变面前，无论是军事、政治、经济上的各种建议，都没有比其前辈或同辈提供新内容。但是杜甫用自己的诗篇忠实地描绘了动乱，再现了历史，反映了人民苦难的生活，这种强烈的现实主义精神从深度或广度上看，在封建社会的地主阶级诗人中都是特出的"，"他和'人民诗人'的称号中间存在一条不可逾越的鸿沟，但作为一个杰出的现实主义诗人，杜甫是当之无愧的"。(《论杜甫》，《理论学习》1978 年第 2 期)

吕澂指出杜甫的佛教信仰是夹杂、游移与浅薄的。

作者认为，开元中，汲汲于功名的布衣杜甫随逐潮流也就成了禅宗信徒；杜甫入蜀之后，他的禅宗信仰逐渐动摇，终于改信了净土教。"杜甫信仰转变的原因，主要是他从所属地主阶级的本性出发，好道、信禅，也离不开追求长生，而唐代的净土教发源于昙鸾，原来即别有一种长生仙方的意义，他一旦认识到它，自然就不免要改宗了。"(《杜甫的佛教信仰》，《哲学研究》1978 年第 6 期)

李一氓梳理部分杜诗版本。

在《击楫题跋》(《社会科学战线》1978 年第 2 期)中，作者对宋本《杜工部草堂诗笺》、明正德本《集千家注批点杜工部诗集》(残本)、明嘉靖本《集千家注批点补遗杜工部诗集》、清康熙本苦竹轩《杜诗评律》的版本情况进行了描述。

曾枣庄梳理杜甫在四川的创作情况。

"现存杜诗竟有近八百首写于四川，无论就安史之乱后的现存杜诗讲，还是就全部现存杜诗讲，都占一半以上。问题不仅在于数量，更重要的还在于质量。他的许多名篇，如《茅屋为秋风所破歌》、《赠花卿》、《闻官军收河南河北》、《咏怀古迹五首》、《秋兴八首》、《丹青引赠曹将军霸》、《观公孙大娘舞剑器行》等等，都是在流寓四川期间写的。在这期间的诗，反映了时代的动乱，暴露了统治阶级的腐朽，表现了他对人民的同情。他在四川期间，对唐代新兴的诗体七律作了精心的研究和大量的实践，使这种新兴诗体臻于完善和成熟。因此，研究杜甫在四川所作的诗歌，是研究整个杜诗的极其重要的组成部分。"（《杜甫在四川的诗歌》，《四川师范学院学报（社会科学版）》1978 年第 3 期）

肖文苑强调杜甫善于捕捉形象。

"杜甫的一生，是诗的一生。他无论在什么情况下，都十分关心生活，注意捕捉形象。捕是不辞辛劳，捕到即行冶炼加工。因此，他笔下的形象栩栩如生，佳句如百花吐锦，表现出自己独特的色彩和风格。"（《杜甫捕捉形象的能力》，《北方文学》1978 年第 11 期）杜甫"所指的神，就是形象生动，凝炼深刻，想象丰富，出奇创新"。（《杜甫论诗》，《辽宁大学学报（哲学社会科学版）》1978 年第 4 期）

杜甫的人道主义精神得到阐发。

黄永武提出，"儒家的思想是以人伦的爱心为基干，杜甫诗中充分流露出从自爱出发，进而爱妻子、爱子女、爱弟妹、爱君上、爱朋友、爱国爱民，直至爱周遭的草木花鸟。发挥这种天赋的至情，产生了广博的同情心，真诚地培养成'民胞物与'的仁者怀抱，也践履了儒家所想：诗是足以提升'迩之事父、远之事君'的高贵情操。杜甫所以博得'诗圣'的美名，不仅是由于写作技巧的高明，主要是能透过艺术形式，使儒圣者哲的崇高面目显现得十分具体动人"。（《从人伦的光辉看杜甫诗》，台湾《书和人》1978 年第 341 卷）李炳南亦撰写了《杜甫的人道精神》。（台湾《幼狮月刊》1978 年第 3 期）

1979 年

郭沫若《李白与杜甫》引起广泛争鸣。

张殿臣认为郭沫若《李白与杜甫》一书,从扬李抑杜的愿望出发,有许多主观、偏见以及不科学、欠妥当的地方,对李白似乎是护短,对杜甫则是吹毛求疵(《对古代作家的评论必须坚持历史唯物主义的方法——试谈〈李白与杜甫〉一书的扬李抑杜的倾向》,《四平师院学报(哲学社会科学版)》1979 年第 1 期)。萧涤非指出了该书一些曲解和误解杜诗的地方,并对李杜优劣论的渊源进行了考察(《关于〈李白与杜甫〉》,《文史哲》1979 年第 3 期)。刘世南"认为杜甫及其诗篇从质量上和数量上说,都是超过李白的"(《对〈李白与杜甫〉的几点意见》,《文史哲》1979 年第 5 期)。张德鸿对郭著中有关否定杜甫一些问题进行了辩解(《对〈李白和杜甫〉中几个问题的管见》,《昆明师院学报》1979 年第 3 期)。缪志明对"杜甫的阶级意识"一章中的相关评述提出了异议(《〈李白和杜甫〉异议》,《天津师院学报》1979 年第 1 期)。

李保均则认为,抬高杜甫而贬低其他诗人的倾向一直存在,对杜诗的缺陷和局限研究不够,郭著为翻案之作,用具体材料说明了李不必劣于杜、杜不必优于李,二人各有特殊之处。论著特别针对扬杜抑李这一现象,反驳了评价李杜的传统偏颇观念,强调一些评论家有意无意忽略了李白在内容上和形式上的成就,虽然在局部上也确实存在着扬李抑杜的倾向。(《文章千古事,得失寸心知——就对〈李白与杜甫〉的批评同萧涤非等同志商榷》,《四川大学学报(哲学社会科学版)》1979 年第 4 期)

萧涤非带领《杜甫全集》校注组,先后到河南、陕西、四川、湖北、湖南等地考察。

吉川幸次郎作《我的杜甫研究》报告。

1979 年 3 月,吉川幸次郎率日本"中国文学研究者访华团"来访,4 月 2 日在北京大学作"我的杜甫研究"学术报告。报告刊发于《国外社会科学》1981 年第 1 期,认为吉川幸次郎的工作在方法上有两个特点：一是注重宋人的注解；二是注重杜诗与《昭明文选》的关系。

吴小如分析了杜诗的用典情况。

　　"所谓用事，有的是用古事古语，即通俗所说的用典故；有的则是用当时的事或典。吉川幸次郎教授所谈的几个例子（上文的报告），大都属于前人误把唐代当时的事或典当成了古代的事或典，所以认为值得商榷。我这里想说的则是杜诗在用古事时有明典有暗典，明典易知，暗典难求。而暗典之中，又有正用或反用的不同。其实我国古代诗词的艺术特点多凭借此种手法来表现，杜甫不过是继往开来的大师之一而已。"（《略论杜诗的用事——读杜臆札》，《北京大学学报（哲学社会科学版）》1979 年第 6 期）

罗宗强论述杜甫的文学思想。

　　"杜甫的文学思想反映了唐代诗歌一个重要发展阶段的特色。他总结了盛唐诗歌创作的基本经验，又开启了中唐诗歌创作的先声，从理论上作好了从盛唐到中唐发展的准备。如果说，盛唐的诗歌理论主要是提倡任情率真、质朴自然的话，那么，中唐的诗歌理论的主要倾向则重在讽喻。盛唐追求任情率真、质朴自然，与之相联的是倾向于理想主义，倾向于抒情，倾向于虚，重天赋；中唐重在讽喻，与之相联的是倾向于反映人生，倾向于言志，倾向于实，重功力。杜甫则两者兼而有之。"（《浑涵汪茫，兼收并蓄——杜甫文学思想刍议》，《天津师院学报》1979 年第 3 期）

夏承焘肯定《碧溪诗话》论杜的价值。

　　夏承焘指出，黄彻《碧溪诗话》在论杜诗时偏重于作品的思想内容，在宋诗话中有特殊之处，尤其表现在两个方面：一是突出杜诗对人民的关怀，二是肯定杜甫刚肠嫉恶、爱憎分明。（《评黄彻〈碧溪诗话〉之论杜诗》，《山西大学学报（哲学社会科学版）》1979 年第 1 期）

胡守仁对杜甫及其诗歌进行了全面评述。

　　作者从杜甫生活的时代、杜甫的政治理想和生活经历、膺有"诗史"称号的杜甫诗歌、杜甫诗歌的思想性、杜甫诗歌的艺术成就诸方面对杜甫的生平与创作进行了检讨，指出李白的诗是集古诗之大成，杜甫的诗是继往开来的。（《试论杜甫及其诗》，《江西师院学报》1979 年第 2 期）

杜甫题画诗得到关注。

林方值指出,杜甫 20 多首题画诗,"不仅是诗歌史上的宝贵财富,而且也是绘画史上的珍贵史料。我们从中可以管窥杜甫艺术见解和修养的一斑,认识题画诗的美学价值,得到艺术享受和借鉴"。(《杜甫题画诗欣赏》,《内蒙古大学学报(哲学社会科学版)》1979 年第 1~2 期)作者从"看画曾饥渴","知我怜君画无敌","涉笔高妙,存乎其人","其境逼而神境生","外师造化,中得心源","瘦硬通神","己亦在其内"等方面进行了阐述。王伯敏认为,"李白、杜甫的论画诗,只占他们全部诗歌作品的小部分。李白流传下来的一千余首诗中,论画诗只有十八首。杜甫论画诗较多,也只近三十首,占他现存全部诗作中的百分之二,但亦足以表达出唐代文人对于民族绘画的鉴赏和要求"。(《读李白和杜甫的两首论画诗》,《南艺学报》1979 年第 1 期)

邓绍基整理发表了他的读杜笔记。

邓绍基的《读杜随笔》十二篇(《北方论丛》1979 年第 6 期),对杜甫的《短歌行赠王郎司直》、《水阁朝霁奉简云安严明府》、《晚》、《秋野五首》其一、《火》、《毒热寄简崔评事十六弟》、《堂成》、《过南岳入洞庭湖》、《对雨》、《九日诸人集于林》、《恨别》、《泥功山》十二首诗的主旨、掌故及相关诗句进行了诠释。

陈美林论述杜诗的形象思维。

他认为杜甫的形象思维,主要表现为对赋、比、兴的充分利用。诗人不但善于叙事陈理,也善于状景抒情,而且能做到"状难写之景如在目前,含不尽之意见于言外";不但善于用形象的比喻描写景物,也善于借具体的事物抒写感情。(《试论杜诗的形象思维》,《社会科学战线·形象思维论丛》,吉林人民出版社 1979 年版)同年,作者撰有《从对一首杜诗的评论谈起》(《光明日报》1979 年 9 月 12 日),就杜甫《江上值水如海势聊短述》,说明要注意生活与创作的关系、生活与文艺批评的关系及要择善而从。

徐复观、颜元叔、高阳、寄庐等人对杜甫咏明妃古迹诗展开争鸣。

徐复观认为中西文学艺术的体验,只能从最根源之地相通,不能硬把西方的格套向中国文学艺术身上硬套,颜元叔在赏析杜诗"群山万壑赴荆门"一首时,言语过分夸张,使用名词也不够严格(《从颜元

叔教授评鉴杜甫的一首诗说起》,台湾《中国时报》1979 年 3 月 12
日—13 日）。颜元书认为徐文有三个误解(《敬复徐复观老先生》,台
湾《中国时报》1979 年 6 月 13—15 日）,徐复观又撰文指出,误解不
存在(《敬答颜元叔教授》,台湾《中国时报》1979 年 6 月 16—17 日）。

高阳提出,"生长明妃尚有村"一句中,"明妃"应该是"明君",
当年江淹在赋中使用"明妃"两字,是误用;"明妃"之"明",与末句
"分明怨恨曲中论"之"明"意同韵同,"明妃"当是北宋时人所改(《说
杜甫诗一首——"生长明妃尚有村"》,台湾《中国时报》1979 年 7 月 9
日）。寄庐也发表了《细说杜甫咏明妃古迹诗》(台湾《中国时报》1979
年 10 月 3—12 日）。

杜甫的浪漫主义得到阐释。

廖柏昂、辛牧指出,浪漫主义从本质上说,就是理想主义。杜甫
早期的诗作洋溢着浪漫主义精神,中后期古体、歌行等诗富有浪漫主
义色彩。(《试论杜甫诗歌的浪漫主义色彩》,《广西大学学报(哲学社
会科学版)》1979 年第 2 期)翌年,李汝伦撰文提出,"杜甫的诗创作
证明,他的浪漫主义特质和他的现实主义成就一样的突出。浪漫主义
和现实主义是杜甫诗的一对矫健的翅膀,都一样的有力,一样的善于
飞翔。……杜甫诗歌的浪漫主义中最杰出的东西,是充满了对美好未
来的憧憬和渴望,是一种建立在崇高的人道主义精神上的理想主
义"。(《杜诗的浪漫主义》,《东北师大学报》1980 年第 4 期)

廖美玉研究杜甫连章诗。

《杜甫连章诗研究》为台湾东海大学中国文学所 1979 学年度硕士
论文。"连章诗"又称"联章诗"或"组诗"、"诗组",即"合者成篇,
分则成章","一题数首,每首各有一个中心,或每首自各有起承转
合,或数首相连而具起承转合"之意。全文为三篇。首篇绪论,分三
章:第一章说明"连章诗"意义;第二章考察《诗经》、《九歌》、《过
秦论》、汉赋、汉三国两晋南北朝及杜甫之前的唐诗之创作情形;第
三章考察杜甫连章诗之产生背景及成因。第二篇本论,也分三章:首
章论杜甫连章诗发展及衍变;第二章分析连章诗例,凡十七组;第三
章说明后人对连章诗所持观点之商榷,包括论连章诗之写作、论杜诗
本为单篇而后人合之者、论杜诗原为连章而后人杂选者、论连章诗之

分与合四部分。第三篇为结论，论杜甫连章诗对后世词曲的影响。

1980 年

成都杜甫研究学会正式成立。
萧涤非带领《杜甫全集》校注组三次考察鲁西、鲁南、陕北、陇右、平江一带。
曾枣庄讨论了杜甫退出严武幕府的原因。

作者认为，由于杜甫的多次恳求，严武于永泰元年(765)正月三日解除了杜甫的幕府职务，杜甫在幕府中任职只有半年。杜甫退出严武幕府的原因有四个方面：一是深感幕府严格呆板的生活太不自由；二是年老体弱，杂病缠身；三是与同僚意见不合；四是留恋草堂的闲适生活。(《杜甫退出严武幕府的原因——兼论杜甫的功名思想》，《四川师院学报(社会科学版)》1980 年第 1 期)

谢巍对杜甫年谱进行了梳理。

作者认为，杜甫年谱 67 种，所见 50 余种，前人以朱鹤龄所编仇兆鳌校订本为较优，近人以闻一多"会笺"及四川文史馆集体编写本为较优。(《杜甫年谱考略》，《贵州文史丛刊》1980 年创刊号)

杜甫墓地有新说。

曾意丹根据杜并的墓志，梳理了杜甫的世系，并提出偃师与巩县的杜甫墓应该都是真的，只不过一是始葬地，一是迁葬地而已。(《介绍一块研究杜甫家世的重要墓志——大周故京兆男子杜并墓志铭并序》，《文物与考古》1980 年第 2 期)

施蛰存讨论杜甫的"飞动"观。

施蛰存认为，杜甫论诗所主张的"飞动"，就是"生动"。诗要做到生动，首先要用词语来表现，能够表现飞动体式的诗句，才算佳句；作诗要有独创的新意，意愈丰富，随时驱使，加以完美的音律，便成为飞动的佳句；为了锻炼佳句，杜甫的造句工夫是非常艰苦的。(《说"飞动"——读杜小记》，《文艺理论研究》1980 年第 2 期)

张恢寿整理了杜甫的诗歌理论。

作者首先指出，杜甫从儒家的诗教出发，抱着"鼓吹六经、先鸣诸子"的目的，走上了为时为世为民为人生而写诗的道路。而急遽变化的社会又深刻地影响着他，使他从长期的创作实践中日益认识到只有"陶冶性灵"才能起到教化的作用，懂得了诗歌的特性。因此，他在创作中就努力使诗歌的思想内容和"陶冶性灵"的诗歌特点有机地结合起来，力求政治和艺术的统一，健康的思想内容和完美的艺术形式的统一。在具体的诗歌创作中，杜甫十分强调"神"字，用词求"稳"，立意求"新"，诗句求"佳"，品评求"清"。(《杜甫诗论刍议》，《古代文学理论研究(第二辑)》1980 年第 2 期)

王利器对杜集的校勘给出示例。

王利器把他所见的宋元以下诸本加以校雠，认为杜集存在着大量舛误，如：卷目与题目的排列；序文顶格与不顶格；结衔；题目文有异同；题目词有繁简；有目无文；有文无目；此无彼有；此有彼无；次序参差；前后相反；题目涉题注而误；佚诗；佚文真伪；篇章之误分；篇章之误合；篇章之颠倒；篇章之出入；篇章之有无；提后作前；移前推后；同题同作分编两处；形近之误；古文形近之误；武后造字形近之误；唐人书体形近之误；别字形近之误；积画之误；涉上文而误；涉下文而误；等等。(《杜集校文释例》，《西北大学学报(哲学社会科学版)》1980 年第 2~3 期)

韩成武论述杜甫咏画题画诗。

杜甫创作、流传下来的咏画题画诗有 21 首，诗人不仅以生动精练的文字再现了画面形象，还通过想象把画面作了时间和空间上的延伸，从而丰满了画面形象。尤其值得注意的是，诗人在这些咏画题画诗中倾注了他对于国家民族危亡的深沉忧虑，寄托了他拯救国命于倒悬的坚定志向，诗的立意远远高出画面的立意。(《谈杜甫的咏画题画诗》，《河北大学学报(哲学社会科学版)》1980 年第 4 期)次年，肖文苑撰写了《杜甫论画》(《吉林大学社会科学学报》1981 年第 1 期)，以为"杜甫十分重视画面的结构。一个艺术家，无论他是使用语言，或是运用音符、色彩、动作等去创造形象，反映生活，都必须注意画面的结构，讲究艺术的辩证法。杜甫自身的作品证明了这点，而他在论述绘画的时候，也表现出这种见解。诗的构思，与画的布局，常常是相似的"。

肖文苑描述了杜诗中的儿童形象。

"杜甫在他的诗篇中，描述儿童的生活是比较广泛的。把这些儿童的生活集中起来，就可以看到当时社会的离乱景象和人民生活的苦辛。杜甫描写儿童生活，文笔清新，感情真挚，形象生动，富有趣味。杜甫在展示儿童生活的场面时，喜欢剖析儿童的心理，因此更能加深读者印象。杜甫两鬓如霜，而童心犹存。他描写儿童生活，常常能放下架子，以亲切风趣的口吻去叙述，与板着脸孔，在述说一些枯干乏味的理念者不同。"(《杜甫笔下的儿童形象》，《河北大学学报(哲学社会科学版)》1980年第4期)同年，作者另发表《杜诗琐语》(《齐鲁学刊》1980年第5期)，对杜诗中的"盗贼"概念，及杜甫饮酒与杜甫的幽默进行了阐述。

杜诗对日常生活叙写的意义得到阐发。

李石指出，"杜甫是第一个真正需要按年编诗的诗人，也是第一个真正需要按年谱读诗的诗人。当我们按照顺序一首一首读他的诗时，我们仿佛看到诗人杜甫最平凡而又最不平凡的一生。我们看到他壮志消磨，看到他为国事忧愁，看到他为人民打抱不平，看到他在四川闲居，在夔州苦闷，在西湖落拓潦倒，以至于病死"。(《杜诗与日常生活》，台湾《中外文学》1980年第7期)

朱东润论述了杜甫创作的两个高峰。

安史之乱期间，是杜甫诗歌创作的第一个高峰；"乾元二年(759)是一座大关，在这以前，杜甫的诗并没有超过其他的唐代诗人，在这以后，唐代的诗人便很少有超过杜甫的了"。(《杜诗的两个高峰》，《学术月刊》1980年第8期)

1981 年

成都杜甫研究学会举行首届年会。

1981年4月20日至24日，成都杜甫研究学会在杜甫草堂举行了首届年会。年会收到学术论文40篇。

《草堂》创刊。

创刊号载有谢无量遗稿《古调百字令》、陈昌渠《焉得思如陶谢手——杜甫艺术修养探索之一》、屈守元《杜甫美学观琐谈》、谭文兴《杜甫为什么描写劳动人民的疾苦》、金启华《论杜甫的七古》、王仲镛《杜诗新解志疑》、雷履平《杜甫的咏物诗》、曾枣庄《论唐人对杜诗的态度》、郭世欣《成都草堂遗址考》、高文《谈杜甫草堂匾联的书法艺术》、刘开扬《杜文窥管》等。

郭在贻对杜诗的一些注解提出异议。

郭在贻认为，杜甫《江畔独步寻花七绝句》之六"自在娇莺恰恰啼"之"恰恰"，训为频繁、时时之意；《江畔独步寻花七绝句》之二"未续料理白头人"之"料理"，训为"欺侮、作弄、撩拨"；《新安吏》"县小更无丁"之"更"，训为"已经"；《送卢十四弟侍御韦尚书灵柩归上都二十四韵》"但促铜壶箭"之"促"，训为"整、齐"。（《杜诗札记》，《文史哲》1981 年第 2 期）

王启兴对杜甫的诗歌艺术进行了探析。

王启兴从以下四个方面分析了杜甫的诗歌艺术：以少总多，涵盖万里；体物入微，摹刻传神；融情于景，沉郁悲壮；炼字琢句，章法多变。（《浑涵汪茫，千汇万状——杜甫诗歌艺术散论》，《武汉大学学报(哲学社会科学版)》1981 年第 2 期）是年，作者还专门对杜甫景物诗的艺术技巧进行了分析，指出其艺术魅力在于对诗歌语言的千锤百炼，精于炼句。（《炼字锤句，穷形传神——谈杜甫景物诗艺术技巧》，《写作》1981 年第 3 期）

《草堂》第二期刊发。

是期载有卞孝萱等《杜甫与高适、岑参》、许总《杜甫"以诗为文"论》、徐无闻《杜甫与书画》、李汝伦《谈谈杜甫对于韩干画马的评价》、张志烈《简牍仪刑在——谈苏轼的评杜与学杜》、王利器《记杜甫有后于江津》、周裕锴《一洗万古凡马空——谈杜甫咏马诗》、钟树梁《论杜甫的五言排律》等。

刘知渐讨论了杜甫成为诗圣的原因。

刘知渐在《论杜甫成为"诗圣"的内因和外因》(《重庆师范学院学报(哲学社会科学版)》1981 年第 3 期)中指出，杜甫成为伟大诗人的外因有两个：一是开元、天宝盛极而衰的特殊时代环境；二是《诗经》以来的文艺遗产的积累。内因也有两个：一是杜甫能够清醒地面对现实，热情地深入生活，比较真实地反映现实；二是杜甫能够虚心地勤奋学习遗产，对遗产兼收并蓄的态度。

袁行霈从意象的角度比较了李、杜。

袁行霈指出，在建立自己独特的意象群方面，李白和杜甫都是能手，飘逸与沉郁这两种不同的风格，突出地表现在不同的意象群上；李白诗歌的意象常常是超越现实的，杜甫的诗总的看来是偏于写实的；李白诗中意象的组合比较疏朗，杜诗中意象的组合比较紧密。(《论李杜诗歌的风格与意象》，《社会科学战线》1981 年第 4 期)

廖仲安重新解释了杜甫的忠君思想。

廖仲安认为，杜甫的忠君思想，有忧国忧民的一面，也有庸俗的一面。我们"不能因为它在封建时代带有普遍性，就放弃批判，也不能因为杜甫的忠君思想往往与忧国忧民思想互相交织，就不加分析地笼统肯定"。(《漫谈杜诗中的忠君思想》，《江汉论坛》1981 年第 4 期)次年，张忠纲也强调指出，"杜甫忠君，但并非愚忠"，"如果我们对杜甫的忠君思想深入地作一番历史的考察和理论的探讨，就会发现，在杜甫所处的那个时代，他的忠君是和爱国、忧民联系在一起的"。(《应该正确评价杜甫的忠君思想》，《山东大学文科论文集刊》1982 年第 2 期)

杜仲陵指出杜诗中存在着唐代大量口语。

"杜甫诗歌无疑地是中国古典诗歌里的瑰宝。杜诗的语言应该是被重视而认真加以探究的。前人有说杜诗无一字无来历者，这无异说杜甫剽袭雷同，未去陈言，是欲扬反抑，是与杜诗用语的实际大不相同的。假如分析研究一下杜甫全部留传下来的诗，可见其词语基本上符合唐代口语。就在他采用的前代书面语言上，有些确是在当时人们口头上活着的，是经常使用的。有些词语，虽见于旧日典籍，但杜甫用来，是赋以新义的，这和当时另一些诗文是可以互相印证的。有些词法句法是合于唐代新起的语法特点的，和周秦两汉的语法结构就显然不同。有些字是后起的字，不是前代经典里所见过的字。……有些是当时谚语成语，杜甫却大胆地运用在自己的诗里。连用韵也不取应试的《唐韵》的分部为准，而是以当时口语里的读法和音韵为据的。这在杜诗的一些篇章里可以得到确切的明证。"(《杜诗与唐代口语》，

《中国语文》1981年第6期）

金云龙剖析杜甫的写实讽喻诗歌。

金云龙的《杜甫写实讽喻诗歌研究》，为台湾师范大学中国文学研究所1981学年度硕士论文。是文共六章，首论研究动机；次论述杜甫生命历程与生活变迁，分析杜甫写实讽喻精神形成的背景；三论杜甫讽喻精神形成的原因，从"自我"、"非自我"两方面入手；四论杜诗写实讽喻作品之特质，从取材类别、叙述态度、使用形式等方面加以分析；五论杜甫此类诗歌写作精神之影响；末章为结论。

杜甫夔州诗得到细致分析。

许应华《杜甫夔州诗研究》，系台湾师范大学中国文学研究所1981学年度硕士论文。全文专论杜甫在夔州之诗作，共四章：首述夔州山水壮阔、古迹、历史人物、风俗民情等；次述杜甫夔州之生活；三述杜甫夔州时期诗歌创作；四总结前人论杜甫夔州诗之成就。

王锡臣指出，在夔州时期，杜甫在古体诗方面的开拓是写了许多传记体诗；他下功夫最大的是近体诗，在绝句方面另辟蹊径，七律创作达到了艺术的高峰。（《论杜甫夔州诗的艺术成就》，《天津师院学报》1981年第3期）

1982 年

成都纪念杜甫诞生1270周年大会在成都杜甫草堂举行。
成都杜甫研究学会第二届年会在成都杜甫草堂召开。

1983年4月23日至26日，成都杜甫研究学会在杜甫草堂举行第二届年会，交流讨论目前杜甫研究中所存在的问题，建议整理杜甫纪念馆珍藏的杜集。会议提交了学术论文36篇。

《草堂》集中讨论杜甫对前人的学习及后人对杜诗的批评。

《草堂》1982年第1期刊载了张志岳的《略论杜甫对魏晋南北朝诗歌的继承与发展》、陶道恕的《何刘沈谢力未工，才兼鲍照愁绝倒——略谈鲍照诗对杜甫的影响》、曾枣庄的《天下几人学杜甫，谁得其皮与其骨——论宋人对杜诗的态度》、王仲镛的《杨慎杜诗学述评》、周采泉的《〈傅青主批杜诗〉质疑》、钟来因的《初评金圣叹的

〈杜诗解〉》等。

罗宗强从自我与人民的角度论述杜甫伟大。

"杜甫是最善于在作品中表现'自我'的了。杜甫表现'自我',不仅没有和他表现家国之思、生民疾苦矛盾,而且正好相反,他的忧国忧民的深广情思,正是他独特艺术个性的不可分割的组成部分","杜甫把表现'自我'与表现生民疾苦统一得那样自然,那样好,这正是杜甫诗歌艺术巨大成就的所在"。(《自我与人民——纪念杜甫诞生一千二百七十周年》,《诗刊》1982年第11期)

周啸天阐述杜甫对绝句艺术的开拓。

首先,杜甫开拓了绝句领域,指出了绝句更为广泛地反映现实生活的可能性,他用绝句写时事、政论,把叙事、议论充分带入绝句领域,是一创举;其次,杜甫绝句的创作实践,为议论、叙事提供了不少比较成功的范例,丰富了绝句的艺术表现手段;第三,杜甫的绝句创作探索了绝句风格多样化发展的可能性。杜甫所留下的问题,则是如何把叙述、议论与抒情结合,使之成为抒情的有力手段而不是破坏因素,同时,他把古、律体及民歌体某些因素引入绝句,在一定程度上丧失了音乐美。(《杜甫——绝句艺术的拓新者》,《安徽师大学报(哲学社会科学版)》1982年第1期)

曾枣庄论述杜诗的人情味。

杜诗卓异感人,重要原因之一就在于它具有浓厚的人情味。杜诗的人情味,表现在对人民的深切同情,表现在对左邻右舍的关爱,表现在对亲朋好友的怀念,表现在对妻子感情的专一。杜甫诗中的人情味具有以下特点:感情真挚,有时甚至达到了直率的程度;感情炽烈,爱憎分明;悲多喜少;善于推己及人。(《至情至性,感人至深——论杜诗的人情味》,《唐代文学论丛》1982年总第1辑)

陈允吉强调杜甫所受到的是禅学北宗的影响。

"杜甫生活在唐代中叶佛教发展鼎盛的时期,早年就受到佛教思想的熏染陶冶,而在开元天宝间盛行于中原京洛的北宗禅学,给予他的影响尤其显著。因此,论杜甫的禅学信仰,毫无疑问应该属于禅学北宗。"(《略辨杜甫的禅学信仰——读〈李白与杜甫〉的一点质疑》,《唐代文学论丛》1982年总第2辑)

杜甫咏物诗有详细讨论。

简恩定《杜甫咏物诗研究》，系台湾东海大学中国文学研究所1982学年度硕士论文。是文分三部分："导论"有三章，首章论咏物诗的意义与界定，次章对咏物诗溯源，三章论杜甫咏物诗产生的背景原因。"本论"三章，首章论杜甫咏物诗的承袭与创新，次章分析杜甫咏物诗的分类，分为主于刻画一物、借物自况、用物拟人、托物讽时、对物感怀、借物以议论，三章说明杜甫咏物诗的写作特色，即托物起兴、拟物比况、沉郁顿挫、不即不离创作手法、因小见大的远情笔法、洋溢生命力的动人情调等。"结论"评价杜甫咏物诗。

苏渊雷(仲翔)梳理了历代学杜的情况。

"可以说，千余年来古典诗坛上沿着杜甫的创作道路的，要推宋代的王安石、苏轼、陆游、文天祥、林景熙和明末的张煌言、顾炎武、杜濬、屈大均诸人，真能做到结合着每个人的时代遭遇和生活实践，对于杜诗的精神实质，得有较全面较深切的认识。他们不仅把学习的目标放在艺术技巧上，而且首要继承那为杜诗所体现的高度爱国主义和深厚洋溢的人道主义精神。这就使得他们诗歌创作的质量，能够提到前所未有的高度。而他们自己也就不愧为祖国人民所十分需要的诗人。"(《杜诗流派异同论》，《草堂》1982年第2期)

郭在贻全面检讨了杜诗的异文。

郭在贻对杜诗的异文加以考索，排比归类为六种：一是由于浅人的妄改而造成异文；二是由于同音假借而造成异文；三是因声音相同相近而造成异文；四是因字形相近而造成异文；五是异文的两方为同义或近义词很难判定孰正孰讹；六是异文的各种写法为同一联绵词的不同变体。(《杜诗异文释例》，《草堂》1982年第2期)

吴鹭山提出忧愤感是杜诗特色形成的基础。

吴鹭山认为，杜诗的现实性主要表现在两方面：一是有敏锐的观察力，一是有强烈的忧愤感。杜甫诗歌的基本情调是忧愤。在中国古典文学领域里，凡是具有代表性的作品，大多为抒忧虑愤而作。(《诗人杜甫的忧愤感》，《艺丛》1982年第3期)

肖文苑探析杜甫用词的艺术。

从叠词的富丽、动词的功力、数词的诗化、虚词的妙用等方面，肖文苑详细分析了杜诗的艺术魅力。(《杜甫用词的艺术》，《北方论丛》1982 年第 6 期)

钟来因提出杜甫罢官左拾遗新说。

杜甫在左拾遗任上被罢官，据《旧唐书·文苑传》，历来以为是疏救房琯所致。钟来因认为，杜甫非"房琯党"，"杜甫罢官，直言是根，疏救房琯是枝。直言这个根还能派生出许多分枝。我们不能本末倒置，把疏救房琯说成是根，甚至说杜甫是房琯党，硬把杜甫推到结党的漩涡里去"。(《杜甫左拾遗罢官原因新考》，《争鸣》1982 年第 1期)

冯钟芸提出杜甫弃官往秦州新说。

杜甫曾任华州司功参军，后弃官至秦州。《旧唐书》本传以为是"关辅饥"，冯钟芸以为是诗人涉及当时的政治斗争，忧谗畏讥，在政治上已无法有所作为，故做出了痛苦的抉择。(《关于杜甫弃官往秦州缘由新探》，《文史知识》1982 年第 3 期)

管林阐述了杜甫山水诗的特色。

杜甫很多时间都是携带家眷漂泊在旅途上，足迹遍及河南、陕西、甘肃、四川、湖南、湖北诸省，行程不下万里。沿途雄伟、奇险而美丽的山川，就成了他诗歌的重要内容。其山水诗的特色有选材广泛而有重点；结构严谨而多变换；描绘真实而又多样；风格沉郁而不悲观；语言丰富而多采。(《试论杜甫的山水诗》，《武汉师院咸宁分院学报》1982 年第 3 期)

王抗敌从杜甫弃官西游谈其思想的复杂性。

"既然仕途失意，理想破灭，再在华州做个笔札小吏有何作为呢？因此年近半百的诗人忧生愤世，决心学做陶潜，自动丢了华州掾，辞官远游了。我们应该把他这一行动，看作是对肃宗的不满和反抗。……说他忧国，只是杜甫思想的一个方面。而另一方面，他还是有遁世的思想的。"(《从弃官西游谈杜甫思想的复杂性》，《学术月刊》1982 年第 5 期)

1983 年

郁贤皓对李杜交游提出新的看法。

郁贤皓认为，李白与杜甫初次见面的地点决不是在洛阳，而是在梁宋间；李杜的"梁宋游"包括梁(开封)和宋(商丘)两地的游览；同登单父的诗人，李、杜与高适之外，可能还有贾至；"梁宋游"的结束，是以高适东征为标志的；齐州之会，是李、杜与众多诗人的聚会。(《李杜交游新考》，《草堂》1983 年第 1 期)

裴斐对杜甫的律诗进行了探析。

裴斐指出，"从作品本身的思想和艺术水平考查，杜甫后期近体诗的成就在于五律、七律和七绝。从数量上看五律最多(534 首)，超过全部杜诗的三分之一。但七律更能体现后期杜诗的普遍特色"。因此，作者按时期将老杜入蜀后的七律各举一二，进行了细致的辨析，希望有助于克服杜诗研究中重思想轻艺术的偏颇和对文学思想性的狭隘理解，使后期杜甫律诗的成就受到更多的重视。(《杜律举隅》，《草堂》1983 年第 2 期)

是年，徐凤城完成《杜甫律诗研究》，系台湾师范大学中国文学研究所 1983 学年度硕士论文。全文共十三章。绪论，略述律诗在诗歌发展史中的价值及杜甫对律诗形成之贡献；第二章，简述杜甫生平；第三章，论律诗之演变与形成；第四章，论杜甫律诗之炼字表现；第五章，论锻句表现；第六章，论杜甫律诗对仗表现；第七章，论杜甫律诗之用事用典；第八章，论杜甫律诗之风格表现；第九章，论杜律神韵表现；第十章，论杜律谋篇表现；第十一章，论杜律之诗境；第十二章，论杜律对后代诗人之影响；第十三章，论杜律在文学史上之地位。

万云骏详细分析了杜甫的七律。

杜甫七言律是思想性与艺术性辩证地、高度结合的产物，其特点为：一、塑造了众多的鲜明生动的、完美的、个性化的、不可复制的抒情形象；二、表现了开阔的意境和遒劲的笔力，真所谓荡思八荒，游神万古，功深百炼，才具千钧；三、"唐法律甚严惟杜，变化莫测

亦惟杜"。(《试论杜甫的七律》,《唐代文学论丛》1983 年总第 3 辑)

王启兴从绘画的角度再次对杜甫景物诗进行了详细的剖析。

"生活在山水画、人物画、动物画空前繁荣发展的盛唐时期的杜甫,和郑虔、王维、曹霸、王宰、韦偃等名重一时的画家相交往,又写过一些出色的题画诗,表现了对绘画艺术很高的鉴赏力和卓越的美学观。所以他虽然不是画家,但对绘画的技法是精熟的,因此在诗歌创作中有意识地运用一些绘画的艺术技巧,使诗篇极富画意。同时,杜甫还注意充分发挥语言艺术优于绘画的长处,运用拟人化的艺术手法,以及描写自然景物的动态美,因而不少诗篇不仅有画意,而且有浓郁的诗情。"(《诗情画意,沁人心脾——杜甫景物诗艺术琐谈》,《唐代文学论丛》1983 年总第 3 辑)

葛晓音提出杜甫君臣观有一个转变的过程。

"杜甫对君臣关系的认识是经历了一个发展变化过程的。如果说李白是以他笑傲王侯、戏谑万乘的狂气体现了对封建统治者的反抗精神的话,那么杜甫则是在严酷的政治斗争和动乱不息的社会现实中经过反复深沉的思索看清了封建君臣之际的不合理关系。"(《略论杜甫君臣观的转变》,《中州学刊》1983 年第 6 期)

周裕锴讨论杜甫的时空观。

周裕锴指出,杜诗中时空的辽阔,在于杜甫具有远大的志向,当他遇到雄伟辽阔、古老荒凉的景物时,自然而然地激发起一种崇高的情感,于是,情和景、主体和客体融为一体,在诗中表现为悲壮的风格。同时,由于这种心灵的激发抛开了感觉力而去体会更高的合目的性的观念,因此,杜甫有时在比较狭小的事物或环境中,也能强烈地表现出自己的崇高的观念。(《试论杜甫诗中的时空观念》,《江汉论坛》1983 年第 6 期)

许总论述杜甫以文为诗的意义。

在文学史上,以文为诗作为一种艺术手段,一般被认为创自韩愈;但韩愈诗艺术风貌的形成,主要是源于杜诗的,韩诗的主要艺术手段亦皆不出杜诗影响之范围。因此,以文为诗,应当以杜甫为创始。杜甫以文为诗,不仅开拓了杜诗的表现内容,还丰富了杜诗的艺术形式,对中唐以降千余年诗坛产生了巨大的影响。(《杜甫以文为

诗论》,《学术月刊》1983 年第 11 期)

王岳川对杜甫诗歌的境界美进行了剖析。

杜甫把审美意象物化为艺术的时空,使他的诗歌意境具有刹那中凝终古、微尘中见大千之妙,令人沉湎于美的极大欢喜之中。杜甫诗歌存在着大量的移情现象,他的诗达到了一种审美主、客体融合无间,和谐完美的特殊境界。杜诗的不同风格,形成了不同的意境美类型。(《杜甫诗歌的意境美》,《江汉论坛》1983 年第 12 期)

黄稗荃诠释杜诗的地位。

"杜诗在诗史上所起的承先启后的作用和成功,与《史记》在史学史上所起的承先启后的作用和成功相同。杜甫继承《诗》、《骚》和前人之作,加以创造性的发展,自成一家,遂为后世诗学正宗。……杜诗在诗史上的地位与太史公书在史学史上的地位极其相似。"(《杜诗在中国诗史上的地位》,《草堂》1983 年第 1 期)

罗联添辨析杜甫落第的时间与地点。

罗联添指出,关于杜甫"忤下考功第"的年岁与地点,共有六种说法,只有洪业的观点最为近实,即最少有一点是正确的——开元二十四年(736)春天在长安参加礼部试。(《杜甫"忤下考功第"的年岁与地点》,《书目季刊》第 70 卷第 3 期,1983 年)

张忠纲考察杜甫在山东的行踪遗迹。

杜甫青年时代曾有一段漫游齐赵之间的生活,历时近七年,在古老山东大地曾留下他的踪迹和许多名篇、佳话。张忠纲从以下五个方面进行了整理:东岳泰山,少陵台与石门山,南池与太白楼,单县单父台,济南三亭。(《杜甫在山东行踪遗迹考辨》,《齐鲁学刊》1983 年《古典文学专号》)

1984 年

杜甫夔州诗学术讨论会召开。

1984 年 4 月 23 日至 26 日,成都杜甫研究学会在杜甫草堂召开杜甫夔州诗学术讨论会,会议收到论文 40 篇,到会代表 80 余人。《草堂》1984 年第 2 期集中刊载了相关文章,如屈守元《从几个小统计看杜甫夔州诗创作的一些问题》、王达津《试论杜甫夔州诗》、祁和晖与谭继和《杜甫夔州诗中反映的民族问题》、裴斐《杜诗风格与夔州风土》、马德富《杜甫夔州诗风格的正与变》、雷履平《论杜甫夔州律诗》、钟树梁《读杜甫〈夔州歌十绝句〉》等。另外，是年还有张宏生《杜甫夔州诗中所反映的生活悲剧》(《文学评论》1984 年第 6 期)、胡焕章《杜甫夔州故居考》(《汉中师院学报(哲学社会科学版)》1984 年第 2 期)等。

河南巩县成立杜甫研究会。

1984 年 5 月初，河南巩县成立杜甫研究会，并召开了第一次会议。

《杜甫全集校注》讨论会在河南巩县召开。

由人民文学出版社、山东大学和巩县杜甫故里纪念馆联合召开的《杜甫全集校注》讨论会，1984 年 5 月 3 日至 10 日在河南巩县杜甫故里召开。

张明非讨论了杜甫与六朝文学的关系。

张明非指出，在力倡汉魏风骨、反对齐梁余风的唐朝，像杜甫这样不惜笔墨称道六朝诗人的，恐怕还找不到第二个。杜甫对六朝文学的学习，主要表现在：对文学社会作用的认识；对诗歌语言的锤炼方面；律诗的写作方面等。(《杜甫与六朝文学》，《广西师范大学学报(哲学社会科学版)》1984 年第 1 期)

许永璋评价了《杜诗详注》。

许永璋认为，仇兆鳌的《杜诗详注》优点在于：博采诸家注释；广集历代名家评论；分类示以诗法。其缺点在于：儒家思想之牢笼；忠君思想之强制；诗史美称之拘泥。(《略评〈杜诗详注〉》，《社会科学研究》1984 年第 1 期)

邓魁英对杜甫"诗史"进行全面辨析。

前人言"诗史"，有"记时事"、"自为年谱"、通过个人的抒情反映现实、善叙事似史传、史笔森严、诗教等种种理解。"我们认为杜甫用诗歌概括了封建社会阶级对立这一基本事实，记载了当时的许多社会情况和历史事件，记载了自己的生平经历，并通过对个人忧国忧民感情的抒发，反映了八世纪中叶那个时代的苦难。杜甫的诗歌善于叙事，往往于叙事中寓论断；也善于抒情，以典型化了的情感概括那个时代的精神。"(《释"诗史"》，《草堂》1984 年第 1 期)是年，作者另撰有《杜甫诗中的马和鹰》(《北京师范大学学报(社会科学版)》1984年第 3 期)，分析了杜甫反复在诗中歌咏马与鹰的原因。

许总研究唐宋杜诗学。

许总《唐人论杜述评》(《唐代文学论丛》1984 年总第 5 辑)归纳指出，纵观唐人论杜，其涉及面虽较广而繁杂，然仍不难窥见其中几个主要学说业已形成，即诗史说、集大成说与李杜优劣论。其《论宋学对杜诗的曲解和误解》(《文学评论丛刊》1984 年总第 22 辑)指出，"在宋代，杜甫既被奉为诗圣，其诗歌创作也被视同儒家《六经》，因而，在宋人看来，杜诗必然是完全符合儒家诗教的精神和封建纲常的原则，绝不会有丝毫的越轨之处的。……这是宋人说杜的思想基础和总的纲领，也是宋代政治需要和学术思潮在杜诗研究中的必然反映"。

林春兰详细讨论杜诗的修辞艺术。

林春兰《杜诗修辞艺术之探究》，系台湾高雄师范大学中国文学研究所 1984 学年度硕士论文。是文先分四类分析：使诗句形式优美的修辞法、使诗句生动活泼的修辞法、使诗意委婉含蓄的修辞法、使诗意力量增强的修辞法；再择取杜诗运用修辞法较多的各体名作 20首，进行详细讨论；最后综合分析杜诗修辞法的特色、各类体裁及各类题材运用修辞格之特色，得出十一类题材运用修辞法之情形。

1985 年

《草堂》继续集中刊载杜甫与夔州的相关研究。

《草堂》1985 年第 1 期刊发了曹慕樊《杜甫夔州诗及五言长律的我见》、陶道恕《"乃知盖代手，才力老益神"——杜甫夔州诗偶说》、曾枣庄《巫山巫峡气萧森——读杜甫夔州山水诗》、朱碧莲《形胜有余风土恶，哀哀血泪化诗篇——读杜甫夔州诗》、杨铭庆《杜甫夔州咏雨诗初探》、刘尚勇《杜甫夔州诗例释》等。第 2 期刊载了许总《艰难诗万首，夔府至今名——杜甫夔州诗评价之我见》。

《杜甫纪念馆三十年》专刊发行。

《杜甫纪念馆三十年》(1955—1985),纪念成都杜甫纪念馆建立三十周年,以大量图片和简洁文字介绍了纪念馆筚路蓝缕的历程。

周勋初指出评价杜甫时存在着求全之毁和不虞之誉的现象。

通过对韦济、张垍、鲜于仲通、哥舒翰当时声名的一一检讨,周勋初指出,杜甫投书上述诸人只是文人的通习,并没有什么值得特别加以指责的地方。同时,因杜甫曾赠诗苏涣,就倡言杜甫晚年结识了一位率领少数民族起义的诗人,也是一种不虞之誉。(《杜甫身后的求全之毁和不虞之誉》,《草堂》1985 年第 2 期)

马承五研究了杜甫七律组诗的连章法。

"既然是组诗,那就是诗人通过两首以上的诗,从不同角度、不同侧面来表现某一内容或某种思想情感。这就要求各诗之间有严密的联系,使之不失为整体,有组诗纵向的连续性,又有各章横向的特别性。它不同于一首诗的谋篇布局、起承转合,只是句与句之间、联与联之间的章法变化,还得顾及到全组诗的总体结构,章与章之间的逻辑性和完整性。杜甫七律组诗的连章法多姿多彩,变化精妙,每组诗都有突出的、鲜明的而又与它诗不尽相同的特点,显示了杜甫超凡的驾驭力和创造力。"(《试论杜甫七律组诗的连章法》,《草堂》1985 年第 2 期)

杜甫绝句艺术又得到讨论。

《齐鲁学刊》1983 年第 3 期刊载了寇养厚的《谈杜甫的绝句》与项小米的《略论杜甫绝句的特点》。前者认为,杜甫的绝句既有传统风格,又有变体;既有语言的创新,如多用俗字和方言俚语、多用叠字,也有形式上的革新,如多为组诗。后者认为,杜甫的绝句有三个特点:一是以大量叙事、议论入绝句;二是杜甫的抒情绝句在风格和意境上具有深沉悲怆的特点;三是形式上多用变体与组诗。

傅绍良论述杜诗的阴柔美。

傅绍良提出,杜诗阴柔之美具有以下特点:用谐趣和幽默摆脱痛苦命运的折磨,以热忱和微笑期待美好的生活和人情,使人们看见他那带泪的笑,在绝望中的希望;常常把自己的失意之愁、悠然之兴、超然之态化作对人生的留恋,对幽静境界的追求,呈现出一种超然闲适、情趣饱满的艺术美；细腻敏锐地感受自然，化客观景物为情思，形象逼真地描摹事物的情态，创造种种人格化的自然境界，表现自然景物的美妙多姿。(《论杜甫诗歌的阴柔美》，《陕西师大学报(哲学社会科学版)》1985 年第 4 期)

杜甫纪游诗受到关注。

成松柳《试论杜甫的纪游诗》(《华中师院学报(哲学社会科学版)》1985 年第 4 期)提出，前人论述杜甫的纪游诗，用"图经"来称誉并不全面。杜甫纪游诗是以意为先，在自然山水的塑造中，还有时代的风云和自己的身影，使山水草木都充满着诗人忧国忧民之情与迟暮飘零之感。杜甫还突破了盛唐诗歌"诗情画意"的艺术习尚，在纪游诗中有意换格。马晓光《论杜甫入蜀诗对山水诗的贡献》(《山西大学学报(哲学社会科学版)》1985 年第 1 期)指出，杜甫早年的山水诗基本属于古典浪漫主义范畴，在精神上受佛、道的影响，而入蜀的纪行诗已摒却了传统山水诗人逃避社会，以山水自娱的思想感情，用现实主义来写纪行诗。

许总提出要废除"诗圣"之说。

"宋代理学的时代背景、实质内容就是宋人说杜主要论点并影响千余年的杜诗'忠君'说的植根土壤"，杜甫是人，不是神，杜甫是诗人，不是圣人，"杜甫被授予的映带着特定时代背景的有着特定内涵的'诗圣'徽号，应该予以废除"。(《"诗圣"废名论》，《江汉论坛》1985 年第 9 期)

1986 年

成都杜甫研究学会主办杜甫两川诗学术讨论会。

会议于 1986 年 4 月 22 日至 25 日在成都杜甫草堂召开，主要讨论了两川诗在杜甫一生创作中的地位、杜甫入蜀与去蜀的原因、杜甫在两川的生活等问题。

杜甫的家庭生活得到关注。

刘石的《杜甫的家庭诗》(《阜阳师范学院学报(社会科学版)》1986 年第 2 期)分析了杜甫思妹、忆弟、怀内、亲子等方面的诗歌，指出诗人具有普通人可亲可敬的一面；于翠玲的《试论杜甫的言家事诗》(《唐代文学论丛》总第 7 辑)，指出杜甫描写战乱期间家人久别之苦和偶见之欢乐的诗篇，以生动的历史细节和生活场景，客观上反映了安史之乱带给广大民众的不幸和心理创伤；蔡川右《杜甫和他的妻子》(《云南师范大学学报(哲学社会科学版)》1986 年第 4 期)论述了杜甫严肃的私生活和婚姻观。

林继中分析了杜甫的早期干谒游宴诗。

杜甫早期诗作具有现实主义因素，"正是生活现实的自己的逻辑力量使杜甫靠拢统治集团的干谒活动适得其反：愈接近这一集团，就使他愈在感情上远离这一集团。这就是杜甫在长安从事干谒活动所处的矛盾状态。反映于杜甫干谒游宴诗中，便是既有其与当时干谒诗相类的'徒有羡鱼情'(孟浩然《望洞庭湖赠张丞相》)式的主动向统治集团靠拢，对达官贵人抱有幻想的非现实主义的一面；更有其对社会本质愈来愈清醒的认识的一面，其中包孕着现实主义的因素"(《杜甫早期干谒游宴诗试析》，《草堂》1986 年第 2 期)。是年，作者另撰有《杜诗议论之为美》(《文史哲》1986 年第 4 期)，提出杜诗议论之美具体表现为：饱含激情，气势飞动；充分个性化，深入揭示诗人的内心世界，真挚感人；以高度凝练的语言表达深刻的思想，发人深省。

刘明华通过分析杜诗中的典故来分析诗人的自我形象。

作者认为，"杜诗关于人名的用典，手法上取喻多端，抓住历史人物的一个或几个方面的特点，使之具有象征意义，用以表现自己的生活、性情和思想。联系杜甫一生行迹，则可发现，不同时期的杜诗在用典时，其题材的选择又与该时期生活状况和思想情绪密切相关。杜诗典故中的人物，因取喻一端，比历史原型单一，而这些单一的个性的集合，却丰富了杜诗的内容和凸现了杜甫的形象"。文章讨论的典故有：渊明酒，谢公游；孔明志，庞公隐；原宪贫，长卿病；王粲悲，贾谊哀。(《杜诗用典中所体现的诗人自我形象——杜甫修辞艺术论之一》，《草堂》1986 年第 1 期)

张晶论述杜甫题画诗的审美趣味。

张晶认为，使题画诗成熟起来，并成为诗中一个独立的种类的诗人可推杜甫；杜甫的审美标准是瘦硬遒劲、骨气刚健，与当时崇尚雄壮肥硕的时尚并不相同；诗人审美观的形成可能与他的生活遭际、艺术修养有关。(《杜甫题画诗的审美标准》,《贵州文史丛刊》1986 年第 2 期)同年,朱纵舫论述了杜甫喜欢寄情鹰、马的缘由及相关杜诗的特点,认为马的神骏致远与鹰的飞腾搏击这种阳刚雄健之美的欣赏与杜甫的人生相契合。(《略论杜甫咏鹰咏马诗》,《草堂》1986 年第 1 期)

许总对杜甫研究进行了宏观总结。

许总首先对萧涤非《杜甫研究》的得失进行了总结,然后指出三十年来的杜甫研究虽然把为现实服务的对象换上了人民之类的新名词,加上了一些马克思主义的新术语,但总体上还是对中国诗歌史上陈腐的志本乐末的沿袭,因此当前杜甫研究存在的根本问题是视野狭窄,方法陈旧。(《〈杜甫研究〉得失探——兼论杜甫研究的现状和问题》,《学术月刊》1986 年第 1 期)其《杜诗学大势鸟瞰》(《光明日报》1986 年 8 月 12 日),更对封建时代四个阶段的杜诗学进行了总结回顾,指出当前杜诗研究的关键问题,是站在时代的高度来总结分析评判杜甫,而"研究对象和问题'流'别的下降,是研究工作的悲剧"。此外,张晶亦有《新时期杜甫研究概观》(《语文导报》1986 年第 3 期),张志烈撰写了《读〈草堂〉——兼谈近年来的杜诗研究》(《草堂》1986 年第 2 期)。

曹慕樊讨论杜诗的起与结。

作者在文中谈了七首杜诗的起句,六首的结句,中间还谈及含蓄问题,举了三首诗法家认为不可以法绳的诗,意在说明文学创作无成法可循,鉴赏诗歌需要弄清诗人的时代、遭遇、个性和作诗的时、地、对象。因此,本文与其说是在解杜诗,不如说在研讨一种研究方法。(《杜诗的起结》,《古籍整理研究论文集》1986 年第 1 辑)

万云骏分析杜诗中的大与细、宏观与微观。

"大与细、宏观与微观是既相反而又相成的。这在杜诗中有充分的反映,可以从他的创作和理论来说明之。不论是自然界或者社会都表现了宏观与微观彼此结合的现象,伟大诗人的世界观中就反映了宏观与微观彼此结合、互相贯通的情况,所以能产生出超越时空局限的、思想深广、意境宏观的作品。杜甫晚年在夔州所作《偶题》,前人说此诗是杜诗的一篇总序。这就是杜甫从理论上给自己全部诗集勾勒的一个宏观体系。"(《大与细、宏观与微观在杜诗中的反映》,《上海社会科学院学术季刊》1986 年第 3 期)

吉川幸次郎关于杜甫的演讲被翻译发表。

《日本学者中国文学研究译丛》第 1 辑(1986 年)发表了吉川幸次郎的《杜甫的诗论和诗——在京都大学文学部最后的一次讲演》。这次讲演,吉川幸次郎主要讲述了杜甫用什么理论指导作诗。他认为杜诗的伟大性,表现在两个方面:一是致密性,诗人仔细观察人世与自然的细枝末节,经过仔细推敲,用致密的语言和形式表现出来;一是超越性,即根据仔细观察而捕捉到的物象,不只是被单纯地歌颂,而是使人感到其中孕育着某些比喻或象征。

邓乔彬分析杜诗写实的内涵。

邓乔彬在《何谓杜诗之实》(《草堂》1986 年第 1 期)中指出,杜甫被尊为诗中周、孔,诗风被认定为标准、正宗,其最基本的特点就是写实,具体表现为三个方面:陈时事,千汇万状的写实精神;辞相济,华实相兼的写实手法;纵横恣肆,沉郁顿挫的写实风格。

萧丽华详细讨论杜诗之"沉郁顿挫"。

萧丽华《论杜诗沉郁顿挫之风格》,系台湾师范大学中国文学研究所 1985 学年度硕士论文。全文共五章:第一章绪论;第二章,重新界定杜诗沉郁顿挫,认为"沉郁"应包括庄严的悲感、深广的忧思、含蓄的义蕴三项,"顿挫"应兼及作者精神气韵与作品语文形态;第三章,论成因,"沉郁"关乎作者情性、思想、挫折,"顿挫"关乎作者才、气、学、习;第四章,论艺术特质;第五章,结论。

与外国诗人的比较研究被引入杜诗研究领域。

陈丽铃《安东尼·马恰洛与杜甫诗中对景物诠释之概述》,系台湾辅仁大学西班牙语文研究所 1985 学年度硕士论文。全书以比较的视角,分析西班牙九八年代代表作家之一的安东尼·马恰洛和中国唐代社会写实诗派代表杜甫对大自然景物诠释之异同。正文分两部分进行论述:第一部分介绍二位诗人之时代背景、生平、诗歌主要题材及风格;第二部分从诗中的自然景物出发,比较二位诗人表现差异,并讨论家庭、环境因素、时代背景等因素的影响;二人均力求探讨"景物之髓",并期能达致"物我欣然"之境界,但相对而言,杜甫较多表现写实和具体之叙述,安东尼·马恰洛除了表现"拟人化手法",同时也着重抽象表达,涵盖哲理意味于其中,可谓"象征派"诗人。

1987 年

《草堂》集中刊载有关杜甫两川诗的系列论文。

《草堂》1987 年第 1 期刊发了钟树梁《略论杜甫两川诗》、陶道恕《子美集开新世界——杜甫两川诗管见》、许世荣《沉吟呜咽,满纸悲风——试说杜甫两川诗所流露的悲观情绪》、王定璋《杜甫两川诗蠡测》、丁浩《杜甫两川行踪遗迹资料辑录》等。

丘良任整理杜甫湘江诗月谱。

作者以时间为序,罗列了相关史事,考证了杜甫的行踪,诠释了相关诗文、评议。(《杜甫湘江诗月谱》(上、下),《长沙水电师院学报(社会科学版)》1987 年第 2~3 期)

夏晓虹探索杜甫律诗的语序。

杜诗化腐朽为神奇的高明之处,并不在于无视格律,任意表达,而恰恰在于他能够严守格律且利用和支配格律,达到超越表情达意的自由境地,使僵硬的形式具有了生命力;在于杜甫以一种自觉的求新意识,改变既有的语序安排,以求使司空见惯的陈词旧意获得新的艺术生命。(《杜甫律诗语序研究》,《文学遗产》1987 年第 2 期)

陶敏深入挖掘与杜甫交往的历史人物。

陶敏考索《全唐诗》中的人名,发现了一些为人忽略的杜甫交游者,如许登、封议、张劢、卢岳、向蕡、唐诫、唐旻、董珽、寇锡、王缙等。(《杜甫交游新考》,《草堂》1987 年第 2 期)翌年,胡可先撰有《杜甫交游补考二则》,以为许八为许恩,非陶敏所说"许登"。

许总分析金元杜诗学。

元好问第一次明确提出"杜诗学"的概念,是杜诗学史上一个重要的理性标记。金元尤其是元代对杜集的注释训解呈现日渐发达的趋势,金元杜诗学是宋代杜诗学重教化走向明清杜诗学重审美的重要一环。(《金元杜诗学探析》,《江海学刊(文史哲版)》1987 年第 3 期)

蒋凡认为严羽是推崇杜甫的。

历来不乏学人指责严羽暗中或实际否定杜甫，蒋凡认为这一责难是站不住脚的。《沧浪诗话》论及杜甫及其诗歌的文字占全书十分之一，其"别材"、"别趣"包含了杜诗，其"无迹可求"、"惟存兴趣"理论更接近杜诗。(《严羽论杜甫》,《复旦学报(社会科学版)》1987年第4期)是年，张忠纲亦撰文《渔洋论杜》(《文学评论》1987年第4期)，指出王士禛是推崇杜甫的。

萧丽华重新诠释"沉郁顿挫"。

萧丽华认为，杜甫沉郁的第一义应该建立在悲剧性上，杜甫深广的忧思有两层，一指反映现实人情之千态，一指体验生命苦难之万状；杜甫顿挫也包含作者之精神气韵和作品语文结构两方面，一指杜甫本身精神气韵之回荡变化，一指杜诗内涵意蕴之转折及语文结构之更迭。(《杜诗"沉郁顿挫"新解》，台湾《"国立"编译馆刊》1987年第1期(总16卷))

1988 年

"杜甫在湖湘"学术讨论会召开。

1988年5月，湖南省社科院、湘潭大学、四川成都杜甫研究学会等联合在湖南平江召开"杜甫在湖湘"学术讨论会，重点研讨杜甫在湖南境内的创作活动及卒葬地问题。其后，《杜甫研究学刊》1988年第3期刊发了丘良任《杜甫之死及生卒年考辨》、梁文忠《略谈杜甫的死因及平江杜墓》等；《杜甫研究学刊》1989年第1期还刊有成善楷《杜甫湖湘诗笺记》、熊志廷《留滞才难尽，艰危气益增——杜甫湖湘诗述略》、刘洪仁《人民性的光辉总结——也谈杜甫湖湘诗的主调》等。

刘开扬高度评价杜诗的价值。

刘开扬《论杜甫诗歌在文学史上的地位》(《杜甫研究学刊》1988年第1期)一文，在探讨杜甫诗歌对唐以前诗歌传统继承的基础上，以朝代为序，深入地分析了杜甫以后在中国文学史上占有重要地位的诗人，认为他们无一不受到杜甫诗歌的启迪和影响。杜甫是中国的诗圣，不仅是中国人民的骄傲，也是全人类的骄傲。

王启兴归纳杜甫的美学观。

王启兴《杜甫美学观三题》(《杜甫研究学刊》1988 年第 2 期)，把杜甫的美学观归纳为三点：一、"传情"和"遣兴"：所谓"传情"，是在认识论上对我国古典诗歌传统"诗言志"的继承和发展；所谓"遣兴"，即杜诗中常常表现的，因客观事物所触发而产生的激情，必须用诗来加以排遣抒发，这是杜甫朴素唯物主义的美学观。二、发扬"比兴"传统，重视诗歌批判现实和反映现实的作用，并把"比兴"作为诗歌的审美标准。三、把握不同诗人作品的艺术美，赞扬其独特的艺术风格，促进诗歌风格的多样化。

万云骏归纳杜甫的诗论。

万云骏提出，中国古代诗论大致有两派，一是言志派，一是缘情派，而杜甫通常被人作为言志派的代表。诗歌创作是从一般理念出发，还是从实际出发；是政治的附庸，还是有其独立的存在价值，这是"言志"和"缘情"两派的分水岭。杜甫的诗论证明了他属于后者。如果再从"杜甫对以气衡文的发展"和"杜甫诗论开司空图'诗味'说与严羽'妙悟'说的先河"等方面看，更可见杜甫诗论确属于"缘情"派。(《略谈杜甫的诗论》，《杜甫研究学刊》1988 年第 2 期)

王硕荃考察杜诗的入声韵。

王硕荃《杜诗入声韵考》(《杜甫研究学刊》1988 年第 2 期)一文，通过对杜诗的韵字、韵例、合用规律、用韵与艺术风格的关系等方面的分析，发现杜甫在将近十分之一的诗作中，运用了入声韵，而押入声韵的诗作，又往往都是成功的力作。入声韵不能产生延续和高亢响亮的音响效果，使语句显得沉闷压抑，这成为杜诗沉郁顿挫艺术风格的物质表现。

刘明华总结杜诗的句法。

杜诗的句法有以下四个方面的特点：佳句浑涵，一字为工；特殊句法，顿挫效果；一句多意，凝重蕴藉；以文为诗，纵横变化。杜诗在句法上的贡献是多方面的，对后世的影响也是深远的。(《论杜诗的句法》，《杜甫研究学刊》1988 年第 2 期)

林继中研究杜甫如何由"史"入"圣"。

当宋人将杜诗与杜甫的人格视同一体时，也就很容易地将关心民病、反映现实的"诗史",一转而成为"一饭不忘君"的讲究内修养的"诗圣"。杜甫不仅以其诗歌的丰富性、多向性适应"化俗为雅"的时代要求,而且通过了宋人向内收敛的价值选取,适应于宋代新儒学"伦理—心理"模式,超越了白居易、韩愈、李商隐,乃至陶潜之士,成为后期封建社会的"诗圣"。(《论"化俗为雅"的新浪潮与杜甫的由"史"入"圣"》,《漳州师范学院学报(哲学社会科学版)》1988 年第 1 期)

金诤提出杜诗风格的变化与地理环境有关。

金诤《试论杜诗风格的地理特征》(《杜甫研究学刊》1988 年第 2 期)提出,地理环境的差异,明显地影响了杜甫的诗风。所谓"千汇万状",其实就是指杜甫流寓各地时的诗作所展现出的各具姿态的风格特征。黄河流域粗放朴健的水土风沙,形成了杜诗质实雄浑而不务奇情幻彩的艺术风格,杜诗中那些标志着古典现实主义顶峰的作品,字字句句都散发着黄土高原泥土的气息;由秦州经同谷入蜀,高山崇岭,历涉艰险,使杜甫入蜀诗篇又具有秦岭的峭拔凌厉之风;入蜀之后,杜甫一直生活在长江流域,气候湿润多雨,景物清奇峻丽,山川幽邃娟秀,杜诗便带有明显的南国风韵,在创作倾向上转向抒情与艺术技巧的锤炼。

1989 年

羊春秋从审美欣赏的角度分析人们对李杜的不同态度。

生活在不同的环境,受过不同教育的人,他们的审美趣味,都要受到社会理想的制约,都要受到世界观的影响,都要与他们的要求、愿望和需要联系起来,他们对于社会美的欣赏,对于生活中的美的感受,对于生活中的智慧、才能、意志和力量所作的评价,都不可避免地要产生差异,这就是学术界和民间对李白和杜甫有着"千家注杜"、"一李九杜"和"万口说李"、"一杜九李"的差异性的原因。(《论"一李九杜"与"一杜九李"的审美差异》,《长沙水电师院学报(社会科学版)》1989 年第 2 期)

马积高探析李杜优劣论产生和发展的原因。

尽管李杜所处的时代相衔接，但他们所代表的却是两种不同的时代精神和两种不同的艺术倾向。这是因为李虽然活到安史之乱兴起以后，并没有完成思想上和认识上的转变，杜则较早地开始了这个转变，而且终于完成了这个转变。杜是一个新的历史时期的诗歌的开拓者，又是一个在艺术上卓有成就的诗人，因而在他身后的漫长时期内出现扬杜抑李论并取得支配地位是必然的。(《李杜优劣论和李杜诗歌的历史命运》，《长沙水电师院学报(社会科学版)》1989 年第 2 期)

孙琴安论述杜甫七律雄浑风格形成的原因。

孙琴安指出，最能代表杜甫七律成就的，是那些沉郁顿挫、雄浑苍茫的作品。杜甫开出雄浑一派七律诗风的原因，首先，与唐代七律诗本身的发展有关；其次，其他各种诗体，特别是五言律诗、七言绝句和七言歌行等几种诗体的兴盛与发展，也促使了杜甫七律风格的产生；最后，杜甫本人的生活经历和创作道路，也是促成其雄浑七律诗风形成的原因之一。(《略谈杜甫七律雄浑风格形成的原因》，《文史杂志》1989 年第 11 期)

王定璋探索杜甫漂泊湖湘时期的诗歌。

杜甫晚年在湖北、湖南漂泊三年有余，创作诗歌 155 首，占其全部诗歌十分之一稍强。这些诗歌深刻而又形象地反映了他晚年的政治态度、思想倾向、人生哲理、审美情趣乃至生活方式，同时也折射了那个时代的风云变幻和政治形势。(《杜甫漂泊湖湘时期诗歌探索》，《天府新论》1989 年第 1 期)

王辉斌提出杜甫卒年新说。

杜甫卒年，一般认为是大历五年(770)。王辉斌通过对杜甫集中的某些诗作参以史料的稽考，证实杜甫大历六年(771)秋天尚在潭州。(《杜甫卒年新考》，《杜甫研究学刊》1989 年第 4 期)

1990 年

杜甫研究会举行第六届年会。

1990 年 9 月 18 日至 21 日，杜甫研究会在成都草堂举行第六届年会，主要从杜甫生平、游踪、政治态度、哲学思想、精神人格、杜甫诗歌的审美特征和艺术追求、杜甫集的整理、版本考辨以及诗歌系年等方面展开了讨论。

宋人对杜诗的接受与褒扬成为研究重点。

林继中认为，王安石学杜，反映了宋人对诗歌从价值到审美理想的全面要求，即熔议论、学问、诗律于一炉，达到"致用"、"务本"融一，以精严深刻见长，且能以闲淡出之。杜诗以其忠君爱国病民省身的潜在意义及其丰富的审美情趣通过宋人的价值选取，与之视野交融，在长期接受过程中得到认同。其间，王安石起了大作用。(《杜诗与宋人诗歌价值观》，《文学遗产》1990 年第 1 期)高克勤也认为王安石以一个诗文大家的地位，倡导崇杜、学杜之风，"不仅在理论上总结了杜诗在思想艺术上的巨大成就，指出了学习杜诗的方法门径，而且更以自己的创作实践，为后人学习杜诗作出了榜样"。(《"愿起公死从之游"——论王安石在杜诗学上的地位》，《杜甫研究学刊》1990 年第 2 期)

周裕锴也认为开学杜风气之先河的是王安石，同时还辅之以司马光、张方平和苏轼兄弟等，而真正总结出具体学习路径的是黄庭坚。从此，杜甫不再仅仅作为儒家理想人格的化身为人推崇，而且作为一个超凡入圣、牢笼百代的艺术范型受到膜拜。(《工部百世祖，涪翁一灯传——杜甫与江西诗派》，《杜甫研究学刊》1990 年第 3 期)

裴斐提出两宋学杜的关键人物是苏轼、黄庭坚与秦观。宋人将老杜推到至高无上的地位，主要论据有四。其中集大成说与诗史说渊源于元稹与孟棨，普遍流行在两宋；教化说与无一字无来处说，则分别由苏、黄始倡，又在诸家评说中不断被引申、发挥和重复。(《唐宋杜学四大观点述评》，《杜甫研究学刊》1990 年第 4 期)

王运熙发表《杜甫论诗歌的功能、内容和艺术》。

此文系其所著《隋唐五代文学批评史》中的一节。作者首先指出杜甫一方面提倡比兴体制，要求诗歌涉及政治，有益于国事民生，另一方面又重视陶冶性情，认识诗歌具有遣兴排闷、怡情养性的潜移默化作用；同时，作者还详细分析了杜甫所谓的"法"与"神"，认为杜甫论诗之神，可以分为诗兴诗思之神、诗技之神、诗境之神。(《杜

甫论诗歌的功能、内容和艺术》,《贵州大学学报(社会科学版)》1990年第2期)

杜甫的成就与杜诗的魅力得到集中探讨。

"'社会良心'是西方学术界对'知识分子'的定义。与这种关心政治、社会的知识分子相对应的,是中国士阶层。杜甫正是这类人物的典型。杜甫之所以伟大,由他的诗歌深刻的内容所决定,尽管他的诗艺为完美地表现他的思想提供了形式的保证。"(《社会良心——杜甫魅力新探》,《江汉论坛》1990年第2期)作者刘明华认为杜甫的"社会良心"具体体现为忧患意识、批判意识、重建意识。

张金海《杜甫及其诗歌的典型意义》(《武汉大学学报(社会科学版)》1990年第6期)提出,杜诗被尊为不朽的诗歌典型,首先在于杜甫人格的完美、道德的崇高。杜甫被尊为"圣",贯穿着注重文学现实内容和意义的民族文化倾向,是尚实的民族精神和性格在文学典型中的鲜明体现,即其诗实现了内容与形式高度完美的结合,达到了伦理的感动与美的感动的高度一致。

郑庆笃《杜诗诗史之誉》(《杜甫研究学刊》1990年第4期)认为,杜诗被誉为诗史,其根本所在是杜甫以诗歌形式反映出当世社会重大历史变革——安史之乱,将民生疾苦、朝政得失之君国大事诉诸笔端。

毕万忱《论杜诗对古典现实主义诗歌的发展》(《学习与探索》1990年第2期),认为杜甫诗歌思想之深刻是前所未有的,其题材内容确有极大的开拓性、创造性,这是杜甫把古典现实主义诗歌推向高峰的一个重要标志。

丁成泉论述杜甫对绝句的改造。

杜甫留下的130多首绝句,除了极少数篇章外,实与王昌龄、李白为代表的一派分道扬镳,对于开元、天宝时期流行的那种绝句体调,即形式上追求自然、流畅、优美;内容上讲究情韵,一唱三叹,风神摇曳的盛唐绝句,进行了全面的改造,创作出了具有崭新风貌的绝句,其改造的功夫,主要表现在以下几个方面:多联章体;创为拗体;多着议论;尚质尚俗。(《略论杜甫对绝句的改造》,《华中师范大学学报(哲学社会科学版)》1990年第4期)

邓小军提出杜甫是唐代儒学复兴运动的先导者。

邓小军《杜甫是唐代儒学复兴运动的孤明先发者》(《杜甫研究学刊》1990年第4期)一文提出，杜甫对韩愈所领导的中唐古文运动暨儒学复兴运动的两大中心思想，即尊王攘夷，维护以中原文化为基础的祖国统一，反对以胡化为本质的藩镇割据的政治层面，以及复兴儒学，攘斥佛教的文化层面，都已孤明先发，以诗歌文化为表达形式，明确地表示了出来。他的《诸将五首》集中体现了尊王攘夷思想，并贯穿于自安史之乱至诗人逝世之时的整个时期。

曾亚兰指出杜甫晚年诗中具有浓厚的神仙思想。

"杜甫晚年，环境和生活的重大改变使他的思想、信仰、追求、性格都发生了较大的变化，从他自唐代宗大历三年(768年)春出峡至大历五年(770年)冬殁三年多所作的一百五十首诗看，他的神仙思想和个性表现得很强烈，远胜于他以往任何时期。"(《论杜甫晚年诗的神仙思想及个性追求》，《贵州社会科学》1990年第2期)

1991 年

王运熙诠释"沉郁顿挫"。

"杜甫所谓沉郁顿挫，是说他的辞赋能做到构思深沉，在思想、文辞两方面都具有深厚的根柢和功力；在结构表达方面，又能做到音情抑扬顿挫。……杜甫原来说的是辞赋，但这种功力和特色，也适用于他的很大一部分诗歌。"(《杜甫论历代文学和文学风格》，《许昌师专学报(社会科学版)》1991年第1期)

邓小军从儒学复兴的角度研究杜甫。

邓小军认为，"早在韩愈之前，杜甫就已孤明先发，以诗歌文化的形式，首倡尊王攘夷、复兴儒学，杜甫和杜诗才是唐代儒学复兴运动的真正先行者和先声；杜甫的尊王是以坚持政治斗争，要求政治有道为原则，以儒家民本、君权有限合法性思想为本质的；杜甫晚年达到首倡复兴儒学的思想高度，不仅是其长期忧患意识所激发的对社会现实的必然回应，也是其平生极为深厚的儒家思想修养及躬体力行的必然结果"(《杜甫：儒学复兴运动的先声》，《陕西师大学报(哲学社会科学版)》1991 年第 3 期)。是年，作者另有《杜甫与儒家的人性思想和政治思想》(《杜甫研究学刊》1991 年第 4 期)。

杜晓勤考察杜诗的早期流传。

杜晓勤先后发表了《开天诗人对杜诗的接受问题考论》(《文学遗产》1991 年第 3 期)、《杜诗在至德、大历间的流传和影响》(《陕西师大学报(哲学社会科学版)》1991 年第 3 期)，指出"在开天的大半时间里，由于杜诗风格未成型、杜甫审美思想与盛唐诗坛接受视野不合"，"所以开天诗人对杜诗的接受情况是极为有限的"；在至德、大历年间，虽然杜诗创作数量大，流传广泛，但依然没有得到时人的普遍赞誉，因为"安史之乱"爆发，妨碍了时人对杜诗完整的认识，同时，杜甫诗歌的审美风尚也与时人趋异。

金学智探析杜诗悲歌的审美特征。

中国文学史上悲剧性抒情得到了充分的发展，杜甫的悲歌极其典型，它所抒写的是面临有价值的东西被毁灭的主体心态。其审美特征表现为："忧以天下"的广阔性和洞见本质的深刻性以及二者的统一；在悲感笼罩下，情与景互为乘除，自然性与社会性反应或正应；雄浑而不失劲健飞动，深沉而不失苍凉郁勃，元气磅礴，悲而能壮；由晦淡的光线、阴寒的气温、冷暗的色彩、哀怨的音声构成悲凉氛围、森郁的调子，诉诸视觉、听觉等的联想，以强化悲歌的抒情效果。(《杜甫悲歌的审美特征》，《文学遗产》1991 年第 3 期)

王定璋探索杜甫的怀古诗。

"杜甫的怀古咏史诗歌虽然不是他的创作中的主要部分，但却是其全部作品中的重要环节。这些作品内容丰富，涵盖面广，吟咏的时代长达千多年，塑造的历史人物绚丽多姿。这些作品概括历史上的重要人物与事件精炼准确，史论见解独到，评骘也较允当；兼之遣词精审，饶有韵味，审美情趣高雅，值得反复涵咏，认真研究。它既体现了杜甫对历史人物和政治事件的理解、认识和评价，又曲折地反映了杜甫对现实的关注与忧虑。"(《试论杜甫的咏史诗》，《杜甫研究学刊》1991 年第 2 期)

林继中分析杜诗情感意象的构图方式。

杜甫诗中有些创境属"不可能图形"。诗是想象力的竞赛，创构新意象，让意味与诗的形式得到最完美的化合，乃是诗人神圣的使命。作为"诗圣"的杜甫，其不朽之功能就在于此。杜甫诗中语序多"以意为之"，正是对形象思维的极力追摹。(《情感意象的一种构图方式——以杜诗为例》，《漳州师范学院学报(哲学社会科学版)》1991年第2期)是年，林继中又发表了《杜诗与宋人诗歌价值观续论》(《杜甫研究学刊》1991年第3期)，讨论了江西诗派、千家注杜与宋诗话三者在杜甫"诗圣"地位确立过程中的作用。

杜甫与古代文人的比较研究进一步深入。

黄珅《陶杜异同论》(《文学遗产》1991年第3期)将陶、杜的共同之处归结为"真"："陶、杜成为伟大诗人，全在他们身上所共有的纯真"；"由于杜之真以人世为对象，故他将个人的命运与国家的命运连在一起，而不能像陶那样忘怀得失"。刘瑞莲《杜甫与李清照》(《杜甫研究学刊》1991年第2期)指出，"李清照的作品中，有的篇什，无论思想还是风格，都确有老杜诗风的一面"。房日晰《杜甫李商隐七言律诗之比较》(《杜甫研究学刊》1991年第2期)以为，"如果说杜甫第一个完成了七言律诗的定式，并把它推向巍峨的高峰，那么，李商隐的七言律诗则是充分继承与发展了杜甫七言律诗的艺术成就，达到了另一个光辉的巅峰"。此外，任访秋有《论杜甫与白居易对李隆基、杨贵妃爱情认识的异同》(《中州学刊》1991年第2期)，赵晓兰撰有《王安石与杜甫》(《杜甫研究学刊》1991年第4期)，蒋先伟撰有《文人〈竹枝词〉的开山——杜甫、刘禹锡学习民歌〈竹枝词〉的比较研究》(《杜甫研究学刊》1991年第3期)。

王景霓分析杜甫山水诗的审美境界。

"杜甫的诗不仅以'诗史'著称，还有'图经'的美名。这就是说，他除了以历史见证人的身份，写下大量人间社会'泣血'之变的诗篇之外，还在自己足迹所经之处，刻画锦绣山川的状貌，使人读后，如同目睹其景，身临其境，大受感染。的确，杜甫山水诗不仅以山水外形之美，唤起人们对祖国山河的眷恋，而且，还以强烈的民族感情贯注其中，激发人们增强对时代应负的使命感。这是诗人的审美意识，反映在山水诗中的执着追求，它同那些放浪形骸、娱乐自我的山水吟咏，大异其趣。杜甫山水诗的艺术境界，可以说是山水诗创作传统审

美观念的突破和创新。"(《杜甫山水诗的审美境界》,《暨南学报(哲学社会科学版)》1991年第2期)

1992 年

巩义市纪念杜甫诞生1280年。

1992年4月5日至19日,杜甫的家乡河南巩义市召开了"纪念杜甫诞生1280周年国际学术研讨会"。来自全国各地(包括港、澳、台地区)及日本、韩国的专家学者共100余人出席会议,收到论文80余篇。会上成立了杜甫研究会,选举霍松林先生为会长。

裴斐对杜诗重新进行了分期。

历来学者多把杜甫诗歌的发展分为读书漫游、长安十年、战乱流离、漂泊西南四个时期,裴斐《杜诗八期论》(《文学遗产》1992年第4期)则将杜诗发展分为八个时期,即壮游时期是杜诗风格尚未形成的懵懂期;长安十年是杜诗风格(沉郁顿挫)的形成期;辗转兵燹是杜诗既成风格的发展期;奔逃陇蜀是杜诗风格的变化期;栖息草堂是杜诗新风格(萧淡婉丽)的形成期;流离两川是杜诗风格的再变期(即由萧淡婉丽变为雄浑悲壮);羁留夔州是杜诗两类风格(壮美、柔美)全面发展和登峰造极的时期;落魄荆湘是杜诗发展的落潮和光辉的结束期。

王运熙剖析杜甫诗论的时代精神。

"杜甫处身于唐王朝由盛转衰的时代。他的诗歌理论批评,既反映了盛唐诗人追求壮美风格、赞扬建安风骨的心态;又反映了中唐诗人关心时弊、提倡美刺比兴的要求,体现了两个不同时代的时代精神和诗歌的主要创作倾向。在盛唐诗人中,杜甫是一位年轻人,在当时李白、高适、殷璠等人提倡建安风骨的合唱声中,杜甫只是作为一位后起的同道者出现,地位显得不那么突出。在中唐诗人中,杜甫则是一位老将,他和元结都是写作、提倡讽谕诗的有力的先驱者。杜甫在创作上更以其优异成绩压倒元结,因而在中唐后期,杜甫成为元、白等诗家写作讽谕诗的典范。"(《杜甫诗论的时代精神》,《杜甫研究学刊》1992年第2期)

孙琴安全面评述杜甫的五律。

孙琴安认为杜甫的五律有三多，即数量多、风格多、变化多。五律到了杜甫，可以称为大变，六朝风韵，愈见其渺。杜甫的五律，是盛唐之变体与集大成者，开后人无数门径。所谓中唐或晚唐五律气象，我们均可以从杜甫五律中找到源头。（《关于杜甫五律的评价问题》，《杜甫研究学刊》1992 年第 4 期）

杜甫后期的政治态度得到关注。

余恕诚认为，对于杜甫对于玄、肃、代三帝抱有不同的态度：对于玄宗，多有回护，诗中常流露出感戴、忆念之情；对于肃宗，其后期杜甫基本是不满和反感的；对于代宗，诗人始则寄予希望，后有失望，有规劝。（《杜甫在肃、代之际的政治心理变化》，《文学遗产》1992 年第 4 期）次年，郑文撰有《由杜甫对唐玄宗肃宗及代宗之评论看其晚期思想有无质变》（《杜甫研究学刊》1993 年第 3 期），章起发表《杜甫与代宗朝政治》（《安庆师范学院学报（社会科学版）》1993 年第 1 期）。

胡守仁强调杜甫的忠君与爱民不可分离。

杜甫思想中的忠君与爱民是统一的，仅强调忠君一面，未免失之偏颇。他所要求的君是励精图治的，对君民都有利。当二者发生矛盾时，就得视矛盾的具体情况而表现不同的态度。近来又有对杜甫思想拔高的说法，说他最后同统治阶级决裂了，这不符合事实。（《试论杜甫的忠君爱民问题》，《江西师范大学学报》1992 年第 2 期）

邝健行分析杜甫与初唐诗歌的关系。

邝健行指出，杜甫在天宝五载三十五入长安以前的作品，主要是近体，其中多数是五律。杜甫的偏向近体，跟他在相当程度上肯定和继承初唐新诗体及其相关的艺术创作不无关系。（《杜甫对初唐诗体及其创作技巧的肯定和继承》，《杜甫研究学刊》1992 年第 2 期）

程杰论述杜甫与唐宋诗变的关系。

杜甫和李白作为盛唐诗坛的双子星座，标志了中国古典诗歌的最高成就，同时也以双峰对峙的格局构成了中国古典诗歌古往今来的分水岭。李白的意义在于继往，杜甫的意义在于开来。杜甫始变的意义体现在三方面：主体——道德性和现实性；客体——写实和尚意；艺

术表现——博学与独创。(《杜甫与唐宋诗之变》,《南京师大学报(社会科学版)》1992 年第 3 期)

张应华、张兵分析杜诗的人情美。

张应华、张兵《略论杜甫诗歌的人情美》(《青海师范大学学报(哲学社会科学版)》1992 年第 2 期)详细分析了杜甫表现亲情、友情、物情、隐情等感情的诗篇,认为作为"诗圣"和"情圣"的杜甫,把人类普遍具有的情感表现得丰富、深刻而真切,调配得和谐、完美而自成系统,流露出一种浓酽的人情美。正是这种"弗学而能"的人情,才打破了不同阶级、不同民族和不同时代读者的偏见,成为一种把人心沟通起来的永恒的审美中介,使杜诗永远闪现着耀眼的光辉。

刘扬忠探索辛弃疾对杜甫的承接。

刘扬忠《稼轩词与老杜诗》(《文学遗产》1992 年第 6 期)一文,分析了杜诗在思想内容、审美情味、风格趋向、艺术方法等方面都对辛词产生了影响,指出 629 首辛词,隐括杜诗或融化杜句者,达 140 首之多,说明杜诗对辛词的影响几乎是全方位的。

1993 年

陈祥耀分析杜诗的直起法。

所谓诗歌的直起法,就是开门见山,入手即直点题目。杜诗的直起法有两种,一是篇首点题,一是运用特殊的朴质笔调直叙作起。杜甫能够成功地运用直起法,在于他的笔力饱满、灵活生动的承接,能够调剂起笔的平直和质朴,做到无施不可。此后韩愈、白居易用直起法也较多,但承接往往较质直、平衍,不如杜诗的健举灵活而多姿。(《论杜诗直起法》,《文学遗产》1993 年第 1 期)

杜晓勤探讨杜甫后期的悲剧心态。

杜晓勤提出,乾元二年(759)秋杜甫弃官而去之后,陷入了"民胞物与"的集体情感与"独往高蹈"的个体生命的冲突之中。这一冲突使他既难安于"隐"又惮于入仕,最终导致了他"兼济"未成,"独往"亦未成的生命悲剧。造成这一悲剧的原因,是他对"真情"和"真性"都采取了真挚、执著的态度,而"真情"和"真性"在封建文化体系中从来就是一对互相对立、矛盾的人性论范畴。(《论杜甫后期的悲剧心态》,《陕西师大学报(哲学社会科学版)》1993年第2期)

杨胜宽提出杜甫最独特的个性是"拙"。

杨胜宽《"拙"杜论》(《杜甫研究学刊》1993年第3期)指出,杜甫在其诗中反复提及的"拙"字,足以概括他一生立身行事的特点。这里的"拙",是指处世临事,太不会投机取巧、逢迎时尚。杜甫的"拙"主要表现为:一是任真;二是刚用;三是疏放;四是孤傲。

胡守仁分析杜甫从秦州到成都的纪行诗。

胡守仁高度评价了杜甫的纪行诗,认为杜甫的这些诗歌刻画山川,笔参造化,或摹艰险之状,叹行役之苦;或逢风物之美,忘登顿之劳;又忧国爱民之心,身世之感,随事触发;而于役役未了期,尤深戚戚之情。这是谢灵运、王维等人所未曾展示的。(《试谈杜甫从秦州到成都的纪行诗》,《江西师范大学学报》1993年第1期)

黄珅质疑杜甫为现实主义诗人的说法。

过去学者多称李白为浪漫主义诗人,杜甫为现实主义诗人,黄珅《杜甫现实主义创作手法质疑》(《杜甫研究学刊》1993年第2期)指出,将杜诗纳入现实主义范畴并不确切,但长期以来,杜甫一直被称作现实主义诗人而无异议,最直接的原因是由于杜甫是一个集大成的诗人,人们取其一面进行比附,从而得出一个貌似合理,实乃片面的结论。与其说杜甫是现实主义诗人,不如称他是诗圣,是情圣,要具体、形象、贴切得多。

房日晰探索杜甫诗歌对李贺的影响。

房日晰提出,杜诗对李贺诗风形成的影响,主要是其部分诗歌浓郁的浪漫主义色彩与情调。这种影响是直接而深刻的,是带有整体的根本的性质。具体而言,杜诗中多次出现的鬼的意象,对李贺诗歌有很大影响;李贺诗中谲诡的意境与情调,也导源于杜诗。(《杜甫诗歌对李贺诗风的影响》,《文学遗产》1993年第2期)

王南从语言学角度分析"沉郁顿挫"。

王南《"沉郁顿挫"论》(《文学遗产》1993年第4期)认为,"沉郁"一语,原指表现在作品中的深刻、透辟的思致,在古代诗论著作中,则是指深沉蕴藉、凝重悲抑的艺术风格;杜诗之"沉郁",体现在以沉着蕴藉的艺术手法表达博大深厚的内心情志,"顿挫"作为文学理论概念,主要指诗歌作品中言辞表现的曲折变化和音律声调的跌宕起伏。不论单称"顿挫"、"沉郁",或是并言"沉郁顿挫","沉郁"的情志总是或隐或显地处于主导的地位,因而"沉郁顿挫"用于论作品的思想内涵时,"顿挫"二字即有了悲抑苍劲的意味,而用于论语言风格,"沉郁"二字则又成为含蓄蕴藉的同义语。

1994 年

中国杜甫研究会成立。

1994 年 10 月 31 日至 11 月 3 日,河南省巩义市召开中国杜甫研究会成立大会暨首届学术讨论会。大会选举了以霍松林为会长的学会领导机构,收到代表们提交的数十篇论文。与会代表就杜甫研究与爱国主义思想教育、杜甫的思想与诗歌艺术、杜诗的地域性、杜诗研究史、杜诗海外研究状况及杜诗研究方法等问题进行了讨论。

杜甫研究会第八届年会召开。

1994 年 10 月 25 日至 28 日,四川省杜甫研究会第八届学术年会在古夔州奉节召开,就杜诗的思想性、艺术性、训诂与考辨、审美文化、杜诗学史等问题展开讨论。

"杜诗学"逐渐成为研究的热点。

"杜诗学"就是有关杜甫诗歌的一切学问。廖仲安《杜诗学:杜诗学发展的几个时期(上、下)》(《首都师范大学学报(社会科学版)》1994 年第 5、6 期)从杜诗学的由来、杜诗学独立发展的历史条件及杜诗学发展的几个时期等角度,阐述了杜诗学的简史。林继中《杜诗学——民族的文化诗学》(《首都师范大学学报(社会科学版)》1995 年第 4 期)提出,"将杜诗研究从单个作家、线式因果研究的封闭体系中解放出来,放在文化大系统中以大观小、经纬交织地进行考察,这会更有利于发掘杜诗深层的内蕴;同时,由于杜甫及其创作所具有的罕见的典型性,随着这一研究的深入势必有助于人们对中国文学乃至中国文化及其某些规律的认识与归纳"。胡可先《杜诗学论纲》(《杜甫研究学刊》1995 年第 4 期)认为杜诗学应该包括杜诗目录学、杜诗校勘学、杜诗注释学、杜诗史料学、李杜优劣论、杜诗历史学、杜诗文化学、杜诗学的研究进程八个方面的内容。

胡晓明论述杜甫诗歌的文化精神。

"杜甫在艰难人生中,以朗朗乾坤、干净宇宙,寄之梦寐、存乎遐想,并以不懈的人文诗歌创造支撑出自己的生命意义世界,所以杜甫始终没有绝望、始终没有坠入虚无阴冷的深渊。他不仅作了苦难人生的代言人,而且以他有血有泪的歌吟,人生之苦与乐交织于复杂而天然的底布上的真实歌吟,呈露了一种人性的高贵与美,一种真正道成肉身的人格。这一人格,本身就是中国哲学文化中最高的诗意所在。"(《略论杜甫诗学与中国文化精神》,《文艺理论研究》1994 年第 5 期)

杜晓勤剖析杜甫的文化心理。

在杜甫的文化心态中,存在着两种人生价值取向:一是"窃比稷契"、"致君尧舜"的人生抱负和政治理想。这代表了人的社会性的一面,是他集体情感和社会责任感的表现。一是"江海之志"、"独往之愿",代表了人的自然性的一面,是他个体意识和独立人格的反映。前者是他的"平生素志",后者是他的"平生之愿",而且都出自杜甫对健全人格、完美人性的追求,都统一在"真"的人生精神里,从而使杜甫的文化心态具备了千古一人的独特结构。(《论杜甫的文化心态结构》,《杜甫研究学刊》1994 年第 1 期)

牟瑞平探讨杜甫的生命意识。

"杜甫对生命之谜早有清晰的自觉,并穷生为之探究不已。他是从生活经验本身和生命的具体流程来把握生命的价值的,他对人生倾注着炽烈的爱心和浓郁的情思,因而其探索也就更加具体可感,更加切近人生的真谛。杜甫山水景物诗创造了鸢飞鱼跃、万象腾踔、真力弥满、灵气荡漾的至高美学境界,充溢着深邃热烈、超迈洒脱的人生情调和壮阔澄幽的生命意识乃至宇宙情感。"《杜甫山水景物诗中的生命意识》(《杜甫研究学刊》1994 年第 2 期)

吴相洲比较杜甫、庾信的老成境界。

吴相洲认为,老成不是自杨慎以来一直被误解的一种风格范畴,也并非泛指一切成熟的创作境界,而是指意笔纵横驰骋、气势不同凡近的那种写作境界，庾信和杜甫也不是每首诗(即使是后期作品)都是在老成境界下写出来的。在怎样表达意兴使创作臻于老成之境上，庾信和杜甫有不自觉和自觉、浅和深、窄和宽、粗和细的区别。(《庾信杜甫老成境界之比较》，《内蒙古大学学报(哲学社会科学版)》1994 年第 2 期)

刘明华认为人道主义精神是杜甫成为"诗圣"的重要因素。

刘明华《论杜甫的"民胞物与"情怀》(《文学遗产》1994 年第 5 期)指出，杜甫的"民胞物与"情怀在中国古代诗人中是最突出的。作为社会良知，杜甫最终关心的是人，是一切人的生命、安全与幸福。在这一点上，诗人博大的胸怀得到最充分的表现。后世人们尊崇杜甫，与他那博大胸怀所展示的伟大的人格力量不无关系。此外，刘明华还撰有《仁者与勇者——论杜甫的批判精神》(《杜甫研究学刊》1994 年第 2 期)，以为"作为社会良知的杜甫，不但敏锐地感知到了社会的危机，还敢于为自己所维护和追求的道德原则、价值观念、人生理想和政治模式挺身而出，即使面对强大的压力也毫无畏惧，从而展示了自己仁者与勇者的胸怀和形象"。

许总剖析杜诗时代性形成的原因。

"杜甫的政治态度从积极进取到批判现实，对统治阶级从希望到失望；从希望与失望的交织到彻底的绝望，从绝望到决裂与反抗的思想变化，一方面承接着由盛而衰、乐极哀来的时代氛围的感染与渗融，另一方面则与其自身的人生经历及其心态衍进密切相关，正是这两方面因素的交互作用及其向用以言志的诗歌创作实践的衍射与转化，造就了一部杜诗紧贴时代、回归现实的根本特征。"(《人生与心态：杜甫诗歌时代性特征的独特表现》，《杜甫研究学刊》1994 年第 3 期)

1995 年

钟来茵再次论述杜甫与道教的关系。

钟来茵就郭沫若《李白与杜甫》一书中"杜甫的宗教信仰"一章的部分论点提出商榷，分五个部分阐述自己的观点：一、杜甫求仙访道是受李白的影响，杜甫吸收了道家道教中的许多营养，使杜诗增添了不少斑斓浪漫的色彩；二、《三大礼赋》的主要内容是讲唐的创业、唐玄宗的功绩，其核心思想仍是儒家思想，而赋中反对道教迷信的字句，更证明了杜甫坚定的儒家思想；三、《冬日洛城北谒玄元皇帝庙》的主旨仍是讽刺唐玄宗过分崇道；四、《前殿中侍御史柳公紫微仙阁画太乙天尊图文》虽然用了许多道家术语及典故，但其主旨仍然是儒家的仁政思想，核心是为民求福，盼望安史之乱早日平定；五、诗中的葛洪、蓬莱等典故不能说明杜甫迷信道教。(《再论杜甫与道教》，《首都师范大学学报(社会科学版)》1995 年第 3 期)

张忠纲再论杜甫的爱国思想。

张忠纲《忧国忧民无已时——杜甫爱国思想琐谈》(《杜甫研究学刊》1995 年第 3 期)一文，从国家和君主的辩证关系入手，指出在杜甫生活的中国封建社会的鼎盛时期，忠君和爱国是不能分开的，而杜甫决非愚忠，他忠君的实质是爱国爱民，他对安史叛军的仇恨，对玄、肃、代三朝皇帝的讽谕，对广大普通百姓的热爱都表明了这一点。而杜甫一以贯之的自我牺牲精神，正是他一生忧国忧民的根基。

刘明华分析杜甫的政治预见性。

忧患意识是杜甫作为社会良知的一个重要特征。杜甫的忧患意识，突出地表现为政治忧患(忧世)和生命忧患(忧生)。而在政治忧患中，又可贵地表现出他对唐朝政权面临大厦将倾的形势的预见。(《论杜甫的政治忧患及预见性》，《首都师范大学学报(社会科学版)》1995 年第 2 期)此外，作者还从人格——独立与依附之间、仕途——致君与制于君、文学——独立苍茫自咏诗、命运——应然与已然等角度剖析了杜甫悲剧命运的必然性。(《困惑与超越——论杜甫的悲剧命运》，《杜甫研究学刊》1995 年第 4 期)

许总强调杜甫写实与表情的统一性。

杜诗在文学史上崇高地位的确立，究其原因，一是与历史变迁适时应运的创作精神，二是对历史传统总结包容的艺术容量。这其间，贯穿始终的创作原则与方法，显然起着至关重要的作用，而看似对立的写实与重情的两种文学传统，恰恰同时在杜诗中得到极端的发展与普遍的运用。后人对杜诗的崇扬与赞美，除"诗圣"外，最主要的有

"诗史"与"情圣"，实即指的这两方面。可以认为，杜诗正是在对这两种创作原则与方法的双向同构之中，铸就集大成的艺术整体的。（《诗史与情圣：杜诗写实原则与表情方式的双向同构》，《社会科学研究》1995 年第 4 期）

学者讨论杜诗注解。

蒋寅指出仇兆鳌《杜诗详注》作为杜诗注解的集大成者，其最精彩的部分在于"内注解意"，即增字串连原文，使原本跳跃的语意连贯畅达；其"外注引古"时或过于追求详赡，不免穿凿之嫌。（《〈杜诗详注〉与古典诗歌注释学之得失》，《杜甫研究学刊》1995 年第 2 期）梅新林提出现今可考的第一个杜诗注本《王内翰注杜工部集》，系由邓忠臣以王洙编校本十八卷为底本，然后加以笺注而成，同时又将每卷一分为二，成三十六卷。其注释部分为邓忠臣所作，校勘部分出于王洙之手。（《杜诗伪王注新考》，《杜甫研究学刊》1995 年第 2 期）

杜晓勤强调杜甫的个体生命意识。

"江海之志"、"独往之愿"，是杜甫对个体生命意识的体认和追求，伴其一生，至老弥笃。但迄今为止，学术界对此重视不够，人们多强调杜甫"致君尧舜"的一面。这种研究格局，无论是就杜甫文化心态的认识，还是对杜诗深层意蕴的理解，都显得较片面，不够深刻。杜甫的"独往之愿"，反映了他的独立人格和自由个性，与"致君尧舜"共同组成了一个完整的人生价值体系，且在其文化心态中与后者占有同等重要的位置。（《试论杜甫的个体生命意识》，《贵州文史丛刊》1995 年第 2 期）

邓魁英分析杜甫的怀乡诗。

杜甫自乾元二年（759）秋弃官华州，告别故乡，到大历五年（770）冬病死在耒阳附近的湘水舟中，前后离乡背井颠沛流离了十一个年头。这十一年中，不论是躲避战乱流离于旅途，还是卜居成都或暂住夔州的时候，他都不断地思念故乡，创作了大量的怀乡诗。可以说怀乡是杜甫后期诗歌创作中的一个重要主题。杜甫怀乡诗的真正价值不仅在于他对故乡山水古迹的热爱，对故乡弟兄、朋友的思念和对"开元全盛日"以及故乡生活的眷恋。其主要价值乃在于他对家乡的怀念有着极为深刻的思想内涵，呈现着明显的时代特点。（《他乡迟

暮，不废诗篇——论杜甫的怀乡诗》,《贵州大学学报（社会科学版）》
1995 年第 3 期）

杜诗中的自适主题得到探析。

蓝旭《论杜甫诗中的自适主题》(《文学遗产》1995 年第 5 期）指
出，杜诗自适主题既表现出诗人自求解脱的心志挣扎，也反映了他最
终未能从"自适"中获得超升和心灵的平静——渴望人生自由，又向
往自我实现；追求人格独立，又无法忘怀于世。这正是杜甫思想性格
所具有的独特魅力。正因如此，杜诗才具有一切逃避矛盾、"取消问
题"的隐逸诗人无法比拟的震撼力。如果没有对理想的执着，便看不
出杜甫的主要方面，杜甫便不成其为杜甫；如果没有自适主题中所表
现的各种美好情趣和超脱功利的潇洒从容，也便感受不到他的平凡与
可亲的一面，其入世精神亦将随之显得苍白而单薄。

张国伟剖析杜诗中的变异形态。

张国伟《杜诗中谬理的审美效应》(《杜甫研究学刊》1995 年第 1
期）提出，杜诗中的谬理是对通过生活真实的超越，来解释更为真实
的生活本质，杜诗中的谬理共分为知觉变异、思维超常、想象奇特、
大胆夸张、违反逻辑、语言错序、离形得似七类。杜诗之谬理形态具
有化腐朽为神奇、变抽象为具体的效果，增加了诗的奇趣、理趣、逸
趣，有着特殊的审美效应。

裴斐指出两宋杜诗学中并非单一。

宋人将杜诗视同经史，盛赞其忠君爱国与史笔森严，实际欣赏的
却是那些无关忠爱、无关现实的写景味物之作，即程颐所讥"闲言
语"之类。这种思想评价与审美偏好相背的倾向，主要决定于时代环
境。处于儒学再兴、中央集权空前加强和屡兴文字狱的环境，难免说
些言不由衷的过头话。(《略论两宋杜诗学中存在的一种倾向》,《中
国文学研究》1995 年第 3 期）

马歌东关注日本汉诗对杜诗的接受。

"日本汉诗是日本汉诗人用汉字所写的中国古典诗歌式的诗，是
以唐诗为代表的中国古典诗歌影响并进而繁衍到海外的最大一脉分
支。在其 1300 年发展史上，产生过数以千计的诗人和数十万首诗，
成绩斐然可观。杜甫是继白居易之后给予日本汉诗以划时代影响之诗

人，正是对杜诗的受容，促成了江户时期日本汉诗的全盛。"(《试论日本汉诗对于杜诗的受容》，《陕西师大学报(哲学社会科学版)》1995年第2期)

杜甫的制题艺术得到探讨。

"杜甫深知制题的重要性。他不但要求在诗歌本身'毫发无遗憾'，而且在为诗制题上也一丝不苟。命意炼题或简、切，或含蓄，或委曲详尽，让读者在读诗之前，先知诗所咏之物，所叙之事，欲抒之情，所论之理。或故意题此而意彼，令人于题外思而得之。一题既立，既能依题作诗，又能不即不离，使他的诗题真正成为坐窥其万象的窗口。"(侯孝琼《立片言而窥万象——试论杜甫的制题艺术》，《中国韵文学刊》1995年第1期)

1996 年

中国杜甫研究会召开第二次学术讨论会。

1996年9月9日至13日，中国杜甫研究会第二次学术讨论会在甘肃省天水市召开。大会共收到论文60多篇，集中讨论了杜甫陇右诗的思想内容、艺术成就及其在杜诗中的地位。此外，还对杜甫有关其故乡河南巩县所作之诗和杜诗中的思乡之情、杜甫诗歌精神对现代精神文明所起的作用等进行了讨论。

四川省杜甫研究会召开第九届年会。

1996年9月24日至27日，四川省杜甫研究会第九届年会暨学术讨论会在成都召开，收到学术论文42篇，讨论了杜甫及其诗歌的文化内涵与现实意义、杜诗源流及其承前启后等问题。

学者进一步探讨杜甫与李贺的关系。

房日晰指出，杜甫写了一些诡谲的诗，这类诗对元代后期(李)贺体诗的形成，有着深刻的影响。可以说，由杜甫到李贺再到元代后期的"贺体"诗，他们在诗歌创作的某些方面，是一脉相承的。杜甫诗歌对李贺幽冷诡谲诗风的形成有着不容忽视的影响。(《杜诗与贺体——从用髑髅说起》，《杜甫研究学刊》1996年第4期)吴企明认为，李贺从大处着眼，继承杜甫诗歌中的现实主义精神、乐府精神、锤炼语言等方面的优秀艺术传统，说明杜甫的诗歌创作活动在我国诗坛上曾发挥着泽被千古、膏沐百家的重要历史作用。(《论杜甫和李贺》，《杜甫研究学刊》1996 年第 3 期)

学者争鸣杜甫、高适、李白同游宋中的时间。

1995 年，乔长阜发表《杜甫与高适、李白游宋中考辨——兼辨杜李游鲁及杜入长安时间》(《杜甫研究学刊》1995 年第 2 期)，提出杜甫与高适、李白同游宋中是在天宝四载(745)秋冬；陶瑞芝《杜甫和高适、李白同游宋中在何时——兼与乔长阜同志商榷》(《杜甫研究学刊》1996 年第 1 期)认为当时在天宝三载(744)秋冬；乔长阜《杜甫二入长安时期的几个问题——兼辨杜甫应进士试中的两个问题》(《杜甫研究学刊》1996 年第 3 期)考察杜甫相关诗作，重申己说。是年，乔长阜另有《杜甫再游齐鲁和西归长安考辨》(《杜甫研究学刊》1996 年第 1 期)，提出杜甫在天宝五载(746)春与李白同游鲁中，秋复至鲁中访李白，天宝六载(747)春西归长安。

廖仲安将杜甫一生分为六期。

廖仲安认为杜甫一生可以分六个时期：一、读书漫游时期；二、困守长安时期；三、从陷贼、脱险到为官、弃官时期；四、客蜀郡、居梓州时期；五、移居夔州时期；六、飘泊湖北、湖南时期。(《伟大诗人杜甫》，《首都师范大学学报(社会科学版)》1996 年第 3 期)

林继中探讨杜律。

林继中提出，杜甫后期致力于抒情诗形式的研究，力图创造诗歌独特的语言，表现诗歌独特的境界。古今时空交错，语法服务于感受，是杜律的重要创造。杜律的"逻辑"与"获序"是：以情感生命的起伏为起伏，极力追求生命的节奏，让诗的形式之律动与人的内在生命之律动同步合拍，由此焕发出诗美。(《杜律：生命的形式》，《首都师范大学学报(社会科学版)》1996 年第 4 期)同年，王硕荃发表《论"子美七言以古入律"——杜诗拗格试析》(《杜甫研究学刊》1996 年第 1 期)，指出"杜甫的拗律归于律而非正律，句式取自古而又非古，这是介于古体与正律之间孑然独立的一种体式"。

"诗圣"、"诗史"等说法再度引起学者关注。

周兴陆认为，传统文化结构、政治意识形态和文人审美心态三方面组成的合力，将杜甫推至两宋诗坛的神圣顶峰，发出炫目的光彩。宋人研究杜诗，已经形成了固定的模式，即诗中之圣——杜甫人格的神圣化；诗中之经——杜甫文本的正典化；诗中之史——杜诗阐释的科学化（《诗"圣"·诗"经"·诗"史"——宋代杜诗研究的基本模式》，《东方论丛》1996 年第 4 期）。祁和晖指出杜甫"诗史"之说正名历时300 年，"诗圣"正名经历了 800 年的历史鉴定（《诗圣诗史论》，《杜甫研究学刊》1996 年第 4 期）。孟修祥认为，"诗史就是采用诗的艺术形式，选取最典型的形象和事件来反映或表现历史生活的真实面貌和诗人敏锐感受到的时代氛围，在揭示社会的本来面目和心理状态的同时，从更高的层次上把握历史精神"（《杜甫"诗史"说考辨》，《殷都学刊》1996 年第 1 期）。翌年，马承五再次从"诗圣"——人格的升华、"诗史"——价值的评判、"集大成"——艺术的极致三个方面进行了阐述（《诗圣·诗史·集大成——杜诗批评学中之誉称述评》，《杜甫研究学刊》1997 年第 3 期）。

吴明贤论述杜甫性格中"狂"的一面。

吴明贤指出，"狂"，作为杜甫诗歌创作的心理动力，是杜甫性格的一个重要组成部分，既贯穿在他的一生，也表现在他生活的各个方面。从放荡式的"清狂"，到清醒式的"醉狂"，再到疏放式的"狷狂"，最后到感伤式的"诗狂"，这就是诗人杜甫"狂"性发展变化的心路历程，也是他诗歌创作从不够成熟到成熟，再到转折变化最后至于丰收高潮的发展过程。（《试论杜甫的"狂"》，《杜甫研究学刊》1996 年第 3 期）

侯孝琼研究杜甫的连章诗。

杜甫的连章诗，特指那些一题数首、数十首，而且首尾呼应，既各自相对独立，又有脉络可寻的律体组诗。杜甫有这类诗作 70 多组200 多首，其组成大致有：前冒后束，中间各章的关系相对松散者；以时、空为主要脉络安排章次；以情事的发展为主要线索安排章次；章次的递进与反复。（《论杜甫的连章律诗》，《杜甫研究学刊》1996年第 2 期）

牟瑞平关注杜甫山水诗中的历史意识。

"杜甫很善于将惊心动魄的世事沧桑、慷慨悲凉的人生变幻和扑朔迷离的历史兴亡与山水景物的奇情壮采有机地结合在一起，从而使其清新绮丽的山水景物诗包融了海涵地负的深厚历史意识。将山水景物描写与怀古情思水乳交融，同作歌咏，初唐四杰首发其端，杜甫则承其余绪，大力开拓，并初具规模，自成特色；到中晚唐刘禹锡、李商隐手中更是丽日经天，蔚为大观。杜甫实是将山水景物诗与怀古诗完美结合，并使之定型定性的第一人。"（《杜甫山水景物诗中的历史意识》，《杜甫研究学刊》1996 年第 1 期）

葛晓音、马承五论述杜甫的"新题乐府"。

葛晓音的《论杜甫的新题乐府》（《社会科学战线》1996 年 1 期）重新界定了"新乐府"和"新乐府运动"，指出杜甫反映时事的新题乐府共有 31 首，其在艺术对于古乐府的继承和独创标准在以高度概括的场景描写展现广阔的社会背景、对汉乐府单一叙事方式的突破、以古乐府神理创造新的表现手法三个方面。马承五认为，"新题乐府是由杜甫开创的一种新的诗歌体式。它既与汉乐府有着多方面的承续性，表现出强烈的思想内蕴与传统品格，又有对乐府体的拓展性，自立新题，自创己格，显现出全新的形式特征。其创题方式丰富多样，名篇类型异彩纷呈，为中唐以后的新乐府树立了光辉样版。杜甫对乐府诗体式的创造性变革，最终形成了新题乐府创作的优良传统"。（《乐府诗的体式嬗变与创格——杜甫"新题乐府"论(形式篇)》，《华中师范大学学报(哲学社会科学版)》1996 年第 2 期）

韩成武剖析杜诗以空阔显孤微的意义。

仕途寂寞，诗坛无名，杜甫的孤微身世既是一种客观现实，又是为他主观理想所不能接受的。他绝不怀疑自己的政治才干和文学才能……他绝不认为自己果真是渺小的、微不足道的。这就形成了主观与客观的大矛盾，理想与现实的大冲突。这是他诗歌创作的生命线，也是他的人生悲剧。（《以空阔显孤微——杜诗艺谈》，《杜甫研究学刊》1996 年第 2 期）

1997 年

蒋长栋阐述杜甫的"比兴体制"。

蒋长栋认为，杜甫的"比兴体制"拉开了唐诗第二次革新运动的序幕，它的出现是唐代群体人格意识之觉醒与强化的表现，也是唐代现实主义诗风形成并臻于成熟的标志。其《试论杜甫的"比兴体制"》（《求索》1997 年第 1 期）从以下三个层面论述了他的观点。"比兴体制"的兴起：唐诗再次革新运动的序幕；"比兴体制"的内核：唐代群体人格意识的觉醒；"比兴体制"的表征：唐代现实主义诗风的形成。

张忠纲论述杜甫陇右诗。

张忠纲《陇右艰难诗兴多》（《首都师范大学学报（社会科学版）》1997 年第 1 期），详细分析了杜甫在陇右时期叹身世叙怀抱、抒写亲情友情、描绘自然山水的五言诗作，认为"这一时期是杜甫诗歌创作生涯的一个极其重要的阶段。政治上的失意、生活上的多艰，促使诗人在叙事、抒情、写景过程中'绝脂粉以坚其骨，贱丰神以实其髓'，从而完成了'洗尽铅华，独留本质'的诗风转变"。此外，聂大受发表《杜甫秦州咏物诗的个性化特色》（《西北师大学报（社会科学版）》1997 年第 3 期），指出占杜甫全部咏物诗 1/6 的秦州咏物诗，多写边邑深秋的弱小细微或病残废弃之物，与其前期咏物诗有明显不同。

胡可先对杜诗学史料进行了梳理。

杜诗史料学的范围相当广泛，广义地说，举凡杜诗的目录、版本、编纂、注释、辑录、考订等，都可以归入史料的范围。胡可先《杜诗学论纲》（《杜甫研究学刊》1995 年第 4 期）对杜诗的著录、编纂、注释、版本等方面进行了论述，其《杜诗史料学论纲》（《杜甫研究学刊》1997 年第 2 期）对历代选集所选杜诗情况、杜诗资料的辑录、年谱的编纂、丛书类书收录杜诗的情况以及其他种种考订进行了考察。

杜甫贡举的问题有争鸣。

邝健行提出：一、杜甫在开元二十三年（735）或稍前回到故乡巩县，考过了县试，再到洛阳考过了河南府府试；二、开元二十三年十月或稍前，入长安；三、开元二十四年（736）正、二月间，在长安参加吏部考功员外郎李昂主持的进士考试，结果落第；四、赴长安应试时，得到当时的京兆尹照拂，这时的京兆尹可能是李适之。（《杜甫贡举考试问题的再审察、论析和推断》，《杜甫研究学刊》1997 年第 4 期）乔长阜认为，杜甫应进士试当在开元二十四年，壮游鲁中、齐赵可能始于开元二十八年(740),终于开元二十九年(741)。(《杜甫应进士试和壮游齐赵新探——兼探杜甫初游吴越的时间》,《杜甫研究学刊》1997 年第 4 期)

钟来茵、姜秀生重论杜诗的人民性。

作者从两个特殊例子的解剖入手,批评了杜诗人民性已经过时的观点,并在比较分析各家见解、学说的基础上,对杜诗人民性的几个理论问题:儒家思想与人民性、忠君问题、脱离时代的"革命论"、"唯生活决定论"作了较为深入的探讨和研究。(《关于杜诗人民性的几个问题》,《首都师范大学学报(社会科学版)》1997 年第 5 期)

房日晰讨论杜诗的细节描写。

兴象玲珑、情景交融,是盛唐诗歌最突出的特色,也是诗歌中盛唐气象的艺术特质之一。杜甫一反盛唐诗人抒情常用的格调,在诗中注重叙事与议论,并有许多生动的细节描写,其中渗透了诗人的感情。细节的描写,使杜诗有了更浓郁的生活气息,更生动的客观表现,更深厚的现实基础,因此读来亲切有味,更富于艺术感染力。(《略论杜诗的细节描写》,《杜甫研究学刊》1997 年第 1 期)

何锡光阐述杜诗评判时政的角度与类型。

杜甫批评时政之作所依据的尺度一为儒家理想,一为士大夫应世态度,造成了其作品以感情为优和以理智为本的双重层面。当这两者发生冲突和矛盾时,杜甫根据情势有取舍,有侧重。由于他的儒士理想较为强烈持久,他的这类作品就时常把感情的重心投注在人民的利益上,也就使其批评时政之作获得了为人们所称道的"人民性"。(《杜甫批评时政诗歌的类型分析》,《杜甫研究学刊》1997 年第 2 期)

牟瑞平阐述杜诗自然意象中的道德伦理。

"咏物言志的诗学传统,即以自然万物象征和比喻人的精神品德、情感志向,这是中国诗歌美学的一大特色。而杜甫对此贡献尤著。杜甫忠厚纯正的伦理道德意识在其诗歌的自然意象中有很生动形象的体现。于诸多刻摹山水、吟咏物态的自然景物诗中融入浓厚的伦理道德之思,不仅加深了其山水咏物诗的美学意蕴,而且也为后人的山水景物诗创作提供了可供借鉴的典范。"(《杜诗自然意象中的道德伦理之思》,《杜甫研究学刊》1997 年第 3 期)

邓魁英阐述杜甫穷儒意识对其诗歌创作的影响。

所谓穷儒，首先是经济上的贫穷者，同时又是政治上的失意者。他们既用"君子固穷"激励安慰自己，又叹老嗟贫，为功业无成而愧恨。"穷儒意识"是一种情感化的道德观念。杜甫是真正的"穷儒"，具有强烈的"穷儒意识"，并对他各个时期的思想和创作产生重大影响。他咏穷伤贫的诗歌是他充满矛盾的"穷儒意识"的体现，是他贫穷一生的"年谱"。(《杜甫的穷儒意识与诗歌创作》，《北京师范大学学报(社会科学版)》1997 年第 4 期)

韩晓光探索杜甫律诗的表现形式。

韩晓光指出，杜甫律诗中虚词的运用是诗人"运古于律"的审美尝试，这种尝试是非常成功的，它能使诗歌词调流畅健练，情致生动深婉，变板滞为流动，化质实为空灵，有效地拓展了诗歌的表现空间，丰富了诗歌的表现手段，增添了诗歌的审美蕴含。(《试论杜甫律诗中的虚词运用》，《杜甫研究学刊》1997 年第 2 期)杜甫律诗对仗中的语式变异正充分体现了诗人"造语贵新"、同中求异的审美追求，它大大增强了诗歌语言的弹性，丰富了诗歌的语言形式，拓展了诗歌的审美空间，为后代的诗歌创作留下了不朽的艺术典范。(《杜甫律诗对仗的语式变异》，《杜甫研究学刊》1997 年第 4 期)

刘明华分析杜甫的"拗体"。

刘明华首先指出，拗体是一个模糊的概念，在一首律诗中，究竟可以"拗"多少？或人们可以容忍的限度有多大？并没有统一的认识，所以杜诗究竟有多少拗体也难以达成共识。杜甫"拗而无救"的缘故，可能与七言难工及杜甫对规则的破弃有关。(《完善与破弃——对杜甫"拗体"的思考》，《杜甫研究学刊》1997 年第 2 期)

1998 年

新疆召开杜甫与西域文化研讨会。

1998 年 8 月 10 日至 14 日，新疆大学举行杜甫与西域文化研讨会暨四川杜甫学会第十届年会，来自全国各地的学者 60 余人参加了此次会议，收到论文 33 篇。与会学者就杜甫与西域文化的关系、杜诗对后代文人及文学创作的影响等问题展开了讨论。

孟修祥论述杜诗创作与时代的关系。

孟修祥指出，杜甫在极其艰难的境况中，以一个伟大的诗人气魄改变了诗歌创作的命运，其原因有：体验痛苦——创作"诗史"的动力源；深化忧患——做人类良心的维护者；学、吟、论——内审式的创作方式选择。(《杜甫：在历史的转折点上——论杜诗创作与时代的关系》，《人文杂志》1998 年第 3 期)

杨胜宽分析杜甫的文学理想。

杜甫在青少年时代(天元、天宝时代)形成的文学理想，既强调文学内容即诗人对社会生活的热烈关注与表现的庄重责任感、社会意识，又对文学形式范畴从继承、学养、艺术技巧到文学创造性高度重视，更有诗人不同凡响的睥睨古今，超越侪辈的气魄与胆识。杜甫一生，或因对文学事业的挚爱，或因对文学家业的珍视，或因政治失败的反面促成，他把诗歌作为了自己立言、垂名的重要事业，锲而不舍地追求着、实践着。(《杜甫的文学事业与文学理想》，《杜甫研究学刊》1998 年第 4 期)

马德富论述杜甫对地名的使用。

诗中地名的使用，乃是出于内容的需要，同时也有艺术方面的考虑。这样做的结果，遂使诗显出质实劲健的骨力或宏阔高壮的气象，有时又显出某种特别的风致和情趣。就杜诗总的情况看，前者无疑是主要的，其雄浑苍劲风格的形成与此有密切关系。杜诗多用地名，但人们阅读时并不觉多，甚至并不感觉地名的存在，主要原因在于相当多的地名，已不是枯燥生硬的地理符号，由于诗人的匠心独运，它们已具有多方面的表现功能，成为抒情言志的有机部分。(《杜诗地名使用的艺术》，《杜甫研究学刊》1998 年第 2 期)

张浩逊探讨苏轼对杜甫的态度。

苏轼和杜甫，都有"致君尧舜"的抱负，独立不倚的人格，也都有飘泊天涯的磨难和政治失意后的自遣，尽管在表现程度和方式上有着差异。在诗艺上，两人都有不懈的追求，较为一致的审美趣尚以及超卓的成就。因此，苏轼喜爱杜甫，学习杜甫，实乃情理之必然。(《苏轼和杜甫》，《杜甫研究学刊》1998 年第 1 期)

闵庚三强调韩国李植《杜诗泽风堂批解》的价值。

作为一个学识渊博的文学批评家,李植认为,学诗首先必须以杜诗为准,所以,他花了很多时间和功夫,撰成了这部集注性的《杜诗批解》。在《杜诗批解》的结构和内容上,虽然仍有道学家的陋习和偏见,但是在很多的地方可以发现创新的思想体系和独特的体例。可以说,《杜诗批解》是李植在充分吸取前人研究成果的基础上,采纳众长,删去冗繁,间有发前人所未发的一部杜诗学著作。他对杜诗所做的工作主要是校释、论句法章法、系年、驳正旧注等。(《李植〈杜诗泽风堂批解〉对杜诗学的贡献》,《文献》1998 年第 3 期)

李一飞对"诗史"之说进行评述。

在文学史上,杜甫及其诗素有"诗圣"、"诗史"之誉,而"诗史"一说具有更丰富的内涵,更为人们普遍采用。"诗史"说最早见于晚唐孟棨《本事诗》和宋初宋祁《新唐书·杜甫传》。后受到后人普遍赞同,辗转引用。而历代学者在运用这一概念时,又根据自己的诗学观点和对杜诗实际的理解,从不同视角、不同层面进行阐释、引申、修正和辨证,从而大大增强了这一概念的学术性和实用性。(《杜诗"诗史"说略评》,《杜甫研究学刊》1998 年第 2 期)

金圣叹的杜诗观受到关注。

金圣叹批解杜诗有两个本子:《唱经堂杜诗解》四卷和《贯华堂评选杜诗》二卷,都是未完稿,辑录篇目略有出入,计 200 余首。金圣叹对杜诗的批解,在批评观念上是宋代以来评点的发展,又克服了评点方法随意性、印象化的倾向,将理性思维、分析精神贯彻到品评之中,做到理性分析和审美品鉴的结合,通作者之意和开览者之心的结合,将杜诗研究中评点批解模式提到一个更高的层次。(周兴陆《金圣叹杜诗批解的文学批评学透视》,《文学遗产》1998 年第 3 期)金圣叹《杜诗解》之独具特色主要体现在:对政治的大胆议论;对杜诗分析得淋漓尽致及对部分诗、句意旨的独到见解;独特的结构体制及其分解法;将文学观点并入评点之中。(邱美琼《独具异彩的金圣叹〈杜诗解〉》,《贵州文史丛刊》1998 年第 5 期)

丁启阵对杜诗的悲剧主题进行了详细分析。

丁启阵将杜诗的悲剧主题分为四大类十一小类,即一、志殇,包括政治理想的幻灭、世风浇漓的阴影；二、世殇，包括忆昔与优时、忧国情怀、忧民情怀；三、情殇，包括思乡情节、与家人的濡沫之情、与朋友的生离死别；四、身殇，包括穷困的屈辱、家族式微感、生命咏叹调。(《论杜甫诗的悲剧主题》，《杜甫研究学刊》1998 年第 1 期)

傅绍良阐述杜甫的谏臣意识。

杜甫忠君似乎是自宋以来人们的共识。但杜甫并非那种"一饭不忘君"的愚忠之辈，他秉承先儒的"君子"理想，把"道"作为君臣关系的基点，以"道"评君，以"道"讽君，以"道"行己。在杜甫的创作和生活中，君道与臣道把握得较准确。他的忧国忧君，实则忧道忧民。所以杜甫并非"一饭不忘君"，而是"一饭不忘民"，他是以君子之道，行直臣之忠，尽谏臣之职。(《论杜甫的谏臣意识》，《陕西师范大学学报(哲学社会科学版)》1998 年第 3 期)

1999 年

中国杜甫研究会召开第三次年会。

1999 年 10 月 10 日至 13 日，杜甫与襄阳学术研讨会暨中国杜甫研究会第三次年会在湖北襄樊市(今襄阳市)召开。50 多位学者就杜甫的先祖和祖籍、杜甫与诸葛亮、杜甫的出生地、杜甫的思想、杜诗的创作艺术和文化诠释、李杜的接受史及杜诗学等问题进行了研讨。

学者再次讨论杜甫题画诗。

张晶指出，唐代文化艺术的繁荣，能够使题画诗在唐代诗坛上崛起。能够使题画诗成熟起来并成为独立艺术种类的诗人可推杜甫。杜甫在题画诗的艺术手法上匠心独运、大胆创造，为题画诗的发展奠定了一个良好的基础。杜甫的题画诗较为鲜明地体现了诗人的审美标准。杜甫题画诗所体现的审美标准主要是瘦硬遒劲、骨气刚健，这与当时普遍的审美观念相左。杜甫崇尚瘦硬有骨的审美标准，主要见于他的题画马、画鹰的诗作之中。这种审美标准的产生，有着很深刻的原因。(《杜甫题画诗的审美标准》，《内蒙古师大学报(哲学社会科学版)》1999 年第 6 期)袁晓薇提出，王维首开诗画结合先河，李白和杜甫在山水诗上的独特贡献对文人画的情调、意境乃至表现手法上也多有启示与开拓。儒、道、佛共同作用于中国文人思想，其中儒为轴心，而道、佛为辅。文人画和山水诗这两种艺术形式在共同体现文人的精神内质上取得了更深层次的沟通与结合。(《王维、李白、杜甫山水诗与中国文人画》，《安徽师范大学学报(人文社会科学版)》1999年第1期)祝德顺认为，杜甫对诗歌、绘画与书法创作及欣赏方面的总体审美倾向，一扫当时虚华浮艳的脂粉之气，追求清刚雄强的健劲风骨。(《"画骨说"辩诬与杜甫的审美倾向》，《怀化师专学报》1999年第6期)

杜甫秦州诗得到详细剖析。

王辉斌认为，秦州诗是杜甫诗歌艺术转型的一个里程碑。这种艺术转型，不仅体现了杜甫对诗歌审美的认识在秦州已发生了根本性变化，而且标志着杜甫的诗歌创作在秦州已进入了一个更新的艺术创造阶段。最能体现杜甫秦州艺术转型文学特质的，是诗人创作于这一时期的五言律诗。与长安时期的同类诗相比，秦州五律获得了诸多艺术上的创新与突破，既为其成都诗特别是夔州诗的创作奠定了坚实基础，又对后世诗人产生很大影响。(《艺术转型：杜甫秦州诗的文学特质》，《河北大学学报(哲学社会科学版)》1999年第2期)童强也同意杜甫秦州诗发生了转折性的变化：诗人从着重描绘整个动乱时代的社会面貌转向描写日常所见的山川风物、生活景象，并坚持写实手法，从具体的现实环境出发进行描写、抒情。(《论杜甫秦州诗的特点》，《杜甫研究学刊》1999年第1期)

马德富论述杜诗工拙相济。

工与拙是一组对立的审美概念，就诗歌而言，乃涉及艺术手法、艺术效果和风格等。工是工致、工巧、工细、工丽、工稳等，拙是直拙、朴拙、生拙、老拙等。工与拙相辅相成，相荡相济，二者有机地融合于杜诗之中，构成辩证统一的美，从而使杜诗呈现出既不同于前人又与同时代人相异的独特的艺术风貌。(《论杜诗"工拙相半"》，《杜甫研究学刊》1999年第1期)是年，马德富另有《杜诗动词的超常选择及其艺术追求》(《文学遗产》1999年第5期)，指出杜甫充分体悟到了动词的重要性，并在此倾注了大量心血，他笔下的动词灵动超妙，常大胆超越常规，借助出人意料的组合，取得习惯遣词所不能取得的艺术效果。

袁晓薇强调杜诗风格的多样性。

传统上一向称杜诗的风格为"沉郁顿挫"，乃是主要取其悲抑苍劲的意味和深沉凝重的基调。杜诗的集大成并非"沉郁顿挫"所能囊括，杜诗至少还另有以下几种迥异的风格：潇洒浪漫、辞气豪迈；奇崛险奥、幽冷诡怪；平和舒缓、雍容华贵；幽默诙谐、夸张轻快。（《"沉郁顿挫"之外——论杜诗风格的多样性》，《江淮论坛》1999 年第 2 期）

胡可先论述唐人对杜诗的传承。

胡可先从以下五个方面进行了讨论。传承过程：从杜诗的传播到李杜优劣的聚讼；写实传承：元白别开生面；写意传承：韩愈独领风骚；意象传承：义山登堂入室；选本窥视：《唐诗类选》与《又玄集》。（《唐代杜诗传承论》，《杜甫研究学刊》1999 年第 4 期）

仇兆鳌注杜诗得到深入讨论。

仇兆鳌《杜少陵集详注》中以楚辞注杜诗者约有 260 条，曾亚兰、赵季就仇兆鳌注杜所涉杜诗与楚辞条目进行考察，以发明杜甫师承楚辞的痕迹和取法楚辞模仿而能融会贯通的作诗之法。（《说仇兆鳌以楚辞注杜诗》，《杜甫研究学刊》1999 年第 2 期）同时，二人又就仇兆鳌注杜所涉杜诗与《诗经》师承关系有关条例进行了考察，以讨论仇兆鳌以《诗经》注杜诗的贡献与意义，指出仇氏以《诗经》注杜诗为研究《诗经》与杜诗的渊源开辟了一条方便门径。（《说仇兆鳌以诗经注杜诗》，《杜甫研究学刊》1999 年第 4 期）

田耕宇阐述杜诗的萧瑟感。

杜甫的一生几乎都在政治失意、生活窘迫和漂泊流浪中度过，这种悲剧性的生活必然使其创作心态蒙上阴影，进而影响到杜诗的艺术风格。人们以"沉郁顿挫"这句杜甫自评其创作特点的话来认定杜诗主流风格，但他们更多讨论的是杜诗中所反映的时代和民众的悲剧性与"沉郁"诗风的关系，却很少讨论杜诗所表现的个人悲剧与其诗风的关系。田耕宇从政治失意的寂寞情怀、生活困顿的悲凉意绪、家园难归的失落心态三个方面论述了杜诗的萧瑟感及其与"沉郁顿挫"诗

风的关系。(《飘飘何所似，天地一沙鸥——论杜甫诗歌的萧瑟感》，《西南民族学院学报(哲学社会科学版)》1999年第2期)

牟瑞平强调杜甫山水诗的意义。

牟瑞平认为，杜甫山水诗突破盛唐"旧法"，在主导风格、描写手法、典型意象、行文章法、句法字法等方面均呈现出了奇健峭拔的突出特点，集山水诗之大成，开山水诗之大变。(《杜甫山水诗简论》，《济南大学学报(社会科学版)》1999年第1期)同年，颜家安指出，杜甫在创作山水诗时总是被其特有的创作心态所左右。强烈的创造主体意识使杜甫能自由驰骋于自然山水之间，但他积极的入世精神与时时处处的挫折致使其被笼罩在恒久的忧患意识之中。杜甫山水诗的艺术成就创造出了一个个元气淋漓的艺术境界，其整体特色是"高、大、深、奇、神"。(《高·大·深·奇·神——杜甫山水诗审美意境探微》，《海南大学学报(社会科学版)》1999年第1期)

全英兰介绍韩国文人对杜诗的评价。

韩国文人以杜诗为典范，故诗话中谈到杜诗的达到1000余条，其中言及杜诗对韩国文人发生影响的660余条，有关注释资料180余条，而评价资料只有80余条。韩国文人谈杜诗影响的资料占了绝大多数，这就说明韩国文人极为钦慕、推崇杜诗，因而扬瑜者多，指瑕者少。(《韩国文人对杜诗之评价》，《苏州大学学报(哲学社会科学版)》1999年第1期)

韩成武分析杜甫的众生平等意识。

韩成武在《论杜甫的众生平等意识》(《河北大学学报(哲学社会科学版)》1999年第3期)中指出，杜甫认为众生(包括君、臣、民)在生存和被尊重权上是平等的、同重的，具体表现为：杜甫视个人的生存权与统治者、平民同重；杜甫视平民的生存权与统治者同重；杜甫要求众生尊严同重。

韩晓光论述杜甫绝句的特色。

杜甫绝句"别开异径"在很大程度上体现于语言形式方面。具体说来，有以下几个特点：一、以俗字入诗；二、以虚词入诗；三、以散语入诗；四、以对句入诗；五、以拗体入诗；六、以连章入诗。(《杜甫绝句"别开异径"管窥》，《杜甫研究学刊》1999年第2期)

李凯阐述西域文化对杜诗的影响。

李凯认为，杜诗与西域文化关系甚深。西域文化不仅影响到杜诗的题材、主题，而且激发了杜甫的创造活力和创造热情，给杜诗带来了刚健豪迈之气，给杜诗增添了多样化的风格。南北文化的合流，胡汉文化的交融，长安胡风大盛的社会氛围，是杜诗产生的文化背景，也是盛唐气象形成的原因和表现。(《杜诗的西域文化背景》，《西域研究》1999 年第 1 期)

后 记

当日求学于珞珈山时，导师熊礼汇先生反复告诫，窥得唐宋文学研究门径，当从唐宋某一大家入手，将其作品读熟读透，游移不定是治学之大忌。转眼二十余年，猛然惊觉，实有负于先生之教诲。好在陈文新老师很快给我提供了一个"补课"的良机。这五六年间，虽依然不免时时心有旁骛，但终究还算是咬定了杜甫，不仅将能够获取的20世纪有关杜甫的研究成果翻阅一过，还将杜甫的诗篇梳理了一通，基本完成了以题解为核心的百万余字的《杜甫诗全编》。

《杜甫学术档案》，由"经典论著评介"、"论著提要"和"大事记"三部分组成。"经典论著评介"，着重回答这些颇有影响的学者如何提出相关论题，及这些论题产生了怎样的影响；"论著提要"，力图展示学者著述的初衷，尽量选录相关的序言、概述、小结与评述；"大事记"实以单篇论文为核心，摘录文中最有代表性的言论。总之，作为"学术档案"，它所立足的是资料的丰富性，尤其是当下较难获取的20世纪前半叶的相关著述，最大程度避免个人的倾向性。

是书得到陈尚君先生、谢思炜先生、许总先生的大力支持，在此深表感谢。

闵泽平

2019 年 3 月于浙江海洋大学